# 中國近世
# 道教送瘟儀式研究

The Daoist Rites of Plague-Exorcism:
From Song Dynasty to Contemporary China

姜守誠　著

人民出版社

責任編輯:李之美

**圖書在版編目(CIP)數據**

中國近世道教送瘟儀式研究/姜守誠 著. —北京:人民出版社,2017.2
  (2018.10 重印)
(國家社科基金後期資助項目)
ISBN 978 - 7 - 01 - 017012 - 1

Ⅰ.①中…　Ⅱ.①姜…　Ⅲ.①道教-宗教儀式-研究-中國　Ⅳ.①B955

中國版本圖書館 CIP 數據核字(2016)第 294436 號

中國近世道教送瘟儀式研究
ZHONGGUO JINSHI DAOJIAO SONGWEN YISHI YANJIU

姜守誠　著

人民出版社 出版發行
(100706　北京市東城區隆福寺街 99 號)

北京中科印刷有限公司印刷　新華書店經銷

2017 年 2 月第 1 版　2018 年 10 月北京第 2 次印刷
開本:710 毫米×1000 毫米 1/16　印張:26　插頁:6
字數:460 千字

ISBN 978 - 7 - 01 - 017012 - 1　定價:68.00 元

郵購地址 100706　北京市東城區隆福寺街 99 號
人民東方圖書銷售中心　電話 (010)65250042　65289539

大送船

甌郡自入秋後瘟疫流行久
而不息九月九日由道官紳
建水陸道場迎神出巡計七
晝夜陸則支塔七層高臺上
表於穆郡中文自道憲下
武自鎮軍以下共二十員皆
到壇拈香為民請命水中
紙紮大號船一艘二號船
四艘戴以金泊泊儲心
日用器具凡三十六行應用
之物乘一件不精乘一物
不備至十五日友時送至
北門外大江中焚化各
廟柱下到者不下十
餘人火把燈球照耀渾
如白晝焚化後各人丹
持燈火概行息滅累時
中由西北方逸運入城
隨將城門封閉點燈
回廟而後各散名
曰大送船是役
也所費金錢約
二三千元皆捐
自官民富戶
及各行號者

清末吳友如繪製的"大送船"圖

1

"請王"前的"王箱"暫厝地

西港慶安宮王醮慶典期間
設於王府內的三位輪值王
爺紙像及王座

"遷船"送王時沿路拋撒金紙

點火"化船"

鹿耳門聖母廟供奉的古王船

王醮榜文

堂规告示

王醮疏文（部分）

王醮科仪的坛场佈置（三清壇）

潁川道壇陳榮盛道長（1927－2014 年）

早朝呈詞

祀雲廚

七星燈（禳災和瘟三獻儀）

七星燈（禳災和瘟三獻儀）

唱儀（打船醮）

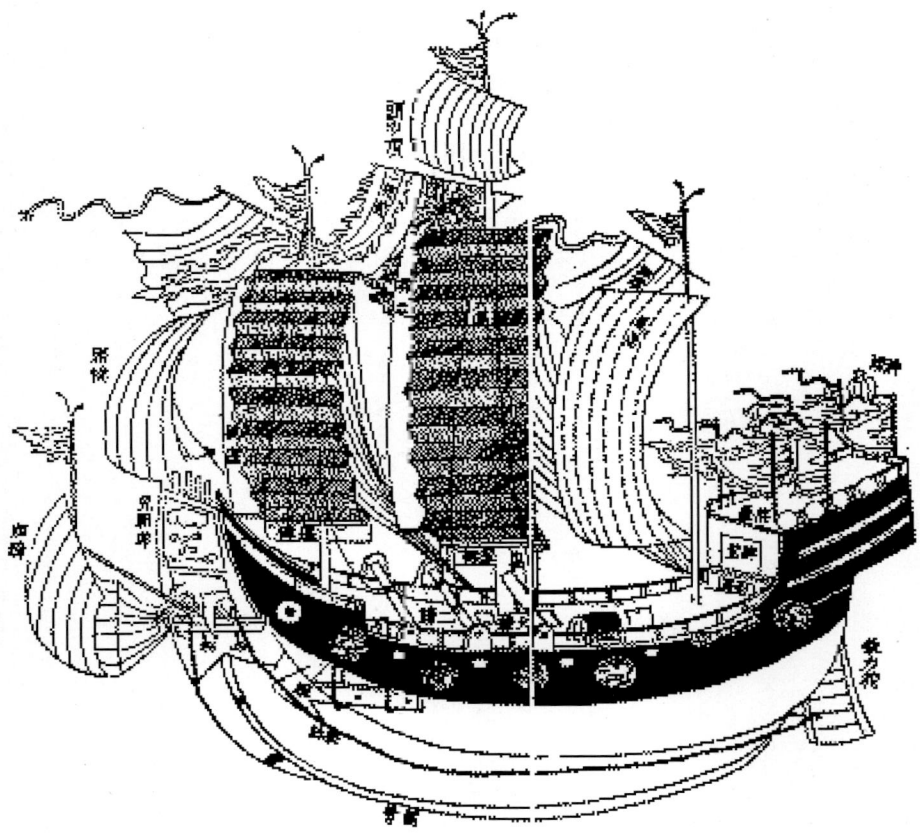

清代徐葆光撰《中山傳信錄》中繪製的"封舟"圖

# 國家社科基金後期資助項目
# 出版說明

　　後期資助項目是國家社科基金項目主要類別之一，旨在鼓勵廣大人文社會科學工作者潛心治學，扎實研究，多出優秀成果，進一步發揮國家社科基金在繁榮發展哲學社會科學中的示範引導作用。後期資助項目主要資助已基本完成且尚未出版的人文社會科學基礎研究的優秀學術成果，以資助學術專著為主，也資助少量學術價值較高的資料匯編和學術含量較高的工具書。為擴大後期資助項目的學術影響，促進成果轉化，全國哲學社會科學規劃辦公室按照"統一設計、統一標識、統一版式、形成系列"的總體要求，組織出版國家社科基金後期資助項目成果。

全國哲學社會科學規劃辦公室

2014 年 7 月

# 序

　　姜守誠博士所著《中國近世道教送瘟儀式研究》撰稿完成,付梓前,徵我為序。本書內容主要論述北宋以來道門驅瘟的歷史及其儀式的源流,並結合臺灣南部的王醮科儀展開考察。

　　姜君於 2008 年 8 月 1 日至次年 7 月 31 日,來成功大學歷史學系從事博士後研究工作,其學術視野亦由書齋轉向田野,故對宗教與民俗文化漸能全面的理解。守誠先期而至,安頓棲止住處後,即來晤談,經我引薦與幾位府城世業道長相識、獲允臨場見習,更由敏求好學而結識不少新老道壇當家,遂得參閱各家世傳科儀抄本、法訣冊子,拍攝臺南、高雄、屏東地區儀式活動近百場次。他負笈返京後,歷時多年完成此書,綱舉目張、考鏡源流,為當前中外學者於此議題論著中,最稱嘉善者。看倌讀之,當知我言非虛。樂於梓行之刻,聊記數言,爰為薦介。

　　守誠君治事勤敏,為人謙恭有禮,覽其書如再親其人。他滯留成大期間,聆聽我所開設的道教史課程,善於運用成大豐富的圖書館藏,於系中同學、職工教師相結殷篤,因而得道多助。讀其書如見其人,祈讀姜守誠書者,深思再三。

**丁　煌**

2016 年 9 月 29 日於臺南書寓

# 目　录

## 上篇　宋元時期

## 中篇　明　清　時　期

# 下篇　現代臺灣

# 緒　論

## 一、學術回顧

瘟疫，是中國古人對各種流行的急性傳染病的總稱。有關"瘟"字的含義，《集韻・平聲二》"魂"韻訓曰："瘟，疫也。"① 對於"疫"字，《說文解字・疒部》詮釋說："民皆疾也。"② 瘟疫通常具有很強的殺傷力和傳播性，一旦大規模爆發，將對人類的生命健康造成極大危害。在醫學知識和經驗手段都十分匱乏的古代，人們對瘟疫的病源和傳播途徑不甚了解，儘管採取一切辦法應對病魔的肆虐，卻始終未能擺脫死亡陰影的籠罩。瘟疫與人相伴而生，人類與瘟疫的抗爭貫穿著人類文明發展的歷史。面對瘟疫的威脅，人們不斷嘗試採用各種措施和方法展開預防和治療，這在客觀上推動了傳染病醫學的進步和發展，同時也演繹出許多與瘟疫有關的神話和民俗。

古人相信，瘟疫是由疫鬼散佈施行的。如《釋名・釋天》云："疫，役也，言有鬼行疫也。"③《玉篇・疒部》亦言："疫，癘鬼也。"④ 基於這種觀念，我國先民遂形成了五花八門的送瘟風俗，諸如漢代的儺儀、北宋以降的送瘟船等。這些驅瘟除疫的習俗，無不見證了人類對於瘟疫的古老記憶。

當今學界對於中國古代瘟疫的傳播、信仰、風俗的研究情況，大致可劃分為三類：(1) 有關疾疫的醫療史研究；(2) 以驅瘟為宗旨的地方民俗之研究；(3) 道教瘟神信仰及送瘟儀式的研究；(4) 臺灣王醮儀式的研究。下面，我們分別就上述情況略作歸納和敘述。

---

① （宋）丁度等奉敕撰：《集韻》卷二，（清）永瑢、紀昀等纂修：《景印文淵閣四庫全書》第 236 冊，經部二三〇（小學類），臺灣商務印書館 1986 年版，第 494 頁。

② （東漢）許慎撰，（清）段玉裁注：《說文解字注》七篇下《疒部》，浙江古籍出版社 1998 年版，第 352 頁。

③ 任繼昉纂：《釋名匯校》卷一，齊魯書社 2006 年版，第 37 頁。

④ （梁）顧野王撰、（唐）孫強增補、（宋）陳彭年等重修：《重修玉篇》卷十一，（清）永瑢、紀昀等纂修：《景印文淵閣四庫全書》第 224 冊，經部二一八（小學類），臺灣商務印書館 1986 年版，第 100 頁。

### （一）有關疾疫的醫療史研究

　　傳統中醫學對於瘟疫的預防和治療有十分悠久的歷史。近代中醫學史上，陳邦賢是疾疫研究領域的先驅，其撰《中國醫學史》堪稱開山奠基之作。[①] 新中國成立以後，醫學界先後出版一系列重要的研究成果。[②] 中國史學界則更關注傳統時代抵抗瘟疫的歷史，以及瘟疫爆發所導致的社會恐慌和民生問題。

　　近年來，有關醫療社會史的話題漸成顯學。張劍光著《三千年疫情》對數千年的疫病流行史進行了宏觀和全面的研究，精闢地指出中國古代有兩個疫情高發期：“從統計數字來看，中國古代的疫病流行，在東漢末年至南北朝前期，呈現出第一個高潮。……元明清時期，疫病的流行達到中國歷史上的頂峰，疫病的爆發到了令人瞠目的地步。”[③] 此外，張志斌、徐好民、楊儉、王玉興、龔勝生、孫關龍等人撰文討論了中國歷史上瘟疫爆發的頻率、成因以及疫災的時空分佈規律等內容。[④]

---

① 該書撰成於 1919 年，翌年由上海醫學書局發行；第二版有較大修訂補充，由上海商務印書館 1937 年出版，列入王雲伍等主編《中國文化史叢書》第一輯；1957 年，北京商務印書館出版第三次修訂本。(有關該書的撰作及增訂情況，詳見趙璞珊：《讀陳邦賢先生三部〈中國醫學史〉》，《中華醫史雜志》1990 年第 1 期，第 7—10 頁)

② 這方面的論著非常多，僅將具有代表性的列舉如下：蒲輔周編著、高輝遠整理：《中醫對幾種急性傳染病的辯證論治》，人民衛生出版社 1960 年版；余瀸：《急性傳染病》，科學普及出版社 1965 年版；南京中醫學院編：《溫病學》，上海科學技術出版社 1978 年版；浙江醫科大學主編：《傳染病學》，人民衛生出版社 1980 年版；楊醫亞主編：《溫病》，河北科學技術出版社 1985 年版；孟澍江主編：《溫病學》，上海科學技術出版社 1985 年版；范行準：《中國醫學史略》，中醫古籍出版社 1986 年版；范行準：《中國病史新義》，中國中醫古籍出版社 1989 年版；李經緯等編著：《中國古代文化與醫學》，湖北科學技術出版社 1989 年版；蔣玉紅、劉安國主編：《中國傳統預防醫學》，北京醫科大學、中國協和醫科大學聯合出版社 1991 年版；廖育群：《岐黃醫道》，遼寧教育出版社 1991 年版；趙璞珊：《中國古代醫學》，中華書局 1997 年版；李家庚、余新華主編：《中醫傳染病學》，中國醫藥科學出版社 1997 年版。

③ 張劍光：《三千年疫情》，江西高校出版社 1998 年版，第 1 頁。

④ 參見張志斌：《古代疫病流行的諸種因素初探》，《中華醫史雜志》1990 年第 1 期，第 28—36 頁；徐好民、尹光輝：《地殼運動與疾疫流行》，《災害學》1991 年第 2 期，第 69—75 頁；龔勝生：《2000 年來中國瘴病分佈變遷的初步研究》，《地理學報》1993 年第 4 期，第 304—315 頁；楊儉、潘鳳英：《我國秦至清末的疫病災害研究》，《災害學》1994 年第 3 期，第 76—81 頁；王玉興：《中國古代疫情年表(一)——公元前 674 年至公元 1911 年》，《天津中醫學院學報》2003 年第 3 期，第 84—88 頁；龔勝生：《中國疫災的時空分佈變遷規律》，《地理學報》2003 年第 6 期，第 870—878 頁；孫關龍：《中國歷史大疫的時空分佈及其規律研究》，《地域研究與開發》2004 年第 6 期，第 123—128 頁。

　　自漢代以後,中國南方地區一直是疫病高發區,尤其是江浙、嶺南、兩
湖、閩贛等地疫病的發病率最高,造成的人口減損等傷害也最大。該區域的
瘟疫流行情況因此成為學界研究的重點。余新忠著《清代江南的瘟疫與社
會———一項醫療社會史的研究》側重介紹清代江南地區瘟疫的疫情及相關
狀況,大體勾勒出江南民眾與瘟疫的抗爭歷史,並從社會史層面描述了各階
層面對瘟疫肆虐時的反應和救助。① 賴文、李永宸合著《嶺南瘟疫史》詳細
介紹了唐後期以迄清末(879—1900 年)嶺南地區流行的天花、霍亂、鼠疫
等瘟疫的分佈情況、社會危害及防治措施,對於了解廣東、香港等地的古代
疫情有較大幫助。②

　　就當前學界的研究狀況而言,現有的論文成果大多集中於某個歷史階
段、某個地域進行微觀性考察。部分學者分別考察了不同歷史階段中瘟疫
流行的特點及其對政治、社會、戰爭、宗教的影響。兩漢時期,自然災害頻
發、瘟疫流行,導致人口銳減、民眾恐慌,加速了政權的更迭和宗教力量的興
起。有關此議題,龔勝生、張劍光、趙夏竹、賀予新、王文濤、劉繼剛、王永飛、
楊新亮、楊麗、潘明娟等人撰文予以討論。③ 有關魏晉南北朝時期疾疫的研
究情況,已有學者做過學術綜述,茲不贅言。④ 唐宋時期是中國古代瘟疫低
發期,各級政府部門也比較重視醫療事業的發展,制定出各種防治政策和救

①　參見余新忠:《清代江南的瘟疫與社會———一項醫療社會史的研究》,中國人民大學出版
　　社 2003 年版。
②　參見賴文、李永宸:《嶺南瘟疫史》,廣東人民出版社 2004 年版。
③　相關研究情況,詳見龔勝生:《中國先秦兩漢時期瘧疾地理研究》,《華中師範大學學報》(自
　　然科學版)1996 年第 4 期,第 489—494 頁;張劍光、鄒國慰:《略論兩漢疫情的特點和救災
　　措施》,《北京師範大學學報》(社會科學版)1999 年第 4 期,第 13—19 頁;趙夏竹:《漢末三
　　國時代的疾疫、社會與文學》,《中國典籍與文化》2001 年第 3 期,第 101—105 頁;賀予新:
　　《西漢時期的疾疫之災》,《商丘職業技術學院學報》2005 年第 3 期,第 48—49 頁;王文濤:
　　《漢代的疫病及其流行特點》,《史學月刊》2006 年第 11 期,第 25—30 頁;王文濤:《漢代
　　的抗救救災措施與疫病的影響》,《社會科學戰線》2007 年第 6 期,第 266—269 頁;劉繼剛:
　　《論東漢時期的疾疫》,《醫學與哲學》(人文社會醫學版)2007 年第 10 期,第 54—55 頁;王
　　永飛:《兩漢時期疾疫的時空分佈與特徵》,《咸陽師範學院學報》2008 年第 3 期,第 32—
　　36 頁;龔勝生、劉楊、張濤:《先秦兩漢時期疫災地理研究》,《中國歷史地理論叢》2010 年
　　第 3 期,第 96—112 頁;楊新亮、王曉磊:《兩漢疫病分類的思考》,《內蒙古農業大學學報》
　　(社會科學版)2011 年第 2 期,第 337—339 頁;楊麗:《兩漢時期中原地區瘟疫研究》,《中
　　州學刊》2014 年第 2 期,第 126—129 頁;潘明娟、王社教:《兩漢疾疫及其應對機制初探》,
　　《陝西師範大學學報》(哲學社會科學版)2014 年第 2 期,第 48—52 頁。
④　參見王平:《魏晉南北朝時期疾疫研究綜述(1980—2006)》,《遼寧醫學院學報》(社會科學
　　版)2008 年第 3 期,第 52—55 頁。

災措施,設立疾疫救治機構,故在疫情控制方面較之以往有較大改善和提升。不過,瘟疫傳播在當時仍是不容忽視的重大社會問題,蕭璠、康弘、曹樹基、左鵬、胡玉、龔勝生、閔祥鵬、袁冬梅、邱雲飛、陳燕萍、陳麗、李傳軍等人對這一歷史時期的瘟疫特點、地域分佈、救治措施以及疫病造成的社會影響等問題進行討論。① 明清時期,是中國古代瘟疫流行史上的又一個高發期。有關這一歷史階段的疾疫研究情況,余新忠曾撰文予以介紹。② 該文將 2002 年以前刊發的明清疾疫史研究進行了全面述評。此後有更多的學者參與討論,如胡勇、張麗芬、唐力行、李穎、邱雲飛、林楠、張艷麗等人持續關注明清時期瘟疫的流行情況,尤其是江南、福建等地的疫情及抗疫救災活動。③

---

① 參見蕭璠:《漢宋間文獻所見古代中國南方的地理環境與地方病及其影響》,《"中央"研究院歷史語言研究所集刊》第 63 本、第 1 分(1993 年 4 月),第 67—171 頁;康弘:《宋代災害與荒政述論》,《中州學刊》1994 年第 5 期,第 123—128 頁;曹樹基:《地理環境與宋元時代的傳染病》,《歷史地理》(第 12 輯),上海人民出版社 1995 年版,第 183—192 頁;左鵬:《宋元時期的瘴疾與文化變遷》,《中國社會科學》2004 年第 1 期,第 194—204 頁;胡玉:《宋代應對疾疫醫療措施初探》,《樂山師範學院學報》2004 年第 11 期,第 99—102 頁;龔勝生:《隋唐五代時期疫災地理研究》,《暨南史學》第三輯,暨南大學出版社 2004 年版,第 32—51 頁;閔祥鵬:《唐詩中的瘟疫》,《醫學與哲學》(人文社會醫學版)2005 年第 11 期,第 44—45 頁;袁冬梅:《宋代江南地區疾疫成因分析》,《重慶工商大學學報》(社會科學版)2007 年第 4 期,第 139—144 頁;邱雲飛:《兩宋瘟疫災害考述》,《醫學與哲學》(人文社會醫學版)2007 年第 6 期,第 70—77 頁;陳燕萍:《宋代的醫事組織與疾疫防治的法律措施》,《浙江檔案》2007 年第 6 期,第 53—55 頁;郭文佳:《宋代地方醫療機構與疾疫救治》,《求索》2008 年第 8 期,210—212 頁;陳麗:《唐宋時期瘟疫發生的規律及特點》,《首都師範大學學報》(社會科學版)2009 年第 6 期,第 9—14 頁;李傳軍、金霞:《疾疫與漢唐元日民俗——以屠蘇酒為中心的歷史考察》,《民俗研究》2010 年第 4 期,第 69—76 頁;龔勝生、劉卉:《北宋時期疫災地理研究》,《中國歷史地理論叢》2011 年第 4 輯,第 22—34 頁。

② 參見余新忠:《關注生命——海峽兩岸興起疾病醫療社會史研究》,《中國社會經濟史研究》2001 年第 3 期,第 94—98 頁;余新忠:《20 世紀以來明清疾疫史研究述評》,《中國史研究動態》2002 年第 10 期,第 15—23 頁。

③ 參見余新忠:《咸同之際江南瘟疫探略——兼論戰爭與瘟疫之關係》,《近代史研究》2002 年第 5 期,第 79—99 頁;胡勇:《清末瘟疫與民眾心態》,《史學月刊》2003 年第 10 期,第 73—78 頁;張麗芬:《明代華北瘟疫成因探析》,《忻州師範學院學報》2005 年第 6 期,第 78—80 頁;唐力行、蘇衛平:《明清以來徽州的疾疫與宗族醫療保障功能——兼論新安醫學興起的原因》,《史林》2009 年第 3 期,第 43—53 頁;李穎:《明代福建瘟疫述論》,《閩江學院學報》2010 年第 3 期,第 130—134 頁;李穎、王尊旺:《清代福建瘟疫述論》,《福建中醫學院學報》2010 年第 3 期,第 64—67 頁;邱雲飛:《明代瘟疫災害史論》,《醫學與哲學》(人文社會醫學版)2011 年第 1 期,第 73—76 頁;林楠、張孫彪、曾毅凌:《清代福建南部瘟疫流行的社會影響》,《福建中醫藥大學學報》2012 年第 5 期,第 68—70 頁;張艷麗:《清末民初北京疾疫應對新變化》,《學理論》2013 年第 6 期,第 174—175 頁。

## （二）以驅瘟為宗旨的地方民俗之研究

我國古代瘟疫頻發、災情嚴重，人們以醫療措施積極應對的同時，也產生了各種與驅瘟逐疫為宗旨的民俗活動。20 世紀 30 年代，民俗學家江紹原曾撰文分析說：古老的端午"龍舟競渡"傳統的本意乃是禳災、送瘟，並判定"（競渡）本是古時人群用法術處理的一種公共衛生事業——每年在五月中把疵癘夭札燒死，並且用船送走。"① 明清以降，閩臺地區盛行的王醮儀式當與古老的龍舟競渡及"厲祭"傳統有著直接關聯，兩宋時期江淮及兩湖流域民眾中流行的"祀瘟神"與"送瘟船"習俗則可視為其雛形。此外，北宋明州籍（或浙江沿海一帶）船員中沿襲的"祠沙"祭海習俗，明代廣東烏豬洲及越南靈山等地"放彩船"傳統，均對送瘟信仰之勃興起到推動作用。其實，上述宗教民俗活動，均基於禳災祛瘟的核心理念，其外在表現形式也都借助舟船來完成。換言之，這些儀式均同時兼備如下幾種基本要素：水（江河或湖海），船（木船或紙船），瘟疫或災厄。這種用船送走瘟神的做法，對後世產生深遠影響，直到今天中國、韓國、日本等環東海地域仍流行"送瘟船"的民俗活動。② 就我國疆域內部而言，南方的長江流域及東南沿海地區既是歷史上的瘟疫高發區，同時是送瘟習俗盛行的地方。

日本學者田仲一成長期關注中國地方鄉村的祭祀戲劇及儀式表演，先後出版多部專著討論其歷史源流及文化內涵，其中有不少篇幅涉及禳災逐疫的宗教禮俗。③ 此外，孟慶雲從歷史的宏觀角度分析了瘟疫與中華民俗文化的內在關聯性，特別指出瘟疫對儺文化以及與防疫衛生有關的歲時節日風俗形成過程中的影響。④ 福建是古代瘟疫的高發地區，當地

---

① 江紹原：《端午競渡本意考》，載苑利主編：《二十世紀中國民俗學經典·社會民俗卷》，社會科學文獻出版社 2002 年版，第 17 頁；又載王子今編：《趣味考據》（壹），雲南人民出版社 2003 年版，第 255 頁。

② 參見黃強：《中國江南民間"送瘟船"祭祀活動研究》，《民族藝術》1993 年第 3 期，第 80—95 頁；[日] 櫻井龍彥：《關於在環東海地域使用船的"送瘟神"民俗》，金仙玉譯、王曉葵校，《文化遺產》2007 年第 1 期（創刊號），第 60—68 頁。

③ 參見 [日] 田仲一成：《中國的宗族與戲劇》，錢杭、任余白譯，上海古籍出版社 1992 年版；[日] 田仲一成：《明清的戲曲：江南宗族社會的表象》，雲貴斌、王文勳譯，北京廣播學院出版社 2004 年版；[日] 田仲一成：《中國祭祀戲劇研究》，布和譯，北京大學出版社 2008 年版；[日] 田仲一成：《中國戲劇史》，布和譯、吳真校譯，北京大學出版社 2011 年版；[日] 田仲一成：《古典南戲研究：鄉村、宗族、市場之中的劇本變異》，吳真校，中國社會科學出版社 2012 年版。

④ 參見孟慶雲：《瘟疫與中華民俗文化》，《醫古文知識》2004 年第 3 期，第 12—14 頁。

的很多社會風俗都是基於驅瘟避疫的理念而衍生出來的,體現出時人對衛生防疫觀念的重視。方寶璋、林國平、葉翔、彭榕華等人的論著對此有充分揭示。①

　　邊疆少數民族地區通常地處偏僻,較少受到現代文明的衝擊,故得以最大程度上保留自身的古老文化傳統。一些學者開始將目光投向這片尚未開墾的處女地,他們援引人類學、民族學的田野調查方法,深入民族地區進行實地觀察,收集材料,取得不少令人矚目的成果。譬如,雲南納西族東巴教驅瘟疫鬼儀式就是帶有濃厚宗教化色彩的地方民俗現象。②虎節儀式(虎儺)則是雲南彝族村落中流行的一種逐疫掃邪儀式。③青海黃南州同仁縣的土族每年農曆 11 月 20 日進行"跳於菟"即"跳老虎"活動,亦係模仿老虎的形貌和動作為村落內的各家驅魔除疫。④新疆維吾爾族"巴克希""皮爾洪"等巫師在民間娛樂活動中表演的驅邪、逐疫之類節目,亦係脫胎於薩滿宗教的法事治療行為。⑤總的說來,上述民族地區的除祟逐疫禮俗,大多融合了民間信仰、儺儀、薩滿等文化基因,具有強烈的地方性和巫術化特徵,其目的都是為了借助某種超自然力量來驅災避禍、消弭疫病。

### (三)道教瘟神信仰及送瘟儀式的研究

　　東漢道教的興起,與當時瘟疫流行的社會背景有密切的關聯。⑥自教團創立以來的一千八百年間,道門中人始終對時瘟、疾疫保持高度的關注和

---

① 參見方寶璋:《閩臺民間習俗》,福建人民出版社 2003 年版;林國平:《閩臺民間信仰源流》,福建人民出版社 2003 年版;葉翔:《福州驅瘟逐疫習俗》,《閩都文化研究》2006 年第 2 期,第 737—760 頁;彭榕華:《瘟疫對福建古代社會風俗的影響》,《南平師專學報》2007 年第 2 期,第 153—155 頁。

② 參見和穎、李例芬:《納西族驅瘟疫鬼儀式分析》,《宗教學研究》2008 年第 2 期,第 124—127 頁。

③ 參見唐楚臣:《中華彝族虎儺》,雲南人民出版社 2001 年版;和曉蓉:《巫儺逐疫——彝族虎節儀式的巫術文化研究》,《學術探索》2007 年第 1 期,第 88—92 頁;楊甫旺、蔣星梅:《儺儀:從圖騰到戲劇——以雲南雙柏彝族虎儺為個案》,《楚雄師範學院學報》2007 年第 7 期,第 36—42、56 頁。

④ 參見沈好:《驅魔逐疫的"虎舞"——跳於菟》,《旅遊縱覽》2010 年第 2 期,第 36—38 頁。

⑤ 參見迪木拉提·奧邁爾:《阿爾泰語系諸民族薩滿教研究》,新疆人民出版社 1995 年版;韓芸霞:《維吾爾民俗活動中的驅邪逐疫性表演及其發展》,《四川戲劇》2011 年第 5 期,第 93—95 頁。

⑥ 參見林富士:《東漢晚期的疾疫與宗教》,《"中央"研究院歷史語言研究所集刊》第 66 本、第 3 分(1995 年 9 月),第 695—745 頁;黃勇:《漢末魏晉時期的瘟疫與道教》,《求索》2004 年第 2 期,第 230—232 頁。

警惕,並以特有的宗教化方式對其施予驅逐和劾治。有關道教的興盛與瘟疫、疾病之間的内在關聯以及道教醫學的發展等議題,中國臺灣學者林富士著力甚深、斬獲頗豐,其代表性著作《疾病終結者——中國早期的道教醫學》《中國中古時期的宗教與醫療》就是這類專題論文的結集。①

有關瘟疫醮儀式的研究近年來日益引起國内學者的重視。張澤洪從道教科儀文獻的層面梳理了祈禳法事的基本脈絡,所撰《道教齋醮符咒儀式》第四章《齋醮科儀思想及其宗教功能》第三節"齋醮科儀的祈禳功能"概述這類法事的形成及内容,其禳除的對象就是包括瘟疫在内的各種災禍。② 嗣後,張澤洪又推出新作《文化傳播與儀式象徵——中國西南少數民族宗教與道教祭祀儀式比較研究》,介紹西南地區少數民族宗教與道教信仰彼此融攝的情況,其中涉及許多袪疫送瘟等方面的内容。③

李遠國、劉仲宇等人則從宗派、道法的角度論述禳瘟收邪等法術在道門信仰及實踐體系中的具體運用。李遠國撰《神霄雷法:道教神霄派沿革與思想》援引大量的文獻史料,詳細考證和揭示北宋以降興起的道教神霄派的歷史淵源和發展脈絡。④ 雷法是神霄派道士最擅長的法術,並成為後世正一道教各派袪瘟斬邪的主要手段,而明版《道藏》中收錄的諸多禳瘟疫醮之類道書大多與神霄派有關,或係深受其影響。劉仲宇撰《道教法術》第八章《道法的分類研究(下)》專列一節"道法的大類之四:治病和遣瘟"對明版《道藏》中的斷瘟、和瘟等禳瘟疫醮儀予以宏觀性概括和討論,特别是對《道法會元》所收《神霄遣瘟送船儀》科儀文本的儀式流程及象徵含義做了簡略介紹。⑤

在瘟神譜系的研究方面,日本學者二階堂善弘創獲甚多,其撰《元帥神研究》對通俗文學作品(如四大名著及《宣和遺事》《武王伐紂評話》《平妖傳》《三寶太監西洋記》《八仙東遊記》等),《三教搜神大全》《道法會元》《法海遺珠》及道教各派中常見的諸多元帥神的神格形象、原型、職司及演變過程,從文獻學角度進行翔實地考證和梳理。在這類元帥神中,有相當一部分

---

① 參見林富士:《疾病終結者——中國早期的道教醫學》,三民書局 2001 年版;林富士:《中國中古時期的宗教與醫療》,聯經出版社 2008 年版(此書又由北京的中華書局 2012 年推出簡體字版)。
② 參見張澤洪:《道教齋醮符咒儀式》,巴蜀書社 1999 年版,第 263—277 頁。
③ 參見張澤洪:《文化傳播與儀式象徵——中國西南少數民族宗教與道教祭祀儀式比較研究》,巴蜀書社 2007 年版。
④ 參見李遠國:《神霄雷法:道教神霄派沿革與思想》,四川人民出版社 2003 年版。
⑤ 參見劉仲宇:《道教法術》,上海文化出版社 2002 年版,第 423—455 頁。

是擔負著驅瘟逐疫的職責,有些甚至是從瘟神演變而來的。①

### (四)臺灣王醮儀式的研究

北宋以降,中國部分地區尤其是瀕江臨海的水域沿線地帶逐漸興起以送瘟為主旨的禮俗活動,其外在表現形式就是打造船隻(紙、木等質地)遣送瘟君離境。這種遣船送瘟的做法在明清時期達到鼎盛,流緒延續至今,並成為族群集體性對抗瘟疫的古老記憶。今天,臺灣、福建、廣東、浙江等沿海省份的民間社會中仍可見到各種形式的送瘟船活動。其中,保存最為完整、具有典型性意義的,當推臺灣南部地區的王船醮典(或稱王船祭),俗稱送王船。圍繞送王船而展開的一系列宗教儀式活動被稱作王醮儀式。在南臺灣王醮儀式中,靈寶派道士扮演了重要的角色,其敷演的禳瘟祈安科儀大抵承襲於宋明以來的道教傳統。

有關臺灣道教儀式的研究,荷蘭、日本、法國、美國及臺灣本土學者著力甚多,並取得豐碩成果。縱觀五十餘年的研究歷程,我們可大致劃分為三個階段:

1. 開拓期。20世紀60—80年代是臺灣道教儀式研究的初創階段。在此時期,有幾位學者作出傑出貢獻,分別是荷蘭學者施舟人(又作施博爾,Schipper Kristofer)、美國學者蘇海涵(又譯作邁克爾·薩梭,Michael R.Saso)、日本學者大淵忍爾、臺灣學者劉枝萬。他們都十分重視田野調查,克服諸多不利因素,遊走於各家道壇和儀式現場,和道士交心做朋友,有的學者甚至直接拜師入道(如施舟人),故得以近距離觀摩和學習道壇儀軌、熟稔演法之事,同時收集和掌握了大量的珍貴文獻和秘不外傳的心傳訣法,並將抄本文獻與操作實踐聯繫起來,在具體應用中領悟道門齋醮的真諦,從而為今後學術研究的開展打下堅實基礎。

20世紀60—70年代,荷蘭裔學者施舟人到臺灣訪學,拜臺南道長曾賜、陳聰為師,正式受籙成為玄門弟子,得獲親身體道、踐行法壇之資格。他在府城居留七年,涉獵甚廣,大肆搜羅當地各家道壇的科儀抄本、秘訣、道曲唱譜、器物等攜歸法國,入藏法蘭西國立高等學院。此後,施舟人陸續撰寫眾多論述向海外學界介紹和宣傳臺南靈寶道壇的科儀內涵及歷史淵源,引起國際社會的廣泛關注,其本人也被譽為當代歐洲三大漢學家之一,受到中國政府的禮遇。

20世紀60年代,美國學者蘇海涵在臺灣從事道教、民俗的調查和研究,

---

① 參見[日]二階堂善弘:《元帥神研究》,劉雄峰譯,齊魯書社2014年版。

他長期深入北部的新竹一帶,與當地陳登雲、錢枝彩等靈寶道士結交,獲取莊、林、陳、吳諸家世傳抄本、秘訣共計 104 種,遂以《莊林續道藏》為名交由臺北成文出版社影印出版,[①] 嗣後又將新獲的數種科儀秘本彙編成《道教秘訣集成》由日本東京的龍溪書舍影印出版。[②] 蘇氏的最大貢獻在於保留這批抄本的原始面貌,將道門秘器以影印的方式公諸於眾。此舉雖有利於學界研究,卻引發當地道士的不滿和抵制。

　　日本學者大淵忍爾步施、蘇等人後塵,於 20 世紀 70 年代後期到臺南進行田野調查,與可操日文對話的府城潁川道壇陳榮盛交善,受其信任而獲允影印陳聯、陳榮盛父子的家傳科儀抄本,重新加以排版打印、分類編目和解說概述,於 1983 年出版面世,受到日本學界的高度重視。[③]

　　上述幾位外國學者大多偏重於臺灣道教科儀資料的收集和整理,帶有一些佔有、掠奪性質。我們認為,無論是通過拜師傳授、私人捐贈抑或購買等方式,將抄本原件攜離原地、甚至帶到境外,都是不可取的,因為這在客觀上造成了文本與使用者的割裂。科儀抄本倘若脫離了儀式現場,就勢必成為失去生命力的"死"文本。通常說來,科儀本原件具有不可再生性,亦係見證道壇沿革、道士家族之傳承歷史及譜系的第一手史料,具有較高的文物價值和學術價值,故為道士所珍藏。學者從事田野調查時應恪守行業規矩、尊重教界倫理,切勿輕取珍本原件和法訣秘本,更不可據為己有或視為一己之私物而肆意處置。事實上,通過影印、拍照、掃描等現代科技手段完全可以達到仿真效果,而不必一味追求佔有原件。此外,將一些教內心傳、師徒相授的秘傳訣法不加區分地全部公開,也嚴重違背道門傳統,且會破壞當地的宗教生態環境,造成道法傳承上的混亂和失序。以往學界不乏有人靠掠取古人之文化遺產來博取一己私名,雖然名聲大振而斬獲多項榮譽,但難免遭到教內人士的詬病和非議,也為後來者從事田野調查造成負面影響。這是新生代學人應該引以為戒的。

　　劉枝萬是臺灣本土學者中最早投入道教科儀研究的人,他深受日本漢學界影響,重視文獻史料和儀式源流的辨析和考證,同時援引人類學的理論和方法對臺灣南部的靈寶派和北部的正一派道士、道壇及科儀演法等內容展開深入探討,先後撰寫一系列論著,並將專題論文結集出版,由此掀開臺

---

①　參見莊陳登雲守傳, Michael Saso（蘇海涵）輯編:《莊林續道藏》,成文出版社 1975 年版。

②　參見 [美] Michael Saso（蘇海涵）輯編:《道教秘訣集成》,龍溪書舍 1979 年版。

③　參見 [日] 大淵忍爾編:《中國人の宗教禮儀:仏教、道教と民間信仰》,福武書店 1983 年版。

灣學者研究本土宗教的新篇章。①

　　2. 發展期。1990—2005 年的這十五年間,臺灣道教科儀的研究駛入快車道,大量成果不斷湧現,一度呈現井噴之態勢。在此期間,日本學者淺野春二、松本浩一、丸山宏,法國學者勞格文(John Lagerwey),美國柏夷(Stephen R.Bokenkamp)、康豹(Paul R.Katz),臺灣學者丁煌、李豐楙、呂鍾寬等,在前人研究的基礎上持續推進並斬獲頗豐。

　　日本學者比較重視人類學的田野調查方式,深入儀式現場進行實地觀摩和訪談。淺野春二先後出版《道教の教團と儀禮》《飛翔天界——道士の技法》《臺灣における道教儀禮の研究》《道教儀禮としての醮と民眾の祭りとしての醮——臺灣南部の事例から》等專著及一系列論文,主要圍繞臺南府城潁川道壇陳榮盛道長的科儀演法展開討論,可惜大多流於儀式流程的描述,缺少歷史與文獻相結合的深度解析。② 松本浩一則由文獻學入手,轉而從事道教禮儀的田野調查,撰文討論北部紅頭道士、南部閭山法師及中元普度等議題。③ 丸山宏是一位非常優秀的道教儀禮研究專家,其在博士學位論文基礎上修訂出版的《道教禮儀文書の歷史的研究》將文獻考證與實地調查相結合,既有唐宋道教科儀之歷史淵源的追溯和稽考,又有現代臺南道壇科儀現狀的描述和分析,是一部具有較高學術價值的研究著作。④

　　法國學者勞格文(John Lagerwey)曾師從施舟人教授,受其影響而潛心研究臺灣道教的科儀活動,不僅出版個人的幾部專著,亦先後主持多項針對中國內陸及港臺宗教儀式的田野調查項目,相關成果彙編為多部論文

---

①　參見劉枝萬:《臺北市松山祈安建醮祭典——臺灣祈安醮祭習俗研究之一》,"中央"研究院民族學研究所 1967 年版;劉枝萬:《中國民間信仰論集》,"中央"研究院民族學研究所 1975 年版;劉枝萬:《臺灣民間信仰論集》,聯經出版社 1983 年版。

②　參見[日]淺野春二:《道教の教團と儀禮》,雄山閣 2000 年版;淺野春二:《飛翔天界——道士の技法》,春秋社 2003 年版;淺野春二:《臺灣における道教儀禮の研究》,笠間書院 2005 年版。

③　參見[日]松本浩一:《臺北市松山區霞海城隍廟の建醮》,《社會文化史學》31 號,1997 年;松本浩一:《臺北市の祠廟と禮斗法會》,《東方宗教》90 號,1997 年;松本浩一:《臺南林法師の補運儀禮》,《圖書館情報大學研究報告》18 卷 1 號,1999 年;松本浩一:《臺南林法師の打城儀禮》,《社會文化史學》40 號,1999 年;松本浩一:《中國の呪術》,大修館書店 2001 年版;松本浩一:《臺灣北部紅頭道士の祭解》,阪出祥伸先生退休記念論集刊行會:《中國思想における身體・自然・信仰——阪出祥伸先生退休記念論集》,東方書店 2004 年版;松本浩一:《臺灣北部紅頭道士の超拔》,《東京家政學院筑波女子大學紀要》第 8 集,2004 年;松本浩一:《宋代的道教與民間信仰》,汲古書院 2006 年版。

④　參見[日]丸山宏:《道教禮儀文書の歷史的研究》,汲古書屋 2004 年版。

集。① 美國學者康豹強調以一種社會史的角度來研究宗教，主張將宗教研究納入為社會、文化、歷史研究的一部分，故其研究旨趣鎖定在道教與民間信仰及民眾生活之間的互動和交流。② 他對於江浙、臺灣等地王爺信仰的研究，以及對屏東縣東港東隆宮迎王祭典的關注，無不貫徹這一治學理念。③

　　關於臺灣島內道教研究領軍人物的評價，中國大陸學界素有“南丁北李”之美譽：“南丁”是指臺南的丁煌教授，“北李”係為臺北的李豐楙教授。20 世紀 90 年代初，丁煌歷時數年追蹤活躍於臺南府城一帶、具有悠久歷史的幾家著名道壇，對這些世業道士家族的傳承、衍變與現狀進行深入調查摸底，基本梳理清楚了各家道壇的譜系脈絡及其內部的聯姻關係、道法傳授等情況。④ 李豐楙涉獵甚廣、著述頗豐，他以極大熱情投身於臺灣道教科儀的研究事業，其涉足範圍之寬、耕耘程度之深、持續時間之久，均令人矚目。二十餘年間，李豐楙先後撰述了數部專著和眾多論文，並為迄今仍保留建醮傳統的東港東隆宮等宮觀撰寫醮志。⑤

① 參見 [法] John Lagerwey（勞格文），*Taoist Ritual in Chinese Society and History*，New York：Macmillan，1987.（中譯名：《中國社會與歷史中的道教儀式》）；John Lagerwey，*Le continent des esprits：La Chine dans le miroir du taoïsme*，Bruxelles：La Renaissance du Livre，1991.（中譯名：《神州：道教反映的中國》）

② 參見 [美] Paul R.Katz（康豹），*Demon Hordes and Burning Boats：The Cult of Marshal Wen in Late Imperial Chekiang*，Albany：SUNY Press，1995；康豹：《臺灣的王爺信仰》，商鼎文化出版社 1997 年版。

③ 參見 [美] 康豹：《東隆宮迎王祭典中的和瘟儀式及其科儀本》，《“中央”研究院民族所資料彙編》第 2 期（1990 年），“中央”研究院民族學研究所，第 197—215 頁；康豹：《屏東縣東港鎮的迎王平安祭典——臺灣瘟神與王爺信仰之分析》，《“中央”研究院民族學研究所集刊》第 70 期（1991 年），第 95—211 頁。

④ 參見丁煌：《臺南世業道士陳、曾二家初探——以其家世、傳衍及文物散佚為主題略論》，《道教學探索》第叄號（1990 年 12 月），第 283—357 頁。

⑤ 參見李豐楙：《東港王船祭》，屏東縣政府 1993 年版；李豐楙：《東港王船和瘟與送王習俗之研究》，《東方宗教研究》新 3 期（1993 年 10 月），第 227—265 頁；李豐楙：《臺灣東港安平祭典的王爺繞境與合境平安》，《民俗曲藝》85 期（1993 年 9 月），第 273—323 頁；李豐楙：《行瘟與送瘟：道教與民眾瘟疫觀的交流和分歧》，載漢學研究中心主編：《民間信仰與中國文化國際研討會論文集》，漢學研究中心 1994 年 4 月，第 373—422 頁；李豐楙、李秀娥、謝宗榮、謝聰輝等：《東港迎王——東港東隆宮丁丑正科平安祭典》，臺灣學生書局 1998 年版；李豐楙、謝聰輝、謝宗榮、李秀娥、李麗涼：《蘆洲湧蓮寺丁丑年五朝慶成祈安福醮志》，湧蓮寺 1998 年版；李豐楙：《嚴肅與遊戲：從蠟祭到迎王祭的“非常”觀察》，《“中央”研究院民族學研究所集刊》第 88 期（1999 年），第 135—172 頁；李豐楙、謝聰輝、謝宗榮、李秀娥、張叔卿：《雞籠慶讚中元——己卯年林姓主普紀念專輯》，基隆市林姓主普祭典委員會 2000 年版；李豐楙：《迎王與送王：頭人與社民的儀式表演——以屏東東港、臺南西港為主的考察》，《民俗曲藝》129 期（2001 年 1 月），第 1—42 頁。

　　儀式與音樂是密不可分的,音樂演奏是宗教儀式中不可或缺的重要構成要素。令人遺憾的是,道教研究學者中甚少有精通音樂者,從而導致該領域少有人問津。呂錘寬教授畢業於法國巴黎第四大學(Universit de Paris-Sorbonne)音樂學院,長期從事傳統音樂的教學與研究。自從 20 世紀 90 年代以來,呂錘寬沉醉於道教音樂的獨特魅力,不辭辛勞地奔走於各地道壇現場採錄和整理儀式音樂,調查對象包括南部的靈寶派和北部的正一派。他於 1994 年出版《臺灣的道教儀式與音樂》一書堪稱臺灣道教科儀音樂研究上的扛鼎之作,具有里程碑式的重要意義。[①] 近年推出的新作《道教儀式與音樂之神聖性與世俗化(儀式篇、音樂篇)》,是作者凝聚心血、傾力打造的又一部重要作品。[②] 此外,呂錘寬教授還引導研究生從事道教科儀音樂的研究,經其指導下完成的此類選題之碩博士論文已將近有十篇,可以說島內從事宗教式音樂研究的青年學人大多出自其門下,從而避免後繼乏人之虞。

　　3. 深化期。2005 年以來,臺灣道教儀式研究呈現出的一個明顯的特徵,就是朝向專門化、專題化、精細化方向推進,較之以往宏觀性、通識性、普及介紹性的研究有了更為深入的討論。在此期間,一些中青年學者及在讀研究生逐漸擔任重要角色,乃至成為田野調查的主力軍。其中有代表性的是謝聰輝、山田明廣(Yamada, Akihiro)、姜守誠等人。

　　謝聰輝師從李豐楙教授,二人多次合作撰寫論著及醮志。謝聰輝的研究特點是比較重視文獻,善於從文檢入手揭示道門科儀的內涵及源流,其突出表現在兩個方面:其一是花費大量精力考證《度人經》《玉皇經》等典籍的成書過程及其在現行臺灣齋醮儀式中的應用;其二是注意收集南部靈寶派、北部正一派各家道壇的儀式文檢,並結合田野現場而還原到儀式流程中進行整體考察,藉此探討演法內涵及歷史淵源。[③] 近年來,他開始將目光轉向

---

① 參見呂錘寬:《臺灣的道教儀式與音樂》,學藝出版社 1994 年版。

② 參見呂錘寬:《道教儀式與音樂之神聖性與世俗化》(儀式篇、音樂篇),行政院文化建設委員會文化資產總管理處籌備處 2009 年版。

③ 參見李豐楙、謝聰輝:《臺灣齋醮》,"國立"傳統藝術籌備處 2001 年版;吳永猛、謝聰輝:《臺灣民間信仰儀式》,空中大學 2005 年版;謝聰輝:《臺南地區靈寶道壇〈無上九幽放赦告下真科〉文檢考源》,《中國學術年刊》第 28 期(2006 年 9 月),第 61—95 頁;謝聰輝:《臺南地區靈寶道壇〈無上九幽放赦告下真科〉文檢的仙曹名稱與文體格式考論》,《國文學報》第 40 期(2006 年 12 月),第 75—116 頁;謝聰輝:《一卷本度人經及其在臺灣正一派的運用析論》,《中國學術年刊》第 30 期(2008 年 3 月),第 105—136 頁;謝聰輝:《六朝道經在臺灣靈寶醮典的運用析論》,《國文學報》第 43 期(2008 年 6 月),第 43—74 頁;謝聰輝:《臺灣道法二門建醮文檢研究:以基隆廣遠壇乙酉年七朝醮典演法為例》,《清華學報》新 39

大陸,在福建泉州等地展開田野調查,試圖對閩、臺兩地的道法傳承及科儀傳統進行比較研究。

　　日本青年學者山田明廣(Yamada, Akihiro)近來發表一系列研究臺灣道教儀禮的論文,令人矚目。他曾以訪問學員的身份赴臺留學數年,可操流利的中文,此後又利用各種機會頻繁往來臺灣進行田野考察。他的興趣十分廣泛,對北部的正一派(俗稱紅頭道士)、禪和派(俗稱香花僧)及南部的靈寶派(俗稱黑頭道士)、閭山派(俗稱小法師)都進行過追蹤調查。他投入最多精力的當屬南部靈寶派道士的拔度齋儀,其特點是將臺南與高屏兩地道壇的科儀演法進行比對研究。我們知道,臺南與高雄、屏東等地的道士,雖然同屬於清微靈寶派,但在儀式文本、科儀演法、後場音樂等方面均存在較大差異。他的博士學位論文《道教齋儀の研究》就是從比較宗教學的視角來考察臺灣南部靈寶道派的拔度功德禮儀,並陸續刊發相關論文。①

　　姜守誠是首位長期深入南臺灣地區進行道教儀式調查的大陸學者,他利用在(臺南)成功大學從事博士後研究的便利條件,於 2008 年 9 月—2009 年 8 月間有計劃地對臺南、高雄及屏東等地的宮觀、道壇、道士及其儀式活動展開實地調查,拍攝大量的照片、音頻、影像等數碼資料,採集和掌握了數套完整的齋醮科儀本影印件,相關研究成果陸續發布和撰寫之中。

　　近年來,一些高校在讀研究生開始熱衷於選擇臺灣本土的道壇、道士及儀式活動作為學位論文的主攻方向,這是一種令人可喜的新趨勢。除了前面談到的呂錘寬教授指導下從事儀式音樂研究的碩博士生外,還有臺南大學臺灣文化研究所戴文鋒教授指導下的一批碩士研究生亦關注臺南地區的王醮儀式。不過,這些學位論文大多偏重於儀式流程的描述,缺乏深度的文本解析和理論探討。

---

卷 2 期(2009 年 6 月),第 181—225 頁;謝聰輝:《大人宮翁家族譜與道壇源流考述》,《臺灣史研究》16 卷 2 期(2009 年 6 月),第 205—258 頁;謝聰輝:《新天帝之命:玉皇、梓潼與飛鸞》,臺灣商務印書館 2013 年版。

①　參見[日]山田明廣:《道教の功德儀禮の科儀について―臺南市の一朝宿啟の功德を例として―》,《三教交涉論叢》,京都大學人文科學研究所 2005 年,第 343—372 頁;山田明廣:《臺灣道教の功德にみられる地域的差異―臺南地域と高雄・屏東地域の功德儀禮の比較と通して―》,《アジア文化交流研究》第 2 號(2007 年),第 283—310 頁;山田明廣:《臺灣南部地域の放赦科儀について―高雄・屏東地域の放赦科儀を中心に―》,《東方宗教》第 109 號(2007 年),第 70—91 頁;[日]山田明廣:《道教齋儀の研究》,(日本)關西大學大學院文學研究科中國文學專攻,2008 年博士學位論文;山田明廣:《臺灣道教合符童子科儀之形成的初步探討》,《成大歷史學報》第 39 號(2010 年 12 月),第 177—202 頁。

## 二、概　念　詮　釋

　　本書標題及正文論述中頻繁出現和使用了幾個名詞術語——近世、儀式、送瘟、王醮、靈寶道派，在這裏有必要加以詮釋和解說。

　　1. 近世。"近世"的概念最先由日本學者內藤湖南提出，他依照歐洲歷史的發展規律，將中國古代史劃分為三個階段：古代（原始社會——東漢時期），中世（秦漢——五代、十國時期），近世（宋以後，即宋元明清時期）。關於"近世"的分界和定義，內藤氏主張"唐宋變革論"，認為"唐代是中世的結束，宋代則是近世的開始"，亦即唐宋之間政治、經濟、文化、制度、社會的變革標誌著中世向近世的轉變。這一觀點在日本學界產生重大影響，並為中國學者所接受。我們沿用這一概念，是緣於本書所討論的主題內容在起始時間上恰好符合近世開端之範疇，亦即北宋以降的"送瘟"儀式、文獻及其風俗。不過，需要指出的是，本書的研究視域和歷史跨度並非嚴格限定在"近世"，相關話題的討論不是到清末就戛然而止，還包括現代臺灣。這是因為，當今臺灣世業道壇所演行的齋醮儀式絕非自創而是源自中國大陸——明末清初時隨福建、廣東等地移民傳播過去的，其所依憑的科儀底本依舊是淵源有自的古本，他們的唱腔、服飾、法器、儀式流程及神祇信仰等無不再現了明清時期的道教風采，有些內容甚至可以追溯到宋元。換句話說，今天臺灣南部地區盛行的王醮儀式其實就是近世道教"送瘟"儀式的遺存和延續，對於理解中國古代"送瘟"習俗具有極其重要的參考價值。

　　2. 儀式。儀式，又稱科儀、儀範、儀軌等，是中國道教的核心內容，也是傳承教義、弘揚道法的重要載體。自東漢以來，道門科儀歷經六朝、隋唐的發展和完善，到宋元時期已然成熟，形成一套獨具特色的理論體系和表演範式，此後又經明清兩代的增衍和補充，最終成為百科全書式、蘊含豐富內涵的宗教文化形式。相對於中國大陸而言，臺灣地區較好地保存道教科儀傳統，尤其以南部地區（臺南市、高雄及屏東一帶）最具代表性。這裏的宗教活動十分頻繁、且有悠久的歷史，那些計有數代傳承史的世業道壇（家族）至今仍活躍在基層第一線，如穎川道壇陳氏、白砂崙道壇郭氏、永安道壇杜氏、延陵道壇吳氏、灣裡道壇林氏等均在島內享有較高聲譽。在過去的幾百年裏，這些道士家族秉持乃祖舊制，父子相傳、師徒相授、參研道法、取長補短，培養和鍛煉出一批批傑出道士，他們的日常功課就是通過儀式、法術為當地信眾祭神祈福、禳災卻厄，從而贏得人們的尊重和良好的行業口碑。在現代化社會節奏和生活理念的強烈衝擊下，這些世業道士在堅守傳統的同時,又不墨守陳規,在保持自身的宗派傳承及道法特色的前提下,他們多能以開放的心態,博採眾家、推陳出新,故成為島內道教儀範之佼佼者。本書中的下篇五章將以實地調查材料為基礎,深入探討南臺灣靈寶道派"送瘟"(王醮)儀式的沿革歷史、演法程式及其科儀文書的宗教內涵等。

3. 送瘟。中國古代醫學知識相對匱乏、醫療救治手段也較為落後,一旦爆發惡性傳染疾病就必然造成大量的人員傷亡。在這種情況下,古人往往把疫病的流行歸因於瘟神之散佈所致。相應地,人們就寄希望於通過"祀瘟神"或"送瘟船"等禳祭方式來祈求治愈疾病和遏制瘟疫的蔓延。北宋以降,這兩種"送瘟"形式成為一種民間信仰而廣為傳播,由此推動明清時期閩臺地區瘟疫醮——"王醮"科儀及"送王船"習俗的興起。

4. 王醮。"王醮"儀式是明清以降閩臺地區十分盛行的一種宗教民俗活動,其含義就是將代表瘟疫和災厄的瘟神(王爺)迎請來祭祀禮遇一番後,再將其連同交通工具"王船"一起送離出境,故世人又稱為"送王船"。"王醮"實為瘟疫醮科儀之一,世人避忌"瘟"字不雅、故隱喻稱之為"王醮"或"王船醮""王爺醮"。舉凡"王醮"科儀的場面大多極為隆重,醮期也通常較長——今臺灣南部地區常見有三朝(天)、五朝(天)、七朝(天)乃至九朝(天)之實例。"王醮"是對瘟神的祭祀,源於北宋時人"祀瘟神"傳統。"王醮"科儀通常以焚送王船為全部儀式的高潮和結束,其原型可追溯至宋明時期的"送瘟船"習俗。換言之,北宋以降"祀瘟神"與"送瘟船"做法在今閩臺地區"送王船"習俗中得到完整地保留和體現,而它們的核心理念均源自於民眾對瘟疫等惡性傳染疾病的恐懼和禳祀。概括說來,"祀瘟神""送瘟船""送王船"風俗不過是人們對於瘟疫之禳除在歷史長河中的不同表現形式。

5. 靈寶道派。靈寶派是早期道教的重要派別之一。東晉末年,葛巢甫及其後繼者在古《靈寶經》基礎上又造作大批新經,並構建了從元始天尊到葛玄、葛洪的傳經譜系,藉此開創以經書命名的靈寶派。南朝劉宋時,陸修靜增修典籍,設立儀軌,使靈寶宗風大行天下。南宋以降,靈寶派、清微派、神霄派、上清派等諸多江南符籙派逐漸合流為正一派,由江西龍虎山張天師統領三山符籙——龍虎山天師道、閤皂山靈寶派、茅山上清派。今臺灣道士延續的道脈譜系均屬正一派火居道法傳統,即不出家,不住道觀,散居在城市和鄉村中,以私宅設壇,通過家傳或師授的方式傳承道法,日常功課就是為當地廟宇、信眾舉行齋醮儀式,並以之為主要收入來源。又據劉枝萬、丁煌、李豐楙、呂鍾寬等學者的研究,臺灣道士以臺中、彰化一帶為界劃分為南北兩大派:北部道士以演行祈安植福的醮儀為主,不做超度亡魂的齋事,兼行閭山法場（收驚解厄），通常稱為正一派（或稱道法二門道壇、紅頭師公），主要活動範圍是臺北、基隆、宜蘭、新竹、桃園等地；南部道士則烏紅、齋醮兼行，既擅濟生又行度亡，通常稱為靈寶派（或稱清微靈寶道壇、烏頭師公），主要集中在臺南、高雄、屏東等地。本書中涉及臺灣靈寶道派時，亦沿襲上述說法。

## 三、研 究 方 法

在本書的研究中，我們將恪守學術規範、拓寬學術視角、注重學科交叉，盡可能採納和運用多種研究方法。我們基於史論結合的治學理念，始終堅持理論與實踐、歷史和現實、抽象和具體的辯證統一，力求用史料"說話"，做到言有出處、論必有據，而不是自說自話、流於空疏。

### （一）秉承"文獻考據"的傳統和原則

文獻是研究的基礎，沒有典籍文獻就無法展開科學的考證和闡釋。而考據學則是駕馭傳世文獻的有力武器，這就要求必須掌握文字學、訓詁學、音韻學、目錄學等傳統知識，熟知傳世文獻的種類、版本及文字校勘、輯佚注釋等工作。前輩學者將考據學精神貫徹到研究中形成一種治學風格，那就是：言必有據、論不妄發，言之有物、持之有故。任何觀點的提出必須立足於文獻依據、以此為基礎進行分析和論述，大量援引第一手材料來考鏡源流或論證思想，是漢學及樸學的重要特徵。此外，研究者還應具備史料批判精神，徵引文獻時必須就其真實性和可靠性進行評估和審查，需要用決疑的態度、嚴格的方法、科學的眼光來嚴密考證、解決問題，這樣才能廓清史料謎障、構建可靠歷史。本書倚重的傳世文獻大抵可分為道門經典、諸子、風俗、方志類書。同時，我們也試圖從資料和方法上獲得突破，擺脫道書典籍的束縛，打破文本研究的固有模式，不再拘泥於傳統文獻的考證，力求站在宏觀的學術視野下，廣采博取，將一切有價值的研究對象均納入考察範圍，譬如田野調查所獲得的活態的宗教儀式及科儀抄本等。這些不同形態材料的有機融合，必將促進道教研究呈現出多面向，也有利於推進道教文化的深層解讀。

### （二）運用"田野調查"的方法和材料

以往道教研究大抵是在書齋裏完成的，學者們通常以研讀明版《道藏》為基礎進行研究——或考鏡源流、或爬梳史料、或苦思冥想。不過，這種純粹依賴傳世文獻、傳統史料的治學方法也存在明顯的弊端,那就是過於重視上層精英文化而忽視庶民社會的日常生活和信仰世界。走入田野、實地調研,不僅是資料收集方式上的轉變,也是研究方法和學術眼光的突破,有助於克服長期以來形成的研究對象"偶像化""靜態化"傾向。越來越多的學者認識到,道教研究不應局限於傳統文獻的哲理闡釋而應爭取史料和方法上的突破,田野調查就是實現這一突破的重要途徑之一。走入宗教現場能夠幫助研究者從田野中獲得第一手的研究資料,為道教研究提供豐富而真實的素材。同時,借助田野調查可以再現歷史情景和社會境遇,進而將文獻資料放置到相應的自然和人文場景中加以解讀,這有助於重新理解教內文獻的價值和功能及其傳播過程和傳承經歷,也利於更全面、真實地反映和重建中國道教傳統的本真面貌。其實,田野調查與文本詮釋的關係猶如實踐與認識的相輔相成,人類文明的發展規律通常是由實踐到認識、再由認識到實踐的螺旋式前進。對於道教研究來說,亦應符合這一規律。這就要求我們必須重視實地調查研究的學術風氣,走出書齋,進入田野,對散落各地的道教文化遺存進行實地的、細緻的觀察和了解。

### （三）重視"非文字材料"的價值和作用

傳世文獻及出土文獻、金石碑刻等都是以文字為表現形式,均可歸入"文字材料"類。此外,對"非文字材料"也應給予格外重視。所謂"非文字材料"就是指除了文字以外的視覺、聽覺等其他資料。這些材料可以彌補"文字材料"的不足,有助於我們更好地領悟和體會相關文獻記載,而且能夠拓寬研究視野、延伸關注領域。若將這些"非文字材料"撿拾起來,放置到特定的歷史背景和文化語境下予以正確解讀,使之成為"文字材料"的佐證或輔證,無疑是有意義的。有鑑於此,本書的研究將嘗試採用一些"非文字資料"作為考察對象或佐證材料——譬如田野調查中所獲今臺灣南部地區靈寶派道士演行王醮儀式的壇場設置、儀式音樂、科介動作、供品、法器、服飾等。我們希望引入最新的宗教學、圖像學、人類學、民俗學等領域的理論和方法,運用多種手段對所涉議題進行跨學科、深層次、立體式的綜合研究。

## 四、學術價值

本書的研究內容涉及宗教學、歷史學、民俗學等不同學科,我們試圖打破固有的條條框框,將理論思辨與文本考據、田野調查等方法整合,借助不同學科的基本原理及操作方法進行跨學科、立體式的綜合研究,深入發掘材料背後的豐富信息,藉此梳理出近世中國民眾送瘟信仰的基本情況和歷史淵源。本書的創新之處在於將實地田調材料與傳世文獻資料(《正統道藏》《萬曆續道藏》及明清道書等)結合起來,借助田野材料來加深對傳世文獻的理解,同時利用傳世道書文獻中的文字記載來檢視道教科儀在數百年歷史長河中的變遷和增衍。通過將文獻與田野相結合,我們可以將歷史與現實、傳統與現代、宗教與社會、信仰與民俗等多視角合理地交叉並予以細緻地剖析,從宏觀的歷史背景下來展現北宋以來道教送瘟信仰及其儀式的發展和演變。

本書充分利用筆者在臺灣從事田野考察時所獲的大批珍貴科儀文本和影像資料,結合傳世道教文獻中的相關記載,對今存臺灣靈寶道派王醮科儀法事活動展開分析和探討。相對於中國大陸而言,臺灣地區較好地保存了道教科儀傳統,尤其以南部地區(臺南、高雄及屏東一帶)最具代表性。那裏的宗教活動十分頻繁、且有悠久的歷史,一些世代傳承的道壇及道士家族迄今仍活躍在基層第一線。他們的日常功課就是通過儀式、法術為當地信眾祭神祈福、禳災却厄,從而贏得人們的尊重和良好的行業口碑。

本書的研究對當前兩岸關係有著積極的現實意義,在某種程度上或有利於促進海峽兩岸的和平統一。海峽兩岸民眾自古一衣帶水,這從宗教信仰上即表現得一覽無遺。臺灣道教源自大陸,與祖國血脈相連,臺灣的道教文化若離開大陸這一母體滋養必將成為無根之水、無本之木。借助本書之研究,我們希望有助於加深海峽兩岸民眾的相互了解,增進友好互信,為祖國的和平統一大業貢獻一份心力。

由於中國近世道教的送瘟信仰及儀式極其龐雜,研究過程中可能會涉及諸多領域和邊緣交叉學科。這就要求研究者必須具備扎實的理論功底和廣博的知識積累。筆者自覺此點尚欠缺很多,自身的知識儲備不足,時有力不從心之感。此外,文本詮釋通常會受到語言文字的遮蔽。我們在詮釋宗教儀式所象徵的真實含義時,也同樣面對遮蔽的問題。加之,明代《道藏》收錄的科儀文獻十分繁富,內容也比較龐雜邃奧,且文辭語言質樸拙澀、"俚俗支蔓",這些客觀因素容易導致理解和詮釋上的偏差,從而加劇了研究上的困難。上述困難之克服,乃需經過長期的準備過程。本書的研究僅是一個開端,今後,我們將沿著這一路徑繼續深入下去。

# 五、内 容 框 架

　　除了緒論和結束語外,正文部分凡計有十二章,按時代順序和内容主題劃分為上、中、下三篇。上篇共計四章(第一至四章)主要討論宋元時期"送瘟"習俗的緣起及流傳地域,旨在從宏觀角度考察道教瘟疫醮的各種細節,著重分析宋元神霄派的兩種送瘟儀式——遣瘟送船儀和遣瘟治病訣法。中篇共計三章(第五至七章)主要談論明清時期閩臺地區"送王船"習俗的歷史淵源及影響,介紹南方沿海地區盛傳的兩種禳災祭海活動——"祠沙"和"放綵船",分析《武陵競渡略》所描述的武陵地區端午泛舟的場景流程及禁忌風俗,指出明清以來閩臺地區"送王船"信仰中尚保留上述習俗之遺存,梳理了明清閩臺方志中涉及"出海""王醮"的記載並對兩地的差異及特點進行比較。下篇共計五章(第八至十二章)主要討論現代臺灣的王船信仰及曾文溪沿岸的王醮儀式,詳細分析南臺灣靈寶道派演行王醮儀式的三項核心内容——關祝五雷神燈儀、禳災和瘟三獻儀、打船醮的節次流程及宗教内涵,通過文獻比對指出當今臺灣道士的道法傳承大抵源自大陸,與古老的中國文化及道教傳統有著密切的關聯。

　　第一章《"祀瘟神"與"送瘟船"——中國古代瘟疫醮之緣起》。"祀瘟神"和"送瘟船"是北宋以降中國部分地區十分盛行的兩種祭送瘟神之形式,其核心理念乃基於普通民眾對瘟疫等惡性傳染疾病的恐懼和禳祀。本章通過對相關文獻資料的考證和分析,大致梳理出這兩種習俗的歷史淵源、流傳地域和演變過程,及其對明清時期閩臺地區"王醮"科儀及"送王船"習俗的深遠影響。

　　第二章《宋元道書所見瘟疫醮考源》。瘟疫醮,又稱"禳瘟疫醮""斷瘟疫醮",乃係道門中人專為祛除或預防癘疫而舉行的醮事科儀,其宗旨是為地方民眾驅逐瘟疫、祈求平安。宋元時期道教文獻中收錄古代民間瘟疫醮的翔實史料,其中包括瘟疫醮的起源、流程、神位、法信及疏文等諸多内容。這批珍貴的教内資料完整地記錄了諸多道派對瘟疫醮的形式、流程及内涵的宗教理解和操作實踐。道教文獻中所見的瘟疫醮始於晚唐、宋元時已告成熟,其核心内容包括淨壇、衛靈、請神、三獻、送神、散壇等環節;其召請的神祇不僅有天地、山川等自然神,而且將年月、日時等時間概念神格化;儀式陳設的法信物品也隨著社會發展而日漸豐厚和彰顯個性。此外,宋元道書中收錄的各類瘟疫醮疏文則體現出不同道派處置瘟疫祅鬼時的兩種態度:禮敬和瘟、強制驅逐。

第三章《宋元道教神霄派遣瘟送船儀研究——以〈道法會元〉卷二二〇〈神霄遣瘟送船儀〉為中心》。元末明初時編纂的道教類書《道法會元》收錄有現存最早的遣瘟送船科儀文本《神霄遣瘟送船儀》。該文獻完好地保存了宋元神霄派道士施行的以驅逐瘟疫、淨境安民為核心宗旨的送船科儀的基本情況,藉此可考察此項法事的場景和過程。本章從宗教文獻學角度逐一分析遣瘟送船儀的科介流程及節次內容,並從多視角對文本背後所蘊含的豐富內涵予以論述。

第四章《宋元道教神霄派遣瘟治病訣法考述——以〈道法會元〉卷二二一〈神霄遣瘟治病訣法〉為中心》。《道法會元》收錄的《神霄遣瘟治病訣法》是宋元道教神霄派演行驅逐瘟疫、祛除瘧病等科儀活動的重要文本依據,其中包括"遣瘟送神盤法""入房退病法"兩種訣法。本章從宗教文獻學入手,對上述兩種遣瘟治病訣法的歷史淵源、文化背景及地域特徵等內容進行細緻地考證和分析,概括了它們的法事流程,並逐一分析每個節次所代表的宗教意涵。

第五章《"祠沙""放綵船"考釋——兼論對明清閩臺王醮儀式之影響》。"祠沙"和"放綵船"是北宋及明清時期一度盛傳的兩種禳災祭海活動,素為南方沿海民眾所信奉和傳承。這兩種儀式都是通過將特製小船漂流入海的方式來表達核心理念:祭祀海神、祈求佑護及禳災却害,從而實現人船平安的美好願望。本章從傳世文獻入手對"祠沙"和"放綵船"的歷史淵源及傳承地域等情況作了梳理和分析,並指出明清以降閩臺地區流行的王醮("請相出海")儀式與其有著異曲同工之妙。

第六章《明代〈武陵競渡略〉檢視閩臺"送王船"習俗的歷史傳統》。"送王船"是閩臺地區十分流行的一項民俗活動,其原型可追溯到古老的"龍舟競渡"傳統。本章依據明代楊嗣昌撰《武陵競渡略》描述的武陵地區端午泛舟的場景流程及禁忌風俗,分析指出明清以來閩臺地區"送王船"習俗中尚保留龍舟競渡之遺存。實際上,古時端午競渡的本意亦係為驅除瘟疫,這與閩臺地區流行的"送王船"異曲同工。

第七章《明清文獻中所見閩臺王醮儀式》。閩臺王醮儀式之淵源,當與古老的龍舟競渡及"厲祭"傳統有著直接關聯,兩宋時期江淮及兩湖流域民眾中流行的"祀瘟神"與"送瘟船"習俗則可視為其雛形。明清閩臺方志文獻中大量涉及有關"出海""王醮"的內容,借助這些史料可大致梳理出王醮儀式的緣起、沿革及流佈等情況,並對閩臺兩地的差異及特點展開比較和分析。

第八章《臺灣地區王船信仰的地域分佈及特徵》。王船信仰是明清以降盛行於閩臺地區的一種宗教民俗活動,至今仍為臺灣南部地區民眾所信奉。據研究表明,臺灣當地王船信仰輻射圈大抵可劃分為六大區域:曾文溪流域、八掌溪流域、朴子溪流域、二仁溪流域、東港溪流域、金門及澎湖等離島。這些信仰區域在長期傳承中形成各自獨特的風俗習慣,並得以保存至今。

　　第九章《請王·宴王·送王——臺南曾文溪沿岸的王船祭習俗》。"送王船"是盛行於閩臺沿海地區的一種宗教民俗活動,大多由特定廟宇或村落主持下定期或不定期地舉行,場面極為隆重。臺南市曾文溪沿岸的王船信仰具有悠久歷史,同時也是島內"送王船"習俗最具代表性的區域之一。其中,西港鄉慶安宮、蘇厝長興宮和真護宮、佳里金唐殿、鹿耳門聖母廟等是當地較具有代表性的廟宇,每三年例行一科王醮、焚化王船,遂成慣例。筆者根據實地調查所掌握的田野材料,結合傳世文獻,對臺南王船祭儀式的基本流程——請王、宴王、添載、送王,予以分析和探討。

　　第十章《關祝五雷神燈儀》。"關祝五雷神燈儀"是今天臺灣南部地區王醮及禳瘟祈安醮中必然安排的一項科儀內容,旨在啟請五方雷王施展無窮神威以祈禳却灾、驅逐瘟疫。今本《五雷神燈儀》與道藏本《正一殟司辟毒神燈儀》均屬於禳瘟疫醮之燈儀類。這兩種科儀文本儘管文字內容差異甚大,但在文本結構和儀式流程上卻有較多的相似性。故而說,今臺灣地區所見"關祝五雷神燈儀"有著古老的傳統,乃至可說與宋元時期禳瘟醮儀是一脈相承的。本章以"關祝五雷神燈儀"為案例,結合傳世文獻及田野調查材料,考證和分析該儀式的文獻源流、宗教意涵及其與傳統燈儀文本之關係。

　　第十一章《禳災和瘟三獻儀》。禳災和瘟三獻儀是臺灣南部地區靈寶道派舉行瘟疫醮儀時必會施演的一項內容,通常安排在焚送"王船"(送王)的前晚進行。臺南與高屏兩地的靈寶道壇雖然在表演方式及節次內容上存見差異,但其奉行的宗旨理念均係為驅除瘟疫、祈保平安。總的說來,本場法事中道士禳災時基本採取"先禮後兵"的禳解原則,即先施予文場部分"和瘟三獻"儀式(帶有賄賂性質的行禮獻供)敦請瘟神疫鬼享用供品後自行登上"王船"、遠離此地,對那些頑劣分子(拒不執行者)則演行武場部分"逐疫押煞"儀式(今僅限於高屏地區),施展強制手段掃除諸不祥、確保境內瘟疫不起。我們分別從文獻源流、節次流程和文檢、法器等方面對其內容進行梳理和考證。

　　第十二章《打船醮》。"打船醮"是南臺灣靈寶道派敷演王醮科儀中的一項重要內容,寄託了信眾對"王船"的洗淨及祈福。概括而言,臺南地區"打船醮"儀式共包含十項流程：(1) 三直符；(2) 步虛；(3) 淨壇；(4) 請神・三獻；(5) 入意；(6) 送神；(7) 化紙咒；(8) 唱儎；(9) 開水路；(10) 迴向。其中，"祭船三獻""點班唱儎"及"開通水路"等節次是本場法事的核心環節，充分表達了人們祈盼瘟疫等諸不祥跟隨"王爺"登上龍舟、駛離本境的美好願望。而"唱儎"節次則承襲現實生活中海船啟航前的一貫做法，其"唱儎"名錄所臚列的職司稱謂真實再現了明清時期閩臺地區海商船的機構設置及人員組合。

# 上　篇

# 宋 元 時 期

# 第一章　"祀瘟神"與"送瘟船"

## ——中國古代瘟疫醮之緣起

中國古代醫學知識相對匱乏，醫療救治手段也較為落後，一旦爆發惡性傳染疾病就必然造成大量的人員傷亡。在這種情況下，古人往往把疫病的流行歸因於瘟神之散佈所致。相應地，人們就寄希望於通過"祀瘟神"或"送瘟船"等禳祭方式來祈求治愈疾病和遏制瘟疫的蔓延。北宋以降，這兩種"送瘟"形式遂成為一種民間信仰而廣為傳播，由此推動明清時期閩臺地區瘟疫醮——"王醮"科儀及"送王船"習俗的興起。

## 一、北宋以降"祀瘟神"習俗的流行

北宋蘇軾（1037—1101 年）撰《東坡全集》卷三七《記十三首》"黃州安國寺記"條談到當時位於長江中游北岸的黃州（今屬湖北東部黃岡市）安國寺仍保留每年正月祭祀瘟神的傳統："歲正月，男女萬人會庭中飲食作樂，且祀瘟神，江淮舊俗也。"[①] 引文所述正月時當地民眾男女萬人齊聚廟中，飲食作樂、祭祀瘟神，由此可以想見當時的盛況。蘇氏進而指出，此係承襲江淮一帶的舊俗。此外，北宋名相李綱[②]（1083—1140 年）撰《梁谿集》卷五《古律詩》"田家四首"（之第四首）云："誰謂田家苦，田家樂甚真。雞豚燕同社，簫鼓祭瘟神。高廩方有歲，西疇行復春。但令租賦足，終老得相親。"[③] 這位北宋末年的抗金名臣，籍貫乃係福建邵武，歷官於鄂州、潭州、湖廣、湖南等

---

① （北宋）蘇軾撰：《東坡全集》卷三七，（清）永瑢、紀昀等纂修：《景印文淵閣四庫全書》第1107 冊，集部四六（別集類），第 521 頁。

② 李綱，字伯紀，邵武人，徽宗政和二年（1112 年）進士及第，宣和七年任太常少卿。欽宗時，授兵部侍郎、尚書右丞。宋室南渡，李綱執掌尚書之職，僅 75 天便遭罷相，不久貶鄂州（今湖北武漢市武昌），旋即謫萬安軍（今海南省儋州東南）。建炎四年遇赦後，李綱回到邵武、隱居泰寧丹霞岩。紹興二年（1132 年），以觀文殿大學士知潭州兼荊湖廣南路宣撫使（後改任湖南安撫使），又於紹興五年任江南西路安撫制置大使，兼知洪州。紹興十年（1140年），李綱病死於福州，終年 58 歲，卒贈少師，諡忠定。著有《梁溪集》180 卷、《梁溪詞》等。

③ （北宋）李綱撰：《梁谿集》卷五，（清）永瑢、紀昀等纂修：《景印文淵閣四庫全書》第 1125 冊，集部六四（別集類），第 532 頁。

地,對江浙、湘閩一帶流行的祭祀瘟神做法當有深切之體會,故詩文中才見"簫鼓祭瘟神"語句。此外,南宋末陳元靚所撰《歲時廣記》卷七"祭瘟神"條引北宋呂原明《歲時雜記》云:"元旦(按:正月初一)四鼓祭五瘟之神,其器用酒食並席,祭訖,皆抛棄於墙外。"①這段文字介紹北宋都城汴梁(開封)歲時節令的風俗,談到世人在元日凌晨時分(按:"四鼓"即雞鳴四更,即凌晨丑時,1:00—3:00)祭祀五瘟之神,並在祭祀完畢後,將所有物品(祭品及用具)均抛棄墙外,以示送瘟出門。

南宋平江府吳縣(今江蘇省蘇州)范成大(1126—1193年)撰《吳郡志》(又稱《吳門志》)卷二《風俗》記載:"除夜祭畢,則復爆竹,焚蒼术及辟瘟丹。家人酌酒,名分歲。食物有膠牙餳、守歲盤。夜分祭瘟神,易門神、桃符之屬。"②南宋時平江府(今江蘇省蘇州及上海市的一部分),古稱吳郡,故以《吳郡志》冠名。該書為范氏晚年所作,乃係在唐代陸廣微《吳地記》、北宋朱長文《吳郡圖經續記》等舊籍的基礎上,徵引史料,增補缺佚,約於紹熙三年(1192年)成書,後經汪泰亨等人重新增訂、刊刻付印。這段引文證實南宋蘇州民眾恪守除夕夜半時祭祀瘟神的傳統。這一習俗亦見載於明萬曆年間錢塘人(今浙江杭州市)高濂撰《遵生八箋》,該書卷三"正月事宜"條云:"(正月)元日五更,以紅棗祭五瘟,畢,合家食之,吉。"③隨即,又引《荊楚歲時記》曰:"元日服桃仁湯,為五行之精,可以伏百邪。"④《吳郡志》和《遵生八箋》記載了蘇杭等地的風俗習慣,可見當地民眾在春節守歲時奉行在家中"祭瘟神"。不過,在祭祀瘟神的時間選擇上,二書略存差異:《吳郡志》言明在除夕夜半(即子時,23:00—1:00),《遵生八箋》則為正月初一凌晨五更(即寅時,3:00—5:00)。

南宋洪邁(1123—1202年)撰《夷堅志》戊卷三"張子智毀廟"條云:

① 《續修四庫全書》編輯委員會編:《續修四庫全書》第885冊(史部·時令類),上海古籍出版社2002年版,第196頁;(南宋)陳元靚編:《歲時廣記》卷七,中華書局1985年版(十萬卷樓藏本),叢書集成初編,第71頁;清代劉喜海跋抄本《歲時廣記》(四十二卷),收藏於中國國家圖書館古籍善本庫,書號:13186。
② (南宋)范成大撰,陸振岳校點:《吳郡志》卷二,江蘇古籍出版社1999年版,第14頁。
③ (明)高濂撰:《遵生八箋》卷三,(清)永瑢、紀昀等纂修:《景印文淵閣四庫全書》第871冊,子部一七七(雜家類),第395頁。
④ 《荊楚歲時記》云:"(正月初一)於是長幼悉正衣冠,以次拜賀。進椒柏酒,飲桃湯,進屠蘇酒,膠牙餳,下五辛盤,進敷于散,服却鬼丸。"隋代杜公瞻註曰:"《典術》云:桃者五行之精,厭伏邪氣,制百鬼也。"[(南朝梁)宗懍撰:《荊楚歲時記》,(清)永瑢、紀昀等纂修:《景印文淵閣四庫全書》第589冊,史部三四七(地理類),第15頁]

　　張子智（貴謨）知常州。慶元乙卯春夏間，疫氣大作，民病者十室而九。張多治善藥，分諸坊曲散給，而求者絕少，頗以為疑。詢於郡士，皆云："此邦東岳行宮後有一殿，士人奉祀瘟神，四巫執其柄。凡有疾者，必使來致禱，戒令不得服藥，故雖府中給施而不敢請。"①

　　上述內容是說，張子智（字貴謨）任職常州（今江蘇境內）時，恰逢此地瘟疫流行，民眾染疾得病者甚多，張氏備好藥物施給民眾，沒想到取藥者很少，經打探後才知道：城內東嶽行宮後有一殿堂內供奉瘟神，四名巫師執掌事務，凡染疾病者均被告知來此懺悔祈禱，並告誡不能服藥，故民眾不敢違抗戒令而棄藥。這則故事也反映出瘟疫盛行之時，瘟神信仰對民眾心理發揮著巨大的影響力和恐嚇力。

　　又，《夷堅志》三補"夢五人列坐"條記載：

　　長沙土俗率以歲五月迎南北兩廟瘟神之像，設長杠輿幾三丈，奉土偶於中。惡少年奇容異服，各執其物，簇列環繞，巡行街市。竟則分布坊陌，日嚴香火之薦，謂之大伯子。至於中秋，則裝飾鬼社送之還，為首者持疏詣人家哀錢給費。士子楊伸字居之者……拒而不對。是夕，夢有客通刺來謁，整衣出迎，見五人列坐於廳上，視其狀，則廟中神也，亦未以為怪。②

　　這段引文介紹了當時長沙地區流行的祭祀瘟神之習俗：每年五月時，當地民眾恭迎城中南北兩座廟中瘟神塑像，一幫惡少年扮妝奇特、服飾怪異，各自手執器械，由他們擁簇抬著神像、繞城巡街，意在驅逐瘟疫。完畢後，"社首"按戶上門徵收費用。而士人楊伸夢"見五人列坐於廳上"，乃知廟中供奉係五瘟神。

　　此外，南宋葉適（1150—1223 年）撰《水心集》卷二三《墓誌銘·朝議大夫祕書少監王公墓誌銘》談到南宋名臣王柟"知江陰軍"（即今江蘇江陰市）時，明令禁止當地民眾淫祀瘟神，並搗毀所供之神像，如謂："民事瘟神，謹巫故為陰廡，複屋塑刻詭異，使祭者凜慄，疾愈眾。公鞭巫，撤祠，壞其像，病良已。"③ 同時，這則史料也從側面折射出"淫祀瘟神"信仰在當地民眾中

---

① （南宋）洪邁撰，何卓點校：《夷堅志》戊卷三，中華書局 1981 年版，第 1074 頁。
② （南宋）洪邁撰，何卓點校：《夷堅志》三補，中華書局 1981 年版，第 1808—1809 頁。
③ （南宋）葉適撰：《水心集》卷二三，（清）永瑢、紀昀等纂修：《景印文淵閣四庫全書》第 1164 冊，集部一○三（別集類），第 419 頁。

的盛行。

據上述史料分析可知,有宋一代"祀瘟神"習俗主要流行於地處長江中下游的兩湖流域和江淮一帶及其毗鄰地區——即今天湖南長沙、湖北黃岡和浙江杭州和蘇州、上海、江蘇常州和江陰等地。就祭祀本身而言,"祀瘟神"可分為兩種類型:第一種是常態化的儀式活動,即業已形成特定模式的風俗慣例,行祭時間多選在除夕夜半,或正月初一五更,或正月期間。就儀式規模而言,又分為個體(私人)性祭祀和群體(公眾)性祭祀二種,前者以家庭為單位祀瘟禳災,可視之為除夕守歲習俗的一部分,如范成大《吳郡志》及明代高濂《遵生八箋》所載事例均屬此類;後者乃指民眾齊聚於當地廟宇(多為瘟神廟)從事祭拜活動,人數甚至可達數萬,如蘇軾記述黃州安國寺每年正月"祀瘟神"時的場景即如此。第二種則具有較強目的性的臨時性祭祀活動,此類活動多在瘟疫流行時進行,廣大民眾為求自保而採取有針對性祭瘟禳災(多擇瘟神廟內),其旨在祈求瘟神佑護、使自己和家人免受疫病傷害,屬於"臨時抱佛腳"式的突擊行為,如洪邁《夷堅志》及葉適《水心集》所載即屬此類。其實,後世文獻中亦不乏類似做法。清代袁枚(1716—1797年)撰《子不語》卷二"蘇耽老飲疫神"條云:

> 杭州蘇耽老,性滑稽,善嘲人,人惡之。元旦,畫疫神一紙,壓其門。耽老晨出開門,見而大笑,迎疫神歸,延之上座,與共飲酒,而燒化之。是年大疫,四鄰病者爭祀疫神。其病人輒作神語曰:"我元旦受蘇耽老禮敬,愧無以報。欲禳我者,必請蘇君陪我,我方去。"於是,祀疫神者爭先請蘇。蘇逐日奔忙,困於酒食。其家大小十餘口,無一病者。①

這則故事描述的就是,當地民眾在瘟疫肆虐時為祈求佑護而爭相祭祀瘟神。

明清兩代,瘟神信仰已由兩宋時的江淮流域一帶而迅速擴展到沿海(江)之粵、閩、贛等地及部分內陸地區。清代康雍年間藍鼎元(1680—1733年)撰《鹿洲初集》卷七《傳·儀封先生傳》記載:"福州有所謂五帝者,瘟神也。廟祀遍城鄉,土人惴惴崇奉。先生悉毀之,或改為義塾祀朱子。"②清代

① (清)袁枚撰,崔國光校點:《新齊諧——子不語》卷七,齊魯書社2004年版,第28頁。
② (清)藍鼎元撰:《鹿洲初集》卷七,(清)永瑢、紀昀等纂修:《景印文淵閣四庫全書》第1327冊,集部二六六(別集類),第665頁。

詩人查慎行(1650—1727年)撰《福州太守毀淫祠歌》中則描述了閩地民眾淫祀瘟神近乎失控的情形:"八閩風俗尤信巫,社鼠城狐就私暱。巫言今年神降殃,癘疾將作勢莫當。家家殺牛磔羊豕,舉國奔走如風狂。迎神送神解神怒,會掠金錢十萬戶。旗旄夾道鹵簿馳,官長行來不避路。"① 此外,清咸豐七年(1857年)臺隆阿監修、李翰穎纂修《岫岩志略》卷二《營建志·祠祀》云:"瘟神廟,在東河沿。"② 其實,若翻檢明清各省地方志,我們不難發現這類"瘟神廟"早已遍佈大江南北了,文獻中的相關記載更是不勝枚舉。

## 二、兩宋"送瘟船"習俗的勃興

北宋建安(今福建北部建甌市)人范致明(生卒年不詳,元符年間進士)撰《岳陽風土記》云:"四月八日取羊桐葉、淅米為飯,以祀神及先祖。瀕江諸廟皆有船,四月中擇日下水,擊畫鼓、集人歌以櫂之,至端午罷。其實競渡也,而以為禳災。民之有疾病者,多就水際設神盤以祀神,為酒肉以犒櫂鼓者。或為草船泛之,謂之送瘟。"③ 這裏記述了岳州(今湖南東北部岳陽市)民眾在端午前後舉行泛舟競渡和"送瘟"習俗。岳州,古稱"巴陵",地處長江中下游,瀕臨洞庭湖,轄區水資源豐富(計有四條河流在此交匯:湘江、資江、沅水、澧水)。前述引文談道:岳州民眾每年四月初八以羊桐葉和淅米為飯,祭祀神祇及先祖。沿江各廟皆備舟船,於四月中旬擇日下水、泛舟競渡,鼓聲震天、歡呼雀躍,一直持續到端午節才告結束。其實,競渡的原本含義就是為了消除災害和瘟疫,故而患疾者多擇水邊陳設香案、祭祀神祇(當係瘟神),並以酒肉犒賞划船者和鑼鼓手。有時則把草編之船推放到河裏、任其隨波漂流,稱之為"送瘟"。由此可知,宋代"送瘟神"習俗與古老的端午競渡傳統有著密切關係。④ 據引文略加分析,我們認為:端午競渡乃係由諸多廟方主辦的群體性活動,一般持續半月左右(從農曆四月中旬到端午

① (清)查慎行著,周劭標點:《敬業堂詩集》卷二五《炎天冰雪集》,上海古籍出版社1986年版,第696頁。
② (清)臺隆阿修、李翰穎纂:《岫岩志略》卷二,載鞍山市史志辦公室編:《遼寧舊方志·鞍山卷》,遼寧民族出版社1999年版,第5頁。
③ (北宋)范致明撰:《岳陽風土記》,(清)永瑢、紀昀等纂修:《景印文淵閣四庫全書》第589冊,史部三四七(地理類),第124頁。
④ 有關端午競渡的"送瘟"內涵,詳見江紹原:《端午競渡本意考》,原載《晨報副刊》1926年2月10日、2月11日、2月20日,載苑利主編:《二十世紀中國民俗學經典·社會民俗卷》,社會科學文獻出版社2002年版,第8—34頁;又載王子今編:《趣味考據》(壹),雲南人民出版社2003年版,第246—269頁。

節)。期間,或有民眾為了祛病而在水邊設案祀神,或將草船放入水中漂流,此稱為"送瘟",乃係個體(私人)行為。之所以選擇在此時"送瘟",這是因為端午節本身就含有驅除瘟疫之涵義。① 岳州人在端午時泛舟競渡、"送瘟船"風俗一直延續到清代,如清康熙年間陳夢雷編纂《古今圖書集成》引《湖廣志書》"岳州府"載:"端午罷市競渡,以為禳災疾病。就水際設盤祀神,酒肉犒鼓櫂者,或為草船泛之,謂之'送瘟'。"② 這與范氏《岳陽風土記》中所言大致無差。

如果說,北宋人所送"瘟船"乃由個體出資草編而成的話,南宋"瘟船"的豪華程度可就令人瞠目結舌了。據南宋清源人莊綽(生卒年不詳)③ 撰

---

① 端午節是中國古老的傳統節日,又稱重午節、天毒節、天中節、浴蘭節等,始於春秋戰國時期,至今已有兩千多年歷史。端午之日,最初並非指專五月五日。清人趙翼(1727—1814 年)撰《陔餘叢考》卷二一"上巳、端午、除夜"條認為:"古時端午亦用五月內第一午日。……後世專用五日"。[(清) 趙翼著,欒保羣、呂宗力點校:《陔餘叢考》卷二一,河北人民出版社 1990 年版,第 382 頁] 也就是說,古時端午節是指農曆五月的第一個午日,後逐漸定型為五月五日。端午節正值仲夏之月,氣候轉熱,蚊蟲滋生,極易流行各種傳染性疾病,故而歷來盛行端午時辟邪送疫的習俗。有關這一習俗最早可追溯至戰國成書的《夏小正》(見《大戴禮記》)說:"此日(指仲夏之午日)蓄采眾藥,以蠲除毒氣。"又《風俗通義・佚文》曰:"五月五日,以五綵絲繫臂……辟兵及鬼,令人不病溫。"[(東漢) 應劭撰,王利器校注:《風俗通義》,中華書局 1981 年版,第 605 頁]《後漢書・禮儀志中》記載:"故以五月五日,朱索五色印為門戶飾,以難止惡氣。"[(南朝宋) 范曄撰,(唐) 李賢等注:《後漢書》志第五,中華書局 1965 年版,第 3122 頁] 南朝梁人宗懍撰《荊楚歲時記》曰:"五月五日謂之浴蘭節,四民並蹋百草之戲,採艾以為人,懸門戶上以禳毒氣,以菖蒲或鏤或屑以泛酒。"隋代杜公瞻註曰:"按五月五日競渡,俗為屈原投汨羅日,傷其死所,故並命舟檝以拯之。"[(南朝梁) 宗懍撰:《荊楚歲時記》,(清) 永瑢、紀昀等纂修:《景印文淵閣四庫全書》第 589 冊,史部三四七(地理類),第 22 頁] 有關端午節及其風俗,詳見陸侃如:《五月五日》,《國學月報彙刊》第 1 期(1928 年 1 月 1 日);徐中玉:《端午民俗考》,《國聞週報》第 13 卷第 5 期(1936 年 6 月 29 日);歐陽雲飛:《端午惡日考》,《逸經》第 32 期(1937 年 6 月 20 日);間堂:《端午節考》,《論語》第 114 期(1937 年 6 月);聞一多:《端午考》,《文學雜誌》第 2 卷第 3 期(1947 年 8 月);黃石:《端午禮俗史》,泰興書局 1963 年版,鼎文書局 1979 年版。

② (清)陳夢雷編纂、蔣廷錫校訂:《古今圖書集成》第 3 冊《曆象彙編・歲功典》第五一卷《端午部》,中華書局、巴蜀書社 1985 年版,中華書局、巴蜀書社 1985 年版,第 2243 頁。

③ 有關莊綽(字季裕)的籍貫地,學界尚存分歧:莊綽本人在《雞肋編》自序中署清源人,陸心源《儀顧堂題跋》(卷八)認為清源即太原人,余嘉錫《四庫提要辯證》卷十八《子部九・小說家類二》"雞肋編三卷"條中考訂當係福建惠安人。(余嘉錫:《四庫提要辯證》卷十八,雲南人民出版社 2004 年版,第 931—936 頁) 而今人蕭魯陽撰文認為惠安當係莊氏祖籍,其本人長期生活於潁川(今河南中部),可算是潁川人。[詳見蕭魯陽:《莊綽生平資料考辨》,載 (南宋) 莊綽撰,蕭魯陽點校:《雞肋編・附錄二》,中華書局 1983 年版,第 135—157 頁]

《雞肋編》(卷上) 記載:

> 方太平盛時,公私富實,上下佚樂,不可一一載也。如澧州作"五瘟社",旌旗儀物,皆王者所用,唯赭傘不敢施,而以油冒焉。以輕木製大舟,長數十丈,舳艫檣柁,無一不備,飾以五采。郡人皆書其姓名年甲及所為佛事之類為狀,以載於舟中,浮之江中,謂之"送瘟"。成都元夕,每夜用油五千斤,他可知其費矣。①

文中所述"澧州"乃今湖南西北部澧縣一帶,位於洞庭湖西岸、澧水下游。這段文字真實再現了南宋澧州人舉行"五瘟社"時的盛況:旌旗儀仗之物,皆按王者規格,唯獨不敢施用"赭傘"而改以"油冒"代替。又用輕質木材製成長約數十丈的大船,行船用具——艫(船頭刺棹處)、舳(船尾持舵處)、桅檣、柁櫓等,一應俱全,且漆繪五彩紋飾。郡中民眾或將自己的姓名、生辰及希翼之事書寫成狀,放置於艙內,然後推船入江,任其漂泊而去,時人稱之為"送瘟"。這類"五瘟社"耗資巨大,文中描述的"瘟船"形制儼然雷同於今南臺灣地區所見之"王船",其宗旨、內涵及行事流程也與閩臺"王醮"科儀十分相似。②

此外,南宋杭州詩人董嗣杲(約 1270 年前後在世)撰《廬山集》卷五《七言律詩·江州重午二首》(之二) 云:

> 蒲節殊鄉借楚誇,遠城社鼓不停撾。
> 爭歌神曲羞溪藻,遙送瘟船滾浪花。
> 世上莫非兒戲事,江頭無奈客思家。
> 西湖今夜笙歌月,涼擁紅蓮燦落霞。③

這首詩描述了南宋江州(今江西九江市)民眾端午節"送瘟船"時的情景,其中"遠城社鼓不停撾""爭歌神曲羞溪藻"兩句詩文淋漓盡致地烘托出

---

① (南宋)莊綽撰,蕭魯陽點校:《雞肋編》卷上,中華書局 1983 年版,第 21 頁。

② 臺灣屏東縣民眾至今仍保留一種傳統:焚送王船的前一天舉行"遷王船"繞境儀式——王船繞行東港一圈。境內民眾均以家庭為單位、按照丁口人數事先製作好紙人替身(並書寫姓名、籍貫及生辰等)。待王船經過時,家長執紙人在每位家人身上比劃(次數以年齡為據),之後將紙人送到東隆宮前,翌日隨同王船一起焚燒,藉此送走瘟疫和災厄。

③ (南宋)董嗣杲撰:《廬山集》卷五,(清)永瑢、紀昀等纂修:《景印文淵閣四庫全書》第1189 冊,集部一二八(別集類),第 214 頁。

民眾的狂熱程度,隨後"遙送瘟船滾浪花"一句係送"瘟船"出水,從中可判定此"瘟船"當係木船,否則無法激起浪花。南宋詞人韓元吉①(1118—1187年)撰《南澗甲乙稿》卷十四"九奏序"條中則有"首以歲君,終以送瘟"②之句,然語焉不詳。

值得注意的是,宋元之際黃公紹撰《在軒集》中收錄一篇《遣瘟文》曰:

> 佛海無邊,劫中不盡。天行已過,使者須知。維茲大地之眾生,均是兩間之一氣,莫非王土里上仁之所廬。惟爾有神,涉吾地也。何故如來被弘誓,鎧菩薩作大慈航。普濟一切人,永離諸苦難。逐赤疫於四裔,式遄其行,動青陸於千祥。自今以始,去汝去汝,善哉善哉。其聽斯言,勿違我法。③

黃氏祖籍邵武(今屬福建南平市),入元不仕,隱居樵溪(隸屬邵武),這篇《遣瘟文》當反映的是閩北一帶風俗。文中多引佛教典故,然"逐赤疫於四裔"之句則出自張衡《東京賦》,如謂:

> 爾乃卒歲大儺,毆除羣厲。方相秉鉞,巫覡操茢。侲子萬童,丹首玄製。桃弧棘矢,所發無臬。飛礫雨散,剛癉必斃。煌火馳而星流,逐赤疫於四裔。然後凌天池,絕飛梁。捎魑魅,斮獝狂。斬蜲蛇,腦方良。④

所謂"赤疫"係指疫鬼之惡者,"四裔"乃謂四方邊遠之地也。唐代李善註引《續漢書》曰:"儺持火炬,送疫出端門外,騎騎傳炬出宮。五營騎士,傳火棄洛水中。"⑤ 其實,宋代"送瘟"習俗與漢代"大儺驅疫"儀式頗有幾分類似。

儺是中國古代驅鬼逐疫的宗教及民俗活動,推究其源可追溯至遠古

---

① 韓元吉籍貫為雍邱(今河南開封市),一作許昌(今屬河南),韓氏於紹興二十八年(1158年)任建安(今福建省建甌)縣令,後任建寧(今福建省三明市)知府。

② (南宋) 韓元吉撰:《南澗甲乙稿》卷十四,(清) 永瑢、紀昀等纂修:《景印文淵閣四庫全書》第 1165 冊,集部一〇四(別集類),第 202 頁。

③ (南宋) 黃公紹撰:《在軒集》,(清) 永瑢、紀昀等纂修:《景印文淵閣四庫全書》第 1189 冊,集部一二八(別集部),第 649 頁。

④ (東漢) 張衡撰,張震澤校注:《張衡詩文集校註》之《賦·二京賦》,上海古籍出版社 1986年版,第 148 頁。

⑤ (梁) 蕭統編,(唐) 李善注:《文選》卷三,中華書局 1977 年版,第 123 頁。

氏族社會中的圖騰崇拜,後盛行於商周時代。孔子對此有過涉及,如《論語·鄉黨下》曰:"鄉人儺,朝服而立於阼階。"① 又《呂氏春秋·季冬紀》云"命有司大儺",高誘注曰:"大儺,逐盡陰氣,為陽導也。今人臘歲前一日,擊鼓驅疫,謂之逐除,是也。"② 這是說,儺儀通常在歲末蠟祭(即臘月初八日,亦稱臘八節)前一日舉行。臘月"逐疫",遂成為古人祭祀瘟神、祈求平安的一項重要內容。③

漢代的儺戲表演漸趨複雜化,《後漢書·禮儀志中》詳細介紹說:

> 先臘一日,大儺,謂之逐疫。其儀:選中黃門子弟年十歲以上,十二以下,百二十人為侲子。皆赤幘皁製,執大鼗。方相氏黃金四目,蒙熊皮,玄衣朱裳,執戈揚盾。十二獸有衣毛角。中黃門行之,冗從僕射將之,以逐惡鬼于禁中。夜漏上水,朝臣會,侍中、尚書、御史、謁者、虎賁、羽林郎將執事,皆赤幘陛衛。乘輿御前殿。黃門令奏曰:"侲子備,請逐疫。"於是中黃門倡,侲子和,曰:"甲作食䄏,胇胃食虎,雄伯食魅,騰簡食不祥,攬諸食咎,伯奇食夢,強梁、祖明共食磔死寄生,委隨食觀,錯斷食巨,窮奇、騰根共食蠱。凡使十二神追惡凶,赫女軀,拉女幹,節解女肉,抽女肺腸。女不急去,後者為糧!"因作方相與十二獸儺。嚾呼,周徧前後省三過,持炬火,送疫出端門;門外騶騎傳炬出宮,司馬闕門門外五營騎士傳火棄雒水中。百官官府各以木面獸能為儺人師訖,設桃梗、鬱櫑、葦茭畢,執事陛者罷。葦戟、桃杖以賜公、卿、將軍、特侯、諸侯云。④

其實,南宋陳元靚撰《歲時廣記》(卷四十)就已將儺儀分為"有司儺"和"鄉人儺"等種類。⑤ 前引《後漢書·禮儀志》所述當係"有司儺"(宮廷儺),而孔子《論語》中所見當為"鄉人儺"。南朝梁時人宗懍所撰《荊楚歲時記》對"鄉人儺"也有描述:"十二月八日為臘日。……諺言:臘鼓鳴,春草生。

① 程樹德撰,程俊英、蔣見元點校:《論語集釋》卷二一,中華書局1990年版,第706頁。
② 許維遹撰,梁運華整理:《呂氏春秋集釋》卷十二,中華書局2009年版,第259頁。
③ 明代謝肇淛(1567—1624年)撰《五雜組》(又名《五雜組》)卷二《天部》載:"儺以驅疫,古人最重之。沿漢至唐,宮禁中皆行之,護童侲子至千餘人。……今即民間亦無此戲,但畫鍾馗與燃爆竹耳。"[(明)謝肇淛《五雜組》卷二,中華書局1959年版,第43—44頁]
④ (南朝宋)范曄撰,(唐)李賢等注:《後漢書》志第五,中華書局1965年版,第3127—3128頁。
⑤ 詳見《續修四庫全書》編輯委員會編:《續修四庫全書》第885冊(史部·時令類),第445—446頁。據學界的最新研究成果,乃將儺儀分為"宮廷儺""寺院儺""軍儺""鄉人儺"等種類。

村人並繫細腰鼓,戴胡公頭及乍金剛力士,以逐疫沐浴轉除罪障。"① 其後附
隋代杜公瞻註曰:"按《禮紀》云:儺人所逐屬鬼也。"② 前引《後漢書‧禮儀
志》所述則屬於"宮廷儺",充分體現出陣容龐大、儀式隆重等特點。其中,
儺儀末尾乃由騎兵將代表瘟疫("赤疫")的火把投入洛水中,漂流而去,這
與宋代"送瘟"習俗中推船出海(江、湖)及今閩臺地區王醮儀式中尾日焚
送"王船"等做法,均代表將瘟疫(瘟神)禮送出境,藉此祈求境內平安,災
疫不起。當然,不同的是,儺儀乃慣例於歲末蠟祭之前日舉行,而"送瘟"則
多擇春夏間或端午節。

　　為了便於表述和分析,我們將前引兩宋文獻中所載"送瘟"案例分類列
表如下:

表格 1–1: 宋代文獻中所見 "送瘟" 案例

| 序號 | 書名 | 作者 | 時代 | 籍貫 | 遊歷 | 送瘟之地 |
|---|---|---|---|---|---|---|
| 1 | 岳陽風土記 | 范致明 | 生卒年不詳,北宋元符年間進士 | 建安(今福建建甌) | 謫居岳州監酒稅 | 岳州(今湖南岳陽) |
| 2 | 南澗甲乙稿 | 韓元吉 | 南宋,1118—1187 年 | 雍邱(今河南開封),一作許昌 | 南渡後,寓居信州上饒(今屬江西),曾任建安縣令和建寧知府,歸老於信州南澗 | 似閩、贛一帶 |
| 3 | 廬山集 | 董嗣杲 | 南宋,約 1270 年前後在世 | 錢塘(今浙江杭州) | 景定間,榷茶江州富池;咸淳末,任武康令。宋亡,入道孤山四聖靚 | 江州(今江西九江市) |
| 4 | 雞肋編 | 莊綽 | 南宋,生卒年不詳,約紹興年間 | 清源(今福建),或云惠安、潁川 | 任職於順昌、澧州等地 | 澧州(今湖南西北部澧縣) |

---

① (南朝梁)宗懍撰:《荊楚歲時記》,(清)永瑢、紀昀等纂修:《景印文淵閣四庫全書》第 589 冊,史部三四七(地理類),第 25 頁。
② (南朝梁)宗懍撰:《荊楚歲時記》,(清)永瑢、紀昀等纂修:《景印文淵閣四庫全書》第 589 冊,史部三四七(地理類),第 25 頁。

| 序號 | 書名 | 作者 | 時代 | 籍貫 | 遊歷 | 送瘟之地 |
|---|---|---|---|---|---|---|
| 5 | 在軒集 | 黃公紹 | 宋元之際,咸淳元年進士 | 邵武(今屬福建南平) | 入元不仕,隱居樵溪 | 似閩北一帶 |

據上述表格可見,兩宋"送瘟船"習俗的流傳最初限於長江中下游的湘、贛、閩一帶,即今天湖南、江西和福建等省份。考察文獻編撰者的身世及經歷可知:見諸其筆下的這些"送瘟"之地,或係他們的籍貫地,或係長期遊歷及任職地。總之,文中所述"送瘟"場景均係作者親身見聞,彌足珍貴,可引以為據。

## 三、明清"送瘟"習俗的傳播及衍變

入明以後,湖南等地"送瘟"習俗仍方興未艾。譬如,嘉靖刻本《常德府志》卷一《風俗·上元》介紹常德府① 民眾於正月間製作草船、送至江邊焚化以禳災:"(正月)至十八日燒燈,以草為船,實以紙馬,送至江滸焚之,謂之禳災。"② 又,萬曆刻本《慈利縣志》卷六《風俗·歲時》談到慈利縣(今屬湖南張家界市)佛道中人每年正月設懺、造作紙船"收瘟":"翌旦(按:正月初二),寺觀僧道擊鐃鳴鼓、為各家收瘟,復作紙船,設懺悔以遣瘟。"③ 這些文獻均印證了明代湖南地區禳災"送瘟"習俗的流行。④ 此外,晚明楊嗣昌(1588—1641年)撰《武陵競渡略》翔實記載了端午競渡的發源地——沅湘

---

① 明代常德府領縣四:武陵、桃源、龍陽、沅江。今為湖南常德市。

② (明)陳洪謨纂修:《嘉靖常德府志》卷一,《天一閣藏明代方志選刊(五六)》,上海古籍書店1982年重印,第29頁。

③ (明)陳光前纂修:《萬曆慈利縣志》卷六,《天一閣藏明代方志選刊(五九)》,上海古籍書店1982年重印,第3頁。

④ 清嘉慶二十四年(1819年)刻本《茶陵州志》卷六《風俗志》記載:"(正月)十六,繪紙為船,以香楮送之江滸而焚之,名曰'禳災'。"[(清)趙國宣纂修:《嘉慶茶陵州志》卷六,中國科學院圖書館選編:《稀見中國地方志彙刊》第三八冊,中國書店1992年版,第560頁] 這裏所言茶陵州(今屬湖南株洲市)民眾禳災時"繪紙為船"乃係在紙上徑直畫舟形、藉此代表瘟船,此不失為十分便捷的變通手法。此外,清同治五年(1866年)刊刻《桂東縣志》卷九《風俗》談到桂東縣雖然不通舟揖,但當地"宜三都"各村卻流傳一種獨特的划船祭祀風俗:"宜三都各村以紙畫為船,令人捧行以當櫂划,謂之'划船'。正月初旬起,沿家輪遞,十五日謂'眾船',十六日謂'送船'。其迎船之家,晨後放爆、鳴鼓,接畫船於庭右,列香楮、雞豚、酒果以祀之。"[(清)劉華邦修、郭歧勳纂:《同治桂東縣志》卷九,《中國地方志集成·湖南府縣志輯(27)》,江蘇古籍出版社2002年版,第486頁]

一帶民眾舉行划船禳災之盛況，[1] 其中談到競渡期間武陵人會自發地到水邊焚送紙船，如謂："爾時，民間設醮，預壓火災，或有疾患，皆為紙船，如其所屬龍船之色，於水次燒之。"[2] 這是說，當地民眾出於厭勝火災或袪病療疾之目的，由個人出資聘請巫師（道士）設醮施法，主要道具就是紙船——其顏色同於所屬龍船之色，大概需經過一番禱祈後，再送至水邊燒化，以示送走災厄和瘟疫。顯然，與前述龍舟競渡時的群體公眾性巫術不同，這裏所言"民間設醮"乃係個體（家庭）行為，其目的不外乎是求得居宅平安或家人康健。

此外，明代謝肇淛（1567—1624 年）撰《五雜俎》（又名《五雜組》）卷六《人部》也談到閩地盛行紙船送瘟的做法。茲將有關資料摘抄如下：

> 閩俗最可恨者，瘟疫之疾一起，即請邪神，香火奉事於庭，惴惴然朝夕拜禮許賽不已。一切醫藥，付之罔聞。不知此病原鬱熱所致，投以通聖散，開闢門戶，使陽氣發洩，自不傳染。而謹閉中門，香煙燈燭，焄蒿蓬勃，病者十人九死。即幸而病癒，又令巫作法事，以紙糊船，送之水際。此船每以夜出，居人皆閉戶避之。余在鄉間夜行，遇之，輒徑行不顧。友人醉者至，隨而歌舞之，然亦卒無恙也。[3]

謝氏尖銳批判了當地崇巫淫祀的陋習，尤其談到逢瘟疫流行時民眾大肆崇祀邪神（瘟王？），請巫師設醮作法後送紙船出水。顯而易見，前引《武陵競渡略》與本段文字有幾個共同點：(1) 主旨均為送瘟；(2) 質地都是紙船；(3) 皆採用送之水際的處理方式。二書的撰作者（謝肇淛與楊嗣昌）所處時代約略同時，其反映的地域一為閩中，一為湘西，雖相距數千里之遙，卻同樣盛行以紙船送瘟，這就證實至遲明代後期"送瘟船"習俗就已從湖湘傳播到閩地，至於其傳播路線和傳播途徑則耐人琢磨。其實，明嘉靖二十四年（1545 年）陳桂芳修纂《清流縣志》卷二《習俗·歲時》就已介紹了清流縣（位於閩西，今屬三明市）民眾信守上元節期間以紙船送瘟鬼的習俗："正月上元，十三、四、五日，各家門首懸燈，各里造紙船以送瘟鬼。"[4] 這段引文談到"造紙船以送瘟鬼"的做法雖然應當歸入歲時節俗之範疇，但卻為"紙船

---

[1] 詳見本書第六章。
[2] （清）陳夢雷編纂、蔣廷錫校訂：《古今圖書集成》第 3 冊《曆象彙編·歲功典》第五一卷《端午部》，中華書局、巴蜀書社 1985 年版，第 2236 頁。
[3] （明）謝肇淛：《五雜組》卷六，中華書局 1959 年版，第 178—179 頁。
[4] （明）陳桂芳修纂，清流縣志編纂委員會整理：《(嘉靖) 清流縣志》卷二，福建人民出版社 1992 年版，第 42—43 頁。

送瘟"習俗在閩地之流傳增添了新的有力證據,同時也將傳播年限(下限)提前數十年。

至遲晚明以前,紙船送瘟習俗就已傳播到大陸南端的廣東。明末清初屈大均(1630—1696年)撰《廣東新語》卷六《神語·癘祭》描述了他在東莞的親身見聞:

> 予至東莞,每夜聞逐鬼者,合吹牛角,嗚嗚達旦作鬼聲。師巫咒水書符,刻無暇晷,其降生神者,迷仙童者,問覡者,婦女奔走,以錢米交錯於道,所在皆然。而諸縣尋常有病,則以酒食置竹箕上,當門巷而祭。曰設鬼,亦曰拋撒。或作紙船紙人燔之,紙人以代病者,是曰代人。人以鬼代,鬼以紙代,真愚夫婦之所為也。①

這裏談到當地民眾罹患疾病時,或選擇焚燒紙船、紙人的方式來驅逐瘟疫之鬼。又,《古今圖書集成》引《廣東志書》"南雄府"條云:"是日(按:天中節),捆茅船,舁天符神壓船送河,云'遣瘟'。金鼓殷器,齊唱船歌。"②天中節,即端午節的別稱。③這段文字是說:南雄府(今為南雄市)在端午節時流行"遣瘟"習俗,即當天中午時分,眾人抬出茅草編成的茅船——船上供設"天符神",敲鑼打鼓、齊聲歡唱船歌,將其送入河中漂流而去,以示送走瘟神。此外,道光二十九年(1849年)刻本《遂溪縣志》卷十《禮俗》介紹遂溪縣(位於雷州半島北部)街市、社廟等公共場所在上元節時會例行"作紙船遣灾",如云:"是日(按:上元節),街市、社廟作紙船遣灾。"④光緒二年(1876年)重刻《道光肇慶府志》卷三《風俗》介紹了肇慶地區民眾"十一、二月舉法事,曰'禳灾',又曰'保境',作紙船送江上。"⑤而民國十四年(1925

---

① (清)屈大均撰:《廣東新語》卷六,中華書局1985年版,第216—217頁。

② (清)陳夢雷編纂、蔣廷錫校訂:《古今圖書集成》第3冊《曆象彙編·歲功典》第五一卷《端午部》,中華書局、巴蜀書社1985年版,第2243頁。

③ 南宋末福建崇安人陳元靚編《歲時廣記》卷二一"趁天中"條引《提要録》曰:"五月五日,乃符天數也,午時為天中節。"[《續修四庫全書》編輯委員會編:《續修四庫全書》第885冊(史部·時令類),第309頁]端午又稱天中節,其由來乃係因為端午原指仲夏五月的第一午日,五月即地支十二辰之午月,午日之午時,日在中天,此時正值午月午日午時,陽氣盛於極點。

④ (清)喻炳榮修、(清)朱德華、楊翊纂:《道光遂溪縣志》卷十,《中國地方志集成·廣東府縣志輯(39)》,上海書店出版社2003年版,第692頁。

⑤ (清)屠英等修、江藩等纂:《道光肇慶府志》卷三,《中國地方志集成·廣東府縣志輯(46)》,上海書店出版社2003年版,第112頁。

年)刻本《陽江縣志》(卷七)則談到陽江縣(今為陽江市)依然保留"遣花船"
的習俗:"正、二月及十一、二月,各鄉多建平安醮,或數年一舉。……製紙
花船,家家以麻豆、雞毛、火炭置船棄河中,或焚之,謂之'遣花船'。"① 這裏
的"麻豆"乃係代表天花、麻疹等惡性傳染疾病,"雞毛"象徵舟輿等交通工
具,"火炭"寓意為施雷火來武力驅除。換言之,前引"家家以麻豆、雞毛、火
炭置船棄河中"之句就是施以雷火驅逐瘟疫等諸不祥快速離境。

　　其實,除上述濱海(江)地域外,一些內陸省份(如河南、山西、湖北、四
川等地)也相繼出現此類活動。如清道光十三年(1833 年)刻本《扶溝縣志》
載:"(五月) 朔日,里民造瘟船,送瘟神於河。"② 由此可知,河南扶溝縣於五
月初一"送瘟"——當地民眾將"瘟船"送到河中。此外,民國時人胡朴安
撰《洛陽風俗瑣錄》亦談到洛陽民眾"五月送瘟鬼"③。這裏雖未明言"送瘟
鬼"的具體做法,想必當不外乎扶溝和孝感"送瘟船"之類流程。"送瘟船"
習俗從沿海、臨江等瀕水地域衍擴到內陸地區的過程中,不可避免地會遭遇
到一個現實問題:某些郡縣境內水淺或無河流,換言之,那裏不具備送瘟船
入水的自然條件。這種情況下,"送瘟船"習俗的外在表現形式就逐漸發生
變化,部分地區將傳統的送船下水方式創造性地改為造旱船、巡街及焚燒。
如《古今圖書集成》引《湖廣志書》"雲夢縣"條云:

　　　　五月五日賽龍舟。因邑河水淺,作旱龍,縛竹為之,剪五色綾緞為
　　鱗甲,設層樓飛閣於其脊,綴以翡翠文錦,中塑忠臣屈原、孝女曹娥(俗
　　稱娥為"遊江女娘")及瘟司水神像,蟒袍錦帶,珠冠劍佩;傍列水手十
　　餘,裝束整麗。擇日出行,金鼓簫板,旗幟濟濟,導龍而遊,曰"迎船"。
　　好事者取傳奇中古事扮肖人物,極其詭麗,用鐵幹撐之空中,前後輪
　　轉,宛若半仙之戲,彼此角勝。自前月廿外至此日,無日不然。次日用
　　牲牢、酒醴、角黍、時果祭之,極其敬畏;又以茶米、楮幣實倉中,若餞贐
　　然;仍如前儀導送水涯,合炬焚之,曰"送船"。④

①　(民國) 張以誠修、梁觀喜纂:《民國陽江縣志》卷七,《中國地方志集成·廣東府縣志輯
　　(40)》,上海書店出版社 2003 年版,第 240 頁。
②　丁世良、趙放主編:《中國地方志民俗資料匯編·中南卷》,書目文獻出版社 1991 年版,第
　　141 頁。
③　(民國) 胡朴安編著:《中華全國風俗志》(下),上海科學技術文獻出版社 2011 年版,第
　　427 頁。
④　(清)陳夢雷編纂、蔣廷錫校訂:《古今圖書集成》第 3 冊《曆象彙編·歲功典》第五一卷《端
　　午部》,中華書局、巴蜀書社 1985 年版,第 2243 頁。

　　雲夢縣今屬湖北孝感市下轄縣,地處江漢平原東北部,境內水資源豐富、但均係水位較淺之河流,引文所云"因邑河水淺,作旱龍"當符合實情。①據前述內容可知,雲夢縣民眾將端午賽龍舟與"送瘟船"結合在一起。這段引文則進而談道:當地盛行端午節賽龍舟的習俗,不過因縣邑河水淺,民眾以竹製成旱龍舟,以五色綾緞為鱗甲,龍脊上設樓閣,並點綴以翡翠文錦。龍舟上擺設屈原、曹娥及瘟司水神像,均身穿蟒袍錦帶、珠冠劍佩,列水手十餘像、皆服飾整麗。眾人擇日出行,抬著龍舟出遊巡街,一路上鑼鼓齊鳴、彩旗招展,此謂之"迎船"。同時,有好事者自製古人物肖像,用鐵幹撐之空中,前後輪轉、宛若仙戲,並彼此競技表演。上述情境,從四月二十日開始,一直持續到五月初五端午節。端午過後(五月初六),民眾備足犧牲、酒水、角黍(即粽子)、水果等,懷著敬畏之心進行祭祀,並在船艙內堆滿茶、米、紙錢等,然後敲鑼打鼓、儀式隆重地將龍舟抬送到流水邊,點火焚燒,乃稱"送船"。就"迎船"和"送船"情景而言,這與今臺灣南部地區"王醮"科儀之首日"迎王"和尾日"送王船"的場面是多麼相似啊。又如《古今圖書集成》引《山西志書》"陽曲縣"條載:"仲夏之月,五瘟廟僧,令人曳車作龍舟狀,列五瘟神像,具鐃鼓,從朔日起遍遊街衢,人俱剪衣帶少許,投錢米中施之,俗曰'送瘟船'。"② 陽曲縣今屬山西中部太原市下轄縣,地處盆地、三面環山,境內幾無承載"瘟船"之河流,乃係典型的內陸環境。每年仲夏季節,五瘟廟僧人就令人拖著龍舟車,其上陳設五瘟神像,從五月初一開始,敲鑼打鼓,巡遊街衢。龍舟車途徑之地,民眾均剪下衣帶少許、放到錢米中予以布施,俗稱"送瘟船"。遺憾的是,這裏沒有言明如何處置這個代表"瘟船"的龍舟車——是泛之、燒之,抑或送返廟里、翌年再用? 結合當地的自然條件及"送瘟船"之慣例,我們認為焚燒的可能性似乎更大些。

　　必須說明的是,某些地區對"送瘟"之船(龍舟)採取焚燒方式,或許並非由於境內缺乏合適水域,而意在將船內承載的瘟疫等諸多不祥徹底消滅掉、以免殃及他人。如《古今圖書集成》引《湖廣志書》"大冶縣"條云:

---

① 清光緒八年(1882年)刻本《孝感縣志》卷五《節序》也談到湖北孝感一些缺水地區的村民會造作龍舟、抬著遊街,藉此驅瘟:"山村無水,以紙作龍船形,舁之而游,沿門收香紙、酒食,說吉利語,如龍燈,名曰'乾龍船'。……俗云'打鼓送瘟船'指此也。"[(清)朱希白修、沈用增纂:《光緒孝感縣志》卷五,《中國地方志集成·湖北府縣志輯(7)》,江蘇古籍出版社2001年版,第102頁]

② (清)陳夢雷編纂、蔣廷錫校訂:《古今圖書集成》第3冊《曆象彙編·歲功典》第四九卷《仲夏部》,中華書局、巴蜀書社1985年版,第2218頁。

五月十八日送瘟,紙作龍舟長數丈,上為三閭大夫像,人物數十,皆衣錦繡、綵繪,冠佩器用,間以銀錫,費近百金,送至青龍堤燔之,其盛他處罕比。昔人沿"送窮"之遺制,船以茅,故至今猶謂之茅船,而實則侈矣。①

大冶縣今屬湖北東南部大冶市,位於長江中游南岸。這裏雖然毗鄰長江,"送瘟船"卻採用"燒之"而非"泛之",可見境內有無水源並不是決定"送瘟"方式的最終原因。這段文字告訴我們:大冶縣乃於五月十八日"送瘟",瘟船(龍舟)係紙糊而成、長約數丈,其上有屈原像及其他人物形象數十個,均穿著錦繡彩繪,船上其他裝飾及器物或以銀、錫製成,耗資近百金。這一風俗乃係沿襲古時"送窮"舊制②,那時船是用茅草編成,故時人仍習稱之為"茅船",只不過尤為奢侈豪華而已。③ "送瘟"當天,眾人將"茅船"送至水邊的"青龍堤"處焚燒。無獨有偶,《古今圖書集成》引《江西志書》"湖口縣"條云:"五月十八日為紙龍舟,形如真者,皆結綵裝,戲遊于市中。所過民家投以五穀、鹽茶,名曰'收瘟'。遊畢,送至郊外焚之。"④ 湖口縣位於江西北部、地處鄱陽湖之口,這裏並不缺乏瘟船(龍舟)漂流的深度水域,然而亦採取陸上行舟、抬送郊外焚之的形式,恰說明此舉之動機乃係收攏瘟疫和送走瘟神。

值得一提的是,清雍正年間謝旻監修、陶成編纂《江西通志》卷一六一《雜記》記載:

---

① (清)陳夢雷編纂、蔣廷錫校訂:《古今圖書集成》第 3 冊《曆象彙編·歲功典》第四九卷《仲夏部》,中華書局、巴蜀書社 1985 年版,第 2220 頁。清同治六年刻本《大冶縣志》記載:"(五月)十八日為龍舟之會。自四月即染紙造龍舟,長丈餘,中像三閭大夫,冠、服、器用,綺繡、銀錫,餘亦盡飾。先期一日,羅列珍玩,遠人來觀,比屋衢飲,歡呼達旦,東西二舟,縻費各百餘金。至期,迎至青龍堤火之,謂為送瘟云。(聞古縛茅為船,如送窮之制,故謂之茅船。後易以紙,尋以繒侈矣,且傅會五日投淵事,洗香潔之性而坐以止疫可乎? 得毋陰生於午,毒月鬱蒸,借斯滌蕩,亦所以節宣陰氣與!)"(丁世良、趙放主編:《中國地方志民俗資料匯編·中南卷》,書目文獻出版社 1991 年版,第 325—326 頁)

② 南宋愛國詩人陸游(1125—1210 年)《劍南詩藁》卷四九《門外野望》有云:"僧唄家禳疫,神船社送窮。豐年隨處樂,忘却鬢如蓬。"[(南宋)陸游撰、陸子虡編:《劍南詩藁》卷四九,(清)永瑢、紀昀等纂修:《景印文淵閣四庫全書》第 1162 冊,集部一〇一(別集類),第 728 頁] 可見,文中已將"送瘟"與"送窮"聯袂並稱了。

③ 有關古代"送窮"習俗之情況,詳見姜守誠:《"送窮"考》,《成大歷史學報》第四十號(2010 年 12 月),第 175—234 頁。

④ (清)陳夢雷編纂、蔣廷錫校訂:《古今圖書集成》第 3 冊《曆象彙編·歲功典》第四九卷《仲夏部》,中華書局、巴蜀書社 1985 年版,第 2220 頁。

金谿城中市水門廟,祀青蛙使者。……相傳,開縣時作官舍,取土深數丈,得之。神為人言云掌邑中五瘟使者,故祀於此。邑人祈求,其應如響。每歲五月五日,城內造龍舟,以人裝故事其上,一舟數百人舁之,行諸陸地,云禳瘟氣也。①

這段史料中談到金谿② 城內民眾奉祀青蛙使者,乃因其執掌城內五瘟使者。每年端午時,人們就會打造龍舟、搭載各種人物形象。數百人抬著這艘龍舟,巡行於陸地街市,藉此禳袪瘟疫之氣。據文中所言,"瘟船"須由數百人抬行,可知當係木質材料製成。至於將"瘟船"(龍舟)採用何種方式送走——"泛之"或"焚之"?引文未作交待,我們無從得知。

據清代文獻記載,浙江沿海一帶歷來是送船辭瘟習俗十分盛行的地區,然與前述送瘟多為固定時日的慣例式做法有所不同,該地係在瘟疫流行時擇機進行,藉此更凸顯出驅瘟、防疫的色彩。如道光年間孫同元(生卒年不詳)撰《永嘉聞見錄》(卷下)介紹溫州府永嘉縣民眾每當遭遇瘟疫時就自發地設壇禳祭:

永嘉晴雨無常、冷暖難測、人多時症,地鮮良醫。輒以為天時不正,瘟疫流行,民間必互相斂錢,建道場、作佛事,或三日、或七日。預設大紙船一隻,內實紙錢、紙帛無算。俟佛事畢後,將船載至海口,用大木板置紙船於上,點火焚之。船乘風勢飄入海中,不知所往。群以為瘟鬼送去,疾可全愈。③

值得注意的是,本文所言祭祀活動乃由佛教中人主持完成(故稱"佛事"云云),然其法事的流程及做法卻與道士或巫師之流並無二致:設紙船一艘、添載紙錢、紙帛等物,待禳祀儀式(通常三天或七天)結束後,放紙船於木板之上、點火焚燒,隨即推入海中、乘風漂流而去,最後消失地無影無踪。不過,這裏所談到處理瘟船的方式卻有些獨特:既"泛"又"焚",真可謂"雙保險"。其實,歸根結底,此舉的核心就是要確保散佈瘟疫之眾鬼遠離境域,藉此希望瘟災厄難從此消滅而不復返。十分難得的是,清末吳友如(?—

① (清)謝旻監修、陶成編纂:《江西通志》卷一六一,(清)永瑢、紀昀等纂修:《景印文淵閣四庫全書》第518冊,史部二七六(地理類),第800—801頁。
② 金谿今屬江西省中部撫州市金溪縣,地處撫河中游。
③ (清)孫同元撰:《永嘉聞見錄》卷下,第19頁,清光緒十四年刻本,中國國家圖書館古籍館(北海分館),編號:地240.67/936。

圖版 1–1：清末吳友如繪製的“大送船”圖

1894 年)基於實地見聞而繪製出一幅“大送船”圖(見圖版 1–1),栩栩如生地再現溫州民眾送船逐瘟的場景,並附文解說云:

> 甌郡自入秋後,瘟疫流行,久而不息。九月九日,當道官紳建水陸道場,迎神出巡,計七晝夜。陸則支塔七層,高臺上表於穆。郡中文自道憲以下、武自鎮軍以下,共二、三十員,皆到壇拈香、為民請命。水中紙紮大號船一艘,二號船四艘,載以金箔銀箔,儲以日用器具。凡三十六行應用之物,無一件不精、無一物不備。至十五日亥時,送至北門外大江中焚化。各廟柱下到者不下千餘人,火把燈球照耀,渾如白晝。焚化後,各人所持燈火概行息滅,黑暗中由西北方迆邐入城,隨將城門封閉,點燈回廟而後各散,名之曰“大送船”。是役也,所費金貲約二、三千元,皆捐自官民富戶及各行號者。[①]

文中“甌郡”即指溫州府,與前引《永嘉聞見錄》所言係同地,且兩位作者的生活時代相距不遠,故可互作比對和資證。從畫中所繪場景來看,這場

---

① (清)吳友如:《吳友如畫寶》第 4 冊(第十集上《民俗志圖說》),上海書店 2002 年版,第 4—68 頁。

"大送船"法事亦由佛門中人來主持,船亦係紙糊而成,送船時同樣將其推入江水中再焚燒。不同的是,吳氏所繪"大送船"圖中的畫面及配文均表明設有大號船一艘、二號船四艘,合計五艘紙船,此與《永嘉聞見錄》及其他文獻中的記載有明顯差異。

晚清俞樾(1821—1907年)撰《右台仙館筆記》(卷十二)談到台州府臨海縣民眾但凡遭受瘟疫後就會相約於次年舉行"送船之會",擇大暑日(二十四節氣之一)辭送"大暑船"以禳災疾:

> 同治中,臨海縣民比年癘疾,過大暑不瘳,乃於次年相約為送船之會,亦其舊俗然也。其船如商船之式,船具如桅檣舵艣,用具如桌椅牀榻、枕簟被褥,食物如雞彘魚蝦、米穀豆麥,備禦之具如刀矛槍礮,無一不備。惟盛米之袋甚小,僅受一升,而數則以萬計,皆邨民所施也。前大暑數日,大建道場。至大暑日,送之出海,聽其所之,俗呼為大暑船。嘗有海盜夜遇之,以為商船,向之放礮,此船亦放礮禦之。至天明,始知為大暑船,大驚而去。後此盜船為官軍所敗,羣盜悉就俘無脫者。又福建某處有賣米之牙行,一夜有叩門以米來售者,擔夫數十人至船中起其米,達旦而米未盡。米袋大如五石瓠,荷者肩為之頹。天明視之,則小如盌耳。有父老識之曰:"此臨海大暑船中米也。"即日疫癘大作,禳之始已。余從前客休寧汪村時,每年四月間,有打標之俗,亦所以逐疫也。糊紙為船,無物不具,但皆以紙為之耳。焚之野外,云送之游西湖,俚俗相沿,可發一噱。然亦有於徽河中親見是船者。昔有貿布之客,曾附之至杭州。至今紙船之尾有一人負布而立,手持雨繖,如賈客之形,蓋以識其靈異也。臨海之船,竟是真船,宜其靈異更著矣。①

"大暑"代表一年中最為酷熱時日的來臨,也是流行性疾病最為猖獗的時候。值此送"大暑船"乃旨在逐疫,就是要將各種瘟疫一律遣送出境,藉此消弭地方隱患、求得一方平安。引文所言大暑船的造型式樣及各種添載物品,與今天閩臺地區盛行的"送王船"習俗近乎一致。至於文中言及大暑船夜遇海盜船炮轟之情節,則與清康熙年間修纂的《諸羅縣志》和《臺灣縣志》收錄的荷蘭人誤轟王船而疫死甚多的傳說係出一源。② 其實,浙江台州

---

① (清)俞樾撰,徐明霞點校:《右台仙館筆記》卷十二,上海古籍出版社1986年版,第302—303頁。

② 康熙五十九年(1720年)王禮主修、陳文達編纂《臺灣縣志》卷一《輿地志·風俗》"雜俗"條云:"臺尚王醮,三年一舉,取送瘟之義也。……相傳昔年有王船一隻放至海中,與荷蘭

椒江葭芷一帶迄今仍保留每年大暑節時祭送"大暑船"以祈福消災的民俗傳統。

　　有趣的是,晚清名士俞樾(1821—1906年)撰《茶香室叢鈔》卷十六"打牛魔王"條援引清人徐瀛《旃林紀略》介紹了當時西藏地區流行的一種送瘟神習俗:

> 　　二月二十九日送瘟神,又名打牛魔王。相傳西藏係瘟神地方,經達賴坐牀後即驅逐之。故歷年預雇一人,扮為瘟神。是日,大詔前,蠻官及兵均如揚兵狀,一人扮達賴喇嘛,與扮瘟神者先後至。扮達賴者,鋪墊坐詔前,與一戴鬼頭之法師對坐,須臾瘟神出,面塗黑白,與達賴互相詰難,詞屈,復賭擲骰。達賴之骰以象牙為之,面面皆六,三擲皆盧;瘟神之骰以木為之,面面皆么,三擲皆梟,負而色赧,意欲另闢法術。達賴與法師及揭諦神斥其非,瘟神不行,即遣五雷立逐乃去,送至河干。[①]

　　這段文字描述的場景頗似傀儡戲表演:每年二月十九日,西藏民眾舉行送瘟神儀式,是時當地官兵列隊於大詔寺前、助陣圍觀,表演共計出場三人:一人扮達賴喇嘛、一人扮法師(戴鬼頭)、一人扮瘟神(面塗黑白),瘟神先與達賴互相詰難,最終擲骰鬥法失敗,被以五雷法驅逐送至河邊、遠離境域。

## 四、"打醮"與"現枷"

　　清代方志文獻中收錄了為數不少的"送瘟"儀式活動,今以清康熙年間陳夢雷編纂《古今圖書集成》所錄地方史料、並結合其他文獻,試對"送瘟"時個體民眾進行的兩種宗教民俗行為略作梳理和考證。

### (一)"打醮":"送瘟"時舉行的禳災醮儀

　　古人素來認為,仲夏為惡月,極易滋生疫病。故而,各地民眾在此期間

---

舟相遇,炮火矢石,攻擊一夜;比及天明,見滿船人眾悉係紙裝成。荷蘭大怖,死者甚多。是亦不經之談也。"[(清)王禮主修、陳文達編纂:《臺灣縣志》卷一,臺灣銀行經濟研究室編:《臺灣文獻叢刊》第103種,臺灣銀行1961年版,第60—61頁]

①　(清)俞樾撰,貞凡、顧馨、徐敏霞點校:《茶香室叢鈔》卷十六,中華書局1995年版,第355頁。

會擇時實施一些驅除瘟疫的措施和方法,如臂繫五彩絲、身佩桃核人、門戶插艾葉、家懸五雷符等。① 此外,部分地區亦設齋"打醮"②,祈求一方平安。如據《古今圖書集成》引《湖廣志書》"德安府"條記載:"(五月)午日造龍舟、角黍以吊屈原,俗誤為禳時令,故斂貲以醮。"③20 世紀 30 年代,江紹原(1898—1983 年)撰《端午競渡本意考》一文已指出:"競渡的前身,既不是一種娛樂,也不是對於什麼人的紀念,而是一種'禳災'的儀式。……今人競渡之日,正古人送災之時。"④ 他又據上述史料分析指出:"民間流行的解釋沒錯,錯的倒是讀書考古的縉紳們。"⑤ 這是說,南國流行的五月龍舟競渡本意就是禳災、送瘟,而至於悼念屈原、伍子胥等說法則均係士人增飾附會而已。

　　有鑑於此,部分地區民眾或擇此月"打醮""祭瘟神"。《古今圖書集成》引《湖廣志書》"應山縣"條載:"端午閭里紙竹為龍舟,作醮事曰'平康醮'。"⑥ 這裏明確指出此時舉行的醮事為"平康醮",即寓意境內平安之含義。又"廣濟縣"條云:"五月十八日棚會,市民十家一棚,祭瘟神,會飲或醮禳,焚蒼术,插桃葉。"⑦ 這段文字勾勒出廣濟縣(今屬湖北武穴市)民眾每年五月十八日,舉行"棚會"、祀瘟禳醮的熱鬧場景。當地民眾十戶為一棚,共同祭祀瘟神,期間聚會宴飲或禳醮災異,焚蒼术,插桃葉——"蒼术"和"桃葉"向來被認為可以驅邪辟鬼。這裏所言"醮禳"和前引"作醮事曰'平康

---

① 《古今圖書集成》引《直隸志書》"宛平縣"條:"五月五日,家懸五雷符,插門以艾。幼女佩紙符,簪榴花。"又引《江南志書》"江寧縣"條:"五月五日,庭懸道士硃符,人戴佩五色絨線符牌。門戶以縷繫獨蒜,及以綵帛、通草製五毒:蟲、虎、蝎、蜘蛛、蜈蚣、蟠綴於大艾葉上,懸於門。又以桃核刻作人物佩之。"[(清)陳夢雷編纂、蔣廷錫校訂:《古今圖書集成》第 3 冊《曆象彙編·歲功典》第五一卷《端午部》,中華書局、巴蜀書社 1985 年版,第 2240—2241 頁]

② 所謂"打醮",明末清初屈大均(1630—1696 年)撰《廣東新語》卷十一《文語·土言》詮釋說:"為醮事曰打醮。"[(清)屈大均撰:《廣東新語》卷十一,中華書局 1985 年版,第 338 頁]

③ (清)陳夢雷編纂、蔣廷錫校訂:《古今圖書集成》第 3 冊《曆象彙編·歲功典》第五一卷《端午部》,中華書局、巴蜀書社 1985 年版,第 2242 頁。

④ 江紹原:《端午競渡本意考》,載王子今編:《趣味考據》(壹),雲南人民出版社 2003 年版,第 251 頁。

⑤ 江紹原:《端午競渡本意考》,載王子今編:《趣味考據》(壹),雲南人民出版社 2003 年版,第 254 頁。

⑥ (清)陳夢雷編纂、蔣廷錫校訂:《古今圖書集成》第 3 冊《曆象彙編·歲功典》第五一卷《端午部》,中華書局、巴蜀書社 1985 年版,第 2243 頁。

⑦ (清)陳夢雷編纂、蔣廷錫校訂:《古今圖書集成》第 3 冊《曆象彙編·歲功典》第四九卷《仲夏部》,中華書局、巴蜀書社 1985 年版,第 2220 頁。

醮'",均暗示當有宗教人士(以道士的可能性居多)執行相關的儀式活動,當然也不排除一些民間巫師或儺人參與其間。如《古今圖書集成》引《湖廣志書》"黃岡縣"載:"端午團風巴河鎮迎會,儺人花冠文身鳴金逐疫。"①又引《廣東志書》"新興縣"條云:"端午各就其近屬神祠,鼓吹迎導,巡歷人家。師巫法水貼符,驅逐邪魅。"②

　　此外,清乾隆二十八年(1763年)所修《泉州府志》卷二十《風俗·歲時》記載:"是月(五月)無定日,里社禳災,先日延道設醮,至期以紙為大舟及五方瘟神,凡百器用皆備,陳鼓樂、儀仗、百戲,送水次焚之。"③據此可知,清代福建泉州地區焚送瘟船之前通常會預先延請道士設醮,舉行祭祀儀式。此外,同治六年(1867年)刻本《鍾祥縣志》卷二《風俗》所言與前述泉州風俗頗有幾分類似,如謂:"五月端午……市肆作醮事,剪紙為龍舟以驅疫,貼符搖鼓,沿門鬧然。"④這裏談到湖北鍾祥縣民眾於五月端午時,擇市肆之地公開作醮,剪紙為龍舟、搖鼓、貼符,沿街巡行,藉此驅逐瘟疫、祈求平安。無獨有偶,光緒六年(1880年)重刊本《同治巴東縣志》卷十《風土志·冠婚喪祭》談到湖北巴東縣民眾每年三、四月份時都會集資設壇建醮、施放瘟船:

　　　　每歲三、四月,邑民咸出金錢延黃冠誦經。分東、西為上、下街,揚旛挂榜。市中貼過街旛,書"解瘟釋疫""祈福迎祥"各四字。往年於設壇之三、四日,裝演雜劇、龍燈之屬,名曰"清醮"。近年無之,名曰"素醮"。撤壇之日,以紙糊船送之江中,謂之"放瘟船"。⑤

　　值得注意的是,清代及民國四川各地送瘟時多會"打醮",這可能與道教在當地的盛行有很大關係。清嘉慶二十二年(1817年)刊刻《漢州志》

---

① (清)陳夢雷編纂、蔣廷錫校訂:《古今圖書集成》第3冊《曆象彙編·歲功典》第五一卷《端午部》,中華書局、巴蜀書社1985年版,第2243頁。
② (清)陳夢雷編纂、蔣廷錫校訂:《古今圖書集成》第3冊《曆象彙編·歲功典》第五一卷《端午部》,中華書局、巴蜀書社1985年版,第2243頁。
③ (清)懷蔭布修,黃任、郭賡武纂:《乾隆泉州府志》卷二十,《中國地方志集成·福建府縣志輯(22)》,上海書店出版社2000年版,第492頁。這段文字亦見於民國時人蘇鏡潭修纂《南安縣志》卷八《風俗志》。[(民國)蘇鏡潭纂修:《南安縣志》卷八,《中國地方志集成·福建府縣志輯(28)》,上海書店出版社2000年版,第38頁]
④ (清)孫福海等纂修:《同治鍾祥縣志》卷二,《中國地方志集成·湖北府縣志輯(39)》,江蘇古籍出版社2001年版,第29頁。
⑤ (清)廖恩樹修、蕭佩聲纂:《同治巴東縣志》卷十,《中國地方志集成·湖北府縣志輯(56)》,江蘇古籍出版社2001年版,第272頁。

卷十五《風俗志》談到廣漢一帶民眾於春季時設壇建醮、作紙龍船以逐疫：
"春社後,設壇建醮。作紙龍船,坐瘟、火二神像,周巡四隅,眾扮執役,呵導
前行,一道士仗劍隨之,鼓樂齊鳴以逐疫,謂之'平安清醮會'。是古儺遺
意。"① 民國三十三年(1944年)刊刻《重修彭山縣》卷二《風俗篇》亦載：

> 俗於二、三月間召術士筮日,設壇建清醮。醮之日禁屠宰,戶皆於
> 門為所禳神位,術士夜出巡視,則戶各於所為位前然香燭,謂之"清街
> 醮"。畢則為紙船,以人昇之,導以鐘鼓,行於市。術士持帚、扇、劍、牌。
> 帚有令、扇有符,逐戶以扇滅其火,取其所禳之神而仆之。持劍書符,
> 以牌拍其門,咒而以帚掃出之,投於船。畢則焚之江,謂之"掃蕩"。②

此外,清光緒元年(1875年)刻本《銅梁縣志》卷一《風俗·歲時》③、
光緒十五年(1889年)刻本《普安直隸廳志》卷四《風俗》④、民國二十四年
(1935年)刻本《雲陽縣志》卷十三《禮俗中》⑤ 均有類似記載。

### (二)"現枷"：旨在贖罪祈保的民眾自發性行為

《古今圖書集成》引《湖廣志書》"武昌縣"條云："五月十七日,小兒女
悉赴瘟司廟上枷。次日,廟神出遊,昇者盛飾、去帽、簪五色花,沿街曳茆船,
謂之'逐疫'。"⑥ 據此可知,清初武昌民眾於五月十七日,孩童無論男女都到
瘟司廟中戴上枷鎖。次日廟神出遊,專人抬著"茆船"("茆"通"茅","茆船"
即指茅船)巡街出行,稱為"逐疫"。在瘟神出行的前一天,孩童到廟裏戴上
枷鎖以示贖罪,同時也為取悅瘟神,藉此獲得佑護,祛除疫病,茁壯成長。無

---

① (清)劉長庚修,(清)侯肇元、張懷泗纂：《嘉慶漢州志》卷十五《風俗志》,《中國地方志集
　　成·四川府縣志輯(11)》,巴蜀書社1992年版,第115頁。
② (民國)劉錫純纂：《民國重修彭山縣》卷二,《中國地方志集成·四川府縣志輯(40)》,巴
　　蜀書社1992年版,第31頁。
③ (清)韓清桂等修、陳昌等纂：《光緒銅梁縣志》卷一,《中國地方志集成·四川府縣志輯
　　(42)》,巴蜀書社1992年版,第616頁。
④ (清)曹昌祺修、覃夢榕等纂：《光緒普安直隸廳志》卷四,《中國地方志集成·貴州府縣志
　　輯(14)》,巴蜀書社2006年版,第349頁。
⑤ 該書云："上春延道流於社祠,禳禱祈年,曰'清醮'。醮將畢,一人羽衣持劍、竹紙為船,至
　　同社家,誦咒、擲杯玟而去,曰'掃蕩除祟'意也。"[(清)朱世鏞、黃葆初修,劉貞安等纂：
　　《民國雲陽縣志》卷十三,《中國地方志集成·四川府縣志輯(53)》,第121頁]
⑥ (清)陳夢雷編纂、蔣廷錫校訂：《古今圖書集成》第3冊《曆象彙編·歲功典》第四九卷《仲
　　夏部》,中華書局、巴蜀書社1985年版,第2220頁。

獨有偶,清代宣化地區也見有帶枷祛病的做法,據《古今圖書集成》引《直隸志書》"宣府鎮"條云:

> 五月十五日,市人為父母、兄長或已身疾病,具香紙、牲醴於城隍神祈禱,自其家且行、且拜,至廟而止,謂之"拜願"。又以小兒女多疾者,帶小枷鎖,詣廟祈禱,謂之"現枷",俱以三年為滿。是日,鼓吹管絃,徹於衢巷,竟夜不止。①

這段文字談到宣府鎮(今河北宣化縣)民眾於五月十五日"現枷"之習俗。與前引武昌縣之帶枷風俗不同的是,該地乃係赴城隍廟中祈禱,戴小枷鎖,且專挑選那些體弱多病的孩子——"小兒女多疾者",而非前引"小兒女悉赴瘟司廟上枷"。此外,引文還特地交待"現枷"期限為三年。

上述引文中的戴枷者均係孩童,而清代廣東地方民俗則有成人戴枷鎖之案例。②《古今圖書集成》引《廣東志書》"瓊州府"條云:"五月十一日扮裝關王會,至十三日畢集廟中。是時,賽願祈保,各帶枷鎖。"③又"臨高縣"條云:"五月關帝誕辰,商民各爭賽願,有將鐵鉤掛臂膊、繫長鍊隨地拖走者,謂之'裝軍'。"④這兩段文字描述當地民眾在"關王會"時,聚集廟中,各戴枷鎖、賽願祈保。引文還言及臨高縣民眾竟在臂膊上掛鐵鉤、身繫長鎖鏈,隨巡遊隊伍拖地而走。當地民眾採用這種折磨自身形體的自虐方式乃意在獻媚於關帝,藉此表示為贖罪而將己身充軍、聽任關帝差遣。其實,這種自虐式的贖罪方式也見於清代北京城。據富察敦崇撰《燕京歲時記》"城隍出巡"條云:

---

① (清)陳夢雷編纂、蔣廷錫校訂:《古今圖書集成》第 3 冊《曆象彙編·歲功典》第四九卷《仲夏部》,中華書局、巴蜀書社 1985 年版,第 2218 頁。

② 其實,身穿囚衣或自戴枷鎖藉此向神衹表示懺悔和贖罪,此俗至遲在南宋時就已出現。南宋歐陽守道(1209—? 年)撰《巽齋文集》卷十六《靈佑廟記》談到盧陵(今屬江西吉安市)民眾信奉"威顯善利靈應英烈王"(康保),在祭祀此神的廟會中"罔有馨香則有荷校赭衣自為纍囚"[(清)永瑢、紀昀等纂修:《景印文淵閣四庫全書》第 1183 冊,集部一二二(別集類),第 635 頁];南宋末吳自牧(生卒年不詳)撰《夢粱錄》卷二"二十八日東嶽聖帝誕辰"條則描述了杭州城每年在東嶽大帝聖誕日(三月二十八)都會隆重地舉行迎神賽會活動,其中就有"或答重囚帶枷者'。[(宋)吳自牧撰,符均、張社國校注:《夢粱錄》卷二,三秦出版社 2004 年版,第 26 頁]

③ (清)陳夢雷編纂、蔣廷錫校訂:《古今圖書集成》第 3 冊《曆象彙編·歲功典》第四九卷《仲夏部》,中華書局、巴蜀書社 1985 年版,第 2221 頁。

④ (清)陳夢雷編纂、蔣廷錫校訂:《古今圖書集成》第 3 冊《曆象彙編·歲功典》第四九卷《仲夏部》,中華書局、巴蜀書社 1985 年版,第 2221 頁。

（每年）四月二十二日,宛平縣城隍出巡。五月初一日,大興縣城隍出巡。出巡之時,皆以八人肩輿,舁藤像而行。有捨身為馬僮者,有捨身為打扇者,有臂穿鐵鉤懸燈而導者,有披枷帶鎖儼然罪人者。神輿之旁,又扮有判官鬼卒之類,彳亍而行。①

此外,廣東地區還一直流傳孩童戴紙枷鎖詣神的風俗。清末吳友如實地採訪後繪製一幅“鬻子於神”圖（圖版 1–2）,並配文解說云:

佛山鎮有康公主帥廟。相傳,七月七日為神誕日,詣廟燒香者咸攜子挈女鬻之於神。其鬻之,之去爭以利市錢文交給司祝,市取紙糊枷鎖,梏子女之頸,向神禮拜。拜畢,然後脫之以歸。謂經此一番舉動,從此子女之身心性命悉屬於神,人更不得而主之矣。雖有疾病,可無憂夭折。已迨子女長大,多備楮錠至神前酬願,並將枷鎖焚化,謂之“取贖”。“取贖”後,方行婚嫁禮。②

圖版 1–2：清末吳友如繪製的 “鬻子於神” 圖

---

① （清）富察敦崇編:《燕京歲時記》,北京古籍出版社 1981 年版,第 67 頁。
② （清）吳友如:《吳友如畫寶》第 4 冊（第十集上《民俗志圖說》）,上海書店 2002 年版,第 4—52 頁。

　　這幅畫作生動再現了佛山民眾的傳統習俗:每年農曆七月初七,父母引領孩童到康公主帥廟詣神,並給兒女戴上紙枷鎖,藉此求得神靈庇護茁壯成長。顯而易見,這裏的紙枷鎖代表孩童的歸屬權(所有權):給孩子戴上紙枷鎖,就代表將其交付神明所有,亦即變成神界中的一員,自然就可以抵禦各種災難和不祥;待其成年後"將枷鎖焚化"則表示從神祇那裏贖回所有權,至此孩子才算真正成為世俗中人,可以談婚論嫁了。

　　其實,"送瘟"時"打醮""戴枷"之傳統,至遲清末就已傳入臺灣島內。據光緒時人唐贊袞撰《臺陽見聞錄》卷下《風俗》"儺"條云:"儺出海在五月,義取逐疫,造木舟以五彩紙為瘟神像,禮醮演戲畢,舁像舟中,鼓吹儀像,送船入海。出會之日,婦女荷枷、帶鎖、赭衣遍路。"[①] 由此可知,臺南地區每年五月時舉行逐疫送瘟活動,婦人在"出會"那天(送船入海之日),皆身穿赭衣(古時囚衣),荷枷、帶鎖、隨儀仗而行。此種習俗得以留存至今,且不再僅限於婦人。筆者實地所見臺南市西港慶安宮舉行王醮科儀時,常有民眾

圖版 1–3:一男性信眾跪地戴紙枷贖罪 (西港慶安宮己丑科王醮)

---

① (清)唐贊袞:《臺陽見聞錄》卷下,臺灣銀行經濟研究室編:《臺灣文獻叢刊》第 30 種,臺灣銀行 1958 年版,第 144 頁。

（無論男女老幼）跪地於廟前，由廟祝給其戴上紙枷鎖（因繪有雙魚圖案而又稱為"魚枷"），並隨神轎出行巡遊，以期求得瘟王佑護，祛除疾病、改運度厄。這一做法，實與屏東縣東港東隆宮"送王船"時特有的"責打改運"有著異曲同工之妙。①

　　綜上所述，北宋以降"祀瘟神"與"送瘟船"習俗最初流行於長江中下游地區（如江淮、兩湖流域及臨近的湘、閩、贛等地），後隨著影響擴大而延擴到華南沿海地區及河南、山西等內陸省份。今天及明清時期閩臺地區（尤其環海一線）十分盛行的"送王船"習俗及"王醮"科儀，乃直接脫胎於宋代"送瘟"做法。

　　"王醮"實為瘟疫醮科儀之一，世人避忌"瘟"字不雅、故隱喻稱之為"王醮"或"王船醮""王爺醮"。舉凡"王醮"科儀的場面大多極為隆重，醮期也通常較長——今臺灣南部地區常見有三朝（天）、五朝（天）、七朝（天）乃至九朝（天）之實例。"王醮"是對瘟神的祭祀，發源於北宋時人"祀瘟神"傳統。"王醮"科儀通常以焚送王船為全部儀式的高潮和結束，其原型可追溯至宋明時期的"送瘟船"習俗。換言之，北宋以降"祀瘟神"與"送瘟船"做法在今閩臺地區"送王船"習俗中得到很好地保留和體現，其核心理念均源於民眾對瘟疫等惡性傳染疾病的恐懼和禳祀。概括說來，"祀瘟神""送瘟船""送王船"風俗不過是人們對於瘟疫之禳除在歷史長河中的不同表現形式。

---

①　東港東隆宮每三年例行舉辦"送王船"儀式，期間若有信徒心中不遂、詣廟請示神明獲允後，由廟方人員扮作王爺的衙役隨從，對其施予責打和懲誡，藉此象徵此前犯下的過錯已獲償還、一筆勾銷了，從而達到贖罪和改運之目的。

# 第二章　宋元道書所見瘟疫醮考源

所謂"瘟疫醮"，又稱"禳瘟疫醮""斷瘟疫醮"，乃係道門中人專為袪除或預防癘疫而施演的醮典科儀。中國古人驅逐瘟疫的觀念由來已久，且在不同歷史時期形成不同的風格和形式。譬如，先秦時人通常以儺儀來達到禳災、逐瘟之目的，漢唐文獻中也屢見這種禳祭儀式。而宋元以降，社會民眾則多選擇延請道士舉行瘟疫醮來達到驅除疫癘之鬼的目的。本章從宋元道書入手，著重探討道教科儀中瘟疫醮的起源、流程及其相關問題。

## 一、瘟疫醮的起源

《赤松子章曆》(卷一)所載"上章"條目中已有"斷瘟毒疫章"和"斷瘟疫章"。① 此外，初唐道士朱法滿匯集唐代及唐代以前的五十餘種道書編輯而成《要修科儀戒律鈔》(卷十一)也收錄有"斷瘟疫章"。② 由此可知，至遲六朝時道教內部已造作出專門針對瘟疫而進行的上章儀。然以禳瘟袪疫為核心宗旨的"瘟疫醮"科儀，則至少在唐代初期尚未形成。

約晚唐洞淵派道士造作的《太上洞淵辭瘟神咒妙經》假託元始天尊頒降此經，消除人世間的瘟疫疾病，現摘抄如下：

> 是時，元始天尊曰：皆是下界生民，處居人世。不敬三寶，呵天罵地，全無敬讓。心行諂曲、為非造罪，致令此疾所傷。凡為人民，身強力健，不知回向，出入往來，並無避諱。蓋是五帝使者，奉天符文，牒行於諸般之疾。凡人之所為，係在簿書，遂行其毒。若人吸着，便成此疾。如有男子、女人，家染此患，宜令闔家斷絕五辛，低聲下氣，柔軟身心，歡喜慈愍，禮謝辭遣。置立香位，請道迎真，於家建立道場。焚香轉誦妙經，依教禮謝，開於道位。次施設齋筵香燈，如法請於天符，十二年行病神王，五帝使者，七十二候聖者，二十四炁聖衆，行瘟大判官，俵藥主事，行猪羊牛馬瘟疫使者，袪災使者，癘毒使者，地分神王，

---

① 《赤松子章曆》卷一，《道藏》第 11 冊，第 174—175 頁。

② (唐)朱法滿撰：《要修科儀戒律鈔》卷十一，《道藏》第 6 冊，第 973 頁。

后土社令,各領部衆,俱降道場大道之處。解此毒癘,宜轉此經,一時
禳謝。若凡人係在簿書,仍須勾銷放赦奏聞。今有弟子某,歸依投懇,
拜奏誠心,莫為留難,改死重生。於是,聖者見此禮謝,收瘟攝毒,故不
流行。①

這段引文是說:世俗民衆遭受瘟疫之難乃係因行為不檢——不敬三
寶、呵天罵地、心行諂曲、為非造罪。若知悔改,可轉誦《太上洞淵辭瘟神咒
妙經》,並設道場、陳列齋筵香燈,敦請瘟部諸神降臨、收瘟攝毒。這裏談到
為驅逐瘟疫而專設道場科儀,雖未言明"瘟疫醮"之稱謂,卻實屬此類範疇。

約略同時的《太上三五傍救醮五帝斷瘟儀》②則勸誡世人"修神咒齋"
以驅逐瘟疫,如謂:

> 夫人家忽逢天災厄難,家口瘦疗,經一日、五日者,此是宅舍前後,
> 五帝神祇不衛於人,及有四方鄰里忽被染剔,皆是天行疫鬼,雲中李子
> 遨、張元伯、劉元達、烏丸鬼等病患人家。但是人家若患天行時疫,三
> 年內皆再發一度。可於醮曆檢定良日,求一道士,延請就宅。若辦,得
> 修神咒齋一日兩夜、三日三夜。若不辦,只請一人醮五帝。③

概言之,這裏將逐疫法事依規格劃分為兩種:其一,舉行一日兩夜或三
日三夜的盛大神咒齋會;其二,延請一名道士對瘟神五帝施予簡單祭祀。齋
主可視自身的意願和財力任選其一。

宋末元初林靈真編輯《靈寶領教濟度金書》卷二《壇信經例品(開度祈
禳通用)》"保病齋三日節目"條云:

> 保病有三種齋:疫病,宜修保命齋;邪祟,宜修北帝齋;時常體病,
> 宜修資福齋。歷考齋法,禳疫癘有洞淵三昧齋,其禳邪祟北帝齋,禳
> 體病資福齋,與三昧齋俱屬洞神部。今按《靈寶四十九品》云:靈寶有

---

① 《太上洞淵辭瘟神咒妙經》,《道藏》第1冊,第886頁。
② 今人呂鵬志認為此經"可能是隋唐時期編撰的,依據有二:一是經中行儀者自稱'洞淵弟
子',以'洞淵'作法職稱號始見於七世紀初問世的《三洞奉道科誡》,二是經中提到'洞淵
神咒齋',此齋名始見於唐。"(呂鵬志:《早期道教醮儀及其流變考索》,載譚偉倫主編:《中
國地方宗教儀式論集》,香港中文大學崇基學院宗教與中國社會研究中心2011年版,第
105頁)
③ 《太上三五傍救醮五帝斷瘟儀》,《道藏》第18冊,第333頁。

二十四司,第十一伏魔天寶壇玉司,五靈玄老主之,以《伏魔經》為司舉治經。然則北帝齋、資福齋,亦可屬靈寶部也。其三昧齋不可用。今改修保命齋,亦本於經法,《四十九品》有疫毒宜修保命齋之說。其異者,彼禮十一方三洞天尊,此禮十方靈寶天尊耳。①

據上述引文介紹:祛疾保命計有三種齋法——保命齋、北帝齋、資福齋。舊時,道人禳疫癘時演行"洞淵三昧齋",而至林靈素時世人已改修"保命齋"遂盛行於後世,"洞淵三昧齋"則似已失傳。② 二者的差別僅在於"洞淵三昧齋"禮奉十一方三洞天尊,"保命齋"禮奉十方靈寶天尊。事實上,這兩種齋法均屬於禳除疾疫的法事,即為瘟疫醮之類。

## 二、瘟疫醮的流程

前引《靈寶領教濟度金書》卷二"保病齋三日節目"條談到"保命齋"為期三天的節目及流程時說道:

> 是日,立真師幕、禁壇、宣疏,次立六師幕,次立三官幕,並上表;午後,開啟齋壇,入夜,分燈宿啟,次關北斗燈,次設醮禳度行年星庚。次日,清旦,行道告符;臨午,行道告符,進拜斷瘟保病朱章;落景,行道告符,次設瘟疫醮。第三日,清旦,誦諸品真經;臨午,散壇,上言功朱表,上齋詞,次醮六師幕、三官幕,並上表徹幕;入夜,開啟醮壇,設醮請聖,進獻青詞財馬。次送真師如儀。③

從中可以看出,"瘟疫醮"不過是"保命齋"三天科儀流程中的一個組成部分,通常於次日傍晚行科演法。至於"瘟疫醮"的儀式節次和演法步驟,該書卷二○四《科儀立成品‧禳瘟疫醮儀》有詳細論述,茲擇要將其流程羅列如下:(1)步虛;(2)灑淨;(3)衛靈;(4)請稱法位;(5)請聖;(6)初獻;

---

① (南宋)甯全真傳授、(宋末元初)林靈真編輯:《靈寶領教濟度金書》卷二,《道藏》第7冊,第42頁。
② 南宋王契真《上清靈寶大法》卷十二《濟世立功門》云:"疫毒流行,則修長生保命齋。"(《道藏》第30冊,第754頁)《元始元量度人上品妙經法》(卷四)云:"疫毒流行、兆民死傷亦當修齋,修長生保命齋。"(《道藏》第2冊,第506頁)
③ (南宋)甯全真傳授、(宋末元初)林靈真編輯:《靈寶領教濟度金書》卷二,《道藏》第7冊,第42頁。

(7) 亞獻;(8) 終獻;(9) 告符;(10) 迴輧頌(送神);(11) 向來(廻向)。①

　　值得注意的是,約出唐宋時的《太上三五傍救醮五帝斷殟儀》詳細敘述了斷瘟儀的節次流程:(1) 入壇解穢;(2) 禁鬼門;(3) 衛靈咒;(4) 發爐;(5) 上香、上茶、上酒;(6) 上香、上酒;(7) 上酒、行香;(8) 送神讚;(9) 十二願;(10) 學仙讚;(11) 散壇。② 此外,約元明時的正一派穰瘟却毒燈儀文本《正一殟司辟毒神燈儀》介紹了燃燈供奉匡阜真人和五方行瘟使者的相關情況,此科儀亦屬瘟疫醮的範疇。③

　　其實,上述道書中所載的瘟疫醮科儀節次雖有差異,其核心環節則大抵相同:淨壇,衛靈,請神,三獻,送神,散壇。當然,這幾項內容也是其他種類科儀中最基本的流程,差別在於啟請的神祇會根據醮事性質而有所不同。

## 三、瘟疫醮的神位

　　有關瘟疫醮中召請的神祇,《靈寶領教濟度金書》卷七《聖真班位品》"瘟疫醮神位"條有過介紹:

　　　　東方青帝青瘟神君、南方赤帝赤瘟神君、西方白帝白瘟神君、北方黑帝黑瘟神君、中央黃帝黃瘟神君、天瘟地瘟神君、山瘟家瘟神君、井瘟竈瘟神君、陰瘟陽瘟神君、五瘟部從隊伍神眾、天曹主執五瘟聖眾、嶽府主執五瘟聖眾、當境主執五瘟聖眾、今年某季準天敕命行災主令一切神明,本州城隍司主者、本縣城隍司主者、遠近廟貌權衡禍福聖眾、虛空監察看望隨喜聖眾。④

　　引文所言"東方青帝青瘟神君、南方赤帝赤瘟神君、西方白帝白瘟神君、北方黑帝黑瘟神君、中央黃帝黃瘟神君"當係前引《太上三五傍救醮五帝斷殟儀》中的瘟神五帝,其後羅列了天瘟、地瘟、山瘟、家瘟、井瘟、竈瘟、陰瘟、陽瘟及諸員五瘟聖眾等。耐人尋味的是,這裏臚列的瘟部神祇大多為天地、山川等自然神,似乎還較多保留了自然崇拜的痕跡。

---

①　(南宋) 甯全真傳授、(宋末元初) 林靈真編輯:《靈寶領教濟度金書》卷二〇四,《道藏》第 8 冊,第 34—35 頁。

②　《太上三五傍救醮五帝斷殟儀》,《道藏》第 18 冊,第 333—334 頁。

③　《正一殟司辟毒神燈儀》,《道藏》第 3 冊,第 582—584 頁。

④　(南宋) 甯全真傳授、(宋末元初) 林靈真編輯:《靈寶領教濟度金書》卷七,《道藏》第 7 冊,第 74 頁。

南宋留用光傳授、蔣叔輿編集《無上黃籙大齋立成儀》卷五三《神位門》也逐一羅列出"左三班"的瘟部諸員官將:

> 五方五瘟行瘟使者、和瘟匡阜真人、勤善明覺大師、十二年王大神、十二月將大神、十二日分使者、十二時辰使者、二十四氣使者、七十二候神王、行瘟南曹使者、行瘟北院判官、行諸般瘟疫病使者、俵藥處士持藥大神、瘟司諸狱官僚顯化一切威靈。①

與前引《靈寶領教濟度金書》"瘟疫醮神位"明顯不同的是,本段引文中瘟部神衹有兩個明顯特點:其一,瘟神的人格化,這裏所列的全部神衹均冠以"使者""真人""大師""大神""神王""判官"等稱謂,亦即被賦予了人格化特徵和秉性;其二,時間概念的神格化,諸如年、月、日、時辰、節氣、風候等代表時間觀念的用語被賦予神化,從而將瘟疫(瘟神)銘刻上時間的印記。

此外,元末明初時編纂的道教類書《道法會元》卷四四《清微禳疫文檢》"津送神舟疏"末尾臚列出欲奏報的瘟部神衹:

> 右謹具疏拜上:天符都天總管金容元帥、大帝法主匡阜先生、慈悲勤善大師、本府城隍主者、主殟威顯聖順忠烈王、地府押殟副帥魔王、南北行化使臣、諸位相公、十二年王、十二月將、日時使者、五殟使者、十洞魔王、二十四瘟、七十二候鬼神、三十六車、一十五種傷寒使者、女殟逍遙元君一切部屬,殟司行病諸位使者、本坊土主大王、當境社令里域土神、花樓舡上兒郎一切部屬,殟司主執一切威靈。②

耐人尋味的是,前引《靈寶領教濟度金書》中的五瘟神君及《無上黃籙大齋立成儀》中的"五方五瘟行瘟使者"在各自的瘟部神位序列中均居於首位,充分體現出五瘟使者(神君)對於驅逐瘟疫的重要性及主導角色。然而,本段所引《道法會元》文字中則將"五殟使者"明顯降格,其在總計二十三員的瘟神名錄中僅居第十二位,排名甚至次後於年(王)、月(將)、日時(使者),而居於首位的則是"天符都天總管金容元帥"。這一次重大的神位調整,實際上是淡化和削弱了五瘟神在瘟部中的地位,從而將逐瘟的領導

---

① (南宋)留用光傳授、蔣叔輿編集:《無上黃籙大齋立成儀》卷五三,《道藏》第9冊,第695頁。
② 《道法會元》卷四四,《道藏》第29冊,第44頁。

權交給"天符都天總管金容元帥""大帝法主匡阜先生"(和瘟匡阜真人)之
類的大神。考究其背後之成因,不外乎有二:或係因為歷史的變遷而導致某
些神祇的神格功能發生變化,或係因為不同教派(靈寶派、清微派)在建構
自己的神學理論時各有偏重。事實上,元明以降道門各派在演行瘟疫醮時
則大多以匡阜真人為瘟部神祇中最重要的領袖。

## 四、瘟疫醮的法信

《赤松子章曆》(卷一) 收錄各種"上章"儀式所需供奉的法物信儀,其中
涉及"斷瘟疫章"的信物凡計有:"紙百幅,香三兩,筆一管,墨一笏,書刀一
口,席二領,油一斗,錢七十文,繒一丈二尺,隨家口多少各別。"① 唐代朱法
滿編輯《要修科儀戒律鈔》(卷十一) 中介紹"斷瘟疫章"的陳設法信亦大略
相同。② 上述九種物品(紙、香、筆、墨、書刀、席、油、錢、繒)均係道門科儀中
十分常見的供品門類,與其他章儀的法物相比並未顯示出獨特之處。

值得注意的是,約出元明時期的《太上三五傍救醮五帝斷殟儀》談到
"斷瘟儀"法信時則說:

> 所須色目,具列如後:真乳頭香一兩半(六爐)③,案六面,筆五管,
> 墨五錠,五方綵各一段(隨方色),手巾五條(各長四尺二寸),命祿米五
> 盤(每盤一斗二升),酒一斗(盞子四十隻),信錢五分(每分一百二十
> 文),紙一束(五帖作錢財、五帖鎮座),醮盤四十分(餅、胡桃、乾棗、乾
> 魚、鹿脯、時新菓子),茅香湯一椀,燈十二盞,桃牌六枚(各長一尺一
> 寸、闊二寸)。④

顯然,這裏列舉的信物,無論名目抑或數量,均較之前引《赤松子章曆》
和《要修科儀戒律鈔》尤為繁雜和豐富。據此可判定,隨著瘟疫醮不斷趨於
複雜化,與之配套的法物也日漸豐厚且彰顯出個性,如上述法物中除了常

---

① 《赤松子章曆》卷一,《道藏》第 11 冊,第 175 頁。此外,《赤松子章曆》(卷一) 還列有"斷
瘟毒疫章",可惜信儀部分缺失了。(《赤松子章曆》卷一,《道藏》第 11 冊,第 174 頁)
② 《要修科儀戒律鈔》卷十一"斷瘟疫章"云:"右用紙百幅,香三兩,筆一管,墨一丸,書刀一
口,席二領。隨家口口別,油一升,錢百文,繒一丈二尺。"[(唐) 朱法滿撰:《要修科儀戒律
鈔》卷十一,《道藏》第 6 冊,第 973 頁]
③ 括號內文字,在《道藏》中原係以小字註釋形式出現。下同。
④ 《太上三五傍救醮五帝斷殟儀》,《道藏》第 18 冊,第 333 頁。

見的香、筆、墨、紙、錢等物外,還專門列出"五方綵各一段(隨方色)""手巾五條""命祿米五盤""信錢五分(份)",這些顯然是針對瘟神五帝而設的,而"燈十二盞"則代表十二年王,這些神祇都是瘟疫醮必請的對象。

## 五、瘟疫醮的疏文

《靈寶領教濟度金書》卷二九一《誥命等級品(祈禳用)》收錄的"除瘟疫告文"云:"靈寶三景玉符告下,為齋主某驅遣瘟疫、散滅災癘。寒暑燥濕、六沴循環,過則為災、祅鬼乘釁。六神守鎮,速禦無留。一如告命。"[1] 這段告文總計四十八字,言簡意賅、頗顯古風,末尾以十分嚴厲的口氣命令祅鬼快速離境、不得延遲——"六神守鎮,速禦無留。一如告命"。文中沿襲成說談到瘟疫的起因,即認為寒暑、燥濕、六沴都應依時輪替,若有違逆則會招致自然災害,此時祅鬼就趁機興風作浪、禍害人間。這裏將瘟疫的集中爆發與自然界中氣候、寒暖等客觀環境的異常變化聯繫起來,在某種程度上具有一定的合理性,藉此顯示出古人樸素的瘟疫觀念。

此外,《道法會元》卷四四《清微禳疫文檢》"津送神舟疏"條則云:

> 今則封章已奏於九重,恩詔遍頒於三界。既寬恩而宥過,想神部以言還。謹備少牢之禮、神舟之具,潔粢豐盛,嘉穀旨酒,仙經錢馬,寶鈔金銀。袍帶靴笠,為服御之需,杯盤壺觴,備飲食之用。兼南北之饢奠,備今古之禮文。略陳茹薄之儀,以為津送之禮。伏願乃神乃聖,見武允文,享飲食之殷歡,恕苞苴之菲薄。無小無大,收殄糜纖芥之遺。言還言歸,束載乘順流之勢。布祥風於此境,移神化於他方。慎勿流延,式符願望。[2]

這段疏文是宋元以降道教神霄派、清微派演行遣瘟送船儀時焚送的文檢,其文風與迄今閩臺地區仍盛行的王醮"送王船"儀式中所見疏文的文字風格較為接近。與前引"除瘟疫告文"明顯不同的是,這則"津送神舟疏"措辭委婉,通篇充斥著謙卑和恭敬,但客套中卻鮮明地表達了一個宗旨,那就是:醮主已置辦"少牢之禮"、酒食、錢馬、金銀、衣物等供品,並備妥交通

① (南宋)甯全真傳授、(宋末元初)林靈真編輯:《靈寶領教濟度金書》卷二九一,《道藏》第8冊,第564頁。

② 《道法會元》卷四四,《道藏》第29冊,第44頁。

工具（"神舟之具"），敬請瘟神饗宴後盡收境內一切瘟疫祅鬼，乘坐舟船遠走他方——"布祥風於此境，移神化於他方"。這實際上是採用賄賂的方式，希望瘟神疫鬼得到好處後自行離開，從而給彼此留下餘地，避免了劍拔弩張的局面。這種"不戰而屈人（鬼）之兵"的做法，與傳統的依靠法力來強制驅逐相比，是一次很大的轉變。據筆者實地從事的田野調查發現，今臺灣地區清微靈寶派道士演行禳災和瘟科儀時也嚴格遵循著這種先禮後兵的驅瘟模式。

　　綜上所述，道教專為祛除疫病而設的瘟疫醮自晚唐以後才開始出現，至宋元時期已基本成熟，此後成為道門科儀中的重要內容之一。同其他道門科儀流程一樣，瘟疫醮的核心內容包括淨壇、衛靈、請神、三獻、送神、散壇等環節。關於瘟疫醮召請的神祇，不同道書中所載略存差異，其中有的涉及天地、山川等自然神，也有道書將年月、日時等時間概念神格化。此外，五瘟神（五瘟使者）在瘟部神位名錄中的地位也歷經由顯貴到隱退的重大調整。舉行瘟疫醮時陳設的法信物品隨著儀式的複雜化而日漸豐厚，且彰顯出個性。瘟疫醮疏文的行文風格也折射出不同道派對待瘟疫祅鬼時乃分持兩種截然不同的態度：傳統靈寶派秉持舊法，對疫鬼主張施展法力、強制驅逐；清微派則奉行禮敬和瘟，希望施予賄賂而讓其自行離開，盡量避免付諸武力。今天閩臺地區仍盛行的王醮"送瘟船"儀式也是採用這種先禮後兵的驅瘟模式。事實上，古今術士考召鬼魅時大都奉行不斬盡殺絕的原則，意在避免因殺戮陰靈物命而有損陰功陽德。

# 第三章　宋元神霄派遣瘟送船儀研究

　　元末明初時編纂的道教類書《道法會元》收錄了現存最早的遣瘟送船科儀文本，即卷二二〇《神霄遣瘟送船儀》。[①] 這種送船科儀，乃是宋元以降道教神霄派[②] 演行驅逐瘟疫、祛除瘟病的一貫做法。下面，我們結合有關道教文獻，對該文本的科儀流程及宗教內涵予以梳理和考證。

## 一、《神霄遣瘟送船儀》的文獻學研究

　　《神霄遣瘟送船儀》詳細臚列出送船儀的節次流程。為了行文便利，我們自擬標題、將其劃分為如下幾個環節：(1) 步虛；(2) 淨壇；(3) 啟聖；(4) 祭船；(5) 宣疏入意；(6) 請瘟登船；(7) 送船；(8) 化食呪；(9) 迴向；(10) 化船。下面，我們將逐一展開討論和分析。

### （一）步　　虛

　　步虛，又稱"步虛聲""步虛詞"，乃係誦經或科演時採用特殊的唱腔和辭句來渲染對神祇的讚頌和祈禱，宛若漫步仙境、飄渺虛空中聞聽眾仙歌誦之聲，因此得名。[③] 步虛詞多為五言或七言，亦偶見有八言、十言不等。六朝以降道門中人舉行科儀時，必循慣例開場先誦"步虛"。明《道藏》收錄道書時通常將步虛文字省略不錄，故我們無法了解敷演送船儀時吟唱何種步虛。

---

① 《道法會元》卷二二〇，《道藏》第 30 冊，第 369—372 頁。

② 有關神霄派之研究，詳見李豐楙：《道教神霄派的形成與發展》，《幼獅學志》19 卷 4 期（1987 年 10 月），第 146—169 頁；李豐楙：《宋元道教神霄派的形成與發展》，《東方宗教研究》新 2 期（1988 年 9 月），第 141—162 頁；劉仲宇：《道教法術》，上海文化出版社 2002 年版；李遠國：《神霄雷法——道教神霄派沿革與思想》，四川人民出版社 2003 年版。

③ 據道書所言，北魏神瑞二年（415 年）太上老君親臨嵩嶽、授寇謙之以天師之位，命其清整道教、除去"三張偽法"，並賜以《雲中音誦新科之戒》而施行樂章誦誡新法（改直誦為樂誦），其中就有"華夏頌""步虛聲"等。[詳見（南宋）呂太古集：《道門通教必用集》卷一"寇天師"條，《道藏》第 32 冊，第 5—6 頁] 今《雲中音誦新科之戒》已佚，僅存道藏本《老君音誦誡經》係其殘本或變本。（詳見《道藏》第 18 冊，第 210—217 頁）

## （二）淨　　壇

所謂“淨壇”是指辟除污穢、整肅場地以恭迎神祇降臨。無論何種齋醮科儀在法事開始之初,均需先“步虛”而後“淨壇”解穢、掃蕩邪惡,並通常由引班持淨水盂以楊柳枝灑淨水以潔淨場地。歷代道書中記載的“淨壇”咒語甚多,均擔負了淨化身心、潔淨壇場的任務。《神霄遣瘟送船儀》談到施用於本場科儀的淨壇咒,如云:“步虛,呪水、洒淨畢,默念:天無氛穢,地絕妖塵。冥慧洞清,大量玄玄。一如告命。”① 翻檢道書可知,這段“淨壇咒”係出《元始無量上品度人妙經》②（卷一）:“琳琅振響,十方肅清。河海靜默,山嶽吞煙。萬靈振伏,招集群仙。天無氛穢,地無妖塵。冥慧洞清,大量玄玄也。”③ 對比可知,送船儀文本中所錄咒語乃係五句淨壇咒的後兩句,不過文末增添“一如告命”四字,此用語通常見於符命、關牒中,在淨壇咒中出現則極為少見。

## （三）啟　　聖

啟聖,又稱“啟白”“請神”“迎神”“入聖位”,乃係奏請有關神祇莅壇,藉此執行監督見證或主持法事之權責。啟聖時通常按神祇位階之尊卑、遠近,逐一稱念聖號。本場送船儀文本也遵循慣例共計分為三次啟請。

宋元道教神霄派儘管也將三清、三帝推崇為至尊神,但實際上“神霄

---

① 《道法會元》卷二二〇,《道藏》第 30 冊,第 369 頁。

② 據有關學者的研究表明,古本《度人經》及其他元始靈寶舊經似係東晉末葛巢甫等人編造。一卷本《度人經》出世即被不斷地予以增補。今存《正統道藏》首經《元始無量上品度人妙經》共計六十一卷,其中卷一係北宋以後在舊本基礎上又增添了新經文而成,其後六十卷均係晚出。相關研究,詳見 [法] 司馬虛（Michel Strickmann）, "The Longest Taoist Scripture", *History of Religions17*, 1978, pp.331-354（中譯本:[法] 司馬虛（Michel Strickmann）著,劉屹譯:《最長的道經》,《法國漢學》叢書編輯委員會編:《法國漢學》第七輯（宗教史專號）,中華書局 2002 年版,第 188—211 頁）;[日] 福井康順:《靈寶經の研究》,載氏著《福井康順著作集》,法藏館 1987 年版,第 341—447 頁;[日] 砂山稔:《靈寶度人經四注の成立と各注の思想について》,載氏著《隋唐道教思想史研究》,平河出版社 1990 年版,第 272—304 頁;[日] 大淵忍爾:《道教とその經典》第二章《靈寶經の基礎的研究》,創文社 1997 年版,第 163—165 頁;[日] 山田利明:《靈寶度人經誦經儀の形成》,載氏著《六朝道教儀禮の研究》,東方書店 1999 年版,第 263—288 頁;謝聰輝:《一卷本〈度人經〉及其在臺灣正一派的運用析論》,《中國學術年刊》第三十期（春季號）2008 年 3 月,第 105—136 頁。

③ 《元始無量上品度人妙經》卷一,《道藏》第 1 冊,第 7 頁。此外,這段咒文亦見載於《元始無量上品度人妙經》卷七,文字相同。(《道藏》第 1 冊,第 49 頁)

九宸”（又稱“雷霆九宸高真”）才係該派雷法之本尊。① 這九位大神中首推
“神霄玉清真王長生大帝”，其統臨神霄玉府、執掌運化雷霆生殺之柄，乃是
神霄譜系中最具權威性的神祇。有鑑於此，本場科儀文本中首次啟聖稱念
的二十五條神祇名號中居首的就是這位“神霄玉清真王長生大帝”，隨後是：
六天洞淵大帝伏魔天尊，神霄啟運諸大祖宗真君，雷霆三省真君，北極四聖
真君，三元得道真君，上清十一大曜雷霆威神真君，北斗九皇樞轄真君，南斗
六司執法真君，天罡大聖節度真君，三洞四輔經籙神仙真師，主宰雷霆火師
汪真君，金門羽客林、王侍宸真人，地司主法金鼎妙化先生皇甫真人，地司演
派列位宗師，大變三十六變祖師，小變二十四變祖師，開江造河祖師，遮前斷
後祖師，陰存陰變祖師，陽存陽變祖師，不存自變祖師，諸階法派前傳後度歷
代師真，雷霆諸司帥將，助道昭化威神。

　　第二次啟聖稱念八條神祇名號：都天太歲武光至德尊神地司主將殷元
帥，贊神侯將軍，副帥王、蔣二元帥，十二盪兇大將，七十二候、二十四氣神
君，金鐘黃鉞大神，黃幡豹尾神君，本佩法籙諸司官君帥將。

　　第三次啟聖稱念九條神祇名號：所奉香火福德神真，酆庭嶽府王侯，五
通七寶，祀典諸神，城隍廟主，土皇司命土地等神，前後把門立禁帥將吏兵，
三界四直功曹符使，虛空感降神祇。

　　上述名號念誦完畢後，即表示相應神祇均已蒞臨壇場、各自就位，隨即
獻上香茶以示敬意——“輒以香茶表誠供養”。待獻茶後，道士代表籌辦方
（即“信人”）向諸位神祇稟報此番儀式的宗旨和目的——“奉為鄉貫某處
某人，是以恭投道法，乞為辭禳，用祈保祐。以今結造華船，敬伸拜餞。向來
告白之次，恭詣患室之中，請起瘟司行化王神，卦中占出一切等鬼，請上華
船，受今拜送。仰憑法派祖師、地司官將，大賜密扶，即乞開江造河，不存自
變，出離斯舍，期保病安。”② 這段文字清楚地表達出幾點含義：第一，“信人”
延聘道士敷演送船儀，乃是希望依靠道法的力量來驅逐瘟疫、祈求平安——
“恭投道法，乞為辭禳，用祈保祐”；第二，“信人”已打造好“華船”（送瘟船），

① 《無上九霄玉清大梵紫微玄都雷霆玉經》云：“大帝曰：吾為高上神霄玉清真王長生大帝，
　　其次則有東極青華大帝、九天應元雷聲普化天尊、九天雷祖大帝、上清紫微碧玉宮太乙大
　　天帝、六天洞淵大帝、六波天主帝君、可韓司丈人真君、九天採訪真君，是為神霄九宸。”
　　（《道藏》第 1 冊，第 752 頁）明代朱權編撰《天皇至道太清玉冊》卷五《奉聖儀制章》“天
　　神尊號”條介紹說：“九宸，曰長生大帝、青華大帝、普化天尊、雷祖大帝、太乙天帝、洞淵大
　　帝、六波帝君、可韓真君、採訪真君，即元始九炁化生也，故號九宸上帝。代天以司造化，主
　　宰萬物。”（《道藏》第 36 冊，第 404 頁）
② 《道法會元》卷二二〇，《道藏》第 30 冊，第 370 頁。

以此作為送瘟的工具——"以今結造華船,敬伸拜餞";第三,"信人"向神祇稟報此儀式的緣由後,旋即到患者的病房中,敦請瘟司行化王神及卦中推占出的一切作祟之疫鬼,登上"華船"離開此地,從而免除患者的病痛——"向來告白之次,恭詣患室之中,請起瘟司行化王神、卦中占出一切等鬼,請上華船,受今拜送";第四,仰仗神霄法派祖師和地司官將施展法力給予佑護,開江造河、打通航道,確保"華船"(滿載疫鬼)順利地駛離病者之宅,進而祛除病患,恢復健康——"仰憑法派祖師、地司官將,大賜密扶,即乞開江造河,不存自變,出離斯舍,期保病安。"

## (四)祭 船

啟聖獻茶完畢後,即施行祭船儀式。祭船之前,必須預先做好準備工作——"令人捧船于患室或廳上,仍具酒牲祭儀于船所在,然後祭獻。"[①] 這就是說,首先令人手捧"華船"(送瘟船)放置於病者房間或大廳內,並在船前擺設美酒、三牲等供品,然後才進行祭拜。

道士面朝"華船"、拈香作揖行禮,並唱讚曰:"香煙散彩,瑞氣浮空。揭寶籙以拈香,對華船而拜手。"[②] 二十字步虛唱誦完畢後,道士再次奏啟本派尊祖、瘟部各司及當境的部分神祇,希望他們或"降赴船筵、證明拜(辭)餞",或"降赴華船,受今辭餞"。這次啟請共計九次,可分為兩種類別。前三次所啟請的均係高級神祇,他們在這場為祭送"華船"而設的祀儀(筵席)中所承擔的是監督和見證的職責——"降赴船筵、證明拜(辭)餞"。

與前三次的啟請對象有所不同,嗣後六次啟請則均係瘟部低級神祇及精靈鬼怪,他們或是奉命散播瘟疫的執行者,或是一切鬼祟邪怪的始作俑者,或是傳染性疾疫的病原代表(瘟、蠱、瘵[③])。道士希望他們享用祭品後登上"華船",駛離病者之宅——"降赴華船,受今辭餞"。實際上,這場祀筵就是專為其餞行而設的。而前三次奏請的那些高級神祇此時則扮演了督促和監督的角色,希望借助他們的威嚴和神力來確保瘟疫的源頭——瘟吏、疫鬼全部登船離境。

為了便於清楚地敘述,我們將九次啟請的神鬼名號逐次列表如下:

---

① 《道法會元》卷二二○,《道藏》第 30 冊,第 370 頁。

② 《道法會元》卷二二○,《道藏》第 30 冊,第 370 頁。

③ "瘵",即指肺結核病。《濟生方・諸虛門》"勞瘵論治"條云:"夫勞瘵一證,為人之大患。凡受此病者,傳變不一,積年染疰,甚至滅門,可勝歎哉!"[(宋)嚴用和原著,浙江省中醫研究所文獻組、湖州中醫院整理:《重訂嚴氏濟生方》,人民衛生出版社 1980 年版,第 39 頁]

**表格 3-1：祭船時啟請的神鬼名號**

| 序號 | 神祇名號 | 總數 |
|---|---|---|
| 第一次 | 神霄真王大帝，洞淵三昧太一天尊，法府上聖高真祖師、帥將，本家香火司命六神 | 4 條 |
| 第二次 | 天符天令大帝，雷音電吼不動尊王，聖父妙化天君，聖母善惠夫人 | 4 條 |
| 第三次 | 泗洲普照明覺禪師，和瘟師主匡阜真人，治病趙侯，天符都天正元帥，地符押瘟副元帥，主瘟侍郎，六眼判官 | 7 條 |
| 第四次 | 東方青帝喬木聖者，南方赤帝炎火聖者，西方白帝利金聖者，北方黑帝洪水聖者，中央黃帝糞土聖者 | 5 條 |
| 第五次 | 主年新令魔王，太歲尊神，左右三天符使，押瘟太保，主瘟朗公大伯元帥，行病使臣，天符使者，十二年王，十二月將 | 9 條 |
| 第六次 | 天瘟、地瘟、二十五瘟神君，天蠱、地蠱、二十四蠱神君，天瘵、地瘵、三十六瘵神君 | 9 條 |
| 第七次 | 七十二候使者，二十四炁聖眾，行瘟大判官，俵藥主事，行豬、羊、牛、馬瘟疫使者，癘毒使者，袪災使者，地分神王，后土里令，風火郎君，麻痘娘娘，苦飲婆婆，發汗判官，乍寒、乍熱神君，箍頭、縛腦神君，行麻、種痘神君，五種咽喉神君，赤眼、瀉痢神君，嘔吐、衂血神君，叉心、釘腹使者，寒熱使者 | 21 條 |
| 第八次 | 天殃、地殃、人殃、鬼殃神君，天白虎，地白虎，年白虎，月白虎神君，日白虎，時白虎，六甲旬中白虎神君，五方喪車白虎神君，五方雌雄破射棺槨浴盆神君，三坵五墓神君，日間送怪神，夜間送夢神，依草附葉神，已來災神，未來災神，已布毒神，未布毒神，瘟司行化一該王神 | 22 條 |
| 第九次 | 五方山檀木鬼，四方廟杜神祇，金銀銅鐵之精靈，檯凳床爐之古怪，五方冤詛怨氣大神，諸般鬼祟，陣亡枉死，連親客亡，血河女鬼，為禍神鬼 | 10 條 |

## （五）宣 疏 入 意

　　所謂"宣疏入意"就是道士宣讀疏文，藉此向神祇申述醮意，表達虔誠禮奉之心。宣疏之前，通常念誦一段駢文以為鋪墊。道藏本《神霄遣瘟送船儀》中所錄文字曰："伏願香車雲馬，彩仗風馳，惠然肯來，列駕班於座次，不期而會，鑒雀舌以歆嘗。無任恭虔，淨茶供養。伏以大聖奉天符而行令，本是化人，小民庸露悃以歸依，從而徼福。輒敷文疏，上瀆聖聰。"① 隨後，道

---

① 《道法會元》卷二二〇，《道藏》第 30 冊，第 371 頁。

士跪地宣疏、敦請瘟神疫鬼乘坐"華船"盡快離去。

宣疏完畢後慣例地念誦一段文字以為收尾,《神霄遣瘟送船儀》如下所云:

> 文疏敷宣,聖聰必鑒。仰惟天符聖眾,丞候王神,奉命而檢判人間,行化而周流世界。變猛烈慈悲之瑞相,察賢愚善惡之多端。溫涼寒暑,丞候有殊,瘴腫瘟癀,疾病不一。蓋為易行而遷善,初非好殺以惡生。上天之命令昭垂,常加警省。下土之頑愚莫曉,未能悔悛。禍福無門,惟人自召。否泰應運,於理存焉。若知改過從新,可以避禍就福。惟善則吉,遵道而行。順者伏而逆者殃,辭得行而遣得去。①

## (六) 請 瘟 登 船

所謂"請瘟登船"就是奏請瘟部神祇收攏五方為禍瘟邪等鬼,率領它們登上"華船"(送瘟船),享用筵席後即行離開。誠如《神霄遣瘟送船儀》所云:

> 今有某結造茅舟一舫,請迎瘟部眾神,出於十字路頭。虔以三牲酒禮,敬伸祭送,用保平安。重伸關請本佩法中諸司官將、地司元帥、本家香火六神,一合前來,棹起陽船、陰船、五鳳仙船,戮力收起五方為禍瘟邪等鬼。或在男人身前、女人身後,房廊屋角,應干去處,盡行收上畫船,各各齊赴華筵,受今辭送。②

這段引文寥寥百餘字,包含了豐富的信息:第一,"華船"(送瘟船)的質地乃是茅草,係用茅草打造編成的,故而說"今有某結造茅舟一舫";第二,打造茅船的目的就是將瘟部神祇從病室中迎請出來,並乘坐"華船"、送抵十字路口,即如所云"請迎瘟部眾神,出於十字路頭"。有趣的是,這裏專門點明送瘟地點是"十字路頭"。推究其因,選擇此地不外乎有兩種考量:其一,"十字路頭"乃是幾條街道的匯合點,縱橫交錯、宛若迷宮,將瘟部眾神送至此地,令其迷失原路,防止他們重返病人之宅;其二,"十字路頭"有著自身獨特的地理條件,四方通衢,交通便捷,利於出行,瘟部眾神在此地乘坐"華船",可暢通無阻地駛向遠方;第三,將"華船"(瘟部眾神)送至"十字路

---

① 《道法會元》卷二二〇,《道藏》第 30 冊,第 371 頁。
② 《道法會元》卷二二〇,《道藏》第 30 冊,第 371 頁。

頭"後,祭以三牲和美酒,虔誠地申明醮意,送走瘟神疫鬼,從此病厄消退,永保平安——"虔以三牲酒禮,敬伸祭送,用保平安";第四,再次奏請執法道士所佩法籙中諸司官將及地司元帥、本家香火六神,請他們一同前來,各自划起陽船(本佩法中諸司官將)、陰船(地司元帥)、五鳳仙船(本家香火六神),將五方為禍瘟邪等鬼全部收聚起來;第五,這些瘟邪疫鬼或在男人身前、女人身後,或躲於房廊、屋角,無論它們附著何處,都將其悉數收攏到"華船"("畫船")上來,一律參加華筵,受今辭送。

又,《神霄遣瘟送船儀》云:

> 上體好生之德,下矜悔過之誠。挽和氛以致祥,轉咎殃而作吉。伏願鑒陳凡禮,束結身妝,擺齊氛候王神,呼喚兒郎子弟,收拾葫蘆藥,跳上畫船中。相呼相喚水雲鄉,載笑載言蓬島外。和數句臨江仙曲,百千餘里舉頭空。唱一聲下水船歌,三十六灣彈指過。社令城隍齊斷送,家神土地盡隨行。逍遙徑返於洛陽,便是神王安穩處。請離此席,毋輒趑趄。奉送行軒,遨遊前邁。①

上述文字先以六言駢文為開場白,進而引出中心議題:敦請七十二候使者、二十四氛聖眾等瘟部神祇,趕快收拾行裝,並招呼各自的兒孫子弟,收起用於散佈瘟疫的葫蘆及毒藥,全部跳上"華船"(畫船)、準備離開。那麼,他們的目的地是哪裏呢? 送船儀文本隨即給出答案:"相呼相喚水雲鄉,載笑載言蓬島外。"此處所言"水雲鄉"和"蓬島外",其實代表了遠離人世的異域他鄉。換言之,就是希望這些瘟神避走天涯,從此不再為害人間。隨後,科儀文本又描繪了瘟神乘坐"華船"駛向遠方的情景:他們一路歡聲笑語,吟詩唱曲,轉眼間就飛渡了千山萬水。這裏所說的"臨江仙曲"是指曲牌名《臨江仙》②,此韻律頗有飄渺出世之意境;而"下水船歌"則是古老的船伕號子,迄今閩臺地區舉行禳瘟儀式"送王船"時仍會吟誦"送船歌"。此外,船隊人員中還有當境本家中的一些低級神祇(社令城隍、家神土地)隨行陪伴護送"華船"(瘟神)離境。瘟部神祇乘坐"華船"徑直返歸"空界",向天帝復命,那裏才是他們本該常駐的地方。末尾二句則表達了明確的要求:希望瘟神疫鬼乘坐專為其備下的"行軒"("華船")快速離開,不要耽擱、

---

① 《道法會元》卷二二〇,《道藏》第 30 冊,第 371 頁。

② 《臨江仙》乃係唐代教坊曲,詞牌韻律格式為:⊙仄⊙平平仄仄,⊙平⊙仄平平(韻)。⊙平⊙仄仄平平(韻),平平平仄仄,⊙仄仄平平(韻)。⊙仄⊙平平仄仄,⊙平⊙仄平平(韻)。⊙平⊙仄仄平平(韻)。ⓒ平平仄仄,⊙仄仄平平(韻)。

滋生變故，一往無前、永不回頭——"請離此席，毋輒趑趄。奉送行軒，遨遊前邁"。

## （七）送　船

《神霄遣瘟送船儀》云："存前光後暗。送神舟出門，到化船所。"① 據此可知，送船之前，道士先施展存思術，於腦海中想像前方光明、後路昏暗，此舉旨在為"華船"（神舟）指明前進的方向，並斷絕其歸路。隨後，道士率眾將"神舟"（"華船"）送出門，徑直來到焚化"華船"之場地。這裏所言"化船所"應當就是前文中談到的"十字路頭"。

隨即，道士又念云：

> 神本無私，默運感通之理。人能有請，潛垂昭格之靈。以今焚香，重伸告白：天符瘟司合部聖眾、患身為禍一切鬼神，以今奉為某特備酒牲凡儀，敬伸祭奉。仰惟洋洋在上，濟濟齊臨。俯歆菲薄之儀，大賜鴻厖之福。茂彰厥德，式副虔祈。②

這段念辭中的前兩句為四六式駢體文，稱頌了神與人的相互感召。隨後，又再次重申了辭送瘟神之意：祈望天符瘟司合部聖眾、患身為禍一切鬼神，在享用了專為他們而設的酒牲祭品後，為信人賜福消災，祛除患病之人的疾厄苦難。

## （八）化　食　呪

進而，《神霄遣瘟送船儀》又曰："以淨水洒于祭儀上。念化食呪曰：天洞天真，玉液成瓊。一分變十，十分變百，百分變千。千分化萬，萬分化億，億分化兆。變化無窮，普同供養。"③ 引文是說：執法道士手執淨水盂，先洒淨水於祭品之上，隨即念"化食呪"云云。這裏談到"以淨水洒于祭儀上"，此舉有三層含義：其一，祛除污穢，使祭品潔淨，不為外邪所染指；其二，賦予靈力，洒淨後的祭品就不再是俗世之物，而具有了神聖性；其三，幻化分身，將淨水洒於供品之上從而將其不斷地幻化分身，誠如"化食呪"所言：一份變十份，十份變百份，百份變千份。千份化萬份，萬份化億份，億份化兆份。

---

①　《道法會元》卷二二〇，《道藏》第 30 冊，第 371 頁。

②　《道法會元》卷二二〇，《道藏》第 30 冊，第 371 頁。

③　《道法會元》卷二二〇，《道藏》第 30 冊，第 371 頁。

最終,現實中供品的數量和品種雖然十分有限,但經過一番觀念中的無窮變化而得到了極大豐富了。

### (九)迴向·送神

所謂"迴向"是將修行功德反饋眾生,遍施法界,使闔境常享安樂。此說源於佛教,北魏沙門曇鸞註解《無量壽經優婆提舍願生偈註》(又名《往生論註》)卷一云:"迴向者,迴己功德,普施眾生,共見阿彌陀如來,生安樂國。"① 隋代慧遠撰《大乘義章》(卷九)亦曰:"言迴向者,迴己善法有所趣向,故名迴向。"② 至遲唐代,道門中人借鑒佛教、始設"迴向"科目於儀禮中。如晚唐杜光庭刪定《道門科範大全集》及南宋蔣叔輿編撰《无上黄籙大齋立成儀》中就屢次言及"迴向"之語。此後,"迴向"作為科儀定制遂盛行於宋元道法中。《神霄遣瘟送船儀》"迴向"節次中慣例以套語引出主題:"向來獻呈酒禮已遂周圓。備以畫船裝載經旛、錢馬等儀,敬伸焚化。"③ 這就是說,即將焚化的"畫船"("華船")中裝載的物品——經旛、紙錢、甲馬等,這些都是敬獻給瘟部神祇使用的。

"送神"則是將先前迎請來的神祇一律禮送出境,此節次乃與"啟聖"("請神")環節相呼應。那麼,《神霄遣瘟送船儀》"送神"名單中到底包括了哪些瘟神呢? 文本隨後給予介紹:

> 奉送天符歸天界,地符歸地中,七十二候布嘉祥,二十四氣收毒藥,月將出離一月難,年王除却一年災。攝毒收瘟,引領一該之眾。流恩降福,甦生數口之家。行莫回頭,去毋轉面。張帆鼓浪,齊登楚岸之舟。擊節鳴鑼,快返洛陽之道。逍遙前邁,奉送行軒。④

前引"奉送天符歸天界"中的"天符"即是前文所言"天符聖眾""天符瘟司合部聖眾",具體包括"天符天令大帝""天符都天正元帥""天符使者"等,這些屬於天界神祇,本著哪來就哪去的原則將他們送回天界;"地符歸地中"中"地符"即是前文所言"地符押瘟副元帥"為首的地界瘟疫神

---

① 婆藪槃頭菩薩造,(北魏)沙門曇鸞註解:《無量壽經優婆提舍願生偈註》卷一,[日]高楠順次郎編輯:《大正新修大藏經》第四十卷,大正新修大藏經刊行會 1972 年版,第 833 頁。

② (隋)慧遠:《大乘義章》卷九,[日]高楠順次郎編輯:《大正新修大藏經》第四四卷,大正新修大藏經刊行會 1972 年版,第 636 頁。

③ 《道法會元》卷二二〇,《道藏》第 30 冊,第 371 頁。

④ 《道法會元》卷二二〇,《道藏》第 30 冊,第 371 頁。

祇,故將他們送回地界中;"七十二候布嘉祥"中"七十二候"即是前文所言"七十二候神君""七十二候使者",古人認為五日為一候(每候皆有一候應),全年總計七十二候。"七十二候"代表了農業生產的物候(候應)秩序,故而希望他們為人間"布嘉祥"、迎來風調雨順;"二十四氣收毒藥"中"二十四氣"即是前言"二十四氣神君"及"二十四炁聖眾",也是自然界二十四節氣的神格化身,古人認為節氣失序將招致疫病流行,故請他們"收毒藥",不要再散播瘟疫了;"月將出離一月難"中"月將"是指"十二月將",祈請他們消除各自月份中的厄難;"年王除却一年災"中"年王"是指"十二年王",故請他們消弭一年中的災禍。最後,再次重申了此醮儀的核心宗旨:希望上述瘟部神祇各自引領所統轄的一干人馬為患病之人收赦瘟疫毒氣,並為信人家庭("數口之家")賜恩降福。同時希望他們收瘟完畢後即行離開,不要作片刻的停留和耽擱,切勿有絲毫的留戀和回顧——"行莫回頭,去毋轉面"。

### (十) 化　　船

隨後,道士點火焚化茅船、以示送瘟出行。全體人員恭敬地站立一旁觀望焚燒過程。此即《神霄遣瘟送船儀》所言"焚化"和"望燎"。焚化期間,道士存思左手上飛起南斗一座,這南斗的六顆星光芒四射,赤色炎炎如火鈴之狀,並配合念咒曰:"火鈴炎熾,洞煥八方。萬神侍衛,永斷不祥。急急如丹天流金火鈴律令。"①化船完畢後,道士又存念如下情景:全部神鬼已乘坐南斗射出的火鈴之光返歸"空界",萬物歸於靜寂。最後,道士叩齒而退。至此,送船儀式宣告完結。

## 二、送船儀文本的釋讀與分析

前述內容側重於從宗教文獻學角度逐一分析了遣瘟送船儀的科介流程及節次內容。透過這份珍貴的科儀文本,我們大致再現出當年神霄派道士敷演此法事的場景和過程。下面,我們嘗試從多視角對文本背後所蘊含的豐富信息予以論述。

### (一) 送瘟船的幾種稱謂

《神霄遣瘟送船儀》對送瘟船的稱呼並不統一,凡見有幾種說法:(1) 華

---

① 《道法會元》卷二二〇,《道藏》第 30 冊,第 372 頁。

船；（2）畫船；（3）茅舟；（4）神舟。

其中，"華船"稱謂出現最多，共計有八次，分別是："以今結造華船，敬伸拜餞"（一次）；"請上華船、受今拜送（辭餞）"（兩次）；"對華船而拜手"（一次）；"降赴華船、受今辭（拜）餞"（四次）。"華船"當係送瘟船之尊稱，藉此體現出了道士及信人對瘟神的恭敬和禮遇。

其次，"畫船"用語出現三次，分別是："應干去處，盡行收上畫船"；"收拾葫蘆藥，跳上畫船中"；"備以畫船裝載經幡、錢馬等儀"。推究"畫船"稱謂的來源，或有二種可能性：其一，"畫"與"華"二字通假，古時可互換使用，"畫船"亦係指"華船"，喻指船之華美；其二，或因船體上繪有圖案而命名以"畫船"，今閩臺地區"王醮"慶典活動中所見"王船"（送瘟船）的船舷上必然繪有各種精美圖案，古時送瘟船也不排除這種可能性。

"茅舟"和"神舟"的叫法各出現一次，分別是："今有某結造茅舟一舫，請迎瘟部眾神"；"送神舟出門，到化船所"。"茅舟"乃是送瘟船的質地而言，也就是說這艘科儀船乃是用茅草編製而成（當然也有可能是內充茅草、外糊以紙）。又，《道法會元》卷二二一《神霄遣瘟治病訣法》中收錄的"造遣瘟神盤法"條目下有小字註曰："用潔淨菱茅為之，做成小船亦可。"[1] 由此可知，當時神霄派道士施演驅瘟儀式時所用的法器道具——神盤或小船乃係用乾淨的菱茅製作而成的。同"華船"用語一樣，"神舟"是對送瘟船的提升和尊稱，亦係出於將其神化和美化的動機。

除了上述幾種措辭外，《神霄遣瘟送船儀》中還出現"陽船""陰船""五鳳仙船"的名稱，如謂："重伸關請本佩法中諸司官將、地司元帥、本家香火六神，一合前來，棹起陽船、陰船、五鳳仙船，戮力收起五方為禍瘟邪等鬼。……盡行收上畫船，各各齊赴華筵、受今辭送。"[2] 據文意推測，這裏所言"陽船""陰船""五鳳仙船"似乎是三類神祇——"本佩法中諸司官將""地司元帥""本家香火六神"所乘坐的，他們各自搭乘相應的船隻到患者家宅中搜尋、捉拿為害作亂的"五方為禍瘟邪等鬼"，最後將這些瘟疫之鬼全都送上"畫船"（送瘟船）驅逐出境。

### （二）送船儀折射的地域特徵

值得注意的是，《神霄遣瘟送船儀》"請瘟登船"節次中"逍遙徑返於洛陽，便是神王安穩處"之句乃頗具深意：古人將洛水譽為"天漢"（即天河、銀

① 《道法會元》卷二二一，《道藏》第 30 冊，第 372 頁。
② 《道法會元》卷二二〇，《道藏》第 30 冊，第 371 頁。

河)①,"洛陽"(洛水之陽)旋即成為天帝居所"紫微宮"之所在。② 無獨有偶,該文本"迴向"節次亦云:"張帆鼓浪,齊登楚岸之舟。擊節鳴鑼,快返洛陽之道。"這裏所說的"快返洛陽之道"③ 與前文"逍遙徑返於洛陽"是一回事。不過,文中"齊登楚岸之舟"則耐人尋味。"楚岸"一語,在歷代文人詩詞中屢見不鮮。④ 考究該語之含義,均係指楚地江河的水畔岸邊。而"楚地"則大致是指兩湖流域及江漢平原一帶。從地理上分析"齊登楚岸之舟……快返洛陽之道"之句蘊含的空間觀念,我們可以得出:道士們是希望瘟神疫鬼乘坐"華船"從荊楚等地的水岸出發,最終抵達洛水(由此而得返天界)。那麼,據此推測送船儀當係在黃河中下游至長江中下游這一漢族人聚居的廣闊區域內得以盛行和傳承。而這一區域(江浙、閩贛及湖南、湖北等地) 也正是北宋以降道教神霄派十分活躍的勢力範圍。

### (三)"十字路頭" 的象徵含義

《神霄遣瘟送船儀》中"送船"節次云:"送神舟出門,到化船所。"⑤ 這裏所言"化船所"應當就是前述"請瘟登船"節次中談到的"十字路頭"。其實,

---

① 唐代徐堅等奉敕撰《初學記》卷一《天部上·天第一·敘事》云:"天河謂之天漢。(亦曰:雲漢、星漢、河漢、清漢、銀漢、天津、漢津、淺河、銀河、絳河。"[(唐) 徐堅 等:《初學記》卷一,中華書局 1962 年版,第 2 頁]

② 中國古代關於地上河流上通天河的說法,凡計有幾種型類:第一種說法是天河與大海相通。據西晉時人張華(232—300 年) 撰《博物志·雜說下》記載:"舊說云天河與海通。近世有人居海渚者,年年八月有浮槎去來,不失期,人有奇志,立飛閣於查上,多齎糧,乘槎而去。十餘日中猶觀星月日辰,自後茫茫忽忽亦不覺晝夜。去十餘日,奄至一處,有城郭狀,屋舍甚嚴。遙望宮中多織婦,見一丈夫牽牛渚次飲之。牽牛人乃驚問曰:'何由至此?'此人具說來意,並問此是何處,答曰:'君還至蜀郡訪嚴君平則知之。'竟不上岸,因還如期。後至蜀,問君平,曰:'某年月日有客星犯牽牛宿。'計年月,正是此人到天河時也。"[(晉) 張華撰,范寧校證:《博物志校證》卷十,中華書局 1980 年版,第 111 頁] 第二種說法是天河與黃河相通,具體而言又可分為兩類,分別是:其一,天河與黃河水的源頭——崑崙山相通,南宋趙彥衛(約 1195 年前後在世) 撰《雲麓漫鈔》(卷九)引《援神契》曰:"(崑崙虛) 河水上應天河。"[(宋) 趙彥衛撰,傅根清點校:《雲麓漫鈔》卷九,中華書局 1996 年版,第 151 頁] 其二,天河與黃河下游南岸的大支流——洛水相通,傳說《洛書》即出於此。

③ 劉仲宇則認為,瘟君登返"洛陽之道"是從洛陽城外作為墳場的北邙山典故聯想而來的。此可備一說。(劉仲宇:《道教法術》,上海文化出版社 2002 年版,第 452—454 頁) 有關北邙山在中國古人心目中的地位,詳見張玉霞:《"龍脈"北邙:冥土安魂的人生歸宿》,《中國社會科學報》2015 年 3 月 18 日 B07 版。

④ 詳見唐代杜甫撰《纜船苦風戲題四韻奉簡鄭十三判官》、北宋寇準撰《夜泊江上》、北宋余靖撰《送僧惠勤歸鄉》、明代高啟撰《賦得履送衍上人》等。

⑤ 《道法會元》卷二二〇,《道藏》第 30 冊,第 371 頁。

"十字路頭"(又稱"十字路口")在中國古代民眾心目中具有豐富的文化內涵。它是公共場域,代表了歧路、岔道,藉此象徵出行遠遊及通往不同方向的可能性。從字源學上說,甲骨金文"行"字的字形其實就是對十字路口的擬象,乃係以十字路口為摹本而提煉出的象形字(詳見圖版 3–1)。誠如羅振玉所言:"𫟪象四達之衢,人之所行也。"① 爾後,秦漢魏晉時期的篆、隸書"行"字也大抵承襲了此一字形(詳見圖版 3–2)。概言之,中國古人眼中的十字路口即意味著出行及通向遠方。故《說文》訓"軷"字曰:"出將有事於道,必先告其神。立壇四通,尌茅以依神為軷。既祭犯軷,轢牲而行為範軷。從車,犮聲。"② 這段文字涉及漢代出行時祭祀行神的儀式——"祖道"和"軷壇",文中"立壇四通"就是指在十字路口設立祭壇("軷壇"),藉此祈禱遠足者一路平安。③

此外,十字路"象四達之衢",極易令人徬徨、迷失歸路,現實生活中人們置身十字路口、面對多種選擇時常會引發困惑之感。世俗中人如此,鬼祟

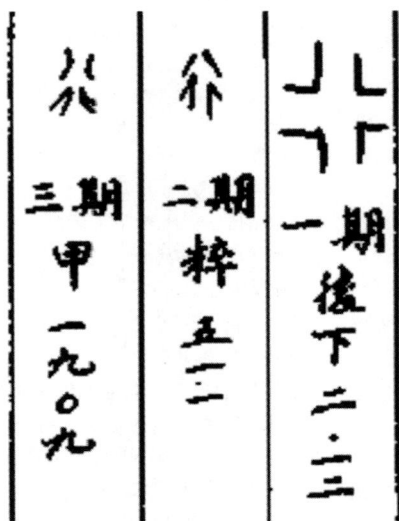

圖版 3–1:甲骨金文"行"字形④

---

① 羅振玉撰:《殷虛書契考釋(三種)》,中華書局 2006 年版,第 140 頁。
② (東漢)許慎撰,(清)段玉裁注:《說文解字注》十四篇上《車部》,浙江古籍出版社 1998 年版,第 727 頁。
③ 詳見[日]工藤元男:《睡虎地秦簡所見秦代國家與社會》第六章"先秦社會的行神信仰和禹",[日]廣瀨薰雄、曹峰譯,上海古籍出版社 2010 年版,第 188—237 頁。
④ 徐中舒主編:《甲骨文字典》,四川辭書出版社 1989 年版,第 182 頁。

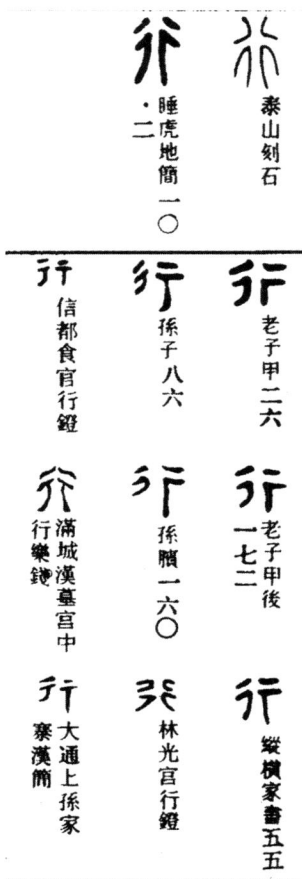

圖版 3-2：秦漢魏晉篆隸書"行"字形[1]

亦難例外。故而,古人通常將"十字路頭"視為處置不祥物的絕佳場所,同時也成為諸鬼遊蕩之地。例如,《太平御覽》卷七六四《器物部九·籃》引《集異記》曰:"丹陽張承先家有鬼,長為其取物。會有客,須蕈斤、鯉魚二十頭。鬼將一小兒,持籃至驃騎街十字路,小兒睡覺,看籃中已有蕈、鯉。"[2]又,北宋王兗於慶曆七年(1047 年)編刊《博濟方》(卷一)收錄治療"勞證"的"延壽散"條談到將五味中藥研磨成粉、配以他物煎服,並貼身穿著皂紗

---

①　漢語大字典字形組編:《秦漢魏晉篆隸字形表》卷二,四川辭書出版社 1985 年版,第 127 頁。

②　(北宋)李昉編纂,孫雍長、熊毓蘭校點:《太平御覽》(第七冊),河北教育出版社 1994 年版,第 163 頁。

衫以發汗,"(皂衣)末後用了,即棄于十字路中,或長流水內,永差。"① 無獨
有偶,明代王肯堂(1549—1613 年)輯《證治準繩》"蠱毒"條亦云:"凡入蠱
鄉,見人家門限屋梁絕無塵埃潔淨者,其家必畜蠱,當用心防之,如不得已喫
其飲食,即潛地於初下箸時,收藏一片在手,儘喫不妨。少頃,却將手藏之
物,埋於人行十字路下,則蠱反於本家作閙,蠱主必反來求。"②

　　道門中人採納了這一世俗觀念,在科儀演法的操作實踐中有意將瘟神
疫鬼禮送至十字路頭,意在將瘟疫由私人空間抛到公共區域,藉此希望疫鬼
找不到來時的原路,並期待他們從這裏出發遠走他鄉("返歸空界")。③ 前
述送船科儀中將"神舟"送至"化船所"再施予焚化恐係源於此。此外,《道
法會元》談到施展法術驅逐鬼魅時就屢次言及"十字路頭(口)",如該書卷
二一一《天罡生煞大法》"治夜啼"條云:"法師令投壇人將瓦一口,去十字路
頭打碎,撿三角者,秉筆凝祥書符"云云,④ 又卷二四〇《正一玄壇元帥六陰
草野舞袖雷法》"役邪鬼法"條云:"次出門限,剔起,想自身乘空而去。路上
掐虎訣,存路為龍,過橋乘船,同到十字路口,足下丁立。想開合法,手握泰
山訣,擲後,存前開後合。……然後走身,直向天門,化為白鶴而去。如到十
字路口,下符一道,斷師歸路。却下開合訣,回身望後頭畫四縱五橫,想為連
天鐵障,抵塞邪路。……到家,再召帥將祭謝。或賊家不遠,自己為主帥,部
押入所在屯駐,却於十字路口斷了。"⑤ 這兩段引文中共計四次出現"十字路
口(頭)"字樣,其含義均指向了選擇此地斬斷邪鬼之歸路。這與前述世俗
觀念是一脈相承的。

### (四)"飛南斗""存六星"的宗教意涵

　　《神霄遣瘟送船儀》敘述"化船"節次時說:"左手飛南斗一座,存六
星光芒炎炎如火鈴之狀。……存諸神鬼盡乘火鈴之光,返歸空界,萬化寂
然。"⑥ 據此可知,焚化瘟船時執法道士以左手飛結"南斗"指訣,同時配合於
腦海中存想南斗六星。其實,"飛南斗""存六星"是道門科儀演法中較常施

---

① (北宋)王袞編:《博濟方》卷一,中華書局 1985 年版(叢書集成初編本),第 17 頁。
② (明)王肯堂輯:《證治準繩》上冊《雜病證治準繩·七竅門下》,人民衛生出版社 2001 年版,
　　第 344 頁。這段文字亦收錄明代張介賓撰《景岳全書》卷三五《諸蠱》"反蠱及主法"條。
　　[(清)永瑢、紀昀等纂修:《景印文淵閣四庫全書》第 777 冊,子部八三(醫家類),第 725 頁]
③ 《道法會元》卷二二一《神霄遣瘟治病訣法》"回向"節次以兩句韻文結尾,其中末句云:"吹
　　送神船何處去,直歸三島十洲中。"(《道藏》第 30 冊,第 374 頁)
④ 《道法會元》卷二一一,《道藏》第 30 冊,第 324 頁。
⑤ 《道法會元》卷二四〇,《道藏》第 30 冊,第 485—486 頁。
⑥ 《道法會元》卷二二〇,《道藏》第 30 冊,第 371—372 頁。

用的程序步驟。譬如,《道法會元》卷二○七《太極葛仙翁施食法》涉及道
士祭煉亡魂施食時"即以兩手玉訣擎起額前,剔南斗一座列於空中。……
存見南斗六星光輝朗耀,變成萬萬火鈴,眾魂悉皆乘光上昇雲漠。又念生天
密呪三徧,送登空際。"① 又,該書卷一六二《上清天蓬伏魔大法》"流金火鈴
符"條談到書符敕呪後,"飛南斗一座于前,存南斗六星及火鈴將軍、六星童
子,光徹滿前。……專為火獄煎鬼用之。"② 這兩條引文均旨在借助南斗六
星的朗耀光輝來接引亡魂脱離苦海。

　　筆者認為道門中人之所以賦予南斗六星如此神力,當係出於以下幾點
考量:(1) 基於"南斗注生"的傳統理念。歷代道士大多沿襲"北斗落死、南
斗注生"的觀念,認為南斗象徵了生命和長壽。如原題李淳風註《金鎖流珠
引》③ 卷二八《考召法師存思說召延壽六星君名圖法》文末小字注曰:"南斗
八星,不見二星,世人見者六星,今呼為南斗六星君,不知有八星,八卦二君
也。一延壽君,二司命君,餘即掌籍掌籌君,上生落死君,是世有人知此道,
長生不死,立得仙人也。"④ 前引《神霄遣瘟送船儀》"化船"節次中存想南斗
六星,當不排除祈求獲得南斗佑護、賜予福壽之用意;(2) 當與南斗橫跨天
河的觀念有著密切關聯。據《道法會元》卷六七《雷霆玄論》云:"北方子丑
斗牛之次,有斗宿號南斗。……子丑乃水之鄉,是天一生水之宗。故南斗
六星,柄橫截天河。天河下通黃河,水中逆流至玉京山上。雷門雨戶,隱於
天河之內。"⑤ 又卷九一《雷霆六乙天喜使者祈禱大法》云:"(法師登壇) 怒
目一視南方,左手飛南斗一座,見南斗橫跨天河,光芒燦爛。第五、六星間

---

①　《道法會元》卷二○七,《道藏》第 30 冊,第 306 頁。
②　《道法會元》卷一六二,《道藏》第 30 冊,第 20 頁。此外,《道法會元》卷二四○《正一玄壇
　　元帥六陰草野舞袖雷法》"役邪鬼法"條云:"剔斗一座蓋頭,存斗柄指前。……望見鬼所,
　　先飛斗罩之,無令走逸。"(《道藏》第 30 冊,第 485 頁) 這裏未明言所"剔"之斗是五斗中
　　哪一種,然據文意推測當以北斗的可能性為大。
③　《金鎖流珠引》原題"中華仙人李淳風註"。有關該書的撰作年代,英國學者巴雷特認為
　　"成書於八世紀末或九世紀初"。(詳見 [英] 巴雷特:《〈金鎖流珠引〉年代考》,呂鵬志譯,
　　《宗教學研究》2006 年第 2 期,第 24—25 頁)
④　《金鎖流珠引》卷二八,《道藏》第 20 冊,第 487 頁。又《靈寶無量度人上品妙經》(卷一)
　　概述了五斗的各自職屬,其謂:"東斗主算,西斗記名,北斗落死,南斗上生,中斗大魁總監
　　眾靈。"(《道藏》第 1 冊,第 4 頁。這段文字亦大略見載於《太上說中斗大魁保命妙經》,詳
　　見《道藏》第 11 冊,第 355 頁)
⑤　《道法會元》卷六七,《道藏》第 29 冊,第 216 頁。此外,《道法會元》卷九一《雷霆六乙天
　　喜使者祈禱大法》亦有類似記載:"《雷書》云:北方子丑斗牛之位有斗宿號南斗,居子丑之
　　鄉,是天一生水之宗。故南斗六星,橫截於天河水中。若能運行逆流玉京山之上,雷門、雨
　　戶並臨天河之內。"(《道藏》第 29 冊,第 382 頁)

有一小星,名火令星,即霹靂星也。其星金光火炁直衝斗口,乃天河所屬之地。"① 明代郎瑛(1487—1566 年)撰《七修類稿》卷五《天地類》"星宿異名"條云:"又箕、斗總名曰漢津,蓋箕乃龍尾,斗為南斗,乃天漢之津梁"②。據此可知,古人相信南斗的斗柄橫跨天河、是上達天界的橋樑。③ 這就不難理解為何羽士敷演超拔亡魂等科儀時通常會以南斗六星為存想對象。基於同樣的理念,《神霄遣瘟送船儀》"化船"節次中"飛南斗""存六星"等科介動作也是為了奉送瘟神疫鬼返回天界;(3) 南斗六星還兼主兵事、執掌生殺之權。據南宋鮑雲龍(1226—1296 年)編著《天原發微》(卷八) 云:"南斗六星……亦為壽之期。……又主兵。"④ 這一說法由來已久,唐代瞿曇悉達編撰《開元占經》卷六一《北方七宿占二·南斗占一》引甘氏之說:"南斗主兵,斗動者,兵起。南斗星明大,爵祿行、天下安寧、將相同心。其星不明、大小失次、芒角動搖,則王者失政、天下多憂。"⑤ 有鑑於此,遣瘟送船儀談到焚化"華船"時執法道士於心中靜默南斗六星,或倚重南斗威力強迫瘟鬼必須離開。

### (五)送船儀的疏文格式

　　《神霄遣瘟送船儀》"宣疏入意"節次中詳細介紹了執法道士宣讀疏文前後所例行唱誦的陳詞文藻。這些文辭是為本節的核心內容——"宣疏"環節承擔了烘托、鋪墊及收尾的功用,而非疏文本身。令人遺憾的是,《神霄遣瘟送船儀》文本中並未抄錄此份疏文的格式內容。不過,筆者翻檢《道法會元》從中查閱到一則疏文資料似可供參考。

　　《道法會元》卷四四《清微禳疫文檢》"津送神舟疏"條曰:

　　　　今則封章已奏於九重,恩詔遍頒於三界。既寬恩而宥過,想神部以言還。謹備少牢之禮,神舟之具,潔粢豐盛,嘉殽旨酒,仙經錢馬,寶鈔金銀。袍帶靴笠,為服御之需,杯盤壺觴,備飲食之用。兼南北之饢奠,備今古之禮文。略陳茹薄之儀,以為津送之禮。伏願乃神乃聖,見

---

① 《道法會元》卷九一,《道藏》第 29 冊,第 379 頁。

② (明) 郎瑛撰:《七修類稿》卷五,上海書店出版社 2001 年版,第 51—52 頁。

③ 道門中人演法 "天河取水" 環節時就以南斗為存思對象,如《道法會元》卷八九《九天雷晶元章》"天河取水"條云:"存南斗第六勝星邊有小星,放金光下斗口。存兆身白炁混沌,上接天河金光。但見白炁被金光,炁衝開,見使者。然後運曹溪水嗽下尾閭,升上崑崙,逆上天河,一噴入符,即以筆兩拂起。"(《道藏》第 29 冊,第 369 頁) 這段引文前還附繪二圖以比擬 "天河取水",十分形象逼真。

④ (南宋) 鮑雲龍編著:《天原發微》卷八,《道藏》第 27 冊,第 640 頁。

⑤ (唐) 瞿曇悉達編:《唐開元占經》卷六一,中國書店 1989 年影印版,第 425 頁。

武允文,享飲食之殷勤,恕苞苴之菲薄。無小無大,收殟靡纖芥之遺,
言還言歸,束載乘順流之勢。布祥風於此境,移神化於他方。慎勿流
延,式符願望。

　　右謹具疏拜上:天符都天總管金容元帥、大帝法主匡皁先生、慈悲
勸善大師、本府城隍主者、主殟威顯聖順忠烈王、地府押殟副帥魔王、
南北行化使臣、諸位相公、十二年王、十二月將、日時使者、五殟使者、
十洞魔王、二十四炁、七十二候鬼神、三十六車、一十五種傷寒使者、女
殟逍遙元君一切部屬,殟司行病諸位使者、本坊土主大王、當境社令里
域土神、花樓舡上兒郎一切部屬,殟司主執一切威靈。咸望聖慈,洞回
昭格。謹疏。①

　　據上述引文可知,宋元清微派道士施行驅瘟禳疫科儀時也是採取遣送
船隻的方式,即將承載瘟部威神的"華船"放入江河水流中任其漂泊而去,
藉此表示將災疫禮送出境、本域將迎來安康與祥和。雖然,我們不清楚宋元
道教清微派送瘟儀的具體做法和流程,但從前引疏文的內容格式及神祇名
錄來看,當與神霄派遣瘟送船儀有頗多相似之處。有鑑於此,這份《津送神
舟疏》或可略補《神霄遣瘟送船儀》缺錄疏文之不足。

　　《神霄遣瘟送船儀》是現存最早的遣瘟送船科儀文本。透過這份珍貴
的文獻資料,我們可以大致再現出當年神霄派道士敷演此項法事時的場景
和過程。這場送船科儀具有較為嚴整和完備的節次流程,堪稱是宋元神霄
派頗具代表性的驅瘟法事。今天閩臺地區盛行的"王醮"儀式,似與宋元神
霄派遣瘟送船儀存在一定的淵源關係。

---

① 《道法會元》卷四四,《道藏》第29冊,第44頁。

## 附錄：《神霄遣瘟送船儀》（收入《道法會元》卷二二〇）

（說明：文中的節次標題，均由筆者據文意增補擬定）

### 步　　虛

（略）

### 淨　　壇

呪水、洒淨畢，默念：天無氛穢，地絕妖塵。冥慧洞清，大量玄玄。一如告命。

### 啟　　聖

次炷香啟告云：九天之上惟道獨尊，萬法之中燒香為首。爐纏馥郁，氣乃氤氳。上通三境十天，上徹八門九地。為祥為瑞，招聖招靈。或繚繞虛空、結成雲霧，或徧周法界、散作煙霞，一捻纏焚、萬靈洞鑒。某籙弟子某職事某，謹與辭禳信人某，同誠恭藝寶香，一心啟告，供養：神霄玉清真王長生大帝，六天洞淵大帝伏魔天尊，神霄啟運諸大祖宗真君，雷霆三省真君，北極四聖真君，三元得道真君，上清十一大曜雷霆威神真君，北斗九皇樞轄真君，南斗六司執法真君，天罡大聖節度真君，三洞四輔經籙神仙真師，主宰雷霆火師汪真君，金門羽客林、王侍宸真人，地司主法金鼎妙化先生皇甫真人，地司演派列位宗師，大變三十六變祖師，小變二十四變祖師，開江造河祖師，遮前斷後祖師，陰存陰變祖師·陽存陽變祖師，不存自變祖師，諸階法派前傳後度歷代師真，雷霆諸司帥將。助道昭化威神，惟願降臨，受今啟告。

次焚信香，虔誠關白：都天太歲武光至德尊神地司主將殷元帥，贊神侯將軍，副帥王、蔣二元帥，十二溫兜大將，七十二候、二十四氣神君，金鐘黃鉞大神，黃幡豹尾神君，本佩法籙諸司官君帥將。

次伸焚香，關白：所奉香火福德神真，酆庭嶽府王侯，五通七寶，祀典諸神，城隍廟主，土皇司命土地等神，前後把門立禁帥將吏兵，三界四直功曹符使，虛空感降神祇，同賜來臨，受今關白，輒以香茶表誠供養。

（獻茶）

寂然不動，感而遂通。大音希聲，叩之必應。奉為鄉貫某處某人，是以恭投道法，乞為辭禳，用祈保祐。以今結造華船，敬伸拜餞。向來告白之次，恭詣患室之中，請起瘟司行化王神、卦中占出一切等鬼，請上華船、受今拜送。仰憑法派祖師、地司官將，大賜密扶，即乞開江造河，不存自變，出離斯舍，期保病安。庶道法以昭彰，使人神而欽畏。稽首稱念神威遠鎮天尊，不可思議功德。

## 祭　船

（令人捧船于患室或廳上，仍具酒牲祭儀于船所在，然後祭獻。）

香煙散彩，瑞氣浮空。揭寶篆以拈香，對華船而拜手。

焚香重伸奉請：神霄真王大帝，洞淵三昧太一天尊，法府上聖高真祖師、帥將，本家香火司命六神，降赴船筵、證明辭餞。

謹焚真香，敬伸拜請：天符天令大帝，雷音電吼不動尊王，聖父妙化天君，聖母善惠夫人，恭望降臨船筵、證明拜餞。

次焚真香，奉請：泗洲普照明覺禪師，和瘟師主匡阜真人，治病趙侯，天符都天正元帥，地符押瘟副元帥，主瘟侍郎，六眼判官，降赴船筵、證明拜餞。

次焚信香，虔誠奉請：東方青帝喬木聖者，南方赤帝炎火聖者，西方白帝利金聖者，北方黑帝洪水聖者，中央黃帝糞土聖者，降赴華船、受今辭餞。

次焚信香，虔誠奉請：主年新令魔王，太歲尊神，左右三天符使，押瘟太保，主瘟朗公大伯元帥，行病使臣，天符使者，十二年王，十二月將，降赴華筵、受今拜餞。

再焚信香，虔誠奉請：天瘟、地瘟、二十五瘟神君，天蠱、地蠱、二十四蠱神君，天瘵、地瘵、三十六瘵神君，降赴華船、受今拜餞。

次焚信香虔誠奉請：七十二候使者，二十四炁聖眾，行瘟大判官，俵藥主事，行豬、羊、牛、馬瘟疫使者，癘毒使者，祛災使者，地分神王，后土里令，風火郎君，麻痘娘娘，苦飲婆婆，發汗判官，乍寒、乍熱神君，箍頭、縛腦神君，行麻、種痘神君，五種咽喉神君，赤眼、瀉痢神君，嘔吐、衄血神君，叉心、釘腹使者，寒熱使者，降赴華船、受今辭餞。

次焚信香，虔誠奉請：天殃、地殃、人殃、鬼殃神君，天白虎，地白虎，年白虎，月白虎神君，日白虎，時白虎，六甲旬中白虎神君，五方喪車白虎神君，五方雌雄破射棺槨浴盆神君，三坵五墓神君，日間送怪神，夜間送夢神，依草附葉神，已來災神，未來災神，已布毒神，未布毒神，瘟司行化一該王神，降赴華船、受今辭餞。

次焚信香，虔誠奉請：五方山檀木鬼，四方廟杜神祇，金銀銅鐵之精靈，檯凳床爐之古恠，或為牛羊鵝鴨，或為衣物錢財，假公害私，拖錢負債，遠年近日，我里他邦，五方冤詛怨氣大神，或自外來，或自內起，或家神勾引，或土地通同，托夢送恠，諸般鬼祟，陣亡枉死，連親客亡，血河女鬼，為禍神鬼，請上華船、受今辭餞。

## 宣　疏　入　意

伏願香車雲馬，彩仗風馳，惠然肯來，列駕班於座次，不期而會，鑒雀舌以歆嘗。無任恭虔，淨茶供養。伏以大聖奉天符而行令，本是化人，小民庸露悃以歸依，從而徼福。輒敷文疏，上瀆聖聰。

（宣疏）

文疏敷宣，聖聰必鑒。仰惟天符聖眾，朩候王神，奉命而檢判人間，行化而周流世界。變猛烈慈悲之瑞相，察賢愚善惡之多端。溫涼寒暑，朩候有殊，瘴腫瘟癀，疾病不一。蓋為易行而遷善，初非好殺以惡生。上天之命令昭垂，常加警省。下土之頑愚莫曉，未能悔悛。禍福無門，惟人自召。否泰應運，於理存焉。若知改過從新，可以避禍就福。惟善則吉，遵道而行。順者伏而逆者殃，辭得行而遣得去。

## 請　瘟　登　船

今有某結造茅舟一舫，請迎瘟部眾神，出於十字路頭。虔以三牲酒禮，敬伸祭送，用保平安。重伸關請本佩法中諸司官將、地司元帥、本家香火六神，一合前來，棹起陽船、陰船、五鳳仙船，戮力收起五方為禍瘟邪等鬼。或在男人身前、女人身後，房廊屋角，應干去處，盡行收上畫船，各各齊赴華筵，受今辭送。

上體好生之德，下矜悔過之誠。挽和朩以致祥，轉兇殃而作吉。伏願鑒陳凡禮，束結身裝，擺齊朩候王神，呼喚兒郎子弟，收拾葫蘆藥，跳上畫船中。相呼相喚水雲鄉，載笑載言蓬島外。和數句臨江仙曲，百千餘里舉頭空。唱一聲下水船歌，三十六灣彈指過。社令城隍齊斷送，家神土地盡隨行。逍遙徑返於洛陽，便是神王安穩處。請離此席，毋輒趦趄。奉送行軒，遨遊前邁。

## 送　　　船

（存前光後暗。送神舟出門，到化船所。）念云：神本無私，默運感通之理。人能有請，潛垂昭格之靈。以今焚香，重伸告白：天符瘟司合部聖眾、患身為禍一切鬼神，以今奉為某特備酒牲凡儀，敬伸祭奉。仰惟洋洋在上，濟濟齊臨。俯歆菲薄之儀，大賜鴻厖之福。茂彰厥德，式副虔祈。

## 化　食　呪

（以淨水洒于祭儀上。）念化食呪曰：天洞天真，玉液成瓊。一分變十，十分變百，百分變千。千分化萬，萬分化億，億分化兆。變化無窮，普同供養。

## 迴向·送神

向來獻呈酒禮已遂周圓。備以畫船裝載經幡、錢馬等儀，敬伸焚化。

奉送天符歸天界，地符歸地中，七十二候布嘉祥，二十四氣收毒藥，月將出離一月難，年王除却一年災，攝毒收瘟，引領一該之眾。流恩降福，甦生數口之家。行莫回頭，去毋轉面。張帆鼓浪，齊登楚岸之舟。擊節鳴鑼，快返洛陽之道。逍遙前邁，奉送行軒。

## 化　　船

（焚化，望燎。左手飛南斗一座，存六星光芒炎炎如火鈴之狀。）念吭曰：火鈴炎熾，洞煥八方。萬神侍衛，永斷不祥。急急如丹天流金火鈴律令。

（存諸神鬼盡乘火鈴之光，返歸空界，萬化寂然。叩齒而退。）

# 第四章　宋元神霄派遣瘟治病訣法考述

　　元末明初時編纂的道教類書《道法會元》卷二二一《神霄遣瘟治病訣法》是宋元時期神霄派道士演行送瘟逐疫、祛除瘧病的重要科儀文本。①這部篇幅不長的法事文獻涉及兩種遣瘟治病訣法,分別是:遣瘟送神盤法、入房退病法。這兩種訣法既能獨立演行,又可配合使用,共同構成了神霄派遣瘟治病法事的重要環節。下面,我們從文獻學角度加以分析和考述。

## 一、遣瘟送神盤法

　　《道法會元》卷二二一《神霄遣瘟治病訣法》所載"遣瘟送神盤法"文本中詳列了全套的儀式流程,凡計有十一個節次。為了便於行文,我們根據每節內容擬定名稱如下(部分保留原文標題):(1)存變法;(2)造遣瘟神盤法;(3)起盤收瘟;(4)請神;(5)入意;(6)送盤出門;(7)門首設祭·再次請神;(8)三獻;(9)誦經;(10)回向·送神;(11)化錢。

### (一)存　變　法

　　此節次的名稱本係故有,其下附有小字註曰:"未入患家之先,依此存變為妙。"②事實上,古代道士為罹患惡性傳染病折磨的下層民眾舉行驅瘟法事,不得不頻繁出入瘟疫之家、病患之宅,勢必會對自身的健康安全造成極大危害。故而,執法道士必須採取預防措施、確保自己不受瘟疫浸染,然後才能治病救人、度人出離苦海。有鑑於此,《神霄遣瘟治病訣法》開篇強調法師③進入患家之前,應先遵循"存變法"進行存思、變神,藉此護命

---

① 《道法會元》卷二二一,《道藏》第 30 冊,第 372—376 頁。

② 《道法會元》卷二二一,《道藏》第 30 冊,第 372 頁。

③ 關於"法師"(又稱"法官")與"道士"兩種稱謂之異同,荷蘭學者施舟人撰文指出:現代臺灣的"道士"與"法師"存在區分,"道士"通常是指傳統的具有官方授度資格的宗教從業者,多承襲靈寶法和正一法;"法師"則指在方言儀式中通神驅鬼的法官,多習閭山派法術。[詳見施舟人(Kristofer M.Schipper),"Vernacular and Classical Ritual in Taoism."(《道教的白話法事與文言科儀》)*Journal of Asian Studies 45*, no.1 (1985), pp.21-57.] 對此觀

保身。①

　　關於"存變法"的操作步驟，文本給予介紹：第一，"先須凝定，叩齒，念淨天地呪三徧，存太虛寥廓、四炁朗清。"② 這段引文是說：存變之前，法師必須先凝神定氣、平靜心境，叩齒，隨後念誦"淨天地呪"③ 三遍，籍此掃除穢氣、肅清壇場。接著，法師存想太虛遼闊無邊，四時之炁明朗清爽；第二，"以次念金光呪三徧，存天門金光萬道，仰面吸金光、吹布一身。"④ 這段引文是說：繼前述存思之後，法師又念誦"金光呪"⑤ 三遍，旋即再次存思：天門閃耀

---

點，美國學者韓明士（Robert Hymes）不完全同意。他認為，宋代天心派法師與官方授度道士之間的界限並不明顯，這兩種稱謂甚至可以混用或同時並用。（詳見［美］韓明士：《道與庶道——宋代以來的道教、民間信仰和神靈模式》，皮慶生譯，江蘇人民出版社 2007 年版，第 50—52 頁）在本書的論述中，我們對二者不做刻意區分。

① 無獨有偶，《道法會元》卷二三二《正一玄壇趙元帥秘法》"治瘟疫法"條也談到道士施演治瘟逐疫儀式時，進入病人家之前必須先行一些自我保護性法術："凡治瘟入病人家，先用罩法。入其家門，先囑將入門。以左手向本身縮大指、四指向上，右手舒開五指、作四縱五橫，封塞門戶，委將擒捉。詩曰'撒火滿天紅，元帥逞神通。烏雲并黑霧，斷絕兔神蹤。'其法，存自身為千年枯樹、萬年枯木。發五火訣：天火（從寅起火，生在寅），地火（卯），霹靂火（辰），太陽火（巳），洞中三昧真火（止於午火，旺在午之謂也）。"（《道藏》第 30 冊，第 451 頁）

② 《道法會元》卷二二一，《道藏》第 30 冊，第 372 頁。

③ 所謂"淨天地呪"，歷代道書中所載凡計有數個版本，分別是：其一，約宋元時成書的《太上三洞神呪》卷三《雷霆祈禳驅役諸咒》"淨天地呪"條（《道藏》第 2 冊，第 66 頁）、《道法會元》卷一五九《上清天蓬伏魔大法》"淨天地普掃呪"條（《道藏》第 29 冊，第 854 頁）；其二，《太上三洞神呪》卷八《禬禳驅治諸咒》"淨天地呪"條（《道藏》第 2 冊，第 110 頁）；其三、北宋天心派道士元妙宗編集《太上助國救民總真秘要》卷八《太上正法禹步斗綱掌目訣法圖文》"入斗步法"條談到"淨天地呪"（《道藏》第 32 冊，第 105 頁）；南宋呂太古集《道門通教必用集》卷七《威儀篇》中所誦"淨天地呪"（《道藏》第 32 冊，第 38 頁）、《太上無極總真文昌大洞仙經》卷一"淨天地神呪"條（《道藏》第 1 冊，第 500 頁）、《道法會元》卷九四《雷霆欻火張使者祕法》"淨天地呪"條（《道藏》第 29 冊，第 395 頁）及卷一七一《上清童初五元素府玉冊正法》"淨天地呪"條（《道藏》第 30 冊，第 107 頁）、《靈寶無量度人上經大法》卷三《修誦瓊編品》"淨天地呪"條（《道藏》第 3 冊，第 620 頁），約成書於元末明初《法海遺珠》卷一五《奏傳混鍊法式》"淨天地呪"條（《道藏》第 26 冊，第 805 頁）。上述三種"淨天地呪"中，第一種版本的呪文篇幅最長、內容最為繁雜；第三種則是第一種的簡化版，是歷代科儀文本中引述最多的。迄今在閩臺地區正一派科儀演法中仍見施用；第二種"淨天地呪"則在古今道書中較少見到。

④ 《道法會元》卷二二一，《道藏》第 30 冊，第 372 頁。

⑤ 《太上三洞神呪》將"金光神呪"列為開篇（首卷）第一條，足見此咒語之重要性，其與隨後第二條"大金光神呪"文字差異甚大，故《道法會元》卷八九《九天雷晶元章》又稱作"小金光呪"。而"大金光呪"則非本文討論之範疇。翻檢明《道藏》可知，"金光呪"（"小金光呪"）可劃分為兩大類型：其一，內含 36 字梵文音譯內容者，如《太上三洞神呪》卷一《雷霆祈禱策役諸呪》"金光神呪"條（《道藏》第 2 冊，第 48 頁）；《道法會元》卷八九《九天雷

金光萬道,法師仰面吸取金光,之後吹佈全身。藉由此舉,法師"變神"為真
人[1],進而完成由凡世中人(道士)到天界中人(真人)的身份轉變;第三,"存
金光洞煥,風伯雨師、雷公電母,狂風驟雨、霹靂交轟,前光後暗,雷神將帥,
前後擁護,行如狂風、坐如鼎石。"[2]這段文字詳細介紹了第三次存思的對象
及內容,即是說:在意念中想像金光閃爍而洞煥,存想召來風伯、雨師、雷公、
電母,狂風暴雨、霹靂閃電、雷雨交加,此時前途光明、後路昏暗,雷部諸神前
呼後擁,行時如狂風般迅速,坐時如磐石般穩固。這段引文旨在營造出一種
氛圍:法師"變神"為真人後,受到雷部諸員官將的貼身保護,並可隨時調遣
他們執行公務。法師歷經"存變"後即可獲得神祇佑護,從而將凡胎肉身化
成金剛不壞之身,可以抵禦邪魔外道及瘟疫疾病的侵襲。至此,法師方可跨
入病人之家。

　　入病家後,法師在飲茶、餐食之前均需進行一番存變。依待客禮節,法
師入宅落座之後,主家必會奉上一盞香茶、以示禮敬,法師此時可接茶在手、
朝茶內吹炁一口,配合存想召來雷火燒去疫鬼之毛、炁。此舉乃意在淨化茶
水、驅除染病之源頭(鬼毛、鬼炁),方才飲用。最後,文本還特意強調:不僅
啜茶如此,其他一切飲食均需按照同樣流程施予淨化後方可食用——"但
是一應飲食,皆宜存變,然後食之。"[3]透過這一細節,我們可以洞悉當時道
士已意識到頻繁地接觸瘟疫患者及在其家中飲食很容易傳染上同類病症。
但濟世度人的使命和謀生發展的需要,使得神霄派法師又不能拒絕為信眾
施法驅逐瘟疫的任務,故無奈之下他們寄希望於借助神祇力量求得保護,試
圖為自身安全加上一層保險,同時也神聖化了這一驅瘟行為。

---

晶元章》"小金光呪"條(《道藏》第29冊,第368頁);《道法會元》卷九四《雷霆敍火張使
者祕法》談到"金光呪"(《道藏》第29冊,第395頁);《道法會元》卷一九五《混元一炁八
卦洞神天醫五雷大法》"金光呪"條(《道藏》第30冊,第236頁)。守誠按:本卷所載"金光
呪"中梵文音譯部分按季節劃分為春夏、秋冬兩種類型,各自所誦內容存在差異);其二,刪
省梵文音譯內容者,如《道灋會元》卷二〇六《金火天丁召孤儀》所誦咒語(《道藏》第30
冊,第304頁);南宋甯全真傳授,宋末元初林靈真編輯的《靈寶領教濟度金書》卷七一《科
儀立成品·開啟變壇儀》"金光呪"條(《道藏》第7冊,第366頁);《法海遺珠》卷三五《太
歲武春雷法》"敕符呪"條(《道藏》第26冊,第920頁)。筆者在臺灣南部地區從事田野調
查時發現,當地靈寶派道士科儀演法時所採用的是後一種"金光呪",即刪減了梵文音譯
內容。

①　《道法會元》卷八九《九天雷晶元章》"小金光呪"條談到念誦此咒完畢後,隨即"存身在金
　　光之內,變神為真人。"(《道藏》第29冊,第368頁)
②　《道法會元》卷二二一,《道藏》第30冊,第372頁。
③　《道法會元》卷二二一,《道藏》第30冊,第372頁。

### （二）造遣瘟神盤法

本節內容主要介紹了遣瘟神盤的製造方法及流程。原文標題下還以小字註云："用潔淨菱茅為之，做成小船亦可。"[1]這就是說，製作遣瘟神盤的原材料必須選用乾淨的菱茅。茅（白茅），很早就被當作祭祀供物來使用。道門中人也認為它具有聖潔的含義，並承擔了召神、驅邪之功能。[2] 此外，引文中還說：除了以菱茅製成神盤外，抑或可作成小船的樣子。事實上，《道法會元》卷二二〇《神霄遣瘟送船儀》談論的就是打造茅船以驅送瘟疫的科儀法事。[3] 這裏的神盤、小船，僅是法器（道具）外形的不同，就其功用及所擔負的宗教內涵而言並無本質之差異。事實上，文本"入意"節次有云："備以千眼神盤，敬伸禮送。……伏請神威收拾時行瘴氣，捲藏毒藥包箱……請上神舟，解繩放纜。"[4]據此可見，這"千眼神盤"也可稱為"神舟"，更加印證了"神盤"與"神舟"或可互用。

此外，據文意推測：神盤的製作當係"存變"環節之後，法師進入病人家中，於其宅邸內現場完成的。至於編製茅盤（船）的手法，引文中雖無特別說明，但應該與下層民眾所熟知和掌握的世俗草編技術並無二致。而編製的茅盤（船）也當無特別要求，即不必刻意追求精緻、華美，只是起到了直觀性、象徵性的作用。

待茅盤編製初成時，此"盤"尚不能稱作"神盤"，仍屬於人間俗物之列。這是因為法師尚未對其施予神化，亦即未賦予靈性。其實，本節標題"造遣瘟神盤法"所內含的中心議題乃是講述如何通過特定的法事流程將普通的茅盤轉化為"遣瘟神盤"，而非傳授茅盤的編製方法。

那麼，茅盤是如何化腐朽為神奇，搖身一變成為"神盤"的呢？這一套神化茅盤的程序可大致分為如下四步：

第一，"先用啟告祖師、帥將，祝白事意，請降恩命變化"。[5] 這段文字是說：首先啟告祖師、帥將——張天師、神霄派宗師及官將等（詳見"請神"節次），向上述神祇奏報即將進行的這場遣瘟治病"送神盤"法事的內容、宗旨及相關事項，並乞請他們降恩頒賜法力、對茅盤施予"變化"、使之成為"神盤"。

---

① 《道法會元》卷二二一，《道藏》第 30 冊，第 372 頁。
② 有關茅草的召神驅邪功能，前人及筆者都曾撰文討論過，茲不贅述。
③ 詳見本書第三章。
④ 《道法會元》卷二二一，《道藏》第 30 冊，第 373 頁。
⑤ 《道法會元》卷二二一，《道藏》第 30 冊，第 372 頁。

　　第二，"以淨水噀洒神盤。呪曰：吾今上奉祖師旨命，造起千眼神盤，造起東路神盤、造起南路神盤、造起西路神盤、造起北路神盤、造起中路神盤"。[1] 這段引文是說：繼前述啟告之後，法師旋即口含淨水、噀灑淨水於神盤之上，同時配合念誦呪語云云。前述四十四字呪文中，法師劈頭就亮出身份——"上奉祖師旨命"，藉此證明"造起千眼神盤"這一舉動的合法性和權威性。而"千眼神盤"當係對"遣瘟神盤"的美稱（科儀文本中共計出現4次）。最後，呪語末尾又強調依次造起東、南、西、北、中五路神盤。

　　第三，"存五路神盤悉備，再以水噀之"。[2] 此句含義是說：誦呪完畢後，法師於心中存想五路神盤均已具備，並再次以淨水噀灑神盤。

　　第四，"向來建造神盤已獲整備。謹請五路神光照開千眼神盤，謹勑東路毫光速起、謹勑南路毫光速起、謹勑西路毫光速起、謹勑北路毫光速起、謹勑中路毫光速起。"[3] 這段文字旨在敕請"毫光"速起，分別照開五路"神盤"，文中不厭其煩地依次點明東路毫光、南路毫光、西路毫光、北路毫光、中路毫光。"毫光"的本意是指像毫毛一樣四射的光線，通常被引申為神光，亦即是神聖力量的外在表徵。就其宗教含義而言，此舉頗類似於後世所謂的"開光"儀式，即以神光映照茅盤、灌注神炁於其內，藉此賦予靈性。隨後，法師念誦"合明天帝日"五字呪語[4]，同時配合掐指訣——"從卯、午、酉、子、中剔向四方"，即依次點擊掌指中卯、午、酉、子、中五個訣文、再向外剔出。具體而言，就是：誦"合"字時，掐卯文剔出；誦"明"字時，掐午文剔出；誦"天"字時，掐酉文剔出；誦"帝"字時，掐子文剔出；誦"日"字時，掐中位剔出。這五個訣文乃分別代表東、南、西、北、中五方，藉此敕召五路毫光、摧伏邪精。此外，法師於心中存想五路毫光洞徹光明、大放異彩。

　　至此，建造神盤的工作才告結束。

---

[1]　《道法會元》卷二二一，《道藏》第 30 冊，第 372 頁。

[2]　《道法會元》卷二二一，《道藏》第 30 冊，第 372 頁。

[3]　《道法會元》卷二二一，《道藏》第 30 冊，第 372 頁。

[4]　"合明天帝日"是十分重要的道教呪語，道門中人認為念誦此五字即可掃除污穢、護衛心神。《太上洞玄靈寶素靈真符》（卷上）舉以"都匠符"為例，分析道符的筆劃結構時說："凡一切符文皆有文字，但人不解識之。若解讀符字者，可以錄召萬靈、役使百鬼，無所不通也。今且解注都匠符。符之要旨，若遇災兵之間、盜賊虎狼風波之內，及驚恐惡夢、聞招魂之聲，吊喪臨尸、見諸污穢，皆正心誦'合明天帝日'三過，無不禳之也。……右解此符五字，讀之三過，唯作符再重而已。"（《道藏》第 6 冊，第 344 頁）劉仲宇認為："都匠符，由'合明天帝日'五字組成，五字實構成一句呪語（或呪語的一個片段），意為匯合了天帝和太陽的光明，潛臺詞則是陽氣旺盛，無陰不燭。"（劉仲宇：《道符溯源》，《世界宗教研究》1994年第 1 期，第 7 頁）

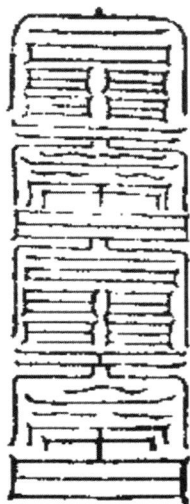

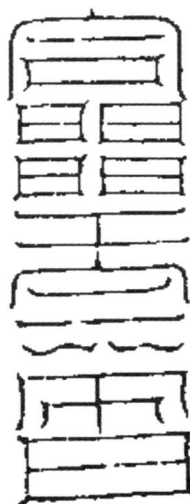

圖版 4-1：都匠符　　　　圖版 4-2："合明天帝日"五字

（《太上洞玄靈寶素靈真符》卷上，《道藏》第 6 冊，第 343—344 頁）

　　耐人尋味的是，文中並未明確交待出編製茅（神）盤的數量——即打造出幾個"千眼神盤"，是一個，還是五個，抑或更多？筆者根據行文語氣、上下文意及神盤的用途加以考察，認為一個的可能性大。這是因為道教科儀實踐中常見有幻化環節（其中尤以"化食"最為典型①），即將現實中數量有限的某些物品（如食物、供品、法器等）通過特定的施法程序而於意念中幻化出多個或無數個。就本場科儀而言，法事中雖談到"五路神盤"，但似不必真實編製出五個茅盤，而只需以一個實物為對象施予"存變"後便可達到造起"五路神盤"的效果。

## （三）起 盤 收 瘟

　　"千眼神盤"打造完畢後，旋即進入了現場操作的實用階段——"起盤收瘟"。本節內容按行事次第可劃分為兩個階段。

　　第一，"向來開發五路毫光已行完整。請起神盤，前赴患身某人病房之中。袋送時行瘴氣，遣發瘟部威神。送入天津，返歸空界。庶俾患身安愈，家道清寧。瘟風變作祥風，沴氣翻成和氣。一如玄科律令，急急奉行。"②這

--------

① 《道法會元》卷二二〇《神霄遣瘟送船儀》"化食呪"條云："天洞天真，玉液成瓊。一分變十，十分變百。百分變千，千分化萬。萬分化億，億分化兆。變化無窮，普同供養。"（《道藏》第 30 冊，第 371 頁）

② 《道法會元》卷二二一，《道藏》第 30 冊，第 372 頁。

段文字當係由法師念誦,大意是說:請起"千眼神盤"、進入患病之人所居臥室內,敕令那些引發瘟疫的罪魁禍首——瘴氣、瘟部諸神,均乘坐"神盤"快速離開,從而盡行掃除瘟風和沴氣、迎來祥和之氣,藉此患者得以擺脫疾病困擾而重獲康健,家道泰寧、安居樂業。

　　第二,"却擡神盤赴病房中。就作用起水,存水泛漲、泛起。神盤直入房中,放下于患人床前。神盤內用香一爐、燈一盞。法師同信人捻香一炷,畢,即叩齒三通,揚聲念:'信香一爇,雲布十方。叩齒三通,流光萬里。急準神霄玉清真王長生大帝律令。'"① 下面,我們逐句釋讀如下:法師雙手捧"千眼神盤"入患者臥室內②,同時施法"起水"③,興引神水,存想水漲、水起,水流承載著神盤漂泊而行。法師徑直到達病人之房中,將神盤放置在病床前。在神盤內陳設香爐一個、燈燭一盞。法師與信人(患者或病人親屬)各自捻香一炷、恭敬禮獻,完畢後,法師叩齒三通,繼而大聲宣誦:"信香一爇,雲布十方。叩齒三通,流光萬里。急準神霄玉清真王長生大帝律令。"文末稱頌"神霄玉清真王長生大帝"名號,乃係道教神霄派最為推崇的神霄九宸(又稱"雷霆九宸高真")之首尊。宋元道書中言其為浮黎元始天尊(元始天王)之子(或云長子、或云第九子)④,統臨神霄玉府⑤,執掌運化雷霆生殺之柄,實為神霄派中最具權威性之神祇。

---

① 《道法會元》卷二二一,《道藏》第 30 冊,第 372 頁。

② 前述引文首句"却擡神盤赴病房中"中的"擡"字,古義為"以手舉物也"。(有關"擡"字的幾種含義,詳見宗福邦、陳世鐃、蕭海波主編:《故訓匯纂》,商務印書館 2003 年版,第 942 頁)

③ "起水"是道教法術用語,意指引水興起。據《道法會元》卷九九《昊天金闕五雷祈禱秘法》云:"除五雷正司之外,則風雷雨部,自有雷神鼓操以助推車起水,而生萬物。"(《道藏》第 29 冊,第 431 頁) 又,該書卷一三一《石匣水府起風雲致雨法》"召雷神呪"條:"吾是天師弟子,急召雷公、電母、火車、霹靂赴壇。……急出震宮巽戶,東西南北中央,起水興雲駕霧。"(《道藏》第 29 冊,第 643 頁)此外,與"起水"相類似的用語有"起風""起雨""起雷"等。

④ 約北宋末所造道書《高上神雷玉清真王紫書大法·序》開篇即云:"昔太空未成,元炁未生,元始天王為昊莽溟涬大梵之祖……遇萬炁祖母太玄玉極元景自然九天上玄玉清神母,行上清大洞雌雄三一混化之道,生子八人,長曰南極長生大帝,亦號九龍扶桑日宮大帝,亦號高上神霄玉清王,一身三名,其聖一也。"(《道藏》第 28 冊,第 557 頁)據此可知,玉清真王乃係元始天王的長子。而《高上九霄玉清大梵紫微玄都雷霆玉經》則稱其為浮黎元始天尊的第九子、玉清元始天尊之弟:"昔在劫初,玉清神母元君是浮黎元始天尊之后,長子為玉清元始天尊,其第九子位為高上神霄玉清真王長生大帝,專制九霄三十六天,三十六天尊為大帝統領,元象主握陰陽,以故雷霆之政咸隸焉。"(《道藏》第 1 冊,第 750 頁)《無上九霄玉清大梵紫微玄都雷霆玉經》:"大帝曰:朕為浮黎元始天尊之子,玉清神母元君之男,玉清元始天尊之弟,太上老君之叔。"(《道藏》第 1 冊,第 751 頁)

⑤ 《道法會元》卷三《清微帝師宮分品》"神霄九宸"條云:"高上神霄玉清真王長生大帝統天元聖天尊:居高上神霄玉清府,一名凝神煥照宮,又名神霄玉府。"(《道藏》第 28 冊,第 683 頁)

### （四）請　　神

"請神"（"迎神"）是道教齋醮科儀中十分常見的儀式，演法道士通常按神祇位階之尊卑逐一稱念名號，奏請他們降臨，進而執行監壇證盟之職責或聽候敕令，服從調遣。

本節中的"大符"當係"天符"之訛誤，這位"金容元帥"乃執掌憲府瘟司，統領天下各種瘟疫。有鑑於此，凡涉驅瘟之儀式時，道門中人通常會奏報疏文給這位瘟部的最高領袖——"天符都天總管金容元帥大帝"。譬如，《道法會元》卷三五《清微通明煉度文檢》"申天符大明宮"條①、卷四四《清微禳疫文檢》"申天符"條②及"津送神舟疏"③均以其為啟告對象。而這裏同樣是將"金容元帥"列為啟請的至尊神，並且敦請他執行"神霄玉清真王長生大帝律令"、清退行病之瘟神疫鬼。隨後，經文詳細羅列出四十一條神鬼名號：(1) 三十六候神君；(2) 七十二候神王；(3) 十二年王；(4) 十二月將神王；(5) 二十四炁神王；(6) 主瘟聖公；(7) 監瘟聖母；(8) 布炁大神；(9) 發汗大神；(10) 押瘟太尉；(11) 時瘟炁候；(12) 白虎王神；(13) 邪巫枉死；(14) 陣亡妖恠；(15) 伏屍故炁；(16) 儺部廟神；(17) 雲中白虎；(18) 喪門弔客；(19) 黃泉急腳；(20) 為妖作禍一切神祇；(21) 隔茶隔飯、傳夢送恠一切鬼神；(22) 春行病神王；(23) 夏行病神王；(24) 秋行病神王；(25) 冬行病神王；(26) 蠻喉瘟；(27) 魯子瘟；(28) 天中蝗蟆；(29) 地中蝗蟆；(30) 幽微黯淡蝗蟆；(31) 黃長腳；(32) 黃闊口；(33) 黃老精；(34) 黃恨客；(35) 黃房室女；(36) 黃伯嬌男；(37) 黃伯嬌女；(38) 瀉痢、傷寒、頭疼、寒熱之鬼；(39) 一切為殃造禍神司；(40) 府縣城隍；(41) 本祭神祇。④這些神祇大致是按照從高級到低級，從瘟神到疫鬼（邪神）、再到本境家神的原則依次排列。根據其原型的性質（身份），上述神鬼可劃分為七類：第一，司掌時令節氣之瘟神：(1)(2)(3)(4)(5)(11)(22)(23)(24)(25)；第二，行瘟散炁之瘟吏：(6)(7)(8)(9)(10)；第三，意外災難或觸犯星煞：(12)(13)(14)(15)(16)(17)(18)；(19)；第四，人體疾病：(26)(27)(38)；第五，作祟之動物精鬼：(28)、(29)(30)(31)(32)(33)(34)(35)(36)(37)⑤；第六，本境家神：(40)(41)；第

---

① 《道法會元》卷三五，《道藏》第 28 冊，第 881 頁。

② 《道法會元》卷四四，《道藏》第 29 冊，第 41 頁。

③ 《道法會元》卷四四，《道藏》第 29 冊，第 44 頁。

④ 《道法會元》卷二二一，《道藏》第 30 冊，第 372—373 頁。

⑤ 文中"蝗蟆"疑似指螞蟥（水蛭），"黃闊口"疑似指老虎，"黃長腳"疑似指長腳馬蜂，"黃老精"疑似指黃鼠狼，其他名物則待考。

七,統括性:(20)(21)(39)。

　　逐一清點鬼神名號之後,文本旋即說道:"盡皆請上千眼神盤",即請上述散播疾病的瘟神疫鬼一律登上"千眼神盤",將它們禮送出境,藉此消除"信人"的致病源頭。這其實秉承了古老的知鬼名(呼鬼名、書鬼名)而驅鬼、劾鬼之傳統。

## （五）入　意

　　所謂"入意"是將"信人"的患病情況、本場法事的目的宗旨及日程安排等內容,向召請蒞壇的諸神鬼做詳細稟報。據筆者從事田野調查時發現,"入意"環節通常由演法道士宣讀疏文(或稱"醮章")來完成。

　　本文所述"入意"節次大抵可劃分為三層含義:第一,描述"信人"(某)罹患疾病之部位、時間、症狀及表現,並表達了患者的憂慮心情。如文本所云:"今有信人某,伏為見患某,自於今月某日感受病苦,飲食少思,醫療罔效,日久未安,切恐命限星辰,舍次歲曜加臨,"① 第二,含蓄地指出"信人"已知悉導致疾病的根源——"近憑卜課,云是瘟疫流殃、邪神為禍",② 進而提出相應的化解措施——"備以千眼神盤,敬伸禮送"③,並陳述說在家宅門外備妥"錢馬酒禮"等豐厚供品,敦請邪神疫鬼出離患室、去盡情享用——"謹就門首,特備粢盛錢馬酒禮之儀,普伸酌餞";④ 第三,鄭重地向這些瘟神疫鬼(包括邪神)提出赦免己罪及請其離開的要求。文中希望他們懷著好生之德、憐憫眾生,寬赦患者的罪殃而解除病痛,收拾起盛裝毒藥的包箱,不要再散播瘴氛,心情愉悅地踏上"神舟"(即指"千眼神盤"),解開纜繩、啟程回府。即如文本所言:"伏請神威收拾時行瘴氛,捲藏毒藥包箱,赦放罪殃,寬踈病證,咸體好生之德,各生歡悅之心,請上神舟,解繩放纜。"⑤ 隨即,文中加重語氣以命令性口吻向瘟神疫鬼發出指令:"務俾在患某人刻自今晚回送之後,精神清爽,病患立痊。"⑥ 最後,"入意"疏文以道門常用語"更勿稽遲,有干玄律。一如帝令,火急奉行"⑦ 結束。這一命令性套語,語氣十分強硬,不僅向邪神疫鬼標示了法師身份——乃係秉承"神霄玉清真王長生大

---

　　① 《道法會元》卷二二一,《道藏》第 30 冊,第 373 頁。
　　② 《道法會元》卷二二一,《道藏》第 30 冊,第 373 頁。
　　③ 《道法會元》卷二二一,《道藏》第 30 冊,第 373 頁。
　　④ 《道法會元》卷二二一,《道藏》第 30 冊,第 373 頁。
　　⑤ 《道法會元》卷二二一,《道藏》第 30 冊,第 373 頁。
　　⑥ 《道法會元》卷二二一,《道藏》第 30 冊,第 373 頁。
　　⑦ 《道法會元》卷二二一,《道藏》第 30 冊,第 373 頁。

帝"之旨意而行事,而且彰顯出此番驅瘟"送盤"儀式具有不可侵犯的神聖性,同時也體現了道教神霄派驅瘟儀式中所一貫奉行的先禮後兵原則。

　　值得注意的是,前引文字中出現"自今晚回送之後"字樣,我們據此推測"送盤"節次(送盤出門及焚化)或係選擇在夜間舉行。筆者在閩臺地區從事道教科儀之田野調查時發現,迄今高雄、屏東等地舉行驅瘟"送王船"儀式時,必會刻意將"送王化船"環節安排到夜半時分。這一世代沿襲的地方傳統雖然不能成為前述推論之證據,但也無妨為之註腳。

## （六）送 盤 出 門

　　"入意"完畢後,法師旋即將"千眼神盤"送出"信人"家宅外,擺放到大門口陳設供品處。"送盤"之前,法師需要敷演一些法術動作及誦念咒語。

　　首先,"兆噀水一口,雙手起海水訣,送神盤出門首酌餞"。[1] 文中"噀水"乃是道教科儀之常見動作,旨在淨化場地。所謂"雙手起海水訣"是指雙手捻指訣文。[2] 此六字短句在文本中共計出現兩次:除了本節首次出現外,文末"化錢"節次中又出現過一次。推究其含義,這兩次"雙手起海水訣"均旨在敕召海水湧出,以便推動"神盤"漂流出行。

　　其次,"卻以兩手握五黑訣,存變乾河漏海、前光後暗。"[3] 文本中凡涉"五黑訣"計有三處。[4] 有關此訣的掐法,《道法會元》卷二三二《正一玄壇趙元帥秘法》"治殃斷後之法"條有過介紹:"發五黑訣(以左手自子上輪,從丑上順、急轉至亥上),五指緊握定,不令走風。如慢,則不斷蹤。取黑殺之炁,自夾脊雙關上至腦後,存黑氣衝塞、自髮際濛濛昏暗。右手劍訣,向己身後橫一畫,劃斷,變為萬里長江,鬼神人物俱不能渡。"[5] 從明《道藏》科儀文

---

[1]　《道法會元》卷二二一,《道藏》第 30 冊,第 373 頁。

[2]　我們尚不了解"海水訣"的掐指方法。原題"中華仙人李淳風註"《金鎖流珠引》卷十三《五行六紀所生引》介紹了"五行主五星之訣"(又稱"五行訣")的訣文掐法,其中"水訣在第三指第一節,王訣在第三半米是。"(《道藏》第 20 冊,第 421 頁) 不過,此"水訣"與我們所述"海水訣"當有著本質區別。有關《金鎖流珠引》的撰作年代,英國學者巴雷特認為"成書於八世紀末或九世紀初"。(詳見 [英] 巴雷特:《〈金鎖流珠引〉年代考》,呂鵬志譯,《宗教學研究》2006 年第 2 期,第 24—25 頁)

[3]　《道法會元》卷二二一,《道藏》第 30 冊,第 373 頁。

[4]　"五黑訣"之語在《遣瘟送神盤法》文本中出現兩次,分別是"送盤出門"節次、"化錢"節次;《入房退病法》文本中出現一次。

[5]　《道藏》第 30 冊,第 451 頁。此外,《道法會元》卷九〇《先天一炁雷法》"使者本身符"條、卷二四〇《正一玄壇元帥六陰草野舞袖雷法》"役邪鬼法"條分別出現"五黑訣"各一次。(《道藏》第 29 冊,第 373 頁;《道藏》第 30 冊,第 485 頁)

獻中施用"五黑訣"情況來看,此訣乃旨在斬斷邪鬼之後路。而"存變乾河漏海、前光後暗"同樣是為了驅逐瘟神疫鬼前行、遠離病人之家。

最後,閉炁默念"五黑呪"(又稱"天濛濛呪")云:"天濛濛,地濛濛,人濛濛,鬼濛濛。天黑黑,地黑黑,人黑黑,鬼黑黑。天斷頭,地斷頭,人斷頭,鬼斷頭。天沉沉,地沉沉,人沉沉,鬼沉沉,大湖沉沉,小湖沉沉,天沉,地沉。萬里狂風吹塞鬼眼,萬里黑風嶂斷鬼路。人無尋影,鬼無尋蹤。十道都關,九道都絕。急急如律令。"①這段咒語與約宋元時成書的《太上三洞神呪》卷六《祈禳開度諸呪》"五黑呪"②條所載文字完全相同,③當是配合"五黑訣"施用的,係為了強化驅逐瘟疫的力度。

### (七)門首設祭·再次請神

法師將"千眼神盤"送至門外後,還需就地演行一番祭獻儀式。預先囑咐有關人等,待"神盤"出來後即將居室、家宅的窗戶、大門一律關閉嚴密。此後,法師存想患宅門戶盡被黑氣籠罩,漆黑幽暗、了無所見,只有前方才顯露出光明。誠如本節文本中所云:"存想患家房戶盡為黑氣所罩,密令人推閉門戶,前光後暗,悉無所見。"④

隨後,法師在大門口進行祭祀。待一套例行的上香、開場念白之後,法師旋即念誦瘟神疫鬼的名號、再次啟請它們蒞臨饗宴。這番神祇名錄與前述"請神"節次所見大有異同。"請神"環節中最高神祇為"大(天)符都天總管金容元帥",而本節中"天符令帝都天元帥"(即"金容元帥")退居次席,"洞淵三昧天尊"位列至尊。此外,本節次中大幅刪減了有關瘟吏、妖精的名號,而增添"六臂明王、和瘟教主匡阜靜明真人、勸善明覺大師泗洲大聖、俵藥主事"及"五方行瘟聖者""船頭大王""船尾小王""引神土地""后土社令神祇""山川岩穴精靈妖怪""代形替厄一切神威"等。值得注意的是,"天符元帥""匡阜真人""勸善明覺大師""船頭大王""船尾小王""俵藥主事"等神祇至今仍見於閩臺地區"王醮科儀"文本中。⑤

---

① 《道法會元》卷二二一,《道藏》第 30 冊,第 373 頁。

② 《太上三洞神呪》卷六,《道藏》第 2 冊,第 92 頁。

③ 除"五黑訣""五黑呪"外,《道法會元》卷二二五《火犀大仙馬靈官大法》"附生童法"還出現"五黑字"之說,如謂:"先焚香、凝定,以淨水一盂,右手劍訣、書五黑字入水內,念:天黑地黑,人黑鬼黑,天地山河如墨黑,一切鬼神自煞攝。"(《道藏》第 30 冊,第 403—404 頁)

④ 《道法會元》卷二二一,《道藏》第 30 冊,第 373 頁。

⑤ 有關此內容,詳見本書第十至十二章。

上述神祇名號逐一念誦完畢後,法師慣例地配以結束語:"伏望來臨香座,歆享凡儀,以令輒備清觴,用陳上獻"。① 其實,本節内容恰是前引"入意"節次中所言"謹就門首,特備粢盛錢馬酒禮之儀,普伸酌餞"的實施和落實。

耐人尋味的是,前述第四節次已舉行過"請神"儀式,爲何本環節又再次"請神"? 其實,這是由於壇場地點的變更所導致的。本節次之前(即第一——六節次)均是在患人家宅内(庭院或廳堂)設壇施演科儀,從本節開始則改爲門首(大門口外)設壇。宅内與門外,乃代表著完全不同的地理觀念,由此産生了不同的宗教含義。從宅内到門外,不僅象徵了迎請與禮送,而且折射出喜愛與畏懼的微妙心理變化,故而兩次"請神"開列的神祇名錄也不盡相同。

### (八)三　　獻

"三獻"原係指古代祭祀時須遵循禮制分三次獻酒,即初獻爵、亚獻爵、終獻爵。東漢以降,早期道教開始援引"三獻"之禮,略加改造後成爲一項重要的道門儀軌。"三獻"通常接續"請神"後進行,其宗教涵義就是迎請相關神祇降臨、奉上美酒,藉此表達對神祇的尊崇和禮敬。就本場"遣瘟送神盤法"儀式而言,"三獻"乃是整場活動的核心所在,凡計分爲"酒陳初獻""酒陳二獻""酒陳三獻",每次獻酒前均先唱讚一段駢文以作祝酒辭。每段讚辭均係採用古體詩律格式撰成、以"伏聞(以)"起首,通篇穿插四言、六言、七言或四六句式的駢體文,現場朗誦時不僅琅琅上口,而且令莊嚴之感頓生。下面,我們對此"三獻"内容加以分析和論述。

首先,"酒陳初獻"。初次獻酒之前,法師唱誦讚辭云:"伏聞大聖奉天符而行令,本是化人,小民敬露悃以求憐,從而徼福。象管繪成新聖像,龍舟飛動現真龍。赫赫有靈,洋洋來格。手不持於桶杓,腰不掛於葫蘆。放下蘭橈,來吸泗洲之水。收回藥櫃,妙融五氣之春。諒祭威靈,特旌忱禱。無任至恭,酒陳初獻。"② 上述文字念誦完畢後,法師當行第一次奠酒之禮。值得一提的是,前文首句"伏聞大聖奉天符而行令"云云,也出現在《道法會元》卷二二〇《神霄遣瘟送船儀》"宣疏入意"節次中,二者僅見數字之差。③ 第二句"象管繪成新聖像,龍舟飛動現真龍"則隱約反映出本文討論的宋元神霄派"遣瘟送神盤法"及道教驅瘟儀式與古老的龍舟競渡習俗似有一定的

---

① 《道法會元》卷二二一,《道藏》第30册,第373頁。
② 《道法會元》卷二二一,《道藏》第30册,第373頁。
③ 《道法會元》卷二二〇,《道藏》第30册,第371頁。有關《神霄遣瘟送船儀》的文獻研究,詳見本書第三章。

淵源關係。① 而隨後提到的"桶杓""葫蘆""蘭橈""藥櫃"都是瘟神疫鬼散佈疫病的工具,文中所言"手不持於桶杓""腰不掛於葫蘆""放下蘭橈""收回藥櫃"即是祈望這些瘟部神祇終止散播毒疫的行為,進而從源頭上消除疫病的滋生及蔓延。

其次,"酒陳二獻"。初獻完畢後,法師隨即念誦亞獻讚辭:"伏以天有顯道,本福善而禍淫。人無常心,每順邪而棄正。既昧操修之理,莫逃糾察之司。自外化鈞,動生魔障。善芽未露,非慈風所可噓生。業垢尤深,必障雨乃能清靜。界之患苦,將以安痊。念大道之至仁,省微軀之多過。噬臍無及,頓首知歸。爰淨掃於衡門,敬冒陳於菲供。所翼赦愆而宥過,庶能解禍以為祥。合掌動慈容,記江頭之好語。舉杯壯行色,聽水手之歡呼。無任至恭,酒陳二獻。"② 上述念白完畢後,法師隨即演行奠酒之禮(亞獻)。這段讚辭開篇宣講了天道以善惡報應的理論,指出了世人無常、順邪棄正、心生魔障、業垢尤深,以至於天降疫病以懲罰之,惟有頓首悔過、歸於大道,才能獲得赦愆宥過、解禍為祥。文末"合掌動慈容,記江頭之好語。舉杯壯行色,聽水手之歡呼"二句,則形象地勾勒出瘟神疫鬼登船後、"信人"設宴送行的告別場景。

最後,"酒陳三獻"。亞獻完畢後,法師接著念誦三獻讚辭:"伏以化化生生,妙一機而不已。善善惡惡,赴諸物之自移。神之何心,人胡不覺。切念某愛河流蕩,火宅憂煎。顛倒夢想之謂何,殺盜淫貪之自縱。言尤多於口過,罪每逐於心生。識無邊無量之愆,叩大慈大悲之聖。盧醫匡阜,返危脈以向安;地煞天符,轉慈風而去病。巡海夜叉開海道,翻風使者息風波。河伯於此解維,江神從而轉舵。免夫小子,赦平生不善之心;告諸大夫,領終席散憂之酌。無任至恭,酒陳三獻。"③ 這段引文中先以格式化語言列舉了"信人某"(即患者)在世俗生活中所犯下的罪業——如心生貪欲、言語口過等,同時也宣示了聖真乃以濟度眾生、慈悲為懷,藉此暗示信人應當洗心革面、虔誠懺悔。其中,"愛河流蕩,火宅憂煎"是此類行文中的常見用語。隨後,文中談到"盧醫④匡阜""地煞天符"等瘟部至尊神為病人治療疾病("返危脈以向

---

① 江紹原早已指出:龍舟競渡的本意乃是禳災、送瘟,並判定"(競渡)本是古時人群用法術處理的一種公共衛生事業——每年在五月中把疵癘夭札燒死,並且用船送走"。[江紹原:《端午競渡本意考》,載王子今編:《趣味考據》(壹),雲南人民出版社 2003 年版,第 255 頁]有關龍舟競渡傳統與道教驅瘟儀式之關係,詳見本書第六章。

② 《道法會元》卷二二一,《道藏》第 30 冊,第 373 頁。

③ 《道法會元》卷二二一,《道藏》第 30 冊,第 374 頁。

④ 《史記・扁鵲列傳》張守節《正義》注曰:"(扁鵲)又家于盧國,因命之曰盧醫也。"[(西漢)司馬遷撰:《史記》卷一〇五,中華書局 1959 年版,第 2785 頁註釋]

安")、掃除瘟疫之蔓延("轉慈風而去病")。接著,引文勾勒出"神盤"("神舟")出行時的場景:有"巡海夜叉"開海道、暢通航行路線,有"翻風使者"息風波、確保出行安全,並有"河伯"為其解開纜繩、"江神"掌舵駕船。其實,這段描述意在表達有一批身份顯赫的海神、水神為這隻船隊保駕護航,確保順行無阻。最後,文末以聖真的口吻赦免了患病之信人的上述罪業——"免夫小子,赦平生不善之心";告誡瘟部神祇三獻酒過後就終席散宴——"領終席散憂之酌"。這段讚辭念誦完畢後,行奠酒之禮(第三次)。至此,"三獻"終了。

### (九)諷　　經

"三獻"完畢後,法師重新介紹"信人"患病的時間,並再次申明用意——祈望引發疫病的那些瘟部鬼神盡快離開、還病人以平安。即如文本所言:"向來三獻已遂周圓。以今奉為某自今某月某日以來感受病證,至今未痊,敬伸回送,望賜平安。諷誦經文,用資神化。"① 隨即,諷經。這裏之所以諷誦經文,乃是為了表達對相關瘟部神祇的禮敬和供養("用資神化")。不過,引文並未交待諷誦的是哪一部經。我們猜測應該與"洞淵"類經典有關。

### (十)回向・送神

誦經完畢後,道士慣例念誦"回向文"如下:"向來諷誦經文已諧周竟。所有錢財旛馬用憑火化,上奉眾神。以今某伏為某自今回送之後,用祈病患立安,年齡延永。"② 這段文字是說:誦經完畢了,錢財、旛馬、用憑等也焚化了,希望瘟部鬼神領受上述獻祭後即行離開,從而使"信人"(病人)所患疫疾痊癒、延年益壽。其實,這也是該文本中反復強調的核心主旨。

隨後,"送神"環節再次敦促瘟部神祇謹奉"洞淵三昧天尊"敕旨而收拾行囊(行瘟播疫的工具——葫蘆、藥杖、羽扇、湯瓢等),登上"神舟(盤)",啟航遠行:"伏以天作孽猶可違,深沐恩慈而盡釋。舟弗濟臭厥載,悉收疫毒以俱安。一筵之香酒既終,十幅之蒲帆不住。惟願天符聖眾咸依明覺之法,言瘟部諸神,吪奉洞淵之勅旨,拾起葫蘆、藥杖,收回羽扇、湯瓢。大家洗腳上船,各自小心解纜。座左座右皆曰兒郎,船尾船頭儔非聖眾。"③ 這段引文中既有對仗工整的駢體文,也不乏可見通俗性表達——如"大家洗腳上船,各自小心解纜"之句,實際上就是對當時民眾出海打魚或商船啟航前,

---

① 《道法會元》卷二二一,《道藏》第 30 冊,第 374 頁。
② 《道法會元》卷二二一,《道藏》第 30 冊,第 374 頁。
③ 《道法會元》卷二二一,《道藏》第 30 冊,第 374 頁。

漁民或船員登船舉動的一種現場描述和形象重構。宋元神霄派道士基於現實生活中的觀感,嫻熟運用未加修飾的質樸語言形象地再現了當時登船啟航之場景。

繼而,文本又以文學化語言勾勒出"神舟(盤)"啟航漂行時的場景:"噭聲擊楫,聽語句之非常;揚手鳴鑼,覩容顏之難比。旗摰波心之電,鼓喧水面之雷。黃帽郎厲聲後唱,白旗子奉命前驅。自然有迎棹之鴉,不必聽桅檣之燕。畫船載取瘟災去,纖爾無留;神皷催將福祿來,欣然有喜。在在之江山護送,方方之里社餞行。"① 推究其義,這段文字比擬的其實是端午賽龍舟時的情景,或者至少借用了描述龍舟競渡的文學用語來渲染"神舟(盤)"駛離過程中的情景:人聲鼎沸、鑼鼓震天,搖旗吶喊、爭先恐後,水手划船、迅如閃電。

最後,法師閉目片刻("目斷一時"),恭伸四句曰:"江頭畫鼓響鼕鼕,纜掛高帆遇便風。吹送神船何處去,直歸三島十洲中。"② 這四句韻文,當係今閩臺地區靈寶派道士演行送瘟"王醮"科儀之"打船醮"時所吟唱"送船歌"之濫觴。③

## (十一) 化　　錢

"化錢"又稱"化財",就是將奉獻給神祇的錢財(紙錢)及儀式中施用的疏文等全部焚化。本節次則著意於介紹"化錢"後的法事流程,如謂:"噀水一口。雙手起海水訣,送了。就便心存天地昏黑,默念天濛濛呪。雙手五黑訣,用湛遮了乾河漏海。壇場更變,寂無遺響矣。"④ 這裏論述的重點內容就是結兩次指訣("海水訣""五黑訣"),默念一次咒語("五黑呪",又稱"天濛濛呪")。上述指訣和咒語在前文中均已出現過,茲不贅言。而文末存想"壇場更變,寂無遺響矣",乃係營造出一種肅靜、安寧的意境,藉此表達"神舟(盤)"已遠行,瘟神疫鬼均悉數離開。換言之,這場"遣瘟送盤法"儀式為"信人"(患者)掃清了致病根源、痊癒指日可待,本場法事圓滿成功。

# 二、入房退病法

為了便於行文,我們暫將《入房退病法》文本劃分為八個段落節次,並

---

① 《道法會元》卷二二一,《道藏》第 30 冊,第 374 頁。
② 《道法會元》卷二二一,《道藏》第 30 冊,第 374 頁。
③ 有關"送船歌"情況,詳見本書第十二章。
④ 《道法會元》卷二二一,《道藏》第 30 冊,第 374 頁。

據文意擬定標題如下：(1)存變；(2)入房門；(3)近病人身；(4)攝歸外道；(5)結斗印指定患人眉心；(6)告召諸神；(7)存神護體；(8)諷經·送神。下面，我們逐一對上述節次予以分析和論述如下：

## （一）存　變

法事開始前，法師先到天師、將帥的聖位(或神像)前上香、禮敬——"先從師、帥前炷香"①。此舉旨在表達對道法宗脈的追溯和尊重。其實，迄今閩臺等地靈寶派道士科儀演法時仍保留此傳統，不過前引"師、帥"已演變為"師、聖"，其中"聖"位即代表法脈的玄天上帝。

隨後，法師進行如下存變：存想自身外形高大威猛、內在精神充盈旺盛，英姿颯爽、凜然正氣，隨時可殺伐一切妖魔鬼怪；風伯雨師、雷公電母興雲布雨，一時間狂風驟雨、霹靂交轟，前途光明、後路昏暗；諸班雷神帥將前後簇擁、護衛法師。

同時，法師念呪曰："天猷天猷，猛烈諸侯。上佐北極，下臨九州。身披金甲，手執戈矛。眼如掣電，爪似金鈎。逢妖寸斬，遇鬼擒收。順鬼不斬，逆鬼截頭。上帝勑下，不得停留。急急如律令。"②翻檢明《道藏》可知，這段呪文名曰"天猷真君神呪"，收錄於《太上三洞神呪》卷一《雷霆祈禱策役諸呪》③，二者文字完全相同。引文所見"天猷"，與"天蓬""黑煞(翊聖)""玄武(真武)"並稱為"北極四聖"。

據上下文意推測，上述存變過程當係在病人宅室外的壇場——師、帥位前完成的。

## （二）入　房　門

存變完畢後，法師噀水一口，跨入患者房門，隨即念誦呪語："都天大雷公，霹靂震虛空。精兵三十萬，嚴駕此壇中。下鬼為狂暴，威令輒不容。攝赴魁罡下，化為清靜風。急急準元始雷王律令。"④這段呪文在《道藏》中共計出現十餘次之多，⑤分別冠以不同標題(名稱)見載於各類道書中，並被施

---

① 《道法會元》卷二二一，《道藏》第 30 冊，第 374 頁。
② 《道法會元》卷二二一，《道藏》第 30 冊，第 374 頁。
③ 《太上三洞神呪》卷一，《道藏》第 2 冊，第 53 頁。
④ 《道法會元》卷二二一，《道藏》第 30 冊，第 374 頁。
⑤ 《太上三洞神呪》卷八《繪禳驅治諸呪》"攝邪雷公呪"條(《道藏》第 2 冊，第 111 頁)、卷十《祈禳召遣諸呪》"攝魔兒"條(《道藏》第 2 冊，第 120 頁)、卷十一《祈禱召考諸呪》"勑符呪"條(《道藏》第 2 冊，第 128 頁)、《道法會元》卷九〇《先天一炁雷法》"使者本身符"條

用於不同場合,雖然文字内容有詳有略,但均以"都天大雷公"開篇,語意及行文結構也大抵屬於同一模式,其主旨就是召請雷部兵將前來收逐疫鬼。

### (三)近病人身

　　邁進患室後,法師再次噀水一口、靠近病人身,呪曰:"太陰化生,水位之精。虛危上應,龜蛇合形。周行六合,威攝萬靈。無幽不察,無願不成。劫終劫始,剪伐魔精。救護群品,家國安寧。數終末甲,妖氛流行。上帝有勅,吾固降臨。葳揚正教,蕩邪辟兵。化育黎庶,叶讚中興。敢有小鬼,欲來現形。吾目一視,五嶽摧傾。急急如律令。"①這段呪文,最早可追溯至六朝古上清經《上清黄氣陽精三道順行經》,二者僅有數字之差(當係傳抄訛誤所致)。②

　　北宋以降,這段呪語似為玄天上帝(真武)專用,在此類道書文獻中屢次出現,如:(1)北宋以後造作的《元始天尊說北方真武妙經》③;(2)宋代陳伀集疏《太上說玄天大聖真武本傳神呪妙經》(卷三)④;(3)南宋吕太古集《道門通教必用集》卷七《威儀篇》⑤;(4)宋末元初《道法會元》卷一七六《元和遷教府玉册》⑥;(5)約宋元時《太上三洞神呪》卷一《雷霆祈禱策役諸呪》"佑聖真君神呪"條⑦;(6)約元明時《玄帝燈儀》⑧;(7)約元末明初《法海遺珠》卷四六《紫宸玄書》"佑聖呪"條⑨;(8)明初《太上玄天真武無上將軍籙》"袪鬼神呪"條⑩;(9)約明代編輯成書的《道門科範大全集》卷六七《真武靈

---

　　　　《道藏》第29册,第372—373頁)、卷一一三《帝令寶珠五雷祈禱大法》"遣符呪"(《道藏》第29册,第514頁)、卷一一六《太極都雷隱書》"勅呪"條(《道藏》第29册,第536頁)、卷一二四《上清雷霆火車五雷大法》"勅符呪"條(《道藏》第29册,第600頁)、卷一二五《九州社令蠻雷大法》(《道藏》第29册,第604頁)、卷一五一《洞玄玉樞雷霆大法》"立獄"條(《道藏》第29册,第787—788頁)、《法海遺珠》卷二《洞玄秘旨》"雷字總轄"條(《道藏》第26册,第731頁)、卷六《三宫內旨》"雷火符"條(《道藏》第26册,第756頁)、卷九《太極雷隱秘法》"勅呪"條(《道藏》第26册,第778頁)、卷十七《南院火獄大法》(《道藏》第26册,第820頁)、《上清天樞院回車畢道正法》卷上(《道藏》第10册,第476頁)。

①　《道法會元》卷二二一,《道藏》第30册,第374頁。
②　《上清黄氣陽精三道順行經》,《道藏》第1册,第823頁。
③　《元始天尊說北方真武妙經》,《道藏》第1册,第813—814頁。
④　(宋)陳伀集疏《太上說玄天大聖真武本傳神呪妙經》卷三,《道藏》第17册,第118頁。
⑤　(南宋)吕太古集:《道門通教必用集》卷七,《道藏》第32册,第39頁。
⑥　《道法會元》卷一七六,《道藏》第30册,第133頁。
⑦　《太上三洞神呪》卷一,《道藏》第2册,第53頁。
⑧　《玄帝燈儀》,《道藏》第3册,第573頁。
⑨　《法海遺珠》卷四六,《道藏》第26册,第1011頁。
⑩　《太上玄天真武無上將軍籙》,《道藏》第28册,第501頁。

應大醮儀·晚朝行道》"宣衞靈呪"條①。上述文獻中所見咒語的文字內容大同小異,顯然來源於同一版本。不過,前述(3)、(4)、(7)、(8)、(9)則刪省"數終末甲"至"協贊中興"八句共計三十二字。

本節次中念誦此段咒語乃兼有三重含義:其一,勅召神水洗滌污穢及疫厲;其二,神水承載神盤(舟)出行;其三,借助"龜蛇合形"的玄天上帝之神威來強令瘟疫邪鬼離開病人之宅。

### (四)攝歸外道

法師噀水一口,執扇在病人左右扇風,手掐指訣(卯文)。這一系列動作完成後,法師從患者身邊退下,繼而存思如下場景:患者身前、身後及病宅內外中的全部瘟神疫鬼——春夏秋冬行病神王、時瘟瘴氣、廟神土地、喪車白虎、邪巫枉死、先親復連、禿頭和尚、矮子陀頭、變影生形、傳夢送怪、隔茶隔飯、為寒為熱一切鬼神,全都被驅逐出了病人宅室。然後,法師吹厑一口,手掐五黑訣,同時存變乾河漏海、仍用沈遮。反復掐訣三遍,皆如上述程序。②

此外,文本又指出:若病人出現發高燒、瀉痢等症狀,法師存思"攝歸外道"的瘟神疫鬼必須調整為如下對象:春夏秋冬行病神王、黃長腳、黃闊口、黃老精、黃皇春香、黃皇室女、黃伯嬌男、黃伯嬌女、黃限客、天中蝗蛾、地中蝗蛾、幽微黮淡蝗蛾、為寒為熱疼痛蝗蛾、是名傷寒頭疼瀉痢之鬼。③ 據此推測,道門中人認為上述神鬼當是引發熱、瀉痢等疾的罪魁禍首,故而應當有針對性地禮送它們離開。

前述《遣瘟送神盤法》"請神"節次中共列舉了四十一條神祇名錄,而本節所述二十七條神鬼稱謂大部分被涵蓋其中。

### (五)結斗印指定患人眉心

法師左手結斗印、指定患人眉心,一厑急念:

> 北斗九辰,中天大神。上朝金闕,下覆崑崙。調理綱紀,統制乾坤。大魁貪狼,巨門祿存。文曲廉貞,武曲破軍。高上玉皇,紫微帝君。大周天界,細入微塵。何災不滅,何福不臻。元皇正厑,來合我身。天罡所指,晝夜常輪。俗居小人,好道求靈。願見尊儀,永保長

---

① (唐)杜光庭刪定:《道門科範大全集》卷六七,《道藏》第31冊,第915頁。
② 《道法會元》卷二二一,《道藏》第30冊,第374—375頁。
③ 《道法會元》卷二二一,《道藏》第30冊,第375頁。

生。三台虛精，六淳曲生。生我養我，護我身形。尪尨尰尲尳尴尵，急急如太上北斗真君律令敕。①

　　關於"斗印"的掐指訣法，南宋鄧有功編《上清天心正法》卷六"諸訣目"條給予介紹說："斗印：小指從四指，入藏三四指，以大指屈掐定，只直第二指。"② 那麽，引文為何特意指玥患人的眉心位置呢？ 這是因為道門中人認為：眉心以下數寸處乃是人體中諸神的中心樞紐，分別棲居了三清、玉皇及神霄真王等至尊神祇，故為存想內視的關鍵部位。如約出明代《靈寶无量度人上經大法》③ 卷二六《神受大法品》"朝玉清"條曰："存己眉心直入三寸，名泥丸宮，元始上帝所居"；④ 又"朝上清"條曰："存己眉心直入四寸，名流珠宮，太上道君所居"；⑤ 又"朝太清"條曰："存己眉心直入二寸，名洞房宮，中央黃老太上所居之處"；⑥ 又云："眉心直入五寸，昊天玉皇上帝所居明堂宮。眉心直入一寸，長生大帝神霄玉清王所居明堂宮。……北斗九晨在腦中泥丸之上。"⑦ 上述引文逐次列舉了仙真所駐神殿名稱及距離眉心的尺寸，充分體現出道教中人對某些人體部位的崇拜心理。這一做法當是繼承了早期上清派的傳統觀念，並加改造後施用於科儀演法中。隨後，法師念誦"北斗呪"。約唐末宋初時造作的《太上玄靈北斗本命延生真經》⑧ 已收錄此呪，其與本文所述除了結尾處略有差異外，其餘文字完全相同。⑨

---

① 《道法會元》卷二二一，《道藏》第 30 冊，第 375 頁。

② （南宋）鄧有功編：《上清天心正法》卷六，《道藏》第 10 冊，第 642 頁。

③ 《靈寶无量度人上經大法》原題"天真皇人撰集"。據有關學者考證認為："此書完成於明代，蓋明初靈寶派道士編纂。"［任繼愈主編：《道藏提要》（修訂本），中國社會科學出版社 1995 年版，第 154 頁］

④ 《靈寶无量度人上經大法》卷二六，《道藏》第 3 冊，第 758 頁。

⑤ 《靈寶无量度人上經大法》卷二六，《道藏》第 3 冊，第 759 頁。

⑥ 《靈寶无量度人上經大法》卷二六，《道藏》第 3 冊，第 759 頁。

⑦ 《靈寶无量度人上經大法》卷二六，《道藏》第 3 冊，第 760 頁。

⑧ 《太上玄靈北斗本命延生真經》，《道藏》第 11 冊，第 347 頁。有關該經的造作年代，詳見任繼愈主編：《道藏提要》（修訂本），中國社會科學出版社 1995 年版，第 449 頁。

⑨ 此外，"北斗呪"還見載於《太上玄靈北斗本命延生真經》的歷代註本（如玄元真人註《太上玄靈北斗本命延生經註》、傅洞真註《太上玄靈北斗本命延生真經註解》）以及《上清天心正法》卷四《治伏癲邪》（《道藏》第 10 冊，第 630—631 頁），《太上三洞神呪》卷六《祈禳開度諸呪》"北斗呪"條（《道藏》第 2 冊，第 93 頁）、《道法會元》卷二百《金火天丁鳳炁紫書》"告斗行持"條（《道藏》第 30 冊，第 266 頁）、卷二〇一《金火天丁玉神解關雲篆》"存神秘訣"條（《道藏》第 30 冊，第 275 頁），《道門科範大全集》卷五七《北斗延生儀》（《道藏》第 31 冊，第 891 頁）。上述版本"北斗呪"的文字內容大同小異。

　　法師默念斗呪，關閉一身氣息，盡力取斗炁吹。再用大陰陽斗印①，默念關閉，運天罡炁，呪："唵吽喼嘘唎嗲訶"。這七字顯然係梵文音譯而來（當受佛教密呪之影響），乃屬於道教"天罡呪"中的一部分。宋元道書中對此呪多有涉及，如《太上三洞神呪》卷八《禬禳驅治諸呪》"天罡呪"條曰："天帝釋章，佩帶天罡。五方凶惡之鬼，何不消亡。飛仙一吸，萬鬼伏藏。唵吽吽喼嘮噠唎娑訶。"② 又，《靈寶玉鑑》卷七《申牒頭連門》"天罡呪"條云："唵吽吽喼噠唎娑訶，魅魍魎魈魑魖攝。"③ 此外，《道法會元》卷七七《雷霆妙契》"天罡說"④ 條對"天罡呪"予以逐句詮釋。⑤

　　隨後，法師盡力取天罡炁吹。待於意念中攝取天罡炁時，法師須視時節（氣溫）而有所區分：天氣冷時取紅炁，天氣熱時取黑炁。⑥ 這一操作原則當是基於剛柔並濟、水火交融之義。

## （六）告　召　諸　神

　　本節開篇"道香一炷，十方肅清。法鼓三通，萬神咸集"⑦ 四句，乃是運香召將（神）前唱誦的禮讚詞，多見諸於《道法會元》中。⑧ 旋即運香、告召官將，所述神祇可分為兩大類：其一，六位護法元帥——馬、趙、殷、溫、關、

---

① 《太上三洞神呪》卷三《雷霆祈禳驅役諸呪》收錄"陽斗罡呪""陰斗罡呪"。(《道藏》第 2 冊，第 62 頁)
② 《太上三洞神呪》卷八，《道藏》第 2 冊，第 104 頁。
③ 《靈寶玉鑑》卷七，《道藏》第 10 冊，第 189 頁。該書"天罡呪"標題下小字註曰："掐子午斗，每一節一呪。"呪文後又附云："鼻引天罡炁合內布出水中，次掐卯午中酉子文，鼻引五方炁內合布出水中。"(《道藏》第 10 冊，第 189 頁)
④ "天罡說"題名為"張埜愚述"。
⑤ 《道法會元》卷七七，《道藏》第 29 冊，第 282 頁。值得注意的是，《道法會元》卷七六《火師汪真君雷霆奧旨》"天罡呪"條云："天帝釋帝，部帶天罡。五方兜惡之氣，何不伏藏。飛光一吸，萬鬼滅亡。天罡歘吸攝，歘吸天罡攝。"(《道藏》第 29 冊，第 271 頁) 這則咒語與前引《太上三洞神呪》(卷八) 文字多有不同，而且替換了最核心的梵文音譯部分。
⑥ 《道法會元》卷二二一，《道藏》第 30 冊，第 375 頁。
⑦ 《道法會元》卷二二一，《道藏》第 30 冊，第 375 頁。
⑧ 譬如，該書卷二一《玉宸經鍊返魂儀》"告召諸將符"條(《道藏》第 28 冊，第 790 頁)、卷三〇《紫極玄樞奏告大法》"請三真衛壇"條(《道藏》第 28 冊，第 851 頁)、卷九三《雷霆三要一炁火雷使者法》"祭天罡河魁"條(《道藏》第 29 冊，第 391 頁。不過，該卷所言與前引有二字差異："清"作"靜"，"集"作"聽")、卷一六九《混天飛捉四聖伏魔大法》"北帝召四聖四神四將罡訣"條(《道藏》第 30 冊，第 85 頁。該卷所言與前引有一字之差："清"作"靜")、卷二二三《上清都統馬元帥驅邪秘法》"召法"條(《道藏》第 30 冊，第 389 頁)、卷二三三《玄壇趙元帥秘法》"祭壇儀"條(《道藏》第 30 冊，第 454 頁。該卷所言與前引有一字之差："清"作"靜") 等均可見此套語用法。

王;其二,雷部諸員官將——雷公電母、風伯雨師、雷霆諸司院府官君將吏一切神祇。召將後,法師陳述了祈望元帥及雷部官將所執行的任務與使命:"速為某人身前身後、房中內外,驅處邪妖掃除精恠,解釋愆非呪詛,奠安土府諸神。務要某人見患即安,壽年延永,神清氣爽,語正言真,身有光明,魔無干犯。應有一切邪恠不伏勦除,仰煩雷神照依吾呪,即便誅殛斷絕施行。"① 上述內容可概括為一句話:逐除一切妖邪精怪,還患人以安康。

隨後,法師誦持神呪如下:

> 火②帝降惡醜,覃恩出上清。九天排隊仗,五嶽列班迎。萬里風煙息,千山草木平。雲頭過北海,雨腳散南溟。黑煞於中禁,天蓬降禦營。靈官持玉印,太乙捧金晶。左陣騎朱虎,先鋒跨大鯨。電光飛猛火,雷鼓振天廷。號令傳三將,祛除用六丁。素黃齊豁落,童子盡開明。地網周回布,天羅蓋匝并。火輪紅焰起,雨過碧煙生。擺撼乾坤動,飛騰宇宙驚。氣吞蒼海竭,力拔太山崩。虎應庚辛白,龍隨甲乙青。下鬼非強祟,何勞共戰爭。房中令寂靜,萬鬼自逃形。急急如上帝律令勅。③

這段文字至少可追溯至《高上神霄玉清真王紫書大法》(卷三)④,其與前引呪文可謂是同中有異。至於此呪的名稱,《太上三洞神呪》卷三《雷霆祈禳驅役諸呪》和《道法會元》卷一五九《上清天蓬伏魔大法》皆曰"天蓬大呪"⑤;《靈寶領教濟度金書》卷二六〇《紫英雲書品》稱作"靈寶大法護身呪"⑥,同書卷二八五《存思玄妙品》則又叫作"玉帝衛靈呪"⑦。筆者根據呪文用語及

---

① 《道法會元》卷二二一,《道藏》第 30 冊,第 375 頁。
② "火"當係"大"字之訛誤。
③ 《道法會元》卷二二一,《道藏》第 30 冊,第 375 頁。
④ 《高上神霄玉清真王紫書大法》卷三,《道藏》第 28 冊,第 581—582 頁。據有關學者認為:"從內容看,(該書)前三卷似出於北宋末,其餘九卷或為以後所續。"[詳見任繼愈主編:《道藏提要》(修訂本),中國社會科學出版社 1995 年版,第 961 頁]
⑤ 《太上三洞神呪》卷三,《道藏》第 2 冊,第 66 頁;《道法會元》卷一五九,《道藏》第 29 冊,第 852 頁。此二書所載呪語均以"大道玄元始"開篇,正文內容基本一致。不過,呪文末尾則有差異:前者以"急急如律令敕"收尾,後者則為"急急如北極紫微大帝律令敕"。
⑥ (南宋)甯全真傳授、(宋末元初)林靈真編輯:《靈寶領教濟度金書》卷二六〇,《道藏》第 8 冊,第 245 頁。
⑦ (南宋)甯全真傳授、(宋末元初)林靈真編輯:《靈寶領教濟度金書》卷二八五,《道藏》第 8 冊,第 509 頁。

涵義判斷,其名似當以"天蓬大呪"為佳。

## (七) 存 神 護 體

噀水一口,法師接著念誦:"仍煩帥將為見患某蘇通血脉,調治病源,務要所患立安,壽年延永。"①這段話又再次強調了本場法事的中心議題:希望師帥等神祇為患人疏通血脈、根除病源,解除疾痛折磨,從而恢復健康、益壽延年。

隨後,法師對患者體內的諸神施予敕令:

> 謹勑某身中五體真官,五臟六腑,三百六十形影,一萬二千精光,左三魂、右七魄,皮膚九竅,三百六十骨節,經絡榮衛,上至泥丸,下至精氣神,受吾神之後,形同天地受靈相,三萬六千神守真。非禍不侵無障碍,七魄安寧神宇清。五臟六腑除邪害,五星六曜順照臨。神水一噀消萬厄,長生久視得安寧。急急如長生大帝律令。②

這裏不厭其煩地逐一清點了人體的重要部位(器官)——五體、臟腑、形影、精光、魂魄、九竅、骨節、經絡、泥丸、精氣神,隨即指出:上述人體器官接受神啟敕令後、即被賦予了靈氣,化為三萬六千神真駐守體中各部位,清除臟腑中邪害,令魂魄安寧。

噀水一口。法師出病人房門,心中默存將帥守護患人、勦戮邪恠。此外,法師又存想鼻眼內迸出萬丈金光,雷火道炁,罩遮患人身體、屋宇內外,患人家中的人眷、牲畜俱已得到覆護。

## (八) 諷經·送神

出了病室,法師來到患人家中所供奉的福神③前諷誦仙經。至於"仙

---

① 《道法會元》卷二二一,《道藏》第 30 冊,第 375 頁。

② 《道法會元》卷二二一,《道藏》第 30 冊,第 375—376 頁。

③ 宋代以降,道教文獻中所涉"福神"大抵有幾種含義:一、玄天上帝(真武),如宋代陳伀集疏《太上說玄天大聖真武本傳神呪妙經》(卷一):"真武:真者正也,武者神也。本號玄武,避宋朝廟諱,改賜曰真武。……躬披鎧甲,功成而攝,踏龜蛇回天,而天稱元帥,世號'福神'。"(《道藏》第 17 冊,第 91 頁)南宋《夷堅志》補卷二四"賈廉訪"條亦云:"吏曰:'事已畢,福神來迎,公可歸矣。'……(商懋)其妻子掛真武畫像於床頭,焚香禱請,蓋福神之應云。"[(宋)洪邁撰,何卓點校:《夷堅志》補卷二四,中華書局 1981 年版,第 1770 頁]此外,《北極真武佑聖真君禮文》《玄天上帝啟聖錄》等經書中也屢稱真武為"治世福神";二、同姓本家先祖,如《道法會元》卷三○《紫極玄樞奏告大法》所云"家奉香火福神"(《道藏》第 28 冊,第 853 頁);三、地方精怪修成正果且造福百姓者,《道法會元》卷二六七《泰

經"係指何部道經,文中並未明確交待。筆者推測或與《遣瘟送神盤法》"謝經"環節所誦之經書係出一類。

誦經完畢後,法師慣例唱讚以送神,文辭如下:"適伸啟白福神一切神祇,本部雷神官眾,和送瘟司,退散病源,驅除邪恠,勦戮妖魔,安舒土府,解釋愆非,俾令見患即安,家門清吉,人眷和平。凡在光中,全叨默佑。"① 這裏再次重申了本場法事的宗旨——退散疫病、求保平安。最後,虔誠稱念"福生無量天尊"的"不可思議功德",完滿結束儀式。

## 三、兩種訣法文本的比對分析

前文已從文獻學角度對《神霄遣瘟治病訣法》中包含的兩種遣瘟治病訣法——遣瘟送神盤法和入房退病法進行了詮釋和解讀。下面,我們將對這兩種訣法之間的文本聯繫及其隱含的文化內涵及地域特徵,略加比對和分析。

### (一)文本的內在關係

從儀式的節次流程上看,這兩種訣法均是獨立和完整的。譬如,《遣瘟送神盤法》中所述十一個節次,從儀式開始前的準備工作——存變、造遣瘟神盤、起盤收瘟,次到開場初期的請神、入意,逐步過渡到了本場法事的高

玄都黑律儀格》:"諸禽獸蛇龍魚蜃,年久歲深,亦能變化人形,興妖作怪者,至大者立廟,無元姓之神,有立功修德,福佑生民,人心歸向者,則城隍社令舉保嶽府進補,充一方本祭香火福神。至於功德重者,可為奏聞帝閣,或加勑封之號。"(《道藏》第 30 冊,第 642 頁)此外,《上清骨髓靈文鬼律》卷上"國祀門"條中所言"諸祀典福神"(《道藏》第 6 冊,第 912 頁,此文亦載《太上助國救民總真秘要》卷六)、《道門科範大全集》卷十八《靈寶祈求雨雪拜章儀》"請稱法位"條所列"諸廟福神"(《道藏》第 31 冊,第 798 頁)也大抵屬於此類;四、竈君(東廚司命),其原型或係張單(詳見《酉陽雜俎》前集卷十四《諾皋記上》;《三教源流搜神大全》卷四"司命竈神"條;明《萬曆續道藏》本《搜神記》卷六"司命竈神"條),或云由本家有德先祖充任以稽查子孫言行之善惡。《道法會元》卷五五《清微治顛邪文檢品》多次提及"本家司命福神"當屬此類(詳見《道藏》第 29 冊,第 125—134 頁);五、太一(乙)救苦天尊,《太一救苦護身妙經》云:太一救苦天尊"在天呼為太一福神,在世呼為大慈仁者,在地獄呼為日耀帝君……"(《道藏》第 6 冊,第 182 頁);六、漢武帝時道州刺史楊成,其人事跡詳見《三教源流搜神大全》卷四"福神"條、《萬曆續道藏》本《搜神記》卷六"福祿財門"條;七、天官,即上元一品天官賜福紫微帝君。據文意看,本文所言"福神"當不出前述第二、第四種含義範疇,即古代世俗人家中慣例供奉的本家先祖或竈神司命之神位(神像)。
① 《道法會元》卷二二一,《道藏》第 30 冊,第 376 頁。

潮——送盤出門、再次請神、三獻,最後慣例以"送神""化錢"收尾結束,可見是一場較為典型和完整的道門科儀法事流程。而《入房退病法》儘管不如《遣瘟送神盤法》繁雜和嚴整,但其所述八個節次也分別涵蓋了法事的幾個方面:開場前的準備工作——存變、入房門,正式開始的入手功夫——近病人身、攝歸外道、結斗印指定患人眉心,從而展開了法事的高潮階段——告召諸神、存神護體,最後以"諷經·送神"結束。故而說,《入房退病法》作為一場小型法事,其儀式流程也是完整的。但是,這兩種訣法被合編為一卷收入《道法會元》卷二二一《神霄遣瘟治病訣法》篇目之下,說明二者必有內在聯繫。仔細研讀這兩份文本,我們發現其始終圍繞"遣瘟"與"治病"這一中心議題而展開。共同的理念旨趣,乃係二者能夠相提並論的前提和基礎。而且,這兩個文本的內容上也存在很強的互補關係,故在操作實踐中不排除聯袂並行的可能性:即演行"遣瘟送神盤法"時,或將"入房退病法"部分環節穿插其中;或待"遣瘟送神盤法"演行完畢後,隨即演行"入房退病法"以加強驅瘟治病之效果。

　　當然,上述共同點並不能抹殺這兩部文本之間的差異性。《遣瘟送神盤法》是以神盤(舟)為主線,烘托和渲染神盤(舟)遣送瘟神疫鬼的功能,而將法師個人的力量盡可能地隱藏在背後。而《入房退病法》則完全依靠法師施展法力來驅瘟治病,體現的是法師濟世度人的高超法力和慈悲胸懷。從這兩部科儀文本透露出的信息看,《遣瘟送神盤法》更側重於禮儀層面,試圖通過"請神·三獻"和"設祭·獻供"等溫和方式禮送瘟神疫鬼出境(即希望它們自願離開);而《入房退病法》則注重實用性,追求道術層面,強調以法術的力量強行驅逐疫鬼離開,或將頑固者予以剿滅。

　　此外,《遣瘟送神盤法》與《神霄遣瘟送船儀》(收入《道法會元》卷二二〇)也當係屬於同一系列的科儀文本。這兩部遣瘟送船(盤)儀式文本可謂是姊妹篇,它們不僅有著共同的主旨——驅逐瘟疫、治病救人,而且在儀式流程及行文內容上也有諸多相似處。儘管從標題上看,二者最大的區別是:一種是送神盤,一種是送神船。但無論神盤抑或神船,其材料質地上都是"用潔淨菱茅為之"①,其所擔負的職能均是載送瘟神疫鬼的交通工具。事實上,《遣瘟送神盤法》"造遣瘟神盤法"節次名稱下已明確註明"做成小船亦可",而"入意"節次中也使用"神舟"用語。換言之,宋元神霄派道士敷演遣瘟儀式中使用的重要法器(道具)——盤狀物或船狀物,僅製作方法

---

① 《道法會元》卷二二〇《神霄遣瘟送船儀》云:"今有某結造茅舟一舫"。可見,用以送瘟的"華船"也是茅草製成。

及外形上略有區別而已，而其所象徵的宗教含義及擔負的儀式功能則並無本質上的差別。

### （二）文本反映的地域特徵

如果追問這兩種遣瘟治病訣法最初發源於何地，宋元時期在哪些地域流傳和散播？對此問題恐怕很難給出準確的答案。不過，我們從文本背後所隱含的社會文化信息中或許可找到一些蛛絲馬跡。其實，前述《神霄遣瘟治病訣法》文本包含了與地域特徵有關的重要線索。現條列幾點加以說明和分析：

第一，菱茅的產地。《遣瘟送神盤法》"造遣瘟神盤法"節次名稱下註明"用潔淨菱茅為之"，說明該儀式所流傳的地域背景最有可能是在盛產"菱茅"之地。唯有取材方便，那些活躍在下層民眾中的神霄派法師才能隨時隨地採集到菱茅，從而將其應用於一年四季都會舉行的驅瘟儀式中。

第二，瘴氣的流行。文本中"瘴氣（炁）"之語共計出現三次，分別是："袋送時行瘴氣"（《遣瘟送神盤法》"起盤收瘟"節次）；"伏請神威收拾時行瘴炁"（《遣瘟送神盤法》"入意"節次）；"時瘟瘴氣"（《入房退病法》"攝歸外道"節次）。這些段落文句折射出當地瘟疫或係以瘴氣為主。① 而瘴氣的滋生則主要集中在中國南方（包括東南及西南等地）的丘陵山區、叢林地帶，當地濕熱的氣候條件催生大量有毒的惡濁之氣，對人體健康造成極大傷害。②

第三，水鄉之地。《遣瘟送神盤法》通篇流露出的都是水鄉澤國的意境，譬如"起盤收瘟"節次中存想水漲、水起，"送盤出門"節次中存變乾河漏海，"三獻"節次所言"放下蘭橈，來吸泗洲③ 之水"以及"巡海夜叉開海道，翻風使者息風波。河伯於此解維，江神從而轉舵"等文學化表達，以及"送神"節

---

① 有關"瘴氣"的含義，《辭海》詮釋說："指南方山林間濕熱蒸鬱致人疾病的氣。"（夏征農主編：《辭海》，上海辭書出版社 1999 年版彩圖縮印本，第 4788 頁；夏征農主編：《辭海》，上海辭書出版社 1999 年版普及本，第 5056 頁）

② 《後漢書·南蠻傳》："南州水土溫暑，加有瘴氣，致死者十必四五。"[（南朝宋）范曄撰，（唐）李賢等注：《後漢書》卷八六，中華書局 1965 年版，第 2838 頁] 南宋周去非（1135—1189 年）撰《嶺外代答》卷四《風土門》"瘴"條曰："南方凡病，皆謂之瘴，其實似中州傷寒。蓋天氣鬱蒸，陽多宣洩，冬不閉藏，草木水泉，皆稟惡氣。人生其間，日受其毒，元氣不固，發為瘴疾。"[（宋）周去非著，楊武泉校注：《嶺外代答校注》，中華書局 1999 年版，第 152 頁]

③ "泗州"在道教文獻中似與水神有不解之緣。《赤松子章曆》卷三"天旱章"云："太山宮中泗州九谷君，官將百二十人，主起水氣。又請泗州九海君水帝，又請浮雲使者等，官將百一十人，一合來下。"（《道藏》第 11 冊，第 192—193 頁）又《道法會元》卷三《清微帝師宮分品》"三河"條云："淮河伯水府靈官，廟在泗州。"（《道藏》第 28 冊，第 688 頁）

次中描述龍舟競渡場景。文學創造來源於生活,宗教儀式及文本杜撰也不出此套路——再誇張的神化(神蹟)也能尋覓到當時世俗生活的影子。這些描述似乎暗示出神霄派道士演行"遣瘟送神盤法"時的活動範圍當係在水資源豐富的江南水鄉或濱海一帶。

第四,泗洲大聖信仰的傳播。前引《遣瘟送神盤法》"門首設祭·再次請神"節次所列啟請對象中有"勸善明覺大師泗洲大聖",《神霄遣瘟送船儀》(收入《道法會元》卷二二〇)"祭船"節次也言及"泗洲普照明覺禪師"。泗州大聖係指唐初僧人僧伽和尚,唐高宗時從西域來到泗洲城(今江蘇省盱眙縣境內)弘法而名聲大震,中宗遣使迎至京城奉為國師,圓寂後歸葬泗州普照寺,此後數百年間深受江淮等地民眾信奉。唐末五代時人視其為觀音大士化身、尊稱"泗洲大聖",北宋真宗大中祥符(1008—1016年)加封"普照明覺大師",從而將此信仰推至頂峰。[1] 嗣後,宋徽宗毀佛崇道,大力扶植新興的神霄派,並於政和年間詔令每州軍均置神霄宮(或改佛刹為之),泗州普照寺也被改作道觀。[2] 不過,寺內僧伽像並未遭到毀撤反而得到禮奉,泗洲大聖由此納入神霄派神祇體系中。就傳播地域來看,"泗州僧伽,肇跡於泗州,主要傳教地在江淮地區……傳說他死後化度人的種種神跡,也主要是在江淮、沿海及有舟船之利的地區,文獻記載與遺跡都表明了這一點。"[3] 本文所述神霄遣瘟送盤治病訣法中將"泗洲大聖"作為瘟部神祇,倒是符合其水神性格(北宋以降江南民眾奉僧伽為淮河水神),同時也折射出此訣法當盛行於"泗洲大聖"信仰輻射圈內。

---

① 有關"泗州大聖"事跡,《宋高僧傳》卷十八"唐泗州普光王寺僧伽傳"條、道藏本《搜神記》卷三"泗州大聖"條及《三教源流搜神大全》均有介紹,茲不贅述。1967年,浙江瑞安縣慧光塔發現的北宋塗金木雕泗洲大聖坐像的木座包鑲銀片上銘刻有"泗洲大聖普照明覺大師"字樣。(浙江省博物館:《浙江瑞安北宋慧光塔出土文物》,《文物》1973年第1期,第48—58頁) 2003年11月,江陰市青陽鎮悟空寺華藏塔基地宮中出土了"泗州大聖"舍利子。(詳見滁煩子:《江陰發現"泗州大聖"舍利子》,《江蘇地方志》2004年第3期,第50頁;《江蘇江陰發掘北宋泗洲大聖寶塔塔基》,《中國文物報》2004年5月31日)

② 《宋大詔令集》卷一七九《政事三十二·營繕上》"改建神霄玉清萬壽之宮御筆(政和七年二月十三日)"條云:"天下天寧萬壽觀,改作神霄玉清萬壽之宮為名。如小州軍監無道觀,以僧寺改建。如有道觀處,止更名。仍於殿上設長生大君青華帝君聖像。"(《宋大詔令集》卷一七九,中華書局1962年版,第649頁)

③ 羅世平:《敦煌泗州僧伽經像與泗洲和尚信仰》,《美術研究》1993年第1期,第67頁。該文隨後談道:"在地處東海沿岸的福建省一帶,崇祀僧伽的風氣很盛,後代竟演成陋習。"並援引清人施鴻保撰《閩雜記》中所述福州城內供奉"泗州文佛"遍佈街巷之情景以為佐證。該文也指出:"東南沿海與江淮流域都將僧伽祀作了水神"。(羅世平:《敦煌泗州僧伽經像與泗洲和尚信仰》,《美術研究》1993年第1期,第68頁)

綜上所述,《神霄遣瘟治病訣法》文本折射出的外部環境（自然條件）乃具有盛產菱茅、瘴氣滋行、水源豐沛及隸屬於泗州大聖信仰輻射範圍內等特徵。據此反推,宋元時期地理版圖中同時符合上述條件者只能是位於長江中下游的江淮平原及兩湖流域（今屬江浙、湘鄂、閩贛及東南沿海地區）。這一區域也恰是北宋以降道教神霄派十分活躍的勢力範圍。

### （三）入室治病訣法的道術色彩

若就《神霄遣瘟治病訣法》包含的兩部分內容（遣瘟送神盤法、入房退病法）而言,後者不同於前者的最大特點就是:道術色彩濃厚,存變（思）、掐訣頻繁,誦呪極多。

具體說來,《入房退病法》文本中施行存思術計達四次:在"一、存變"節次中,存變一次;在"四、攝歸外道"節次中,存思兩次;在"七、存神護體"節次中,存思一次。

掐指訣凡計四次:手掐卯文、五黑訣、左手結斗印、大陰陽斗印。其中,前兩次訣法隸屬於"四、攝歸外道"節次,後兩次分佈在"五、結斗印指定患人眉心"節次。

持誦呪語則計六條／次,平均分佈在多個節次中,分別是:在"一、存變"節次中,持誦"天猷真君神呪";在"二、入房門"節次中,持誦"攝邪雷公呪";在"三、近病人身"中,持誦"佑聖真君神咒";在"五、結斗印指定患人眉心"節次中,持誦"北斗呪"和"天罡呪";在"六、告召諸神"節次中,持誦"天蓬大呪"。[①] 上述呪語均常見、可施用於不同場合下,其禮奉的對象（神祇）包括天猷、天蓬、佑聖（真武）、北斗、天罡、雷公。這六位神祇均屬於法派之代表,藉此凸顯出入房退病法所一貫強調的道術、武力之色彩。

上述內容對《神霄遣瘟治病訣法》文本進行了深入地分析和討論,藉此得以了解宋元神霄派道士應對瘟疫傳播而演行的兩種訣法（遣瘟送神盤法、入房退病法）及其儀式流程。面對當時惡性傳染疾病的肆虐及下層民眾缺醫少藥的現狀,神霄派道士以特有的宗教方式,借助道法而為個體信眾（"信人",即患者）驅除瘟疫,治療病症。客觀地說,這一做法更多是立足於精神、信仰層面來緩解世人對瘟疫的心靈恐懼以及肉體上的病痛折磨,儘管籠罩著濃重的愚昧和迷信色彩,但也體現出道教傳統的人文關懷理念。

---

① 《入房退病法》文本中並未言及所持誦呪語之名稱,本處所述乃採宋元道書中的記載為準。若諸道書所言不一,則以《太上三洞神呪》中的說法暫為定名。

## 附錄:《神霄遣瘟治病訣法》(收入《道法會元》卷二二一)

（說明：部分節次保留原文標題，其餘係筆者據文意擬定名稱）

# 一、遣瘟送神盤法

### 存　變　法

（未入患家之先，依此存變為妙。）

先須凝定，叩齒，念淨天地呪三徧，存太虛寥廓、四炁朗清。以次念金光呪三徧，存天門金光萬道，仰面吸金光、吹布一身。存金光洞煥，風伯雨師、雷公電母，狂風驟雨、霹靂交轟，前光後暗，雷神將帥，前後擁護，行如狂風、坐如鼎石。

到病家坐了，茶至，接下在手，吹炁一口，心存雷火燒去鬼毛、鬼炁，然後方食。但是一應飲食，皆宜存變，然後食之。

### 造遣瘟神盤法

（用潔淨茭茅為之，做成小船亦可。）

先用啟告祖師、帥將，祝白事意、請降恩命變化，外以淨水噀洒神盤，呪曰:「吾今上奉祖師旨命，造起千眼神盤，造起東路神盤、造起南路神盤、造起西路神盤、造起北路神盤、造起中路神盤。」存五路神盤悉備，再以水噀之。

向來建造神盤已獲整備。謹請五路神光照開千眼神盤，謹勑東路毫光速起、謹勑南路毫光速起、謹勑西路毫光速起、謹勑北路毫光速起、謹勑中路毫光速起。（以"合、明、天、帝、日"五字，從卯、午、酉、子、中剔向四方。存五路毫光洞煥。）

### 起　盤　收　瘟

向來開發五路毫光已行完整。請起神盤，前赴患身某人病房之中。袋送時行瘴氣，遣發瘟部威神。送入天津，返歸空界。庶俾患身安愈，家道清寧。瘟風變作祥風，沴氣翻成和氣。一如玄科律令，急急奉行。

却擡神盤赴病房中。就作用起水，存水泛漲、泛起。神盤直入房中，放下于患人床前。神盤內用香一爐、燈一盞。法師同信人捻香一炷，畢，即叩齒三通,揚聲念:"信香一爇,雲布十方。叩齒三通,流光萬里。急準神霄玉清真王長生大帝律令。"

## 請　　神

謹伸關白大符都天總管金容元帥,只今準奉帝命,謹退見患某身前身後、今年奉符行病一切威神:三十六候神君,七十二候神王,十二年王,十二月將神王,二十四炁神王,主瘟聖公,監瘟聖母,布炁大神,發汗大神,押瘟太尉,時瘟炁候,白虎王神,邪巫枉死,陣亡妖恠,伏屍故炁,儺部廟神,雲中白虎,喪門弔客,黃泉急腳,為妖作禍一切神祇,隔茶隔飯、傳夢送恠一切鬼神,春行病神王,夏行病神王,秋行病神王,冬行病神王,蠻喉瘟,魯子瘟,天中蝗蜞,地中蝗蜞,幽微黶淡蝗蜞,黃長腳,黃闊口,黃老精,黃恨客,黃房室女,黃伯嬌男,黃伯嬌女,以及瀉痢傷寒頭疼寒熱之鬼,一切為殃造禍神司,府縣城隍,本祭神祇,盡皆請上千眼神盤。

## 入　　意

今有信人某,伏為見患某,自於今月某日感受病苦,飲食少思,醫療罔效,日久未安,切恐命限星辰,舍次歲曜加臨。近憑卜課,云是瘟疫流殃、邪神為禍。備以千眼神盤,敬伸禮送。謹就門首,特備粲盛錢馬酒禮之儀,普伸酌餞。伏請神威收拾時行瘴炁,捲藏毒藥包箱,赦放罪殃,寬疎病證,咸體好生之德,各生歡悅之心,請上神舟,解繩放纜。務俾在患某人刻自今晚回送之後,精神清爽,病患立痊。更勿稽遲,有干玄律。一如帝令,火急奉行。

## 送　盤　出　門

兆噀水一口,雙手起海水訣,送神盤出門首酌餞,却以兩手握五黑訣,存變乾河漏海、前光後暗。閉炁默念:"天濛濛,地濛濛,人濛濛,鬼濛濛。天黑黑,地黑黑,人黑黑,鬼黑黑。天斷頭,地斷頭,人斷頭,鬼斷頭。天沉沉,地沉沉,人沉沉,鬼沉沉,大湖沉沉,小湖沉沉,天沉,地沉。萬里狂風吹塞鬼眼,萬里黑風障斷鬼路。人無尋影,鬼無尋蹤。十道都關,九道都絕。急急如律令。"

## 門首設祭・再次請神

存想患家房戶盡為黑氣所罩,密令人推閉門戶,前光後暗,悉無所見。却就門首祭設,念云:太上立教,利濟為先。凡庶投誠,熏香是首。謹運真香,皈命啟請:洞淵三昧天尊,天符令帝都天元帥,六臂明王,和瘟教主匡阜靜明真人,勸善明覺大師泗洲大聖,俵藥主事,主瘟聖公,監瘟聖母,布炁大神,押瘟太尉,五方行瘟聖者,十二年王,十二月將,三十六神君,七十二候聖眾,雌雄白虎神王,船頭大王,船尾小王,引神土地,后土社令神祇,城隍,本祭廟神,儺部神祇,本境之內絕戶枉死,山川岩穴精靈妖恠,伏屍故炁,依草附木并患人身前身後、傳夢送恠、隔茶隔飯、為殃造禍、代形替厄一切神威,伏望來臨香座,歆享凡儀,以令輒備清觴,用陳上獻。

### 三　　獻

伏聞大聖奉天符而行令,本是化人,小民敬露悃以求憐,從而徼福。象管繪成新聖像,龍舟飛動現真龍。赫赫有靈,洋洋來格。手不持於桶杓,腰不掛於葫蘆。放下蘭橈,來吸泗洲之水。收回藥櫃,妙融五氣之春。諒祭威靈,特旌忱禱。無任至恭,酒陳初獻。

伏以天有顯道,本福善而禍淫。人無常心,每順邪而棄正。既昧操修之理,莫逃糾察之司。自外化鈞,動生魔障。善芽未露,非慈風所可噓生。業垢尤深,必障雨乃能清靜。界之患苦,將以安痊。念大道之至仁,省微軀之多過。噬臍無及,頓首知歸。爰淨掃於衡門,敬冒陳於菲供。所翼赦愆而宥過,庶能解禍以為祥。合掌動慈容,記江頭之好語。舉杯壯行色,聽水手之歡呼。無任至恭,酒陳二獻。

伏以化化生生,妙一機而不已。善善惡惡,赴諸物之自移。神之何心,人胡不覺。切念某愛河流蕩,火宅憂煎。顛倒夢想之謂何,殺盜淫貪之自縱。言尤多於口過,罪每逐於心生。識無邊無量之愆,叩大慈大悲之聖。盧醫匡皐,返危脈以向安;地煞天符,轉慈風而去病。巡海夜叉開海道,翻風使者息風波。河伯於此解維,江神從而轉舵。免夫小子,赦平生不善之心;告諸大夫,領終席散憂之酌。無任至恭,酒陳三獻。

### 諱　　經

向來三獻已遂周圓。以今奉為某自今某月某日以來感受病證,至今未痊,敬伸回送,望賜平安。諷誦經文,用資神化。

(諱經)

### 回向・送神

向來諷誦經文已諧周竟。所有錢財旛馬用憑火化,上奉眾神。以今某伏為某自今回送之後,用祈病患立安,年齡延永。

伏以天作孽猶可違,深沐恩慈而盡釋。舟弗濟臭厥載,悉收疫毒以俱安。一筵之香酒既終，十幅之蒲帆不住。惟願天符聖眾咸依明覺之法，言瘟部諸神，亟奉洞淵之勅旨，拾起葫蘆、藥杖，收回羽扇、湯瓢。大家洗腳上船，各自小心解纜。座左座右皆曰兒郎，船尾船頭儔非聖眾。嗷聲擊楫，聽語句之非常；揚手鳴鑼，覩容顏之難比。旗擎波心之電，鼓喧水面之雷。黃帽郎屬聲後唱，白旗子奉命前驅。自然有迎棹之鴉，不必聽桅檣之燕。畫船載取瘟災去，纖爾無留；神皷催將福祿來，欣然有喜。在在之江山護送，方方之里社餞行。

目斷一時，恭伸四句：

江頭畫鼓響鼕鼕，纜掛高帆遇便風。

吹送神船何處去，直歸三島十洲中。

## 化　　錢

噀水一口。雙手起海水訣，送了。就便心存天地昏黑，默念天濛濛呪。雙手五黑訣，用湛遮了乾河漏海。壇場更變，寂無遺響矣。

# 二、入房退病法

## 存　　變

先從師、帥前炷香，默存自己身神大威大猛，精神雄烈，奮怒殺伐。風伯雨師、雷公電母，狂風驟雨、霹靂交轟，前光後暗，乾河漏海，雷神帥將，先擁後隨。呪曰："天猷天猷，猛烈諸侯。上佐北極，下臨九州。身披金甲，手執戈矛。眼如掣電，爪似金鈎。逢妖寸斬，遇鬼擒收。順鬼不斬，逆鬼截頭。上帝勅下，不得停留。急急如律令。"

## 入　房　門

噀水一口，入房門。呪曰："都天大雷公，霹靂震虛空。精兵三十萬，嚴駕此壇中。下鬼為狂暴，威令輒不容。攝赴魁罡下，化為清靜風。急急準元始雷王律令。"

## 近　病　人　身

噀水一口，近病人身。呪曰："太陰化生，水位之精。虛危上應，龜蛇合形。周行六合，威攝萬靈。無幽不察，無願不成。劫終劫始，剪伐魔精。救護群品，家國安寧。數終末甲，妖氛流行。上帝有勅，吾固降臨。葳揚正教，蕩邪辟兵。化育黎庶，叶讚中興。敢有小鬼，欲來現形。吾目一視，五嶽摧傾。急急如律令。”

## 攝歸外道

噀水一口，使扇左右，手掐卯文，退下，見患某人身前身後、房中內外，春行病神王，夏行病神王，秋行病神王，冬行病神王，時瘟瘴氣，廟神土地，喪車白虎，邪巫枉死，先親復連，禿頭和尚，矮子陀頭，變影生形，傳夢送怪，隔茶隔飯、為寒為熱一切鬼神，攝歸外道而去。吹炁一口，用五黑訣，存乾河漏海，仍用沈遮。三收，皆如此同。

（如發大熱病瀉痢之證，則用此後段：春、夏、秋、冬行病神王，黃長腳，黃闊口，黃老精，黃皇春香，黃皇室女，黃伯嬌男，黃伯嬌女，黃限客，天中蝗蜞，地中蝗蜞，幽微黲淡蝗蜞，為寒為熱疼痛蝗蜞，是名傷寒頭疼瀉痢之鬼，攝歸外道而去。）

## 結斗印指定患人眉心

左手結斗印，指定患人眉心，一炁急念：“北斗九辰，中天大神。上朝金闕，下覆崑崙。調理綱紀，統制乾坤。大魁貪狼，巨門祿存。文曲廉貞，武曲破軍。高上玉皇，紫微帝君。大周天界，細入微塵。何災不滅，何福不臻。元皇正炁，來合我身。天罡所指，晝夜常輪。俗居小人，好道求靈。願見尊儀，永保長生。三台虛精，六淳曲生。生我養我，護我身形。魁勺䰢魓魒魓魒䰢，急急如太上北斗真君律令勅。”

默念斗呪，關閉一身氣息，盡力取斗炁吹。再用大陰陽斗印，默念關閉，運天罡炁，呪：“唵吽嗶嚏唎唆訶”。盡力取炁吹，冷取紅炁、熱取黑炁。

## 告召諸神

道香一炷，十方肅清。法鼓三通，萬神咸集。謹運真香，告召：正一風火靈官馬元帥，正一龍虎玄壇趙元帥，地司太歲尊神殷元帥，地祇昭武上將溫元帥，朗靈馘魔關元帥，三五鐵面豁落猛吏靈官王元帥，各部雷神，雷公電母，風伯雨師，雷霆諸司院府官君將吏一切神祇，速為某人身前身後、房中內外，驅處邪妖掃除精恠，解釋愆非呪詛，奠安土府諸神。務要某人見患即安，壽年延永，神清氣爽，語正言真，身有光明，魔無干犯。應有一切邪恠不伏勦除，仰煩雷神照依吾呪，即便誅殛斷絕施行。

吾有神呪，謹為誦持：“火帝降惡醜，覃恩出上清。九天排隊仗，五嶽列班迎。萬里風煙息，千山草木平。雲頭過北海，雨脚散南溟。黑煞於中禁，天蓬降禦營。靈官持玉印，太乙捧金晶。左陣騎朱虎，先鋒跨大鯨。電光飛猛火，雷鼓振天廷。號令傳三將，袪除用六丁。素黃齊豁落，童子盡開明。地網周回布，天羅蓋匝并。火輪紅焰起，雨過碧煙生。擺撼乾坤動，飛騰宇宙驚。氣吞蒼海竭，力拔太山崩。虎應庚辛白，龍隨甲乙青。下鬼非強祟，何勞共戰爭。房中令寂靜，萬鬼自逃形。急急如上帝律令勅。"

## 存 神 護 體

噀水一口。仍煩帥將為見患某蘇通血脉，調治病源，務要所患立安，壽年延永。謹勅某身中五體真官，五臟六腑，三百六十形影，一萬二千精光，左三魂、右七魄，皮膚九竅，三百六十骨節，經絡榮衛，上至泥丸，下至精氣神，受吾神之後，形同天地受靈相，三萬六千神守真。非禍不侵無障碍，七魄安寧神宇清。五臟六腑除邪害，五星六曜順照臨。神水一噀消萬厄，長生久視得安寧。急急如長生大帝律令。

噀水一口。出病人房門，默存將帥守護患人，勦戮邪恠。仍存將鼻眼內進出萬丈金光、雷火道炁，罩遮患人身體、屋宇內外，合家人眷、畜俱已覆護。

## 諷經·送神

回至患家福神前，諷誦仙經。

適伸啟白福神一切神祇，本部雷神官眾，和送瘟司，退散病源，驅除邪恠，勦戮妖魔，安舒土府，解釋愆非，俾令見患即安，家門清吉，人眷和平。凡在光中，全叨默佑。稽首皈依，志心稱念：福生無量天尊，不可思議功德。

中　　篇

明　清　時　期

# 第五章 "祠沙""放綵船"考釋

## ——兼論對明清閩臺王醮儀式的影響

"祠沙"和"放綵船"是北宋及明清時期南方沿海一帶民眾中盛傳的禳祭活動。這兩種儀式存在一些共通的本質特徵:其一,祭海,藉此表達對海神或溺水亡魂的敬畏和祭奠;其二,放(綵)船,藉此禳災却害、祈求航路平安。若就核心理念而言,明末以降閩臺地區盛行的王醮儀式,則與這兩種禮俗活動有幾分相似性。下面,我們結合文獻分別對上述幾種宗教民俗活動進行簡要地梳理和討論。

## 一、"祠沙":北宋浙江沿海一帶船員的祭海習俗

北宋徐兢撰《宣和奉使高麗圖經》卷三四"沈家門"條云:

> (宣和五年五月)二十五日丁丑辰刻,四山霧合,西風作,張篷,委蛇曲折,隨風之勢,其行甚遲,舟人謂之摳風。已刻,霧散。出浮稀頭、白峯、窄額門、石師顏,而後至沈家門抛泊。其門山與蛟門相類而四山環擁,對開兩門,其勢連亘,尚屬昌國縣。其上漁人樵客叢居十數家,就其中以大姓名之。申刻,風雨晦冥,雷電雨雹炊至,移時乃止。是夜,就山張幕,掃地而祭,舟人謂之祠沙。實嶽瀆主治之神,而配食之位甚多。每舟各刻木為小舟,載佛經、糗糧,書所載人名氏,納於其中,而投諸海,蓋禳厭之術一端耳。①

文中所言"沈家門"位於舟山本島的東南部,今為浙江舟山市普陀區治。這段文字介紹北宋宣和五年(1123 年)路允迪及徐兢等人奉命乘坐"神舟"出使高麗,當船隊途經沈家門時遭遇雷雨風浪,船員就地舉行"祠沙"祭海儀式:當天夜晚,船員們因地制宜,清掃場地,張設帷幕,搭建壇場,祭祀執

---

① (北宋)徐兢撰:《宣和奉使高麗圖經》卷三四,載朱易安、傅璇琮等主編:《全宋筆記》第三編(八),大象出版社 2008 年版,第 132 頁。

掌各大山川的神祇,兼設配享之神眾多。每船均刻木質小船一艘,其內裝載佛經、糧食及隨船人員名單,將小船投入海中漂流而去。

無獨有偶,該書同卷"黃水洋"條又云:

> 黃水洋,即沙尾也,其水渾濁且淺。舟人云:其沙自西南而來,橫於洋中千餘里,即黃河入海之處。舟行至此,則以雞黍祀沙,蓋前後行舟,遇沙多有被害者,故祭其溺水之魂云。①

文中"黃水洋"係指長江口以北至今海洲灣一帶,即今屬黃海海域。這一帶海域因水中泥沙過多而呈黃色,潮流湍急,海底深淺不一,暗礁眾多,故常有往來船舶在此遇險。有鑑於此,古代船員航行到這裏皆心懷畏懼,遂形成了路經此地"祀沙"的慣例:備下豐富的飯菜,祭祀先亡溺水之魂,並祈禱水路平安。② 換言之,與前次途經"沈家門"時突遇風浪而臨時施予"祠沙"禳祭有所不同,此次則為凡至"黃水洋"均會慣例式舉行"祀沙"儀式。不過遺憾的是,文中並未介紹後次"祀沙"時是否也施放木刻小船?

分析上述引文可知,北宋時人所言"祠沙"("祀沙")儀式當係隨船人員遵循其家鄉當地習俗而舉行的祭海儀式。關於船隊舟人之籍貫,《宣和奉使高麗圖經》並未言及。但據我們推斷,似可判定以浙江籍人士為主。這是因為,宋徽宗宣和五年(1123 年)奉命出使高麗的船隊共計八艘船("神舟"二艘、"客舟"六艘),均從明州府(今寧波)定海縣(今鎮海區)招寶山港口啟航。③ 明州地處東海之濱,是古代海外交通的主要港口。北宋神宗熙寧七年(1074 年)朝廷下旨,明州取代登州成為高麗、日本等國使臣及商人往返中原的唯一合法港口。④ 隨著海外貿易的不斷繁榮,當地湧現出一大批具有豐富航海經驗技術的舟人(職業船員)。明初鄭和率領船隊七次下西洋就是從寧波港出發,隨行船員中也以寧波人居多。故而,我

---

① (北宋) 徐兢撰:《宣和奉使高麗圖經》卷三四,載朱易安、傅璇琮等主編:《全宋筆記》第三編(八),大象出版社 2008 年版,第 134 頁。

② 引文"以雞黍祀沙"之句是指準備豐盛的飯菜、祭祀流魂。"雞黍"一詞,見於《論語·微子下》:"(丈人) 止子路宿,殺雞為黍而食之"。(程樹德撰,程俊英、蔣見元點校:《論語集釋》卷三七,中華書局 1990 年版,第 1276 頁)

③ 詳見(北宋) 徐兢撰:《宣和奉使高麗圖經》卷三四"神舟""客舟""招寶山"條。[朱易安、傅璇琮等主編:《全宋筆記》第三編(八),大象出版社 2008 年版,第 129—131 頁]

④ 據《宋史·列傳·外國三·高麗》記載:"往時高麗人往反皆自登州,(熙寧)七年,遣其臣金良鑑來言,欲遠契丹,乞改塗由明州詣闕,從之。"[(元) 脫脫等撰:《宋史》卷四八七,中華書局 1977 年版,第 14046 頁]

們若推斷北宋出使高麗的徐氏船隊中以明州或浙籍舟人為主,當無大謬。進而言之,"祠沙"("祀沙")當係北宋浙江沿海一帶漁民相承沿襲的祭海風俗。

值得注意的是,明末清初屈大均(1630—1696 年)撰《廣東新語》卷六《神語·海神》介紹當時粵地舟人中仍舊盛行"辭沙"習俗:"凡渡海卒遇怪風,哀號天妃……而天妃降矣。其舟遂定得濟。……凡濟者必禱,謂之辭沙。以祠在沙上故云。"① 這裏雖未詳談"辭沙"儀式的流程及細節,但就旨趣而言,當與北宋"祠沙"("祀沙")係為一脈相承。其實,舟山、深圳等沿海城市至今保留"辭沙"祭海的民俗活動,不過內涵已發生重大變化。

## 二、"放綵船":明代越南及廣東等地民眾的禳災傳統

前引《宣和奉使高麗圖經》談到"祠沙"儀式將木質小船"投諸海"時,僅籠統地說"蓋禳厭之術一端耳"。元代汪大淵(1311—? 年)撰《島夷誌略》"靈山"條則進一步解釋此舉乃係"以攘本舶之災",如云:"舶至其所,則舶人齋沐三日。其什事,崇佛諷經,燃水燈,放彩船,以禳本舶之災,始度其下。"② 據學界考證,靈山位於越南中部最東端的華列拉岬(Cape Varella),即今越南富慶省檳榔灣達約港。③ 由此可知,至遲元代時,放彩船以禳災的做法在地處南中國海的越南靈山等地業已盛行。那麼,此時中國是否亦同樣有此民俗呢? 元代顧瑛(1310—1369 年)輯《草堂雅集》(卷十六)收錄釋良琦撰《歸西山道中有懷自誠水西二友二首》詩云:"柳暗江深積雨晴,知君獨放綵船行。歸心自為青山動,客思都從芳草生。"④ 文中"知君獨放綵船行"之句語焉不詳,尚無法研判其含義是否為禳災,故存而不論。

有關靈山"放綵船"的記載,亦見於明人所著《星槎勝覽》和《東西洋考》等史籍中。明代張燮(1574—1640 年)於萬曆四十五年(1617 年)撰《東西洋考》卷九《舟師考·西洋針路》"靈山"條引明人費信撰《星槎勝覽》曰:"與占城山連接,峻嶺而方,有泉下繞如帶。山頂一石塊似佛頭,故名靈山。

---

① (清)屈大均撰:《廣東新語》卷六,中華書局 1985 年版,第 205 頁。

② (元)汪大淵著,蘇繼廎校釋:《島夷誌略校釋》"靈山"條,中華書局 1981 年版,第 223 頁。

③ 有關"靈山"的準確地理位置,中外學者多有討論,今採蘇繼廎、謝方等人說法。[詳見(元)汪大淵著,蘇繼廎校釋:《島夷誌略校釋》,中華書局 1981 年版,第 224—226 頁;(明)張燮撰,謝方點校:《東西洋考·附錄:地名今釋》,中華書局 1981 年版,第 301 頁]

④ (元)顧瑛輯,楊鐮、祁學明、張頤青整理:《草堂雅集》卷十六,中華書局 2008 年版,第 1144 頁。

往來販舶於此樵汲,崇佛誦經,燃放水燈彩船,以禳人船之災。"①同卷《舟師
考·祭祀》又云:"靈山石佛,頭舟過者,必放綵船和歌,以祈神貺。"②

　　值得注意的是,張燮撰《東西洋考》卷九《舟師考·西洋針路》"烏豬
山"條云:"上有都公廟,舶過海中,具儀遙拜,請其神祀之。回用彩船送
神。"③ 文中所言"烏豬山,又名烏豬門,今我國廣東省廣海灣外上川島東
南之烏豬洲。"④ 隨後,《東西洋考》卷九《舟師考·祭祀》對這位"都公"神
給予介紹:"都公者,相傳為華人,從鄭中貴抵海外歸,卒於南亭門。後為
水神,廟食其地。舟過南亭必遙請其神,祀之舟中。至舶歸,遙送之去。"⑤
這兩段引文敘述了明朝烏豬山(今廣東臺山市川山群島上川島東面的烏
豬洲)祀"都公"風俗:凡途經此地的船舶均會遙拜島上的都公廟、迎請水
神"都公"上船供祀,完畢後用彩船送神離去。這裏言及彩船送神,與前引
靈山放彩船以禳災之做法有所不同,當兼有驅邪避災和隆重禮遇等含義。
明代馬歡(生卒年不詳)撰《瀛涯勝覽》"爪哇國"條談到當地人結婚時親
朋鄰里以"裝插彩船"作為賀喜之禮,其用意當與此類似,如謂:"其婚姻之
禮……親朋鄰里以檳榔、荖葉、線紉草花之類,裝插彩船而伴送之,以為賀喜
之禮。"⑥

　　此外,明鈔本海道針經《順風相送》⑦亦多次談到"放彩船",譬如"各處
州府山形水勢深淺泥沙地礁石之圖"條談道:"烏豬山:……請都公上船往
回放彩船送者"⑧,"靈山大佛:……山有香爐礁,往回放彩船。"⑨又"歌"條曰:

---

① (明)張燮撰,謝方點校:《東西洋考》卷九,中華書局1981年版,第174頁。此外,明代陸
　　楫編《古今說海·說選部》引《星槎勝覽》卷一"靈山"條云:"其處與占城山地連接,其山
　　峻嶺而方,有泉下繞如帶,山頂有一石塊似佛頭,故名靈山。民居星散,結網為業,田肥,耕
　　種一歲二收。氣候之節,男女之禮,與占城國大同小異。地產黑文相對藤杖,每條易斗錫
　　一塊,若粗大而紋疏者,一錫易杖三條。次有檳榔荖葉,餘無異物。往來販舶必於此樵汲,
　　舶人齋沐三日,崇佛誦驗,燃放水燈綵船,以禳人船之災。"[(明)陸楫等輯:《古今說海》"說
　　選癸集",巴蜀書社1988年版,第202—203頁]
② (明)張燮撰,謝方點校:《東西洋考》卷九,中華書局1981年版,第186頁。
③ (明)張燮撰,謝方點校:《東西洋考》卷九,中華書局1981年版,第172頁。
④ (明)張燮撰,謝方點校:《東西洋考·附錄:地名今釋》,中華書局1981年版,第282頁。
⑤ (明)張燮撰,謝方點校:《東西洋考》卷九,中華書局1981年版,第186頁。
⑥ (明)馬歡原著,萬明校注:《明鈔本〈瀛涯勝覽〉校注》,海洋出版社2005年版,第24—
　　25頁。
⑦ 《順風相送》明鈔本現藏於英國牛津大學鮑德里氏圖書館(Bodleian Library)。據考證,此
　　書撰成於14世紀中葉至15世紀初。
⑧ 向達校注:《兩種海道針經》,中華書局2000年版,第33頁。
⑨ 向達校注:《兩種海道針經》,中華書局2000年版,第34頁。

"靈山大佛常掛雲,打鑼打鼓放彩船。"① 總之,上述文獻均證實明代靈山及烏豬山等地民眾乃盛行送彩船的風俗。

## 三、明清之季"王醮"儀式的理論來源

王醮實為"瘟醮",世人避忌"瘟"字不雅而隱稱作"王醮"或"王船醮""王爺醮""迎王祭"等。明清時期閩臺地區十分盛行這種宗教民俗活動,其含義就是將代表瘟疫和災厄的瘟神(王爺)迎請來祭祀禮遇一番後,再將其連同交通工具"王船"一起送離出境——通常在特定地點(多擇湖邊、海灘等水流處)予以焚燒或泛水,藉此象徵送走瘟疫災厄,求得一方平安,故世人又稱之為"送王船"。有關閩臺地區王醮儀式之理論來源,我們已撰文討論過。② 這裏再對"祠沙"和"放彩船"兩種習俗對其形成之影響略作補充說明。

明清以降,閩臺地區盛行的王醮儀式當與古老的龍舟競渡及"厲祭"傳統有著直接關聯,兩宋時期江淮及兩湖流域民眾中流行的"祀瘟神"與"送瘟船"習俗則可視為其雛形。此外,北宋明州籍(或浙江沿海一帶)船員中沿襲的"祠沙"祭海習俗,明代廣東烏豬洲及越南靈山等地"放彩船"傳統,皆對明末"王醮"的形成起到些許影響。其實,上述宗教民俗活動均基於禳災祛瘟的核心理念,其外在表現形式都是借助舟船來完成。換言之,這些儀式均同時兼備如下幾種基本要素:水(江河或湖海)、船(木船或紙船)、瘟疫或災厄。

耐人尋味的是,迄今臺灣屏東縣東港鎮民眾在三年一科的王醮祭典活動中仍保留一項傳統:焚送王船的前一天會舉行"遷船"繞境儀式,其旨在收瘟與祈安。境內民眾以家庭為單位,按照丁口人數提前預備好紙人替身(並書寫姓名、籍貫及生辰等)。待王船經過時,家長執紙人在每位家人身上比劃(次數以年齡為據),之後將紙人送到東隆宮前,翌日隨同王船一起焚燒,藉此送走瘟疫和災厄。這一做法乃與北宋時人"祠沙"如出一轍,也與明代"放綵船"有著異曲同工之妙。由此可見,王醮儀式當係融合不同異質文化的產物。事實上,閩臺沿海一帶既是中原文化南移的重心,也是率先接受海外文化影響的區域。故而說,"送王船"(王醮)儀式在此地應運而生並長期得以盛行,亦在情理之中。

---

① 向達校注:《兩種海道針經》,中華書局 2000 年版,第 47 頁。

② 詳見本書第一章、第六章。

　　另據田野調查報告顯示,20 世紀 90 年代以前浙江省西南山區仍流傳兩種"送船"習俗:一種是佪體民眾患病時會延聘師公"送彩船"驅鬼,另一種則在一些固定節日舉行群體性"送瘟船"活動。誠如報告描述的那樣:"送船是師公驅鬼的巫術,用紙叠折成約一市尺長、手掌寬的紙條,再將竹片插紙條兩頭上翹如船形,取病者床上贓物如頭髮,墊床的稻草之類,放一點在紙船上,師公作法念咒語,用唱的形式……是請鬼上船後,師公將紙船送到村外燒化,鬼已趕走,其實是禮送出境。民間節日性的'送瘟船',也可能是巫送紙船治病的發展"。①上述文字描述的儀式流程及宗旨,乃與古老的"祠沙""放綵船"傳統有異曲同工之妙。

　　綜上所述,"祠沙"和"放綵船"是北宋及明清時期一度盛傳的兩種禳災祭海活動,素為南方沿海民眾所信奉和傳承。這兩種儀式都是通過將特製小船漂流入海的方式來表達核心理念:祭祀海神、祈求佑護及禳災却害,從而實現人船平安的美好願望。就核心理念而言,明清以降閩臺地區流行的王醮("請相出海")儀式與此有著異曲同工之妙。有鑑於此,我們認為北宋明州籍(或浙江沿海一帶)船員中沿襲的"祠沙"祭海習俗,明代廣東烏猪洲及越南靈山等地"放彩船"傳統,均對明末"王醮"的形成起到推動作用。

---

①　吳真:《大山裏的鬼神世界——浙西南山區信仰民俗調查》,上海民間文藝家協會編:《中國民間文化——民俗文化研究》(第二集),學林出版社 1991 年版,第 67 頁。

# 第六章　明代《武陵競渡略》檢視閩臺"送王船"習俗的歷史傳統

　　"送王船"是明清以來閩臺地區流行的一項群體性宗教活動,迄今仍為當地民眾視為最重要的民俗慶典之一。所謂"送王船",顧名思義就是將代表瘟疫的"王船"(紙船、竹船或木船)在特定地點(多擇湖邊、海灘等水流處)予以焚燒或泛水,藉此象徵送走瘟疫災厄,求得一方平安。據文獻記載,宋代以降"送瘟船"活動已始見於江淮及兩湖地區,明清時期尤盛於福建沿海一帶和臺灣西南沿海地區。①20 世紀 50 年代開始,中國內地"送王船"傳統一度中斷數十年,直到 80 年代後在福州、泉州、漳州、廈門等地才又重新恢復。2006 年初,福建省政府批准將閩南"燒王船"習俗列為首批省級非物質文化遺產名錄。

　　其實,"送瘟船"習俗的原型可追溯到具有悠久歷史的"龍舟競渡"傳統。這項古老的民俗活動,最初盛行於吳、越、楚,爾後逐步擴大影響而輻射周邊地域。② 江紹原在 20 世紀 30 年代時就已撰文指出:龍舟競渡的本意乃是禳災、送瘟,並判定"(競渡)本是古時人群用法術處理的一種公共衛生事業——每年在五月中把疵癘夭札燒死,並且用船送走"③。就此而言,古代兩湖流域民眾擇端午前後舉行龍舟競渡的做法,與今閩臺地區流行的"送王船"習俗,均承擔著相同的"送瘟"任務,二者可謂有異曲同工之妙。

　　明末名臣楊嗣昌④ (1588—1641 年) 撰《武陵競渡略》翔實記載了端午競渡的發源地——沅湘一帶民眾端午划船禳災的盛況。⑤ 尤為珍貴的是,

① 相關情況,詳見本書第一章、第七章。

② 明清時期,龍舟競渡風俗逐漸傳播到了四川、貴州、雲南、河北、山西、福建、江西、香港、臺灣等地。甚至海外一些國家,如朝鮮、日本、越南及東南亞等國也有此風俗。

③ 江紹原:《端午競渡本意考》,載苑利主編:《二十世紀中國民俗學經典·社會民俗卷》,社會科學文獻出版社 2002 年版,第 17 頁;又載王子今編:《趣味考據》(壹),雲南人民出版社 2003 年版,第 255 頁。

④ 楊嗣昌,字文弱,明末湖廣武陵(今湖南常德地區)人,萬曆年間進士,崇禎時曾任東閣大學士、兵部尚書等職。《武陵競渡略》署名"清陵亭長撰"。

⑤ 自古以來,荊楚、沅湘一帶民眾就有"信鬼而好祀"之傳統,《漢書·地理志下》:"(楚地)信巫鬼,重淫祀。"[(東漢)班固撰,(唐)顏師古注:《漢書》卷二八下,中華書局 1962 年版,

該書完整保存泛舟競渡、禳災“送瘟”時表演的厭勝法術。而這些做法,在今天閩臺地區“送王船”習俗中仍能尋覓到些許影子。

## 一、基本流程和儀式擇期

清康熙年間編纂的大型類書《古今圖書集成》引《武陵競渡略·競渡考》[①] 云:

> 競渡事本招屈,實始沅、湘之間。今洞庭以北武陵為沅,以南長沙為湘也。故划船之盛甲海內,蓋猶有周楚之遺焉。宜諸路倣倣之者不能及也。舊制四月八日揭篷打船,五月一日新船下水,五月十日、十五日划船賭賽,十八日“送標”,迄便拖船上岸。今則興廢、早晚,不可一律:有五月十七八打船,廿七八“送標”者;或官府先禁後弛,民情先鼓後罷也。俗語好事失時者云:“打得船來,過了端午。”至今不足為誚矣。[②]

這段文字介紹了明代湘西武陵縣(今湖南常德市) 龍舟競渡的幾個基本環節 / 序次:(1)“揭篷打船”;(2)“新船下水”;(3)“划船賭賽”;(4)“送標”。

其實,今閩臺地區所見“送王船”儀式的基本流程與上述程序大抵契合和對應,分別是:(1)“豎旗桿、造王船”;(2)“王船出倉”;(3)“繞境出巡”;(4)“送王”。所謂“豎旗桿、造王船”就是遵循神明指示,擇吉日在廟前豎立旗桿(或燈篙)、恭迎王爺駕臨,藉此揭開全部儀式活動的序幕。之後,廟方(承辦單位) 按照一定規格、尺寸選擇龍骨(即王船的中軸),禮聘合適的工匠師傅,擇時開工打造王船。造船開始前,主辦方通常會請道士舉行簡單的

---

第 1666 頁] 南宋朱熹撰《楚辭集注·九歌序》亦云:“昔楚南郢之邑,沅、湘之間,其俗信鬼而好祀,其祀必使巫覡作樂,歌舞以娛神。”[(宋) 朱熹集注:《楚辭集注》卷二,上海古籍出版社 1979 年版,第 29 頁]

① 《武陵競渡略》分別收錄於《古今圖書集成》第 3 冊《曆象彙編·歲功典》第五一卷《端午部》和第 16 冊《方輿彙編·職方典》第一二五九卷《常德府部彙考五·常德風俗考》。這兩個文本內容幾乎相同,僅個別語句上略見歧異。今人梁頌成據此二本加以標點、校釋後,收錄《楊嗣昌集》。[(明) 楊嗣昌撰,梁頌成輯校:《楊嗣昌集·附錄二》,岳麓書社 2005 年版,第 1468—1479 頁] 本書所引《武陵競渡略》以《古今圖書集成》第 3 冊《曆象彙編·歲功典》第五一卷《端午部》為底本。

② (清)陳夢雷編纂、蔣廷錫校訂:《古今圖書集成》第 3 冊《曆象彙編·歲功典》第五一卷《端午部》,中華書局、巴蜀書社 1985 年版,第 2235 頁。

祭祀儀式,其目的就是潔淨和驅邪,期間嚴禁婦女和閒雜人等進入造船廠。"王船出倉"則是待王船打造完畢,經擲筊請示神旨後擇日"出倉",通常也會延請道士簡短地施演科儀法事。所謂"繞境出巡"就是"王醮"科儀舉行期間,輪值瘟王爺(多由轅門官騎馬、懷抱王令來代表)在轄區內每日例行巡視,藉此消除地方上的邪魅和瘟疫,祈禱消弭災疫,合境平安。而作為重頭戲的"送王"(又稱"送王船")儀式則通常於"王醮"科儀結束後的翌日凌晨或上午時分舉行,其涵義就是禮送瘟王出境,同時寄託了境內疫病不起的美好願望。"送王船"共計有二種形式:"遊天河"——送至水邊、焚燒王船;"遊地河"——推船入海、漂流而去。今閩臺地區多以"遊天河"為主。當然,今閩臺地區流行的"送王船"習俗,其節次較之《武陵競渡略》所述更為繁複,當是在後世流傳過程中不斷增衍所致。若就基本程序而言,晚明武陵地區端午競渡之傳統與今閩臺"送王船"習俗,二者極具相似性則是毋庸置疑的。

此外,《武陵競渡略》談到明代武陵競渡多擇五月時舉行①,清代文獻中所述閩地"送王船"亦在五月前後。②譬如,清乾隆二十八年(1763年)修纂的《泉州府志》卷二十《風俗·歲時》記載:

> 是月(五月)無定日,里社禳災,先日延道設醮,至期以紙為大舟及五方瘟神,凡百器用皆備,陳鼓樂、儀仗、百戲,送水次焚之。近竟有以木舟具真器用以浮于海者。③

據引文可知,清代泉州府民眾乃於農曆五月期間舉行禳災送瘟儀式,確切日期則不固定。另據道光年間郭柏蒼、劉永松纂輯《烏石山志》記載,清代福州民眾舉行"出海"儀式(即"送王船")亦在五六月份間。該書卷四《祠廟》"五通行祠"條云:

---

① 唐宋時期的龍舟競渡並非僅限於每年五月舉行,文獻中所見競渡之戲或在五月、或在二月,宋代則每年例行兩次。(詳見吳在慶、亢巧霞:《唐宋時"龍舟競渡"並非僅在五月》,《文史知識》2006年第6期,第94—96頁)

② 與明代武陵每年例行端午競渡有所不同,閩臺地區"送王船"通常為三年或四年一科,此或限於經濟狀況之考量。當然也偶見有每年例行者,如清光緒年間佚名《安平縣雜記》(又名《節令》)"風俗現況"條記載了清末臺灣安平縣(今臺南市安平區)就"一年一次,取其逐疫之義也。"(佚名:《安平縣雜記》,臺灣銀行經濟研究室編:《臺灣文獻叢刊》第52種,臺灣銀行1959年版,第15頁)

③ (清)懷蔭布修,黃任、郭賡武纂:《乾隆泉州府志》卷二十,《中國地方志集成·福建府縣志輯(22)》,上海書店出版社2000年版,第492頁。

　　閩中鄉社多奉五帝。五六月間,晝夜喧呼,奉神出遊,有所謂請相出海。官以其事近於儺,故或禁,或不禁。愚人不畏父母,而畏五帝,每有不白之事,則於五帝前破碗詛咒,將五帝首領斫下,謂之稑頭,以示不直必遭神譴之意。①

　　清代道光、咸豐時人施鴻保(?—1871年)②撰《閩雜記》卷七"出海"條也介紹說:福州民眾每年擇五六月時"紮竹為船""驅遣瘟疫也",遂相沿成俗。如謂:

　　　　出海,驅遣瘟疫也。福州俗,每年五六月中,各社釀錢紮竹為船,糊以五色綾紙,內設神座及儀從供具等,皆綾紙為之,工巧相尚,有費數十緡者,雇人舁之,鳴螺摑鼓,肩各廟神像前導至海邊焚化。③

　　當然,除了每年的例行月份外,閩地百姓也會因瘟疫突發而臨時舉行"送王船"儀式。如明末清初著名"海外散人"撰《榕城紀聞》④敘述了明崇禎十五年(1642年)二月爆發瘟疫,福州民眾紛紛禳祭五帝的場景:

　　　　二月疫起,鄉例祈禳土神,有名為五帝者,於是各社居民鳩集金錢,設醮大儺。……繼作紙舟,極其精緻,器用雜物無所不備,興工出水,皆擇吉辰,如造舟焉。出水名曰"出海",以五帝逐疫出海而去也。⑤

　　那麼,世人為何多選擇在五月間送瘟呢?清乾隆年間修纂的《福州府志》對此解釋說:五月五日乃係瘟神生日,故民眾擇此月進行隆重地祭祀和禳災活動,前後歷時月餘。該書卷二四《風俗》云:

　　　　閩俗病瘟獨信巫,謂謁醫必死。……按神俗稱大帝,像設凡五,其

---

①　(清)郭柏蒼、劉永松纂輯,(清)黃宗彝、郭柏芛參訂,福州市地方志編纂委員會整理:《烏石山志》卷四,海風出版社2001年版,第139頁。

②　施鴻保,字可齋,浙江錢塘人,道光四年(1824年)中秀才,後屢試舉業而不第,遂往江西、福建等地充任幕僚,於同治辛未(1871年)三月卒于福州,故對閩地風俗(以福州為主)較為熟悉。

③　(清)施鴻保撰,來新夏校點:《閩雜記》卷七,福建人民出版社1985年版,第113頁。

④　據《閩侯縣志》記載,"海外散人"或為明末生員陳發曾。

⑤　(清)海外散人撰:《榕城紀聞》,載陳支平主編:《臺灣文獻匯刊》第二輯·第十四冊,九州出版社、廈門大學出版社2004年版,第132—133頁。

貌猙獰可畏。殿宇煥儼,過其前者,屏息不敢諦視。又傳五月五日,為
神生日。前後月餘,酬願演劇,各廟無虛日。即無疾之人,亦皆奔走呼
籲,惟恐怨恫獲罪譴。或疫氣流染,則社民爭出金錢,延巫祈禱,謂之
"禳災"。①

　　其實,這種說法反映出瘟疫的滋生乃與自然界時令(節氣)的變化有直
接關聯,農曆五月正值春、夏之交,此時氣候變化異常——晴雨多變、冷暖不
定,是最易傳播惡性、傳染性疾病的季節。②故《禮記・月令》中就有"(是月)
陰陽爭,死生分"的說法。古人將端午那天視為瘟神生日,藉此折射出仲夏
時節瘟疫爆發頻繁且蔓延迅猛的古老歷史記憶。換言之,這是民眾不斷地
將這一現象(規律)擬鬼或神化的結果。由此可見,五月送瘟船的習俗當源
於先民對瘟疫威脅的恐懼和禁忌。

　　不過,今閩南地區"送王船"儀式則多擇秋冬時進行(此當是近年來基
於諸多因素而做出的調整),例如泉州富美宮"送王船"一般在秋季;又如廈
門地區(當地"送王船"活動首推同安區西柯鎮呂厝村、海滄區鍾山村和湖
里區鐘宅村三個村落的規模較大且較著名)的"送王船"儀式亦通常三、四
年例行一科,時間多擇公曆十一月或十二月間;漳州保泉宮也於2008年12
月11—20日舉行"王醮"科儀及"送王船"儀式。而臺灣南部沿海地區"送
王船"習俗則在數百年間傳承有序,未遭禁黜,且隨著經濟條件的不斷改
善,"送王船"的規模和檔次也日益提高。島內以王醮儀式而聞名的數個宮
觀幾乎都有既定時間段,例如臺南地區曾文溪流域(古稱"臺江內海")沿線
各廟"送王船"時間依次為:蘇厝真護宮和長興宮農曆三月、西港慶安宮農
曆四月、屏東縣東港溪流域的東港東隆宮則為農曆九月,小琉球三隆宮"迎
王祭典"早年與東隆宮合併進行,從1985年始改為延後單獨舉行——獨立
製造王船、王船繞境、燒王船。澎湖流域的馬公北甲北辰宮農曆四、五月。
上述宮廟中通常以三年為期(值逢子、卯、午、酉年或丑、辰、未、戌年)例行
舉辦"送王船"活動,其月份雖大抵有規律可循,但確切日期則並非固定(通
常由擲筊來確定具體時間)。

　①　(清)徐景熹修,魯曾煜、施廷樞等纂:《乾隆福州府志》卷二四,《中國地方志集成・福建
　　　府縣志輯(1)》,上海書店出版社2000年版,第505頁。
　②　詳見黃石:《端午禮俗史》,泰興書局1963年版,鼎文書局1979年版;聞一多:《端午考》,
　　　載氏著《聞一多全集》(五),湖北人民出版社1993年版,第31—46頁;王利華:《環境威脅
　　　與民俗應對——對端午風俗的重新考察》,載王利華主編:《中國歷史上的環境與社會》,三
　　　聯書店2007年版,第442—484頁。

## 二、"送標"與"送王"

明人楊嗣昌在《武陵競渡略》中說道："今俗說禳災於划船,將畢,具牲酒、黃紙錢,直趨下流,焚酹、詛呪,疵癘夭札盡隨流去,謂之'送標'。然後不旗不鼓,密划船歸,拖置高岸搘閣,苫蓋以待明年,即今年事訖矣。"①這段文字描述了競渡結束後"送標"時的場景:划船完畢後,若干人等攜帶犧牲、美酒、紙錢等供品,擇江河下游處,焚香、酹酒、禱告一番,大意是詛呪一切瘟疫邪魅盡隨江水漂流而去。完畢後,眾人"不旗不鼓",靜悄悄地划船而歸,最後將船拖置岸邊高處,蓋上苫蓋。至此,競渡活動全部結束,"今年事訖","以待明年"。

對於端午競渡之"送標"節次,江紹原敏銳地分析說:"那時原有五月(但不是五日)划船之俗,競渡只是其中的一個節目。而'送標'是其歸結點。而且我們以為在此風俗中,'送標'是原來的部分,而競渡是後加的——說不定還是由送標直姿變出的。無論如何,'送標'必定正是我們要找的前身。"②又云:"'送標'是把'疵癘夭札'等不祥用船運到下流,然後偃旗息鼓的回來。……這所謂送標在那時雖只是競渡之後的一件小事,然最初只怕倒是划船風俗全部的目的所在;換言之,送標是近代式的競渡的前身。從送標的程式和划船風俗的其他節目上著眼,我們判定所謂競渡起於送災;送災是用船運走不祥:一種用法術方法去處理的公共衛生事業"。③概括而言,"送標"其實就是送走瘟疫,此係全部競渡活動的核心和宗旨所在。據此看來,端午競渡之"送標"與今閩臺地區"送王船"習俗中"送王"環節頗為相似。閩臺地區"送王船"習俗中的最後環節——"送王",無一例外都是作為壓軸戲而隆重登場的。每當此時,各地民眾蜂擁而至,由信徒及廟方敬獻的紙錢(金紙)堆積如山,豬、雞、米、油、鹽等供品一應俱全,會首等人在道士引導下進行隆重地祭奠。之後,將王船連同供品一併焚燒或泛海。

---

① (清)陳夢雷編纂、蔣廷錫校訂:《古今圖書集成》第 3 冊《曆象彙編·歲功典》第五一卷《端午部》,中華書局、巴蜀書社 1985 年版,第 2236 頁。

② 江紹原:《端午競渡本意考》,載苑利主編:《二十世紀中國民俗學經典·社會民俗卷》,社會科學文獻出版社 2002 年版,第 12 頁;又載王子今編:《趣味考據》(壹),雲南人民出版社 2003 年版,第 251 頁。

③ 江紹原:《端午競渡本意考》,載苑利主編:《二十世紀中國民俗學經典·社會民俗卷》,社會科學文獻出版社 2002 年版,第 18 頁;又載王子今編:《趣味考據》(壹),雲南人民出版社 2003 年版,第 256 頁。

　　前引《武陵競渡略》談及競渡結束後"送標"時"不旗不鼓,密划船歸","以待明年",此番情景頗類似於福建省泉州、福州等地和臺灣島內高屏地區及澎湖一帶民眾"送王船"時的做法。如前引明代謝肇淛撰《五雜俎》卷六《人部》所言:"瘟疫之疾一起,即請邪神……又令巫作法事,以紙糊船,送之水際。此船每以夜出,居人皆閉戶避之。"[1] 又清光緒末年泉州名士吳增(1868—1945 年)撰《泉俗激刺篇·貢王》談到當地鄉民"送王船"時均心驚膽顫,唯恐被徵召上船、服侍王爺:"有病藥不嘗,用錢去貢王,生雞鴨,生豬羊,請神姐,請跳童,目蓮傀儡演七場,資財破了病人亡。此時跳童又跳起,說是王爺怒未已,托神姐再求情,派刀梯,派火城,五牲十六盤,紙船送王行。送王流水去,鑼鼓聲動天,嚇得鄉人驚半死,恐被王爺帶上船。"[2] 由此可見,清末泉州民眾"送王船"時一路敲鑼打鼓,藉此告知附近民眾及時迴避,以免招災惹禍。而福州地區民眾"送王船"時更是擇夜深人靜時,僅由少數人悄悄地將紙糊王船送到河邊水際。

　　據筆者田野調查所見,屏東縣東港東隆宮(主祀溫王爺)每三年(值逢丑、辰、未、戌年)一科例行"王醮"科儀(八天七夜)完畢後,乃擇凌晨卯時焚送"王船"。"送王船"的隊伍由特定人員組成——僅限七角頭、少部分陣頭和廟方人員,當地民眾不參與其間,大都留待家中、緊閉門窗。這些人將龍舟抬送至指定地點(必須與"請王"地相同)即偃旗息鼓、鴉雀無聲。王船配裝完畢(包括"立桅帆")後,將五位王爺和中軍府請上王船"安座"。隨後點火,眾人自行離開,且嚴禁出聲和回頭張望。澎湖地區"送王船"時,全體人員於海灘上背對"王船"而跪恭送王爺回天府,期間始終籠罩著一種莊嚴、肅穆而又有些神秘的氣氛。

## 三、"兵罐"釋義

又據《武陵競渡略》云:

　　桃符、兵罐二物,船人臨賽擲之以祈勝,非也。桃符能殺百鬼,乃禳災之具。兵罐中所貯者米及雜豆之屬。按《續齊諧記》:楚人哀屈原,每至五日,竹筒貯米,投水祭之。漢建武中,長沙區曲白日忽見一

---

① (明)謝肇淛:《五雜組》卷六,中華書局 1959 年版,第 178—179 頁。

② (清)吳增撰:《泉俗激刺篇》,載泉州市民政局、泉州志編纂委員會辦公室編:《泉州舊風俗資料匯編》,泉州志編纂委員會辦公室 1985 年版,第 123 頁。

人，自稱"三閭大夫"，教曲以楝葉塞筒、五綵絲縛，免為蛟龍所竊。自
是世有楝葉粽，并帶五色絲。此兵罐盛米乃竹筒之訛，未有角黍以前
之遺制也。①

　　文中所言"桃符"用以驅鬼辟邪，無疑屬於厭勝之物類，此當在競渡前
繫掛於龍舟之上或由水手（"橈手"）隨身佩戴。今人李玉昆介紹福建泉州
富美宮（傳為閩臺地區王爺總廟）"送王船"的情景時說："王船從富美渡頭
下水，先由佩帶符籙的水手啟航，順晉江下游駛出海口，然後在海灘停泊。
水手將佩帶的符籙焚燒，並禱告，然後張帆起錨，水手上岸，王船便隨風逐浪
而去。"② 值得注意的是，這裏談到王船水手在啟航初期（從富美渡頭到出海
口這段路程中）隨身佩帶符籙，而到達正式的王船起錨地——晉江岸邊之
後，在揚帆"送王船"前則將佩帶的符籙施予焚燒。這與《武陵競渡略》所
言船人臨賽前拋擲桃符，無論在程序上抑或功能上都是一樣的。至於船人
在競渡划船時的佩飾，《武陵競渡略》也給予交待："是日划船，（船人）悉頂
巫師符篆，及製黃、赤小旗，取鷺鷥毛插鬢間，厭勝物也。"③ 文中談道：划船
之日，全體船人均佩帶巫師親手所繪之符籙，每人髮鬢間悉插鷺鷥（一種鷺
科水鳥）羽毛，並製黃色和赤色小旗各一面，這些物品均係用以厭勝禳災的。
　　此外，前述引文還談到內儲"米及雜豆之屬"的"兵罐"，據楊嗣昌認為
"乃竹筒之訛，未有角黍以前之遺制也。"筆者認為此說恐誤。天花和麻疹
是古時常見的惡性傳染性疾病，故而人們眼中的瘟疫多以二者為代表，沅湘
一帶亦不外乎此。據此，我們大膽推斷：《武陵競渡略》言及的"米"代表天
花，"雜豆"則代表麻疹，之所以將此二物存儲於"兵罐"（竹筒）④ 中乃隱喻將
天花、麻疹等瘟疫施予封存，此時"兵罐"儼然具有禁錮妖癘之含義。而"船
人臨賽擲之"是指泛舟前將代表瘟疫的米豆類物品皆拋灑於流水中，藉此
代表將瘟疫驅逐出境。其實，時至今日沅湘地區民眾仍保留以豆子象徵天
花、苧麻（或芝麻）象徵麻疹的"送瘟"遺俗。今人李懷蓀曾親赴地處沅水
中游的漵浦縣等地從事田野調查，真實記錄了當地人"遊船送瘟"時的場景：
"送瘟的紙船或草船，要挨家挨戶遊走，每戶人家都要事先準備好一杯豆子

---

① （清）陳夢雷編纂、蔣廷錫校訂：《古今圖書集成》第 3 冊《曆象彙編·歲功典》第五一卷《端
　　午部》，中華書局、巴蜀書社 1985 年版，第 2236 頁。

② 李玉昆：《略論閩臺的王爺信仰》，《世界宗教研究》1999 年第 4 期，第 125 頁。

③ （清）陳夢雷編纂、蔣廷錫校訂：《古今圖書集成》第 3 冊《曆象彙編·歲功典》第五一卷《端
　　午部》，中華書局、巴蜀書社 1985 年版，第 2237 頁。

④ 所謂"兵罐"就是將米飯放於竹筒內，以利於兵士行軍時攜帶方便。

和一縷苧麻(或一杯芝麻),豆子象徵痘(即天花),苧麻或芝麻象徵麻疹。人們將豆子和苧麻(或芝麻)投放到送瘟之船中。最後,巫師去到河邊,將滿載'瘟疫'的紙船(或草船)焚燒,並任其在河水中漂走。人們以這種方式,表達他們的訴求與願望。可怕的瘟疫,就這樣被遠遠地送走。"①

　　明人楊嗣昌在《武陵競渡略》中認為兵罐盛米豆乃是仿效角黍(粽子)尚未發明以前的舊時做法。江紹原則進一步深化說:"至於竹筒與兵罐,想又係驅邪者給予諸不祥的一種賄賂,它們在'五湖四海''漂蕩'著之時,說不定會復蘇,而且因為饑餓難挨,重來人間為祟;送之者為它們備下米糧,正是表示不要它們回來。"② 此番詮釋,雖亦能自圓其說,然仔細推敲下,難免有牽強之嫌。

　　第一,至於驅邪者給予"諸不祥"的賄賂,前引《武陵競渡略》已有明白交待:"於划船將畢,具牲酒、黃紙錢,直趨下流,焚酹、詛咒,疵癘夭札盡隨流去"。這是說,划船結束後,乃擇河流下游處陳設犧酒、紙錢等物,焚香、酹酒施予奠祭和供奉,而不必臨賽前拋擲以兵罐盛米豆之屬。另就田野調查所見的閩臺地區"送瘟船"遺俗而言,信眾敬奉的米面油鹽等日常生活用品均盛放在船艙內(此謂之"添載"),在"送王"("送標")時隨同王船一並焚化或泛之,而絕不可能泛舟前先行拋擲水中。故而認為"兵罐"貯米及雜豆之屬乃係粽子的早期形制,進而將"船人臨賽擲之"定性為對瘟疫的一種賄賂,據此看來恐難成立。

　　第二,《武陵競渡略》云:"桃符、兵罐二物,船人臨賽擲之"。由此可知,船人乃於臨賽前將"桃符"和"兵罐"同時擲下。毫無疑問,"桃符"是用來驅鬼鎮邪的,那麼將其與"兵罐"同時擲下所為何意?若遵循江紹原的思路,將兵罐之屬視作送給瘟疫的一種賄賂,那麼將這些饋贈祭品與驅逐鬼疫之"桃符"同擲水中則似乎有悖常理。而若將米豆之屬視為瘟疫之化身,那就很好解釋了:船人將桃符、兵罐於賽前同擲水中,乃意在借助"桃符"的鎮劾法力將一切瘟疫邪魅強制性地驅逐出境。

---

①　李懷蓀:《漵浦巫儺三題》,《藝海》2008年第4期,第22頁。無獨有偶,廣東省高州市等地農村民眾"年例大過年"時必會請道士執行除瘟儀式,以紙船遊街、收瘟逐鬼,沿途"每個醮鋪都會準備針線、芝麻綠豆、木炭、雞毛,和草蜢一隻,以為五鬼六害之象徵。"(韋錦新:《春祈年例:一個高州鄉村社區的遣瘟與集福》,載譚偉倫主編:《中國地方宗教儀式論集》,香港中文大學崇基學院宗教與中國社會研究中心2011年版,第352頁)

②　江紹原:《端午競渡本意考》,載苑利主編:《二十世紀中國民俗學經典·社會民俗卷》,社會科學文獻出版社2002年版,第14頁;又載王子今編:《趣味考據》(壹),雲南人民出版社2003年版,第252頁。

其實,將瘟疫等"諸不祥"禁錮於桶内,隨同王船焚化或抛擲海中,此種做法亦見保留於清代閩臺地區"送王船"習俗中。如疑出日據初時的佚名《安平縣雜記》(又名《節令》)"風俗現況"條描述了清末臺灣安平縣(今臺南市安平區)民眾"送王船"儀式的大致過程:

> 六月,白龍庵送船。每年由五瘟王爺擇日開堂,為萬民進香。三天後,王船出海(紙製王船)。先一日,殺生。收殺五毒諸血於木桶内,名曰"千斤擔"。當擇一好氣運之人擔出城外,與王船同時燒化。民人贈送品物米包,名曰"添儀"。是日出海,鑼皷喧天,甚鬧。一年一次,取其逐疫之義也。①

據引文描述,安平縣民眾乃將五種毒物(青蛇、蜈蚣、蠍子、壁虎、蟾蜍)的血(代表極惡毒之瘟疫)儲存於木桶内,謂之"千斤擔"。然後,挑選出一位兼有好運及力氣的人士,將桶挑出城外,將其與王船同時焚化,藉此代表送走瘟疫。無獨有偶,清代福州民眾"出海"("送王船")時也以木桶儲血以示送瘟,只不過不是五毒血,而是將祭祀犧牲的毛和血儲於木桶内,並諱稱之為"福襟"。如據《烏石山志》卷三《寺觀》"南澗報國寺"條記載:"萬曆初,邑令周喬先(宿海人)。從里人請,始復為寺,觀舊址不及半,自元以來,以寺旁之地祀疫神。"② 並於文下註釋曰:

> 福城内外凡稱澗、稱殿者,皆祀疫神。依水稱澗,在陸稱殿。……凡澗殿皆入例禁,愚民恐官拆除,多牓武聖為名,指神為關、張、劉、史、趙五姓,稱曰"五帝張爺居中"。稍有人形謂之勸善,左右四神狀皆丑惡。鄉曲無賴殿錢出貸,以備賽神,名曰"香會",本輕利重,負則群毆之,鬻妻質子不敢背。值五六月間,導神出遊,曰"請相",紙糊替身,懷於各神鬼襟帶之間,再遊為遊村,末則驅疫,曰"出海",剪彩為舟,備食息起居諸物,並神鬼所請之相請於舟中,敔噪而焚於水次,以祭祀毛血貯木襟中,數人負之而趨,謂之"福襟"。行者避之。③

---

① 佚名:《安平縣雜記》,臺灣銀行經濟研究室編:《臺灣文獻叢刊》第 52 種,臺灣銀行 1959 年版,第 15 頁。

② (清)郭柏蒼、劉永松纂輯,(清)黃宗彝、郭柏芗參訂,福州市地方志編纂委員會整理:《烏石山志》卷四,海風出版社 2001 年版,第 75—76 頁。

③ (清)郭柏蒼、劉永松纂輯,(清)黃宗彝、郭柏芗參訂,福州市地方志編纂委員會整理:《烏石山志》卷四,海風出版社 2001 年版,第 76 頁。

由此可見,所謂“福襟”實為“瘟桶”,同前引安平縣“千斤擔”一樣,其內中盛裝的“祭祀毛血”即代表瘟疫。無論“福襟”抑或“千斤擔”既然都盛裝有瘟疫,就務必要被送出城外的。前引文中談到安平地區“千斤擔”“當擇一好氣運之人擔出城外”,而這裏“福襟”則需“數人負之而趨”,想必較之“千斤擔”更沉重一些吧。

## 四、“請巫作法”與“設醮送瘟”

據《武陵競渡略》介紹說:划船前須禮聘名巫施法鎮禳,此俗可追溯至楚時宋玉招魂、弔屈原之遺意。如謂:

> 今划船用巫,實始於此。……划船用巫陽為厭勝。或走聘名巫於萬山中,謂之“山老師”,法力尤高。大約划船先夜,頭人具牲酒,倩巫作法。從船首打觔斗至尾,撒蕎燃火,名曰“亮船”。鼓聲徹旦不懈,以防敵巫偷作幻術。或捕得之,捶死無悔。①

這段文字描述了競渡前夜“聘巫亮船”的情景,“頭人”禮聘法力高強之名巫(俗稱“山老師”)施展“亮船”法術——“從船首打觔斗至尾,撒蕎燃火”。所謂“打觔斗”就是打筋斗、翻跟斗,如元代雜劇作家高文秀(生卒年不詳)撰《劉玄德獨赴襄陽會雜劇》(第三折)云:“某正在空地上學打觔斗,有父親呼喚,須索走一遭去。”②前引《武陵競渡略》中所言請巫作法、“從船首打觔斗至尾”,就是指巫師翻跟斗從船頭一直翻至船尾,此當係配合施法而進行的肢體動作和外在表演。至於“撒蕎燃火”之語雖寥寥數字,卻大有深意存焉。文中“撒蕎”就是拋撒蕎麥,此舉類似於今南臺灣地區靈寶道壇演法時常見的“撒鹽米”。“撒鹽米”又稱“鹽米破穢法”,係為道教閭山派法術,即將鹽(海鹽或食鹽)和米(大米或穀米)混合在一起,道士施法時將之拋灑於地,藉此祓除不祥、滌盪穢氣。換言之,鹽米、蕎麥等物皆為鬼魅所忌憚,故能達到驅除魍魎、防避邪祟等效果。其實,閩臺地區及客家村落中至今仍見施用的“撒鹽米”之俗乃是從古代“撒園荽”(“撒芫米”)演化而來

---

① (清)陳夢雷編纂、蔣廷錫校訂:《古今圖書集成》第3冊《曆象彙編·歲功典》第五一卷《端午部》,中華書局、巴蜀書社1985年版,第2236—2237頁。
② (元)高文秀撰:《劉玄德獨赴襄陽會雜劇》,明抄本,收藏地:中國國家圖書館古籍善本庫,索書號:/00774。

的。① 此外,中國傳統婚姻禮俗中"撒穀豆"與此類似,這一獨特的迎親婚儀
首創於西漢時人翼奉,後於兩宋時盛行於北方民間,拋撒穀豆亦旨在辟邪、
"禳三煞"(即青羊、烏雞、青牛),並兼含祝子祈福之涵義。② 而"燃火"也是
為了驅除鬼魅。古人認為鬼忌怕光亮,故白晝不敢出行,燃燒的火光雖不若
太陽光那麼明亮,卻同樣具有威懾力量。故而,古時民眾在驅除鬼魅時通常
採用焚火的方式。總之,《武陵競渡略》所言"撒蕎燃火"乃意在祛除邪魅,
同時也起到防止敵巫偷襲的作用。這段"聘巫亮船"的描寫,就其程序和功
用而言,與臺灣南部地區(臺南及高屏)"王醮"儀式之"祭船科儀"中"淨船"
節次頗有幾分相似。

　　前述儀式均係為確保競渡順利進行而施行的法術,乃基於公共利益而
舉行的群體性祭祀活動。其實,明代武陵地區在龍舟競渡期間也不乏個體
(家庭)出於私人目的而舉行的醮事活動。如《武陵競渡略》又言:"爾時,
民間設醮,預壓火災,或有疾患,皆為紙船,如其所屬龍船之色,於水次燒
之。"③ 這就是說,武陵地區端午競渡時,當地民眾出於厭勝火災或祛病療疾
之目的,由個人出資聘請巫覡設醮施法,主要道具就是紙船——其顏色同於
所屬龍船之色,大概需經過一番禱祀後,再將其送至水邊燒化,以示送走災
厄和瘟疫。顯然,與前述龍舟競渡時的群體公眾性巫術不同,這裏所言"民
間設醮"乃係個體(家庭)行為,其目的不外乎是祈求家人康健或宅邸平安。

　　明清之季,閩地民眾盛行設醮以紙船送瘟的做法。方志文獻中對此屢
有記載,如明嘉靖二十四年(1545年)陳桂芳修纂的《清流縣志》卷二《習
俗·歲時》談到清流縣(位於閩西,今屬三明市)民眾奉行上元節期間以紙

---

① 賀昌群:《撒園荽》,原載《語絲》第132期(1927年),載《賀昌群文集》第三卷(文論及
　其他),商務印書館2003年版,第37—38頁;顧農:《"撒園荽"》,《文匯報》2008年8月
　26日,第8版;李竹深:《誤"殺鹽米"幾多時》,2009年3月31日,見http://www.zzshw.
　com/2009/3/31/916E06E12B26E25A.html(漳州信息超市)。另據《事物紀原》卷十《草木
　花果部》"胡荽"載:"《博物志》曰:張騫使大夏得胡荽。《鄴中記》曰:石勒改曰香荽。"[(宋)
　高承撰、(明)李果訂,金圓、許沛藻點校:《事物紀原》卷十,中華書局1989年版,第549頁]
② 相傳,"撒穀豆"習俗乃係由西漢時人翼奉所首創並推行。據《事物紀原》卷九《吉凶典制
　部》"撒豆穀"條記載:"漢世京房之女適翼奉子。奉擇日迎之,房以其日不吉,以三煞在門
　故也。三煞者,謂青羊、烏雞、青牛之神也。凡是三者在門,新人不得入,犯之損尊長及無
　子。奉以謂不然,婦將至門,但以穀豆與草禳之,則三煞自避,新人可入也。自是以來,凡
　嫁娶者,皆置草於門閫內,下車則撒穀豆,既至,躡草於側而入,今以為故事也。"[(宋)高
　承撰、(明)李果訂,金圓、許沛藻點校:《事物紀原》卷九,中華書局1989年版,第473頁]
③ (清)陳夢雷編纂、蔣廷錫校訂:《古今圖書集成》第3冊《曆象彙編·歲功典》第五一卷《端
　午部》,中華書局、巴蜀書社1985年版,第2236頁。

船送瘟鬼的傳統:"正月上元,十三、四、五日,各家門首懸燈,各里造紙船以送瘟鬼。"① 如果說,這段引文尚屬於每年歲時節慶的慣例性行為,那麼明人謝肇淛(1567—1624年)撰《五雜俎》(又名《五雜組》)所言則為專門針對瘟疫爆發而採取的臨時性應急措施,該書卷六《人部》云:"閩俗最可恨者,瘟疫之疾一起,即請邪神……又令巫作法事,以紙糊船,送之水際。此船每以夜出,居人皆閉戶避之。"② 謝氏係福建長樂縣人,後隨父客居福州,熟知閩地風俗。他在文中尖銳批判當地崇巫淫祀的陋習,其中談到民眾在瘟疫爆發時崇祀邪神(王爺?),又聘巫士敷演法事,最後將紙糊小船送入流水中漂蕩而去(以示送走瘟疫)。顯而易見,前引《武陵競渡略》所載與本段文字有幾個共同點:(1)送瘟之用;(2)均係紙船;(3)送於水際。二書的撰作者(謝肇淛與楊嗣昌)所處時代約略同時,其反映的地域:一為閩中,一為湘西,雖相距數千里之遙,卻同樣盛行以紙船送瘟的做法,這就證實至遲明代後期"送瘟船"習俗已從湖湘傳播到閩地,至於其傳播路線和傳播途徑則耐人琢磨。值得注意的是,前引《五雜俎》文中"此船每以夜出,居人皆閉戶避之"的描述極似清末泉州(詳見前引《泉俗激刺篇・貢王》)及今天屏東、澎湖一帶民眾"送王船"時的情景。據此可知,這一禁忌習俗乃延續明代閩人"送瘟船"時"皆閉戶以避之"的遺制,可見此風由來甚為久遠。

此外,清道光十九年(1839年)修纂的《廈門志》卷十五《風俗記》記載:端午節那天,當地舉行龍舟泛海比賽,同時有民眾"以紙為人,寫一家生辰,焚之水際,名曰辟瘟。"③ 相對於公共性的龍舟競渡而言,焚紙人於水際的送瘟行為則屬於個體私人性質。這段描述頗類似於前引《武陵競渡略》所言:端午競渡期間,個人也"設醮"以紙船送瘟、於水次燒之。道光年間廈門人在端午競渡時進行的私人送瘟雖以"紙人"而非"紙船",但二者顯然係一

---

① (明)陳桂芳修纂,清流縣志編纂委員會整理:《(嘉靖)清流縣志》卷二,福建人民出版社1992年版,第42—43頁。

② (明)謝肇淛:《五雜組》卷六,中華書局1959年版,第178—179頁。

③ 廈門市地方志編纂委員會辦公室整理:《廈門志》卷十五,鷺江出版社1996年版,第510頁。民國十八年刊本《同安縣志》卷二二《禮俗・歲時》亦記載:"五月端午節……近縣城者,無大江大湖可以競渡,或於小池為多。惟廈門競渡於海。是日午時,以紙為人,寫一家生辰,送水焚之,名為辟瘟。"[(民國)吳錫璜著,廈門市同安區地方志編纂委員會辦公室整理:《同安縣志》卷二二,方志出版社2007年版,第627頁] 清道光及同治年間修纂《金門志》卷十五《風俗記・歲時》亦云:"(端午節)午祀神,以紙為人,寫一家生辰焚之,名為辟瘟。"[(清)林焜熿纂輯、林豪續修:《金門志》卷十五,臺灣銀行經濟研究室編:《臺灣文獻叢刊》第80種,臺灣銀行1960年版,第388頁]

脈相承的。① 前引道光本《廈門志・風俗記》中還有一句話："競渡於海濱,
龍船分五色,惟黑龍不出。"② 據此可知,清末廈門等地端午競渡之龍舟(船
體塗色) 共計分為五種顏色,至於哪五種顏色則未言明。不過,《武陵競渡
略》談到武陵地區的競渡龍船分為六種:花船、賽花船、紫船、白船、烏船、紅
船。其實,"花船"與"賽花船"的鱗尾旗服是相同的,大抵可視為同一色。
除上述船色外,當地原本尚有青船,至明末時就久已廢棄不用了。③ 有趣的
是,《武陵競渡略》還專門談到競渡不可用黃色龍船,這是因為"相傳,昔河
洑龍本造黃龍船,施頭角鱗爪,體似真龍,鼓行沒水,百無一人出者,故皆以
為戒。亦云橈出德山龍井中,黃船用是始廢,不誣也。"④ 此外,文中還說:武
陵民眾按其所居區域而分別隸屬於某色龍船。⑤ 個人送瘟之紙船必須與所
屬龍舟塗色相符,故《武陵競渡略》言:"爾時,民間設醮,預壓火災,或有疾
患,皆為紙船,如其所屬龍舮之色,於水次燒之。"⑥
　　值得一提的是,《武陵競渡略》還談到競渡期間划船橈手的飲食供應,

① 臺灣屏東縣民眾至今仍保留一種傳統:焚送王船的前一天舉行"遷王船"繞境儀式——王
　　船繞行東港一圈。境內民眾均以家庭為單位、按照丁口人數事先製作好紙人替身(並書
　　寫姓名、籍貫及生辰等)。待王船經過時,家長執紙人在每位家人身上比劃(次數以年齡為
　　據),之後將紙人送到東隆宮前,翌日隨同王船一起焚燒,藉此送走瘟疫和災厄。
② 廈門市地方志編纂委員會辦公室整理:《廈門志》卷十五,鷺江出版社 1996 年版,第
　　510 頁。
③ 《武陵競渡略》云:"青船舊隸清平門外,謂之青竹標,不知何時廢,今小廟存焉。"[(清) 陳
　　夢雷編纂、蔣廷錫校訂:《古今圖書集成》第 3 冊《曆象彙編・歲功典》第五一卷《端午部》,
　　中華書局、巴蜀書社 1985 年版,第 2237 頁]
④ (清)陳夢雷編纂、蔣廷錫校訂:《古今圖書集成》第 3 冊《曆象彙編・歲功典》第五一卷《端
　　午部》,中華書局、巴蜀書社 1985 年版,第 2237 頁。
⑤ 據《武陵競渡略》記載:"花船廟神曰梁王,其像冕服,侍衛兵仗甚嚴,乃東漢梁公代馬援監
　　軍征五溪夷者也。……划花船則有事茲廟,刻神像於龍之首,塗其鱗尾五色,兩旗白質龍
　　文,或刺或繪,五色頭梢旗鼓和拍之人服黃白色,所隸地曰神鼎、清平、常武三門及七里橋。
　　賽花船,鱗尾旗服多同花船,其廟神曰靈官,所隸地曰漁家港、竹笮灣等處。紫船,鱗尾旗
　　繪皆紫,服黃白色,廟神曰李才將軍,手赤棒,典江湖舟簰,未詳所出,所隸地曰槐花堤、清
　　泥灣。白船,鱗尾旗服純白,廟神曰老官、曰羊頭、三郎竹馬。三郎皆一手操橈,一手或拳
　　或弄綵健。古有竹郎神,未知是否? 所隸地曰拱辰,永安二門及善德門。烏船鱗尾皆烏,
　　紅船鱗尾皆紅,旗皆赤色。服皆純青。諸船橈服雜色,此兩船橈亦純青,廟神曰黃公大伯、
　　二伯、三伯,黑面手操橈,相傳兄弟皆靛客溺水為神者也。所隸地曰臨沅門、大河街、德山
　　港、蘇家渡、白沙村。大抵廟神多不經,從來久遠,莫由釐革,姑紀其實如此。"[(清) 陳夢
　　雷編纂、蔣廷錫校訂:《古今圖書集成》第 3 冊《曆象彙編・歲功典》第五一卷《端午部》,
　　中華書局、巴蜀書社 1985 年版,第 2237 頁]
⑥ (清)陳夢雷編纂、蔣廷錫校訂:《古今圖書集成》第 3 冊《曆象彙編・歲功典》第五一卷《端
　　午部》,中華書局、巴蜀書社 1985 年版,第 2236 頁。

如謂：“凡供酒飯，雖船人醉飽，必強飲食之，顆瀝不留。餘則撒江中，盤箸亦擲諸水，不復攜去。”① 其實，這一做法乃效仿宋代“祀瘟神”習俗。南宋末陳元靚撰《歲時廣記》卷七“祭瘟神”條引北宋呂原明《歲時雜記》云：“元旦（按：正月初一）四鼓祭五瘟之神，其器用酒食並席，祭訖皆抑棄於墻外。”② 引文介紹北宋都城汴梁（開封）民眾於每歲元日凌晨時分祭祀五瘟神，完畢後將所有物品（祭品及用具）均拋棄墻外以示送瘟出門。而前引《武陵競渡略》也將剩餘酒飯及飲食器具（盤箸等物）皆拋擲於江中，其旨亦不外乎驅除瘟疫，禳祛災厄，避免將諸不祥重新帶回岸上。

## 五、神霄雷法與“和瘟押煞”

《武陵競渡略》又云：“划船之日，巫舉油火發船，以其紅黑高下占船之勝負，歷歷不爽。巫所奉神名‘西河薩真人’，詛呪有蠻雷猛火燒天等術，手訣有‘收前龍’‘息陰兵’‘移山倒海’等術。卷褌露足，跳罡七步，持呪激火，火起船行。呪詞有‘天火燒太陽，地火燒五方。雷火執常法，燒死諸不祥。龍舟下弱水，五湖四海任飄盪’云云。船底在水中，用白茅從首至尾順拂一過，亦防敵人暗繫諸物以成滯礙。餘法秘傳，妄不能悉知。”③ 這段內容涉及神霄雷法的諸多議題。下面，我們就引文包含的深層內涵略加分析。

### （一）打醮巫師的師承流派

引文所言“巫所奉神名‘西河薩真人’”，此句揭示出武陵地區端午競渡時打醮巫師的法系派別當為道教神霄派。所謂“西河薩真人”即指薩守堅，號全陽子，元代趙道一編修《歷世真仙體道通鑑續編》卷四“薩守堅”條載其自稱“汾陽薩客”，南華人，④ 曾客居蜀地而誤傳為西河（今四川崇寧縣西）人。⑤ 薩守堅是北宋末、南宋初神霄派的著名道士，教內尊稱為薩真人、

---

① （清）陳夢雷編纂、蔣廷錫校訂：《古今圖書集成》第 3 冊《曆象彙編·歲功典》第五一卷《端午部》，中華書局、巴蜀書社 1985 年版，第 2237 頁。

② 《續修四庫全書》編輯委員會編：《續修四庫全書》第 885 冊（史部·時令類），第 196 頁；（南宋）陳元靚：《歲時廣記》卷七，中華書局 1985 年版（十萬卷樓藏本），叢書集成初編，第 71 頁；清代劉喜海跋抄本《歲時廣記》（四十二卷），收藏於中國國家圖書館古籍善本庫，書號：13186。

③ （清）陳夢雷編纂、蔣廷錫校訂：《古今圖書集成》第 3 冊《曆象彙編·歲功典》第五一卷《端午部》，中華書局、巴蜀書社 1985 年版，第 2237 頁。

④ 南華山今有二處：一處在今廣東曲江縣南，一處在今山東菏澤市東明縣東南。

⑤ （元）趙道一編修：《歷世真仙體道通鑑續編》卷四，《道藏》第 5 冊，第 436 頁。

薩天師、崇恩真君、天樞領位真人。相傳,薩守堅早年於陝西路遇龍虎山第三十代天師張繼先(張虛靖,1092—1127年)及神霄派創始人王文卿(王侍宸,1093—1153年)和林靈素(1075—1119年),得授三秘術:咒棗術、雷法、扇疾術,① 自此善禱祈劾治,尤擅長神霄五雷法,遂為“薩真君西河派”“薩祖派”“天山派”等神霄支派尊奉為宗祖。②

宋元以降,有關薩真人的神奇傳說在民間社會中廣泛傳播,如《薩真人白日升天》(今佚)、《薩真人夜斷碧桃花》等元雜劇深受下層民眾的喜愛。有明一代,薩真人形象得以不斷深化和豐滿,如明人鄧志謨編《咒棗記》(又名《薩真人得道咒棗記》))③、明代據元刊增補重刊《繪圖三教源流搜神大全》(葉德輝影寫刊刻本)和明刊《搜神記》均收錄薩真人題材之故事。此外,明代毛紀等纂修《明孝宗實錄》(卷十三)云:“所謂崇恩真君、隆恩真君者,道家相傳以崇恩真君姓薩名堅,西蜀人,宋徽宗時嘗從王侍宸、林靈素輩學法有驗。而隆恩真君,則玉樞火府天將王靈官也,又嘗從薩真君傳符法。永樂中,以道士周思得能傳靈官法,乃于禁城之西建天將廟及祖師殿。宣德中改廟為大德觀,封二真君。”④ 總之,前引《武陵競渡略》中所言巫師所奉“西河薩真人”乃係指神霄派祖師薩守堅。⑤

## (二) 法術操作的内容分析

道教神霄派素以雷法為宗,於各種法術中尤重雷法,藉此召將遣兵、驅邪祛魅。前引《武陵競渡略》數段文字雖語焉不詳,但確鑿無疑地表明巫師所施法術乃係神霄雷法。

### 1.“蠻雷”釋義

“蠻雷”一語,屢見載於宋元明清道書文獻中。所謂“蠻雷”是指隸屬於

---

① 張繼先傳授薩守堅“咒棗術”,王文卿傳授“神霄雷法”,林靈素授其羽扇一把,“有病者,扇之則愈”。

② 有關薩守堅的事跡,詳見《三教搜神大全》卷二、《列仙全傳》卷八、元刻《新編連相搜神廣記》後集、元趙道一編《歷世真仙體道通鑑續編》卷四。此外,李遠國簡略考述了薩守堅的道法傳承及其在神霄派中的地位。(詳見李遠國:《神霄雷法:道教神霄派沿革與思想》,四川人民出版社 2003 年版,第 59—67 頁)

③ 參見李豐楙:《許遜與薩守堅:鄧志謨道教小說研究》,臺灣學生書局 1997 年版。

④ 《明實錄》第 28 冊《孝宗實錄》卷十三,“中央”研究院歷史語言研究所 1962 年版,第 311 頁。

⑤ 今人張正明曾分析說:早在夏商周時代,“巴人從大巴山脈南下,經由巫山,而進入了武陵山脈。”(張正明:《楚史》,中國人民大學出版社 2010 年版,第 42 頁)由此可見,道教信仰經由巴蜀地區而傳入武陵乃具有十分便利的外部條件。

神霄雷府的諸員官將,包括"五方蠻雷使者""三界蠻雷使者""九社蠻雷使者"等,其中尤以"五方蠻雷使者"最為常見。① 宋元以降,道門羽流將神霄雷法引入齋醮科儀中,法師科演時運雷施法、召請雷部神將前來驅除邪魅。據道書記載,神霄派雷法分為五雷②、十雷、三十六雷③ 等,其中尤以五雷大法為核心。④

　　元末明初編纂的道法類書《道法會元》⑤ 卷五七《上清玉樞五雷真文》"召雷"條⑥ 和卷一一五"召蠻雷秘呪"條⑦ 均翔實論述了高功臨壇行法時召請雷部官將的具體步驟。此外,《道法會元》還多次談到"召五方蠻雷",並對"五方蠻雷使者"的名諱逐一做出交待。不過,書中對"蠻雷使者"的身

---

① 有關雷府諸司神祇的情況,疑似北宋末神霄派道士造《無上九霄玉清大梵紫微玄都雷霆玉經》中有詳細介紹:"北極紫微大帝統臨三界,掌握五雷。天蓬君、天猷君、翊聖君、玄武君,分司領治。天罡神、河魁神,是為召雷檄霆之司。九天流金火鈴大將軍、天丁力士、六丁玉女、六甲將軍,是為節度雷霆之使。九天嘯命風雷使者、雷令使者、火令大仙、火伯、風令、火令、風伯、四目皓翁、蒼牙霹靂大仙,是為攝轄雷霆之神。火伯風霆君、風火元明君、雷光元聖君、雨師丈人仙君,是為雷霆風雨之主,中有三五邵陽雷公火車鐵面之神,中有負風猛吏銀牙耀目欻火律令大神,狼牙猛吏大判官,五雷飛捷使者,五方雷公將軍,八方雲雷大將,五方蠻雷使者,三界蠻雷使者,九社蠻雷使者,實司其令,用贊其權。"(《道藏》第 1 冊,第 756 頁)
② 據《道法會元》卷五六"五雷所部"云:"火師曰:凡雷有五,曰天雷,曰神雷,曰龍雷,曰水雷,曰社令雷(又名妖雷,不奉帝命故曰妖也)。所主不同,所部亦別。"(《道藏》第 29 冊,第 139 頁)
③ 據《太上說朝天謝雷真經》載:天雷十二者、地雷十二者、人雷十二者,合計三十六雷。(詳見《道藏》第 1 冊,第 762 頁)
④ 南宋道士白玉蟾在《九天應元雷聲普化天尊玉極寶經集注》(卷上)介紹了諸雷的名稱:"五雷者,天雷、地雷、水雷、龍雷、社令雷。又有十雷,一曰玉樞雷,二曰神霄雷,三曰大洞雷,四曰仙都雷,五曰北極雷,六曰太乙雷,七曰紫府雷,八曰玉晨雷,九曰太霄雷,十曰太極雷。又有三十六雷,一曰玉樞雷,二曰玉府雷,三曰玉柱雷,四曰上清大洞雷,五曰火輪雷,六曰灌斗雷,七曰風火雷,八曰飛捷雷,九曰北極雷,十曰紫微璿樞雷,十一曰神霄雷,十二曰仙都雷,十三曰太乙轟天雷,十四曰紫府雷,十五曰鐵甲雷,十六曰邵陽雷,十七曰欻火雷,十八社令蠻雷,十九曰地祇鳴雷,二十曰三界雷,二十一曰斬壞雷,二十二曰大威雷,二十三曰六波雷,二十四曰青草雷,二十五曰八卦雷,二十六曰混元鷹犬雷,二十七曰嘯命風雷,二十八曰火雲雷,二十九曰禹步大統攝雷,三十曰太極雷,三十一曰劍火雷,三十二曰內鑑雷,三十三曰外鑑雷,三十四曰神府天樞雷,三十五曰大梵斗樞雷,三十六曰玉晨雷。"(《道藏》第 2 冊,第 570 頁)
⑤ 《道法會元》共計 268 卷,其中第 56—154 卷為神霄派道法。
⑥ 《道法會元》卷五七,《道藏》第 29 冊,第 154—155 頁。
⑦ 《道法會元》卷一一五,《道藏》第 29 冊,第 528 頁。

份界定凡計有兩種說法：一說蔣、壁、華、雷、陳；①　一說馬、郭、方、鄧、田。②
而該書（卷八三）則將上述兩種說法加以融合和協調，創造性地劃分出陽雷
和陰雷兩套神祇系統，從而使二說得以並存："陽雷五大蠻雷使者：馬鬱林、
郭元京、方仲高、鄧拱辰、田元宗；陰雷五大蠻雷使者：蔣剛輪、畢機、華文通、
雷壓、陳石。"③　上述蠻雷神將，皆隸統於五雷都司麾下。故《道法會元》（卷
八十）所載"燄火檄式"云："右符檄鄧伯溫燄火律令大神，部領蠻雷十一員
大將等眾，疾速起發嶽府城隍司社令雷部使者，當境十廟英烈、神祇將吏，疾
速運雷掣電、起風布雲，大震霹靂。"④

　　耐人尋味的是，五月五日在神霄派雷法體系中也是極具深意的特殊日
子。據北宋末所造道書《無上九霄玉清大梵紫微玄都雷霆玉經》（簡稱《雷
霆玉經》）記載："時十方諸天咸謁王所，王遣侍香玉童、侍軒玉女各一員，致
誠天君前，乃啟天君言：真王大帝以三界事繁，悔不早令車輪分形散影，相延
別殿，當以建午之月其月五日，闢南宮火鈴玉眸飛霞之宅，咸希見集。"⑤　這
就是說，雷府乃於五月五日在南宮召集群仙。文中"南宮"即"南昌上宮"，
亦稱"朱陵火府"，乃主真火煉度死魂而登仙之所。⑥　此外，《道法會元》卷

---

①　《道法會元》卷六一、卷六三、卷八〇認為"五方蠻雷使者"分別是：東方蠻雷使者蔣剛輪；
南方蠻雷使者畢機（壁機先）；西方蠻雷使者華文通；北方蠻雷使者雷壓；中央蠻雷使者陳
石（陳碩）。例如，該書卷六一《高上神霄玉樞斬勘五雷大法》"五方雷將"條介紹說："東方
甲乙風雷大將蔣剛輪，字季真，青面紅髮，黃巾青袍金甲，黃內袍，綠靴，執劍、風袋；南方丙
丁火雷大神壁璣，字文靈，面赤，威猛相，黑髮，黃巾，金甲，紅袍，青勒胸，緣靴，執火珠；西
方庚辛山雷大神華文通，字子安，面赤，黑髮，黃巾，金甲，白袍，紅內袍，青勒胸，綠靴，執
斧；北方壬癸水雷大神雷壓，字成琪，面黑，鬼狀，披髮，跣足，踏三足能，皂袍，金甲，執水
輪；中央戊巳王雷大神陳石，字巳零，面如鱔魚頭，黑髮，戴冠，黃道服結起，綠靴，執雙劍。"
（《道藏》第29冊，第166—167頁）

②　《道法會元》卷六五、卷八二、卷八六、卷九二認為"五方蠻雷使者"分別是：東方蠻雷馬鬱
林；南方蠻雷郭元京；西方蠻雷方仲高；北方蠻雷鄧拱辰；中央蠻雷田元宗。例如，該書卷
八二《先天一炁火雷張使者祈禱大法》"符位"條云："右符檄請……蔣、壁、華、雷、陳天雷
五使者；馬、郭、方、鄧、田蠻雷五使者。"（《道藏》第29冊，第323頁）又卷八六《先天雷晶
隱書》記載："五方蠻雷使者馬鬱林、郭元京、方仲高、鄧拱辰、田元宗；五方斬勘使者蔣剛
輪、畢機、華文通、雷壓、陳石。"（《道藏》第29冊，第355頁）

③　《道法會元》卷八三，《道藏》第29冊，第330頁。

④　《道法會元》卷八〇，《道藏》第29冊，第303—304頁。

⑤　《無上九霄玉清大梵紫微玄都雷霆玉經》，《道藏》第1冊，第750頁。

⑥　宋代白玉蟾引《朱陵景仙度命錄》文云："……總而名之曰：朱陵火府，亦曰南宮煉度司。
今人所稱南昌上宮受鍊司。"〔（南宋）謝顯道編：《海瓊白真人語錄》卷一，《道藏》第33冊，
第112—113頁〕《太上說朝天謝雷真經》又云："如或修誦始終，既死之後，不經地府，魂神
執此經，念念正覺，上昇南宮朱陵火府，時刻受鍊，決無宿對。"（《道藏》第1冊，第766頁）

五七《上清玉樞五雷真文》"歘火神"條亦記述了雷霆三帥①之一的歘火大神
（又名律令大神）鄧伯溫，"五月五日午時昇入南宮火令之宅，威力最大，劫
壞之時以兩翼鼓動四溟之水，翻浸崑崙之丘，崩倒山河大地。凡行雷法之
士，宜於五月五日祭之，能驅大祟，搖動山嶽，應瘟疫、鬼魅、蠱毒、山魈聞此
神名，悉皆恐懼。……又有歘火神符，能斷鬼祟，治救百病，祛剪瘟疫，懸於
廳堂門戶，鎮宅消災，辟除百惡。"②古人素來認為，五月五日午時乃係一年
中陽氣最旺盛之時刻。神霄派道士藉此相信，此時施行雷法可發揮出最大
威力，亦宜擇此日祭祀雷部主帥鄧天君。明末武陵民眾於端午龍舟競渡時，
延請神霄派法師施行雷法、召請五方雷將臨壇，藉此剪祛邪魔、驅除瘟疫，祈
求闔境平安。這其實是將民間習俗傳統與道門雷法信仰達成完美融合，使
二者相得益彰。

　　2. "猛火燒天"

　　"猛火燒天"一語，其實是虛構描繪出法師運雷施法時的情景。宋元道
書中常借"烈火""猛火"等語來渲染神霄派雷法的神奇威力。

　　南宋著名道士白玉蟾③（1194—？年）是神霄雷法的重要傳人，主修內
丹、兼傳雷法，倡導將雷法寓於丹道之中。據《海瓊白真人語錄》卷一"華陽
吟三十首"云："片餉工夫鍊汞鉛，一爐猛火夜燒天。忽然神水落金井，打合
靈砂月樣圓。"④這段文字是描述內丹修煉時的心理體驗，文中"一爐猛火夜
燒天"顯然借用雷法中的"猛火燒天"術語。約成書於元末明初的《法海遺
珠》卷四六《紫宸玄書》談到行"召合"時須念"五火呪"，呪辭曰："天火地
火、陽火陰火，吾心真火，太陽真火，四季五雷，遊蕩真火。急急如律令。"⑤
念誦完畢後，法師隨即掐訣、並存想烈火燒天、鬼精滅亡之情景，如云："呪
畢，師兩手小指相勾，勒寅至午，發。存見烈火炎炎，燒天入地，鬼精消滅。
見者入地萬丈，用左足三頓，存見鬼神攝入萬丈之下。"⑥又，同卷"召集諸

---

① 道教經書中的"雷霆三帥"，乃指鄧伯溫、辛漢臣、張元伯。
② 《道法會元》卷五七，《道藏》第 29 冊，第 153—154 頁。
③ 白玉蟾是南宋著名道士，原名葛長庚，字白叟，祖籍福建閩清縣，出生於廣東瓊州（今海南
省），後因父死母改嫁，棄家至雷州繼白氏後，改姓白，名玉蟾，字眾甫，號海瓊子、瓊山道
人、紫清、武夷散人、神霄散吏等。曾師事陳楠，學外丹、內丹和雷法，卓然有大成，遂被後
世尊奉為金丹派南宗五祖之一。
④ （南宋）謝顯道、林伯謙、葉古熙、彭鶴林等纂集：《海瓊白真人語錄》卷一，《道藏》第 33 冊，
第 118 頁。
⑤ 《法海遺珠》卷四六，《道藏》第 26 冊，第 1006 頁。
⑥ 《法海遺珠》卷四六，《道藏》第 26 冊，第 1006—1007 頁。

將”條亦云：“宣關牒，焚之。發火輪訣，想烈火燒天煞地。足頓三下，見邪精瘵鬼攝入地萬丈。”① 總之，法師行雷法召官將時，宣讀關牒後，即發火輪訣，同時存想烈火燒天、滌盪邪魔之狀。這與《武陵競渡略》所言“詛呪有蠻雷猛火燒天等術”大抵相仿。

此外，明人方文照彙編《徐仙真錄》卷一“收捕蝗蟲”條談到洪恩靈濟真君（即徐知證、徐知諤兄弟）顯神跡，以迅雷、烈風、猛雨剿滅蝗蟲的故事：“宋嘉定二年己巳夏五月間，田野禾稼，秀而未實，適遇蟑虫遍野，深被傷害，民皆無措。鄉之父老，咸詣祠下，焚香致敬，血陳丹悃，告于二仙。遂驅迅雷、猛雨、烈風，吹落滿地，蟄虫皆自死。”② 文中言及二徐真君“驅迅雷、猛雨、烈風”殲滅蟄虫，與前述《武陵競渡略》所言“蠻雷猛火燒天等術”有異曲同工之妙。

3. “收前龍”“息陰兵”“移山倒海”等手訣

手訣，又稱“法訣”“神訣”“斗訣”“訣目”等，或簡稱為“訣”。結指訣又稱“掐訣”“握訣”“捻訣”“捏訣”等，是最基本的道門法術之一。手訣姿勢雖然千姿百態，動作要領卻大多在手掌中掐某些特殊的點位或手指間結成固定姿勢。歷代道書中收錄的手指功訣多達七十二種乃至上百種之多，其類型可分為“單訣”和“雙訣”二種——即表示由單手行訣或雙手行訣。③ 道門手訣乃基於天人感應原理，在掌心中建構起一個濃縮的宇宙圖式。道人相信，掌握訣文規律可反推天象，召神禦鬼。北宋天心派道士元妙宗編集《太上助國救民總真秘要》（卷八）云：“凡行步、問病、治邪、入廟、渡江、入山、書符並須掐訣目。”④《道法會元》卷一六〇《上清天蓬伏魔大法·禹步斗罡天策論》進一步詮釋說：“訣目者，生於神機而運化，修仙煉真，降魔制邪，莫不基之於此”；⑤ 又同卷“明光樞要訣目”條云：“祖師心傳訣目，通幽洞微，召神禦鬼，要在於握訣。默運虛元，因目之為訣也。”⑥ 晚年入道的明寧王朱權（1378—1448 年）編撰《天皇至道太清玉冊》卷二“掐訣”條云：“師曰：掐訣

---

① 《法海遺珠》卷四六，《道藏》第 26 冊，第 1008 頁。
② （明）方文照：《徐仙真錄》卷一，《道藏》第 35 冊，第 519 頁。
③ 有關道教手訣的研究情況，詳見任宗權：《道教手印研究》，宗教文化出版社 2002 年版。清代民間術士中流傳多種手訣秘傳法本：《萬法歸宗》《百訣圖》（或稱《增補百訣全圖》，全稱為《太上至寶萬虛真訣圖式》，傳係唐代李淳風秘傳）《龍虎山秘傳手訣》《道教閭山派手訣彙編》（或稱《閭山手訣咒語彙編》）等亦可參閱。
④ （北宋）元妙宗編集：《太上助國救民總真秘要》卷八，《道藏》第 32 冊，第 109 頁。
⑤ 《道法會元》卷一六〇，《道藏》第 30 冊，第 1 頁。
⑥ 《道法會元》卷一六〇，《道藏》第 30 冊，第 6 頁。

者,所以通真制邪,役將治事。"① 總之,手訣在科儀演法中主要承擔了感召鬼神、摧伏邪精的作用。

　　道教神霄派法術中亦大量施用雷法手訣。據《道法會元》卷五七《上清玉樞五雷真文》"雷訣"條記載:

　　　　天雷訣:兩手掐寅,五指藏甲。地雷訣:二指、三指弓,大指掐定四指,五指押定大指。雲雷訣:二指弓,大指掐丑,三四五指押定大指,藏甲不見。水雷訣:二三四指弓,大指掐定亥,五指押定大指,藏甲。妖雷訣:二三指、四五指弓,大指押定,並不見甲。斗雷訣:小指從四指背上過,中指勾定大指,掐定子,四指押定大指,不得見甲,二指直向。變神訣:左手大指輪酉至卯,勒至辰,存身為五雷使。②

　　這段文字列舉了七種常見雷訣的掐指方法,類似內容亦見載於其他道書中。嚴格說來,手訣掐法計有禁、解之分,原題唐李淳風註《金鎖流珠引》卷十四《五行六紀所生下》"夫此法左禁右解"文曰:"禁,即撚左手指;解,即撚右手指。聖君授天師,左禁右解,用之無窮也。"③ 所謂"禁"即掐訣召神、行法施術,"解"就是捻指遣神、解除法力,即如唐代孫思邈撰《千金翼方》卷二九《禁經上·掌訣法》所云:"凡禁訖,須解禁法"④。該書又認為掐訣行"禁"時乃據性別而男用左手、女用右手,如謂:"凡欲行禁者,皆須先捻鬼目,若與男禁捻左手目,若與女禁即捻右手目。……禁男用左手,禁女用右手。禁手之用勿失左右也。"⑤

　　前引《武陵競渡略》中談道:划船之日,巫師施法演示"收前龍""息陰兵""移山倒海"等手訣。所謂"收前龍"乃係發兵訣,即召遣陰兵。巫師施法"召雷""請兵",恭請雷部功曹、天將及三界陰兵前來相助。有關"請兵"的程序,《道法會元》卷五七《上清玉樞五雷真文》"請兵"條記載說:

---

① (明)朱權編:《天皇至道太清玉冊》卷二,《道藏》第36冊,第378頁。這段引文最初見載於南宋路時中編《无上玄元三天玉堂大法》卷二六"掐訣"條(詳見《道藏》第4冊,第104頁)。

② 《道法會元》卷五七,《道藏》第29冊,第153頁。

③ (唐)李淳風註:《金鎖流珠引》卷十四,《道藏》第20冊,第422頁。

④ (唐)孫思邈撰,魯兆麟主校,彭建中、魏富有點校:《千金翼方》卷二九,遼寧科學技術出版社1997年版,第289頁。

⑤ (唐)孫思邈撰,魯兆麟主校,彭建中、魏富有點校:《千金翼方》卷二九,遼寧科學技術出版社1997年版,第289—290頁。

　　先用絹篩淨灰，以木或竹作圈，擇淨地，焚香，誦淨天地呪，呪水灑地，圍灰作三台，體立牌，書三司兵將位。各用香一爐，燈三盞供養。次誦天童護命經，叩齒步斗，出門默呪曰："天元太空，六龍金精。吾召太極，急急火令攝。"呪畢，閉門封鎖、花押，門外安香花供養。三日內開視之，彷彿有跡見，或有奇夢報應。如一處未到，再焚香誦經，步斗念呪，出門封閉，依法召之，候俱到。①

　　所謂"息陰兵"就是借陰兵助戰後遣退陰兵，道書中亦稱"歸將吏"。據《道法會元》卷五七《上清玉樞五雷真文》"歸將吏呪"載："天地神靈，三五天丁。吾今指使，所業已成。各歸本部，受吾叮嚀。如有再召，復逞前靈。急急如雷霆律令。"② 有關"陰兵"故事，歷代傳記小說中屢有見載。譬如，唐代牛僧孺（779—847年）撰《玄怪錄》補遺"岑順"條③；南宋周密（1232—1298年）撰《癸辛雜識》別集上"衡嶽借兵"條④；明人張岱（1597—1679年）《夜航船》卷十八《荒唐部·鬼神》"祠山大帝"條⑤；清人錢泳（1759—1844年）撰《履園叢話》叢話十四《祥異》"陰兵"條⑥ 等均有介紹。這些史料出於杜撰，充斥著豐富的想象和智慧，藉此可體悟古人觀念中的

① 《道法會元》卷五七，《道藏》第29冊，第151頁。
② 《道法會元》卷五七，《道藏》第29冊，第153頁。
③ 《玄怪錄》補遺"岑順"條云："汝南岑順……旅於陝州，貧無第宅。其外族呂氏有山宅，將廢之，順請居焉。……夜中聞鼓鼙之聲，不知所來。及出戶則無聞，而獨喜，自負之，以為石勒之祥也。祝之曰：'此必陰兵助我，若然，當示我以富貴期。'"[（唐）牛僧孺撰，程毅中點校：《玄怪錄》補遺，中華書局2006年版，第126頁]
④ 《癸辛雜識》別集上"衡嶽借兵"條云："衡嶽廟之四門，皆有待郎神，惟北門主兵，最靈驗。朝廷每有軍旅之事，則前期差官致祭，用盤上食，開北門，然亦不敢全開，以尺寸計兵數。或云其主司乃張子亮也，張為湘南運判，死於官。丁卯、戊辰之間，南北之兵未釋，朝廷降旨以借兵。神許啟門三寸，臬使遂全門大啟之，兵出既多，旋以捷告。而廟旁數里民居皆罹風災，壞屋近千家，最後有聲若雷震者，民喜曰'神歸矣'，果遂帖息。"[（南宋）周密撰，吳企明點校：《癸辛雜識》別集上，中華書局1988年版，第253頁]
⑤ 《夜航船》卷十八《荒唐部·鬼神》"祠山大帝"條云："父張秉，武陵人，一日行山澤間，遇仙女……後生子燩，為祠山神。神始自長興自疏聖澤，欲通津廣德，便化為豬，役使陰兵。後為夫人李氏所見，工遂輟，故避食豬。"[（明）張岱撰，李小龍整理：《夜航船》卷十八，中華書局2012年版，第329頁]
⑥ 《履園叢話》叢話十四《祥異》"陰兵"條云："乾隆乙巳歲大旱。是年十一月初，中石湖中，每夜聞人聲喧噪，如數萬人臨陣，響沸數里。左近居民驚起聚觀，則寂無所有，第見紅光數點，隱見湖心而已。自鎮江、常州以至松江、嘉、湖之間，每夜俱有燈光照徹遠近。村人鼓譟，其光漸息，俄又起於前村矣。"[（清）錢泳撰，張偉校點：《履園叢話》叢話十四，中華書局1979年版，第370頁]

“陰兵”含義。

　　“移山倒海”也是一種指訣,《黃帝太乙八門入式訣》(卷中) 介紹“六丁神訣印”中前兩印指訣時說道:“第一印:先小指及無名指為拳頭,指直上應指中指節,此者能令作法隱影藏形。第二印:不改前,以小指相勾即心前,念呪一百徧。能令作法人飛行天外,移山拔海。”① 據田野調查資料顯示,中國西南少數民族宗教儀式(包括儺戲表演) 至今仍見施用“蠻雷訣”“移山倒海訣”,均係常用七十二種訣法之一。②

　　4.“天火燒太陽,地火燒五方。雷火執常法,燒死諸不祥”呪語

　　前引《武陵競渡略》有一段呪辭,云:“天火燒太陽,地火燒五方。雷火執常法,燒死諸不祥。”考究此段咒文之出處,乃見於宋元雷法道書中。據《太上三洞神呪》卷六《祈禳開度諸呪》“掃蕩咒”條云:“五雷神王祛却不祥,霹靂一發邪祟消亡。火車萬丈燒殺瘟黃,猛風掃蕩飄散八方。”③ 卷七《祈禱召役諸呪》“布雷呪”條云:“扫荡諸不祥。……天火、地火、三昧真火,一照五雷,星行雷起。”④ 卷八《襘禳驅治諸呪》“烏暘燒邪呪”條云:“真光起太陽,地火起離方。雷火艮上發,燒滅諸不祥。”⑤ 又,《法海遺珠》卷八“書符呪”條記載:“……次塗‘雷’字,念呪云:‘天雷隱隱,神雷轟轟,龍雷作水,水雷波翻,社令雷公,霹靂縱橫,神機一發,鹹滅邪精。十一大將,速運雷霆。上帝勅下,火急奉行。’次書三箇火字‘焱’,併塗念云:‘天火起太陽,地火起雷方,人火從巽發,燒蕩諸不祥。炎炎萬丈火,邪妖盡滅亡。’次書五圈,起念云:‘東方蠻雷使者速起,南方蠻雷使者速起,西方蠻雷使者速起,北方蠻雷使者速起,中央蠻雷使者速起。’”⑥ 又,該書卷一九《九天魁罡黃龍奪命秘法》“宋將軍符”條談到畫符時須念呪語,其中有云:“天火起太陽,地火起離方,雷火從巽發,燒殺諸不祥。炎炎萬丈火,燒斷鬼神踪。”⑦ 此外,《道法會元》卷一二一《南宮火府烏暘雷師祕法》收錄“役帥燒邪呪”亦云:“真人南方來,龍虎交牙吼。陽光燒陰鬼,鬼神何處走。真光起太陽,地火起離方。雷火艮上發,燒滅諸不祥。”⑧

---

① 《黃帝太乙八門入式訣》卷中,《道藏》第 10 冊,第 772 頁。
② 盧朝棟主編:《思南儺堂戲》,貴州民族出版社 1993 年版。
③ 《太上三洞神呪》卷六,《道藏》第 2 冊,第 92 頁。
④ 《太上三洞神呪》卷八,《道藏》第 2 冊,第 99 頁。
⑤ 《太上三洞神呪》卷七,《道藏》第 2 冊,第 107 頁。
⑥ 《法海遺珠》卷八,《道藏》第 26 冊,第 772—773 頁。
⑦ 《法海遺珠》卷一九,《道藏》第 26 冊,第 832 頁。
⑧ 《道法會元》卷一二一,《道藏》第 29 冊,第 576 頁。

　　明清時期,這段咒語常被用於治療瘧疾。明代醫家龔廷賢①（1522—1619 年）撰《種杏仙方》卷一"瘧疾"條中收錄有多種治療該症的藥方,其中"一符咒治瘧。於臨瘧日早五更,雞犬不聞之際,令病人朝東方立,將朱砂畫瓏符於病人背上,念咒語云:'天火燒太陽,地火燒五方,雷火勢常法,燒死諸不祥,急急如律令,敕'已。就是久瘧,不過二次即止。"②又,清末醫家張振鋆③編纂《釐正按摩要術》（又名《小兒按摩術》）卷二《立法·咒法》中載"截瘧咒"條云:"天火燒太陰,地火燒太陽,五雷靈不滅,燒斷諸不詳。"④又介紹此咒的來歷及用法時說:"按:是咒係宋西橋傳。用米粉作餅,蒸熟,新筆調硃砂,將天火至不祥二十字,即於餅上寫三次,後錄病瘧者姓名,預前食自止。"⑤文中提到的"宋西橋"係清末人,據清代劉清臣撰《醫學集成·敘》中駱世馨所言:宋西橋乃當時宿學之士,劉清臣曾師之習醫。

　　一言以蔽之,這段呪辭最初見於道教雷法中驅除邪魅等諸多不祥,爾後逐漸專用於祛除瘧疾、瘟疫等惡性傳染性疾病。有鑑於此,我們判定《武陵競渡略》中談到划船之前由法師念誦此咒,其目的亦係為了要驅除那些被世人視為不祥的傳染性疾病。這也為江紹原提出的論斷——端午龍舟競渡的本意乃係禳災、送瘟,提供了有力佐證。

　　5."弱水"釋義

　　前引《武陵競渡略》中還有一句咒語:"龍舟下弱水,五湖四海任飄盪。"文中"弱水"一語,始見於《尚書·禹貢》:"導弱水,至於合黎,餘波入於流沙。"清代孫星衍《尚書今古文注疏》（卷三）註引鄭康成曰:"弱水出張掖。"⑥不過,"弱水"之稱亦見於《山海經》《史記·大宛傳》《漢書·地理志》《後漢

---

①　龔廷賢,一作應賢,字子才,號雲林山人,又號悟真子,江西金溪人,生於名醫世家——金溪霞漸（今金溪縣合市鄉）龔家,一生著述極豐,被譽為明代醫林狀元。

②　(明) 龔廷賢著,李世華、王育學主編:《龔廷賢醫學全書》,中國中醫藥出版社 1999 年版,第 16 頁。

③　張振鋆,原名醴泉,字筱衫,又字廣文,號惕厲子,江蘇寶興縣人,撰有《痧喉正義》《靄嬰提要》等醫書。代表作《釐正按摩要術》成書於光緒十四年戊子（1888 年）,此書係張振鋆據明代周於蕃之《推拿要訣》的基礎上加以校訂增刪,更名為《釐正按摩要術》而行於世。

④　(清) 張振鋆編纂,盛維忠、李桂榮校注:《釐正按摩要術》卷二,中國中醫藥出版社 1995 年版,第 70 頁。

⑤　(清) 張振鋆編纂,盛維忠、李桂榮校注:《釐正按摩要術》卷二,中國中醫藥出版社 1995 年版,第 71 頁。

⑥　(清) 孫星衍撰,陳抗、盛冬鈴點校:《尚書今古文注疏》卷三,中華書局 1986 年版,第 186 頁。

書・東夷傳》《海內十洲記》《玄中記》等古籍中,所指之地非一。概言之,"弱水"是指水流羸弱,無法承載舟輿(傳不能浮鴻毛)的河流,通常並非特指某地。

道門中人崇尚水德,奉行"上善若水"。"弱水"是天下諸水之至柔者,故而得到推崇和神化,遂被視為仙人居所。據北宋張君房編《雲笈七籤》卷一一三下《紀傳部・傳十二》"司馬承貞"條記載:"又蜀女真謝自然泛海,將詣蓬萊求師,船為風飄到一山。見道士指言:'天台山司馬承貞名在丹臺,身居赤城,此真良師也。蓬萊隔弱水三十萬里,非舟檝可行,非飛仙無以到。'自然乃迴求承貞受度,後白日上昇而去。"① 白玉蟾撰《武夷集》(卷二)所載"木郎祈雨呪"中有"蓬萊弱水與都功"之句,白氏註曰:"蓬萊有都水使者,弱水有水功使者。"②"弱水"神話對古代文人也產生一些影響,偶有雅士借此吟詩作賦。北宋文豪蘇軾(1037—1101年)撰《金山妙高臺》詩云:"蓬萊不可到,弱水三萬里。"③ 南宋詞人張孝祥(1132—1169年)撰《水龍吟・望九華山作》亦有"縹緲珠幢羽衛,望蓬萊初無弱水"④ 之句。明代編纂的兒童啟蒙書《幼學瓊林・地輿》亦收錄此語:"蓬萊弱水,惟飛仙可渡。方壺圓嶠,乃仙子所居。"⑤ 總之,上述"弱水"描述均代表凡人可望而不可及的境地。前引《武陵競渡略》中咒語"龍舟下弱水,五湖四海任飄盪"乃指送走瘟疫(瘟神),敕令那些"諸不祥"乘坐龍舟去往弱水之地、遠離人間。

### (三)白茅草的召神驅邪功能

前引《武陵競渡略》談道:划船之日,巫師手執白茅從船底順拂一遍——"船底在水中,用白茅從首至尾順拂一過,以防敵人暗繫諸物以成滯礙。"所謂"白茅"就是常見之野生茅草,因其根部柔長、潔白而得名。白茅又被古人稱作"靈茅"。據《周易》《詩經》《周禮》《莊子》《晏子春秋》等典籍記載,先秦祭祀禮制中已大量使用白茅獻祭禮神——或切成五寸長的小段

---

① (北宋)張君房編:《雲笈七籤》卷一一三下,《道藏》第 22 冊,第 785 頁。

② 《修真十書》卷四六,《道藏》第 4 冊,第 803 頁。

③ (北宋)蘇軾撰:《東坡全集》卷十五《詩七十二首》,(清)永瑢、紀昀等纂修:《景印文淵閣四庫全書》第 1107 冊,集部四六(別集類),第 237 頁。

④ (南宋)張孝祥撰:《于湖集》卷三一《樂府》,(清)永瑢、紀昀等纂修:《景印文淵閣四庫全書》第 1140 冊,集部七九(別集類),第 706 頁。

⑤ (明)程登吉撰,(清)鄒聖脈增補,馮毅點校:《幼學瓊林》卷一,北嶽文藝出版社 1995 年版,第 12 頁。

"苴"("藉")墊以供品①,或不加修整而束成"苞茅"來縮酒。在此影響下,秦漢方士亦將白茅草視為召神降真和驅鬼除邪的重要法器。如睡虎地秦墓竹簡《日書甲種》"詰"篇(第57—58號簡背面)云:"人毋(無)故室皆傷,是粲迓之鬼處之,取白茅及黃土而西(洒)之,周其室,則去矣。"②又(第53—56號簡背面)云:"一室井血而星(腥)臭……必枯骨也。且而最(撮)之,苞以白茅,果(裹)以賁(奔)而遠去之,則止矣。"③馬王堆漢墓帛書《五十二病方》"治囷(菌)"條(第251行)云:"……□縣(懸)茅比所,且塞壽(禱),以為"。④據《史記·孝武本紀》記載:漢武帝晚年曾崇信齊地術士樂大,拜其為"五利將軍"、賜予印璽。在這次授印儀式中,使者和樂大均身著羽衣,夜立白茅上,顯然係借助白茅的召神通靈功能,構建出一種超凡脫俗的神仙境界。有關白茅的神化及其巫術用途,今人有過討論,茲不贅述。⑤本章將增補一些道教文獻中涉及白茅的資料。

很早以來,白茅就見載於道教文獻中。東晉葛洪撰《抱朴子內篇》已將白茅視為重要的施法器物,直接用來斬殺鬼魅。據該書《登涉》篇中談道:"山中見鬼來喚人,求食不止者,以白茅投之即死也。"⑥白茅不僅能外用殺鬼,還可內服藉此伏魅。又,唐代朱法滿撰《要修科儀戒律鈔》卷十四《斷穀服藥緣》記載:"又法:三月三日,若十三日、二十三日,取白茅根,淨洗、細切、水服,亦可暴末併備之。日服五六止,勿大飽。長服,令人美色不老,伏

① 《史記·孝武本紀》亦云:"江淮閒一茅三脊為神藉。"[(西漢)司馬遷:《史記》卷十二,中華書局1959年版,第475頁]《史記·封禪書》引述管仲之言:"江淮之閒,一茅三脊,所以為藉。"[(西漢)司馬遷:《史記》卷二八,中華書局1959年版,第1361頁]南北朝時人裴駰《集解》引孟康注曰:"所謂靈茅也。"[(西漢)司馬遷:《史記》卷十二、卷二八,中華書局1959年版,第476、1363頁]

② 睡虎地秦墓竹簡整理小組:《睡虎地秦墓竹簡》,文物出版社1990年版,圖版第107頁,釋文第214頁。

③ 睡虎地秦墓竹簡整理小組:《睡虎地秦墓竹簡》,圖版第107頁,釋文第216頁。此外,《獨斷》(卷下)亦云:"天子大社,以五色土為壇。皇子封為王者,受天子之社土。以所封之方色,東方受青,南方受赤,他如其方色。苴以白茅,授之歸國以立社,故謂之'受茅土'。"[(東漢)蔡邕撰:《獨斷》卷下,叢書集成初編本,商務印書館1939年版,第23頁]這兩處引文中"苞(苴)以白茅"均係借助白茅的神聖性來禁錮邪鬼或預防魅怪入侵。

④ 馬王堆漢墓帛書整理小組:《馬王堆漢墓帛書[肆]》,文物出版社1985年版,圖版第25頁,釋文第52頁。

⑤ 胡新生:《中國古代巫術》(修訂本),山東人民出版社2005年版,第116—120頁;張正明:《楚史》,中國人民大學出版社2010年版,第26—28頁。

⑥ 王明:《抱朴子內篇校釋》(增訂本)卷十七,中華書局1985年版,第304頁。這段文字亦見於《黃帝九鼎神丹經訣》卷四。

鬼神。"① 無獨有偶,原題許旌陽釋《太上靈寶冷明飛仙度人經法》②(卷一)云:
"凡奏章等醮儀,皆須用此,請召十方。其文青紙朱書。吸五方炁各一口,念
靈書上下品及中篇一徧,閉炁,以左手掐本師訣,卽文書之。先具書云:臣某
聞,昔時天尊始篆,說經一徧,至畢,咸得長生。又書云:今日欣慶修齋,願得
受度。書訖,以白茅向東方,念呪燒之。"③ 白茅不僅可直接斬殺邪魅、通靈
致神,而且還用於煉丹實踐。唐代煉丹家梅彪撰《石藥爾雅》卷上《飛煉要
訣‧釋諸藥隱名》中就將白茅視為重要的煉丹類藥物加以收錄,如云:"白
茅,一名白羽草。"④

　　此外,歷代道書中更常見的是以白茅為"藉"設壇祭神,這其實是對先
秦祭祀禮制的繼承和沿襲。約出南北朝的《太上洞玄靈寶五嶽神符》記載:
受"太平符"須設壇拜祭,"壇面二十八丈。白茅為薦,長二尺二寸"云云。⑤
唐代佚名《黃帝九鼎神丹經訣》(卷十九)談到受"白帝符法"須"以庚辛日,
白茅為藉,長三尺,白素長一丈三尺,布藉上,酒二杯,脯二胊,綠為地,以丹
書符,廣二寸,長七寸,投藉上。"⑥ 又受"黑帝符法"時須"以壬癸日,白茅為
藉,長三尺,皂繒長一丈二尺,布藉上,酒二杯,脯二胊,黑為地,以丹書符,廣
二寸,長七寸,投藉上。"⑦ 該書(卷二十)亦記載:"九丹祭法,於合丹之所,黃
土為壇,方九尺,四面藩之,中方四尺,四面開門,爐在壇西,去壇六尺,於壇
所設席,祭以白茅。為席長一尺,壇上五藉,藉別一片,脯酒一杯。"⑧

　　那麼,道門中人祭祀時為何多選用白茅為"藉"呢? 歷代高道對其詮釋
大抵沿襲先秦舊說,如唐代張孤撰《素履子》卷中"履禮"條云:"《易》曰:藉
用白茅,禮敬之至也。"⑨ 又據元代鄧錡所述《道德真經三解》(卷一)云:"道
曰:藉用白茅,慎之至也。夫茅之為物,薄而其用可重也。慎斯術也,以往其
無所失矣。"⑩ 上述引文均承襲古代宮廷宗廟祭祀之傳統,將"藉用白茅"視

---

①　(唐)朱法滿撰:《要修科儀戒律鈔》卷十四,《道藏》第 6 冊,第 990 頁。

②　《太上靈寶冷明飛仙度人經法》原題"高明大使神功妙濟真君許旌陽釋"。據今人考證,此
　　書係元代淨明派道士偽託許真君降授。[詳見任繼愈主編:《道藏提要》(修訂本),中國社
　　會科學出版社 1995 年版,第 407—408 頁]

③　《太上靈寶冷明飛仙度人經法》卷一,《道藏》第 10 冊,第 556 頁。

④　(唐)梅彪:《石藥爾雅》卷上,《道藏》第 19 冊,第 63 頁。

⑤　《太上洞玄靈寶五嶽神符》,《道藏》第 6 冊,第 365 頁。

⑥　《黃帝九鼎神丹經訣》卷十九,《道藏》第 18 冊,第 853 頁。

⑦　《黃帝九鼎神丹經訣》卷十九,《道藏》第 18 冊,第 854 頁。

⑧　《黃帝九鼎神丹經訣》卷二十,《道藏》第 18 冊,第 855 頁。

⑨　(唐)張孤:《素履子》卷中,《道藏》第 21 冊,第 704 頁。

⑩　(元)鄧錡:《道德真經三解》卷一,《道藏》第 12 冊,第 189 頁。

為祭禮中的最高儀軌。

　　值得注意的是,約出南北朝的《洞神八帝元變經·布坐奠餚第十》詳細介紹召役八帝(位列南斗史佐的八大鬼神)時祭壇設置和白茅的使用及採製原則:"靈祇分王,各有其所。宜布餚設饌,必在其方,猶如分野。……然則祈禱之文,莫過於祭祀。薦神致祐,豈踰於美食?然則心無至誠,群神不降。奠味不馨,則餚徒設。祭神所要,惟務心切食精而已。術者當以庚子日入神室戶西間下,壇上白茅為薦。……白茅為薦,此八神之坐。悉以白茅捄紐,狀如藥薦,形似傍箕,還以茅為繩編之。作經並不用麻茅薦,大小方尺。採茅時,若靈茅三脊者最良,必無可取,但令鮮潔,不得輕示穢污,使神不嚮。此乃神祇所坐,是以特用香嚴置八神坐,以茅薦置壇四面,面別兩薦。薦在壇內,不得出壇。"① 這段引文是說:祭祀和召役八帝時,須在壇場內部的四面(四個方位)分別陳設白茅製成的墊席("薦"),每面擺設兩個白茅墊席。這八個神座均係由白茅編製而成,長約一尺,狀如草薦("藥薦"),形似揚糧食用的畚箕("傍箕")。② 挑選白茅時須以三脊者為最精良、堪係靈茅,若無則至少選用新鮮、潔淨的茅草,千萬不要沾染污穢,否則神就不會降臨。

### (四)今臺灣南部地區"送王船"必先行"和瘟押煞"

　　南臺灣王醮祭典通常會在最後一天的晚上,慣例由執法道士演行"和瘟三獻"和"逐穢押煞"儀式。具體而言,臺南地區通常先行"和瘟五雷神燈儀",繼而祭奠龍船,演行"打船醮";高屏地區則亦先行"五雷神燈儀"和"和瘟三獻",次行"逐穢押煞"。總的說來,南臺灣道士禳災時基本採取"先禮後兵"的禳解原則,亦即先予"和瘟"(行禮獻供),後行"押煞"(強制性驅逐)或"打船醮"(掃除諸不祥、確保船行平安)。

　　高屏地區"和瘟押煞"時的場地陳設及科儀流程大抵如下:王船前擺設供案(案上供品若干),臨近空地前佈設兩條長凳和油鍋(板凳上放一鋁製鍋蓋,其下架設油鍋,只見爐炭燃燒、油火沸騰),其旁放一水桶(內盛清水)和水舀,五色彩旗各一,掃帚、卷席各一。高功(身穿紅色道袍)率四或六名道眾(均著黑色海青),先於供案前召請五營兵馬前來鎮守壇場。隨後,全

---

① 《洞神八帝元變經》,《道藏》第 28 冊,第 402 頁。

② 道門中素有"南斗主生""北斗主死"的說法。南斗總計六星,分屬二十八星宿中的"斗宿"(二星)和"箕宿"(四星)。"箕宿"貌似揚穀物的畚箕,故《詩經·小雅·大東》云:"維南有箕,不可以簸揚。維北有斗,不可以挹酒漿。維南有箕,載翕其舌。維北有斗,西柄之揭。"[(清)王先謙撰,吳格點校:《詩三家義集疏》卷十八,中華書局 1987 年版,第 734 頁]前引《洞神八帝元變經》所言八神座以白茅編成的薦蓆形似畚箕狀,乃意在比擬南斗。

體道士唱念科儀、以示獻禮給瘟神疫鬼,請他們享用供品後,登上王船遠離此地。上述節次為文場"和瘟三獻"之內容、屬於"先禮"階段,而後開始的武場"逐穢押煞"表演則屬於"後兵"階段。全體道士頭繫紅布條(以示執行閭山法)在供桌前以閭山法唱念請神,隨即由五名道眾輪流執五營令旗召請五營兵馬前來護衛壇場;都講執劍噀水淨壇後,全體道士登場、分執一隻彩旗(高功手執黃色旗幟)——每隻彩旗上均畫有符籙各不相同,道士依次執旗擊打板凳上的鍋蓋,之後走踏長條板凳(代表平安橋),隨後執旗繞場奔跑,並彼此打鬥,二道眾手執掃帚和卷席也參與其間。最後,全體道士引導圍觀信徒依次走過平安橋,"和瘟押煞"至此結束。在將近一小時的"押煞"表演中,道士們藉由各種肢體動作和各種法器的神力進行驅邪押煞,也偶見道士口中含酒噴火等。總之,上述動作均係用來驅趕疫鬼上王船,來完成"送王船"期間驅逐瘟疫的目標。事後,這些演法之器具全都拋棄不要了。

臺南地區"和瘟五雷神燈儀"的演行地點,通常設在供奉瘟王爺的"王府"內(一般是將廟內大殿中陳設略加改造而成),由一名高功(身穿黃色海青)親率道眾四人或六人(均著黑色海青)行科演法;次後"打船醮"則移至王船前空地(廟埕)進行,船前擺設一張供桌、其上陳設鮮花、食物等供品,供桌下放有二桶清水和一把鋤頭。這場"打船醮"儀式僅由一名道士獨自完成,該道士身穿著黃色海青,赤足(或穿草鞋),頭上網冠繫紅色布條,右手搖帝鐘(法鈴),左手執牛角。該名道士在供桌前先以閭山法動作及唱腔進行科介表演。唱念完畢後,他會虛扮牽繩拉船動作(以示牽船而進),並手執鋤頭"開水路"——在王船左右兩側由內而外地犁地(以示開通水道、航行無阻);最後將兩桶清水分別潑灑在船頭和船尾(以示船行水上、乘風破浪)。

總之,高屏與臺南地區在焚送王船前均會例行敷演"逐穢押煞"儀式,雖然宗旨大抵相同,但表演方式卻迥然有異,藉此顯示出鮮明的地域特徵。比較而言,高屏地區"押煞"側重於將瘟疫驅逐上船,臺南"打船醮"則著意於祈禱王船遠航、乘風破浪。儘管如此,整場儀式的核心思想——驅除瘟疫、祈保平安,二地顯然又是共通的。前引《武陵競渡略》中談到當地民眾在競渡前夜及當日必擇法力高強之巫師(實為神霄派道士)施行法術,藉此鎮禳不祥、祈求勝利。至今,閩臺地區焚送王船前必會聘請某道士團隊進行科儀演法,以示驅瘟禳災,科演過程中以施用雷法為主要特徵,尤其在敷演"和瘟五雷神燈科儀"時更充斥濃郁的雷法色彩。這與《武陵競渡略》中所述明代競渡風俗大抵相仿。

## 六、王醮科儀文本中的競渡遺俗

其實，龍舟競渡的某些用語和傳統做法在今天閩臺地區的王醮科儀文本及操作實踐中得到不同程度地保存和體現。現以南臺灣靈寶道士歷代沿用的"禳災祭船"科儀文本——《太上靈寶禳災祭船科儀》（又名《金籙禳災祭奠王船科儀》）為例，分析其中蘊含的古老遺俗。

首先，科儀文本開篇所奉請神祇名錄中有"押船大使、船頭大王、船尾小王、游江五郎、競渡三郎、河泊水官、梢工把船、班錠水手、左不達兒郎、右不動兒郎、搖旗神君、擊鼓大神、鳴鑼大神"等等，若去掉神號而還原其司職，儼然就是龍舟競渡時的一班人馬。此外，該文本亦云："伏以錦帆高掛，順流遠出於江中。執殳前驅，逐隊儼然於舫槳。船不停而浪風恬息，旌饗往而鼓樂摧行。……伏望開懷暢飲，莫辭北海之傾樽；舉棹如飛，高激浪花之翻雪。"這裏描寫的無疑就是龍舟競渡時的場景：錦帆高掛，船行江中，在急促的鼓樂聲中，水手們奮力划槳，迎風破浪、水花飛濺。

其次，《太上靈寶禳災祭船科儀》有云："伏以乘風破浪，船飛直去於海外。扶國庇民，妖氛掃淨於海島。芳聲久播，駿譽遐騰。彩船齊發，泗水生輝。瞻河溯而望餘光，睹甘棠①而思會德。某等效投轄②之末由③，翼奪標之有捷。謹奉素酌以勞軍，益願煙銷福集，謬進芳筵以饗士，惟祈瘴息禧臨。"這段文字係演法道長引導醮主施行"三獻"禮之"亞獻"時的祝辭。這段引文中有兩個關鍵詞值得注意："泗水"和"奪標"。先說"泗水"，筆者認為此語在本文中當有兩種地理學意義上的詮釋：一為"泗水"（又稱"泗河"，傳為

---

① "甘棠"即棠梨。《詩經·召南·甘棠》云："蔽芾甘棠，勿翦勿伐！"［(清) 王先謙撰，吳格點校：《詩三家義集疏》卷二，中華書局 1987 年版，第 86 頁］《史記·燕召公世家》載："周武王之滅紂，封召公於北燕。……召公巡行鄉邑，有棠樹，決獄政事其下，自侯伯至庶人各得其所，無失職者。召公卒，而民人思召公之政，懷棠樹不敢伐，歌詠之，作《甘棠》之詩。"［(漢) 司馬遷：《史記》卷三四，中華書局 1959 年版，第 1549—1550 頁］後人常以"甘棠"稱頌官吏操守之廉潔和公正等美德。

② "投轄"乃指主人殷勤留客。此語源於《漢書·游俠傳·陳遵傳》："(陳) 遵耆酒，每大飲，賓客滿堂，輒關門，取客車轄投井中，雖有急，終不得去。"［(漢)班固撰，(唐)顏師古注：《漢書》卷九二，中華書局 1962 年版，第 3710 頁］"轄"為車軸兩端的鍵，無轄則車不能行。

③ "末由"又作"未由"，即為無由之義。《論語·子罕上》云："雖欲從之，末由也已。"(程樹德撰，程俊英、蔣見元點校：《論語集釋》卷十七，中華書局 1990 年版，第 594—595 頁) 漢代荀悅撰《申鑒·政體》云："偽亂俗，私壞法，放越軌，奢敗制。四者不除，則政末由行矣。"［國學整理社輯：《諸子集成》(第八冊)，中華書局 1954 年版，第 2 頁］

禹治九水之一），發源於今山東省蒙山南麓，它是古代淮河上的一大支流，也是聯繫中原和江淮地區的重要交通樞紐；①二為"泗水"即"四水"②，宋代以來人們就常以"三湘四水"來指稱湖南地區，其中"四水"係指湘江、資江、沅江、澧水這四條河流。前引"彩船齊發，泗水生輝"之句形象地勾勒出眾多龍舟齊聚水面，爭相飛渡的生動畫面，而地點則在"泗水"。根據前述對"泗水"的兩種理解，我們認為其反映的當是江淮或湖湘地區龍舟競渡時的場景。此二地都是"送瘟船"習俗最初的發源地。換句話說，今閩臺地區靈寶派及閭山派道士所使用的"祭船"科儀文本中至今仍保留遙遠的歷史記憶。再說"奪標"，此係龍舟競渡時的常見用語，意指優勝者奪取錦標，後人亦借此附喻科舉中第。本處引文中"奪標"一語仍沿用古意。總之，這段祝辭一方面襲用龍舟競渡儀式的措辭和術語，同時增補了"送瘟"等內容，從而使文字中套用和拼接等痕跡十分明顯，透露出"送王船"習俗與古老的龍舟競渡傳統其實有著千絲萬縷的聯繫。

　　明末楊嗣昌所撰《武陵競渡略》介紹了沅湘一帶民眾端午划船禳災之盛況，書中完整保存了泛舟競渡、禳災"送瘟"的一系列場景和程序。這些做法，從今天閩臺地區"送王船"習俗中仍可尋覓到些許影子。其中，端午競渡中"送標"節次，也是全部活動的核心和宗旨所在。"送標"就是送走瘟疫和不祥，這與閩臺"送王船"習俗中"送王"環節頗為相似，二者均承擔著驅邪避害之任務。《武陵競渡略》中談到當地民眾在競渡前夜及當日必擇法力高強之巫師施行法術，藉此鎮禳不祥、祈求勝利。通過對相關線索的考證和分析，我們基本可以判定，這裏所說的巫師乃係神霄派道士，其所奉"西河薩真人"乃指該派祖師薩守堅，他們施演的法術實為道門雷法。至今，閩臺地區焚送王船前必會聘請某道士團隊進行科儀演法，以示驅瘟禳災、祈

---

①　傳說中的"泗水撈鼎"故事就發生在這片水域，此亦係漢代畫像石刻中的常見母題。據《史記·秦始皇本紀》記載："始皇還，過彭城，齋戒禱祠，欲出周鼎泗水。使千人沒水求之，弗得。"[(西漢)司馬遷：《史記》卷五，中華書局1959年版，第248頁] 又據《水經注·泗水》云："周顯王四十二年，九鼎淪沒泗淵，秦始皇時而鼎見於斯水，始皇自以德合三代，大喜，使數千人沒水求之，不得，所謂鼎伏也。亦云系而行之，未出，龍齒齧斷其系。故語曰：稱樂大早絕鼎系。當是孟浪之傳耳。"[(北魏)酈道元原注，陳橋驛注釋：《水經注》卷二五，浙江古籍出版社2001年版，第403—404頁] 邢義田認為，漢代畫像中的"泗水撈鼎"圖乃係象徵導引導墓主昇仙之含義。(詳見邢義田：《漢畫解讀方法試探——以"撈鼎圖"為例》，載氏著《畫為心聲：畫像石、畫像磚與壁畫》，中華書局2011年版，第398—439頁)

②　這裏將"泗水"訓作"四水"，基於兩點依據：其一，古人常以"泗""四"二字通用；其二，道門科儀文本在歷經傳抄過程中也經常發生文字訛誤或混用之情況。

保平安。這些道士執法時常以施用雷法為主，尤其敷演王醮科儀所特有的
"和瘟押煞""五雷神燈"等節次更大量彰顯出傳統雷法之特徵。這些都與
《武陵競渡略》中所述明代競渡風俗大抵相仿。其實，《武陵競渡略》記載的
沅湘地區端午競渡的某些術語、流程及做法在今天閩臺地區靈寶派及閭山
派道士所沿用的"禳災祭船"科儀文本（如《太上靈寶禳災祭船科儀》或稱
《金籙禳災祭奠王船科儀》）中得到很好地保存和體現，藉此印證了借助"送
王船"儀式而留存至今的古老遺俗和遙遠記憶。

　　綜上所述，我們可採用逆推方式從各種紛雜的事物表象中透視和把握
本質，並釐清演變之脈絡：今天及明清時期閩臺地區十分盛行的"送王船"
習俗乃直接脫胎於北宋以降"送瘟船"做法，宋代江淮及兩湖流域"送瘟船"
則與古老的"龍舟競渡"傳統有著密切聯繫，而端午競渡最初確係出於逐送
瘟疫的本意。本章在考察論述中借助歷史文獻學和社會民俗學等領域的材
料，將傳統考據學手法與現代田野調查方法結合起來，從而使對上述現象本
身的探究，猶如剝竹筍一樣，在剝離外部一層層的筍片後，不難發現它們的
本質內核其實就是民眾對於瘟疫等惡性傳染性疾病的恐懼和禳祀。換言
之，"龍舟競渡""送瘟船""送王船"風俗不過是人們對於瘟疫之禳除在歷史
長河中的不同表現形式，故今閩臺地區"送王船"習俗中仍保留了龍舟競渡
的遺存。同時，這個案例也揭示出：任何巫術逐漸為民眾接受乃至演變成為
一種民間禮俗後，其巫術色彩必將遭到削弱，其本真面貌（性質）反而被層
累附加的內容所遮蔽不顯了。

# 第七章 明清文獻中所見閩臺王醮儀式

王醮儀式是明清以來盛行於閩臺地區的一種宗教民俗活動。王醮實為"瘟醮",世人避忌"瘟"字不雅而隱稱作"王醮"或"王船醮""王爺醮""迎王祭"等。推究此儀式之淵源,當與古老的龍舟競渡及"厲祭"傳統有直接關聯,兩宋時期江淮及兩湖流域民眾中流行的"祀瘟神"與"送瘟船"習俗則可視為其雛形。王醮儀式大多在特定廟宇的主持下定期舉行,通常以焚送王船("送王")為全部活動的高潮和結束。醮典期間,當地民眾不論身份、地位的差異,無不踴躍參與,捐獻財物,積極充當義工,扮演角色(職司),場面極為隆重,遂成為一种充滿濃郁宗教特色的社會民俗現象。下面,我們結合明清文獻對閩臺王醮儀式之緣起、沿革及其流佈情況加以探討。

## 一、閩地文獻中的"出海"習俗

晚明以降,王醮儀式(送王船)開始盛行於閩臺地區。翻檢閩臺文獻,筆者尋覓到的最早史料是明末清初海外散人[①]撰《榕城紀聞》。該書介紹明崇禎十五年(1642年)福州民眾設醮禳祭五瘟帝及"請相""出海"的情形時說:

> 二月疫起,鄉例祈禳土神,有名為五帝者,於是各社居民鳩集金錢,設醮大儺。初以迎請排宴,漸而至於設立衙署,置胥役,收投詞狀,批駁文書,一如官府。而五帝所居,早晚兩堂,一日具三膳,更衣晏寢,皆倣人生禮。各社土神參謁有期,一出則儀仗車輿、印綬箋簡,彼此參拜,有中軍遞帖、到門走轎之異。更有一種屠沽及游手之徒,或扮鬼臉,或充當皂隸,沿街迎賽,互相誇耀。繼作紙舟,極其精緻,器用雜物無所不備,興工出水,皆擇吉辰,如造舟焉。出水名曰"出海",以五帝逐疫出海而去也。是日,殺羊宰豬,向舟而祭。百十為群,鳴鑼伐鼓,鑼數十面,鼓亦如之。與執事者或搖旗,或扶舟,喊吶喧闐,震心動魄,當其先也。或又設一儺,紙糊五帝及部曲,乘以驛騎,旋繞都市四圍。

---

① 據《閩侯縣志》記載,"海外散人"或為明末生員陳發曾。

執香隨從者以數千計,皆屏息於烈日中,謂之"請相"。及舟行之際,則疾趨恐後,蒸汗如雨,顛躓不測,亦所甘心。一鄉甫畢,一鄉又起,甚而三四鄉、六七鄉同日行者。自二月至八月,市鎮鄉村日成鬼國。[①]

這段文字對研究和了解閩臺地區王醮科儀的起源和傳承具有非常重要的意義。現將其含義逐句分析如下:

第一,這場"設醮大儺"顯然是針對突發性瘟疫而舉行的,並非後世常見的慣例性慶典活動。禳祭的主神是五帝,乃係不入官方祀典之列的土神之類,亦當代表了瘟疫的根源。醮事活動所需的經費由各社居民攤派或捐款籌集而來,換言之,此為民間自發組織的公益性群體(社區)活動。迄今,臺灣瘟醮祭典仍以地區性公廟為中心,由廟方人員牽頭組織和操辦,同時接受社會人士的自願捐助(財物及人力),轄區民眾廣泛參與,充當義工,充分體現出區域性、公益性、自發性等特徵。今臺灣王醮所祀主神雖然亦係瘟王,卻因地域或廟宇的傳統不同而凡計有五瘟王(五府千歲)、十二瘟王和三十六瘟王等說法。不過,每屆王醮祭典通常會從上述瘟王中按照一定原則推選出三位輪值瘟王爺,迎請至"王府"供奉,待醮事結束後,焚船"送王"離境。此外,臺灣部分廟宇也有王醮時供祀五位瘟王(或稱"五府千歲")的傳統,如臺南市安定鄉蘇厝村真護宮和屏東縣東港鎮東隆宮即是如此。

第二,民眾奉祀五帝的規格和方式,也經歷由簡樸到奢華的轉變。最初僅迎請五帝時擺席宴客,進而發展到為其專設衙署,配置隨從。期間,轄區民眾可至衙署投詞狀,訟冤情,五帝也一如人間的官僚大員,體恤民情,批駁文書,處理公務。世人侍奉五帝之禮儀,完全仿照生人(王公大臣)的居處作息:跟班衙役(由信眾充任)每天早晚兩次列隊恭候五帝坐堂處理公務,一日奉進三次膳食(早、中、晚餐),依時為其換衣,服侍就寢。今南臺灣地區設醮期間必為值年瘟王專設"王府"("代天巡狩府"),並挑選若干民眾充任差役和內侍,晝夜輪流執勤,一日奉進三餐,均為素食(俗稱"祀王"),按時服侍更衣就寢。輪值瘟王每天早晚兩次坐堂辦公,收投詞狀,批駁文書。醮事最後一天,主辦方慣例於"王府"內設宴祀王,葷素皆有(俗稱"宴王"),並擇臨近空地(或廟埕)"辦桌"排宴,普施孤魂(實供鄉民信眾隨意飲食)。

---

① (清)海外散人撰:《榕城紀聞》,載陳支平主編:《臺灣文獻匯刊》第二輯·第十四冊,九州出版社、廈門大學出版社 2004 年版,第 132—133 頁。

第三,在供奉期間,轄區各社原祀諸路土神均擇期前來參謁五帝。這些神祇出巡時均配有儀仗車輿,攜印綬文書隨行,沿途廟宇彼此參拜,聯絡友情。到達五帝衙署後,需先到中軍帳前遞上拜貼,靜候召見,並在轅門外"走轎"①。一些出身市井職業卑微之人及遊手好閒之徒,或臉塗粉彩成鬼狀,或扮作差役,跟隨神轎,沿路巡行,迎神賽會,相互炫耀、彼此鬥奇。今臺灣地區凡有建醮,附近交陪境及有聯誼關係的諸多廟宇會在執事人帶領下,抬著神轎(內設神像)前來拜謁聯絡友情(名為聯絡神祇,實為加強地方廟宇間感情),當地人稱之為"交誼"。且凡神轎出巡,均會見"八家將"②和"宋江陣"③伴隨左右,熱鬧非凡。每位"八家將"成員皆塗粉彩、勾描成鬼臉狀,手持各種奇形怪狀之兵器或法器,並遵循特定步伐(進攻時走"七星步",圍捕時擺"八卦陣"和"踏四門")編隊行進。

第四,繼而造作紙船,做工十分精緻,船上的器物用品一應俱全,動工開鑿及出艙下水等均擇良辰吉日,就如同打造真船一般。打造完畢的紙船出艙下水,又名曰"出海"。"出海"的含義是指五帝驅逐瘟疫離境出海而去。這天,社區民眾群集而至,殺羊宰豬備足供品,面朝紙船祭拜。民眾以百十人分為一群,每群各執鑼和鼓不斷敲打,通常凡計有鑼鼓數十面(即指與事群眾數千人)。他們在執事人的帶領下,或搖旗吶喊,或扶舟而行,充當開路

①　"走轎"又稱"遊神",這種古老的風俗至今仍盛行於臺灣地區,通常由四人抬著供奉神像的轎子巡境遊行,沿路信眾圍觀,鞭炮齊鳴、鑼鼓開道,神轎行進時前後進退凌亂無序,時而急驅奔走若狂狀,謂之"神走轎"。

②　所謂"八家將"是指甘、柳、謝、范四大將軍和春、夏、秋、冬(何、張、徐、曹)四大帝君。作為主角的四大將軍中甘、柳二將軍通常排在陣前,甘將軍臉畫章魚足形目,柳將軍臉畫紅黑陰陽目,二人均外手持扇、內手持戒棍,負責執行刑罰。緊隨其後的是范、謝二將軍,也就是世人熟知的七爺、八爺,負責捉拿犯人。七爺謝將軍即謝必安,俗稱"白無常",臉畫白底黑蝙蝠,口吐長舌,頭戴長帽,上書"一見大吉"四字;八爺范將軍即范無救,俗稱"黑無常",黑臉白睛,頭戴圓帽,左手握方牌上書"善惡分明"四字。春夏秋冬四大帝君是配角,負責拷問犯人,四人臉上分別勾劃龍、鳥、虎、龜四種動物。據學界的研究表明,"八家將"陣頭所表達的宗教含義是:主神下令→文差接令→武差傳令→謝、范二將軍捉拿→甘、柳二將軍施刑罰→四季帝君拷問→文判錄口供→武判押罪犯。這套刑訊流程乃係對清代縣署巡捕組織的神格化,意在捕捉和懲處遊蕩陽世間的鬼魂。

③　所謂"宋江陣"是一種武術表演性陣頭,多以36人為一組,每人手執兵器、列隊而行,按套路進行格鬥表演。"宋江陣"最初發源於福建一帶,而今盛行於臺灣嘉南平原以南地區(尤以臺南和高雄為著名),通常依附於寺廟宮觀而常見於廟會活動中,作為神佛駕前的藝陣而擔負了酬神娛人的任務。有學者認為,臺灣"宋江陣"始於明鄭時代,陳永華基於"寓政於教"的方針將民間信仰與地方武力結合而成了此陣頭。也有人認為,"宋江陣"乃取自《水滸傳》中梁山好漢攻城時所用的陣式。

先鋒,聲勢浩大,動人心魄。其實,"出海"即類同於今閩臺地區常見之"送王船"儀式。今見"王船"多為木質結構,製作精美、宛若真船,船上器物全係真品。"王船"的開鑿及下水亦需擇日,挑選良辰吉日,並擲筊請示神祇後才得以確定。焚送"王船"那天,民眾聞訊扶老攜幼雲集而來,彩旗飄揚,鑼鼓喧天,鞭炮齊鳴,熱鬧異常。"王船"上堆滿了民眾供奉的米麵油等生活用品和大捆金紙。出發前,執事率眾在演法道士引導下,朝向"王船"先行祭拜——供桌上擺放生豬(全)、生羊(全)若干及其他供品。隨後,民眾採用肩拉、手推等傳統方式將"王船"拖行至焚燒地(多為海灘或流水處),鑼鼓聲及吶喊聲響徹雲際,沿路圍觀群眾多達數千人。

第五,或又增設一儺——五帝及部曲隨從(均係紙糊),五帝乘坐驛騎車馬,旋繞都市四周以示巡行,數千信眾執香隨從於後,均全神貫注而又畢恭畢敬地站立在烈日中,此謂之"請相"。待到"出海"時,民眾爭先恐後,即使累得揮汗如雨或途中遭遇到意外傷害,也心甘情願,毫無怨言。今臺南地區曾文溪流域建醮期間必擇一位重量級人物代表王爺千歲巡境,其稱謂因廟宇不同而存見差別——常見計有"旗牌官"(如西港鄉慶安宮)、"轅門官"(如安定鄉蘇厝村真護宮)或"巡按官"(如安定鄉蘇厝村長興宮),其裝扮均身著清式官袍、朝靴,頭戴官帽,頂插花翎,胸披綬帶,懷抱王令,每日分兩次(上午和下午)在胥吏的簇擁下騎高頭大馬巡境遊行,檢視完畢後必返"王府"向王爺回稟奏報。有些廟宇還在"王府"旁為其專設處所——或稱"轅門衙"(如真護宮)、"巡按衙"(如長興宮)。

第六,上述祭祀活動待某鄉剛結束,另一鄉又接踵開始了,甚至不乏三四鄉、六七鄉同時設醮之情形。整個福州地區,從二月到八月、從城市到鄉村,到處都在此起彼伏地舉行類似活動,幾乎變成了鬼國。今南臺灣地區以"送王船"而聞名的幾個宮觀通常以三年為期(值逢丑、辰、未、戌年或子、卯、午、酉年)例行王醮儀式,且大多遵循既定月份——例如臺南地區曾文溪流域(古稱"臺江內海")沿線各廟"送王船"時間依次為:蘇厝真護宮和長興宮均為農曆三月、西港慶安宮為農曆四月。屏東縣東港溪流域的東隆宮則為農曆九月,小琉球三隆宮"迎王祭典"早年與東隆宮合併舉行,現今改為延後單獨舉行。澎湖馬公北甲北辰宮為農曆四、五月份時。

如果說,前引《榕城紀聞》中設醮祭祀瘟王而"請相""出海"之舉動尚屬於應對"疫起"(突發性瘟疫)的臨時性舉措,至清代則儼然成為一種慣例行為(習俗)。據道光年間郭柏蒼、劉永松纂輯《烏石山志》卷四《祠廟》"五通行祠"條云:"閩中鄉社多奉五帝。五六月間,晝夜喧呼,奉神出遊,有所

謂請相出海。官以其事近於儺,故或禁,或不禁。"① 此外,道光、咸豐時人施鴻保撰《閩雜記》卷七"出海"條也談道:

> 出海,驅遣瘟疫也。福州俗,每年五六月中,各社釀錢紮竹為船,糊以五色綾紙,內設神座及儀從供具等,皆綾紙為之,工巧相尚,有費數十緡者,雇人舁之,鳴螺撾鼓,肩各廟神像前導至海邊焚化。漳府、屬亦有之,然亦皆綾紙所糊耳。惟廈門人別造真船,其中諸物,無一贗者,並不焚化,但浮海中,任其漂沒,計一船所費,或逾中人之產,付諸無用,殊可惜也。②

由此可見,清中晚期福州、漳州、廈門等地每年五六月間慣例舉行"請相出海"之類的送瘟祭典。另據道光本《廈門志》卷十五《風俗記》中介紹,當地亦流行王醮儀式。如云:

> 滿地叢祠,迎神賽會,一年之交,且居其半。有所謂王醮者,窮其奢華,震鏗炫耀,遊山遊海,舉國若狂。扮演凡百鬼怪,馳馨攢力,剝疾爭先,易生事也。禁口插背、過刀橋、上刀梯、擲刺球、易傷人也。賃女妓飾稚童,肖古圖畫,曰臺閣,壞風俗也。造木舟,用真器浮海,任其所之;或火化暴天物也。疲累月之精神,供一朝之睹盼,費有用之物力,聽無稽之損耗。聖人神道設教而流弊乃至於此,猶曰:"得古儺遺意。"豈不謬乎?③

無獨有偶,光緒末年泉州名士吳增撰《泉俗激刺篇·貢王》談到當地鄉民"送王船"時心驚膽顫、唯恐被徵召上船,服侍王爺:"有病藥不嘗,用錢去貢王,生雞鴨,生豬羊,請神姐,請跳童,目蓮傀儡演七場,資財破了病人亡。此時跳童又跳起,說是王爺怒未已,托神姐再求情,派刀梯,派火城,五牲十六盤,紙船送王行。送王流水去,鑼鼓聲動天,嚇得鄉人驚半死,恐被王爺帶上船。"④ 這些記載無不印證了清中後期"出海"(王醮)儀式在閩地的

① (清)郭柏蒼、劉永松纂輯,(清)黃宗彝、郭柏芎參訂,福州市地方志編纂委員會整理:《烏石山志》卷四,海風出版社 2001 年版,第 139 頁。
② (清)施鴻保撰,來新夏校點:《閩雜記》卷七,福建人民出版社 1985 年版,第 113 頁。
③ 廈門市地方志編纂委員會辦公室整理:《廈門志》卷十五,鷺江出版社 1996 年版,第 517 頁。
④ (清)吳增撰:《泉俗激刺篇》,載泉州市民政局、泉州志編纂委員會辦公室編:《泉州舊風俗資料匯編》,泉州志編纂委員會辦公室 1985 年版,第 123 頁。

盛行。

<h2 style="text-align:center">二、臺灣志書中的"王醮"儀式</h2>

有關臺灣王醮儀式的最早記載,始見於清康熙五十五年(1716年)陳夢林纂修《諸羅縣志》。該書卷八《風俗·漢俗》中"雜俗"條云:

> 斂金造船,器用幣帛服食悉備;召巫設壇,名曰王醮。三歲一舉,以送瘟王。醮畢,盛席演戲,執事儼恪趨進酒食;既畢,乃送船入水,順流揚帆以去。或泊其岸,則其鄉多厲,必更禳之。相傳昔有荷蘭人夜遇船於海洋,疑為賊艘,舉礮攻擊,往來閃爍,至天明,望見滿船皆紙糊神像,眾大駭;不數日,疫死過半。近年有興船而焚諸水次者,代木以竹,五采紙褙而飾之。每一醮動數百金,少亦中人數倍之產;雖窮鄉僻壤,莫敢怪者。①

諸羅是清廷初設臺灣府時所設三縣之一,"地南自蔦松、新港,東北至雞籠山後皆屬焉,極海而止"②。換言之,諸羅縣轄區相當於今臺灣中北部地區。耐人尋味的是,今臺灣"送王船"習俗主要流行於南部地區(含金門、澎湖等離島),中北部則已不多見了。

爾後,清康熙五十九年(1720年)王禮主修、陳文達編纂《臺灣縣志》卷一《輿地志·風俗》"雜俗"條云:

> 臺尚王醮,三年一舉,取送瘟之義也。附郭鄉村皆然。境內之人,鳩金造舟,設瘟王三座,紙為之。延道士設醮,或二日夜、三日夜不等,總以末日盛設筵席演戲,名曰請王;進酒上菜,擇一人曉事者,跪而致之。酒畢,將瘟王置船上,凡百食物、器用、財寶,無一不具。十餘年以前,船皆製造,風篷、桅、舵畢備。醮畢,送至大海,然後駕小船回來。近年易木以竹,用紙製成,物用皆同。醮畢,抬至水涯焚焉。凡設一醮,動費數百金,即至省者亦近百焉,真為無益之費也。沿習既久,禁止實難;節費省用,是在賢有司加之意焉耳。相傳昔年有王船一隻放

① (清)周鍾瑄主修、陳夢林等編纂:《諸羅縣志》卷八,臺灣銀行經濟研究室編:《臺灣文獻叢刊》第141種,臺灣銀行1962年版,第150—151頁。
② (清)周鍾瑄主修、陳夢林等編纂:《諸羅縣志》卷一《地域志·建置》,臺灣銀行經濟研究室編:《臺灣文獻叢刊》第141種,臺灣銀行1962年版,第5頁。

至海中,與荷蘭舟相遇,炮火矢石,攻擊一夜;比及天明,見滿船人眾悉係紙裝成。荷蘭大怖,死者甚多。①

又,康熙六十一年(1722年)黃叔璥撰《赤嵌筆談》卷二《祠廟》云:

> 三年王船備物建醮,志言之矣。及問所祀何王?相傳唐時三十六進士為張天師用法冤死,上帝敕令五人巡遊天下,三年一更,即五瘟神;飲饌器具悉為五分。外懸池府大王燈一盞,云偽鄭陳永華臨危前數日,有人持束借宅,永華盛筵以待,稱為池大人,池呼陳為角宿大人,揖讓酬對如大賓;永華亡,土人以為神,故並祀焉。②

上述三條史料均撰作於清代康熙晚期,雖然彼此傳抄痕跡明顯,卻也遞補了不少有價值的細節和信息。茲略作歸納和分析如下:

第一,至遲康熙年間,臺灣島內(無論地處中北部的諸羅縣,還是南部的臺南市)開始盛行頗具規模的王醮祭祀活動,且沿習既久深入民心。建醮期間,闔境民眾籌集資金打造“王船”,置備器用、幣帛、服食等,耗費巨大,少則近百金、多則數百金。十餘年前(以康熙五十九年為標準),“王船”均係木質造作而成,篷、桅、舵等一應俱全。醮畢,相關人員送“王船”入海後駕小船返回(即今“遊地河”)。至康熙五十九年前後,“王船”改為竹質、外糊以綵紙,其他物品則沿循舊制,待醮事結束後抬至水邊焚燒(即今“遊天河”)。

第二,每三年例行舉醮一次,延請道士(巫)設壇,演法二晝夜或三晝夜。醮典最後一天必大擺宴席、演戲娛樂,名曰“請王”(即今所見之“宴王”):擇通曉禮儀者為執事,恭敬服侍,跪進酒菜,請王享用。宴畢,將紙質瘟王送置“王船”上,相應器物一應俱全。最後送“王船”入海,任其漂流而去。若有停靠,沿岸村落必重新迎請禳祭之,否則將被視為招來災疫。故而,就會出現若河畔上游的某一村莊建醮“送王”,下游諸村依次接踵跟進的情形。

---

① (清)王禮主修、陳文達編纂:《臺灣縣志》卷一,臺灣銀行經濟研究室編:《臺灣文獻叢刊》第103種,臺灣銀行1961年版,第60—61頁。此後歷代志書對此段文字多有抄錄和徵引,如乾隆六年《重修福建臺灣府志》、乾隆十一年《重修臺灣府志》、乾隆二十五年《續修臺灣府志》、乾隆二十九年《重修鳳山縣志》、道光九年《福建通志臺灣府》。(詳見本章附錄)

② (清)黃叔璥:《赤嵌筆談》卷二,臺灣銀行經濟研究室編:《臺灣文獻叢刊》第4種《臺海使槎錄》卷二,臺灣銀行1957年版,第45頁。

第三,曾傳言說,昔日荷蘭軍艦在海上夜遇一艘"王船",不明就裏開炮轟擊。待天明登船查看,只見滿船人物均係紙扎而成,荷蘭人大惑不解、驚恐萬分,後死者甚多。

繼上述康熙朝史料之後,歷代臺灣文獻亦屢論及王醮儀式,雖陳陳相因者居多(以援引陳文達《臺灣縣志》為主),卻也不乏增補新意者。這些地方志書分別從不同地域及角度對當地情況做了一些補充說明,對全面了解臺灣各縣及金門、澎湖等離島的王醮傳播史有一定的參考價值。鑑於此,我們特予列表如下:

### 表格 7–1:臺灣方志文獻中的王醮史料

| 序號 | 編撰者 | 書名及卷次 | 成書年代 | 備註 |
|---|---|---|---|---|
| 1 | 高拱乾 | 《臺灣府志》卷九《外志·災祥》 | 康熙三十四年(1695 年) | 僅見"天行使者"字樣,未詳論王醮 |
| 2 | 陳夢林 | 《諸羅縣志》卷八《風俗·雜俗》 | 康熙五十五年(1716 年) | |
| 3 | 王禮主修、陳文達編纂 | 《臺灣縣志》卷一《輿地志·風俗》 | 康熙五十九年(1720 年) | |
| 4 | 黃叔璥 | 《赤嵌筆談》卷二《祠廟》 | 康熙六十一年(1722 年) | |
| 5 | 劉良璧 | 《重修福建臺灣府志》卷六《風俗》 | 乾隆六年(1741 年) | 引《臺灣縣志》 |
| 6 | 范咸 | 《重修臺灣府志》卷十三《風俗(一)·習尚》 | 乾隆十一年(1746 年) | 引《臺灣縣志》 |
| 7 | 王必昌 | 《重修臺灣縣志》卷六《祠宇志》、卷十二《風土志》 | 乾隆十七年(1752 年) | |
| 8 | 余文儀主持編修 | 《續修臺灣府志》卷十三《風俗(一)》 | 乾隆二十五年(1760 年) | 引《臺灣縣志》 |
| 9 | 王瑛曾 | 《重修鳳山縣志》卷三《風土志·風俗》 | 乾隆二十九年(1764 年) | 引《臺灣縣志》,又有增補 |
| 10 | 朱景英 | 《海東劄記》卷三《記氣習》 | 乾隆三十七年(1772 年) | |
| 11 | 李元春輯成 | 《臺灣志略》卷一《勝跡》 | 嘉慶時 | 采訂郡縣舊志及前人著述而成 |

| 序號 | 編撰者 | 書名及卷次 | 成書年代 | 備註 |
|---|---|---|---|---|
| 12 | 孫爾准等修、陳壽祺纂（程祖洛等輯修、魏敬中重纂） | 《福建通志臺灣府》卷十九《風俗·臺灣府》 | 道光九年（1829年）修纂<br>道光十五年（1835年）重纂 | 引《臺灣縣志》 |
| 13 | 丁紹儀 | 《東瀛識略》卷三《習尚》 | 道光二十七年（1857年） | |
| 14 | 林焜熿纂輯、林豪續修 | 《金門志》卷十五《風俗記·雜俗》 | 道光及同治年間 | |
| 15 | 林豪 | 《澎湖廳志》卷九《風尚》 | 光緒十九年（1893年） | |
| 16 | 佚名 | 《安平縣雜記》 | 疑出日據初時 | 計有五條史料涉及王醮 |

## 三、閩臺王醮儀式的比較分析

試將閩臺兩地文獻中有關"出海""王醮"內容加以比對和分析，我們可以看出：二者具有明顯的相似性，臺灣"王醮"儀式顯然是承襲福建沿海一帶"出海"習俗發展而來的。推究其因，當係清廷收復臺灣後，隨著福建移民遷臺的不斷增多，一併把閩地風俗帶到寶島。無論福建的"出海"，還是臺灣的"王醮"，其核心宗旨都是借助一系列儀式活動送走瘟船和瘟王，藉此象徵驅逐災疫出境，祈求闔境平安、五穀豐登。當然，二者存在的某些細微差異也耐人尋味。

### （一）建醮的週期：每年與三年

晚明《榕城紀聞》中所載設醮祭五瘟帝乃係臨時性舉措，清道光年間撰作的《烏石山志》和《閩雜記》談到每年五六月間例行"請相出海"，可見閩地送瘟醮屬於年例性（以一年為週期）。① 清代臺灣文獻中談及王醮科期時

---

① 閩地舉辦的送瘟儀式活動雖以年例性居多，然亦並非全都如此。乾隆本《海澄縣志》卷十五《風土》云："近濱海村民不識事理之輩，每二三年間，倡為造王船之說。其百端耗費，窮極佻巧，動斂數百金。"［（清）陳鍈等修、鄧廷祚等纂：《海澄縣志》卷十五，《中國方志叢書·福建省》第九十二號，成文出版社1968年版，第175頁］可見，當時海澄縣的"造王船"送瘟儀式是以兩三年為週期的。

大多言明"三歲一舉"。這或許是因為移民遷臺後生活艱難,物資匱乏,而"王醮"耗費巨大,建醮週期由一年延擴為三年,不排除是基於財力和民力考量下的變通之舉。當然,我們說"三歲一舉"雖為臺灣民眾設醮之通例,但也不能就此一概而論。疑出日據初時的佚名《安平縣雜記》就介紹了清末安平縣"王醮"例行週期的幾種情況,如該書"風俗現況"條云:"近海莊民有王爺醮,十二年一次,用木製王船禳醮三日,送船出海,任風飄流。"[1] 又云:"六月,白龍庵送船。每年由五瘟王爺擇日開堂,為萬民進香。三天後,王船出海(紙製王船)。"[2] 最後,該書"官民四季祭祀典禮"條對當地的王醮習俗加以總結說:"又有建醮請王,饗祀極其豐盛。或一莊一會,或數十莊一會;有一年舉行一次者,有三、五年舉行一次者,有十二年舉行一次者,擇吉日而行之,為費不少。"[3] 事實上,今臺灣地區所見王醮科儀雖以三年為期者居多,但也不乏每年設醮或八年、十二年一科等多種情況,如金門等地就盛行年例性"貢王"儀式,臺南市南區灣裡萬年殿和喜樹萬皇宮奉行十二年一科的建醮慣例,高雄市永安鄉天文宮則恪守八年一科的規矩。

## (二)送瘟的稱謂:"出海"與"王醮","貢王"與"迎王"

前引閩地文獻介紹福州等地風俗時多將這種送瘟習俗稱作"出海"或"請相出海"。"王醮"和"王船"之稱謂,據筆者目前掌握的資料看,似始見於康熙年間臺灣文獻中——如《諸羅縣志》《臺灣縣志》《赤嵌筆談》。此後,清乾隆二十七年(1762年)刊本《海澄縣志》卷十五《風土》雖見"造王船之說",卻並未明言"王醮",[4] 直至道光本《廈門志》卷十五《風俗記》才見有"王醮"之稱謂。當然,這不能排除是受到臺灣俚語影響的可能。

前引光緒年間《泉俗激刺篇》中談到泉州鄉民稱"送王船"習俗為"貢王",迄今金門等地仍舊沿用此稱謂。此外,屏東縣東港和小琉球一帶則稱為"迎王"。總之,"王醮"稱謂雖因時代及地域而略存差異,然其送王船之做法及流程卻大抵相同。

---

① 佚名:《安平縣雜記》,臺灣銀行經濟研究室編:《臺灣文獻叢刊》第52種,臺灣銀行1959年版,第14頁。

② 佚名:《安平縣雜記》,臺灣銀行經濟研究室編:《臺灣文獻叢刊》第52種,臺灣銀行1959年版,第15頁。

③ 佚名:《安平縣雜記》,臺灣銀行經濟研究室編:《臺灣文獻叢刊》第52種,臺灣銀行1959年版,第19頁。

④ (清)陳鍈等修、鄧廷祚等纂:《海澄縣志》卷十五,《中國方志叢書·福建省》第九十二號,成文出版社1968年版,第175頁。

### （三）送瘟的方式：“浮海”與“火化”

至於送瘟的方式，《榕城紀聞》談到送船出海、任其漂流而去，《閩雜記》則云抬船“至海邊焚化”，道光本《廈門志》兼有二者——“造木舟，用真器浮海，任其所之；或火化暴天物也。”臺灣文獻《諸羅縣志》《臺灣縣志》則介紹說：十餘年前（以康熙五十九年為標準），“王船”均係木質造作而成，醮畢後相關人員送船入海，駕小船返回。約康熙五十九年（1720 年）前後，“王船”改為竹質、外糊綵紙，事後抬至水邊焚燒。由此可見，“浮海”和“火化”這兩種送瘟方式，清初時就已在閩臺二地開始流行。而今臺灣王醮儀式則一律採用焚送王船“遊天河”的方式，乃係日據時代地方政府干預和引導的結果。據一些當地耆老回憶說：20 世紀 50 年代以前，臺灣地區王醮送瘟儀式還是以送船泛海的“遊地河”為主流。

值得注意的是，明清閩臺文獻中談到送瘟方式的選擇，似乎還與王船質地有一些關聯：採用“泛海”方式送走的“王船”一般係木質結構，彩繪而成，而那些竹紮、紙糊的“王船”則多被抬至海邊“火化”。這是因為，竹紙“王船”不堪遠航，沒有抗擊風浪的能力，也無法自行駛離出境，故擇水邊（海灘）焚燒之，以示送走。[①] 相對木船而言，此類王船的最大優勢就是造價較低，可極大節省經費。今臺灣地區常見之“王船”均係木質彩繪而成，製作精美、雕樑畫棟，堪比真船，一把火燒成灰燼，令人惋惜。

此外，連橫撰《臺灣通史》卷二二《宗教志·神教》記載：晚清臺南民眾每年六月“送王”時亦採用焚化紙糊舟船的方式：“歲以六月出巡，謂之逐疫。喬裝鬼卒，呵殿前驅，金鼓喧闐，男女雜遝，傾錢酬願，狀殊可憐。越二日以紙糊一舟，大二丈，奉各紙像置船中，凡百器用財賄兵械，均以紙綢為之，大小靡不具。愚民爭投告牒，齎柴米，舁舟至海隅火之，謂之送王。七月七日，又至海隅迎之。”[②] 而今臺灣的王船多係由木質打造，規格大小不一，漆金描畫，艙門樓閣，諸班衙役（紙糊），日常生活用品一應俱全，幾與真船無差。

### （四）奉祀瘟王：五瘟帝與三瘟王

前引《榕城紀聞》《烏石山志》談到當地民眾所奉祀的瘟神為“五

---

① 不過，前引《安平縣雜記》所言“白龍庵”紙製王船採用出海之方式，與常規標準不符，當係個案。
② 連橫：《臺灣通史》卷二二，商務印書館 2010 年版，第 435 頁。

帝"——五位瘟神。乾隆年間所修《泉州府志》卷二十《風俗·歲時》又稱作"五方瘟神",如云:"是月(五月)無定日,里社禳灾,先日延道設醮,至期以紙為大舟及五方瘟神,凡百器用皆備,陳鼓樂、儀仗、百戲,送水次焚之。近竟有以木舟具真器用以浮于海者。"①

　　不過,前引康熙本《臺灣縣志》所言當地王醮"設瘟王三座"(紙質),即意味著彼時祭祀乃設三位瘟神。爾後,諸種志書(如乾隆六年《重修福建臺灣府志》、乾隆十一年《重修臺灣府志》、乾隆二十五年《續修臺灣府志》、乾隆二十九年《重修鳳山縣志》、道光九年《福建通志臺灣府》)大抵承襲此說法。尤其,乾隆二十九年(1764年)王瑛曾編纂《重修鳳山縣志》卷三《風土志·風俗》"附錄"條中徵引康熙本《臺灣縣志》上述內容後,又補充說:"民間齋醮祈福,大約不離古儺。近是,最慎重者曰王醮。先造一船曰王船,設王三位(或曰一溫姓、一朱姓、一池姓),安置外方,迎至壇次。"②這裏談到王醮需"設王三位",並且點明這三位王爺的身份——"或曰一溫姓、一朱姓、一池姓"。溫、朱、池姓三王,乃係閩臺地區十分流行的王爺信仰。此外,乾隆十七年(1752年)王必昌纂輯《重修臺灣縣志》卷六《祠宇志》③和道光二十七年(1857年)丁紹儀撰《東瀛識略》卷三《習尚》④也分別印證了王醮祭祀時設紙糊瘟王像三座的說法。

　　而同樣撰於康熙年間的《赤嵌筆談》則談到王醮期間民眾供祀"五瘟神",並且說這五人乃係出自三十六瘟神,遵奉上帝敕令巡遊天下,三年一輪替。此外,《安平縣雜記》"風俗現況"條介紹了當地白龍庵六月送船的情形,其中"每年由五瘟王爺擇日開堂"之句點出所供瘟神為"五瘟王爺"。⑤另據連氏《臺灣通史》卷二二《宗教志·神教》介紹,晚清臺灣民眾所祀"五帝"計分為兩種情況:"而臺灣所祀之五帝有二:其一為五顯大帝,廟在臺南郡治之甯南坊。……然臺南所祀者,為像一,赤面三眼,則又別為一神,而為師巫所假借,故亦稱為五顯靈官也。其一為五福大帝,廟在鎮署之右,為福

　　①　(清)懷蔭布修,黃任、郭賡武纂:《乾隆泉州府志》卷二十,《中國地方志集成·福建府縣志輯(22)》,上海書店出版社2000年版,第492頁。

　　②　(清)王瑛曾編纂:《重修鳳山縣志》卷三,臺灣銀行經濟研究室編:《臺灣文獻叢刊》第146種,臺灣銀行1962年版,第59頁。

　　③　(清)王必昌纂輯:《重修臺灣縣志》卷六,臺灣銀行經濟研究室編:《臺灣文獻叢刊》第113種,臺灣銀行1961年版,第182頁。

　　④　(清)丁紹儀:《東瀛識略》卷三,臺灣銀行經濟研究室編:《臺灣文獻叢刊》第2種,臺灣銀行1957年版,第35—36頁。

　　⑤　佚名:《安平縣雜記》,臺灣銀行經濟研究室編:《臺灣文獻叢刊》第52種,臺灣銀行1959年版,第15頁。

州人所建,武營中尤崇奉之,似為五通矣。然其姓為張、為劉、為鍾,為史、為趙,均公爵,稱部堂,僭制若帝王,歲以六月出巡,謂之逐疫。"①

今臺灣民眾或將"五府千歲"與此瘟神"五帝"混同。筆者田野調查時所見當地王醮科儀中多數設三瘟王——如蘇厝長興宮、西港慶安宮,少數廟宇則設五瘟王——如東港東隆宮每屆醮科均從三十六位王爺中挑選出一名大千歲和四位千歲為"代天巡狩",而蘇厝真護宮則將廟內主祀的五府千歲視為王醮祭典之主角。

### (五)是否設立王府?

"王府"乃係瘟神王爺在建醮期間休息及辦公的場所,也是信眾祭祀王爺之所在。明末海外散人撰《榕城紀聞》詳細介紹了福州送瘟"出海"儀式中,民眾專為瘟神五帝設立衙署,配置胥吏,五帝也宛若人間的官僚大員,每日坐堂,批駁文書,處理公務。隨員需按時奉進三餐,服侍更衣就寢。今臺南及屏東等地設醮期間必為輪值王爺設置府邸,並挑選若干民眾充任差役和內侍(房科人員),晝夜輪流執勤,規格儀禮一如《榕城紀聞》所述。而翻檢清代臺灣文獻中關於王醮之論述,則無一涉及此類"王府"(衙署)的情況。那麼,清代臺灣民眾舉行王醮期間是否為瘟王設立"王府"官邸? 歷代文獻中唯一可見端倪的是,前引《安平縣雜記》"風俗現況"條介紹白龍庵送船之情形,其中云:"每年由五瘟王爺擇日開堂,為萬民進香。"② 據此推測,既然"五瘟王擇日開堂"意味著需為其預備坐堂辦公的地點——"王府"。但在尚未尋覓到更有力的直接證據之前,我們暫時無法給出確切答案。

　　綜上所述,清代臺灣盛行的"王醮"儀式和福建沿海一帶的"出海"習俗有著密切關係,二者可謂一脈相承,其源頭或可追溯到古老的龍舟競渡及"厲祭"傳統。這種送瘟儀式乃係閩臺地區所特有的,其間歷經數百年的歲月滄桑而得以流傳至今,尤為凸顯出宗教信仰與價值觀念在文化傳承中所具有的強大凝聚力。通過對明清文獻中所涉閩臺二地王醮資料的分析考證,我們可以看到:這種送瘟儀式雖在流傳過程中發生了衍變,但其外在形式、科儀流程及核心內涵等方面都沒有本質改變。迄今部分臺灣民眾仍遵循這一傳統,恪守古禮,定期舉辦規模不等的王醮祭典("送王船")活動,大

---

① 連橫:《臺灣通史》卷二二,商務印書館 2010 年版,第 434—435 頁。
② 佚名:《安平縣雜記》,臺灣銀行經濟研究室編:《臺灣文獻叢刊》第 52 種,臺灣銀行 1959 年版,第 15 頁。

部分的儀式步驟竟與明末《榕城紀聞》及清代閩臺志書中的相關記載有著驚人的相似性。而那些有著悠久設醮"送王"歷史的的廟宇——如臺南市安定鄉慶安宮和屏東縣東港鎮東隆宮就因傳承有序且盛況空前而被學界坊間冠以"南東港、北西港"之美譽,甚至成為島內民俗觀光業的一大品牌,不僅拉動當地經濟,且振奮民眾精神、強化社區團結、消弭人際矛盾、緩解貧富差距,成為一種獨特的宗教社會現象。20世紀80年代以來,福州、泉州、漳州、廈門等內地沿海城市在中斷數十年後重新恢復"送王船"傳統。2006年初,福建省政府批准將閩南"燒王船"習俗列為首批省級非物質文化遺產名錄。這些都說明,王醮("送王船")這一古老的送瘟習俗在閩臺大地上又煥發出生機和活力。

# 附錄：臺灣方志文獻中的王醮史料

1. 康熙三十四年（1695 年）高拱乾纂輯《臺灣府志》卷九《外志·災祥》云："辛酉年，疫。先是，有神曰'天行使者'來居陳永華宅，永華與相酬接。自是，鄭之主臣、眷屬，凋喪殆盡。"①

2. 康熙五十五年（1716 年）陳夢林纂修《諸羅縣志》卷八《風俗·雜俗》云："斂金造船，器用幣帛服食悉備；召巫設壇，名曰王醮。三歲一舉，以送瘟王。醮畢，盛席演戲，執事儼恪跽進酒食；既畢，乃送船入水，順流揚帆以去。或泊其岸，則其鄉多厲，必更禳之。相傳昔有荷蘭人夜遇船於海洋，疑為賊艘，舉礮攻擊，往來閃爍，至天明，望見滿船皆紙糊神像，眾大駭；不數日，疫死過半。近年有輿船而焚諸水次者，代木以竹，五采紙褙而飾之。每一醮動數百金，少亦中人數倍之產；雖窮鄉僻壤，莫敢怪者。"②

3. 康熙五十九年（1720 年）王禮主修、陳文達編纂《臺灣縣志》卷一《輿地志·風俗》"雜俗"條云："臺尚王醮，三年一舉，取送瘟之義也。附郭鄉村皆然。境內之人，鳩金造舟，設瘟王三座，紙為之。延道士設醮，或二日夜、三日夜不等，總以末日盛設筵席演戲，名曰請王；進酒上菜，擇一人曉事者，跪而致之。酒畢，將瘟王置船上，凡百食物、器用、財寶，無一不具。十餘年以前，船皆製造，風篷、柁、舵畢備。醮畢，送至大海，然後駕小船回來。近年易木以竹，用紙製成，物用皆同。醮畢，抬至水涯焚焉。凡設一醮，動費數百金，即至省者亦近百焉；真為無益之費也。沿習既久，禁止實難；節費省用，是在賢有司加之意焉耳。相傳昔年有王船一隻放至海中，與荷蘭舟相遇，炮火矢石，攻擊一夜；比及天明，見滿船人眾悉係紙裝成。荷蘭大怖，死者甚多。是亦不經之談也。"③

4. 康熙六十一年（1722 年）黃叔璥撰《赤嵌筆談》卷二《祠廟》云："三年王船備物建醮，志言之矣。及問所祀何王？相傳唐時三十六進士為張天師用法冤死，上帝敕令五人巡遊天下，三年一更，即五瘟神；飲饌器具悉為五分。外懸池府大王燈一盞，云偽鄭陳永華臨危前數日，有人持柬借宅，永華

---

① （清）高拱乾纂輯：《臺灣府志》卷九，臺灣銀行經濟研究室編：《臺灣文獻叢刊》第 65 種，臺灣銀行 1960 年版，第 217 頁。

② （清）周鍾瑄主修、陳夢林等編纂：《諸羅縣志》卷八，臺灣銀行經濟研究室編：《臺灣文獻叢刊》第 141 種，臺灣銀行 1962 年版，第 150—151 頁。

③ （清）王禮主修、陳文達編纂：《臺灣縣志》卷一，臺灣銀行經濟研究室編：《臺灣文獻叢刊》第 103 種，臺灣銀行 1961 年版，第 60—61 頁。

盛筵以待，稱為池大人，池呼陳為角宿大人，揖讓酬對如大賓；永華亡，土人以為神，故並祀焉。"①

5. 乾隆六年（1741年）劉良璧纂輯《重修福建臺灣府志》卷六《風俗》引《臺灣縣志》云："臺俗尚王醮：三年一舉，取送瘟之義也。附郭鄉村皆然。境內之人，鳩金造木舟設瘟王三座，紙為之，延道士設醮，或二日夜、三日夜不等。總以末日盛設筵席演戲，名曰'請王'；執事儳恪，跪進酒食。既畢，將瘟王置船上，凡百食物、器用、財寶，無一不具；送船入水，順流揚帆以去。或泊其岸，則其鄉多屬；必更禳之。每一醮，動費數百金；省亦近百焉。雖窮鄉僻壤，莫敢恡者。"②

6. 乾隆十一年（1746年）范咸纂輯《重修臺灣府志》卷十三《風俗（一）·習尚》"附考"條引《臺灣縣志》云："俗尚演劇，凡寺廟佛誕，擇數人以上主其事，名曰'頭家'；斂金於境內，演戲以慶。鄉間亦然。臺俗尚王醮，三年一舉；取'送瘟'之義也。附郭、鄉村皆然。境內之人鳩金造木舟，設瘟王三座，紙為之。延道士設醮，或二日夜、三日夜不等；總以末日盛設筵席演戲，名曰'請王'。執事儳恪，跪進酒食。既畢，將瘟王置船上，凡百食物、器用、財寶，無一不具；送船入水，順流揚帆以去。或泊其岸，則其鄉多屬，必更禳之。每一醮動費數百金，省亦近百焉。雖窮鄉僻壤，莫敢恡者。"③

7. 乾隆十七年（1752年）王必昌纂輯《重修臺灣縣志》卷六《祠宇志》云："又舊志府志載，邑治東安坊有開山王廟，今圮。長興里有王公廟。俱偽時所建。茲查各坊里社廟，以王公大人稱者甚夥：東安坊則山川臺、坑仔底，西定坊則王宮港、草仔藔、海防署前，寧南坊則馬兵營、打石街，鎮北坊則普濟殿、三老爺宮、以及安平鎮、青鯤身、北線尾、喜樹仔、永豐里、紅毛寮、中路、南潭等處，廟宇大小不一，概號曰代天府。神像俱雄而毅；或黝、或赭、或白而晢；詰其姓名，莫有知者。所傳王誕之辰，必推頭家數人，沿門醵資演戲展祭。每三年即大斂財，延道流，設王醮二三晝夜，謂之送瘟。造木為船，糊紙像三，儀仗儼如王者。盛陳優觴，跪進酒食，名為請王。愚民爭投告牒畢，乃奉各紙像置船中；競齎柴米。凡百器用、兵械、財寶，以紙或綢為之，無一不具。推船入水順流揚帆而去則已，或迴泊岸側，其鄉必更設醮造船以禳。每

① （清）黃叔璥：《赤嵌筆談》卷二，臺灣銀行經濟研究室編：《臺灣文獻叢刊》第4種《臺海使槎錄》卷二，臺灣銀行1957年版，第45頁。

② （清）劉良璧纂輯：《重修福建臺灣府志》卷六，臺灣銀行經濟研究室編：《臺灣文獻叢刊》第74種，臺灣銀行1961年版，第95—96頁。

③ （清）范咸纂輯：《重修臺灣府志》卷十三，臺灣銀行經濟研究室編：《臺灣文獻叢刊》第105種，臺灣銀行1961年版，第400—401頁。

費累數百金,少亦不下百金。雖窮村僻壤;罔敢咨怼,以為禍福立至。噫,此誣神惑民之甚者也!"① 又卷十二《風土志·風俗》云:"俗尚演劇。凡寺廟神誕,必擇數人主事,名曰頭家;歛金於境內演唱。又尚王醮,三年一舉,極靡費。"②

8. 乾隆二十五年(1760年)余文儀主持編修《續修臺灣府志》卷十三《風俗(一)·習尚》"附考"引《臺灣縣志》云:"臺俗尚王醮,三年一舉;取'送瘟'之義也。附郭、鄉村皆然。境內之人鳩金造木舟,設瘟王三座,紙為之。延道士設醮,或二日夜、三日夜不等;總以末日盛設筵席演戲,名曰'請王'。執事儼恪,跪進酒食。既畢,將瘟王置船上,凡百食物、器用、財寶,無一不具;送船入水,順流揚帆以去。或泊其岸,則其鄉多屬,必更禳之。每一醮動費數百金,省亦近百焉。雖窮鄉僻壤,莫敢怼者。"③

9. 乾隆二十九年(1764年)王瑛曾編纂《重修鳳山縣志》卷三《風土志·風俗》"附錄"條云:"臺俗尚王醮,三年一舉;此送瘟之義也。附郭鄉村皆然。境內之人,鳩金造木舟,設瘟王三座,紙為之。延道士設醮,或二日夜、三日夜不等;總之,末日盛設筵席演劇,名曰請王。執事儼恪,跪進酒食。既畢,將王置船上,凡百食物器用財寶,無一不具,送船入水,順流揚帆以去。或泊其岸,則其鄉多屬,必更禳之。每一醮動費數百金,省亦近百焉。雖窮鄉僻壤,莫敢怼者。民間齋醮祈福,大約不離古儺。近是,最慎重者曰王醮。先造一船曰王船,設王三位(或曰一溫姓、一朱姓、一池姓),安置外方,迎至壇次。齋醮之時,儀仗執事、器物筵品,極誠盡敬。船中百凡齊備,器物窮工極朽,糜金錢四、五百兩,少亦二、三百兩。醮畢、設享席演戲,送至水濱,任其飄去(紙船則送至水濱焚之)。夫儺以逐疫,聖人不妨從眾。至云船泊其地,則其鄉必為屬,須建醮禳之;噫! 神聰明正直而壹者也,豈有至則為屬而更禳之理? 且人亦何樂為不見益己而務貽禍於人之事耶? 此理之不可信者也。"④

10. 乾隆三十七年(1772年)朱景英纂輯《海東劄記》卷三《記氣習》云:

① (清)王必昌纂輯:《重修臺灣縣志》卷六,臺灣銀行經濟研究室編:《臺灣文獻叢刊》第113種,臺灣銀行1961年版,第182頁。標點略作修訂。

② (清)王必昌纂輯:《重修臺灣縣志》卷十二,臺灣銀行經濟研究室編:《臺灣文獻叢刊》第113種,臺灣銀行1961年版,第402頁。

③ (清)余文儀編修:《續修臺灣府志》卷十三,臺灣銀行經濟研究室編:《臺灣文獻叢刊》第121種,臺灣銀行1962年版,第498—499頁。

④ (清)王瑛曾編纂:《重修鳳山縣志》卷三,臺灣銀行經濟研究室編:《臺灣文獻叢刊》第146種,臺灣銀行1962年版,第59頁。

"俗喜迎神賽會。如天后誕辰、中元普度,輒釀金境內,備極鋪排,導從列仗,華侈異常。又出金備人家垂髫女子,裝扮故事,异遊於市,謂之'擡閣',靡靡甚矣。每舉尚王醮設壇,造舟送迎,儼侈糜費,尤屬不貲。"①

11. 嘉慶時人李元春採訂郡縣舊志及前人著述而輯成《臺灣志略》卷一《勝蹟》云:"邑又有稱王公廟、大人廟、三老爺廟者,不知何神。或云,皆即澎湖將軍澳之神也。舊志云,神之姓名事蹟無考。豈隋開皇中虎賁陳稜略地至此,因祀之歟? 又曰:舊志、府志載邑治東安坊有開山王廟,今圮;長興里有王公廟,俱偽鄭時所建。查各坊里社廟,以王公、大人稱者甚夥。東安坊則山川臺、坑仔底,西定坊則王宮港、草仔寮、海防署前,寧南坊則馬兵營、打石街,鎮北坊則普濟殿、三老爺宮,以及安平鎮、青鯤身、北線尾、喜樹仔、永豐里、紅毛寮、中路南潭等處,廟宇大小不一,概號曰'代天府'。神像俱雄而毅,或黝或赭、或白而皙,詰其姓名,莫有知者。所傳王誕之辰,必推頭家數人沿門醵資,演戲展祭,每一年即大斂財。延道流設王醮二、三晝夜,謂之'送瘟'。造木為船,糊紙像三,儀仗儼如王者,盛陳優觴,跪進酒食,名為請王;愚民爭投告牒畢,乃奉各紙像置船中,競賫柴米。凡百器用、兵械、財寶,以紙或綢為之,無一不具。推船入水,順流揚帆而去則已;或迴泊岸側,則其鄉必更設醮、造船以禳。每費累數百金,少亦不下百金。雖窮村僻壤,罔敢吝惜,以為禍福立至。噫! 此誣神惑民之甚者也!"②

12. 道光九年(1829年)孫爾准等修、陳壽祺纂(道光十五年程祖洛等輯修、魏敬中重纂)《福建通志臺灣府》卷十九《風俗·臺灣府》云:"臺俗尚王醮,三年一舉,取送瘟之義也。鳩金造木舟,設瘟王三座,紙為之。延道士設醮,或二日夜、三日夜不等,總以末日盛設筵席演戲,名曰'請王'。既畢,將瘟王置船上,凡百食物、器用、財寶,無一不具,送船入水,順流揚帆以去。或泊其岸,則其鄉多屬,更禳之。每一醮動費數百金,省亦近百,雖窮鄉僻壤,莫敢惜者。"③

13. 道光二十七年(1857年)丁紹儀撰《東瀛識略》卷三《習尚》云:"凡寺廟神佛生辰,合境斂金演戲以慶,數人主其事,名曰頭家。最重者,五月出海,七月普度。出海者,義取逐疫,古所謂儺。鳩貲造木舟,以五彩紙為瘟王

① (清)朱景英纂輯:《海東劄記》卷三,臺灣銀行經濟研究室編:《臺灣文獻叢刊》第19種,臺灣銀行1958年版,第28—29頁。

② (清)李元春:《臺灣志略》卷一,臺灣銀行經濟研究室編:《臺灣文獻叢刊》第18種,臺灣銀行1958年版,第47—43頁。

③ (清)孫爾准等修、陳壽祺纂:《福建通志臺灣府》卷十九,臺灣銀行經濟研究室編:《臺灣文獻叢刊》第84種,臺灣銀行1960年版,第206頁。

像三座,延道士禮醮二日夜或三日夜,醮盡日,盛設牲醴演戲,名曰請王;既畢,舁瘟王舟中,凡百食物、器用、財寶,無不備,鼓吹儀仗,送船入水,順流以去則喜。或泊於岸,則其鄉多厲,必更禳之。每醮費數百金。亦有間一、二年始舉者。福州諸郡亦興出海,船與各物皆紙為之,象形而已;即普度亦弗如臺。"①

14. 道光及同治年間林焜熿纂輯、林豪續修《金門志》卷十五《風俗記·雜俗》云:"而王醮之名,尤加敬肅。鳩金延道設壇,塑遊巡神,以牧馬王始開浯,鼓樂詣祖廟,恭致壇中若主者然。家豎燈篙,夜燃炬其杪;上下通紅,羅列如星。娛目衹崇朝,而經旬匝月疲憊精神;況以有用物力,任消耗於遊戲之場。執迷不悟,亦足異哉! "②

15. 光緒十九年(1893年)林豪纂修《澎湖廳志》卷九《風俗·風尚》云:"各澳皆有大王廟,神各有姓,民間崇奉維謹。甚至造王船、設王醮,其說亦自內地傳來。內地所造王船,有所謂福料者,堅緻整肅,旗幟皆綢緞,鮮明奪目;有龍林料者,有半木半紙者。造畢,或擇日付之一炬,謂之遊天河;或派數人駕船遊海上,謂之遊地河。皆維神所命焉。神各有乩童,或以乩筆指示,比比然也。澎地值豐樂之歲,亦造王船,顧不若內地之堅整也,具體而已。間多以紙為之,然費已不貲矣。或內地王船偶遊至港,船中虛無一人,自能轉舵入口,下帆下椗,不差分寸,故民間相驚以為神。曰王船至矣,則舉國若狂,畏敬特甚,聚眾鳩錢,奉其神於該鄉王廟,建醮演戲,設席祀王,如請客然。以本廟之神為主,頭家皆肅衣冠,跪進酒食。祀畢仍送之遊海,或即焚化,亦維神所命云。竊謂造船送王,亦古者逐疫之意,使遊魂滯魄有所依歸,而不為厲也。南人尚鬼,積習相沿,故此風特甚,亦聖賢所不盡禁。然費用未免過奢,則在當局者之善於撙節已。"③

16. 疑出日據初時的《安平縣雜記》中凡計有五條相關史料:

(1)《安平縣雜記·風俗附考》云:"臺俗尚王醮,三年一舉,取送瘟之義也。附郭鄉村皆然。境內之人,鳩金造水舟,設瘟王三座,紙為之,延道士設醮,或二日夜、三日夜不等。總以末日盛設筵席、演戲,名曰'請王'。執事儼恪跪進酒食,既畢,將瘟王置船上,凡百食物、器用、財寶,無不具。送船入

① (清)丁紹儀:《東瀛識略》卷三,臺灣銀行經濟研究室編:《臺灣文獻叢刊》第2種,臺灣銀行1957年版,第35頁。

② (清)林焜熿纂輯、林豪續修:《金門志》卷十五,臺灣銀行經濟研究室編:《臺灣文獻叢刊》第80種,臺灣銀行1960年版,第397頁。

③ (清)林豪:《澎湖廳志》卷九,臺灣銀行經濟研究室編:《臺灣文獻叢刊》第164種,臺灣銀行1963年版,第325頁。

水,順流揚帆以去;或泊其岸,則其鄉多厲,必更禳之。每一醮,動費數百金,省亦近百焉。雖窮鄉僻壤,莫敢恡者。"①

（2）《安平縣雜記·風俗現況》云:"近海莊民有王爺醮,十二年一次,用木製王船禳醮三日,送船出海,任風飄流。間有王船停滯他莊海岸,則該莊亦要禳醮。不然,該莊民人定罹災禍。此有明驗也。"②

（3）《安平縣雜記·風俗現況》云:"六月,白龍庵送船。每年由五瘟王爺擇日開堂,為萬民進香。三天後,王船出海(紙製王船)。先一日,殺生。收殺五毒諸血於木桶內,名曰'千斤擔'。當擇一好氣運之人擔出城外,與王船同時燒化。民人贈送品物米包,名曰'添儀'。是日出海,鑼鼓喧天,甚鬧。一年一次,取其逐疫之義也。"③

（4）《安平縣雜記·風俗義舉附考》"官民四季祭祀典禮"條云:"又有建醮請王,饗祀極其豐盛。或一莊一會,或數十莊一會;有一年舉行一次者,有三、五年舉行一次者,有十二年舉行一次者,擇吉日而行之,為費不少。"④

（5）《安平縣雜記·風俗義舉附考》"僧侶並道士"條云:"或作王醮(臺地所謂王爺者,俗傳前朝有三百六十多名進士,同日而死,上帝憐之,命血食四方,故民間有'代天巡狩'之稱。其實不然。如蕭王爺者,碑記謂漢之蕭何,大約古人正直為神,其名有不可考,概稱之曰'王爺'。沿漳、泉舊俗也),必延請道士演科儀、誦經咒、上表章於天曹以祈福。道士表文、牒文、榜文,均自署其銜曰'節度使'(大約醮成於宋代,道居皇帝時林靈素諸人創此名目,故有'節度使'之稱。宋以下無是官也)。捐緣之家,皆豎一燈篙,或二、三丈或四、五丈,篙畔懸一小黃旗,書曰'祈安植福'。夜間各燃一燈,點點紛列,燦如明星,亦大觀也。建三天大醮者,一天火醮、一天慶成、一天祈安。五天、七天大醮者,或多一水醮。醮事既罷之明日,作一小醮。名曰'醮仔'。凡作醮必普度,一切猪羊牲醴酒席菓品米膏鉆肉山之類,均極豐盛。董其事者,有主事、主醮、主壇、主普、三官首、天師首、聖帝首、祈安首、慶成首、信士首等各名目。按其捐緣之多寡,分次第焉。普度諸物,公設一份,餘

---

① 佚名:《安平縣雜記》,臺灣銀行經濟研究室編:《臺灣文獻叢刊》第52種,臺灣銀行1959年版,第12頁。

② 佚名:《安平縣雜記》,臺灣銀行經濟研究室編:《臺灣文獻叢刊》第52種,臺灣銀行1959年版,第14頁。

③ 佚名:《安平縣雜記》,臺灣銀行經濟研究室編:《臺灣文獻叢刊》第52種,臺灣銀行1959年版,第15頁。

④ 佚名:《安平縣雜記》,臺灣銀行經濟研究室編:《臺灣文獻叢刊》第52種,臺灣銀行1959年版,第19頁。

均董事各家自己出金備辦。羅列廟前，以物少者為恥。建醮之前數天，必請天師（天師張姓，相傳漢之張道陵）；建醮之後數天，必送天師（緣金多者，糊一黑面鬚鬚天師像，高五、六尺，衣服均用綢緞為之，一日換一色。天師壇舖設極工麗焉）。緣金少者，到天壇請泥塑天師而已。法器有銅鈴、法絲、法螺、盂鉢、鐘鼓、手爐、木笏等件。"①

①　佚名：《安平縣雜記》，臺灣銀行經濟研究室編：《臺灣文獻叢刊》第 52 種，臺灣銀行 1959 年版，第 21—22 頁。

下　篇
現代臺灣

# 第八章　臺灣王船信仰的地域分佈及特徵

　　王船信仰（又稱"王船祭""送王船"），是明清以降盛行於金門、澎湖和臺灣西南沿海地區（尤其環海一線村落）的宗教化民俗活動。據以往學者的研究，臺灣南部地區（含離島）的王船信仰大致可劃分為六大區域系統：曾文溪流域（西港、佳里、安定）；八掌溪流域（北門、柳營、布袋）；朴子溪流域（嘉義東石鄉）；二仁溪流域（茄萣、仁德、府城）；東港溪流域（東港、南州、小琉球）；金門、馬祖、澎湖群島。① 下面，我們根據前人研究成果，並結合筆者在臺灣從事實地調查時掌握的田野材料對上述王船信仰輻射圈的地理分佈及其特徵予以論述和介紹。

## 一、曾文溪流域

　　曾文溪是臺灣島內第四大河，也是臺南地區最大的河流，發源於阿里山脈，流經嘉義縣和臺南市，於臺南市安南區和七股鄉之間入海。曾文溪流域沿岸諸多廟宇舉辦的王醮活動最令人稱道，不僅規模盛大，而且形成一些獨特的地域性特徵，其中尤以西港慶安宮、蘇厝長興宮、蘇厝真護宮、佳里金唐殿等最具代表性。曾文溪流域送王船習俗大多遵奉三年一科的慣制，並形成相對固定的建醮月份——蘇厝真護宮和長興宮農曆三月、西港慶安宮農曆四月。此外，該地廟宇在建醮期間必擇一位重量級人物代表王爺千歲巡境——如西港鄉慶安宮設"旗牌官"、安定鄉蘇厝村真護宮設"轅門官"、安定鄉蘇厝村長興宮設"巡按官"，其裝扮均身著清式官袍、朝靴，頭戴官帽、頂插花翎，胸披綬帶、懷抱王令，每日分三次（早、中、晚）在胥吏的簇擁下、騎高頭大馬巡境遊行，檢視完畢後必返"王府"向王爺回稟奏報。有些廟宇還在"王府"旁為其專設處所——如真護宮稱"轅門衙"、長興宮稱"巡按衙"。這些建制完全仿照古代王爺出巡時的依仗，堪為建醮期間之一大景

---

　　① 參見黃文博：《臺灣民間信仰與儀式》，常民文化事業股份有限公司 1997 年版，第 55—70 頁；黃文博：《南瀛王船誌》，臺南縣文化局 2000 年版，第 24—37 頁；謝宗榮：《臺灣的王爺廟》，遠足文化事業股份有限公司 2006 年版，第 54—56 頁。

觀。此外,曾文溪沿岸"刈香"①(割香)繞境時,王船並不隨行(始終供奉於王船寮內),這些都明顯區別於東港溪流域。

　　蘇厝村(舊稱蘇厝甲)位於臺南市安定鄉東北方,曾文溪下游南岸,原為平埔族人的鹿場,明永曆年間始有蘇、林兩姓漢人遷臺開墾定居,現有人口 706 戶,合計 2363 人。蘇厝村在臺南地區王船信仰體系中具有舉足輕重的地位,因為這個不大的村落竟然有兩座大廟每隔三年(丑、辰、未、戌年)就會相繼舉辦十分隆重的王醮祭典活動,各燒化一艘大型木質王船,這在全臺是絕無僅有的。② 下面,我們簡略介紹一下這兩座王爺廟的情況。

　　長興宮坐落於蘇厝村北,主祀十二瘟王——子年張全、丑年余文、寅年侯彪、卯年耿通、辰年吳友、巳年何仲、午年薛溫、未年封立、申年趙玉、酉年譚起、戌年盧德、亥年羅士友,每科輪值三位王爺——當年及前兩年。據廟志介紹,其歷史可追溯至清康熙十八年(1679 年)三月當地村民於曾文溪畔撿獲大陸福建沿海漂流至此的建醮王船,艙內遍插十二隻綢製令旗(上書"玉敕代天巡狩"),遂恭迎入莊,築茅舍奉祀,並於乾隆三十七年(1772 年)首次設王醮,爾後三年一科延續至今。故而說,蘇厝長興宮是曾文溪流域王船信仰的源頭,甚至久負盛名的西港王船信仰也起源於此。值得一提的是,長興宮主殿常年奉祀三隻代天巡狩王令,並無金身(神像)③,此在臺灣地區王爺廟中獨具特色。該廟日常事務的經營,除管理委員會外,最有決定權的當屬"八甲首"——即該廟草創時蘇、林兩村的八個角頭④,此後世襲而沿用至今。王醮慶典時,除"八甲首"外,還特設"巡按官"

---

①　"進香""繞境""刈香"是臺灣廟會文化的重要組成部分。這三種活動都是以某廟信眾組成"香陣""香團"公開遊行的形式來完成,藉此達到娛神娛人、祈安納福之目的。不過,就本質內涵而言,它們也存在一些顯著差異。據臺灣當地人的說法,"進香"乃係謁祖請火,即分靈(或分香)的廟宇在一些特定日子(通常為主祀神明誕辰日)返回宗祖廟拜謁,以期聯誼溝通和加持神力。換言之,彼此存在主從或隸屬的關係。"繞境"一般多由地方上的村落廟宇(莊廟)主持進行,場面較小,通常不超過三天,且僅限於本轄境內遊行。"刈香",又稱割香,場面隆重,人數眾多,持續時間多達三天或三天以上,遊行範圍除了本境外,還包括外圍的信仰輻射區。此外,"刈香"還有一個顯著的外觀標誌就是必以"蜈蚣陣"(又稱"百足真人陣")為前導,藉此綏靖地方。(詳見黃文博:《臺灣民間信仰與儀式》,常民文化事業股份有限公司 1997 年版,第 108—116 頁)

②　有關蘇厝村長興宮和真護宮王醮之情況,參見方玉如:《蘇厝甲王爺信仰之研究》,臺南大學臺灣文化研究所碩士學位論文,答辯日期:2010 年 6 月,指導教師:戴文鋒教授。

③　蘇厝長興宮僅在王醮祭典期間設紙糊王爺金身三座,待儀式結束後即隨王船火化,故該廟主殿日常僅供奉王令三隻。

④　"角頭"是指臺灣開拓時某個區域中的村莊、聚落或族群派系,該轄區內所有民眾以其居住地而分別隸屬於不同的角頭。有些地方每個角頭都會設一個角頭廟(建醮時或在角頭

和"五主會"二職。"五主會"分別指：主會首、副會首、協會首、都會首、讚會首。後隨醮事規模擴大，又增設官爺首、王船首、大副首、二副首、船艙首、拔帆首等六個職位。

　　玉敕真護宮坐落於蘇厝村南，主祀五府千歲（係藤製軟身像）。部分蘇厝村民信奉五府千歲在長興宮合祀，後因內殿奉祀主神問題而發生爭執，遂於 1966 年分出獨立建廟供奉五府千歲，翌年因撿獲柳營代天院王船而首次建醮"送王"，並沿襲至今。廟內供奉一艘永祀王船——"凱旋號"，迄今已有五十餘年歷史，採用"陸上行舟"形制——即結合汽車與輪船的二者特徵，外觀為輪船造型，底部安裝四個輪子和動力引擎，並設有方向盤、後照鏡，繞境時可直接行駛於陸地上，為全臺獨有。與長興宮"請王"和"送王"均擇曾文溪畔不同，真護宮"請王"雖也在曾文溪畔，而"送王"則在廟左前方的村南空地就近舉行。建醮期間，真護宮特設"轅門官"一職，代行巡視之責；其他醮儀（如"王府"儀仗等）則一如長興宮做法。真護宮最近兩科王醮（丙戌科、己丑科）均聘高雄市彌陀鄉蔡志民道長主持科演，蔡氏係高屏地區靈寶道士，與臺南地區道壇的唱腔及演法頗有差異。

　　除蘇厝外，西港鄉亦在曾文溪流域王船信仰體系中佔據重要地位，其中尤以玉敕慶安宮為代表，在學界坊間中素享"南東港、北西港"之美譽。慶安宮坐落於臺南市安定鄉，主祀聖母媽祖，副祀代天巡狩十二瘟王，醮科"請王"時遵照地支輪值年序依次迎請其中的三位（當年及去年、翌年）。據廟志介紹，該廟創建於清順治十八年（1661 年），其建醮歷史最早可追溯至乾隆四十九年（1784 年），當時蘇厝長興宮建醮王船漂泊至曾文溪畔安定鄉管寮村附近，八份懿德宮（今稱"姑媽宮"）聯合當地村落和宮觀舉行首次王船祭，此後三年一科遂成定制（日據時期亦照例舉行，屬於臺灣地區少數未間斷建醮傳統的宮廟之一）。基於此，歷屆醮事均係蘇厝建醮在先（農曆三月）、西港香醮次之（農曆四月），二者間隔約一月左右，由此形成曾文溪流域的王醮特色。嗣後道光三年（1823 年），因懿德宮遭溪水氾濫而沖毀，改由慶安宮接辦香科醮典，規模不斷擴大，迄今歷兩百餘年未嘗間斷過。就"請王"及"送王"地點而言，今天的慶安宮仍承襲古制，照舊選擇在當初王船的泊岸之地——南海埔曾文溪畔原碼頭遺址（今為空曠陸地），藉此彰顯古老的歷史記憶。與蘇厝長興宮十分類似的是，慶安宮的日常管理乃係以五

　　　　廟設有外壇），負責管轄和處理境內之事務。此外，"角頭"也用以指稱該地區（派系）的領頭代表（或稱"頭人""總理"），此身份職位通常是世襲制，在當地宗教民俗等祭祀活動中具有重要地位。

角頭（西港仔街、瓦厝內、南海埔、堀仔頭及茄苳腳）為核心，建醮期間則選出"五主會"——主會首、副會首、協會首、都會首、讚會首，負責打理醮典事務。① 此外，還專設"旗牌官"一職，每日三次（早午晚）騎馬率眾繞境巡視。此外，慶安宮將王醮與"刈香"結合，從而形成獨具特色的"香醮文化"。慶典期間，轄區內96個村莊共同參與繞境活動，前後出動五、六十個文武陣頭，本地及交陪境各廟堂的數十頂神輿在輦班簇擁下輪流參拜，場面極為壯觀。西港仔香作為"南瀛五大香"② 之一，素來享有"臺灣第一香"之美譽。除了西港慶安宮外，佳里金唐殿和鹿耳門聖母廟三年一次的香醮慶典也是臺南地區較有名的廟會活動。③

**圖版 8-1：西港慶安宮己丑科王醮刈香 "百足真人陣"**
（又稱 "蜈蚣陣"，由 108 位男女神童組成）

① 西港慶安宮己丑科（2009年）王醮五會首分別是：主會首：徐國安；副會首：黃新金；協會首：黃高德；都會首：郭河清；讚會首：黃俊雄。
② "南瀛五大香"，又稱西南五大香科，乃指臺灣西南沿海五個重要廟宇的例行遶境祭典活動——即學甲慈濟宮（主祀保生大帝）之"學甲香"、麻豆代天府（主祀五府千歲）之"麻豆香"、佳里金唐殿（主祀朱、雷、殷三府千歲）之"蕭壠香"、西港慶安宮（主祀天上聖母）之"西港仔香"、土城媽祖廟（主祀天上聖母）之"土城仔香"。"學甲香"每隔四年一科，逢子、辰、申年的農曆三月初九至十一日舉行；"蕭壠香"每隔三年一科，逢子、卯、午、酉年的農曆正月十八至廿日舉行；"土城香""麻豆香"和"西港香"均係三年定期，乃逢丑、辰、未、戌年的農曆三、四月時舉行。[有關臺南地區五大香科的情況，詳見黃文博：《臺南地區"五大香"的現狀比較研究》，《南瀛文獻》第35卷（1990年），第45—61頁；黃文博：《南瀛刈香誌》，臺南縣立文化中心1994年版]
③ 佳里金唐殿的王醮歷史十分悠久，然日據時期曾限於諸多因素而於1906年（丙午科）後停辦，直到1987年（丁卯科）始恢復每隔三年（逢子、卯、午、酉）設醮祭慶的傳統。有關佳里鎮金唐殿三年一科王醮（又稱"蕭壠香"）之情況，可參見吳新榮：《佳里金唐殿祭》，《南瀛文獻》第5卷（1959年），第88—90頁；陳志榮：《臺南佳里鎮金唐殿——丙子香科五朝王醮》，李豐楙、朱榮貴主編：《性別、神格與臺灣宗教論述》，"中央"研究院中國文哲研究所1997年版，第213—273頁。

## 二、八掌溪流域

八掌溪位於臺灣島中西部,乃係發源於嘉義縣阿里山奮起湖,流經嘉義縣和臺南市(為二地之界溪),於嘉義縣布袋鎮虎尾寮入海。

八掌溪流域系統的王船信仰又劃分為臺南和嘉義兩部分:臺南地區以柳營鄉代天院(主祀游王公)和北門鄉三寮灣東隆宮(主祀溫王爺)為代表,二者均遵行三年一科(子、卯、午、酉年)的慣制,具體做法上則存見不少差異:前者(柳營代天院)效法曾文溪流域王醮習俗。不過,有趣的是,柳營代天院燒王船乃擇廟前祭拜處就地焚燒,而非通常所見之溪畔或海邊,推究其因係舊時廟前有一條小溪塘通往河港,故先民擇此地以送王,後來雖將溪塘填平成為陸地,但當地民眾仍承襲舊俗而不遷改,故有此"就地燒王船"的特殊情景;後者(三寮灣東隆宮)則仿照東港溪流域的東隆宮迎王慶典的諸多做法。臺南市北門鄉三寮灣東隆宮的王船祭典,幾乎全盤承襲屏東縣東港東隆宮的迎王儀軌:醮期通常擇東港東隆宮慶典完畢後的農曆十一月舉行。同東港東隆宮一樣,三寮灣東隆宮亦建造一艘永祀王船(號稱全臺最大),供奉於廟內王船閣,此外還打造一艘全臺獨有的銅造王船。供奉永祀王船是東港溪流域系統的典型做法,而在曾文溪流域系統則較為少見(蘇厝真護宮供奉永祀王船實為仿照他者而非當地舊俗)。不過,三寮灣東隆宮通常將普度和送王儀式選擇在同一時間、地點舉行,這明顯不同於東港東隆宮及其他流域系統的常規做法。

嘉義地區的八掌溪流域系統則以布袋為典型,其送王船習俗大多依附於某村落公廟所舉辦的定期或不定期的祈安建醮時舉行,故當地的王船信仰籠罩著濃厚的酬神祈安色彩。由於布袋毗鄰臺南市,亦深受曾文溪流域王船習俗之影響,故這裏的王船造型、慶典流程及儀式表演等方面與蘇厝、西港、佳里等地相似性頗多。

## 三、朴子溪流域

此外,嘉義西南沿海的東石鄉亦盛行王船信仰,這裏隸屬於朴子溪流域系統。朴子溪地處臺灣南部,原名牛稠溪,發源於阿里山脈西麓四天王山之芋菜坑,流經嘉南平原,於東石鄉附近入海。當地一些濱海村落每年會定期舉行燒王船活動,舉辦時多以單一村莊為主,而顯著不同於東港溪和曾文溪乃係由眾多鄉村聯合之模式。這些村莊的王船祭典不僅為年例性,且時間相對固定：如網寮村鎮安宮、塭港村福海宮通常在每年農曆四月中下旬時舉行，而副瀨村富安宮、型厝村福安宮則會選擇冬季農曆十月份。竹架紙糊而成的王船多造型小巧，"送王"時採用人力肩扛即可。這一流域的民眾（包括嘉義、雲林等地）通常將王船祭典中迎請的王爺稱為"客王"或"客神"，意指乃過境巡遊之神，施予款待後而禮送出境。①

## 四、二仁溪流域

二仁溪位於臺灣西南部，荷據時期稱為淡水溪，明鄭以降稱二贊行溪，清咸豐、同治年間又稱"二層行溪"，民國政府遷臺後改為現名而沿用至今。二仁溪發源於高雄市內門鄉木柵村山豬湖，於高雄市茄萣鄉白砂崙處入海，為高雄與臺南二地的界河。② 二仁溪流域系統包含了高雄市茄萣、臺南市仁德、關廟和府城（安平、喜樹、灣裡）等地。這一區域因介於曾文溪和東港溪之間，同時受到兩大強勢信仰圈的影響，故兼融兩地王醮之特色，從而彰顯出多元化表徵。

這裏的王醮科期多有不同，舉凡計有年例性、三年一科、十二年一科，亦常見不定期者。就臺南市而言，似乎以十二年定期者較為常見，試列舉如下：臺南市西區合勝堂（辰年，農曆三月）；臺南市北區開臺聖地三老爺宮（子年，農曆六月）；臺南市安平區北極殿玉興堂（辰年，農曆十月）③；臺南市南區喜樹萬皇宮（辰年，農曆十月）；灣裡萬年殿（子年，農曆九月）；臺南市關廟鄉山西宮（亥年，農曆十月）；臺南市歸仁鄉仁壽宮（亥年，農曆十一月）。而本地的一些小廟或私壇籌辦王醮時則以不定期者居多。

值得一提的是，臺南市安平地區素有供奉永祀王船之傳統，部分廟宇迄今仍常年供祀王船：妙壽宮內祀王船"金萬安"（距今 170 餘年，為臺灣地區少數古老王船之一）；伍德宮內祀王船"金德安"；靈濟殿內祀王船"金海號"；杭州殿內祀王船上書"杭州殿巡興盛周府大帝"；文龍殿（東邊土地公廟）內祀王船一艘；文朱殿內祀玉勒東寮宮代天巡狩王船一艏。這裏舉行王醮祭典時均會另行打造新船，大多造型較小，雕工精美。

此外，灣裡萬年殿（主祀葉、朱、李三王爺）也供有永祀王船，廟中現存

---

① 有關東石鄉送王習俗的詳細情況，參見林伯奇：《嘉義東石鄉迎客王信仰之研究初探》，載《臺灣民俗藝術學術研討會論文集》，臺北大學民俗藝術研究所主辦，2007 年 12 月 1 日。

② 參見陳秀卿、陳玉美：《二仁溪的墾拓》，《臺灣濕地》2002 年 2 月號（第 33 期）。

③ 臺南市安平區北極殿玉興堂王醮燒王船祭典原慣例十二年一科，最近一次因經費不足而延遲了八年至戊子年（2008 年）才得以舉行。

王船二艘——據云小型王船已有三百年歷史,大者為近年新造,供繞境之用。相傳,清康熙年間從福建沿海漂來一艘王船停靠至此,當地民眾迎請上岸,由灣裡和喜樹共同奉祀,後因兩村交惡,各自建廟,喜樹萬皇宮分得王爺神像,王船則歸灣裡萬年殿。① 灣裡萬年殿例行十二年一科(逢子年)舉行王醮儀式(王船祭典)活動。有鑑於王船是當地民眾的信仰核心和精神寄託,這裏的王醮祭典將通常所見之燒王船改為恭請王船出巡繞境(歷時長達數月之久),王船被作為永祀信物而長久保存。在建醮期間,灣裡各角頭廟則分別舉行燒王船儀式。

高雄地區的二仁溪系統王醮情況較為複雜,科期有每年例行者,也有八年一科或不定期者。茄萣鄉賜福宮自 1945 年迄今共計建醮六次(依序為1960 年科、1966 年科、1982 年科、1990 年科、1996 年科、2008 年科),其醮科間隔分別是六年、八年、十二年。高雄市永安鄉天文宮時隔八年後於 2007 年舉辦第二屆王船祭典活動,雖然建醮歷史不長,卻因得到當地民眾的廣泛參與而規模盛大,頗有後來居上之勢。需要說明的是,這裏的王船祭典活動並非全由王爺廟主辦,其中一部分廟宇主祀聖母媽祖。由於當地瀕臨海岸,漁民普遍信奉媽祖,同時又期望受到王爺之庇護,故而王船信仰得以盛行不衰。

總之,二仁溪流域王醮偏重於酬神祈安,王船造型具有濃重的瘟王色彩,"送王"則專由各大角頭來承擔。就王船質地而言,除了臺南府城三老爺宮(主祀朱、曹、魏三王爺)為紙糊(兩丈兩尺長)外,其餘各廟均係木質雕刻而成。此外,本地民眾通常在"送王"後還會有"雲莊"繞境活動。

## 五、東港溪流域

東港溪是屏東縣境內的主要河流,發源於屏東縣南大武山前麓,流經境內的六個鄉鎮——內埔鄉、萬巒鄉、竹田鄉、潮州鎮、崁頂鄉、東港鎮,最終於東港鎮入海。東港溪流域王船祭典亦為三年一科(逢丑、辰、未、戌年),其中尤以東隆宮最具代表性。東港東隆宮始創於康熙年間,是臺灣著名的王爺廟之一,主祀溫府千歲(溫王爺),王醮科期通常擇農曆九月舉行(具體時日則由擲笅請示神明而定),為東港鎮最為隆重的宗教盛會。宮中側殿供奉兩艘小型的永祀王船,據說已有百餘年歷史。② 與曾文溪流域盛行的

---

①　參見 [日] 片岡岩:《臺灣風俗誌》,陳金田譯,眾文圖書有限公司 1987 年版,第 674 頁。

②　有關東港東隆宮王船祭之情況,學界討論較多,可參見 [日] 平木康平:《臺灣における王爺信仰:東港東隆宮の燒王船そめぐつて》,秋月觀瑛編:《道教と宗教文化》,平河出版社 1989 年版;[美] 康豹:《東隆宮迎王祭典中的和瘟儀式及其科儀本》,《"中央"研究院民

"王船漂著說"形成鮮明對照的是,東港東隆宮則屬於"攜來香火說"(分香信仰)。①

東港東隆宮每屆醮科"請王"時均從三十六進士系中甄選五位瘟王,分別稱大千歲、二千歲、三千歲、四千歲、五千歲。②王醮慶典期間,東港境內七角頭扮演著十分重要的角色,這七角頭分別是:下頭角(今豐漁里、盛漁里、興漁里)、崁仔頂(今鎮海里)、安海街(今東隆里、八德里、朝安里)、下中街(今中興里、朝安里、興臺里)、頂頭角(今東和里、頂新里)、頂中街(今頂中里、部分頂新里)、埔仔角(今新盛里)。轄區民眾依籍貫分屬不同的角頭,角頭在醮事期間所扮演的職司和身份多為家族世襲,從而保證了宗教儀禮的傳承有序。每個角頭均由相關執事人員組成轎班(總計七個轎班),每組轎班成員均穿著相同顏色之服飾以示區別於其他轎班——共計有七種顏色:黃色(代表大千歲)、粉紅(代表二千歲)、黑色(代表三千歲)、綠色(代表四千歲)、紫色(代表五千歲)、白色(代表中軍府)、藍色(代表溫王爺)。這七組轎班在"請王""迎王""遷船繞境"及"送王"儀式中分別負責大千歲至五千歲及溫王爺、中軍府的神轎大轝。

東港溪流域的王船祭典至今仍保留許多鮮明的地方特色。譬如,以東隆宮歷時八天七夜的王醮慶典為例:第一天中午前後至鎮海里海灘處"請王",爾後即行繞境活動,入夜之後過火入"王府"安座。第二天至第五天"迎王"繞境,轎班人員抬行神轎服侍五位千歲爺輪番巡視轄區,期間"王府"緊閉大門,貼上封條(上書"風雨免參、諸神免朝"字樣)。第六天進行"敬王"及添載。第七天舉行"遷船"儀式——眾人推行王船繞行東港一圈

族所資料彙編》第 2 期(1990 年),"中央"研究院民族學研究所,第 197—215 頁;[美]康豹:《屏東縣東港鎮的迎王平安祭典——臺灣瘟神與王爺信仰之分析》,《"中央"研究院民族學研究所集刊》第 70 期(1991 年),第 95—211 頁;[美]康豹:《屏東縣東港鎮的建醮儀式——兼探討火醮、水醮和瘟醮的關係》,閩臺社會文化比較研究工作研討會會議論文,"中央"研究院民族所主辦,1994 年;李豐楙:《東港王船祭》,屏東縣政府 1993 年版;李豐楙:《東港王船和瘟與送王習俗之研究》,《東方宗教研究》新 3 期(1993 年 10 月),第 227—265 頁;李豐楙:《臺灣東港安平祭典的王爺繞境與合境平安》,《民俗曲藝》85 期(1993 年 9 月),第 273—323 頁;李豐楙、李秀娥、謝宗榮、謝聰輝等:《東港迎王——東港東隆宮丁丑正科平安祭典》,臺灣學生書局 1998 年版。

① 李豐楙:《臺灣東港安平祭典的王爺繞境與合境平安》,《民俗曲藝》85 期(1993 年 9 月),第 273—323 頁。

② 李豐楙指出:"根據東港相傳的習俗,每科五位千歲及護駕中軍元帥,只有大千歲冠姓而不表明名稱,其餘則一律不表明姓名。"(李豐楙:《臺灣東港安平祭典的王爺繞境與合境平安》,《民俗曲藝》85 期,第 296 頁)

（大總理乘坐八抬大轎隨行），旨在收服轄境內的一切瘟疫和邪魅並施予壓煞，此外還帶有濃郁的祈安色彩。每戶家庭都按照丁口人數事先製作好紙人替身。待王船經過時，家長執紙人依年齡在每位家人身上比劃，之後將紙人送到東隆宮前，翌日隨同王船一起焚燒，藉此送走瘟疫和災厄。當晚，道士團敷演"和瘟"祭船儀式，隨即眾會首在王府內"宴王"。第八天凌晨子時過後開始送船，卯時焚燒王船。送王船時，全體人員悄無聲息，待點火後就地解散。若嚴格說來，東港地區送船時十分忌諱閒雜人等在場（不過，今天"燒王船"祭典儼然已演變成為當地的一種民俗觀光活動，吸引大批外來遊客現場觀摩）。

　　此外，東港地區王醮期間，每晚打完更鼓後都會由轎班人員例行請神"查夜"、巡視轄境，此舉乃意在搜捕轄境內疫鬼和接收孤魂野鬼（俗稱"好兄弟"）的投訴冤情。與臺南地區十分重視道士壇場（內壇）的法事儀式有所不同，東港溪廟宇則更看重外部慶典及其與社區民眾的互動關係，而僅將內壇的法事活動視為王醮祭典的附屬節目，早期甚至不舉行醮事活動，後來改請閭山派法師（俗稱"小法師"）進行一些簡單的非正式儀式，近些年才開始延聘靈寶派道士團舉行五朝或七朝法事，然仍不獲廟方之重視。相較而言，曾文溪流域則視內壇法事為王醮核心，通常會鄭重禮聘當地靈寶派高道組成道士團，專闢場地為道壇以行科演法，期間多隆重舉行三朝、五朝或七朝王醮儀式。

　　就王船構造而言，東港地區亦係木質彩繪而成。有趣的是，東港流域的王船（東港鎮東隆宮、南州鄉代天府和小琉球三隆宮）底部均裝有輪架或輪胎，此舉之目的乃係便於"遷船"繞境時推船而行。而其他流域則多採用人力的推拉、肩扛等方式，如曾文溪流域的蘇厝長興宮、真護宮以及西港慶安宮、佳里金唐殿等送王船時，僅在船底龍骨兩側添加一對槓木，全係由信眾自發參與，採用人力推拉等方式遷移；而屬於朴子溪流域系統的東石鄉王船則多係竹架紙糊而成，體積小、重量輕，故十數人肩扛即可。東港流域待王船建成後即嚴禁觸摸，而曾文溪一帶則無此禁忌（西港慶安宮甚至在王船旁增設平安橋，供信眾過橋消災之用）。

　　此外，南洲鄉溪州代天府和小琉球本福村三隆宮（主祀朱、池、吳三府千歲）也屬於東港溪流域系統。其中，小琉球位於高屏溪口之南，屬屏東縣琉球鄉，係臺灣近海離島之一。小琉球早年（1853—1931年）曾作為東隆宮的七角頭之一而共同參與東港迎王祭典，後因人事紛爭而脫離東隆宮，獨立舉辦慶典活動（初時僅為單純的繞境活動），自1985年（乙丑科）才自行打造王船，始有"送王船"儀式。小琉球三隆宮的醮科與東隆宮相同（逢丑、

辰、未、戌年),具體時間則略晚一些(通常為農曆十月上旬前後),今屏東縣
政府則出於旅遊宣傳等考量而將東港、南洲和小琉球三地的迎王祭典納入
到同一時間段內舉行,就其科儀流程及做法而言則大抵相同。

## 六、金門、澎湖、馬祖等離島

　　除了臺灣本島外,周邊的一些離島(如金門、澎湖、馬祖等地)也會舉行
王船慶典活動。相較於本島而言,這些離島的王醮慶典儀式較為簡單,醮典
多為不定期,科期間隔有年例性,少數有三年定期者,有時則隔十餘或二十
餘年才舉行一次。上述離島的王船多係小型木質結構,彩繪而成。金門地
區的"貢王"慶典以年例性居多,其中以烈嶼鄉最為集中——如羅厝西湖古
廟、上庫天后宮、青岐清水祖殿、西方釋迦佛祖宮等廟宇皆以農曆十月時舉
行貢王儀式,此外金寧鄉湖下雙忠廟代天府宮及金沙鎮沙美村萬安堂等廟
宇在每年十月時也例行祭典。而澎湖地區的王船祭典以不定期者居多,尤
以奎璧澳和望安花嶼二地最具鄉土性。當地祭典中也會舉行王船巡境活
動,其範圍不僅包括陸地上的村落,也涵蓋了海中漁港,故成為該流域王船
祭典的一大特色。

　　綜上所述,臺灣地區王船信仰可以說遍布南部各縣市,由此折射出送
王船習俗在當地民眾中的強大影響力。概括說來,上述王船信仰區域大都
以某些特定的廟宇或村落為核心,定期或不定期地舉辦祭典活動(又稱"王
醮"儀式),由此形成六大輻射圈,並在長期的傳承過程中孕育出各自獨特
的風俗習慣。這些核心廟宇或村落在每科(屆)王醮儀式中都會義不容辭
地擔當起主辦方角色,採用各種方式調集大量的人力、物力和財力來確保本
次活動的圓滿成功。同時,廣大社區民眾在集體參與的過程中不斷強化歸
屬感和榮譽感,尤其凸顯出血緣和地緣的凝聚力。當今臺灣民眾能夠在日
益加快的現代化步伐和生活節奏中頑強地堅守傳統信仰和地方民俗,甚至
將其視為精神寄託且薪火相傳,確是難能可貴。

# 第九章　請王·宴王·送王

## ——臺南曾文溪沿岸的王船祭習俗

王船祭，又稱"送王船"，是盛行於澎湖和臺灣西南沿海地區（尤其環海一線村落）的一種宗教民俗活動。"送王船"儀式多由特定廟宇或村落主持下定期或不定期地舉行，場面極為隆重。臺南地區橫跨曾文溪、八掌溪和二仁溪，是島內王爺信仰最為興盛的區域之一。據不完全統計，臺灣地區供奉王爺為主神的廟宇或莊頭將近千座（王爺廟的數量僅次於土地公和有應公——無主孤魂），[1] 僅臺南市就達二百座（有王船信仰的廟宇至少二十餘座）。[2] 被譽為全臺王爺廟之首的南鯤鯓代天府就坐落於臺南市北門鄉。[3] 該廟始創於明鄭初年（1662 年），主祀李、池、吳、朱、范五府千歲[4] 及萬善爺（俗稱"囡仔公"），在漫長的歷史長河中從此地分靈出去的王爺早已散佈全臺及東南亞等地。臺南市的王船信仰具有悠久的歷史傳統，有學者認為乃係起源於清初先民們於當地港岸、溪畔拾獲來在大陸、澎湖或其他廟宇沿溪

---

[1]　劉枝萬曾撰文指出："到目前為止，臺灣瘟神廟總數（包括已廢者在內），竟達約八百處。"［劉枝萬：《臺灣之瘟神廟》，原載《"中央"研究院民族學研究所集刊》第 22 期（1966 年），又載氏著《臺灣民間信仰論集》，聯經出版社 1983 年版，第 236 頁注釋］時至今日，臺灣地區瘟神王爺廟有增無減，已逾千座。

[2]　雖然王船信仰與王爺信仰之關係密不可分，但需澄清的是，閩臺地區的王爺信仰不一定都有王船祭典（即舉行送王船儀式），如號稱全臺"王爺總廟"的南鯤鯓代天府迄今為止僅有王船傳說而無王船祭典活動。同樣，送船習俗也並非王爺信仰所專有，一些非王爺信仰的廟宇出於攘災除瘟之目的也會定期或不定期地舉行王船祭典活動。就臺南地區而言，一些非王爺信仰廟宇——譬如關廟山西宮（主祀關帝）、臺南市歸仁鄉仁壽宮（主祀保生大帝）、茄萣賜福宮（主祀媽祖）、府城三老爺廟（主祀鄭成功等）、西港慶安宮（主祀媽祖），也會定期或不定期地舉行燒船活動。據有關學者研究，臺灣地區的神船可大類劃分為三種：王船、媽祖船、九皇爺船。

[3]　有關南鯤鯓代天府的情況，劉枝萬撰《臺灣之瘟神廟》一文曾予以介紹和分析。（詳見劉枝萬：《臺灣民間信仰論集》，聯經出版社 1983 年版，第 269—276 頁）又可參見黃文博：《王爺的子民——南鯤鯓廟組織與分析》，《南瀛文獻》第 33 卷（1988 年），第 129—131 頁。

[4]　南鯤鯓代天府供奉的五位王爺分別是：李大亮、池夢彪、吳孝寬、朱叔裕、范承業。這五人均係唐貞觀時期名將，相傳因品格高尚而死後升天、被玉皇大帝敕封為千歲，行代天巡狩之職責。

流送出的王船,進而迎神奉祀發展而來的。

圖版 9–1：臺南市北門鄉南鯤鯓代天府享有全臺"王爺總廟"之美譽

　　2009 年,筆者赴臺南地區從事田野調查,實地拍攝到曾文溪沿岸的王醮儀式共計四場 / 次:(1)蘇厝玉勅真護宮己丑科五朝王醮科儀(請王:2009 年 3 月 6 日晚—7 日淩晨;王醮科儀:3 月 9 日晚—14 日晚;送王船:3 月 15 日),執法道長:高雄市彌陀鄉蔡志民道長(係高屏地區靈寶派系);(2)蘇厝長興宮己丑科七朝王醮(請王:3 月 27 日晚—28 日淩晨;王醮科儀:3 月 28 日—4 月 3 日;送王船:4 月 4 日),執法道長:灣裡大順道壇蘇基財道長;(3)正統鹿耳門聖母廟己丑科三朝禳災祈安香醮(4 月 9 日晚:請王;王醮科儀:4 月 10 日—12 日),執法道長:府城穎川道壇道長陳榮盛、陳槐中父子;(4)臺南市西港鄉慶安宮己丑科五朝王醮(起鼓:5 月 3 日;請王:5 月 6 日晚;王醮科儀:5 月 7 日—11 日;送王船:5 月 11 日),執法道長:府城穎川道壇道長陳榮盛、陳槐中父子。(詳見附錄二)下面,我們根據上述四場醮事對臺南"送王船"習俗做一梳理和介紹。

## 一、請　　王

　　請王,又稱"請王入醮"(東港溪流域則稱"請水"),在王船祭慶典流程中居首要地位(通常於王醮前一天或數天進行),其涵義就是迎請瘟神瘟王千歲及其隨從蒞臨"王府",享受民眾的殷勤供奉。這就好比尋常百姓設宴請客,需預先將宴會的主角——主賓、貴客延請到場後才能開筵。"請王"一詞,清初就已見載於臺灣文獻中。據康熙五十九年(1720年)王禮主修、陳文達編纂《臺灣縣志》卷一《輿地志·風俗》"雜俗"條云:

> 臺尚王醮,三年一舉,取送瘟之義也。附郭鄉村皆然。境內之人,鳩金造舟,設瘟王三座,紙為之。延道士設醮,或二日夜、三日夜不等,總以末日盛設筵席演戲,名曰請王;進酒上菜,擇一人曉事者,跪而致之。酒畢,將瘟王置船上,凡百食物、器用、財寶,無一不具。①

　　據上述引文可知,這裏所言"請王"乃係等同於今閩臺地區王船祭中的"筵王"——大擺宴席款待王爺(詳見下文),而非迎請瘟王蒞臨之義。

　　其實,王船祭"請王"與其他道教科儀中"請神"("啟聖")節次在功能上是相同的,均承擔著迎請特定神祇蒞臨壇場的宗教用意(不同種類的齋醮儀式所請之神略有差別)。值得注意的是,臺灣地方歲時民俗中也"迎神"("接神")、"送神"之說。清康熙五十五年(1716年)陳夢林纂修《諸羅縣志》卷八《風俗·漢俗》"歲時"條云:"臘月二十四日,各家拂塵。俗傳:百神將以是夕上閶闔謁帝。凡神廟及人家各備茶果、牲醴。印幢幡、輿馬儀從於楮焚而送之,謂之送神。至來歲孟陬四日,具儀如前,謂之迎神。"②又,康熙五十八年(1719年)陳文達編纂《鳳山縣志》卷七《風土志·歲時》云:"臘月二十四日,俗傳眾神上天;備牲醴以祀,謂之'送神'。二十五日,俗傳為天神下降;家各薦茶果如儀。至來歲正月四日復祀,謂之'迎神'。"③這裏說的臘月二十四"送神"、正月初四"迎神"("接神"),無論在功能還是含義上均等同於道教科儀法事中"請神""送神"("謝壇"或"正醮"),不過儀式的執行者已不再僅限於具有神職身份的道士,而為廣大民眾所取代。時至今日,我們已很難弄清楚究竟是道教科儀影響了歲時民俗抑或民俗信仰直接滲透在齋醮之中。

　　為了更好地釐清王船祭慶典"請王"節次之流程及相關內容,筆者將上

---

①　(清)王禮主修、陳文達編纂:《臺灣縣志》卷一,臺灣銀行經濟研究室編:《臺灣文獻叢刊》第103種,臺灣銀行1961年版,第60頁。此外,乾隆十七年王必昌纂輯《重修臺灣縣志》卷六《祠宇志》、嘉慶時人李元春採訂郡縣舊志及前人著述而輯成《臺灣志略》卷一《勝蹟》,道光二十七年丁紹儀撰《東瀛識略》卷三《習尚》、疑出日據初時《安平縣雜記·風俗義舉附考》亦見有"請王"之說,然均係引述前說而已。

②　(清)周鍾瑄主修、陳夢林等編纂:《諸羅縣志》卷八,臺灣銀行經濟研究室編:《臺灣文獻叢刊》第141種,臺灣銀行1962年版,第153頁。

③　(清)陳文達編纂:《鳳山縣志》卷七,臺灣銀行經濟研究室編:《臺灣文獻叢刊》第124種,臺灣銀行1961年版,第87頁。

述四場案例中相關內容摘錄如下：

表格 9–1：臺南地區部分廟宇己丑科王醮的"請王"儀式流程

| (一) 蘇厝真護宮己丑科五朝王醮之"請王"：3 月 6 日晚—7 日凌晨 | | |
|---|---|---|
| 1 | 全體人員從廟內出發，步行至曾文溪畔 | 23：30—24：30 |
| 2 | 道士團演法：請神 | 24：40—24：55 |
| 3 | 道士團演法：開營放兵 | 1：08—1：25 |
| 4 | 道士團演法：開光點眼 | 1：35—1：58 |
| 5 | 主會首擲筊，詢問王爺是否已蒞臨 | 1：59—2：15 |
| 6 | 道士團演法：謝壇收兵 | 2：20—2：40 |
| 7 | 王府安座 | 2：45—3：00 |
| (二) 蘇厝長興宮己丑科七朝王醮之"請王"：3 月 27 日晚—28 日凌晨 | | |
| 1 | 全體人員從廟內出發，步行至曾文溪畔 | 24：00—24：45 |
| 2 | 請王爺及衙役（紙糊）上岸 | 24：50—1：45 |
| 3 | 道士團演法：開光點眼 | 1：50—2：12 |
| 4 | 道士團演法：請王科儀 | 2：13—2：25 |
| 5 | 主會首擲筊，詢問王爺是否已蒞臨 | 2：40—3：10 |
| 6 | 王府安座 | 4：53—5：08 |
| (三) 正統鹿耳門聖母廟己丑科三朝禳災祈安香醮之"請王"：4 月 9 日晚—10 日凌晨 | | |
| 1 | 全體人員從廟內出發，乘車到鹿耳門溪北岸古廟遺址 | 22：40—23：00 |
| 2 | 道士團演法：請王科儀（含"開光"儀式） | 23：10—23：55 |
| 3 | 王府安座 | 24：45—1：00 |
| (四) 西港鄉慶安宮己丑科五朝王醮之"請王"：5 月 6 日晚 | | |
| 1 | 為王船開光點眼 | 17：50—18：10 |
| 2 | 全體人員從廟內出發，乘車或步行至南海埔曾文溪畔原碼頭遺址（今為空曠陸地） | 18：20—19：10 |
| 3 | 道士團演法：請王科儀（含"開光"儀式） | 19：15—20：25 |
| 4 | 王府安座 | 21：20—21：40 |

下面，我們根據上表中的內容，就幾個細節問題展開分析和論述。

## （一）"請王"的風俗慣例及儀式流程

"請王"是王船祭儀式前的必備工作，也是全部活動的重要環節之一。歷時數天的王醮科儀猶如一場精心準備的宗教盛宴，"請王"則是擇機請來貴客（值歲王爺），否則這場民俗慶典將會勞而無功。鑑於此，廟方（主辦人員）通常對"請王"儀式十分看重且謹慎行事。

第一，"請王"的對象。

"請王"所迎請的對象——王爺，無疑是全部慶典活動的主角。[1] 南臺灣地區王船祭典中供奉的王爺大抵可分為三個系統：五府千歲、十二瘟王和三十六進士。其中尤以"五府千歲"與"十二瘟王"為兩大主流。

五府千歲系，在臺灣王爺信仰體系中佔據重要地位。例如，八掌溪、朴子溪流域王船祭典中多奉祀五府千歲，臺南市七股鄉、將軍鄉和臺南市安南區等地亦循此例。曾文溪流域的蘇厝真護宮王醮祭典所迎請的也是五府千歲（不過，這五位王爺乃異於該廟主祀之五府千歲）。此外，《安平縣雜記》和連橫《臺灣通史》中還介紹說晚清臺南府城白龍庵每年六月設醮迎奉"五福大帝"（乃係源自福州民俗），該廟已於日治時期圮廢。而今"五福大帝"信仰在今臺灣地區似已不多見了（據悉屏東縣小琉球本福村水仙宮現奉祀五福大帝，其陣頭乃稱"五毒大帝陣"）。

十二瘟王系，在曾文溪流域及臺南地區十分盛行。這十二位代天巡狩瘟王分別是：子年張全、丑年余文、寅年侯彪、卯年耿通、辰年吳友、巳年何仲、午年薛溫、未年封立、申年趙玉、酉年譚起、戌年盧德、亥年羅士友。曾文溪流域"請王"大部分遵循十二瘟王系統——如西港慶安宮、蘇厝長興宮、佳里金唐殿，醮典"請王"時依地支順序而迎請三位王爺施予供祀，分別稱為大千歲、二千歲和三千歲。[2] 不過由於科期及傳統的不同，不少廟宇的值

①　關於閩臺地區的王爺信仰及其原型，詳見謝石城、陳俊良：《臺南縣王爺之統計及分佈——附鄭國姓與三老爺之比較》，《南瀛文獻》第 9 卷（1964 年），第 1615—1624 頁；劉枝萬：《臺灣之瘟神信仰》、《臺灣之瘟神廟》，載氏著《臺灣民間信仰論集》，聯經出版社 1983 年版，第 225—284 頁；鄭志明：《王爺傳說》（上 / 下），《民俗曲藝》第 52 期（1988 年 3 月），第 17—37 頁 / 第 53 期（1988 年 5 月），第 101—118 頁；蔡相輝《臺灣的王爺與媽祖》，臺原出版社 1989 年版；康豹：《臺灣的王爺信仰》，商鼎文化出版社 1997 年版；徐曉望：《略論閩臺瘟神信仰起源的若干問題》，《世界宗教研究》1997 年第 2 期，第 116—124 頁；李玉昆：《略論閩臺的王爺信仰》，《世界宗教研究》1999 年第 4 期，第 119—127 頁。

②　施舟人談道："我試圖從《道藏》中尋找有關的民間信仰資料。最後終於在叢書性的《道法會元》中找到了一本《神霄遣瘟送船儀》，它很可能是南宋時期的科儀，在很多方面與西港的送王儀式相當接近。但有關'王爺'本身的資料則比較難找。西港的'王醮'有'十二

科王爺輪序存有差異：蘇厝和西港雖然均以丑、辰、未、戌年時設醮，但蘇厝長興宮乃以當年及前兩年的值年瘟王分任三位千歲（此為該廟特殊之處），故每科王爺分別如下：丑科時，丑年余文為大千歲，子年張全為二千歲，亥年羅士友為三千歲；辰科時，辰年吳友為大千歲，卯年耿通為二千歲，寅年侯彪為三千歲；未科時，未年封立為大千歲，午年薛溫為二千歲，巳年何仲為三千歲；戌年時，戌年盧德為大千歲，酉年譚起為二千歲，申年趙玉為三千歲。西港慶安宮則以當年及去年、翌年的值年瘟王，故每科王爺分別如下：丑科時，丑年余文為大千歲，子年張全為二千歲，寅年侯彪為三千歲；辰科時，辰年吳友為大千歲，卯年耿通為二千歲，巳年何仲為三千歲；未科時，未年封立為大千歲，午年薛溫為二千歲，申年趙玉為三千歲；戌年盧德為大千歲，酉年譚起為二千歲，亥年羅士友為三千歲。而佳里金唐殿則遵循逢子、卯、午、酉年設醮的慣例，每科王爺列序如下：子年張全為大千歲，亥年羅士友為二千歲，丑年余文為三千歲；卯年耿通為大千歲，寅年侯彪為二千歲，辰年吳友為三千歲；午年薛溫為大千歲，巳年何仲為二千歲，未年封立為三千歲；酉年譚起為大千歲，申年趙玉為二千歲，戌年盧德為三千歲。

三十六進士系，多為東港溪流域採用，如東港東隆宮和小琉球三隆宮每科醮典前均會從三十六位進士中選出五位王爺（其中大千歲需經溫王爺指示冠以姓氏，其餘則不標署姓名）。

概言之，臺南及高屏地區廟宇舉行王醮時無論採用何種王爺傳說，但迎請的王爺均屬"客王"性質，即將王爺視為客人請來後施予供奉和禮遇，繼而將其送離出境。

第二，"請王"的時辰選擇。

閩臺方志文獻中對"請王"與"送王"的時辰選擇似未談及，而今臺南市曾文溪流域"請王"均係午夜時分進行，"送王"則在凌晨或上午。我們認為，今"請王"與"送王"的時辰選擇上，不排除後期受到當地民俗信仰之影響。據道光、同治年間修纂而後刊印於光緒八年（1882年）的《金門志》卷十五《風俗記·歲時》云："（正月）初四早，焚楮馬輿幣，晚供牲饌，曰接神。送神以早，接神以晚（諺云：送神多風，接神多雨）。"① 這段文字很重要，

---

年王'十二年一循環，每年一位，每位王爺各有不同的名字。但《神靈（霄）遣瘟送船儀》只提到'十二年王'，卻不說明他們的名字。……後來我在《法海遺珠》裏找到了王爺的記載。"（[法]施舟人：《〈道藏〉中的民間信仰資料》，載施舟人講演：《中國文化基因庫》，北京大學出版社2002年版，第85頁）

① （清）林焜熿纂輯、林豪續修：《金門志》卷十五，臺灣銀行經濟研究室編：《臺灣文獻叢刊》第80種，臺灣銀行1960年版，第387頁。

尤其"送神以早、接神以晚"之句揭示出金門人習慣於早上辭送神祇,晚上迎接神祇。而今王船祭"請王"於深夜,"送王"擇清晨的做法似當源於此。

此外,前引民諺"送神多風、接神多雨"亦在王船祭活動中多有體現:舉凡"請王"時,信眾多祈盼天降甘露,雖遭雨淋而渾身濕透,行動不便,卻不以為苦,反引以為喜,他們認為此時降雨是神明蒞臨之徵兆。同樣,焚送王船時信眾又祈盼刮風,認為此將有助於王爺順利離境。

如表格 9–1 顯示,蘇厝真護宮五朝王醮"請王"於 2009 年 3 月 6 日晚 11 點半開始,持續到次日凌晨時分迎王回府安座(2:45—3:00)。蘇厝長興宮七朝王醮"請王"係 3 月 27 日晚 12 點開始,次日凌晨迎王安座(4:53—5:08)。土城正統鹿耳門聖母廟三朝禳災祈安香醮"請王"4 月 10 日晚 10 點 40 分開始,次日凌晨迎王安座(24:45—1:00)。臺南市西港鄉慶安宮五朝王醮"請王"5 月 6 日晚 6 點 20 分開始,當晚迎王安座(21:20—21:40)。總之,這四場臺南曾文溪沿岸的王船祭典中"請王"儀式均在夜間進行,通常歷時數小時之久,待迎王回府安座時多已近凌晨了。上述宮觀的"請王"時辰乃相沿成習而成為慣例,儼然係曾文溪流域王船祭傳統的地區性特色之一。值得一提的是,東港東隆宮的"請王"儀式多在中午前後進行(地點為鎮海里海灘),入夜之後過火入"王府"安座。焚送王船時通常擇子時過後開始遷船,凌晨卯時焚燒王船(與"請王"地相同)。

第三,"請王"的地點選擇。

閩臺地區"請王"通常選擇流水邊(如海邊、江岸、溪畔等)舉行,恰呼應了瘟神王爺乃從域外而來的傳說。就臺南曾文溪沿岸定期舉行王船祭典活動的諸多廟宇而言,"請王"均在曾文溪畔(含支流)的岸邊某地進行。如安定鄉蘇厝村的長興宮和真護宮就在曾文溪下游南岸水邊處"請王"。歷史上,曾文溪流域有過多次重大的河流改道。據記載,僅清末以來就計發生四次:道光三年(1823 年)、同治十年(1871 年)、明治三十七年(1904 年)、明治四十四年(1911 年)。由於河道變遷,昔日的航道、港口如今已成為陸埔,部分廟宇卻依然執著地繼續在原址"請王",如臺南市鹿耳門聖母廟和西港鄉慶安宮即是如此。時至今日,鹿耳門聖母廟仍到鹿耳門溪古航道① 北岸古廟遺址處"請王",西港鄉慶安宮則在南海埔曾文溪畔原碼頭遺址處"請王"。此二地雖已成為平陸,卻絲毫不影響其作為王爺登陸地的宗教定位,這不僅折射出古老的歷史記憶,而且也見證了傳統習俗的根深蒂固。

----

① 曾文溪自道光三年改道南流後,由於泥沙沉澱而使鹿耳門漸成陸地。舊時曾文溪下游出海口流經此地,故稱此段為鹿耳門溪。

一般說來，"請王"與"送王"的地點大抵是相同的，但也有例外者——如安定鄉蘇厝真護宮"請王"於曾文溪下游南岸水邊，"送王"則為村南空地。其緣由不得而知，令人費解。

圖版 9–2：西港慶安宮"請王"與"送王"之地：南海埔曾文溪畔原碼頭遺址（今為陸埔）

第四，"請王"的儀式流程。

臺灣地區王船祭典中"請王"多由乩童或道士承擔，或由二者共同配合來完成。筆者實地考察的上述四場"請王"儀式均係由靈寶道士擔任主角，不過科演時乃行閭山法（俗稱"小法""紅頭法"）來展示。

一般情況下，廟方（主辦者）會在"請王"前事先將值科王爺、隨行兵將及王令、鯉魚旗等物（均係紙糊）封存於"王箱"内（係特製的鐵皮箱子，兼具防水、防潮功能），如蘇厝長興宮通常提前一週或十天就將兩個"王箱"（箱外黏貼封條、頂端蓋有紅布）存放於曾文溪河畔的竹筏上（藉此重現當年王船漂泊至此的情景），並設香案，委專人看護，當地人稱為"請王爺神像"。①待"請王"那天，全體人員先經"煮油逐穢"（意在驅除身上的晦氣和不祥）後，道士團率領眾會首②、廟務委員、轎班人員及圍觀群眾，在宋江陣、八家

---

① 這一做法在蘇厝長興宮及東港東隆宮等地奉為定制，而蘇厝真護宮、西港慶安宮則無此傳統。後者在"請王"時才將紙糊王爺及隨從、器物等物隨同隊伍一起攜帶至"請王"地供奉於香案上。

② 今臺灣建醮必設會首若干，帶頭捐錢出力，操辦醮儀的大小事務，乃係承襲古代"社首"之俗。宋代洪邁撰《夷堅志》"夢五人列坐"條記載："長沙土俗率以歲五月迎南北兩廟瘟神

將等團隊的簇擁下到達該地。道士團先演行"請神三獻"科儀[①],再由本屆會首、廟方委員等人檢驗確認"王箱"封條無損後,鄭重地啟封開箱,逐一請出王爺金身及部將神像及王令等(均為紙質)。

請出神像後,由道士主持開光點眼法事(詳見下文),再經過一系列程序(乩童或擲筊)而確認值科大千歲的身份後,高功道長執筆(蘸紅色墨水)在"代天巡狩旗"上填寫姓氏,如蘇厝真護宮己丑科王醮值年王爺是徐府大千歲(即唐朝開國功臣徐茂公),故主壇執法的高功道長(蔡志民)隨即在"代天巡狩旗"(黃布)上補書一"徐"字(朱書)。(圖版 9–5)

第五,"請王"的現場氛圍。

無論曾文溪流域抑或東港溪流域,"請王"時的現場氛圍都熱鬧非凡:會首、甲首及廟務委員均整肅服飾,身穿清朝式樣的長袍馬褂,頭戴官帽或斗笠,肩披紅綬帶。王府內外衙役、轎班等服務性人員也穿著制服,各司其職。宋江陣、八家將及各種陣頭列隊行進,轎班抬神轎數頂殿後。數以千計的民

**圖版 9–3:"請王"前的"王箱"暫厝地(蘇厝長興宮己丑科王醮)**

---

之像⋯⋯至於中秋,則裝飾鬼社送之還,為首者持疏詣人家哀錢給費。⋯⋯淳熙戊申之秋,(士子楊伸)與親友酌酒小集書室,聞外間大呼扣門甚急,驚起詢之,乃社首耳。⋯⋯社首復來,亟為助力集錢,自是始知加敬。"[(南宋)洪邁撰,何卓點校:《夷堅志》三補,中華書局 1981 年版,第 1808—1809 頁] 這裏談到長沙民眾舉行祀瘟儀式期間會有"社首"按戶上門徵收費用,此與今所見王醮"會首"的職能有幾分相似。

① 蘇厝真護宮己丑科王醮的主壇道長蔡志民所率團隊係屬臺灣靈寶道派中"南路"道士團(高雄、屏東一帶),故敷演此科目時以閭山法行調唱念。演行"請神三獻"完畢後,一青年道眾頭繫紅布條以閭山法"調五營",藉此為接續進行的"開光點眼"儀式做好準備。

圖版 9–4：開啟"王箱"（蘇厝長興宮己丑科王醮）

圖版 9–5：高功在"代天巡狩旗"上填寫大千歲姓氏：徐（蘇厝
真護宮己丑科王醮，蔡志民道長）

眾自發趕來圍觀，現場人聲鼎沸，鑼鼓齊鳴，煙火鞭炮響徹天際。這種形式
不僅營造出當地民眾共同參與活動的集體氛圍，同時也傳承了地方文化，維
繫了鄉土認同。此外，蘇厝長興宮還奉行一種慣例："請王"前數小時，本屆
會首及甲首齊至"請王"地"王箱"前祭拜，以示對王爺即將蒞臨本境的恭
迎態度。（圖版 9–6）

圖版 **9-6**：蘇厝長興宮五會首、八甲首 "請王" 前赴 "王箱" 前祭拜

第六，"請王" 的法信名目。

所謂 "法信"，就是法事科儀中陳設的供品、信物及法器等。今臺南王船祭 "請王" 時，道士（"香辦"）必會預先在供案上擺設如下供品：五牲一付，面豬、羊各一付，五秀一付，大餅十二個，醮餅十二個，蜜薦三付，牽仔、牽員、粽子、粽子各十八個，甜粿、發粿各一個，紅龜一盤（六個），菜碗、乾菜料各十二碗，鮮花、水果各二份。

除上述供品外，還要配備一些法器（道具）：七星劍一把，符鏡三個，硃筆三隻，硃砂汁一缸，活白雞一隻，古仔紙花若干。

## （二）開　　光

"請王" 儀式還有一項重要環節就是 "開光"，即為值歲王爺、王令、鯉魚旗及隨行官將等開光點眼。蘇厝長興宮的慣例做法是：諸位會首打開 "王箱" 請出值歲王爺後，隨即以 "娘傘"（涼傘）護衛和遮蔽，主壇高功親自鑽進娘傘內逐一為三位王爺開光，最終安奉於神轎內。之後，再為王令及鯉魚旗等開光點眼。東港東隆宮 "請王" 由於不設金身，僅以王令象徵，而無需特意為王爺開光。

一般說來，開光儀式必須預先貯備三件物品，分別是：白公雞、毛筆、符鏡。古人認為，白雞具有驅邪之功用。[1] 長沙馬王堆漢墓帛書《五十二病方》收錄一則祛鬼療疾的藥方中就以焚燒白雞毛的灰燼為主要成分，如謂："燔白雞毛及人髮，治【各】等。百草末八灰，治而□□□□□□一坏溫酒一

---

[1]　對於古代民間社會中流行的 "雞禳法術"，胡新生從巫術角度做過簡要介紹。（參見胡新生：《中國古代巫術》第二章 "古代巫術靈物與一般辟邪方法"，山東人民出版社 2005 年版，第 131—136 頁）有關白雞及雄雞冠血在道教法術中的施用，筆者將另文討論。

音(杯)中,飲之。"①東漢應劭(約153—196年)撰《風俗通義》卷八《祀典》"雄雞"條云:"雞主以禦死辟惡也。"②漢代《黃帝九鼎神丹經訣》(卷一)則強調丹訣傳授時須飲白雞血為誓約:"受之共飲白雞血為盟,并傳口訣合丹之要,及投金人、金魚於水。"③宋元雷法文獻中談到"召雷"時也常以雄雞冠血為盟誓,藉此召請或敕遣雷部諸員官將。④符鏡,顧名思義就是畫有朱書符籙的鏡子。符鏡的象徵含義乃係將靈氣注入開光對象中,賦予其光明和神力。現將王船祭典中開光儀式的基本流程及常用咒語分別摘錄如下:

高功道長手執七星劍割破白公雞冠(之前,高功執淨水盂灑淨水、並執雞冠虛空劃符),以毛筆(又稱兔毛筆)取雞冠血數滴,置於符鏡中,再以紅墨水調勻。高功取白公雞冠血時,需快速誦念"勅雞神咒"云:"祖師為吾來勅雞,本師為吾來勅雞。此雞非凡雞,乃天上金烏雞。靈雞本宿在堂中,取來手中藏寶劍。此出真精血,指點慧眼便開光。"

隨即,高功執毛筆蘸符鏡中雞血、紅墨水和淨水的調和物分別為開光對象的十個部位施予點朱,其順序是:額、眼(先左眼、次右眼)、鼻(先左鼻孔、次右鼻孔)、口、耳(先左耳、次右耳)、心(心臟部位)、手(先右手、次左手)、腹(肚臍部位)、腳(先右腳、次左腳)、後背。同時,高功本人誦念咒語:"天色清,地色靈。啟皇天,作證盟。手執兔毛筆,如今開光點眼為第一。左眼寫𪑛,右眼寫𪑛。點靈光照太虛,從今亙古不差移。頂閒若安金光眼,天地山河直下居。開神左眼開右眼開,開光點眼日月排。一年四季竝無災,竝是貴富光明在。天地長生,日月光明。靈丹點眼,神聖光明。照察內外,十方聞名。隨叩隨應,永變無停。無災無散,無煞不警。年年守護,歲歲威靈。"

---

① 馬王堆漢墓帛書整理小組:《馬王堆漢墓帛書[肆]》,文物出版社1985年版,第27頁。此外,歷代醫典(如《肘後方》《本草綱目》)均十分重視白雞冠血在解毒療疾上的神奇功效。

② (東漢)應劭撰,王利器校注:《風俗通義》卷八,中華書局1981年版,第376頁。明代李時珍撰《本草綱目》卷四八《禽部·禽之二·雞》引陶弘景《真誥》云:"學道山中,宜養白雞、白犬,可以辟邪。"並隨即評論說:"今術家祈禳皆用白雞,其原本此。是乃異端一說耳,雞亦何神、何妖哉?"[(清)永瑢、紀昀等纂修:《景印文淵閣四庫全書》第774冊,子部八〇(醫家類),第361頁]然筆者核實《道藏》本《真誥》中並無此內容。

③ 《黃帝九鼎神丹經訣》卷一,《道藏》第18冊,第795頁。

④ 《道法會元》卷五七《上清玉樞五雷真文》"召雷"條:"召五雷……法師上香、獻酒,畢,左手執雄雞,右手持小劍,對雷神曰:'吾依度師法旨,刺雞取血,和酒犒汝。'……誓畢,將劍刺破雞冠,滴血於盞中,以劍攪勻。却放雞,依前卓劍,秉簡上香。"(《道藏》第29冊,第154頁)又卷一一五《太極都雷隱書》"五方陽雷符"條:"勅遣用大雄雞刺血,滴五碗酒中。"(《道藏》第29冊,第524頁)

　　接著，全體道眾配合唱念："吾奉道祖老君，點眼開光，點眼開明。開神左眼化為日，知天門。開神右眼化為月，識地理。開神左耳聽四方，右耳聽人同。開神鼻知五味，禍消滅，福有餘。開神口食天錄，庇佑合境皆獲福。開神心神靈通，未求問，先自光。開神左手為山河，右手執社稷，子貴財進益。開神左腳踏魁罡，右腳踏家堂。踏人，人長生。踏鬼，鬼滅形。開上頂，透天門。開下頂，閉地戶。留人門，斷鬼路。塞鬼糧，剝鬼皮。滅鬼膽，神兵火急如律令。"

　　繼而，道眾唱誦："吉日開光氣象新，符水靈落救良民。若是乞香，香得勝。若是乞水，水得靈。求貴，貴為天子。求富，富比石崇。求壽，壽比南山。求福，福如東海。田園五穀錢財進，牛羊六畜人口亨。爐下弟子皆清吉，士農工商得清淨。寶鏡團圓甚分明，照耀神聖顯威靈。神靈速降天尊，神靈速降天尊，神靈速降天尊。"

　　最後，高功本人或一道眾在開光對象前點燃古仔紙，並執火劃圈，吹響龍角。祭拜人員（會首或道士）與之配合搖動開光對象（如王爺、王令或神像等），以示神明已附體或靈氣已注入。上述儀式後，這些對象就已非凡物了，而係神聖之化身。

　　值得注意的是，道士在開光儀式中凡涉及眼、鼻、耳等部位時均遵循先左次右的規律，而對於四肢（手和腳）則按照先右次左的原則施予點朱。這充分體現傳統尊卑觀念及生活實用性的完美結合：古人奉行左尊右卑，故開光七竅時採用先左後右的原則；而右手右腳在日常生活實踐中明顯重要於

圖版 **9–7**：王爺開光（蘇厝真護宮己丑科王醮，蔡志民道長）

**圖版 9-8**：王令開光（蘇厝長興宮己丑科王醮，蘇基財道長）

左手和左腳，故四肢開光時遵循先右後左的原則也就不難理解了。

### （三）王 府 安 座

　　"王府"是王船祭典的一個獨特設置，通常將主辦廟宇中正殿重新佈置而成：將陳設於正殿的諸多神像一律搬移至其他殿堂（僅保留不易移動的大型神像）。正殿中張掛黃色帷帳（藉此契合值歲王爺的"代天巡狩"身份），內中陳設多模仿古代衙門之排場。王府設有內、外司二職，負責王府內外一切日常事務，需每天二十四小時無間斷地輪流值勤。其中，內司（禮生）之職尤為重要，他們是王爺的貼身侍從，全權掌管祭祀及寢食等內政事務。這些職務多係世襲性質，部分廟宇甚至強調內司僅限於核心角頭的子弟方可擔任。蘇厝長興宮王府慣例設有 32 名內司（其中八人係王科，又稱"師爺"，身穿白色長袍）；東港東隆宮所設內司人數約為 36 人。這些司職人員均統一著裝，身穿長袍馬褂式禮服（白色或藍色），頭戴紅纓魯笠。建醮期間，"王府"內外戒備森嚴，警衛環伺，不對外開放（除了當值內侍外，其他人等一律嚴禁進入），道士團率領主祭人員（會首、甲首、委員等）也僅每日三次觀朝時（早中晚）方可獲允進入"王府"例行參謁（此稱為"祀王"）。

　　"王府"乃係值歲王爺以"代天巡狩"身份駐紮本地的行所（又稱"代天府"），即王爺居此而辦公和休息。翻檢閩臺文獻，筆者尋覓到王醮設"王

府"(衙署)的最早史料是明末清初海外散人① 撰《榕城紀聞》。書中描述了
明崇禎十五年(1642年)福州民眾設醮禳祭五瘟帝及"請相""出海"時的情
形:"二月疫起,鄉例祈禳土神,有名為五帝者,於是各社居民鳩集金錢,設
醮大儺。初以迎請排宴,漸而至於設立衙署,置胥役,收投詞狀,批駁文書,
一如官府。而五帝所居,早晚兩堂,一日具三膳,更衣晏寢,皆倣人生禮。"②
這裏介紹福州送瘟"出海"儀式(即王醮的早期形式),當地民眾專為瘟神五
帝設立衙署,配置胥吏,五帝也一如人間的官僚大員,每日坐堂,批駁文書,
處理公務。隨員需按時奉進三餐,服侍更衣就寢。今臺南及屏東等地設醮
期間必為輪值王爺設置"王府",並挑選若干民眾充任差役和內侍,晝夜輪
流執勤,規格儀禮一如《榕城紀聞》中所述。而翻檢清代臺灣文獻中關於王
醮之論述,則無一涉及此類"王府"(衙署)的情況。那麼,清代臺灣民眾舉
行王醮期間是否為瘟王設立"王府"官邸? 歷代文獻中唯一可見端倪的是
《安平縣雜記》,"風俗現況"條介紹白龍庵送船的情形時云:"每年由五瘟王
爺擇日開堂,為萬民進香。"③ 據此推測,文中既然有言"五瘟王擇日開堂",
那就必然意味著需為其預備坐堂辦公的地點——"王府"。但是,在尚未尋
覓到更有力的直接證據之前,我們暫時無法給出確切答案。

　　今天臺灣南部地區王船祭活動待"請王"典禮結束後,眾人隨即護送神
轎回府安座——將迎請的值歲王爺和隨行官將供奉於"王府"寶座及相應
位置。至此,"請王"儀式的全套流程才告圓滿完成。接下來,耗時數日的
王醮祭典才算真正地拉開序幕。

　　王船祭典期間,道士團率領會首及甲首等主祭人員必須每日三次(早、
中、晚)進入"王府"例行參謁王爺,此稱為"觀朝"(又稱"見朝"),計分為早
朝(卯時)、午朝(午時)和晚朝(申時)。觀朝時,全體人員進退"王府"轅門
時必須遵循嚴格的規範。概括而言,臺南地區王醮觀朝時進出"王府"轅門
可大致歸納為如下幾條原則:左側(以廟宇正殿朝向為參照)轅門為尊,右
側轅門為卑;早、午朝為尊,晚朝為卑;早朝和午朝多從左側轅門進,右側轅
門退;晚朝則從右側轅門進,左側轅門退。這些規定大抵傳承了本廟醮儀舊
制,或與執法道壇傳統有直接關係。現將上述四場王醮科儀中觀朝進退轅
門的順序列表示意如下:

---

① 據《閩侯縣志》記載,"海外散人"或為明末生員陳發曾。
② (清)海外散人撰:《榕城紀聞》,載陳支平主編:《臺灣文獻匯刊》第二輯·第十四冊,九州
　 出版社、廈門大學出版社2004年版,第132—133頁。
③ 佚名:《安平縣雜記》,臺灣銀行經濟研究室編:《臺灣文獻叢刊》第52種,臺灣銀行1959
　 年版,第15頁。

表格 9-2：臺南市王醮觀朝進退轅門的順序

| 主辦單位 | 早朝 | 午朝 | 晚朝 |
|---|---|---|---|
| 蘇厝真護宮五朝王醮之觀朝 | 東轅門（左側）進 西轅門（右側）退 | 東轅門（左側）進 西轅門（右側）退 | 西轅門（右側）進 東轅門（左側）退 |
| 蘇厝長興宮七朝王醮之觀朝 | 南轅門（左側）進 北轅門（右側）退 | 南轅門（左側）進 北轅門（右側）出 | 北轅門（右側）進 南轅門（左側）退 |
| 鹿耳門聖母廟三朝香醮之觀朝 | 東轅門（左側）進 西轅門（右側）退 | 東轅門（左側）進 西轅門（右側）退 | 西轅門（右側）進 東轅門（左側）退 |
| 西港慶安宮五朝王醮之觀朝 | 東轅門（左側）進 西轅門（右側）退 | 東轅門（左側）進 西轅門（右側）退 | 西轅門（右側）進 東轅門（右側）退 |

圖版 9-9：觀朝之午朝：南轅門進、北轅門退（蘇厝長興宮己丑科王醮）

　　除了觀朝外，臺南曾文溪沿岸的王船祭典還奉行每日三巡視的慣例：即擇一位重量級人物代表王爺巡視轄境（綏靖地方治安、接收三界訟訴）——如西港鄉慶安宮設"旗牌官"、安定鄉蘇厝村真護宮設"轅門官"、安定鄉蘇厝村長興宮設"巡按官"，其裝扮均身著清式官袍、朝靴，頭戴官帽、頂插花翎、胸披綬帶、懷抱王令，每日分三次（早、中、晚）入"王府"跪請王令後（即"請令"），在胥吏的簇擁下、騎高頭大馬巡境遊行（即"出巡"），檢視完畢後必返"王府"復命（即"回駕""繳令"）。有些廟宇還在"王府"旁為其專設處所——如真護宮稱"轅門衙"、長興宮稱"巡按衙"。這些建制完全仿照古代朝臣大員代天子巡狩出巡時的儀仗，堪為建醮期間之一大景觀。①

---

① 《孟子·梁惠王下》云："天子適諸侯曰巡狩，巡狩者，巡所守也。"[（清）焦循撰，沈文倬點校：《孟子正義》卷四，中華書局 1987 年版，第 122 頁] 所謂"代天巡狩"是古代禮制之一，這種獨特現象在中國帝制時代終結後，藉由王醮祭典（宗教民俗）而得以保存至今。

巡視期間，"王府"大門緊閉、張貼封條，嚴禁閒雜人等進入，藉此象徵王爺出外巡視，"王府"暫停公辦。待巡視完畢後，再揭下封條、打開儀門，代王巡境之人員（如"旗牌官""轅門官""巡按官"等）回駕後必入府參謁、親向王爺奏報。

醮典期間，"王府"內侍人員遵循"行事曆"依時"掛牌"，即在"王府"儀門前地上豎立相應的告示牌——共計五道：參謁、領文、投文、稟事、放告，藉此公告王爺的各種公務安排：若掛"參謁"牌，即表明王爺準許諸神入府拜謁（道士覲朝時通常會率領會首或內侍人員懷抱城隍境主、太子爺、廠官爺、總趕公、媽祖、中軍爺、保生大帝等諸路神祇一併入府參謁）；若掛"投文"牌，則表示王爺可接受百姓的獻供和奉祀；若掛"放告"牌，則表示王爺正在辦公受理三界萬靈的申冤和訴訟；若掛"領文"牌，則表示王爺授權某人（如"旗牌官""轅門官""巡按官"等）代為巡視轄境，該人員從中門入府跪於案前領受王令。若掛"稟事"牌，則表示"旗牌官"（或"轅門官""巡按官"）巡視完畢，回府繳令，向王爺面陳奏報。概括而言，"王府"行儀每日三次（早、中、晚）重複著相同的流程：(1) 擊鼓、發炮；(2) 獻供；(3) 進堂；(4) 開門；(5) 外班讚堂、外班排衙；[1] (6) 投文；(7) 領文；(8) 稟事；(9) 參謁；(10) 擊鼓、發炮；(11) 掩門。值得一提的是，東港溪流域因無"旗牌官"或"轅門官"等

圖版 9–10："王府"旁設有"巡按衙"（蘇厝長興宮己丑科王醮）

---

[1]　西港慶安宮歷科王醮外班人員通常計有十二人，分為龍虎兩班、分列左右。清晨"王府"
行儀中"開門"後通常兼行"外班讚堂"和"外班排衙"二種威儀，午間和傍晚則僅排"外
班讚堂"而省略複雜的"排衙"表演。

代王出巡之禮儀,故其掛牌僅見"參謁""投文""放告",而不見"領文"和"稟事"二項告示牌。

圖版 9-11:"旗牌官"巡境（西港慶安宮己丑科王醮）

圖版 9-12:"轅門官"出巡回駕（蘇厝真護宮己丑科王醮）

### （四）王 府 聖 位

"請王"之前,王府內早已預先陳設了眾多聖位。茲據曾氏《王醮文檢》抄本轉錄如下:

> 道主九天應元雷聲普化天尊、太上三元天地水三官大帝、靈寶六師真君、北極四聖真君、無上洞淵大帝伏魔三昧天尊、泰山都統威烈康

圖版 9–13：“轅門官”回駕後入府復命（蘇厝真護宮己丑科王醮）

圖版 9–14：“王府”掛牌（西港慶安宮己丑科王醮）

元帥、泰山副統英烈溫元帥、天符治世五瘟大帝、救世正乙孚惠真人、統瘟靜明真人、和瘟教主匡阜真人、解瘟明覺大師、和瘟勸善大師、天符都統總管元帥、地符副統總管元帥、主瘟都天總趕元帥、主瘟東平威烈尊王、東方行瘟張雷王、南方行瘟劉雷王、西方行瘟鍾雷王、北方行瘟史雷王、中央行瘟趙雷王、都天行瘟元帥、九天大力魔王、子年行瘟張大王、丑年行瘟余大王、寅年行瘟侯大王、卯年行瘟耿大王、辰年行瘟吳大王、巳年行瘟何大王、午年行瘟薛大王、未年行瘟封大王、申

年行瘟趙大王、酉年行瘟譚大王、戌年行瘟盧大王、亥年行瘟羅大王、
十二月行瘟使者、二十四炁行瘟使者、七十二候行瘟使者、南曹北院註
福註祿註壽冥官、南曹註生判官、北院註死判官、當年差來行瘟使者、
春夏秋冬行瘟使者、年中執符把牒使者、今年歲分行瘟使者、行冷行熱
使者、行瘟布痘使者、行痲行瘢使者、行蠱行毒使者、行藥布藥使者、執
藥俵藥使者、行災布病使者、執生死簿文武判官、天瘟地瘟土瘟使者、
牢瘟客瘟社瘟使者、神瘟鬼瘟廟瘟灶瘟使者、瘧瘟痢瘟瘴瘟使者、痧瘟
瘵瘟使者、今年歲分當頭主者、船頭獸面八馬星君、當年太歲至德尊
神、押船大使、收船小使、船頭大王、船尾小王、河伯水官、稍江大神、搖
旗鳴鑼擊鼓大神、船上河班水手一切等神、本屬△△府縣城隍尊神、本
廟欽奉恩主△△、各家香火佛聖神明。

上述聖位名錄總計有七十四條,幾乎涵蓋了瘟司諸部及當境轄域內的
全部神祇。

## 二、"宴王"與"添載"

"宴王"與"添載"是王船祭慶典中的兩項重要內容,也是"送王"前的
最後準備工作。下面,我們對此試予分析和敘述。

### (一)宴　　王

"宴王"又稱"筵王",就是在王府內設宴款待值年王爺、諸班衙役及參
與醮典的各路神祇,感謝其為轄境內的平安及醮典的完滿舉行而給予的佑
護,同時為他們即將開始的遠航而餞行。當然,部分廟宇也會在"宴王"的
同時,在王府外擇地設筵普施孤魂。"宴王"通常選擇在醮典接近尾聲,"送
王"前日的中午或下午時舉行。"宴王"時,王府供桌上慣例陳設如下供品:
五牲一付,山珍海味一付[①],紅龜一盤,大麵一盤,四果一付,鮮花一對。

當然,"宴王"最重要的內容還是以美味佳餚來款待王爺及諸位神祇,
而所設筵席的數量則依各廟習俗而有所不同:西港慶安宮通常設筵一桌,蘇
厝長興宮設筵五桌(即三位值年千歲各一桌、將軍府一桌、開漳聖王一桌),

---

① 所謂"山珍海味"是指薑、豆、盐、糖四種物品:"山"為老薑,取其山形之貌;"珍"即豆類
(尤指紅豆),象徵珍珠之狀;"海"即海鹽,意為海鹽從海水中提煉出來、是其精華;"味"即
糖,代表甜味、有滋味。這四種物品分別裝入圓錐形塑膠袋子中、依序排列,便成為臺灣民
眾祭祀神明的珍貴禮品。(參見圖版9–20)

蘇厝真護宮則設筵九桌。各廟均對這餐"宴王"筵席極為重視,不惜重金聘請名廚精心挑選品質上乘的名貴珍稀之物來烹調。每桌筵席上的菜餚極其豐盛——有天上飛的、地下跑的、海中游的,葷素搭配、湯菜結合,色味俱佳,令人垂涎欲滴。茲抄錄蘇厝真護宮己丑科五朝王醮中"宴王"大典(2009年3月14日)的菜譜如下:

一、金華玉鳳凰;二、新春諸事吉;三、歡慶喜鑼鼓;四、八珍蜜燕窩;五、至尊墨鮑頭;六、翠玉燴干貝;七、祥瑞大赤參;八、當朝封一品;九、雨順慶團圓;十、三陽喜開泰;十一、花開滿堂春;十二、酒曲桂圓香。

這十二道菜餚命名雅緻,寄託了人們對吉祥如意、國泰民安、風調雨順等美好願望的渴望和祈盼。"宴王"大典時通常推選一名精通儀軌之人士擔任禮官,唱宣主持,禮生及內侍則恭候一旁,負責上菜及斟酒。每桌擺放十套餐具——碗碟、酒杯、筷子、湯勺及十把座椅(座椅上鋪設金紙、象徵神座)。"宴王"開始前,全體人員行三跪九叩大禮,主會首宣讀疏表——陳述款待美意,稟報感恩之情,隨後恭獻鮮花、燈燭、水果、王印和金紙。之後開席,主會首、轅門官及其他會首依次跪地呈獻佳餚和美酒。待十二道菜餚依次進獻完畢後,將全部酒菜退席,"宴王"大典結束。當然,這些酒菜不會倒掉或浪費,而由參與祭典的會首及工作人員分吃了。值得一提的是,蘇厝長興宮"宴王"慣例進獻各種佳餚合計一百二十碗,東港東隆宮則以"滿漢全席"一〇八道饗餐大餐來款待值年千歲爺及各路神祇。

其實,設宴祀王的禮俗在明清以降就盛行於閩臺地區。明末清初海外散人① 撰《榕城紀聞》介紹明崇禎十五年(1642年)福州民眾設醮禳祭五瘟帝及"請相""出海"的情形時說:"二月疫起,鄉例祈禳土神,有名為五帝者,於是各社居民鳩集金錢,設醮大儺。初以迎請排宴,漸而至於設立衙署,置胥役,收投詞狀,批駁文書,一如官府。而五帝所居,早晚兩堂,一日具三膳,更衣晏寢,皆做人生禮。"② 文中"初以迎請排宴"說明,在王醮最初形成時,福州民眾就以大擺筵席、款待賓客的方式來祀瘟逐疫了。

清康熙五十五年(1716年)陳夢林纂修《諸羅縣志》卷八《風俗·漢俗》中"雜俗"條云:"(王醮)三歲一舉,以送瘟王。醮畢,盛席演戲,執事儼

① 據《閩侯縣志》記載,"海外散人"或為明末生員陳發曾。
② (清)海外散人撰:《榕城紀聞》,載陳支平主編:《臺灣文獻匯刊》第二輯·第十四冊,九州出版社、廈門大學出版社2004年版,第132—133頁。

恪跽進酒食；既畢，乃送船入水，順流揚帆以去。"① 諸羅乃係初設臺灣府時三縣之一，即今臺灣中、北部地區。前述"醮畢，盛席演戲，執事儼恪跽進酒食"之句就是說：待醮事結束"送王船"之前，信眾擺設筵席，演戲娛樂，擇一人執禮向瘟王跪獻酒食。此外，康熙五十九年（1720 年）王禮主修、陳文達編纂《臺灣縣志》卷一《輿地志‧風俗》"雜俗"條也有類似記載："臺尚王醮，三年一舉，取送瘟之義也。……延道士設醮，或二日夜、三日夜不等，總以末日盛設筵席演戲，名曰請王：進酒上菜，擇一人曉事者，跪而致之。酒畢，將瘟王置船上，凡百食物、器用、財寶，無一不具。"② 必須澄清的是，這裏所言"請王"乃係宴請之義，而非"迎請"（明顯不同於當今之"請王"），即相當於今"宴王"。值得注意的是，前引兩段文字均談到"宴王"時間為"醮畢"或"（設醮）末日"，這與當今王醮儀式中最後一天（亦即"送王"前日）才進行"宴王"之慣例是相符合的。而推選一名執事施行禮儀，跪拜進食及設醮演戲等做法，也都得以保留至今。③

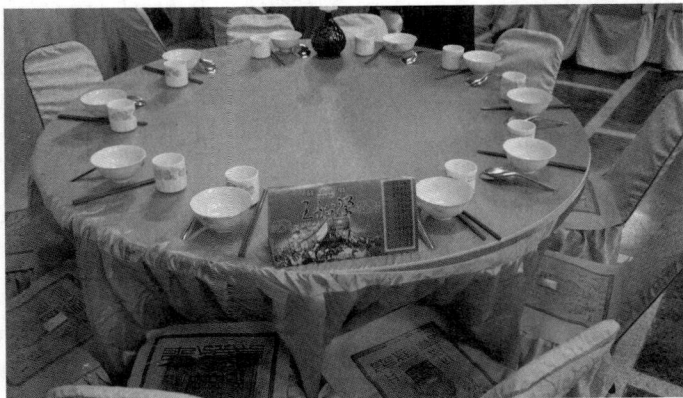

**圖版 9–15："宴王"時的筵席擺設（蘇厝真護宮己丑科王醮）**

① （清）周鍾瑄主修、陳夢林等編纂：《諸羅縣志》，臺灣銀行經濟研究室編：《臺灣文獻叢刊》第 141 種，臺灣銀行 1962 年版，第 150 頁。

② （清）王禮主修、陳文達編纂：《臺灣縣志》卷一，臺灣銀行經濟研究室編：《臺灣文獻叢刊》第 103 種，臺灣銀行 1961 年版，第 60 頁。嗣後，諸種志書對此段文字多有抄錄和徵引，如乾隆六年《重修福建臺灣府志》、乾隆十一年《重修臺灣府志》、乾隆二十五年《續修臺灣府志》、乾隆二十九年《重修鳳山縣志》、道光九年《福建通志臺灣府》。

③ 清光緒十九年（1893 年）林豪纂修《澎湖廳志》卷九《風尚》介紹澎湖地區的祀王風俗時說："或內地王船偶遊至港，船中虛無一人，自能轉舵入口，下帆下椗，不差分寸，故民間相驚以為神。曰王船至矣，則舉國若狂，畏敬特甚，聚眾鳩錢，奉其神於該鄉王廟，建醮演戲，設席祀王，如請客然。以本廟之神為主，頭家皆觀衣冠，跪進酒食。"〔（清）林豪：《澎湖廳志》卷九，臺灣銀行經濟研究室編：《臺灣文獻叢刊》第 164 種，臺灣銀行 1963 年版，第 325 頁〕

圖版 **9–16**："宴王"時主會首跪獻佳餚（蘇厝真護宮己丑科王醮）

圖版 **9–17**："宴王"時轅門官跪獻佳餚（蘇厝真護宮己丑科王醮）

圖版9–18：禮生服侍斟酒及“宴王”時的美味佳餚（蘇厝真護宮己丑科王醮）

## （二）添　載

所謂“添載”，俗稱“點貨入艙”，就是將出海遠航所需的各種物品搬入王船，有序地擺放在甲板下船艙內。約日據初時佚名撰《安平縣雜記》“風俗現況”條即云：“(王船出海) 民人贈送品物米包，名曰‘添儎’。”① 王船添載物中包括蔬果、家禽、飲食調料、文房用具、生活用品、休閒娛樂、儀仗服飾、航運器械、餐具及炊具等。在臺灣民眾眼中，添載物品是供王爺及船上眾水手使用，故必須不惜重金購置齊備，有時甚至可以說凡是能想到的東西都準備妥當，真可謂琳瑯滿目，應有盡有，總之要讓王爺及其隨從衣食無憂，不思歸途。蘇厝村真護宮己丑科五朝王醮中王船添載物品為三十四項(種)，分別是：雞、狗、豬、羊、鴨、魚、麵粉、米、米酒、茶葉、黑胡椒粉、白胡椒粉、米粉、麥片、薏仁、芝麻油、色拉油、鹽、味素、醬油、辣椒醬、黑醋、白醋、紅糖、紅豆、黃豆、綠豆、黑豆、番薯粉、青菜、木柴、木炭、火夾子、紙錢等。而蘇厝長興宮王船添載名物則多達一百五十七種，並依據物品的性質及用途分類擺放在十三個船艙內(詳見附錄)。這些添載物品中部分係紙糊而成——如雞、鴨、狗、豬、羊等動物類多為紙質(當然，部分廟宇也直接用活物添載)，其他民生用品及食品類則多為真品。無論添載物品的多寡與否，但有十樣東西則是必不可少的：柴(木柴)、米(白米)、油(食用油)、鹽(海

① 佚名：《安平縣雜記》，臺灣銀行經濟研究室編：《臺灣文獻叢刊》第52種，臺灣銀行1959年版，第15頁。

鹽)、醬、糖、醋、薑(老薑)、豆(紅豆)、金紙(金錢)。這些物品均屬生活必需品,是日常生活的最基本保障。鑑與此,某些廟宇在建醮期間將上述物品打包成小份,由信眾自願認購添載(每份約五百元臺幣)。

有關王船添載的記錄,可以追溯至明清文獻中。前引《榕城紀聞》談到明崇禎年間福州民眾祀五瘟及"出海"時說:"繼作紙舟,極其精緻,器用雜物無所不備。"① 又康熙本《臺灣縣志》卷一《輿地志·風俗》"雜俗"條云:"(臺尚王醮)總以末日盛設筵席演戲,名曰請王;進酒上菜,擇一人曉事者,跪而致之。酒畢,將瘟王置船上,凡百食物、器用、財寶,無一不具。"② 這兩處引文雖然沒有明確介紹添載明細——僅以"無所不備"或"無一不具"而省略帶過了,但後者所言"食物、器用、財寶"這三大類卻反映出當時隨船物品的基本情況,並與今天所見王船添載之情況相符合。此外,日本學者片岡岩撰《臺灣風俗誌》載:清光緒二十九年(1903年)八月十二日,苗栗一堡後壠外埔莊漂來一艘名為"金慶順號"的王船,"船頭左右有:福建泉州府晉江縣聚津舖,富美境,新任大總巡池金邢雷荻韓章七王府彩船,安字第二十八號,牌名金慶順號。……載貨:白羊一、雞一、皮箱一、角時鐘一、大秤一、衣櫃一、水桶一、米櫃一、櫥一、小秤一、鑼四、茶托十、小船一、梯一、桶十一、錢櫃一、大鼓二、棋盤一、磁石一、鼎三、旗二十五、大小器具一組、土瓶十七、簾四、索三、神殿七、雜品等。"③ 上述物品大抵不出日常生活用品的範疇,與今所見臺灣地區王船添載物基本相當。不過,部分文獻中則記載古時王船添載物中竟然有賭博用具及妓女(紙糊)等物,倒是令人瞠目結舌了。如乾隆二十七年(1762年)修纂《龍溪縣志》卷二十三《藝文》引清人藍授世撰《瀆神私議》曰:"今木船之設……所費至百餘金,不止奪中人數十家之產,以投之水中無用之地,其為禍尤酷也。至船中所辦之物——妓女、賭具,媟瀆侮慢,罪不勝誅。"④ 古人眼中的瘟神王爺及其僚佐乃位居邪神之列,自然就難以克服好色和好賭的天性,故以妓女和賭具來添載就是為迎合他們的本能

---

① (清)海外散人撰:《榕城紀聞》,載陳支平主編:《臺灣文獻匯刊》第二輯·第十四冊,九州出版社、廈門大學出版社2004年版,第132頁。

② (清)王禮主修、陳文達編纂:《臺灣縣志》卷一,臺灣銀行經濟研究室編:《臺灣文獻叢刊》第103種,臺灣銀行1961年版,第60頁。此後的諸種志書多有抄錄和徵引,如乾隆六年《重修福建臺灣府志》、乾隆十一年《重修臺灣府志》、乾隆二十五年《續修臺灣府志》、乾隆二十九年《重修鳳山縣志》、道光九年《福建通志臺灣府》。

③ [日]片岡岩:《臺灣風俗誌》第十集·第一章《臺灣的儒教》"王船(神船)"條,陳金田譯,眾文圖書有限公司1987年版,第674—675頁。

④ (清)吳宜燮修,黃惠、李疇等纂:《龍溪縣志》卷二三,據乾隆廿七年修、光緒五年補刊本影印,《中國方志叢書》第九十號,第353頁。

慾望,也算是投其所好吧。當今臺灣地區王船添載名錄中雖然也偶見有賭具等娛樂用品,但早已不見紙糊妓女。這是因為以妓女添載不僅與現代倫理觀念相違背,而且也與臺灣民眾心目中千歲爺的正神形象相抵觸。

　　待全部物品裝載完畢後,再將王爺、媽祖、將軍爺、廠官爺、總趕公、兵將衙役、水手等紙糊偶人搬上王船,安放在相應位置處。之後,道士或司儀手持"王船艙口簿"登船,對照名錄清單逐一清點和唱宣,全體會首則恭

圖版 9–19：王船添載（蘇厝真護宮己丑科王醮）

圖版 9–20：山珍海味（老薑、紅豆、海鹽、糖）

立船下,每唱點一物時就大聲應答:"有"。此舉被稱作"點添載"(或稱"點艙"),當係承襲了古代商船出海遠航前點交貨物及生活必需品的習慣做法。

## 三、送　王　船

　　王船祭慶典通常持續數天,期間好戲連臺,精彩紛呈,尤以尾日焚送王船為最高潮,並藉此宣告本屆祭典的圓滿結束。今臺灣地區"送王船"均以焚化"遊天河"方式進行,早期文獻中所見則是採用送船出海"遊地河"的形式。前引《榕城紀聞》談到明末福州民眾設醮祀五帝後即推船入海,任其漂流而去。康熙本《諸羅縣志》卷八《風俗·漢俗》"雜俗"條亦云:"(王醮)既畢,乃送船入水,順流揚帆以去。"① 此外,康熙本《臺灣縣志》卷一《輿地志·風俗》"雜俗"條論述尤為清晰:"臺尚王醮,三年一舉,取送瘟之義也。……十餘年以前,船皆製造,風篷、桅、舵畢備。醮畢,送至大海,然後駕小船回來。近年易木以竹,用紙製成,物用皆同。醮畢,抬至水涯焚焉。"② 這段引文是說,《臺灣縣志》於康熙五十九年編纂成書,據此上溯十多年以前,臺灣民眾多以木材打造王船,採用"送至大海"形式"送王船",此後則改用竹質紙糊王船,開始出現"抬至水涯焚焉"的形式。換言之,康熙中期以前臺灣地區"送王船"都是採用送船入水"遊地河"形式,直到康熙中晚期才推出抬至水邊焚化的"遊天河"形式。事實上,上述兩種形式在清代臺灣島內及澎湖等離島均獲長期並存。日據時期,當地政府出於各種考量禁止送王"遊地河"而倡導"遊天河",至此後者遂成為慣例而沿襲至今。

### (一)遷　　船

　　"遷船"就是牽動王船出寮遊境或運抵"送王"之地。臺南地區"遷船"多由信眾自發地採用人力肩扛及纜繩牽引等方式(部分廟宇則會在船底安裝滑輪以便於拖拉)。王船行進時,需有若干人員居前引導,由遠及近依次為:(1)陣頭:八家將、宋家陣;(2)王府內外衙役;(3)轅門官(或稱"旗牌官""巡按官")懷抱王令,騎馬慢行;(4)"香腳":數十名婦女列隊,左手執香,

① (清)周鍾瑄主修、陳夢林等編纂:《諸羅縣志》卷八,臺灣銀行經濟研究室編:《臺灣文獻叢刊》第141種,臺灣銀行1962年版,第150頁。

② (清)王禮主修、陳文達編纂:《臺灣縣志》卷一,臺灣銀行經濟研究室編:《臺灣文獻叢刊》第103種,臺灣銀行1961年版,第60—61頁。嗣後,歷代志書對此段文字多有抄錄和徵引,如乾隆六年《重修福建臺灣府志》、乾隆十一年《重修臺灣府志》、乾隆二十五年《續修臺灣府志》、乾隆二十九年《重修鳳山縣志》、道光九年《福建通志臺灣府》。

右手執掃帚,淨街開路;(5)樂師、乩童、涼傘及神轎;(6)三根王船桅桿(每人肩扛一根);(7)一名人員肩挑水桶或執水壺沿路澆水,一名會首執長柄鋤頭犁地,表示潮水已到、水路開通。王船之後,一名道士手執黑色壓煞旗尾隨而行。遷船時,部分會首(醮主)須登船隨行,並不時從船上拋撒金紙,以示給沿途孤魂借路錢。眾人爭搶紙錢而珍藏之,藉此討得平安和好運。沿路店鋪及民宅紛紛在門口陳設香案祭拜。

　　值得一提的是,高屏地區的做法是將王船牽引出寮後,先在廟埕廣場作短暫停泊,由道士團敷演簡短的祭船儀式,之後遷船到"送王"地。而臺南地區的祭船儀式(打船醮)通常於前夕就已演行完畢,故王船出寮後一般直接奔赴目的地,沿途並不停歇。此外,高屏地區東港東隆宮則慣例於"送王"前日下午"遷船"出遊巡境,收煞驅瘟,沿途信眾頂香禮拜,交納"替身仔"[1] 和添載禮包,完畢後當晚返回東隆宮,翌日凌晨再次遷船,直奔海邊焚化。而臺南地區則無前日繞境之舉,僅在當天"遷船"送王,且無"替身仔"習俗。

**圖版 9-21**:眾人遷船出寮時,眾會首居前 "開水路"(蘇厝真護宮己丑科王醮)

## (二) 化　　船

　　所謂"化船",就是焚化王船。"遷船"到既定地點後,將王船擺放好(通常依照水流方向呈順流而下的樣子),然後下碇,卡車運來大批金紙堆放在

---

[1] 臺灣屏東縣民眾至今仍保留一種傳統:焚送王船的前一天舉行"遷王船"繞境儀式——王船繞行東港一圈。境內民眾以家庭為單位,按照丁口人數事先製作好紙人替身(並書寫姓名、籍貫及生辰等)。待三船經過時,家長執紙人在每位家人身上比劃(次數以年齡為據),之後將紙人送到東隆宮前,翌日隨同王船一起焚燒,藉此送走瘟疫和災厄。

圖版 **9–22**：王船暫停廟埕前以待演行祭船儀式（蘇厝真護宮己丑科王醮）

圖版 **9–23**：恭請王爺上船（蘇厝真護宮己丑科王醮）

王船四週，起重機吊起桅桿依次豎立中桅、頭桅、尾桅，升旗、掛帆，並將鯉魚裝到中桅頂端。至此，王船組裝完畢。收起船碇，全體人員下船。此時，鑼鼓齊鳴，鞭炮震天，陣頭、神轎、乩童不停地環繞王船，轅門官（旗牌官、巡按官）快馬揚鞭繞場奔跑，都是為了表達對王爺的無限敬意和戀戀不捨之情。

圖版 **9–24**："香腳" 淨街開路（蘇厝長興宮己丑科王醮）

圖版 **9–25**："遷船" 送王時沿路拋撒金紙（西港慶安宮己丑科王醮）

道士團通常會擇此時再次簡單地敷演一遍 "三獻" 和 "開水路"，最後高功手執長柄鋤頭在船頭沙灘上劃出一條深溝，潑灑海水，藉此象徵打通水路、潮水到來。① 隨後，眾會首及廟務委員跪地叩頭行禮，恭送王船啟航。吉時一到，點火化船，頃刻間王船被沖天烈火所籠罩，最後化為灰燼。王船中桅桿

---

① 有關 "開水路" 的詳細流程，詳見本書第十二章。

的倒下,意味著"化船"的徹底落幕。臺南曾文溪沿岸地區又盛行"搶鯉魚"風俗,當地民眾希望搶到中桅頂端的紙糊鯉魚迎請回家供奉,以期獲得好運。而蘇厝真護宮以中桅桿倒下時的朝向來決定下一科王醮"刈香"出巡的始發地。屏東縣東港民眾則認為,中桅倒下時所指向的地域將會興旺發達起來。

屏東縣東港東隆宮(主祀溫王爺)每三年(值逢丑、辰、未、戌年)一科例行"王醮"科儀(八天七夜)完畢後,乃擇淩晨卯時焚送"王船"。"送王船"的隊伍由特定人員組成——僅限七角頭、少部分陣頭和廟方人員,當地民眾不參與其間,大都留待家中,緊閉門窗。這些人將龍舟抬送至指定地點(必須與"請王"地相同)即偃旗息鼓,鴉雀無聲。王船配裝完畢(包括"立桅帆")後,將五位王爺和中軍府請上王船"安座"。隨後點火,眾人自行離開,且嚴禁出聲和回頭張望。① 澎湖地區"送王船"時,全體人員於海灘上背對"王船"而跪,恭送王爺回天府,期間始終籠罩著一種莊嚴、肅穆而又有些神秘的氣氛。其實,這一做法可追溯到明清時期福州、泉州等地民眾"送王"的傳統做法。前文已述,茲不贅言。

有趣的是,臺南地區"送王船"卻呈現出另外一番景象:當地民眾焚送"王船"多擇白晝(上午或中午)時舉行,整個過程通常會持續數小時。附近鄉民聞訊提前聚集於廟前廣場和"送王"地點,沿路彩旗飄揚,敲鑼打鼓、鞭炮齊鳴,誠如前引《安平縣雜記》"風俗現況"條所言:"(王船)是日出海,鑼鈸喧天,甚鬧。"② "王船"所過之處人山人海,商販雲集。王船點燃後,場內亦是人聲鼎沸、歡聲笑語,圍觀鄉民多待王船燒成灰燼後才會戀戀不捨地四散離去。可以說,臺南"送王船"活動中幾無禁忌,宛若一場全民參與的社區嘉年華,全不似屏東、澎湖一帶"送王"時的充滿恐懼和膽戰心驚之態。這充分反映出不同地域民眾"送王船"時的風俗和心理上的差異。

那麼,臺南民眾"送王船"時為何會出現戀戀不捨的惜別場景呢? 學界認為,此當與清初鄭氏遷靈事件有關。清順治十八年十二月十三日(1662年2月1日),鄭成功率軍擊敗荷蘭人,收復臺灣,③ 同年病亡,時年三十八歲,原葬臺南近郊武定里洲——今鹽洲村洲仔尾(鄭仔寮)。1681年,嗣位

---

① 若嚴格說來,東港地區送船時十分忌諱閒雜人等在場。不過,當今"燒王船"祭典已成為當地的一種民俗觀光活動,吸引大批外來遊客現場觀摩,不復有昔日之禁忌。

② 佚名:《安平縣雜記》,臺灣銀行經濟研究室編:《臺灣文獻叢刊》第52種,臺灣銀行1959年版,第15頁。

③ 有關鄭氏收復臺灣之時間的準確表述,詳見陳捷先、閻崇年主編:《清代臺灣》,九州出版社2009年版,第240頁。

主政的鄭經逝世,亦葬於乃父墓旁。1683 年,鄭克塽降清。考慮到鄭氏在臺灣島內的影響力,為消彌民眾反抗之心,清帝於康熙三十八年(1699 年)降旨將鄭氏靈柩遷葬福建南安故里(並將臺南陵墓原址搗毀)。① 同年五月二十二日卯時,二鄭歸葬於南安水頭康店村覆船山北麓的鄭氏祖塋中。② 鄭氏靈柩運離臺南之時,當地民眾戀戀不捨,自發地聚集到海邊拜祭、目送靈柩船離開,並有漁民划駛數艘小船尾隨入海。此後,許多臺南民眾每年此時都會群聚海邊進行祭拜,遂相沿成習,並與舊有"送瘟船"習俗逐漸合流。由此看來,臺南地區"送王船"恐不再是簡單地送走瘟神,而是在"送瘟船"基礎上更多附含了對"代天巡狩"鄭王爺的紀念和崇拜。近人連橫對此指出:

> 顧吾聞之故老,延平郡王入臺後,辟土田,興教養,存明朔,抗滿人,精忠大義,震曜古今,及亡,民間建廟以祀。而時已歸清,語多避忌,故閃爍其辭,而以王爺稱。此如花蕊夫人之祀其故君,而假為梓潼之神也。亡國之痛,可以見矣。其言代天巡狩者,以明室既滅,而王開府東都,禮樂征伐,代行天子之事。故王爺之廟,皆曰代天府,而尊之為大人,為千歲,未敢昌言之也。③

　　這就是說,臺南的王爺信仰乃源於對鄭成功的崇祀,當地民眾因礙於清廷的高壓政策,故假藉神祇而暗中奉祀故主鄭氏。④ 有鑑於此,臺南民眾"送王船"時通常扶老挈幼,傾巢出動,雲集海邊,大家心懷不捨,頗有依依惜別之情,整個現場氛圍也百無禁忌、熱鬧非凡。而歷史文獻中所記載的福州、泉州、漳州、廈門等地及今天田野調查所見臺灣其他地域——如高雄、屏東及澎湖等地情形卻反差巨大:"送船"任務通常僅限於特定少數人來執

---

① 今臺南市永康區網寮村尚存一座"二王廟",據說係清代當地民眾私下紀念鄭成功父子而修建的。

② 1929 年鄭陵被盜,後搶救出兩塊石質墓志銘,其中一塊係鄭克塽撰《鄭氏祔葬祖父墓誌》(現收藏於南安石井鄭成功紀念館),碑文云:"歲癸亥,不孝克塽等舉國內附,挈眷入京,蒙恩封漢軍公。念臺灣遠隔溟海,祭掃維艱,具疏陳請乞遷葬內地,奉特旨恩准。爰令弟克塏假回襄事,以康熙三十八年五月廿二日卯時,祔葬於南安縣康店鄉樂齋公塋內,並曾大父靈主,曾祖母翁、祖母董、母唐柩附焉。"

③ 連橫:《臺灣通史》卷二二《宗教志·神教》,商務印書館 2010 年版,第 435—436 頁。

④ 今人蔡相輝繼承和發揮了此說法,並認為:臺灣地區盛行的"三府千歲"信仰乃脫胎於民眾對鄭氏祖孫的奉祀:池府王爺實為鄭成功,朱府王爺實為鄭經,李府王爺實為鄭克塽。(參見蔡相輝:《臺灣的王爺與媽祖》,臺原出版社 1989 年版,第 14—118 頁)

圖版 **9–26**：到達"送王"地後擺設王船（西港慶安宮己丑科王醮）

圖版 **9–27**：安裝中桅桿（西港慶安宮己丑科王醮）

圖版 9–28：王船掛帆（蘇厝長興宮己丑科王醮）

圖版 9–29：王船周邊堆滿金紙（西港慶安宮己丑科王醮）

圖版 9-30：點火 "化船"（蘇厝長興宮己丑科王醮）

圖版 9-31：點火 "化船"（蘇厝真護宮己丑科王醮）

圖版 **9-32**：尾桅已倒、尚存中桅和頭桅豎立（蘇厝長興宮己丑科王醮）

圖版 **9-33**：中桅倒下（蘇厝真護宮己丑科王醮）

行,沿途民眾大都緊閉門戶,戰戰兢兢、充滿恐懼,唯恐避之不及而招惹災厄纏身。這是因為,上述地區民眾保存了古老傳統,仍舊將"送王船"單純地視為送走瘟神(或瘟王押送疫鬼離境)。

圖版 9–34：王船化為灰燼（蘇厝真護宮己丑科王醮）

## 四、王船的質地及構造

自古以來，閩臺地區的王船稱謂凡計見有多種：龍舟、彩船、瘟船、王爺船。這些稱謂在多數情況下是可以通用的，譬如臺灣高屏地區靈寶道士敷演"祭船科儀"所據底本《太上靈寶禳災祭船科儀》中就多次出現"彩船""龍舟"等字樣，如經文云："更請聖聰坐駕龍舟，虎符飛傳，號令三軍。"其實，龍舟也好、王船也罷，均係作為瘟神出巡的交通工具，都承載了放逐瘟疫的功用。

### （一）王船的質地

據文獻記載和田野調查等資料顯示，閩臺地區王船的質地計有三種：紙船、竹船、木船。概括而言，王船的質地主要是由幾種因素所決定的：時代背景、經濟條件、地域傳統。其中，經濟因素之考量在抉擇王船質地時或許佔據較大比重。最明顯的佐證就是，《武陵競渡略》中"送瘟"之船因行為主體的不同而彰顯出差異性：用於競渡之龍舟屬於群體性、公共性的送瘟儀式，故以氣派、豪華的木質材料打造而成；在此期間，個體家庭的送瘟活動則以紙船代替。二者雖然在本質上都是為了逐送瘟疫，卻採用截然不同的兩種材料，這一變通降低了製作成本，從而使"送瘟船"習俗得以在下層民眾中推廣和普及。儘管兩種瘟船的材質不同，但船體塗色上的一致性則暗示出二者的內在關聯性。換言之，紙船其實就是經濟版的木質龍舟而已，它們的象徵含義應是一樣的。

　　翻檢歷史文獻可知,清代閩臺地區的"王船"多以紙糊為主。前引乾隆年間所修《泉州府志》卷二十《風俗·歲時》云:"是月(五月)無定日,里社禳災,先日延道設醮,至期以紙為大舟及五方瘟神,凡百器用皆備,陳鼓樂、儀仗、百戲,送水次焚之。近竟有以木舟具真器用以浮于海者。"① 這段引文談到泉州民眾早先"送瘟船"時採用較為簡陋的紙糊舟船和器具,經過一番禱祀後、送於水邊焚燒,後來則發明出以木船、真器用"送瘟"的做法,最後處理方式則將之推送入海,任其隨波漂流。相較於紙船"送瘟"而言,這種方式顯然耗費巨大,當係基於經濟條件的寬裕和改善才得以推動和實現的。雖然,早在乾隆年間就已出現木船送瘟的案例,但泉州民眾似乎更多地沿用紙船。據光緒末年吳增撰《泉俗激刺篇·貢王》就談到當地鄉民仍以紙船送瘟:"……紙船送王行。送王流水去,鑼鼓聲動天,嚇得鄉人驚半死,恐被王爺帶上船。"② 其實,紙船"送瘟"習俗也盛行於清末安平縣。據日據初佚名撰《安平縣雜記》(又名《節令》)"風俗現況"條所記臺灣安平縣之"王船"就係紙糊而成:"六月,白龍庵送船。每年由五瘟王爺擇日開堂,為萬民進香。三天後,王船出海(紙製王船)。"③

　　除了紙船外,清代閩臺地區的"王船"亦偶見有其他幾種質地。前引《安平縣雜記》"風俗現況"條談到當時沿海村莊民眾採用木船禳瘟出海,"近海莊民有王爺醮,十二年一次,用木製王船禳醮三日,送船出海,任風飄流。間有王船停滯他莊海岸,則該莊亦要禳醮。不然,該莊民人定罹災禍。"④此外,清晚期施鴻保撰《閩雜記》卷七"出海"條也談到福州"送瘟"之船乃係竹紮、紙糊而成,"出海,驅遣瘟疫也。福州俗,每年五六月中,各社斂錢紮竹為船,糊以五色綾紙,內設神座及儀從供具等,皆綾紙為之,工巧相尚,有費數十緡者,雇人舁之,鳴螺搥鼓,肩各廟神像前導至海邊焚化。漳府、屬亦有之,然亦皆綾紙所糊耳。惟廈門人別造真船,其中諸物,無一贋者,並不焚化,但浮海中,任其漂沒,計一船所費,或逾中人之產,付諸無用,殊可

---

① (清)懷蔭布修,黃任、郭賡武纂:《乾隆泉州府志》卷二十,《中國地方志集成·福建府縣志輯(22)》,上海書店出版社 2000 年版,第 492 頁;(民國)蘇鏡潭修纂:《南安縣志》卷八《風俗志》,《中國地方志集成·福建府縣志輯(28)》,上海書店出版社 2000 年版,第 38 頁。

② (清)吳增撰:《泉俗激刺篇》,載泉州市民政局、泉州志編纂委員會辦公室編:《泉州舊風俗資料匯編》,泉州志編纂委員會辦公室 1985 年版,第 123 頁。

③ 佚名:《安平縣雜記》,臺灣銀行經濟研究室編:《臺灣文獻叢刊》第 52 種,臺灣銀行 1959 年版,第 15 頁。

④ 佚名:《安平縣雜記》,臺灣銀行經濟研究室編:《臺灣文獻叢刊》第 52 種,臺灣銀行 1959 年版,第 14 頁。

惜也。"① 據此可知,清代福州地區"王船"構造是內以竹條為龍骨,外糊以五彩綾紙。船上所設神座及供奉器物皆由綾紙糊製。② 漳州地區瘟船則通體採用綾紙糊製而成(據文意推斷,其內中當無竹條龍骨)。廈門民眾則打造一艘真船(木船)以送瘟,船上所設器物全係真品。③ 事實上,上述引文已將清代福建沿海一帶的三種王船質地及地域分佈全都列舉出來了:竹船(福州)、紙船(漳州)、木船(廈門)。有趣的是,我們根據傳世文獻中記載加以分析和歸納,發現清代閩臺地區處理瘟船的方式似乎與質地有某種內在聯繫:紙船和竹船採用焚燒(俗稱"遊天河"),木船則泛水(俗稱"遊地河")。④ 而今閩臺地區木質王船亦採取焚化形式,乃係後來由於外部因素的限制才形成的。

　　值得一提的是,清光緒十九年(1893 年)林豪纂修的《澎湖廳志》卷九《風尚》中詳細介紹了閩臺等地王船材質及送瘟方式的異同:"(澎湖)各澳皆有大王廟,神各有姓,民間崇奉維謹。甚至造王船、設王醮,其說亦自內地傳來。內地所造王船,有所謂福料者,堅緻整肅,旗幟皆綢緞,鮮明奪目;有龍林料者,有半木半紙者。造畢,或擇日付之一炬,謂之遊天河;或派數人駕船遊海上,謂之遊地河。皆維神所命焉。神各有乩童,或以乩筆指示,比比然也。澎地值豐樂之歲,亦造王船,顧不若內地之堅整也,具體而已。問多以紙為之,然費已不貲矣。或內地王船偶遊至港……則舉國若狂……設席

---

① (清)施鴻保撰,來新夏校點:《閩雜記》卷七,福建人民出版社 1985 年版,第 113 頁。

② 前引《烏石山志》卷三《寺觀》"南澗報國寺"條云:"值五六月間,導神出遊,曰'請相',紙糊替身,懷於各神鬼襟帶之間,再遊為遊村,末則驅疫,曰'出海',剪采為舟,備食息起居諸物,並神鬼所請之相請於舟中,敢噪而焚於水次"云云。[(清)郭柏蒼、劉永松纂輯,(清)黃宗彝、郭柏芗參訂,福州市地方志編纂委員會整理:《烏石山志》卷四,海風出版社 2001 年版,第 76 頁]這裏所言"剪采為舟"當係指"紮竹為船,糊以五色綾紙"之類構造。此外,道光二十七年(1857 年)丁紹儀撰《東瀛識略》卷三《習尚》亦云:"福州諸郡亦興出海,船與各物皆紙為之,象形而已"。[(清)丁紹儀:《東瀛識略》卷三,臺灣銀行經濟研究室編:《臺灣文獻叢刊》第 2 種,臺灣銀行 1957 年版,第 35 頁]

③ 道光本《廈門志》卷十五《風俗記》記載:"有所謂王醮者,窮其奢華,震鏓炫耀,遊山遊海,舉國若狂。扮演凡百鬼怪,馳華攢力,剽疾爭先,易生事也。禁口插背、過刀橋、上刀梯、擲刺球、易傷人也。賃女妓飾稚童,肖古圖畫,曰臺閣,壞風俗也。造木舟,用真器浮海,任其所之;或火化暴天物也。疲累月之精神,供一朝之睇盼,費有用之物力,聽無稽之損耗。聖人神道設教而流弊乃至於此,猶曰:'得古儺遺意。'豈不謬乎?"(廈門市地方志編纂委員會辦公室整理:《廈門志》卷十五,鷺江出版社 1996 年版,第 517 頁)

④ 不過,前引《安平縣雜記》中所言白龍庵(後於日據時廢廟)紙製王船採用出海之方式,與常規標準不符,當係個案。

祀王……。祀畢仍送之遊海,或即焚化,亦維神所命云。"① 這裏對內地(福建沿海)王船的材質進行分類:有福料者、有龍林料者、有半木半紙者。此外,引文談到當時"送王船"兼有兩種方式——遊天河、遊地河,而採用何種形式則由神祇指示(乩童或乩筆)而定。當時澎湖地區打造的王船就品質而言遜色於內地,或以紙糊而成。若內地王船漂流至港,當地民眾必會迎請奉祀一番,再經神祇指示後"送之遊海或即焚化"。

據實地調查顯示,今閩臺地區所送"王船"基本採用木船形制,隨船添載也多為真物。就臺灣島內而言,雖然定期例行焚送"王船"的宮廟甚多,然沿襲紙船送瘟之傳統者卻已不多見,迄今僅有嘉義縣義竹鄉及臺北縣淡水鎮等地尚保留送紙王船的習俗,此外臺南市北門永隆宮(主祀溫府千歲和廣澤尊王)逢民國紀年之雙數年農曆八月二十二日(廣澤尊王誕辰)時舉辦"請親船"活動(乃係"送王船"的泛化,意在迎請尊王之雙親蒞臨享宴),其船係紙質。然據連橫撰《臺灣通史》卷二二《宗教志·神教》記載:晚清臺南地區每年六月"送王"所用舟船均係紙糊而成,文云:

> 然臺南所祀者……而為師巫所假借,故亦稱為五顯靈官也。其一為五福大帝,廟在鎮署之右,為福州人所建,武營中尤崇奉之,似為五通矣。然其姓為張、為劉、為鍾,為史、為趙,均公爵,稱部堂,僭制若帝王,歲以六月出巡,謂之逐疫。喬裝鬼卒,呵殿前驅,金鼓喧闐,男女雜遝,傾錢酬願,狀殊可憐。越二日以紙糊一舟,大二丈,奉各紙像置船中,凡百器用財賄兵械,均以紙絹為之,大小靡不具。愚民爭投告牒,齎柴米,舁舟至海隅火之,謂之送王。七月七日,又至海隅迎之。此瘟神爾,而與靈官皆竊五帝之號,是淫祀也。②

這段文字彌足珍貴,形象再現了舊時臺南民眾焚送王船之風俗和情形。

## (二)王船的構造

有關王船的構造、船上配備及民眾"送王"時的情景,民國十八年(1929年)刊本《同安縣志》卷二二《禮俗·迷信》"請王爺"條(採自呂西村詩註《島

---

① (清)林豪:《澎湖廳志》卷九,臺灣銀行經濟研究室編:《臺灣文獻叢刊》第164種,臺灣銀行1963年版,第325頁。
② 連橫:《臺灣通史》卷二二,商務印書館2010年版,第434—435頁。

居隨錄》) 有過介紹:

> 　　請王莫稽所自,往往三五年舉行。大書"代天巡狩",先期盛設儀
> 仗帳幕。近海者,造龍船,名曰王船。檣桅篙櫓俱備,旌幟懸掛如總督
> 閱操。依筊定去期。行有日,居民以牲醴致祭,演劇,並備器皿、柴米
> 各物,滿貯船中。屆期將船掛帆,乘風送出海洋,任漁船搬取。其船飄
> 流到何鄉,該鄉則迎而祀之。筊擇期,仍送去。每一次費不下萬金,亦
> 陋俗之最可嗤也。①

　　前述引文介紹說:當時福建同安縣民眾每三、五年就舉行一次"送王"
儀式,旗幡上大書"代天巡狩"字樣,並預先佈置黃色儀帳、帷幕扮作王府,
供奉瘟王爺。海邊人家打造王船,艙、帆、桅、篙、槳等一應俱全,船上懸掛旗
幟宛若總督檢閱軍隊。擲筊請示神祇而確定送王船的最終日期,期間民眾
以牲食祭祀,並演戲娛神。送王船之前,將各種日常器皿及柴米油鹽等生
活用品添載於船上。待到當日,王船掛上帆旗,乘風出海。沿途若遇王船
停靠,該地民眾必須重新迎王上岸,殷勤祭祀,擲筊擇日後再送王船出海。
如此反復,花費甚巨。這番描述,與當今閩臺地區"送王船"場景幾乎完全
雷同。

　　今閩臺地區王船多仿古戰船形制,外觀造型基本沿用傳統"釣槽"型三
桅帆船樣式,選用優質木材作龍骨打造而成,長約數米或十數米不等,艙門
樓閣、船艙、甲板、風帆、桅桿、船槳、錨錠等一應俱全,船身漆金精美、配以各
種彩繪圖案(如炮門、生肖、龍虎、鳳凰等),宛若真船,堪可遠航。② 與普通
民船不同的是,王船中部及船尾建造有兩座閣樓(稱為"代天巡狩府""媽祖
閣"),分別供奉王爺和媽祖神像(紙糊),船舷及甲板上陳列官將、水手、衙役
等紙糊偶人數十名,此外還堆滿了信眾奉獻的各種添載物品。王船建造期
間,嚴禁閒雜人等進入造船廠,藉此維護了王船的神聖性。建造完畢後,王
船通常會陳設在廟內廣場的臨時船寮,供信眾瞻仰和祭拜。

---

① (民國)吳錫璜著,廈門市同安區地方志編纂委員會辦公室整理:《同安縣志》卷二二,方志
　出版社 2007 年版,第 631 頁。
② 有關清末臺灣王船的形制,詳見 [日] 片岡岩:《臺灣風俗誌》,陳金田譯,眾文圖書有限公
　司 1987 年版,第 673—676 頁。

**圖版 9–35：鹿耳門聖母廟供奉的古王船**

（據廟方介紹：此船係民國二年從福建莆田湄洲島送出後漂流至此）

# 五、科 儀 文 檢

通常說來，一場五朝或七朝王醮科儀所需各類文檢甚至多達數百道。不過，因絕大部分科儀內容乃係常規性（與清醮相同），故與之配套的文檢也無特色，而僅見於王船祭（王醮）儀式中的專用文檢反而不多。現將這些獨特性文檢列舉如下：

## （一）大　榜

榜文就是將有關法事的執法高功、承辦人、宗旨目的、科儀程序等內容信息昭示天下，傳布神人，屬於下行文書類，其功用猶如現今社會之公告。據此可見，榜文是道教科儀文書中最為重要的書寫形式。若嚴格從程序上說，道教齋醮科儀需先行"發表"，然後再"掛榜"（或稱"放榜"），即將榜文張貼於壇場外廣場某處。舉凡臺灣島內所見，榜文計分兩類："紅榜"和"黃榜"。"紅榜"即指紅紙墨書，四周配以綠紙邊緣；"黃榜"即指黃紙墨書，配以綠紙邊緣。大致說來："紅榜"係舉辦醮事之榜文，"黃榜"即齋事及普度之榜文。[1] 然而必須說明的是，科儀法事必須達到一定規格才可張貼榜文：醮事一朝以上（含一朝）即張掛榜文，齋科一朝宿啟以上（含一朝宿啟）才張貼榜文。王醮科儀榜文為"紅榜"。茲抄錄臺南府城已故著名道士曾椿

---

[1]　值得注意的是，玉皇上帝祝壽科儀雖屬醮事之類，然榜文卻以黃紙墨書，配以紅紙邊緣，對聯亦用黃紙書寫。究其原因，乃係玉皇上帝身居九五之尊位，用黃色彰顯其尊貴。此係特例。

壽（道號泛舟）編輯的《王醮文檢》收錄“五朝迎王和瘟大榜式”如下：

### 金籙迎王和瘟祈安福醮梵章

具職位　　　　　　　　　姓　　卑職欽承
帝命掌握符印領諸司號令之權主迎王和瘟設醮之事　今據
大中華民國　　　　　　　眾戶民仝就△　　奉
道設醮迎王和瘟祈安保佑植福
　　　會　首　名
　　　　　　　　偕合眾信人等謹沐炷香敢稽
上　達　伏　以
天道無私惟德可以是輔　王獻有赦至誠必能潛通故欲挽
　　災迍於未兆宜當思人事以嘉修但念眾等生居明世
　　萍梗浮遊常欽
五皇紀綱觀勤之昭朝乾夕揚恆凜
九天福善禍淫之戒惟存省之犀疢廣疫癘以無侵茲者欽遵
天仙帝爺舟駕降臨按行海濱慮橫于物類恐染惹乎生靈
　　仝竭丹誠敬修
迎王和瘟謝過仰答禳災祈安醮禮
　　　涓卜今月　日連　日接　日越　日至　日仗士崇建
金籙迎王和瘟祈安福醮一大會行科五旦夕吉時起鼓焚油
　　逐穢先發一宗表文告聞
三界攸司敬啟芳筵恭迎
帝駕揚旗示榜勅禁妖氛演拜
靈寶朝天謝罪大懺中午獻粳散遶奇花初夜焚燈捲簾
　　鳴金戞玉暫停法事次日早
天清氣麗玉爐添香道場陞壇三捻上香奉進甘湯再宣科典
　　再獻妙粳奉獻天花續完法懺是晚啟告
師聖尊主維大教法宿玄壇紀綱教法敷露雲篆真文疏奏
九天懺悔十極謝師解佩少息梵音暫停秘典三日早
天色麗明奏樂三章早朝陞壇呈進青詞三伸懺悔午朝
行道呈進黃疏連接三粳酌酒獻花晚朝陞壇呈進
勾陳硃表宣演金科詞疏表三誦金文香燈果普獻十方
　　暫停秘典越至四日早
天曙掃清壇界復整壇場重鳴法鼓重白

至尊茶獻異品登枰演教拜進表上陳

御覽再宣真經再獻紗粧奉獻瓊花是晚燃放水燈照燭冥途

關燈酌獻延生請福願醮主福壽綿長少息梵音越五日早

金雞報曉東方麗明玉爐添香樂奏三堦開諷

高上玉皇心印集經演三卷開五品啟闡補謝午陳終供奉獻

　　　酥酡通誠正醮降迎

玉京詠大謝之鴻文酌三行之美�()登座說法普施鬼子關

五雷神燈設和瘟淨醮舉送

仙舟舨海島迎福慶入吾鄉完滿謝壇送

聖回程俵化疏財犒賞官軍別

天顏安奉境主供真列分位行科五旦夕等因以今

皇壇肇啟　寶範宣行右仰

　　值日功曹里域真官守榜大神持旗使者肅清

黃道通達誠惘迓

帝駕以丕臨敷人祥而駢集功勳廣著準教奉行特榜普告無窮

萬神咸聽伏以

天心仁愛

帝德潭敷錫鴻禧於境福人物平安五穀豐登漁業充盛

　　士官登名工商獲利萬事如意須榜

　　　　　　　　　　　　　　右榜知悉

天運　　年　　月　　　　　日給

祖師三天扶教正乙靜顯佑真君張

榜　　　　　　　　　　　　　發掛壇前

　　這通榜文依照原文格式抄錄,從中可見王醮榜文的書寫規範:第一,文中凡遇"天""道""皇""帝""萬""聖""仙""師""玉""黃""高""九""五""三""勾陳""至尊""行道""御""迎""關""金""靈"等字均須提行頂格書寫,其餘內容低於天頭一字或二字處開始書寫,此係承襲古制;第二,"王"字不提行、但前空一字格,以示尊崇。這種書寫格式乃承襲中國古代公文書的"平闕式"規範。①

　　送王設醮通常歷時較長,常見有三朝、五朝、七朝或九朝之實例,其中尤以五朝王醮最具代表性。王醮儀式的流程繁多,但獨具特色的法事則不外乎三場:關祝五雷神燈儀、和瘟三獻儀、祭奠王船儀(打船醮),其他科儀

---

① 唐代,公文書"平闕式"就已得到嚴格執行。(詳見《大唐六典》卷四)

內容則與清醮無異。值得注意的是,這三場王醮法事均在"正醮"後進行,且以閭山法操演。筆者推測,王醮送瘟儀式最早始於明末清初,而此時正一道教(含靈寶派)齋醮科儀漸趨定型,且處於停滯不前的狀態,故早期的王醮法事當是由活躍在閩臺地區的閭山派法師來執掌,想必是送王船之前簡短地演行一些法事(如上述三場科儀)。① 但隨著王船送瘟觀念在閩臺地區的深入人心,越來越多的信眾希望能夠以更為隆重和更大規模的道教儀式來配合祭典,故當地的靈寶派道士得以介入,他們將宋元以來就已成熟的醮儀流程套用過來,組合成為三朝、五朝、七朝或九朝王醮科儀(其實這些儀式流程與祈安清醮無異),並在靈寶派法事敷演完畢,恭送本派師尊後("通誠正醮"其實已表示醮典的完滿結束),再於當日午夜或次日凌晨時行閭山法敷演王醮特有的三場法事(靈寶道士均頭繫紅布條以示標記),藉此折射出道教內部的派別意識。

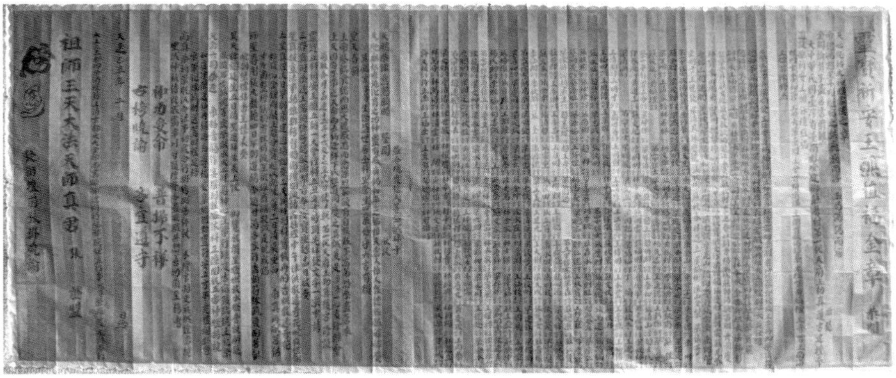

圖版 9–36：王醮榜文 （蘇厝真護宮己丑科王醮）

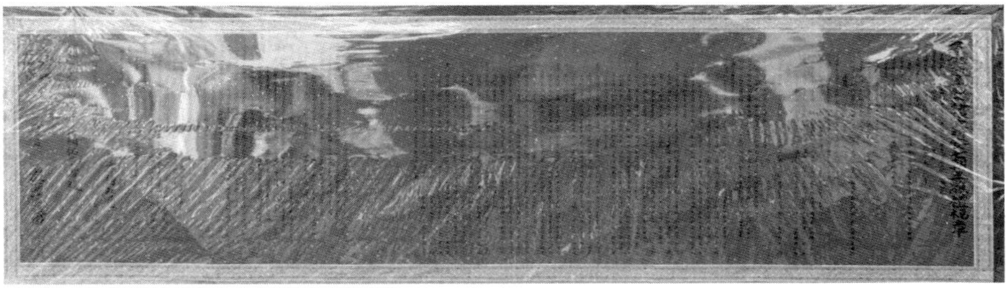

圖版 9–37：王醮榜文 （蘇厝長興宮己丑科王醮）

① 20 世紀 90 年代以前,屏東縣東港東隆宮王船祭典係由閭山法師在"化船"前進行簡單的祭船儀式,此後則因慶典隆重之考量而改聘當地靈寶道士團演行五朝或七朝王醮科儀。

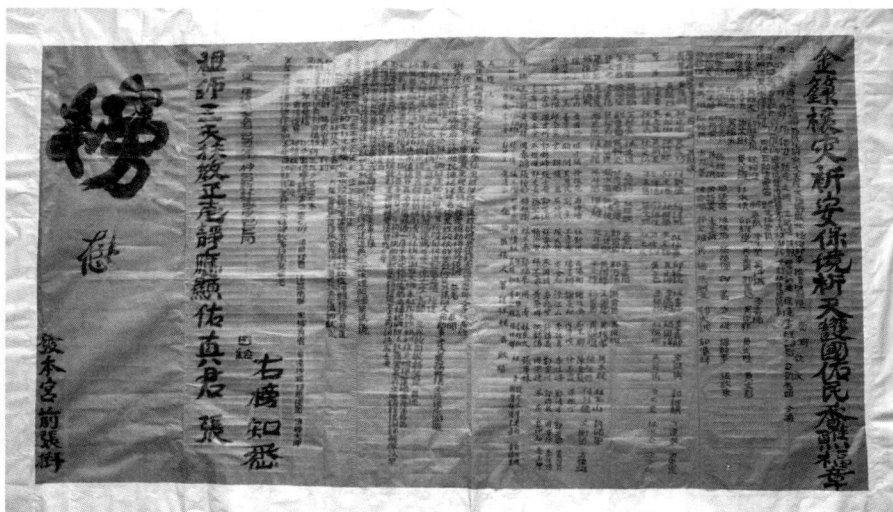

**圖版 9–38：王醮榜文（西港慶安宮己丑科王醮）**

## （二）告 示 榜

這些告示榜均是以王爺口吻頒降的公告（含短諭、牌示、條規等）。這些告示榜的數量因地域而略有差異。臺南地區靈寶道壇施用的王醮告示榜凡計有九道，分別是：上任短諭、登殿短諭、開印短諭、禁闈道短諭、長腳牌、長示、堂規告示、禁班役短諭、禁軍兵營伍班役規條。這些告示均係黃紙、墨書、朱批而成，待"請王"入府安座後隨即張貼於王府外儀門牆壁或轅門柵欄之上。這些告示涉及的內容，包括：新科王爺到府就任相關事宜（如上任短諭、登殿短諭、開印短諭）、隨營兵士的注意事項（禁軍兵營伍班役規條）、王府內外衙役的行為規範（禁班役短諭）、在堂人員的規章制度（堂規告示）、王府開門時的儀軌（禁闈道短諭）、當境神祇的誡諭（長腳牌、長示）。然而，臺南府城潁川道壇陳榮盛道長除上述九道榜文外，還另有二道：點卯掛牌、開筵掛牌。[①] 高屏地區流傳的清同治抄本《金籙祈安和瘟文檢》收錄的王醮告示榜則計有二類：三爺到任告示榜（四道：府前掛諭、港口掛諭及上任掛諭二道，每道榜文略有差異）、福德榜（二道：街頭一張、街尾一張），並註明紅箋墨書。不過，高雄市彌陀鄉蔡志民道長（屬"南路"道團）主持蘇

---

① 潁川道壇陳榮盛道長施用的王醮告示榜紙張色澤各有不同，分別為：紅色（上任短諭、登殿短諭、開印短諭、禁闈道短諭、點卯掛牌、禁班役短諭、開筵掛牌）；黃色（長腳牌、禁軍兵營伍班役規條）；白色（長示、堂規告示）。這種做法與臺南及高屏地區其他靈寶道壇均不相同。

厝真護宮己丑科五朝王醮時張貼的告示榜文則計有十六道(均黃紙墨書，張貼於王府外)，分別如下：王爺到任告示榜(四道)、上任短諭(二道)、福德榜(一道)、登殿短諭、禁闖道短諭、禁班役短諭、禁軍兵營伍班役規條、堂規告示、開印短諭、開筵掛牌、長腳牌、禁賭棚販擔短諭。

　　有關上述告示榜文的朱批格式，各家道壇的做法及體例各有不同：灣裡大順道壇蘇基財道長主持蘇厝長興宮己丑科七朝王醮告示榜文中"玉勑代天巡狩"字樣均分別朱筆圈點，"玉勑"二字上鈐蓋"道經師寶"印(正蓋)；時間落款"×月"字樣上鈐蓋"道經師寶"印(正蓋)；榜文末尾"發府前曉諭"或"發貼曉諭"字樣中朱筆勾劃末尾一字"諭"；文中"特諭"或"特示"字樣中亦朱勾最後一字"諭"或"示"；內文朱批之字有：為、諭、照、給、發。高雄市彌陀鄉蔡志民道長主持蘇厝真護宮己丑科五朝王醮告示榜文中"玉勑代天巡狩"字樣不予劃圈，僅文末出現"榜"字時加以朱筆圈點；內文中凡出現"發掛王府前曉諭""發府前曉諭""發港口掛諭""發廟前掛諭""右仰神人""各宜知悉""右仰各宜知悉""右仰各宜遵守知悉""右仰主吏""各宜凜遵""特示""特示堂規"等套語時，均在前後朱書一括號(　)；時間落款"×月"字樣上鈐蓋"道經師寶"印(正蓋)，其後"×日"或"×日給""×日示"

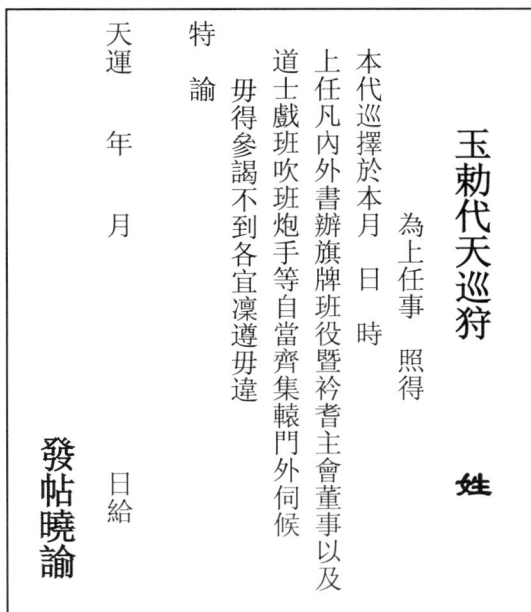

玉勑代天巡狩　　姓

為上任事　照得

本代巡擇於本月　日　時

上任凡內外書辦旗牌班役暨袴耆主會董事以及道士戲班吹班炮手等自當齊集轅門外伺候

毋得參謁不到各宜凜遵毋違

特諭

天運　年　月　日給

發帖曉諭

圖版 9-39：上任短諭（曾氏《文檢》抄本）

玉勅代天巡狩　　姓

　　　　　　論爾等弟子知悉

本代巡早堂登殿凡參

謁者務須從東轅門進　由西轅門退除奉令

旗牌外概不許從中門直進致干玩褻以自取戾

　　各宜凜遵毋違

特諭

天運　年　月　　日給

發帖曉諭

圖版 9–40：登殿短諭（曾氏《文檢》抄本）

玉勅代天巡狩　　姓

　　　　　　為開印事照得

本代巡本月　日　時開印凡爾內外書辦班役以及

主會董事弟子等自當誠敬趨蹌奉行政典毋得

參差不齊致干玩慢各宜凜遵毋違

特諭

天運　年　月　　日給

發帖曉諭

圖版 9–41：開印短諭（曾氏《文檢》抄本）

玉勅代天巡狩　　　姓

為曉諭事照得

幽冥雖有殊途陰陽總無二理

神人一到鑑察無違

本代巡遵依

天道化行保護所以安境土而庇民生也爾等營隨營隊

務須各守本規毋得擾混地方有驚雞犬違即必究

一禁五營官軍兵馬人等各宜常在營伍聽點卯酉

不得擅離守土違即必究

一禁把門班役凡有投票准於掛投文之時投進及

投文以後一應事務不許投告違即必究

一禁往來人等從府前經過凡遇關門之時宜從影牆外

不許闖牆內把門役自當速慎阻止毋違

特　示

天運　年　月　　日給

示　　　　發府前曉諭

圖版 9–42：禁軍兵營伍班役規條

玉勅代天巡狩　　　姓

為申禁闖道事照得

官府重地必本森嚴所以肅體統而莊觀瞻也

閹屬人等凡遇開門之時務須站立兩旁

不許胡亂闖道致干責罰各宜凜遵毋違

特　諭

天運　年　月　　日給

　　　　發府前曉諭

圖版 9–43：禁闖道短諭（曾氏《文檢》抄本）

玉勑代天巡狩　姓

為曉諭事照得
陰陽阪於變調
神人速於感通茲者△△宮虔誠建醮共沐
神庥　本代巡躬膺
帝命蒞伊始合行出牌曉諭為此仰閤屬眾
神祇知悉爾等務須除道清塵欽聲靈而效力枕弧棘矢保
輦轂以前掃災袯於此日直令碩鼠無牙共樂
陽春有腳務須時和年豐而此境之眾既安且寧也爾其
欽哉各宜凜遵毋違
特諭
天運　年　月　　日給

發府前曉諭

圖版 9–44：長腳牌（曾氏《文檢》抄本）

玉勑代天巡狩　姓

論爾內外班役照得
本代巡蒞任凡有奸民不法滋事務須遵諭確查定情形
先行赴轅稟明以憑察核發給籤單方許鎖帶人犯毋得
侍恃役勢妄行拘拏擅自勒索倘敢故違定將該役
責革不貸各宜凜遵毋違
特諭
天運　年　月　　日給

發帖曉諭

圖版 9–45：禁班役短諭（曾氏《文檢》抄本）

玉勅代天巡狩

掌陰陽實錄便宜行事　姓
兼

為盡驅醜類以靖地方事照得

幽冥雖殊途陰陽總無二理忠良加以保護姦宄必速於剪除
本代巡鐵面冰心承
上帝欽命以來此巡此土安此民心職在表揚善類屏逐妖魔
現在　蒞任伊始合行出示曉諭為此示仰
當境諸神將知悉　爾等務宜威靈呵護里宇肅清境土
不許潛匿奸魂作祟光天之下無容隱藏潛魂而潛蹤
中草妖木神宜安心而守份山精水怪應欽跡而潛踪
至於惡物為民害者皆當驅而出之境外掃去妖氛
人人幸無牙之鼠迎來瑞氣戶戶樂有腳之春豐年致慶
大有積蓄靚百物物豐享察萬家家家醉飽一方之
男婦老幼同食而德飲和合境之士農工商各安居而
樂業直使解愠阜財重逢舜日非徒舍哺鼓腹共載堯
天而且春秋不作淒風苦雨保百姓之永樂冬夏絕無
愆陽伏陰蹟四方於仁壽鄉成通德之鄉敦詩說禮里
号鳴珂之里附鳳攀龍真可安我
皇天鑒臨之至意亦足慰
本代巡觀察之深心倘有遊小醜陽奉陰違一經察出定行
究治言出法違決無輕貸各宜凜遵毋違

特　示

天運　年　月　日給

示　　　發府前曉諭

圖版 **9-46**：長示（曾氏《文檢》抄本）

玉勅代天巡狩

姓

為曉諭事照得

本運鑑察一切事務遵依
天道化行保護境土豐民凡有營隨營隊各守
本規毋得混攪地方有妨雞犬牛羊違即必究
一禁五營官軍兵馬人等常川在伍聽點卯酉
不許閑遊有擾地方雞犬豕牛羊違即拿究
一禁六房書吏常川在府辦事
不得窺竊細事擾民違即必究
一禁隨從人役值日隨班伺候不得遠遊境土違即必究
一禁把衙人役自梆開門告明投禀三梆後
凡一應事務俱不許勾日自行投告違即必究
一禁往來人等經過宜出影牆外
不許突入牆內把門速慎阻止毋違

特　示

天運　年　月　日告

示　　　發掛王府前曉諭

圖版 **9-47**：堂規告示（曾氏《文檢》抄本）

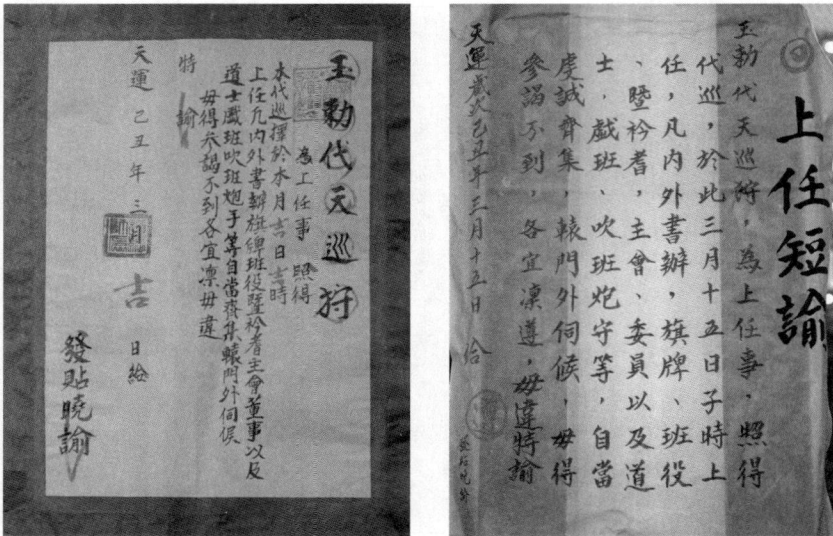

**圖版 9–48：上任短諭**

（蘇厝長興宮己丑科王醮，蘇基財道長；鹿耳門聖母廟己丑科祈安香醮，陳榮盛道長）

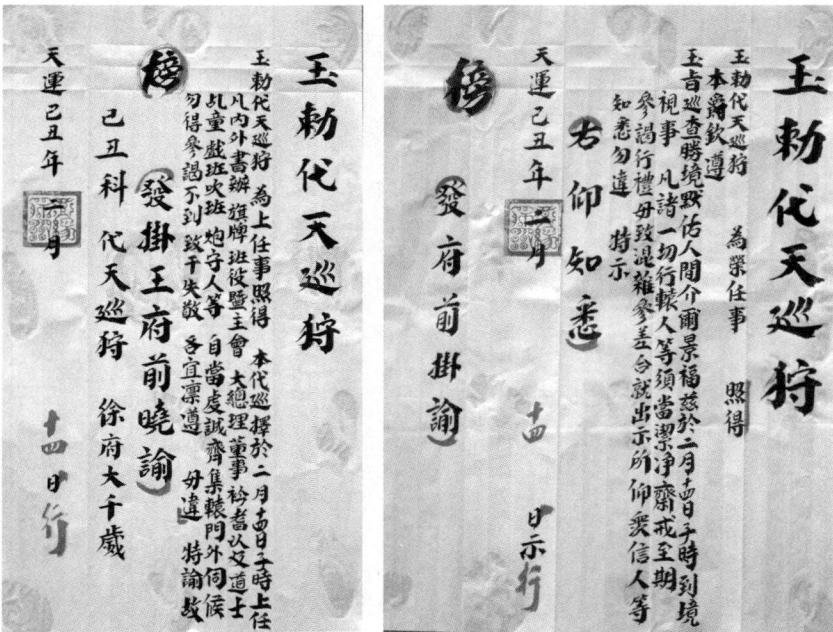

**圖版 9–49：上任短諭二道**

（蘇厝真護宮己丑科王醮，蔡志民道長）

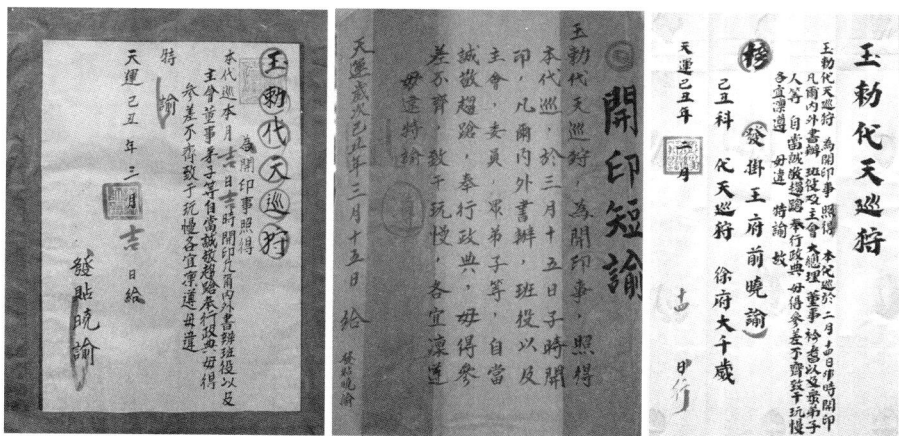

**圖版 9–50：開印短諭**

（蘇厝長興宮己丑科王醮，蘇基財道長；鹿耳門聖母廟己丑科祈安香醮，
陳榮盛道長；蘇厝真護宮己丑科王醮，蔡志民道長）

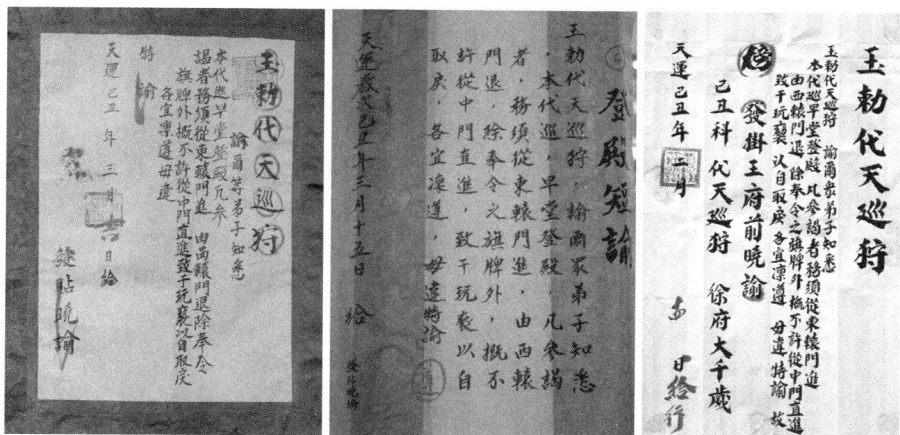

**圖版 9–51：登殿短諭**

（蘇厝長興宮己丑科王醮，蘇基財道長；鹿耳門聖母廟己丑科祈安香醮，
陳榮盛道長；蘇厝真護宮己丑科，蔡志民道長）

後朱筆添寫一"行"字①；內文朱批之字有：照得、日、今、等；此外，文中凡遇
"毋違""知悉""須至榜者"字樣時均朱勾最後一字。

---

① 　潁川道壇陳榮盛道長則朱筆添寫一"遵"或"規"字。

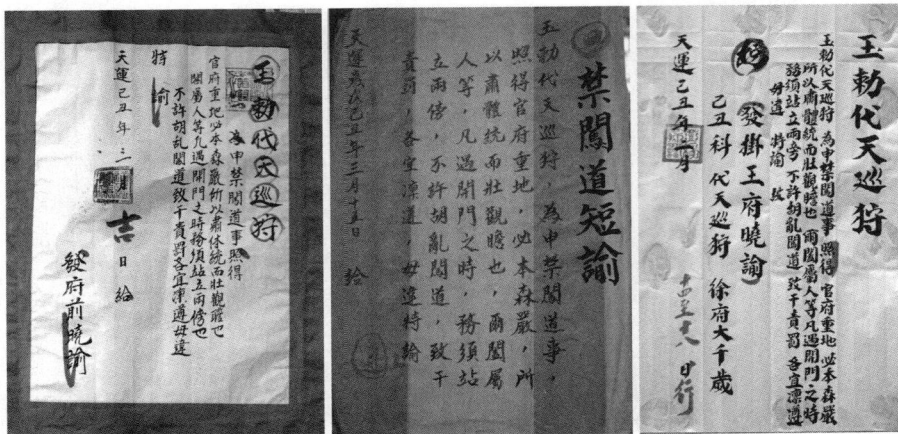

**圖版 9–52：禁闔道短諭**

（蘇厝長興宮己丑科王醮，蘇基財道長；鹿耳門聖母廟己丑科祈安香醮，
陳榮盛道長；蘇厝真護宮己丑科王醮，蔡志民道長）

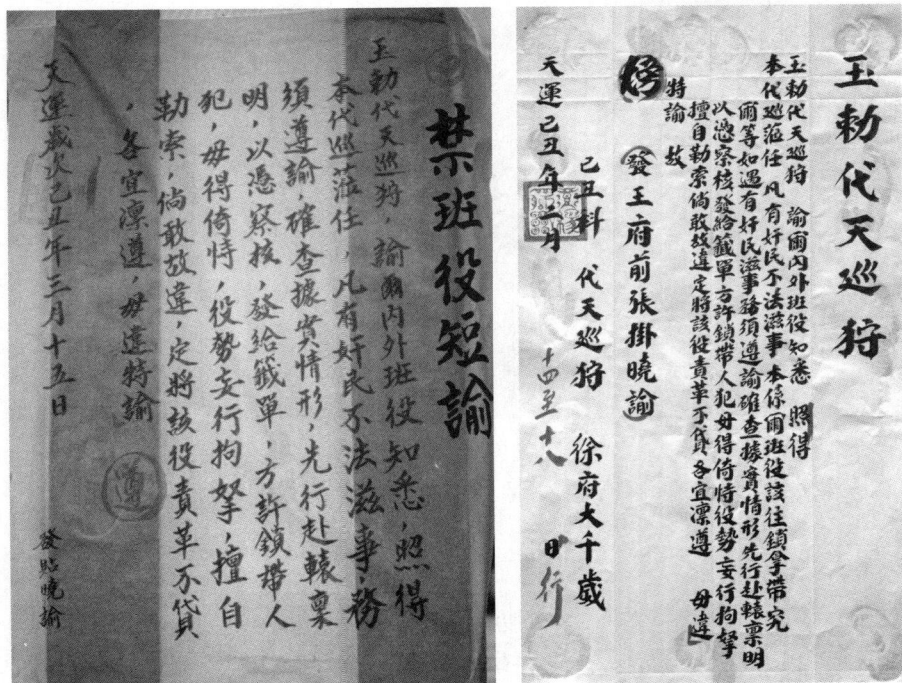

**圖版 9–53：禁班役短諭**

（鹿耳門聖母廟己丑科祈安香醮，陳榮盛道長；蘇厝真護宮己丑科王醮，蔡志民道長）

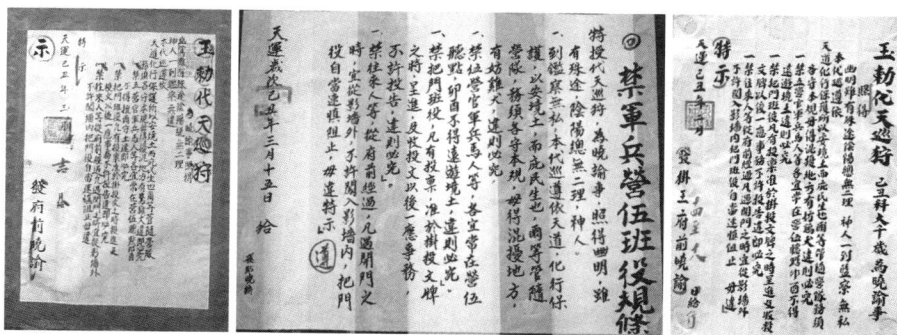

**圖版 9-54：禁軍兵營伍班役規條**

（蘇厝長興宮己丑科王醮，蘇基財道長；鹿耳門聖母廟己丑科祈安香醮，陳榮盛道長；
蘇厝真護宮己丑科王醮，蔡志民道長）

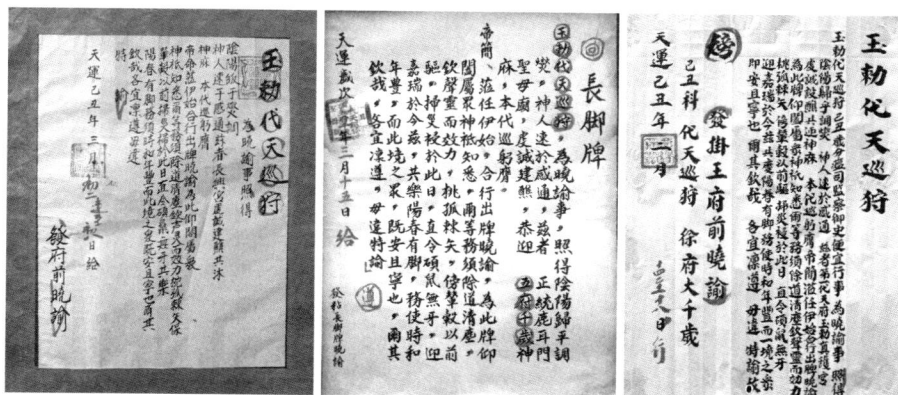

**圖版 9-55：長腳牌**

（蘇厝長興宮己丑科王醮，蘇基財道長；鹿耳門聖母廟己丑科祈安香醮，陳榮盛道長；
蘇厝真護宮己丑科王醮，蔡志民道長）

## （三）符　　幡

除前述榜文及告示外，王醮科儀還施用一些符命和旗幡，分別是：天赦符命、王船符和押船旗。

第一，天赦符命。

天赦符命，全稱為"天上清天赦和瘟符命"。此道符命乃擇王醮科儀尾日"和瘟三獻儀"完畢後，粘貼於王船的船頭之上。筆者尚未在《道藏》中尋覓到此種符命的記載。不過，《靈寶領教濟度金書》（卷二九一）收錄一道"金籙赦符"亦旨在驅瘟除疫，或為後者的原型，亦未可知。茲抄錄文字如下：

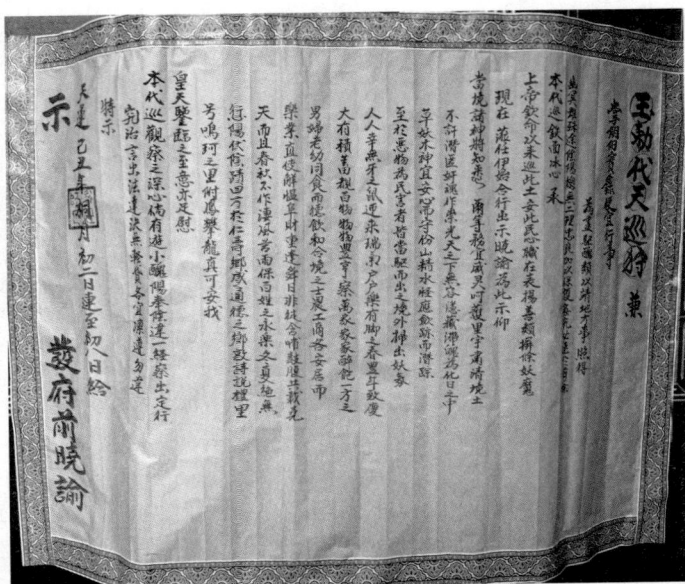

圖版 9–56：長示

（蘇厝長興宮己丑科王醮，蘇基財道長）

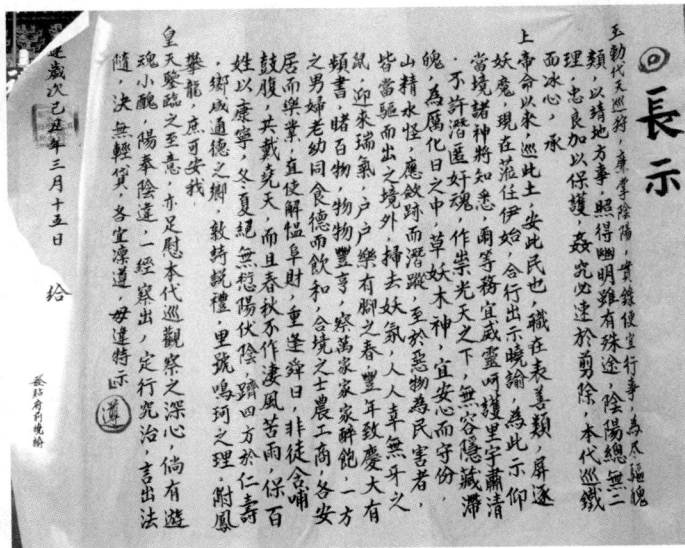

圖版 9–57：長示

（鹿耳門聖母廟己丑科祈安香醮，陳榮盛道長）

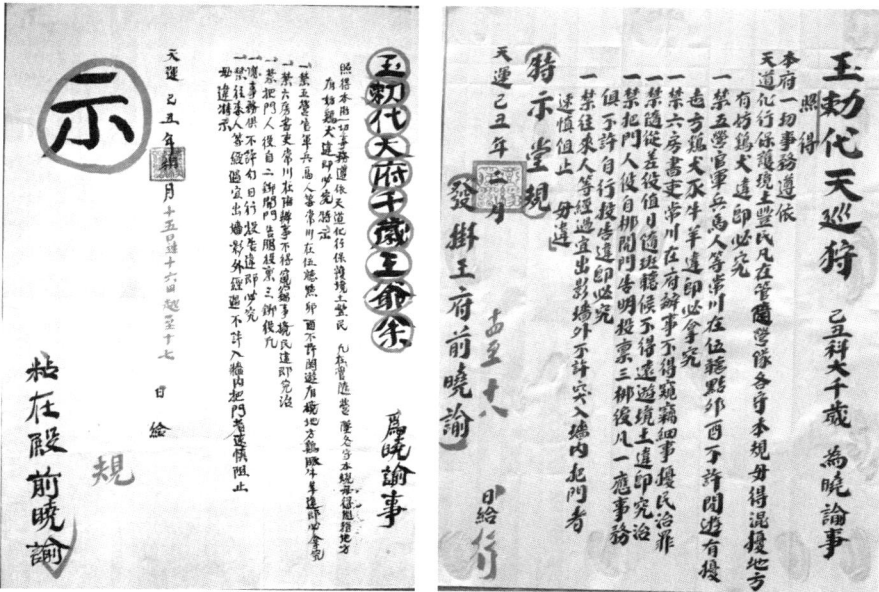

圖版 **9–58**：堂規告示

（西港慶安宮己丑科王醮，陳榮盛道長；蘇厝真護宮己丑科王醮，蔡志民道長）

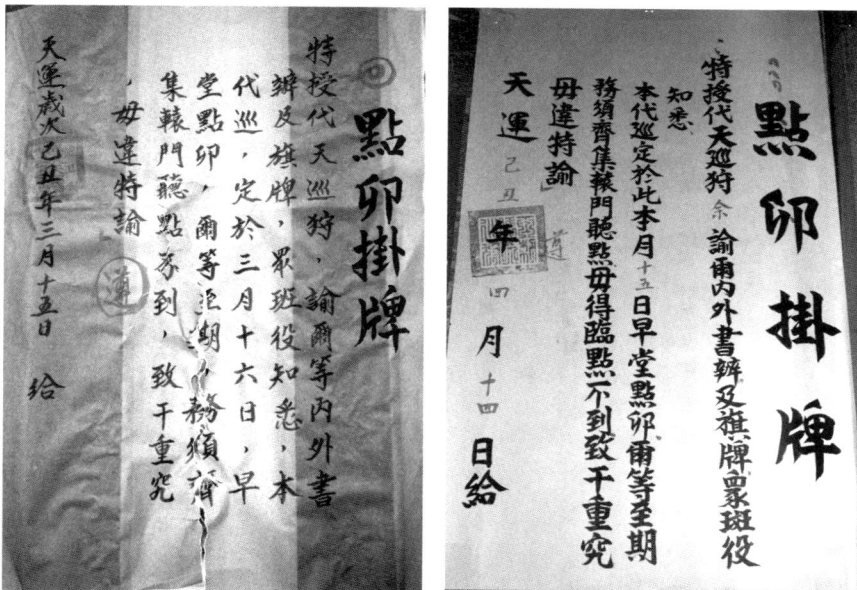

圖版 **9–59**：點卯掛牌

（鹿耳門聖母廟己丑科祈安香醮、西港慶安宮己丑科王醮，陳榮盛道長）

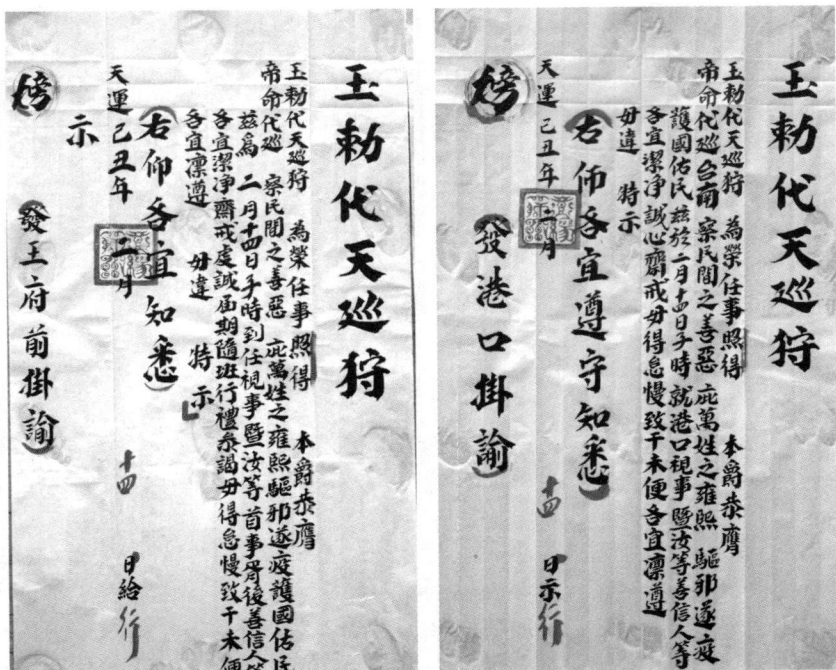

**圖版 9–60：王爺到任告示榜之一：府前掛諭、港口掛諭**

（蘇厝真護宮己丑科王醮，蔡志民道長）

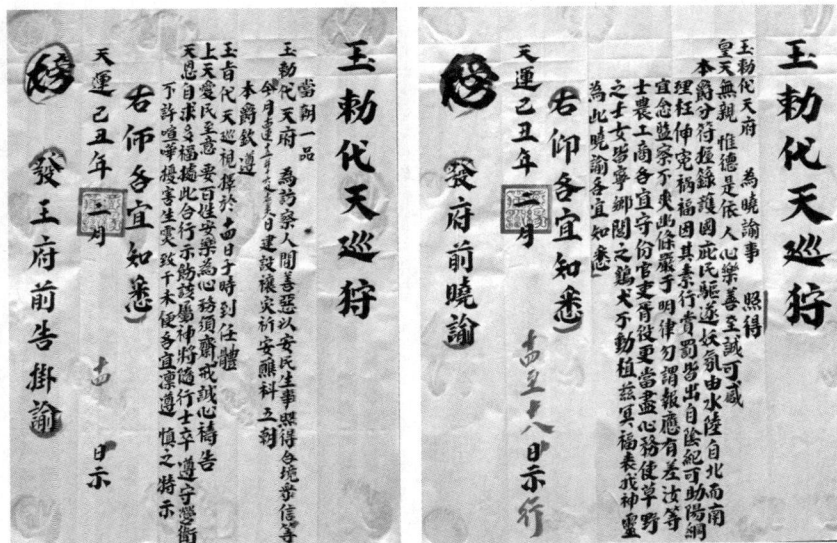

**圖版 9–61：王爺到任告示榜之二：上任掛諭二道**

（蘇厝真護宮己丑科王醮，蔡志民道長）

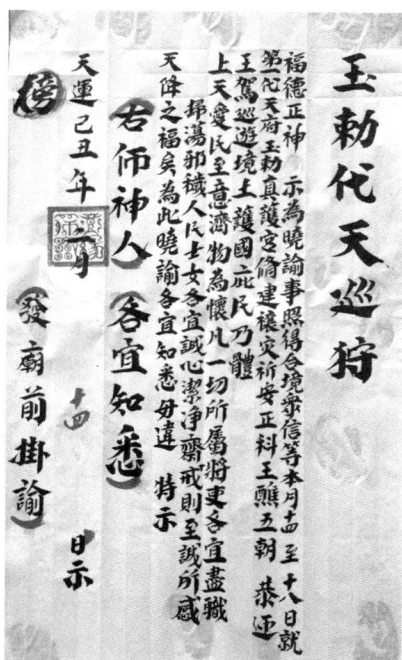

圖版 9-62：福德榜

（蘇厝真護宮己丑科王醮，蔡志民道長）

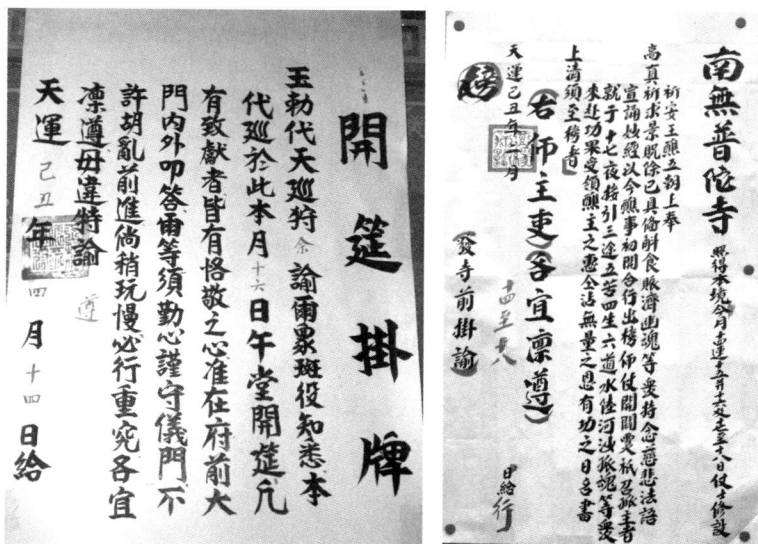

圖版 9-63：開筵掛牌

（西港慶安宮己丑科王醮，陳榮盛道長；蘇厝真護宮己丑科王醮，蔡志民道長）

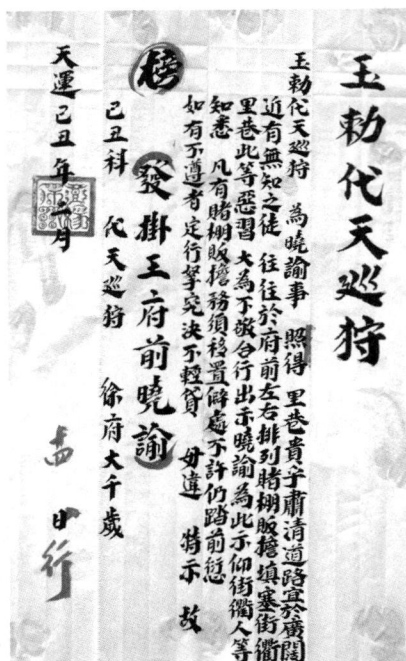

**圖版 9-64：禁賭棚販擔短諭**
（蘇厝真護宮己丑科王醮，蔡志民道長）

右告下三官五岳，名山大川，五瘟部分，行瘟使者，行病鬼王，行毒布炁、布藥施災、開汗執魂、興祆行怪一切神靈，太歲尊神，十二年王：並承上帝勅敕符文，逕與某身中，收除所布藥炁毒炁，今與蕩除。即使魂神澄正，邪炁不侵，三魂康健，五福來并，速離門戶，疾遊他方。已病者退，未病者寧，利佑人口，長幼均安。不得稽延，惟命是從，有違吾命，速送羅酆。一如告命，風火驛傳。①

值得注意的是，今臺南與高屏兩地"天赦符命"從內容及格式上均略存差異。下面，我們將臺南已故著名道士曾椿壽（道號泛舟）編輯的《王醮文檢》和高屏地區流行的清同治抄本《金籙祈安和瘟文檢》收錄的"天赦符命"依照原貌抄錄如下：

---

① （南宋）甯全真傳授、（宋末元初）林靈真編輯：《靈寶領教濟度金書》卷二九一，《道藏》第8冊，第567—568頁。

上清天赦和瘟符命

右符告下

詞家司命　土木　六神　仰集

勅命火急宣詞當境里域正神

今年歲分瘟司聖眾特為醮主等前生今世故作誤為

大小罪愆並行赦宥時氣收回所患平安伏乞體

上帝之好生庸下民祈禱之誠倘有下邪故炁

妄生侵害邀求祭祀即使攝赴

真司依律治罪　一如

誥命

天運　年　月

主行科事

姓　花號

日吉時告下

承誥奉行（行）

祖師三天扶教正乙天師真君　張

恩師和瘟教主匡阜真人

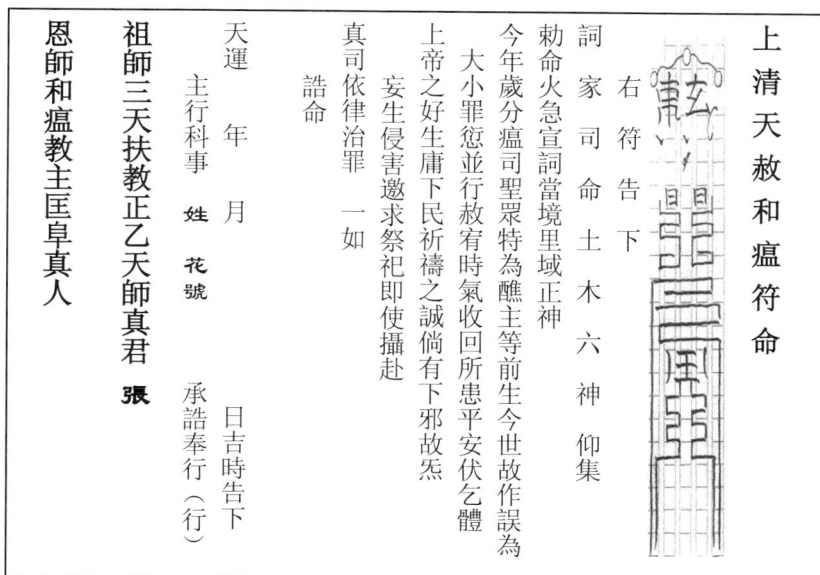

图版 9–65：臺南地區的天赦符命（曾氏《文檢》抄本）

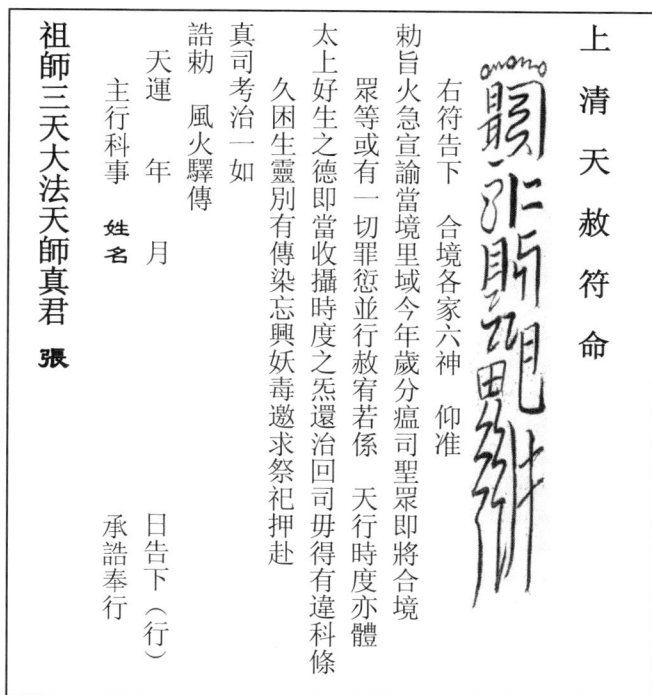

上清天赦符命

右符告下　合境各家六神　仰准

勅旨火急宣諭當境里域今年歲分瘟司聖眾即將合境

眾等或有一切罪愆並行赦宥若係　天行時度亦體

太上好生之德即當收攝時度之炁還治回司毋得有違科條

久困生靈別有傳染忘興妖毒邀求祭祀押赴

真司考治一如

誥勅　風火驛傳

天運　年　月

主行科事

姓名

日告下（行）

承誥奉行

祖師三天大法天師真君　張

图版 9–66：高屏地區的天赦符命（清同治《金籙祈安和瘟文檢》抄本）

　　上述兩份"天赦符命"體現出南臺灣靈寶道派科儀文檢的地域性差異。若就內容而言,這兩份符命的文字異中有同(詳見圖版 9–65、圖版 9–66)。兩份符命中均繪有朱書符籙,其符式則差異甚大(詳見圖版 9–67)。此外,這兩份符命的文書格式也存見分歧:(1)臺南地區於"上清天赦和瘟符命"字樣上朱筆劃圈,高屏地區則於文末"祖師三天大法天師真君張"字樣上朱圈;(2)內文朱筆批點之字,臺南地區計有:右、仰、特、等、體、倘、攝、一、告;高屏地區計有:右符、誥勅、日;(3)臺南地區於天赦符命中高功署名後"承誥奉行"字樣上朱筆疊書一"行"字,高屏地區則於時間落款"天運 × 年 ×月 × 日告下"後朱書一"行"字;(4)符命簽署執法高功姓名時,臺南地區的格式是:姓 + 花號(如存心、忠心等),並在花號上朱筆疊書一"印"字;而高屏地區則是:姓 + 道名,並在道名上鈐蓋私印(如"微臣蔡羅慶印");(5)符命末尾簽押的證醮神祇尊號,高屏地區為"祖師三天大法天師真君張",臺南地區則為"祖師三天扶教正乙天師真君張"及"恩師和瘟教主匡阜真人",即除了傳統的道祖張天師外,還專列出和瘟匡阜真人,藉此強化本道符命的逐疫禳災性質。

　　當然,這兩地的符命格式也存見諸多相同處:譬如文末時間落款"× 月"字樣上均鈐印"道經師寶"(正蓋);二地道壇均視之為急行文書,故依律用朱筆勾一字——即臺南地區"一如誥命"套語中的尾字"命",高屏地區"風

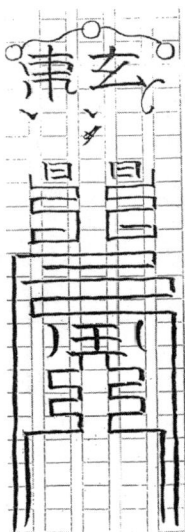 

　　　　　(臺南)　　　　　　　　　(高屏)

**圖版 9–67:天赦符式**

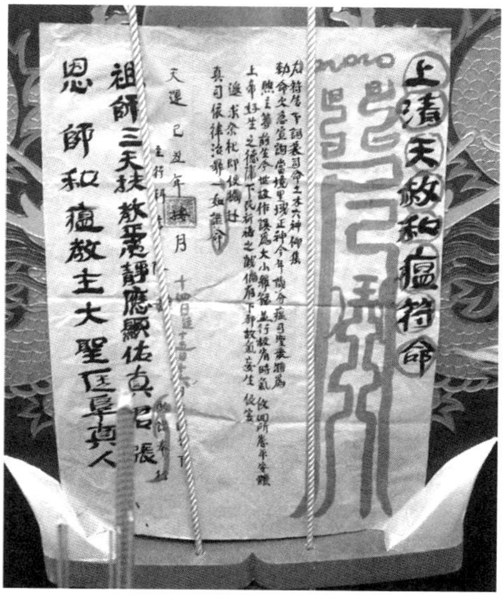

**圖版 9–68：上清天赦和瘟符命**
（西港慶安宮己丑科王醮，陳榮盛道長）

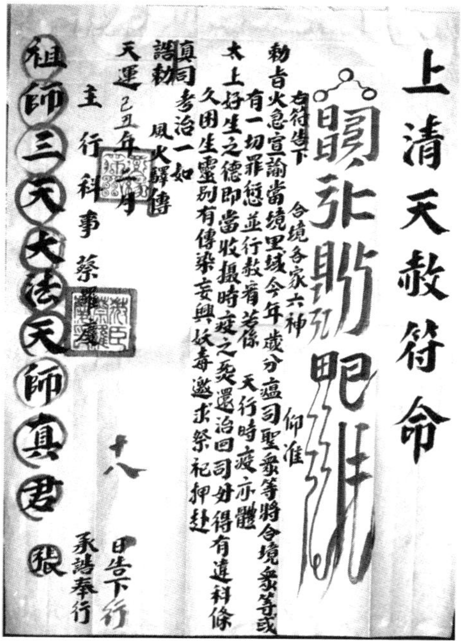

**圖版 9–69：上清天赦符命**
（蘇厝真護宮己丑科王醮，蔡志民道長）

火驛傳"套語中的尾字"傳"。

第二,王船符。

王船符共計八道:船頭符四道(粘貼於船頭的不同位置),另有桅符、舵符、帆符、艙符各一道、分別貼於王船的相應部位。現將臺南曾泛舟輯《王醮文檢》中繪製的八道王船符式抄錄如下:

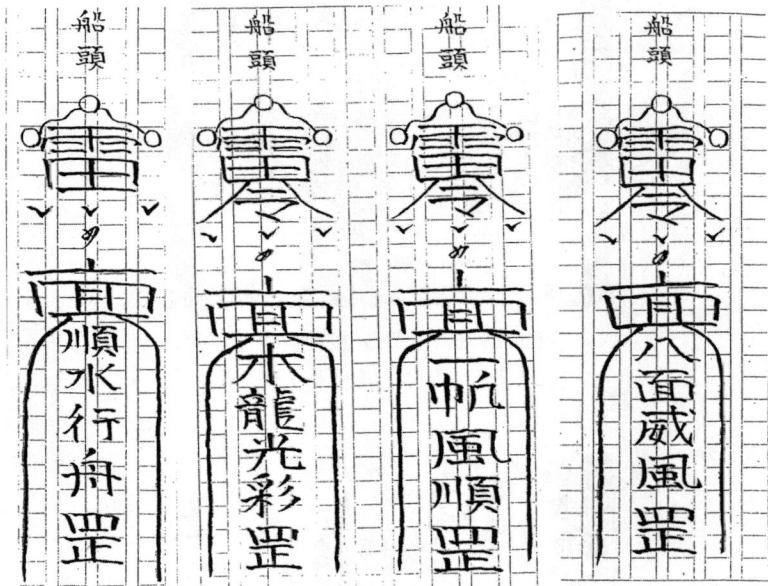

**圖版 9–70:船頭符四道 (曾氏《文檢》抄本)**

第三,押船旗。

押船旗的功用本來是押解瘟船出離轄境,而今瘟船已在島內信眾心中轉化為王船,此旗相應地就被詮釋為協助王爺押解疫鬼,防止其從王船上逃竄,兼及遷船時沿路清剿瘟疫之鬼。"送王"時擇一名道眾(穿著海青)手執此旗,從廟埕出發到"送王"地,一路尾隨王船而行。待到"化船"時,才將押船旗投入火中焚化。

押船旗的旗幡為黑布製成,長七尺二寸,寬無定制,[①] 採用白色顏料書寫而成:正面書"和瘟教主匡阜真人"等字樣,背面畫符(臺南與高屏兩地的符式差異明顯,詳見圖版 9–74)。旗桿則就地取材,挑選一隻青竹(通常保留竹梢) 充當即可。

---

① 有關押船旗幡的長度,承蒙臺南府城延陵道壇吳政憲道長來函告知。謹表感謝。

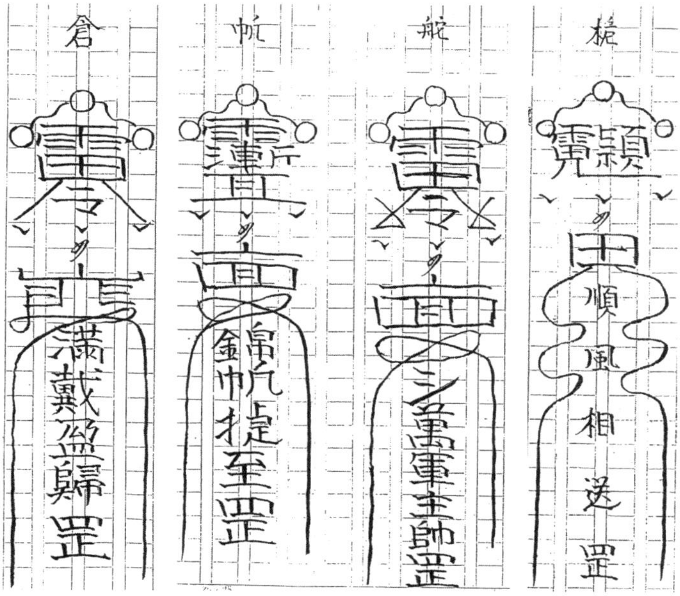

圖版 9-71：桅符、舵符、帆符、艙符（曾氏《文檢》抄本）

圖版 9-72：船頭符之一（蘇厝長興宮己丑科王醮，蘇基財道長）

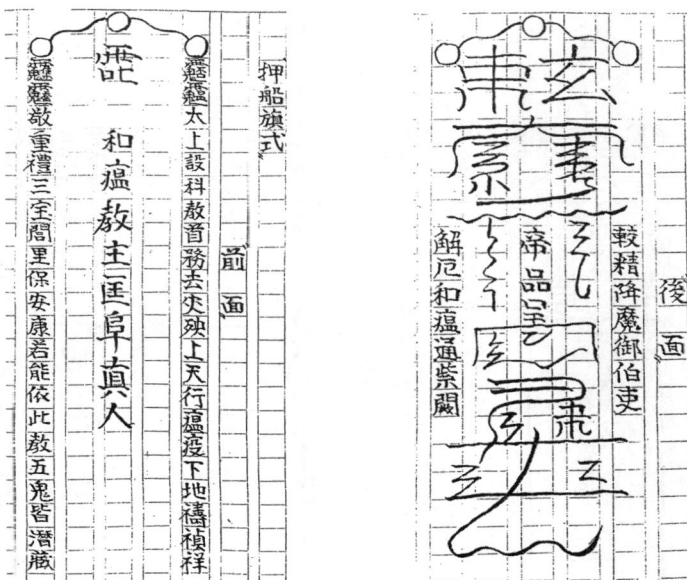

（前面）　　　　　（後面）

**圖版 9–73：押船旗式（曾氏《文檢》抄本）**

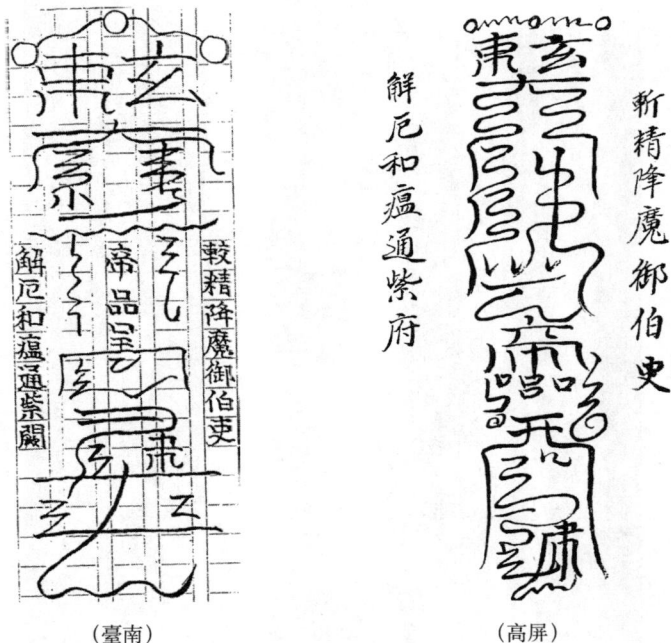

（臺南）　　　　　（高屏）

**圖版 9–74：押船旗符式**

圖版 **9–75**：蘇厝長興宮己丑科王醮 "送船" 前製作押船旗（正面）

（正面）　　　　　　　　　　　　　　（背面）

圖版 **9–76**：押船旗（西港慶安宮己丑科王醮）

　　"送王船"是明清以降閩臺地區十分盛行的宗教化民俗活動,其最初含義是指遣送瘟船,驅逐疫鬼,乃基於人們對瘟疫的恐懼而施予奉祀的心理,爾後瘟神王爺的疫鬼屬性逐漸淡化,並成功轉型為瘟部正神抑或萬能神祇,"請王"和"送王"遂成為恭請王爺蒞臨巡狩,押解疫鬼離境的儀式,王船祭相應地就有了祈福納祥的含義。王船祭慶典的核心流程——請王、宴王、添

**圖版 9–77：一名道眾手執押船旗尾隨王船而行（西港慶安宮己丑科王醮）**

載、送王，其實仿照世俗社會的人際交往：先將尊貴的客人請來、殷勤款待一番後，再備好禮物，惜別送歸。透過一"請"、一"送"及其整套繁雜的禮儀流程，當境民眾與仙界神祇聯絡了感情，獲得王爺垂恩而消弭瘟疫、綏靖安民。

　　近幾十年來，"送王船"習俗在臺灣地區的影響不斷擴大，越來越多的廟宇和村落參與到這項民俗慶典中來。王船信仰（王醮儀式）極大緩解了民眾的心理壓力，增強了社區的凝聚力，客觀上拉動了經濟，成為當地旅遊觀光業的一大品牌。不過，近來島內王船祭活動不同程度地出現醮期拉長、王船豪華、金紙增量等不良傾向。推究其因，當然與當地民眾經濟條件的改善密切相關，但也不排除主辦單位之間相互攀比的成分。如何做到既延續了傳統民俗信仰，又能保護環境，節約成本，這恐怕需要相關部門的正確引導。

## 附錄一：臺灣南部"送王船"習俗之科期一覽表

| 序號 | 宮觀廟宇<br>（地址） | 科期慣例 | 舉辦時間<br>（農曆） | 當地俗稱 |
|---|---|---|---|---|
| | 臺南地區 | | | |
| 1 | 金唐殿<br>（臺南市佳里鎮） | 三年一科<br>（子、卯、午、酉年） | 正月下旬 | 佳里燒王船 |
| 2 | 合勝堂<br>（臺南市西區人和街） | 十二年一科<br>（辰年） | 三月 | 合勝堂燒王船 |
| 3 | 真護宮<br>（臺南市安定鄉蘇厝村） | 三年一科<br>（丑、辰、未、戌年） | 二月底或三月上旬 | 蘇厝燒王船 |
| 4 | 長興宮<br>（臺南市安定鄉蘇厝村） | 三年一科<br>（丑、辰、未、戌年） | 三月中下旬 | 蘇厝燒王船 |
| 5 | 慶安宮<br>（臺南市西港鄉） | 三年一科<br>（丑、辰、未、戌年） | 四月中旬 | 西港燒王船 |
| 6 | 代天院<br>（臺南市柳營鄉） | 三年一科<br>（子、卯、午、酉年） | 十月中旬 | 柳營燒王船 |
| 7 | 東隆宮<br>（臺南市北門鄉三寮灣三光村） | 三年一科<br>（子、卯、午、酉年） | 十一月 | 三寮灣燒王船 |
| 8 | 開臺聖地三老爺宮<br>（臺南市北區裕民街） | 十二年一科<br>（子年） | 六月 | 府城燒王船 |
| 9 | 萬年殿<br>（臺南市南區灣裡） | 十二年一科<br>（子年） | 九月 | 灣裡王船繞境 |
| 10 | 萬皇宮<br>（臺南市南區喜樹） | 十二年一科<br>（辰年） | 十月中旬 | 喜樹燒王船 |
| 11 | 山西宮<br>（臺南市關廟鄉關廟村） | 十二年一科<br>（亥年） | 十月中下旬 | 關廟燒王船 |
| 12 | 仁壽宮<br>（臺南市歸仁鄉文化街） | 十二年一科<br>（亥年） | 十一月 | 歸仁燒王船 |
| 13 | 北極殿玉興堂<br>（臺南市安平區） | 十二年一科<br>（辰年） | 十月 | 安平燒王船 |

| 序號 | 宮觀廟宇<br>（地址） | 科期慣例 | 舉辦時間<br>（農曆） | 當地俗稱 |
|---|---|---|---|---|
| 高雄地區 | | | | |
| 1 | 賜福宮<br>（高雄市茄萣鄉） | 六年、八年或十二年一科 | 三、四月 | 茄萣燒王船 |
| 2 | 天文宮<br>（高雄市永安鄉） | 八年 | 正月 | 永安燒王船 |
| 3 | 三清宮代天府<br>（高雄市林園鄉汕尾） | 每年一科 | 六月 | 汕尾燒王船 |
| 屏東地區 | | | | |
| 1 | 惠迪宮<br>（屏東縣長治鄉番仔寮） | 三年一科<br>（丑、辰、未、戌年） | 三月初 | 長治燒王船 |
| 2 | 玄武宮<br>（屏東縣內埔鄉犁頭鏢） | 三年一科<br>（丑、辰、未、戌年） | 三月初 | 內埔燒王船 |
| 3 | 鎮溪宮<br>屏東市頭前溪 | 三年一科<br>（丑、辰、未、戌年） | 三月中 | 頭前溪送王 |
| 4 | 慈天宮<br>（屏東縣鹽埔鄉新圍） | 三年一科<br>（丑、辰、未、戌年） | 三月中旬 | 鹽埔燒王船 |
| 5 | 德隆宮<br>（屏東縣枋山鄉楓港） | 三年一科<br>（丑、辰、未、戌年） | 四月 | 楓港燒王船 |
| 6 | 超峰寺<br>（屏東市大洲） | 三年一科<br>（丑、辰、未、戌年） | 五月 | 大洲送王 |
| 7 | 東隆宮<br>（屏東縣東港鎮） | 三年一科<br>（丑、辰、未、戌年） | 九月中下旬 | 東港迎王祭 |
| 8 | 三隆宮<br>（屏東縣硫球鄉） | 三年一科<br>（丑、辰、未、戌年） | 十月上旬 | 小硫球迎王祭 |
| 9 | 代天府<br>（屏東縣南州鄉溪州村） | 三年一科<br>（丑、辰、未、戌年） | 十月中旬 | 南州迎王祭 |
| 嘉義地區 | | | | |
| 1 | 福海宮<br>（嘉義縣東石鄉塭港村） | 每年一科 | 四月 | 塭港燒王船 |
| 2 | 鎮安宮<br>（嘉義縣東石鄉網寮村） | 每年一科 | 四月 | 網寮燒王船 |

| 序號 | 宮觀廟宇<br>（地址） | 科期慣例 | 舉辦時間<br>（農曆） | 當地俗稱 |
|---|---|---|---|---|
| 3 | 嘉應廟<br>（嘉義縣布袋鎮復興里） | 十二年一科<br>（子年） | 十月 | 布袋燒王船 |
| 4 | 卿雲廟<br>（嘉義縣布袋鎮龍江里） | 不定期 | 不定 | 布袋燒王船 |
| 5 | 永安宮<br>（嘉義縣布袋鎮永安里4鄰大寮） | 不定期 | 不定 | 布袋燒王船 |
| 6 | 武聖宮<br>（嘉義縣布袋鎮岑海里） | 不定期 | 不定 | 布袋燒王船 |
| 7 | 先天宮<br>（嘉義縣東石鄉東石村） | 五年一科 | 十月 | 東石燒王船 |
| 8 | 富安宮<br>（嘉義縣東石鄉副瀨村） | 每年一科 | 十月 | 副瀨燒王船 |
| 9 | 福安宮<br>（嘉義縣東石鄉型厝村） | 每年一科 | 十月 | 型厝燒王船 |
| 金門地區 | | | | |
| 1 | 羅厝西湖古廟<br>（金門縣烈嶼鄉） | 每年一科 | 十月初 | 羅厝貢王 |
| 2 | 上庫天后宮<br>（金門縣烈嶼鄉） | 每年一科 | 十月中旬 | 上庫貢王 |
| 3 | 青岐清水祖殿<br>（金門縣烈嶼鄉） | 每年一科 | 十月中旬 | 青岐貢王 |
| 4 | 西方釋迦佛祖宮<br>（金門縣烈嶼鄉） | 每年一科 | 十月中旬 | 烈嶼貢王 |
| 5 | 湖下雙忠廟代天府宮<br>（金門縣金寧鄉） | 每年一科 | 十月中旬 | 湖下貢王 |
| 澎湖地區 | | | | |
| 1 | 北辰宮<br>（澎湖縣馬公市北甲） | 不定期 | 四月或五月 | 北甲燒王船 |
| 2 | 水仙宮<br>（澎湖縣馬公市莳里） | 不定期 | 無固定時間 | 莳里燒王船 |

# 附錄二：臺南地區王醮儀式的調查案例

## （一）蘇厝真護宮己丑科（2009 年）五朝王醮科儀

| 序號 | 儀式內容 | 科儀文本 | 時間 |
|---|---|---|---|
| 請王：3 月 6 日晚—7 日凌晨 | | | |
| 1 | 全體人員從廟內出發，步行至請王地 | | 23：30—24：30 |
| 2 | 道士團演法：請神 | | 24：40—24：55 |
| 3 | 道士團演法：開營放兵 | | 1：08—1：25 |
| 4 | 道士團演法：開光點眼 | | 1：35—1：58 |
| 5 | 主會首擲筊，詢問王爺是否已蒞臨 | | 1：59—2：15 |
| 6 | 道士團演法：謝壇收兵 | | 2：20—2：40 |
| 7 | 迎王回府，安座 | | 2：45—3：00 |
| 前晚（3 月 9 日） | | | |
| 1 | 鬧廳 | | 20：45—20：55 |
| 2 | 會首禮拜 | | 23：20—23：30 |
| 3 | 起鼓 | | 23：31—23：35 |
| 第一天（3 月 10 日） | | | |
| 1 | 報鼓 | | 6：34—7：36 |
| 2 | 王壇發表 | 《靈寶玉壇發表策役金科》 | 7：30—9：00 |
| 3 | 王府觀朝：早朝 | | 9：05—9：15 |
| 4 | 啟聖 | 《靈寶祈安清醮祝聖科儀》 | 9：20—9：48 |
| 5 | 豎立天旗 | 《靈寶清醮豎旗科儀》 | 10：27—10：39 |
| | 祀觀音 | | 10：40—10：47 |
| 6 | 玉皇啟闕請經 | 《高上玉皇本行集經》啟闕 | 11：08—11：32 |
| 7 | 午供（九陳） | | 11：34—11：47 |
| 8 | 王府觀朝：午朝 | | |
| 9 | 開諷玉皇經上卷一品 | 《高上玉皇本行集經》卷上 | 14：07—14：50 |

| 序號 | 儀式內容 | 科儀文本 | 時間 |
|---|---|---|---|
| 10 | 開諷玉皇經中卷二品 | 《高上玉皇本行集經》卷中 | 15：06—15：40 |
| 11 | 開諷玉皇經中卷三品 | 《高上玉皇本行集經》卷中 | 15：58—16：30 |
| 12 | 王府觀朝：晚朝 | | 16：50—16：58 |
| 13 | 開諷玉皇經下卷四品 | 《高上玉皇本行集經》卷下 | 17：05—17：40 |
| 14 | 開諷玉皇經下卷五品 | 《高上玉皇本行集經》卷下 | 17：40—18：15 |
| 15 | 鬧廳 | | 19：30—19：49 |
| 16 | 補闕謝告（玉皇補謝） | 《高上玉皇本行集經》補謝 | 20：07—20：56 |
| 第二天（3 月 11 日） | | | |
| 1 | 報鼓 | | 5：05—5：08 |
| 2 | 早朝行道 | 《靈寶祈安清醮早朝啟聖科儀》 | 5：30—6：58 |
| 3 | 王府觀朝：早朝 | | 7：15—7：25 |
| 4 | 再繞天旗 | 《靈寶清醮豎旗科儀》 | 8：35—8：48 |
| | 祀觀音 | | 8：50—8：55 |
| 5 | 朝禮朝天謝罪法懺 | 《太上靈寶朝天謝罪法懺》卷一 | 9：12—9：39 |
| 6 | 朝禮朝天謝罪法懺 | 《太上靈寶朝天謝罪法懺》卷二 | 10：15—10：45 |
| 7 | 王府觀朝：午朝 | | 11：35—11：42 |
| 8 | 午供 | | 11：45—12：00 |
| 9 | 朝禮朝天謝罪法懺 | 《太上靈寶朝天謝罪法懺》卷三 | 14：09—14：36 |
| 10 | 朝禮朝天謝罪法懺 | 《太上靈寶朝天謝罪法懺》卷四 | 15：05—15：39 |
| 11 | 朝禮朝天謝罪法懺 | 《太上靈寶朝天謝罪法懺》卷五 | 15：55—16：18 |
| 12 | 朝禮朝天謝罪法懺 | 《太上靈寶朝天謝罪法懺》卷六 | 16：45—17：08 |
| 13 | 王府觀朝：晚朝 | | 17：32—17：43 |
| 14 | 鬧廳 | | 19：00—19：18 |
| 15 | 焚燈捲簾 | | 19：35—20：20 |
| 第三天（3 月 12 日） | | | |
| 1 | 重白 | 《靈寶祈安清醮祝聖科儀》 | 7：40—8：15 |
| 2 | 王府觀朝：早朝 | | 8：20—8：25 |
| 3 | 再繞天旗 | 《靈寶清醮豎旗科儀》 | 9：00—9：08 |
| | 祀觀音 | | 9：09—9：14 |

| 序號 | 儀式內容 | 科儀文本 | 時間 |
|---|---|---|---|
| 4 | 朝禮朝天謝罪法懺 | 《太上靈寶朝天謝罪法懺》卷七 | 9：30—10：00 |
| 5 | 午朝行道（含午供） | 《靈寶祈安清醮午朝科儀》 | 10：20—11：47 |
| 6 | 王府覲朝：午朝 | | 11：50—11：57 |
| 7 | 朝禮朝天謝罪法懺 | 《太上靈寶朝天謝罪法懺》卷八 | 14：15—14：43 |
| 8 | 朝禮朝天謝罪法懺 | 《太上靈寶朝天謝罪法懺》卷九 | 15：08—15：35 |
| 9 | 朝禮朝天謝罪法懺 | 《太上靈寶朝天謝罪法懺》卷十 | 16：00—16：30 |
| 10 | 朝禮玉樞經 | 《太上靈寶玉樞寶經科儀》 | 16：57—15：26 |
| 11 | 王府覲朝：晚朝 | | 17：43—17：52 |
| 12 | 鬧廳 | | 19：10—19：25 |
| 13 | 宿啟（安鎮五方真文） | 《靈寶祈安清醮金籙宿啟玄科》 | 19：35—20：56 |
| 第四天（3月13日） |||| 
| 1 | 報鼓 | | 7：30—7：32 |
| 2 | 道場科儀 | 《靈寶祈安清醮金籙道場科儀》 | 7：35—8：20 |
| 3 | 王府覲朝：早朝 | | 8：23—8：28 |
| 4 | 再繞天旗 | 《靈寶清醮豎旗科儀》 | 9：13—9：22 |
| | 祀觀音 | | 9：23—9：26 |
| 5 | 敷演三官經 | 《太上三元賜福消災解厄延生保命妙經》 | 9：50—10：25 |
| 6 | 看宣東斗經 | 《太上說東斗主算護命妙經》 | 10：35—10：49 |
| 7 | 看宣南斗經 | 《南斗六司延壽斗科妙經》 | 11：03—11：21 |
| 8 | 王府覲朝：午朝 | | 11：25—11：40 |
| 9 | 午供 | | 11：41—11：55 |
| 10 | 看宣西斗經 | | 14：05—14：28 |
| 11 | 看宣北斗經 | 《太上玄靈北斗本命延生妙經》 | 14：58—15：25 |
| 12 | 看宣中斗經 | 《太上說中斗大魁保命妙經》 | 15：45—15：59 |
| 13 | 放水燈 | | 16：35—17：15 |
| 14 | 王府覲朝：晚朝 | | 17：50—17：58 |
| 15 | 鬧廳 | | 19：15—19：25 |
| 16 | 晚朝行道 | 《靈寶祈安清醮晚朝啟聖科儀》 | 19：40—20：58 |

| 序號 | 儀式內容 | 科儀文本 | 時間 |
|------|----------|----------|------|
| 第五天（3月14日） | | | |
| 1 | 報鼓 | | 6：45—6：47 |
| 2 | 祝聖（重白） | 《靈寶清醮百神開啟科儀》 | 6：50—7：07 |
| 3 | 登棚進表 | 《靈寶祈安清醮進表金科全章》 | 8：47—10：18 |
| 4 | 謝三界 | 《關祝三界萬靈星燈科儀》 | 10：40—10：56 |
| 5 | 宴王 | | 11：00—11：45 |
| 6 | 通誠正醮 | 《靈寶祈安入醮三獻科》 | 11：50—12：35 |
| 7 | 普度 | 《玄門太極焰口普施科儀》 | 14：35—16：50 |
| 8 | 關祝五雷神燈儀 | 《靈寶禳災五雷神燈科儀》 | 17：35—18：08 |
| 9 | 和瘟三獻・逐疫押煞 | 《靈寶禳災瘟醮祭船三獻科儀》 | 20：07—20：38 |
| 第六天（3月15日）：送王船 | | | |
| 1 | 王船添載 | | 5：00— |
| 2 | 王船出廠 | | 8：20— |
| 3 | 王船拖至廟埕前，請媽祖、千歲爺登船 | | 9：05— |
| 4 | 祭船科儀 | 《靈寶禳災官將送船科儀》 | 11：00—11：20 |
| 5 | 王船起錨，"遷船"至送王地 | | 11：35— |
| 6 | 點火"化船" | | 13：30—14：20 |

備註：

(1) 科演場地：臺南市安定鄉蘇厝村南第一代天府玉勅真護宮。

(2) 執法高功：高雄市彌陀鄉蔡志民道長（屬"南路"道團）。

(3) 道團成員：前場道士凡計有九位或七位，首日"玉壇發表"及尾日"進表""普度"等科儀演行時共計出場九位道士（高功三人、道眾六人），其餘場次均為七位道士（高功一人、道眾六人）；後場樂師四位，計有司鼓一人、司鑼一人、嗩吶二人。

(4) 祭祀對象：五府千歲。

(5) 代王巡境：轅門官。

(6) 請王地：蘇厝村北側的曾文溪下游河畔；送王地：蘇厝村南側廟左前方的空地。

## （二）蘇厝長興宮己丑科（2009年）七朝王醮

| 序號 | 科儀項目 | 科儀文本 | 時間 |
|---|---|---|---|
| 請王：3月27日晚—28日凌晨 | | | |
| 1 | 焚油逐穢 | | 19：30—20：30 |
| 2 | 玉壇發表 | 《金籙設醮玉壇發表科儀》 | 21：00—22：53 |
| 3 | 啟聖 | 《金籙設醮玉壇發表科儀》 | 22：55—23：50 |
| 4 | 全體人員從廟内出發，步行至請王地 | | 24：00—24：45 |
| 5 | 請王爺及衙役（紙糊）上岸 | | 24：50—1：45 |
| 6 | 道士團演法：開光點眼 | | 1：50—2：12 |
| 7 | 道士團演法：請王科儀 | | 2：13—2：25 |
| 8 | 主會首擲筊，詢問王爺是否已蒞臨 | | 2：40—3：10 |
| 9 | 迎王回府，安座 | 《請新王入府科儀》 | 4：53—5：08 |
| 第一天（3月28日） | | | |
| 1 | 王府覲朝：早朝 | 《王府早朝科儀》 | 7：55—8：16 |
| 2 | 豎立天旗 | 《靈寶清醮祀旗真科》 | 8：53—9：34 |
| | 祀灶神 | | 9：35—9：42 |
| 3 | 演拜朝天謝罪大懺 | 《太上靈寶朝天謝罪大懺》卷一 | 10：09—10：45 |
| 4 | 午供（九陳）·散遶奇花 | | 11：13—11：55 |
| 5 | 王府覲朝：午朝 | 《王府午朝科儀》 | 12：00—12：16 |
| 6 | 演拜朝天謝罪大懺 | 《太上靈寶朝天謝罪大懺》卷二 | 14：10—14：51 |
| 7 | 演拜朝天謝罪大懺 | 《太上靈寶朝天謝罪大懺》卷三 | 14：52—15：20 |
| 8 | 演拜朝天謝罪大懺 | 《太上靈寶朝天謝罪大懺》卷四 | 15：40—16：20 |
| 9 | 演拜朝天謝罪大懺 | 《太上靈寶朝天謝罪大懺》卷五 | 16：21—16：45 |
| 10 | 演拜朝天謝罪大懺 | 《太上靈寶朝天謝罪大懺》卷六 | 17：12—17：46 |
| 11 | 王府覲朝：晚朝 | 《王府晚朝科儀》 | 18：08—18：20 |
| 12 | 闔廳 | | 19：45—20：00 |

| 序號 | 科儀項目 | 科儀文本 | 時間 |
|---|---|---|---|
| 13 | 焚燈捲簾（開四靈牒） | 《靈寶分燈捲簾科儀》 | 20：05—21：20 |
| 第二天（3 月 29 日） | | | |
| 1 | 王府覲朝：早朝 | | 7：12—7：30 |
| 2 | 道場陛壇三捻上香、奉進甘湯 | 《靈寶祈安道場科儀》 | 8：05—9：35 |
| 3 | 演拜朝天謝罪大懺 | 《太上靈寶朝天謝罪大懺》卷七 | 10：10—10：50 |
| 4 | 午供（答白） | | 11：06—12：01 |
| 5 | 王府覲朝：午朝 | | 12：02—12：15 |
| 6 | 演拜朝天謝罪大懺 | 《太上靈寶朝天謝罪大懺》卷八 | 14：05—14：39 |
| 7 | 演拜朝天謝罪大懺 | 《太上靈寶朝天謝罪大懺》卷九 | 14：40—15：08 |
| 8 | 演拜朝天謝罪大懺 | 《太上靈寶朝天謝罪大懺》卷十 | 15：38—16：10 |
| 9 | 宿啟之啟請師聖 | 《宿啟聖壇科儀全集》 | 16：25—17：40 |
| 10 | 王府覲朝：晚朝 | | 18：10—18：22 |
| 11 | 鬧廳 | | 19：50—20：03 |
| 12 | 敕水禁壇・收禁命魔・五方結界 | 《金籙宿啟玄壇科儀》 | 20：10—21：15 |
| 13 | 宿啟（安鎮五方真文） | 《金籙宿啟玄壇科儀》 | 21：35—22：33 |
| 第三天（3 月 30 日） | | | |
| 1 | 王府覲朝：早朝 | | 7：10—7：27 |
| 2 | 早朝之啟師聖 | 《金籙早朝啟聖科儀》 | 8：05—8：55 |
| 3 | 早朝行道呈進三寶青詞 | 《金籙早朝啟聖科儀》 | 9：25—11：48 |
| 4 | 午供 | | 11：49—11：52 |
| 5 | 王府覲朝：午朝 | | 11：53—12：06 |
| 6 | 朝禮玉樞經 | 《太上靈寶雷霆玉樞寶經》 | 14：22—15：13 |
| 7 | 看宣北斗經 | 《太上玄靈北斗延生經》 | 15：35—16：10 |
| 8 | 敷演三官經 | 《太上三元賜福消災解厄妙經》 | 16：35—17：08 |
| 9 | 王府覲朝：晚朝 | | 17：38—17：55 |
| 10 | 鬧廳 | | 19：55—20：03 |

| 序號 | 科儀項目 | 科儀文本 | 時間 |
|---|---|---|---|
| 11 | 總讚神燈（三界萬靈聖燈科儀） | 《靈寶萬壽聖燈科儀》 | 20：10—21：05 |
| 第四天（3 月 31 日） | | | |
| 1 | 王府觀朝：早朝 | | 7：15—7：30 |
| 2 | 演拜三元寶懺 | 《靈寶上元天官賜福寶懺》 | 8：13—8：38 |
| | | 《靈寶中元地官赦罪寶懺》 | 8：39—8：52 |
| | | 《靈寶下元水官解厄寶懺》 | 8：53—9：13 |
| 3 | 看宣四斗真經 | 《靈寶南斗天司延壽妙經》 | 9：55—10：47 |
| | | 《靈寶東斗主算護命妙經》 | |
| | | 《靈寶西斗記名護身妙經》 | |
| | | 《靈寶中斗大魁保命妙經》 | |
| 4 | 午供（九陳）·散遠奇花 | | 11：05—11：55 |
| 5 | 王府觀朝：午朝 | | 11：56—12：10 |
| 6 | 午朝之啟師聖 | 《金籙午朝啟聖科儀》 | 14：10—14：47 |
| 7 | 午朝行道呈進紫微紅疏 | 《金籙午朝啟聖科儀》 | 15：03—17：20 |
| 8 | 王府觀朝：晚朝 | | 17：35—17：50 |
| 9 | 看宣道德經 | 《太上老君說道德真經》 | 20：02—21：00 |
| 第五天（4 月 1 日） | | | |
| 1 | 王府觀朝：早朝 | | 7：15—7：30 |
| 2 | 重白 | 《靈寶祈安清醮啟聖科儀》 | 8：05—9：17 |
| 3 | 玉皇啟闕 | 《玉皇本行集經》之啟闕 | 9：55—11：00 |
| 4 | 午供 | | 11：15—11：47 |
| 5 | 王府觀朝：午朝 | | 11：48—12：00 |
| 6 | 演拜玉清寶懺 | 《太上玉清謝罪登真寶懺》卷上 | 14：15—14：40 |
| | | 《太上玉清謝罪登真寶懺》卷中 | 14：41—14：53 |
| | | 《太上玉清謝罪登真寶懺》卷下 | 14：54—15：15 |
| 7 | 開諷玉皇經上品 | 《玉皇本行集經》卷一 | 15：40—16：35 |
| 8 | 晚朝之啟請師聖 | 《金籙晚朝啟聖科儀》 | 17：03—17：47 |
| 9 | 王府觀朝：晚朝 | | 17：50—18：05 |

| 序號 | 科儀項目 | 科儀文本 | 時間 |
|---|---|---|---|
| 10 | 晚朝行道呈進勾陳硃表 | 《金籙晚朝啟聖科儀》 | 20：00—22：00 |
| 第六天（4月2日） | | | |
| 1 | 王府觀朝：早朝 | | 7：05—7：23 |
| 2 | 登棚進表 | 《金籙進表科儀全部》 | 9：00—10：45 |
| 3 | 午供（九陳）·散遶奇花 | | 11：15—11：55 |
| 4 | 王府觀朝：午朝 | | 11：56—12：10 |
| 5 | 放水燈 | | 14：10—15：15 |
| 6 | 開諷玉皇經中品 | 《玉皇本行集經》卷二、三 | 15：45—16：30 |
| 7 | 王府觀朝：晚朝 | | 17：20—17：35 |
| 8 | 開諷玉皇經下品 | 《玉皇本行集經》卷四、五 | 20：00—21：00 |
| 第七天（4月3日） | | | |
| 1 | 王府觀朝：早朝 | | 7：20—7：35 |
| 2 | 補闕謝告（玉皇補謝） | 《玉皇本行集經》補謝 | 8：20—10：20 |
| 3 | 午供·祀觀音·祀王船·祀雲廚 | | 10：30—11：10 |
| 4 | 王府觀朝：午朝 | | 11：40—11：55 |
| 5 | 普度 | 《靈寶設醮普度科儀》 | 13：00—16：45 |
| 6 | 宴王 | | 17：00—17：34 |
| 7 | 王府觀朝：晚朝 | | 17：35—17：45 |
| 8 | 通誠正醮 | 《金籙祈安正醮科儀》 | 20：15—21：58 |
| 9 | 關祝五雷神燈儀 | 《金籙瘟部五雷神燈儀》 | 22：15—22：40 |
| 10 | 和瘟三獻 | 《和瘟正醮科儀》 | 22：41—23：20 |
| 11 | 打船醮 | 《金籙祈安清醮打船醮科儀》 | 23：35—24：15 |
| 第八天（4月4日）：送王船 | | | |
| 1 | 王船添載 | | 6：00—8：00 |
| 2 | 王船起錨，"遷船"至送王地 | | 8：15—8：45 |
| 3 | 點火"化船" | | 10：00—11：05 |

備註：

（1）科演場地：臺南市安定鄉蘇厝村北長興宮。

(2) 執法高功：灣裡大順道壇蘇基財道長。

(3) 道團成員：前場道士七位，計有高功一人、道眾六人；後場樂師四位，計有司鼓一人、司鑼一人、嗩吶一人、揚琴一人。

(4) 祭祀對象：十二瘟王中的值年三王。

(5) 代王巡境：巡按官。

(6) 請王及送王地點：蘇厝村北側的曾文溪下游河畔。

## （三）正統鹿耳門聖母廟己丑科（2009 年）三朝禳災祈安香醮

| 序號 | 科儀項目 | 科儀文本 | 時間 |
|---|---|---|---|
| 前晚（4 月 9 日） | | | |
| 禳災火醮 | | | |
| 1 | 起鼓 | | 5：30—6：00 |
| 2 | 火部祝聖科儀·開光請神〔壇內〕 | 《金籙禳災火部科儀》 | 17：00—17：51 |
| 3 | 火部酬獻科儀·三獻（壇外廟埕） | 《金籙禳災火部科儀》 | 18：06—18：48 |
| 4 | 打火部 | | 18：57—19：12 |
| 5 | 送火王 | | 18：57—19：12 |
| 請王 | | | |
| 1 | 焚油逐穢 | | 21：25—22：30 |
| 2 | 眾人從廟內出發，乘車到請王地 | | 22：40—23：00 |
| 3 | 道士團演法：請王科儀（含"開光"儀式） | 《和瘟正醮科儀》 | 23：10—23：55 |
| 4 | 王府安座 | | 24：45—1：00 |
| 王醮科儀 | | | |
| 1 | 金籙發表 | 《金籙玉壇發表科儀》 | 24：35—1：47 |
| 第一天（4 月 10 日） | | | |
| 1 | 啟聖 | 《金籙祈安清醮啟請科儀》 | 8：25—9：03 |
| 2 | 王府覲朝：早朝 | | 9：04—9：15 |
| 3 | 豎立天旗 | 《靈寶揚旗科儀》 | 9：20—9：38 |
| 4 | 演拜朝天謝罪大懺 | 《朝天謝罪大懺》卷一 | 9：52—10：27 |
| 5 | 演拜朝天謝罪大懺 | 《朝天謝罪大懺》卷二 | 10：28—11：00 |

| 序號 | 科儀項目 | 科儀文本 | 時間 |
|---|---|---|---|
| 6 | 午供（九陳）・散遠奇花 | | 11：15—11：50 |
| 7 | 王府覲朝：午朝 | | 11：52—12：05 |
| 8 | 演拜朝天謝罪大懺 | 《朝天謝罪大懺》卷三 | 14：00—14：33 |
| 9 | 演拜朝天謝罪大懺 | 《朝天謝罪大懺》卷四 | 14：34—14：55 |
| 10 | 外供 | 道士團到會首及爐主家獻供 | 15：00—16：30 |
| 11 | 演拜朝天謝罪大懺 | 《朝天謝罪大懺》卷五 | 15：30—16：37 |
| 12 | 放水燈 | 至水邊敷演科儀，完畢後放水燈 | 17：00—17：20 |
| | | 回廟內普陀岩前安靈 | 17：25—17：26 |
| 13 | 王府覲朝：晚朝 | | 18：00—18：20 |
| 14 | 演拜朝天謝罪大懺 | 《朝天謝罪大懺》卷六 | 19：42—20：18 |
| 15 | 鬧廳 | | 20：23—21：20 |
| 16 | 焚燈捲簾 | 《靈寶分燈捲簾科儀》 | 21：25—22：21 |
| 第二天（4月11日） | | | |
| 1 | 報鼓 | | 8：10—8：20 |
| 2 | 王府覲朝：早朝 | | 9：15—9：35 |
| 3 | 道場陞壇三捻上香、奉進甘湯 | 《靈寶祈安道場進茶科儀》 | 8：25—10：47 |
| 4 | 王府覲朝：午朝 | | 11：28—11：40 |
| 5 | 午供・祀觀音 | | 11：43—12：15 |
| 6 | 演拜朝天謝罪大懺 | 《朝天謝罪大懺》卷七 | 14：04—14：45 |
| 7 | 普度 | 《靈寶清醮普度科儀》 | 14：55—17：35 |
| 8 | 王府覲朝：晚朝 | | 18：00—18：15 |
| 9 | 宿啟之啟請師聖 | 《金籙宿啟玄壇科儀》 | 19：35—20：37 |
| 10 | 敕水禁壇・收禁命魔・五方結界 | 《金籙宿啟玄壇科儀》 | 20：57—21：42 |
| 11 | 宿啟（安鎮五方真文） | 《金籙宿啟玄壇科儀》 | 21：43—22：55 |
| 第三天（4月12日）：未拍攝 | | | |
| 無送王船儀式 | | | |

備註：
（1）科演場地：臺南土城正統鹿耳門聖母廟。

(2) 執法高功：府城潁川道壇陳榮盛道長、陳槐中道長。

(3) 道團成員：前場道士九位，計有高功三人、道眾六人；後場樂師四位，計有司鼓一人、司鑼一人、嗩吶一人、揚琴一人。

(4) 祭祀對象：五府千歲。

(5) 代王巡境：無。

(6) 請王及送王地點：鹿耳門溪北岸古廟遺址。

## （四）臺南市西港鄉慶安宮己丑科（2009 年）五朝王醮

| 序號 | 科儀內容 | 科儀文本 | 時間 |
|---|---|---|---|
| 吉時起鼓（5 月 3 日） | | | |
| 1 | 起鼓 | | 10：00— |
| 請王：前晚（5 月 6 日） | | | |
| 1 | 為王船開光點眼 | | 17：50—18：10 |
| 2 | 全體人員從廟內出發，乘車或步行至請王地 | | 18：20—19：10 |
| 3 | 道士團演法：請王科儀（含"開光"儀式） | | 19：15—20：25 |
| 4 | 迎王回府，安座 | | 21：20—21：40 |
| 第一天（5 月 7 日） | | | |
| 禳災火醮 | | | |
| 1 | 火醮發表 | 《金籙玉壇發表科儀》（取後半部分之發奏部） | 7：55—8：35 |
| 2 | 火醮啟聖 | 《金籙祈安清醮啟請科儀》（火醮啟聖時增添一些火部神尊） | 8：42—9：15 |
| 3 | 朝禮玉樞經 | 《雷霆玉樞寶經》 | 9：32—10：05 |
| 4 | 看宣北斗經 | 《北斗延壽妙經》 | 10：06—10：30 |
| 5 | 敷演三官經 | 《三官感應妙經》 | 10：37—11：07 |
| 6 | 午供（九陳）·散遠奇花 | | 11：22—11：55 |
| 7 | 謝三界 | 《三界萬靈聖燈》 | 13：45—14：08 |
| 8 | 禳熒酌獻科儀 | 《金籙禳災火部科儀》 | 14：25—15：00 |
| 9 | 打火部 | | 15：10—15：25 |
| 10 | 送火王 | | 15：35—16：00 |

| 序號 | 科儀內容 | 科儀文本 | 時間 |
|---|---|---|---|
| | 王醮科儀 | | |
| 1 | 王醮發表 | 《金籙玉壇發表科儀》（取後半部分之發奏部） | 17：45—18：55 |
| 2 | 皇壇奏樂 | | 20：20—20：50 |
| 3 | 啟聖 | 《金籙祈安清醮啟請科儀》 | 21：00—21：48 |
| | 第二天（5月8日） | | |
| 1 | 王府覲朝：早朝 | | 8：00—8：17 |
| 2 | 豎立天旗 | 《靈寶揚旗科儀》 | 8：20—8：37 |
| 3 | 演拜朝天謝罪大懺 | 《朝天謝罪大懺》卷一 | 8：50—9：25 |
| 4 | 演拜朝天謝罪大懺 | 《朝天謝罪大懺》卷二 | 9：40—10：17 |
| 5 | 演拜朝天謝罪大懺 | 《朝天謝罪大懺》卷三 | 10：21—10：50 |
| 6 | 午供（九陳）·散遠奇花 | | 10：55—12：00 |
| 7 | 王府覲朝：午朝 | | 12：02—12：18 |
| 8 | 演拜朝天謝罪大懺 | 《朝天謝罪大懺》卷四 | 14：00—14：45 |
| 9 | 演拜朝天謝罪大懺 | 《朝天謝罪大懺》卷五 | 14：55—15：20 |
| 10 | 演拜朝天謝罪大懺 | 《朝天謝罪大懺》卷六 | 15：21—15：50 |
| 11 | 演拜朝天謝罪大懺 | 《朝天謝罪大懺》卷七 | 15：51—16：21 |
| 12 | 演拜朝天謝罪大懺 | 《朝天謝罪大懺》卷八 | 16：25—16：55 |
| 13 | 演拜朝天謝罪大懺 | 《朝天謝罪大懺》卷九 | 16：56—17：20 |
| 14 | 王府覲朝：晚朝 | | 17：35—17：52 |
| 15 | 焚燈捲簾 | 《靈寶分燈捲簾科儀》 | 19：20—20：13 |
| 16 | 宿啟之啟請師聖 | 《金籙宿啟玄壇科儀》 | 20：25—21：15 |
| 17 | 敕水禁壇·收禁命魔·五方結界 | 《金籙宿啟玄壇科儀》 | 21：25—22：02 |
| 18 | 宿啟（安鎮五方真文） | 《金籙宿啟玄壇科儀》 | 22：05—23：02 |
| | 第三天（5月9日） | | |
| 1 | 王府覲朝：早朝 | | 8：01—8：20 |
| 2 | 演拜朝天謝罪大懺 | 《朝天謝罪大懺》卷十 | 9：00—9：27 |

| 序號 | 科儀內容 | 科儀文本 | 時間 |
|------|---------|----------|------|
| 3 | 早朝行道呈進三寶青詞 | 《金籙早朝行道科儀》 | 9：30—11：40 |
| 4 | 王府觀朝：午朝 | | 12：10—12：27 |
| 5 | 午朝行道呈進紫微紅疏（含午供） | 《金籙午朝行道科儀》 | 15：02—17：39 |
| 6 | 王府觀朝：晚朝 | | 17：49—18：05 |
| 7 | 晚朝行道呈進勾陳硃表 | 《金籙晚朝行道科儀》 | 20：20—21：56 |
| 第四天（5月10日） | | | |
| 1 | 王府觀朝：早朝 | | 8：17—8：35 |
| 2 | 重白 | 《金籙祈安清醮啟請科儀》 | 8：38—9：25 |
| 3 | 登棚進表 | 《金籙祈安進表科儀》 | 9：52—10：55 |
| 4 | 午供·祀觀音·祀雲廚·祀王船 | 午供 | 11：21—12：10 |
| | | 普陀岩 | 11：40—11：45 |
| | | 雲蔚 | 11：46—11：49 |
| | | 王船 | 11：50—11：56 |
| | | 王船媽祖、廠官爺、總趕爺 | 11：57—12：00 |
| | | 中軍府 | 12：01—12：07 |
| 5 | 王府觀朝：午朝 | | 12：17—12：40 |
| 6 | 開諷玉樞經 | 《雷霆玉樞寶經》 | 14：20—15：00 |
| 7 | 看宣北斗經 | 《北斗經》 | 15：01—15：27 |
| 8 | 敷演三官經 | 《三官感應妙經》 | 15：40—16：00 |
| 9 | 放水燈 | 從廟內出發 | 16：15— |
| | | 至江邊敷演科儀，完畢後放水燈 | 16：30—16：47 |
| | | 返回廟內 | 16：50—17：00 |
| 10 | 宴王 | | 16：15—17：15 |
| 11 | 王府觀朝：晚朝 | | 17：30—17：45 |
| 12 | 謝三界 | | 19：19—19：45 |
| 13 | 通誠正醮 | 《金籙正醮科儀》 | 19：58—21：12 |
| 14 | 關祝五雷神燈 | 《金籙和瘟五雷神燈科》 | 3：35—4：02 |

| 序號 | 科儀內容 | 科儀文本 | 時間 |
|---|---|---|---|
| 15 | 和瘟三獻 | 《和瘟正醮科》 | 4：03—4：20 |
| 16 | 打船醮 | 《靈寶禳災祈安打船醮科儀》 | 4：40—5：10 |
| 第五天（5月11日）：送王船、普度 | | | |
| 1 | 王船添載 | | 7：00— |
| 2 | 王船起錨，"遷船"至送王地 | | 8：00—9：00 |
| 3 | 起吊王船、安裝桅桿 | | 9：15—10：30 |
| 4 | 點火"化船" | | 10：45—11：10 |
| 5 | 普度 | | 14：00—17：00 |
| 6 | 送孤化紙 | | 17：10—17：20 |

備註：

（1）科演場地：臺南市西港鄉慶安宮。

（2）執法高功：府城潁川道壇陳榮盛道長、陳槐中道長。

（3）道團成員：前場道士九位，計有高功三人、道眾六人；後場樂師四位，計有司鼓一人、司鑼一人、嗩吶一人、揚琴一人。

（4）代王巡境：旗牌官。

（5）請王及送王地點：南海埔曾文溪畔原碼頭遺址（今為空曠陸地）。

## 附錄三：蘇厝長興宮王船添載明細表（王船艙口簿）

| 序號 | 船艙 | 物品名稱 | 數量 | 物品名稱 | 數量 | 物品名稱 | 數量 |
|---|---|---|---|---|---|---|---|
| 1 | 官廳 | 天金 | 30 萬 | 下金 | 28 萬 | 金錢 | 1 萬千 |
|  |  | 經衣 | 100 萬 | 白錢 | 40 萬 |  |  |
| 2 | 阿斑艙 | 桐油灰 | 60 斤 | 生桐油 | 40 甕 | 棕衣 | 50 件 |
|  |  | 灼仔 | 10 斤 | 藤仔 | 10 捆 | 棕帽 | 50 頂 |
|  |  | 通餅 | 20 個 | 網紗 | 10 斤 | 八落索 | 40 捆 |
| 3 | 東貓莉 | 桔餅 | 40 包 | 福圓 | 20 包 | 白糖 | 40 包 |
|  |  | 冰糖 | 40 包 | 紅棗 | 40 包 | 壓載銀 | 20 包 |
|  |  | 壓載錢 | 100 千 |  |  |  |  |
| 4 | 西貓莉 | 上茶心 | 40 斤 | 中茶心 | 20 斤 | 官全帖 | 120 個 |
|  |  | 四方錢 | 120 張 | 正朱子墨 | 40 條 | 上硯 | 20 塊 |
|  |  | 帳簿 | 40 本 | 上筆 | 40 枝 | 蘇白扇 | 30 枝 |
|  |  | 川連紙 | 90 刀 | 算盤 | 10 個 | 蜜餞 | 40 甕 |
| 5 | 西官廳 | 生煙 | 10 包 | 錢串 | 100 條 | 細茶杯 | 10 包 |
|  |  | 茶罐 | 10 支 | 烘爐 | 10 個 | 公司鼎 | 10 個 |
|  |  | 幼碟 | 10 付 | 鰲靴 | 10 支 | 鼎蓋 | 10 個 |
|  |  | 水升 | 10 支 |  |  |  |  |
| 6 | 舵公艙 | 更香 | 20 萬 | 金錢 | 100 萬 | 聖人經衣 | 1 個 |
|  |  | 大蓆 | 20 件 | 棕帽 | 10 頂 | 棕衣 | 10 件 |
| 7 | 總鋪艙 | 銀魚 | 40 包 | 薏仁 | 40 包 | 麵條 | 40 包 |
|  |  | 燉麵 | 40 包 | 木耳 | 40 包 | 金針 | 40 包 |
|  |  | 海蔘 | 40 包 | 薯粉 | 40 包 | 薯簽 | 40 包 |
|  |  | 松菰 | 20 包 | 鹿觔 | 20 包 | 燕窩 | 20 包 |
|  |  | 西谷米 | 40 包 | 鹿脯 | 40 包 | 扁魚 | 40 包 |
|  |  | 蝦米 | 40 包 | 海粉 | 40 包 | 香菰 | 40 包 |
|  |  | 蝦子 | 40 包 | 魚子 | 40 包 | 鹽魚 | 40 包 |
|  |  | 湯匙 | 40 支 | 飯莉 | 100 支 | 畚箕 | 10 個 |

| 序號 | 船艙 | 物品名稱 | 數量 | 物品名稱 | 數量 | 物品名稱 | 數量 |
|---|---|---|---|---|---|---|---|
| | | 鹽 | 40 籠 | 食鹽 | 10 甕 | 鹽菜 | 40 壺 |
| | | 鹽姜 | 40 甕 | 鹽瓜 | 40 壺 | 紅聖鮭 | 20 甕 |
| | | 赤嘴鮭 | 40 甕 | 花繪鮭 | 40 甕 | 圓粒粟 | 20 包 |
| | | 烏麻 | 10 包 | 米篩 | 10 個 | 油柑 | 40 籠 |
| | | 米錯醋 | 40 甕 | 魚子 | 20 包 | 豆醬 | 40 甕 |
| | | 豆乳 | 40 甕 | 魚鮭 | 40 甕 | 豆油 | 20 甕 |
| | | 銷管鮭 | 40 甕 | 大麥鮭 | 12 甕 | 珠豆 | 10 包 |
| | | 小麥 | 20 包 | 紅油 | 2 包 | 大柴 | 20 擔 |
| | | 大麥 | 20 包 | 白米 | 120 包 | 白麻 | 10 包 |
| | | 青果 | 40 包 | 丁香鮭 | 20 甕 | 中斗 | 20 付 |
| | | 七寸 | 10 付 | 錦湯 | 40 付 | 大碗 | 40 個 |
| | | 幼急燒 | 20 支 | 紅酒 | 40 甕 | 火油 | 20 甕 |
| | | 麥騾鮭 | 40 甕 | 蝦醬 | 2 甕 | 菜脯 | 40 甕 |
| | | 蚵鮭 | 40 甕 | 竹箸 | 40 付 | 蝦仔鮭 | 20 甕 |
| | | 酒盞 | 一百付 | | | | |
| 8 | 頭錠艙 | 棕簑 | 10 領 | 藤仔 | 1 隻 | 黃麻 | 100 斤 |
| | | 拔斗 | 10 個 | 斧頭 | 2 枝 | 大柳條 | 4 枝 |
| | | 小麻筆 | 40 枝 | 大筆 | 3 枝 | 小柳條 | 4 枝 |
| | | 頂公府全 | 40 個 | | | | |
| 9 | 中艙公費 | 棕衣棕帽 | 若干 | 白米柴鹽 | 若干 | 上香 | 10 萬 |
| | | 篙錢 | 20 萬 | 金錢 | 80 萬 | | |
| | | | | | | | |
| 10 | 中艙 | 火把 | 40 支 | 碟子 | 6 付 | 湯匙 | 1 付 |
| | | 竹箸 | 4 付 | 爐大斗 | 2 付 | 烘爐 | 2 個 |
| | | 龍仔碗 | 4 付 | | | | |
| 11 | 頭二艙 | 粉牌 | 4 個 | 4 方紙 | 1 刀 | 烏硯 | 4 個 |
| | | 千歲爺紙料物件 | 若干 | | | | |
| 12 | 西中艙 | 米粉 | 40 捆 | 冬粉 | 10 包 | 蓮子 | 10 包 |
| | | 瓜子 | 10 包 | 綠豆粉 | 20 包 | 冬瓜 | 40 包 |

| 序號 | 船艙 | 物品名稱 | 數量 | 物品名稱 | 數量 | 物品名稱 | 數量 |
|---|---|---|---|---|---|---|---|
| 13 | 灶廚 | 面桶 | 10 個 | 腳桶 | 10 個 | 酒瓶 | 10 支 |
| | | 酒 | 10 甕 | 火炭 | 20 籠 | 煎匙 | 10 支 |
| | | 菜刀 | 10 把 | 火刀 | 10 支 | 火艾 | 10 包 |

備註：此表根據蘇厝長興宮官方網站上公佈的建醮資料整理而成。

# 第十章　關祝五雷神燈儀

　　"燈儀"是道教儀範中的一項重要內容,乃是以燈(燭)為主要法器而展開的禳祝儀式。① 早在東晉、南朝之際,道門中人敷演齋醮時就開始施用燃燈禮讚之儀軌。譬如,約東晉末、南朝初成書的古靈寶經《洞玄靈寶長夜之府九幽玉匱明真科》② 和南朝劉宋道士陸修靜撰《洞玄靈寶齋說光燭戒罰燈祝願儀》③ 均談到設壇燃燈,藉此祈求"拔度身命,安鎮國祚,禳解天災"。不過,此時設燈還僅是齋醮科儀中的輔助性手段,尚不具備與之配套的節次流程。直到晚唐以降,部分燈儀(如北斗及南斗燈儀)才作為獨立科目出現。④ 宋元時期,燈儀的種類及儀軌得到不斷地豐富和發展,並被大力推廣和應用於於各類法事中。明寧王朱權編撰《天皇至道太清玉冊》卷五《天壇燈圖》中選取當時常用的十一種燈儀圖式附存,⑤ 並且說"醮壇所用燈圖,古有一百餘樣。其式繁多,難以備載。"⑥ 據此,我們可窺見明代道教燈儀之發達和繁複。

---

① 有關道教燈儀的研究情況,詳見陳耀庭:《照徹幽暗,破獄度人——論燈儀的形成及其社會思想內容》,陳鼓應主編:《道家文化研究》第五輯,上海古籍出版社 1994 年版,第 303—316 頁;詹石窗:《道教燈儀與易學關係考論》,《周易研究》2000 年第 2 期,第 55—68 頁;王承文:《古靈寶經與道教早期禮燈科儀和齋醮法式——以敦煌本〈洞玄靈寶三元威儀自然真經〉為中心》,《敦煌研究》2001 年第 3 期,第 143—152 頁;李遠國:《論道教燈儀的形成與文化功用》,《中國道教》2003 年第 2 期,第 34—38 頁;[法] Kristofer Schipper and Franciscus Verellen, *The Taoist Canon: A Historical Companion to the Daozang*(《道藏通考》), The University of Chicago Press Chicago & London, 2004, pp.962-970;田兆元:《上海民間道士的鋪燈藝術》,《民族藝術》2005 年第 2 期,第 98—99 頁轉第 108 頁;徐祖祥:《瑤族掛燈與道教北斗七星信仰》,《雲南民族大學學報》(哲學社會科學版) 2006 年第 2 期,第 102—107 頁;謝世維:《破暗燭幽:古靈寶經中的燃燈儀式》,《國文學報》第 47 期(2010 年 6 月),第 99—130 頁。
② 《洞玄靈寶長夜之府九幽玉匱明真科》,《道藏》第 34 冊,第 387 頁。
③ (南朝宋) 陸修靜撰:《洞玄靈寶齋說光燭戒罰燈祝願儀》,《道藏》第 9 冊,第 821—826 頁。
④ 晚唐杜光庭刪定《道門科範大全集》中就收錄了兩種斗燈科儀文本:卷五四《南北二斗同醮貧燈儀》、卷五八《北斗延生懺燈儀》。(詳見《道藏》第 31 冊,第 881—885、893—896 頁)
⑤ 這十一種燈儀圖式分別是:玉皇燈圖、周天燈圖、本命燈圖、北斗燈圖、南斗燈圖、斗三曜燈圖、九天玉樞燈圖、火德燈圖、九宮八卦土燈圖、血湖地獄燈圖、煉度燈圖。
⑥ (明) 朱權編:《天皇至道太清玉冊》卷五,《道藏》第 36 冊,第 409 頁。

　　今存明《道藏》中以"燈儀"冠名且單篇刊行的科儀文本總計有十九種,分別如下:(1)《玉皇十七慈光燈儀》;(2)《上清十一大曜燈儀》;(3)《南斗延壽燈儀》;(4)《北斗七元星燈儀》;(5)《北斗本命延壽燈儀》;(6)《三官燈儀》;(7)《玄帝燈儀》;(8)《九天三茅司命仙燈儀》;(9)《萬靈燈儀》;(10)《五顯靈觀大帝燈儀》;(11)《土司燈儀》;(12)《東廚司命燈儀》;(13)《正一殟司辟毒神燈儀》;(14)《離明瑞相燈儀》;(15)《黃籙九陽梵炁燈儀》;(16)《黃籙九卮燈儀》;(17)《黃籙破獄燈儀》;(18)《黃籙五苦輪燈儀》;(19)《洪恩靈濟真君七政星燈儀》。此外,南宋留用光傳授、蔣叔輿編撰《無上黃籙大齋立成儀》卷二四《科儀門》收錄三種燈儀文本:(20)"九幽神燈儀";(21)"九獄神燈儀";(22)"五苦迴耀輪燈儀"。又,宋末元初林靈真編輯《靈寶領教濟度金書》收錄十四種燈儀文本,分別是:(23)卷十五"禮金籙燈儀";(24)卷二五"九卮燈儀";(25)卷三四"九幽燈儀";(26)卷三四"諸大地獄燈儀";(27)卷三五"三塗五苦燈儀";(28)卷一二七"關祝神燈儀";(29)卷一三六"北斗燈儀";(30)卷一三七"南斗燈儀";(31)卷一三八"十一列曜燈儀";(32)卷一三九"周天燈儀";(33)卷一七四"預修懺九幽燈儀";(34)卷一九九"九宮八卦燈儀";(35)卷二〇〇"孤矢燈儀";(36)卷二三六"三十二天燈儀"。

　　若就稱頌對象及宗旨而言,上述燈儀文獻可劃分為四大類:第一,禮讚神祇(含玉皇、三官、玄天、三茅、火神、靈濟真君、五顯大帝及萬靈眾神等),即(1)(6)(7)(8)(9)(10)(11)(12)(14)(19);第二,朝禮斗辰(含南斗、北斗、十一大曜及二十八星宿),即(2)(3)(4)(5)(28)(29)(30)(31)(32);第三,祈禳却災(含禳瘟、斷注、安宅、祈福),即(13)(23)(34)(35)(36);第四,超拔亡魂(含預修),即(15)(16)(17)(18)(20)(21)(22)(24)(25)(26)(27)(33)。若就性質來劃分,上述文獻又可劃分為兩大類:金籙燈儀(即第一、二、三類)和黃籙燈儀(即第四類)。概言之,這些燈儀的功用不外乎是為陽世之人消災害却厄,為陰間之魂超拔濟度。而本文所探討的"關祝五雷神燈儀"則應歸入祈禳却災的金籙燈儀之類。

　　下面,我們以今臺灣地區王醮儀式及禳瘟祈安醮中例行的"關祝五雷神燈儀"為案例,考證和分析該儀式的文獻源流、宗教意涵及其與傳統燈儀文本之關係。

# 一、《五雷神燈儀》文本的考源與分析

南臺灣靈寶道派敷演關祝五雷神燈儀時所據底本為《金籙禳災和瘟五雷神燈儀》(又稱《靈寶禳災瘟司部五雷燈科儀》,以下省稱《五雷神燈儀》)。就文本內容而言,臺南與高屏兩地大抵相同,其節次如下:(1) 步虛;(2) 淨壇;(3) 啟聖;(4) 入意;(5) 唱宣"和瘟五方符命";(6) 唱偈;(7) 送聖;(8) 化紙咒;(9) 迴向。下面,我們結合傳世文獻及田野調查資料對上述流程之內涵分析如下。

## (一) 步　　虛

儀式開始,全體道士在道樂伴奏下齊聲吟唱步虛詞:"金童開寶殿,玉女散香花。繚繞道場中,高真前供養。"筆者在《道藏》中未發現類似說法,然"金童""玉女""寶殿"等用語卻隨處可見。道教中所言"金童""玉女"乃指仙界侍從,唐宋以降頻繁出現在道書文獻中。例如,金元全真道士王處一撰《行香子·贈萊州劉小童》中就採用上述用語來描述內丹修煉之境界次第,如謂:"遍靈宮、寶殿行香。金童作對,玉女成行。得五門開,雙關透,出崑岡。"①

今臺灣靈寶道士吟唱這段步虛詞,借助"金童""玉女"和"寶殿""香花"等用語營造出一種神聖的仙界秩序,並為接下來的科儀表演襯托和鋪墊莊嚴肅穆的現場氛圍。步虛完畢後,高功捻香,默聲秘誦"步虛捻香咒",如下:"一炷心香,專奉三清,氤氳結篆,透上虛空,千真萬聖,同鑒爐庭。急急如香煙結篆天尊律令勅。"

## (二) 淨　　壇

接著,全體道士念誦"淨壇"咒語:"琳瑯振響,十方肅靜。河海靜默,山嶽吞煙。萬靈振伏,招集群仙。天無氛穢,地絕妖塵。冥慧洞清,大量玄玄也。十方肅靜天尊。"翻檢道書可知,這段"淨壇咒"係出《靈寶無量上品度人妙經》(卷一):"琳琅振響,十方肅清。河海靜默,山嶽吞煙。萬靈振伏,招集群仙。天無氛穢,地無祅塵。冥慧洞清,大量玄玄也。"②此外,這段"淨壇

---

① (金) 王處一撰:《雲光集》卷四,《道藏》第 25 冊,第 687 頁。
② 《靈寶無量上品度人妙經》卷一,《道藏》第 1 冊,第 7 頁。此外,這段咒文亦見載於《靈寶無量上品度人妙經》卷七,文字相同。(《道藏》第 1 冊,第 49 頁)

咒"的部分文字屢見載於宋末元初林靈真編輯的《靈寶領教濟度金書》,如
該書(卷二五四)云:"以今陞壇設醮,願得玉清道炁靈寶妙光下降,流入臣
等身中。即使玄壇清淨,内外成真,天无氛穢,地絕妖塵。琳琅振響,十方蕭
靜。萬魔不干,真誠上徹。"①文中所言"天无氛穢,地絕妖塵"和"琳琅振響,
十方蕭靜"二句雖與前引"淨壇咒"語序不同,然文字相同。

　　值得一提的是,臺南道士敷演本場科儀"淨壇"時除吟唱"琳琅振響"
外,或可選擇"三淨咒"(即將"淨心咒""淨口咒""淨身咒"三咒合誦)和"淨
天地咒"來代替"琳琅振響"。在他們看來,"三淨咒"加"淨天地咒"是"琳
瑯振響"的擴大版(即認為前者更為繁雜和深具威力)。故臺南靈寶道壇
誦經時多採用"三淨咒"加"淨天地咒"的方式來淨壇以彰顯壯重,禮懺時
則選擇"琳瑯振響"云云。

## (三)啟　　聖

　　高功謹稱法位、具職位,會首、甲首等重要人物均臨壇祭拜。繼而,全
體道士唱誦:"謹當誠上啟:神霄玉清真王長生大帝、高上神霄宮雷祖無窮
大帝、六合無窮老祖天師高明大帝、玉虛使相北極紫皇玄天上帝、正一龍虎
賞罰司金輪趙元帥、東方行瘟威烈張雷王、南方行瘟威烈劉雷王、西方行瘟
威烈鍾雷王、北方行瘟威烈史雷王、中央行瘟威烈趙雷王、賞善罰惡判官、龍
虎賞罰司一行官將、當境虛空過往鑒巡察使者、合壇真宰一切威靈,仗此真
香,普同供養,普同供養。"上述神祇均出自神霄派仙譜系統。

　　道教神霄派推崇三清、四御為至尊,②其次為神霄九宸(又稱"雷霆九宸
高真"),此係該派雷法之本尊。③這九位大神中首推"神霄玉清真王長生大
帝"(又稱"南極長生大帝""九龍扶桑日宮大帝"),宋元神霄派道書中言其為

① (南宋)甯全真傳授、(宋末元初)林靈真編輯:《靈寶領教濟度金書》卷二五四,《道藏》第
　 8冊·第228頁。
② 約北宋末所造道書《無上九霄玉清大梵紫微玄都雷霆玉經》云:"三清上聖,所以雷霆之祖
　 也。十極至尊,所以雷霆之本也。昊天玉皇上帝,所以號令雷霆也。后土皇地祇,所以節
　 制雷霆也。"(《道藏》第1冊,第752頁)
③ 《無上九霄玉清大梵紫微玄都雷霆玉經》云:"大帝曰:吾為高上神霄玉清真王長生大帝,
　 其次則有東極青華大帝、九天應元雷聲普化天尊、九天雷祖大帝、上清紫微碧王宮太乙大
　 天帝、六天洞淵大帝、六波天主帝君、可韓司丈人真君、九天採訪真君,是為神霄九宸。"
　 (《道藏》第1冊,第752頁)明代朱權編撰《天皇至道太清玉冊》卷五《奉聖儀制章》"天
　 神尊號"條介紹說:"九宸,曰長生大帝、青華大帝、普化天尊、雷祖大帝、大乙天帝、洞淵大
　 帝、六波帝君、可韓真君、採訪真君,即元始九炁化生也,故號九宸上帝。代天以司造化,主
　 宰萬物。"(《道藏》第36冊,第404頁)

浮黎元始天尊(元始天王)之子(或云長子、或云第九子)①，統臨神霄玉府②，執掌運化雷霆生殺之柄，實為神霄仙譜中最具權威性的神祇。

前引"高上神霄宮雷祖無窮大帝"(古代道書文獻中稱作"雷祖大帝"或"九天雷祖大帝"③)，在神霄九宸中列序第四，位居九天雷霆中宮④，轄下三省⑤，統率雷部諸員官將，乃係雷法科儀中必不可少的主法神祇之一。⑥ 故《靈寶玉鑑》《道法會元》收錄的雷法秘咒中常見"奉九天雷祖大帝敕""急急如雷祖大帝律令"等字樣。神霄派道士(法師)行法召雷時通常會存思"變神"為雷祖大帝，藉此號令雷神及雷部官將。如《道法會元》卷九四《雷霆欻火張使者祕法》"變神"條云："存東西南北四座斗，合成一火炁，化成一罡字，虛浮地上。法師存身在罡內立，想身變為雷祖大帝，天冠赤面如天尊狀，存眾雷神在左右拱立。"⑦ 該書卷九八《九天碧潭雷禱兩大法》"筆法"條亦云："凝神入靜，存混沌中嬰兒神，誦金光呪，化身雷祖大帝。"⑧ 又同卷"每日燒香朝會"條云："旦暮壇中焚香，凝神存雷神在頂上空中，我身化為雷祖大帝……頂上空中雷神見此梵號，如龍守珠，聽令而行也。"⑨

---

① 約北宋末所造道書《高上神雷玉清真王紫書大法·序》開篇即云："昔太空未成，元炁未生，元始天王為昊莽溟涬大梵之祖……遇萬炁祖母太玄玉極元景自然九天上玄玉清神母，行上清大洞雌雄三一混化之道，生子八人，長曰南極長生大帝，亦號九龍扶桑日宮大帝，亦號高上神霄玉清王，一身三名，其理一也。"(《道藏》第 28 冊，第 557 頁) 據此可知，玉清真王乃係元始天王的長子。《高上九霄玉清大梵紫微玄都雷霆玉經》則稱其為浮黎元始天尊的第九子、玉清元始天尊之弟："昔在劫初，玉清神母元君是浮黎元始天尊之后，長子為玉清元始天尊，其第九子位為高上神霄玉清真王長生大帝，專制九霄三十六天，三十六天尊為大帝統領，元象主握陰陽，以故雷霆之政咸隸焉。"(《道藏》第 1 冊，第 750 頁)《無上九霄玉清大梵紫微玄都雷霆玉經》："大帝曰：朕為浮黎元始天尊之子，玉清神母元君之男，玉清元始天尊之弟，太上老君之叔。"(《道藏》第 1 冊，第 751 頁)
② 《道法會元》卷三"神霄九宸"條云："高上神霄玉清真王長生大帝統天元聖天尊：居高上神霄玉清府，一名凝神煥照宮，又名神霄玉府。"(《道藏》第 28 冊，第 683 頁)
③ 今本"高上神霄宮雷祖無窮大帝"稱謂並未見載於明《道藏》中，當係後世道士傳抄過程中的訛誤。
④ 《道法會元》卷三"神霄九宸"條云："九天雷祖大帝：居九天雷霆中宮，又名雷霆洞淵宮。"(《道藏》第 28 冊，第 683 頁)
⑤ 《道法會元》卷三詮釋說："雷祖三省(總稱雷霆樞機都省)：雷霆都省上輔宸靈真君、雷霆樞省內輔天令真君、雷霆機省外輔天化真君。"(《道藏》第 28 冊，第 686 頁)
⑥ 元代黃元吉等編集《淨明忠孝全書》卷五《玉真先生語錄別集》云："雷祖者，神霄九宸之元極也。九寰者，雷霆之九炁。九司者，九宸之餘炁耳。"(《道藏》第 24 冊，第 647 頁)
⑦ 《道法會元》卷九四，《道藏》第 29 冊，第 395 頁。
⑧ 《道法會元》卷九八，《道藏》第 29 冊，第 426 頁。
⑨ 《道法會元》卷九八，《道藏》第 29 冊，第 428 頁。

　　所謂"六合無窮老祖天師高明大帝"係指五斗米道(天師道及正一派的前身)創始人張道陵。據明代張正常撰《漢天師世家》(卷二)云:"永壽二年,(張道陵)遊渠亭山,奉太上玉冊,勅命為六合無窮高明大帝。"① 此後,祖天師尊號又獲歷代累封:"唐中和四年封三天扶教大法師,宋紹寧加號三天扶教輔元大法師。"② 又,宋徽宗加封"正一靖應真君",宋理宗加封"三天扶教輔元大法師正一靖應顯佑真君",元成宗加封"正一沖玄神化靜應顯佑真君"。③ 後世道書又稱作"三天上相玄都丈人扶教度人天師正一輔元體道沖玄神化靜應顯佑真君六合無窮高明大帝降魔護道天尊"④ 或"老祖天師六合無窮高明大帝"⑤。張道陵以其創教功績而獲道門尊崇,被眾多道派(包括神霄派)奉為道脈宗祖,科儀執法時通常會先啟請他降臨壇場,藉此彰顯其主法宗師的地位。⑥

　　"玉虛使相北極紫皇玄天上帝"簡稱"玄天上帝",文中"玉虛使相"當係"玉虛師相"之訛誤。有宋以降,玄天上帝的神格地位迅速提升,其尊號亦屢獲朝廷的敕封、擢遷。如元代劉道明編集《武當福地總真集》卷下"天封玄帝聖號"條引《仙傳》曰:"聖號:元帥鎮天玄武大將軍、三元都總管、九天遊奕使、左天罡北極右垣三界大都督、神仙鬼神公事判玄都右勝府事、領元和遷校府事、紫皇天一天君、玉虛師相、玄天上帝。"⑦ 又"宋封聖號"條曰:"北極鎮天真武佑聖助順靈應福德仁濟正烈協運輔化真君。(本名玄武,宋避廟諱,改名真武。)"⑧ 南宋傳本《太上無極總真文昌大洞仙經》(卷二)則稱"鎮天真武治世福神玉虛師相紫皇天乙真君玄天仁威精微上帝金闕化身天尊"。⑨ 總之,宋元道派(如清微派、天心派、東華派、神霄派等)多將玄天上

---

①　(明)張正常撰:《漢天師世家》卷二,《道藏》第34冊,第821頁。

②　(明)張正常撰:《漢天師世家》卷二,《道藏》第34冊,第821頁。

③　詳見(明)張正常撰:《漢天師世家》卷二,《道藏》第34冊,第821—822頁。

④　此稱謂見《太上无極總真文昌大洞仙經》卷二,《道藏》第1冊,第502頁。此外,《太上元始天尊說寶月光皇后聖母天尊孔雀明王經》(卷上)又稱"三天上相玄都丈人扶教度人大法天師六合無窮高明大帝降魔護道天尊"。(《道藏》第34冊,第577頁)

⑤　《道法會元》中屢見"急急如老祖天師六合無窮高明大帝律令敕""急急如天師老祖律令"字樣。

⑥　詳見《道法會元》卷二三二《正一玄壇趙元帥秘法》。(《道藏》第30冊,第445頁)該書卷二三三《玄壇趙元帥秘法》又云:"謹焚真香,啟請:老祖天師六合無窮高明大帝、上清正一龍虎玄壇金輪都總管趙公明元帥……府縣城隍主者、雷府官君將吏真官、土地之神、太歲煞官聖眾、功曹符使、直日官眾、當境廟貌土地一切神祇,恭望雷威、俯垂洞鑒。輒備香茶燈燭具供,謹同供設。"(《道藏》第30冊,第454頁)

⑦　(元)劉道明編集:《武當福地總真集》卷下,《道藏》第19冊,第658頁。

⑧　(元)劉道明編集:《武當福地總真集》卷下,《道藏》第19冊,第658頁。

⑨　《太上無極總真文昌大洞仙經》卷二,《道藏》第1冊,第502頁。

帝尊為法脈宗祖，故《道法會元》中屢稱之為"法主"或"萬法教主"①，翻檢道書也隨處可見"急急奉北極佑聖真君玉虛師相玄天上帝律令"或"一如紫皇玄天上帝律令"等字樣。

　　"正一龍虎賞罰司金輪趙元帥"（簡稱"金輪元帥"），宋元道書中又稱"高上神霄玉府大都督雷霆副元帥北極侍御史應元昭烈侯金輪執法趙元帥"。約元末明初《法海遺珠》卷三六《神霄都督金輪執法趙元帥符法》對金輪趙元帥的形象描述說："紫黑色，面髯鬚，圓眼，鐵幞頭，黃抹額，金甲，褲皂袍，綠靴，左手提鐵索、右手仗鐵鞭，乘黑虎。麾下四官黑虎大神、三洞五雷吏兵。"② 對於其職守及麾下官將，《道法會元》卷二三二《正一玄壇趙元帥秘法》"趙元帥錄"條介紹說："厥今三元開壇傳度，其趨善建功謝過之人及頑冥不化者，皆元帥掌之，故有龍虎玄壇實賞罰之一司。部下有八王猛將者以應八卦也，有六毒大神者以應天煞、地煞、年煞、月煞、日煞、時煞也，五方雷神、五方猖兵以應五行，二十八將以應二十八宿，天和、地合二將所以象天門地戶之闔闢，水、火二營將所以象春生秋煞之徃來。驅雷役電，致雨呼風，除殃剪祟，保病禳災，元帥之功莫大焉。"③ 換言之，金輪趙元帥直接統領五大雷神及雷府諸員官將。④ 而後者才是這場"關祝五雷神燈儀"所啟請的核心神祇和任務執行者。

---

① 詳見《道法會元》卷二九、卷三九、卷四八、卷八六、卷八八。又如《道法會元》卷二四〇《正一玄壇元帥六陰草野舞袖雷法》云："法主：三天大法師正一真君六合无窮高明大帝、北陰玄天鄷都大帝。將帥：神霄玉府大都督玄壇立應趙元帥公明……"（《道藏》第 30 冊，第 481 頁）

② 《法海遺珠》卷三六，《道藏》第 26 冊，第 924 頁。此外，《道法會元》卷二三四《正一龍虎玄壇金輪執法如意秘法》亦云："主法：祖師三天大法師正一靜應顯佑真君。主將：正一龍虎玄壇金輪如意執法趙元帥，諱朗，字公明，一字文才，乳名元隱習。鐵色面，圓眼，髯鬚，戴鐵樸頭，黃抹額，金甲皂袍，綠靴，右手執二十四節鐵鞭、左手執鐵索，騎黑虎。"（《道藏》第 30 冊，第 458 頁）相關描述亦見於《道法會元》卷二三二《正一玄壇趙元帥秘法》"趙元帥錄"條。（《道藏》第 30 冊，第 445 頁）

③ 《道法會元》卷二三二，《道藏》第 30 冊，第 445 頁。此外，《道法會元》卷二三三《玄壇趙元帥秘法》"召至"條亦云："一炁都督雷府分司，焚符告召：正一龍虎玄壇金輪如意執法趙元帥，劉、張、鍾、史、范五大雷神，吳、唐、譚、王、雷、龔、張、何八王，八猖猛將，六毒大神，五方黑虎大神，掌香火、掌印令、掌籙、掌卦，五方蠻雷使者，主壇散事汪羅二判官，執旗雷使者，五方五路大神，捉縛枷拷四大天丁，上中下三關林黃許三大副帥，五方五猖兵，生擒活捉猖兵，三洞兩臺一司麾下合干兵吏等眾。今日下降一切神祇，適伸告召，以沐降臨。"（《道藏》第 30 冊，第 457 頁）

④ 《道法會元》卷二三四《正一龍虎玄壇金輪執法如意秘法》"念啟請呪"條："仰啟正一玄壇將金輪元帥趙將軍，三十六員大神王，五雷大洞無量兵，驅雷役電耀乾坤，飛符破廟捉鬼祟。"（《道藏》第 30 冊，第 460 頁）

高功率道眾逐一念誦聖號、啟請神祇降臨壇場,繼而齊聲唱讚如下大段內容:

　　恭望眾聖仁慈,洞回昭鑒,洞回昭鑒。恭聞天道福善禍淫,昭然可畏。玄壇信賞罰暴,至公無私。是以幽冥實司,威福出乎震,入乎巽。陰陽不測斯為神,順乎天,應乎人。往來無窮,號曰聖聰。轄落東西南北,提攜夷狄蠻戎,排五陣而列五營之兵,行五炁而掌五瘟之部。行,驅雷役電;飛,走火行風。或變形而作虎馬雞豬,或為將而化鯨龍犀象。何神不伏,何鬼敢衝? 職司功過不紊毫厘,以掌生死而靡有私。飛空走陸,有雷火之奔衝;食鬼吞魔,哨風煙而猛烈。威不可犯,功實難量。疾病者能使更甦,官符者能悉頓除,聞之者則喪膽,見之者則滅形。凡有祈禳,實蒙報應。

這段文字主要讚頌以玄壇趙元帥為首的五雷兵將的神勇和果敢,進而襯托掃蕩疫病的乾淨和徹底。

## (四) 入　意

全體道士齊聲唱誦:"以今奉道設醮,禳災祈安,保境植福,醮主偕合眾人等,涓沐身心,粧嚴燈像,布乾坤之命令,出巽戶以威嚴,燃以神燈,發為大火。熒熒烈焰,能燒百禍之根;赫赫威光,可滅諸魔之種。凡有懇請,必契感通。稽首皈依,虔誠讚詠,志心信禮高上神霄宮雷祖無窮大帝。"隨後,高功跪於案前宣讀手疏,向雷祖大帝等眾神祇申述醮意,詳細奏報此次修醮的具體緣由、主旨及安排和資助醮事的相關人員情況。

## (五) 唱宣 "和瘟五方符命"

"入意"完畢後,整場儀式的流程推進到了核心部分——唱宣五道"鎮禳災符命"。高功率領道眾遵循東、南、西、北、中的方位依序進行。

### 1. 唱宣"東方鎮禳災符命"

高功跪奏祝告曰:"臣法眾等,志心皈命:東方張帥威烈雷王麾下猛將、諸雄兵。伏以太皥司春①,稟東靈之正炁。青雷主令,壯元帥之威光。逆行

---

① "太皥"是傳說中執掌春事的東方之帝,如《禮記·月令》云:"孟春之月……其帝大皥,其神句芒。"(《十三經注疏》整理委員會整理、李學勤主編:《禮記正義》卷十四,北京大學出版社 1999 年版,第 442—445 頁) 金人董解元撰《哨遍》也有"太皥司春,春工著意,和氣生暘谷"佳句。[(明) 陳耀文輯:《花草粹編》卷二四,(清) 永瑢、紀昀等纂修:《景印文淵閣四庫全書》第 1490 冊,集部四二九(詞曲類),第 684 頁]

而掌春瘟，順行而施春令。以今某恭款蒭心，虔依妙範，發神燈而布位，燃寶炬以流光。伏願青陽九炁，育萬物以發生，丹懇一通，叶四時而清泰。稽首皈依，虔誠讚詠，具有東方符命。謹當宣告。"之後，都講旋即大聲宣讀"東方鎮禳灾符命"（詳見下文）。期間，一名道眾配合吹響牛角（持續至宣讀完畢），接過符命、折成三角狀，用古仔紙引五雷神燈燭火點燃後，擱置於水盆（或水桶）之上，任其焚盡而灰燼掉落水中。

高功接續唱宣："志心信禮高上神霄宮正一龍虎賞罰司東方威烈張雷王。東方雷王，主行春令。變化為虎，統兵九萬。九夷專職，主掌春瘟。凡人懇禱，除禍消迍。神燈一照，道炁長存，與道合真。"

2. 唱宣"南方鎮禳灾符命"

高功跪於供案前繼續唱誦："臣法眾等，志心皈命：南方劉帥威烈雷王麾下猛將、諸雄兵。伏以祝融在候、炎帝司令，乃赤雷布炁之時，實元帥行權之節。逆行則司其毒，順行則平其衝。以今奉道設醮，禳灾祈安保境植福，醮主偕合眾人等，恭款蒭心，虔依妙範，列神燈而布位，照燃焰炬以通光。伏願解民瘟、阜民財，播南方之長養；蒙神庥、賴神庇，覆下土以和平。稽首皈依，虔誠讚詠，具有南方符命。謹當宣讀。"之後，副講旋即大聲宣讀"南方鎮禳灾符命"（詳見下文），完畢後焚燒（流程同前）。

高功接續唱宣："志心信禮高上神霄宮正一龍虎賞罰司南方威烈劉雷王。南方雷王，主行夏令。八蠻司政，統領萬兵。炎帝三炁，使人畏驚。凡人禱祝，除邪輔正。神燈一照，道炁長存，與道合真。"

3. 唱宣"西方鎮禳灾符命"

進而，高功跪於案前唱誦："臣法眾等，志心皈命：西方鍾帥威烈雷王麾下猛將、諸雄兵。伏以少昊司秋，按西方之肅令。雷神布炁，助元帥之威光。逆行而主秋疫之灾，順動而有秋成之寶。以今奉道設醮，禳灾祈安保境植福，醮主偕合眾人等，恭款蒭心，虔依妙範，像神燈而布位，燃寶炬以通光。伏願金風一發，掃人間熱惱之頓。玉露霈沛，應天下豐瑞之稔。稽首皈依，虔誠讚詠，具有西方符命。謹當宣讀。"之後，引班旋即大聲宣讀"西方鎮禳灾符命"（詳見下文），完畢後焚燒（流程同前）。

高功接續唱宣："志心信禮高上神霄宮正一龍虎賞罰司西方威烈鍾雷王。西方雷王，主行秋令。變形豬雞，考察巡遊。統兵七萬，管六戎州。掌行秋疫，七炁歛摯。凡人投請，毒炁潛收。神燈一照，道炁週流，與道合真。"

4. 唱宣"北方鎮禳灾符命"

爾後，高功跪於案前唱誦："臣法眾等，志心皈命：北方史帥威烈雷王麾下猛將、諸雄兵。伏以北帝行權，攝黑雲之五炁。雷王居職，主玄壇之一司。

逆行而主冬癘,順動而降善福。以今奉道設醮,禳災祈安保境植福,醮主偕合眾人等。恭款蒭心,虔依妙範,像神燈而布位,燃寶炬以通光。伏願掃蕩凶災,降六花之瑞雪。潛回陽炁,扇一陣之仁風。稽首皈依,虔誠讚詠,具有北方符命。謹當宣讀。"之後,侍香旋即大聲宣讀"北方鎮禳災符命"(詳見下文),完畢後焚燒(流程同前)。

　　高功接續唱宣:"志心信禮高上神霄宮正一龍虎賞罰司北方威烈史雷王。北方雷王,主行冬令。變化為豬,神鬼敢衝。統兵五萬,攝主秋中。玄冥五炁,冬癘災殃。凡人求請,命運亨通。神燈洞照,我道興隆,與道合真。"

　　5. 唱宣"中央鎮禳災符命"

　　接著,高功跪於案前唱誦:"臣法眾等,志心皈命:中央總攝趙帥威烈雷王麾下猛將、諸雄兵。伏以四時叶序,稟天地惡煞之權。一炁居中,行玄壇賞罰之事。功過無失,報應非差。逆行總攝散行之罪,順動而進福壽之慶。以今奉道設醮,禳災祈安保境植福,醮主偕合眾人等,恭款蒭心,虔依妙範,像神燈而布位,烈焰炬以通光。志心皈命高上神霄宮龍虎賞罰司中央總攝威烈趙雷王。一指而萬,千和萬合,自然成真,總扶而萬事百般,悉皆如意,合境(家)康泰,各保平安。稽首皈依,虔誠讚詠,具有中央符命。謹當宣讀。"之後,高功本人親自宣讀"中央鎮禳災符命"(詳見下文),完畢後焚燒(流程同前)。

　　高功接續唱宣:"志心信禮高上神霄宮正一龍虎賞罰司中央總攝威烈趙雷王。中央雷王,微妙真空,主行四季。神霄趙王,統兵千萬,總攝中央。三泰總是,龍虎英雄,惡則罰罪,善則賞功。凡人瞻仰,無願不從。神燈一照,享福無窮,與道合真。"

## (六)唱　偈

　　宣誦"和瘟五方符命"完畢後,全體道士齊聲唱讚偈文:"五方降真炁,萬福自來迎。長生超八難,皆由奉七星。生生身自在,世世保心清。善似光中影,應如谷裏聲。三元神共護,萬聖眼同明。無災亦無障,永保身康寧。福生無量天尊。"這段文字最早見於晚唐杜光庭刪定《道門科範大全集》卷五七《北斗延生儀》,除了"萬福自來并"和"永保道心寧"二句與今本略存差異外,其餘文字則完全相同。① 此外,約北宋初《太上玄靈北斗本命延生真經》②、宋

　　①　(唐)杜光庭刪定:《道門科範大全集》卷五七,《道藏》第31冊,第892頁。
　　②　《太上玄靈北斗本命延生真經》,《道藏》第11冊,第346—347頁。

代傅洞真撰《太上玄靈北斗本命延生經註》(卷上)①、元代徐道齡撰《太上玄靈北斗本命延生真經註》(卷二)②、崆峒山玄元真人所作《太上玄靈北斗本命延生真經註解》(卷上)③、約宋元時造作的《太乙火府奏告祈禳儀》④、元末明初時成書的《道法會元》卷三十《紫極玄樞奏告大法》⑤ 等均見收錄,上述諸本與前引《道門科範大全集》僅有一字之差(即"世世保神清")。有關這段偈文之含義,傅氏《太上玄靈北斗本命延生經註》(卷上)⑥、徐氏《太上玄靈北斗本命延生真經註》(卷二)⑦均從生命煉養之角度給予詮釋,茲不贅述。

　　翻檢文獻可知,這段偈文乃係朝禮《北斗經》專用(文中"長生超八難,皆由奉七星"之句也點明禮奉北斗之宗旨),其儀式流程均是宣讀關文完畢後,接著逐一念誦"大聖北斗七元君"所能消解的諸種厄難(如"能解三災厄""能解四煞厄"等)⑧,隨即唱讚此段文字以示完結。臺南地區道士敷演五雷神燈儀之前,必會在供案上擺設一棵香蕉樹(或根部),樹幹上懸掛七盞燈燭、成七星狀,藉此象徵北斗七星。故而,"關祝五雷神燈儀"就性質而言當歸入北斗燈儀之類。有鑑於此,本場法事雖然未誦讀《北斗經》,但唱讚這段偈文倒也契合道門之傳統。

## (七)送　　聖

　　唱讚偈文完畢之後,高功跪於案前,獨自大聲口白:

　　　向來祝燈功德,竝已週完。上祈元帥大壯威光,伏以天師建龍虎之壇,靈阿鬼護皇民,有螻蟻之懇,道合神同,陽行陰報,理實昭彰,明作暗還,事無差舛。五方五將,掌人間善惡之司。五丕五雷,為天下災祥之兆。順之者則為五美,逆之者則為五傷。以今奉道設醮,禳災祈

---

① (宋)傅洞真:《太上玄靈北斗本命延生經註》卷上,《道藏》第17冊,第72頁。
② (元)徐道齡:《太上玄靈北斗本命延生真經註》卷二,《道藏》第17冊,第15—16頁。
③ 崆峒山玄元真人:《太上玄靈北斗本命延生真經註解》卷上,《道藏》第17冊,第49頁。
④ 《太乙火府奏告祈禳儀》,《道藏》第3冊,第608頁。
⑤ 《道法會元》卷三十,《道藏》第28冊,第852頁。
⑥ (宋)傅洞真:《太上玄靈北斗本命延生經註》卷上,《道藏》第17冊,第72頁。
⑦ (元)徐道齡:《太上玄靈北斗本命延生真經註》卷二,《道藏》第17冊,第15—16頁。
⑧ 上述道書中臚列"大聖北斗七元君"所能消解的諸種厄難略有差異:《道門科範大全集》卷五七《北斗延生儀》中列舉了二十三種災厄;《太上玄靈北斗本命延生真經》《太上玄靈北斗本命延生經註》(卷上)《道法會元》(卷三十)《太上玄靈北斗本命延生真經註》(卷二)《太上玄靈北斗本命延生真經註解》(卷上)均計有二十四種;《太乙火府奏告祈禳儀》則有二十五種。

安保境植福,醮主偕合眾人等,發瑞像以舒壇,按玄科而行道,列時新之五菓,焚靈寶之茗香。志心皈依五師,投誠五雷,仰祈靈應,俾五福以咸臻。專鑒精誠,使五行而順序。更翼合境(家)迪吉,人物阜康,火盜雙消,灾瘟殄滅,如上良因。

旋即,高功率道眾迭聲宣白:"志心稱念:雷聲普化天尊、威光自在天尊、消灾解厄天尊、長生保命天尊、福生無量天尊、五雷威烈雷王。大道不可思議功德,不可思議功德。"這段文字旨在辭謝天尊、雷王及官將等眾,奉送他們返回天庭。

## (八)化　紙　咒

"化紙咒"或稱"化經咒""化財咒",依慣例在法事臨近尾聲時由道士焚香、化紙、念咒,藉此宣達功德圓滿之意,其所誦咒語即稱為"化紙咒"。現今臺灣道士誦經禮懺或行科演法即將完畢前,也通常吟誦"化紙咒"作為結束語。道門中人沿襲至今的"化紙咒"總計四十八字,內容如下:"千千截首,萬萬翦形。魔無干犯,鬼無妖精。三官北酆,明檢鬼營,不得容隱。金馬驛程,普告無窮,萬神咸聽。三界五帝,列言上清。"翻檢古道書得知,這段咒文源出《靈寶無量度人上品妙經》(卷一)[1],二者文字完全相同。

## (九)迴　向

所謂"迴向"就是將修行功德反饋眾生,遍施法界,使闔境常享安樂。"迴向"本係佛教儀軌,唐代以降道門中人借鑒佛教,始設此科目於科儀中,遂盛行於宋元道法中。約成書於南宋初的《靈寶玉鑑》就頻見"表白迴向"等語,南宋《道門定制》(卷五)已設有"迴向頌",宋末元初《靈寶領教濟度金書》中屢見"起心迴向,一切信禮"套語。今臺灣靈寶道士演行齋醮儀式時,通常在吟唱"化紙咒"後再接續唱誦"迴向"文字,且儼然已成定制,當係承襲古風之舉。

在"關祝五雷神燈儀"即將結束前,全體道士面朝供案唱誦"迴向",凡計三十七字,內容如下:"向來關祝五雷禳灾神燈,完成功德。上祈高真列聖,賜福消灾。全賴善功,證無上大道。一切信禮。"此舉用意乃係將本場法事所修之功德普施法界眾生,以期火盜雙消、灾瘟殄滅,合境吉慶,民眾康寧,藉此彰顯諸位天尊和五位雷王的無邊法力和濟度胸懷。

---

① 《靈寶無量度人上品妙經》卷一,《道藏》第 1 冊,第 4 頁。

## 二、今本《五雷神燈儀》與道藏本《正一殟司辟毒神燈儀》的文獻比較

今本《五雷神燈儀》和道藏本《正一殟司辟毒神燈儀》均屬於禳瘟疫醮中的燈儀類。所謂"禳瘟疫醮",又稱"禳瘟疫醮"或"斷瘟疫醮",就是專為祛除或預防瘟疫而舉行的醮事科儀。中國古代驅逐瘟疫的觀念由來已久,並形成風格各異的傳統習俗。就道門內部而言,《赤松子章曆》(卷一)收錄的諸種"上章"條目中就包含"斷瘟毒疫章"和"斷瘟疫章"。① 此外,初唐道士朱法滿編纂的科戒類書《要修科儀戒律鈔》(卷十一)也談到"斷瘟疫章"。② 由此可知,至遲六朝時道教已存在專門針對瘟疫而進行的上章儀。不過,以禳瘟祛疫為核心宗旨的"瘟疫醮"科儀直到唐代才漸具成型。③

明《道藏》收錄的《正一殟司辟毒神燈儀》是傳世稀見的禳瘟燈儀文本,形制古樸,彌足珍貴。《五雷神燈儀》是今南臺灣靈寶派道士敷演王醮儀式時所使用的科儀本,傳緒至今,實屬難得。下面,我們對這兩種文本略作比較和分析,著眼於內容結構及性質宗旨等方面的異同展開討論。

### (一)文本節次的異同:有無"告符"?

道藏本《正一殟司辟毒神燈儀》是宋元正一派道士演行禳瘟却毒燈儀的文本,詳細介紹了燃燈供奉匡阜真人和五方行瘟使者的科儀流程。④ 該經開篇即云"法事如式",乃是對"入壇""淨壇呪"等基本節次的省稱。⑤ 故而,我們可將該文本中的節次(流程)補充和歸納如下:(1)入壇(步虛);(2)灑淨;(3)啟白;(4)禮讚五方行瘟使者;(5)諷經;(6)宣疏;(7)化財;(8)回向。比對今本《五雷神燈儀》可知,儘管二者的文字內容差異甚大,但文本結構大體相似。換言之,這兩種科儀的節次流程十分接近,均屬於具有完整節次的金籙禳瘟類燈儀。

就核心旨趣而言,這兩種禳瘟燈儀文獻都是為了啟請五方瘟神(雷王)降臨壇場,禳除疫毒之祟。故而說,今本"唱宣鎮禳災符命"節次和古本"禮

① 《赤松子章曆》卷一,《道藏》第 11 冊,第 174—175 頁。
② (唐)朱法滿撰:《要修科儀戒律鈔》卷十一,《道藏》第 6 冊,第 973 頁。
③ 相關研究情況,詳見本書第二章、第三章。
④ 《正一殟司辟毒神燈儀》,《道藏》第 3 冊,第 582—584 頁。
⑤ 明《道藏》收錄的燈儀本中僅首次出現的《玉皇十七慈光燈儀》開篇註明"入壇""淨天地呪"節次,其餘諸本皆省稱為"法事如式"。

讚五方行瘟使者"節次,都是整場科儀中至關重要的關鍵環節,而其他幾個節次不過是起到一種渲染、鋪墊和辭謝收尾的輔助性功用。這部分内容總計五個段落,乃係按照東、南、西、北、中央的順序逐次展開。每段皆以"臣(法)眾等志心歸命,×方行瘟使者(雷王)"引出一段祝辭("伏以"云云),大抵稱頌神界威嚴,法力無邊、善惡報應。最後,執法道士團讚詠以四言駢體文結束。

不過,今本《五雷神燈儀》中至關重要的核心環節——唱宣符命,並不見於道藏本《正一瘟司辟毒神燈儀》。而焚化符命,在今臺灣地區演行的"關祝五雷神燈儀"中則顯然佔據舉足輕重的位置,甚至可以說是整場儀式的靈魂所在。前述明《道藏》收錄的宋元時期三十六種燈儀,僅有少數涉及焚化符命或關牒之記載——如《無上黃籙大齋立成儀》卷二四"九獄神燈儀"、《靈寶領教濟度金書》卷三五"三塗五苦燈儀"和卷一二七"關祝神燈儀"。這些燈儀均屬於黃籙拔度之類[1],其編纂者也都是東華派道士。入元以後,東華派加速了與靈寶教法的融合步伐,最終併入靈寶派而不顯。其實,今天臺灣靈寶道壇敷演科儀法事時大量雜糅了包括東華派在内的其他道派之法術(如上清派、清微派、神霄派、閭山派等)也是不爭的事實。而今本《五雷神燈儀》更是完整地體現了東華派及神霄派雷法在當今靈寶道派中的文化遺存。

其實,古代道門中人演行"瘟疫醮"時的流程更為繁雜,且有"告符"節次。《靈寶領教濟度金書》卷二〇四《科儀立成品・禳瘟疫醮儀》詳細論述"禳瘟疫醮"的儀式節次和演法步驟,茲擇要將其基本程式臚列如下:(1)步虛;(2)灑淨;(3)衛靈;(4)請稱法位;(5)請聖;(6)初獻;(7)亞獻;(8)終獻;(9)告符;(10)迴輧頌(送神);(11)向來(迴向)。[2] 顯而易見,"告符"節次在整場"禳瘟疫醮儀"中扮演了關鍵角色。不過,約出唐宋時的《太上三五傍救醮五帝斷瘟儀》所述"斷瘟儀"的節次流程中卻沒有"告符"。[3]據此推斷,"告符"節次進入禳瘟疫醮儀中並成為最為重要的關鍵環節,當

---

① 晚唐杜光庭刪定《太上黃籙齋儀》卷五六《禮燈》開篇即云:"夫禮燈之法,出《金籙簡文》。凡修齋行道,以燒香然燈最為急務。……燈者,破暗燭幽,下開泉夜。長夜地獄,苦魂滯魄,乘此光明,方得解脫。"(《道藏》第9冊,第367頁)

② (南宋)甯全真傳授、(宋末元初)林靈真編輯:《靈寶領教濟度金書》卷二〇四,《道藏》第8冊,第34—35頁。

③ 《太上三五傍救醮五帝斷瘟儀》中敘述的"斷瘟儀"節次流程分別是:(1)入壇解穢;(2)禁鬼門;(3)衛靈咒;(4)發爐;(5)上香、上茶、上酒;(6)上香、上酒;(7)上酒、行香;(8)送神讚;(9)十二願;(10)學仙讚;(11)散壇。(《道藏》第18冊,第333—334頁)

是唐宋以降道門科儀在發展過程中逐漸累加和豐富的結果。今本《五雷神燈儀》則是在古代燈儀文本的基礎上，吸收和借鑒"禳瘟疫醮"及黃籙燈儀中的"告符"節次而獲增補、定型的，在此過程中或受到東華派的強烈影響。

### （二）啟請對象的差異："五方行瘟使者"與"五方行瘟雷王"

若就鑒醮及執法神靈而言，今本《五雷神燈儀》與道藏本《正一殟司辟毒神燈儀》啟請的核心對象均係"五瘟"，但稱謂卻有差別：道藏本稱為"五方行瘟使者"，今本則稱"五方行瘟雷王"（又稱"五瘟王"）。

第一，五瘟使者。

"五瘟"之說，由來已久。《管子·輕重甲》云："昔堯之五更五官無所食，君請立五厲之祭，祭堯之五吏。"① 換言之，這裏所言"五吏"乃指"五厲"——五種瘟疫。爾後，漢代緯書《龍魚河圖》開始出現"五溫（瘟）鬼"的稱謂："歲暮夕四更，取二二豆子，二十七麻子，家人頭髮，少合麻豆，著井中，咒敕井吏，其家竟年不遭傷寒，辟五溫鬼。"②

五瘟觀念在漢晉道教中得到很好體現。早期天師道經典《女青鬼律》（卷六）已將五瘟鬼與方位配屬，並冠以姓氏（劉、張、趙、鍾、史）分領五方，如云："今遣五主，各領萬鬼，分布天下，誅除凶惡，被誅不得稱狂，察之不得妄救。鬼若濫誤，謬加善人，主者解釋，祐而護之。鬼若不去，嚴加收治，賞善罰惡，明遵道科。東方青炁鬼主姓劉，名元達，領萬鬼行惡風之病；南方赤炁鬼主姓張，名元伯，領萬鬼行熱毒之病；西方白炁鬼主姓趙，名公明，領萬鬼行注炁之病；北方黑炁鬼主姓鍾，名士季，領萬鬼行惡毒霍亂、心腹絞痛之病；中央黃炁鬼主姓史，名文業，領萬鬼行惡瘡、癰腫之病。"③ 約略同時的《太上洞淵神呪經》卷十一《三昧王召鬼神呪品》談到七位瘟鬼分率"五傷鬼精"行瘟疫病："又有劉元達、張元伯、趙公明、李公仲、史文業、鍾仕季、少都符，各將五傷鬼精二十五萬人，行瘟疫病。"④

爾後，宋元道門中人及民眾大抵沿襲《女青鬼律》之傳統，乃將五方鬼王定型為：劉元達、張元伯、趙公明、史文業、鍾士季。如南宋路時中編《无上玄天三天玉堂大法》卷十三《斬瘟斷疫品》談到五方鬼王遵奉天帝之命，到人間散佈疫病、懲誡惡人。這五鬼分別是："東方青瘟鬼劉元達，木之精，

① 黎翔鳳撰，梁運華整理：《管子校注》卷二三，中華書局 2004 年版，第 1413 頁。
② ［日］安居香山、中村璋八輯：《緯書集成》下冊，河北人民出版社 1994 年版，第 1156 頁。
③ 《女青鬼律》卷六，《道藏》第 18 冊，第 250 頁。
④ 《太上洞淵神呪經》卷十一，《道藏》第 6 冊，第 41 頁。

領萬鬼行惡風之病;南方赤瘟鬼張元伯,火之精,領萬神行熱毒之病;西方白
瘟鬼趙公明,金之精,領萬鬼行注忤之病;北方黑瘟鬼鍾士季,水之精,領
萬鬼行惡毒之病;中央黃瘟鬼史文業,土之精,領萬鬼行惡瘡癰腫。"① 《道
法會元》卷二一九《神霄斷瘟大法》亦談到"老君神符主收五部鬼王:劉
元達、張元伯、趙公明、史文業、鍾士季。"② 值得注意的是,南宋陳伀集疏
《太上說玄天大聖真武本傳神呪妙經》(卷五)則將中央瘟部析出"行病
司四案",如謂:"夫所謂五府者,乃五嶽山府也,各立瘟曹案。按《正一
傳》云:五府瘟神,稟五行不正之氣,動出億萬,周流人間,噓毒嘯禍,東行
號魔王,西行名外道,南遊稱鬼帥,北征呼鬼王,中國號瘟神也。泰山府東
嶽主者天齊仁聖帝所主,管雜病事劉元達;衡山府南嶽主者司天昭聖帝所
主,管瘟疫事張元伯;華山府西嶽主者金天順聖帝所,管瀉痢事趙公明;恒山
府北嶽主者安天元聖帝所主,管暴汗寒瘧事史文業;嵩山府中嶽主者中天崇
聖帝,行病司四案:李公伸狂魅赤眼案、鍾士季掌腫瘍案、范仲卿掌酸痟案、
姚公伯顛狂五毒案,各遣瘟卒,遞歲四時變故。"③ 這裏,東、南、西、北四瘟部
的執掌神祇身份不變,而原本執掌中央瘟部的鍾士季則降格成為"行病四
案"之一。④

元代成書、明代增補的《三教搜神大全》卷四"五瘟使者"條對"五瘟"
的形象及司職等又加以豐富和完善:

---

① （南宋）路時中:《无上玄天三天玉堂大法》卷十三,《道藏》第4冊,第40頁。不過,南宋
　 鄧有功編撰《上清天心正法》(卷四)介紹"退瘟符"時談到"書符總救呪"則云:"太上老
　 君救五方行瘟鬼:劉元達、鍾士季、趙公明、張元伯、史文業、范巨卿、馮混思、姚公伯、李公
　 伸,六丁雜俗之鬼,得便要斬,不問枉罪。急急如律令救。"〔(南宋)鄧有功編撰:《上清天
　 心正法》卷四,《道藏》第10冊,第628頁〕這裏雖然沒有明確交待五方瘟鬼之搭配,但順
　 序及名稱則與傳統說法不甚相符,說明分歧仍然存在。

② 《道法會元》卷二一九,《道藏》第30冊,第363頁。不過,該書同卷又曰:"太上老君救
　 五方行瘟之鬼:劉元達、張元伯、趙公明、史文業、鍾士季、馮昆思、李公伸、姚公伯"云云。
　 (《道藏》第30冊,第365頁)

③ 《太上說玄天大聖真武本傳神呪妙經》卷五,《道藏》17冊,第131頁。此外,元代趙道一
　 編修《歷世真仙體道通鑑》卷十八"張天師"條所言亦大抵相似,如謂:"蜀時有八部鬼帥,
　 各領鬼兵,動億萬數,周行人間。劉元達領鬼行雜病,張元伯行瘟病,趙公明行下痢,鍾子
　 季行瘍腫,史文業行暴汗寒瘧,范巨卿行酸痟,姚公伯行五毒,李公仲行狂魅赤眼。皆五行
　 不正,殃禍之氣,隨時更名。在東方為魔王,在南方為鬼帥,在西方為外道,在北方為鬼王,
　 在中央為神鬼。"(《道藏》第5冊,第202頁)

④ 關於敦煌卷子反映的唐宋民間行病鬼王信仰,詳見吳怡潔:《行病之災——唐宋之際的行
　 病鬼王信仰》,載榮新江主編:《唐研究》第十二卷,北京大學出版社2006年版,第245—
　 265頁。

　　昔隋文帝開皇十一年六月,内有五力士現於凌空三五丈,於身披五色袍,各執一物:一人執杓子并罐子,一人執皮袋并劍,一人執扇,一人執鎚,一人執火壺。帝問太史居仁曰:"此何神?主何災福也?"張居仁奏曰:"此是五方力士,在天上為五鬼,在地為五瘟,名曰五瘟:春瘟張元伯,夏瘟劉元達,秋瘟趙公明,冬瘟鍾仕貴,揔管中瘟史文業。如現之者,主國民有瘟疫之疾,此為天行時病也。"帝曰:"何以治之而得免矣?"張居仁曰:"此行病者乃天之降疾,無法而治之。"於是,其年國人病死者甚眾。是時,帝乃立祠,於六月二十七日,詔封五方力士為將軍:青袍力士封為顯聖將軍,紅袍力士封為顯應將軍,白袍力士封為感應將軍,黑袍力士封為感成將軍,黄袍力士封為感威將軍。隋唐皆用五月五日祭之。后匡阜真人遊至此祠,即收伏五瘟神為部將也。①

　　不過,本文探討的《正一瘟司辟毒神燈儀》所言"五瘟行瘟使者"與上述說法略存差異:東方行瘟張使者、南方行瘟田使者、西方行瘟趙使者、北方行瘟史使者、中央行瘟鍾使者。② 今臺南地區流傳的曾泛舟輯《王醮文檢》中所述"五瘟王"分别是:東方張元伯、南方劉元達、西方史文業、北方鍾士秀、中央趙公明。對比可知,這一說法與古代觀念既有聯繫、也有區别。

　　為了便於表述和分析,我們將前引道書文獻中所載"五瘟使者"(五瘟王)情況列表如下:

表格 10-1: 歷代道書中所見"五瘟使者"

| 書名 | 時代 | 東方 | 南方 | 西方 | 北方 | 中央 |
|---|---|---|---|---|---|---|
| 女青鬼律 | 西晉末 | 東方青炁鬼主劉元達 | 南方赤炁鬼主張元伯 | 西方白炁鬼主趙公明 | 北方黑炁鬼主鍾士季 | 中央黄炁鬼主史文業 |
| 太上洞淵神咒經 | 西晉末 | 劉元達、張元伯、趙公明、李公仲、史文業、鍾仕季、少都符,各將五傷鬼精二十五萬人,行瘟疫病。 | | | | |
| 无上玄天三天玉堂大法 | 南宋 | 東方青瘟鬼劉元達 | 南方赤瘟鬼張元伯 | 西方白瘟鬼趙公明 | 北方黑瘟鬼鍾士季 | 中央黄瘟鬼史文業 |

① 佚名撰:《繪圖三教源流搜神大全》(外二種)卷四,上海古籍出版社 1990 年版,第 157 頁。此外,明《萬曆續道藏》本《搜神記》卷六"五瘟使者"條也有介紹,其内容較前引《三教搜神大全》更為簡略。(參見《道藏》第 36 册,第 291 頁)
② 《正一瘟司辟毒神燈儀》,《道藏》第 3 册,第 582—584 頁。

| 書名 | 時代 | 東方 | 南方 | 西方 | 北方 | 中央 |
|---|---|---|---|---|---|---|
| 上清天心正法 | 南宋 | 五方行瘟鬼：劉元達、鍾士季、趙公明、張元伯、史文業、范巨卿、馮混思、姚公伯、李公仲 | | | | |
| 太上說玄天大聖真武本傳神呪妙經 | 南宋 | 管雜病事劉元達 | 管瘟疫事張元伯 | 管瀉痢事趙公明 | 管暴汗寒瘧事史文業 | 行病司四案：李公仲狂魅赤眼案，鍾士季掌腫瘍案，范仲卿掌酸病案，姚公伯顛狂五毒案 |
| 正一殟司辟毒神燈儀 | 約宋元時 | 東方行瘟張使者 | 南方行瘟田使者 | 西方行瘟趙使者 | 北方行瘟史使者 | 中央行瘟鍾使者 |
| 靈寶領教濟度金書 | 宋末元初 | 劉元達 | 張元伯 | 趙公明 | 鍾士季 | 史士業 |
| 歷世真仙體道通鑑 | 元代 | 蜀時有八部鬼帥……劉元達領鬼行雜病，張元伯行瘟病，趙公明行下痢，鍾子季行瘍腫，史文業行暴汗寒瘧，范巨卿行酸痟，姚公伯行五毒，李公仲行狂魅赤眼。 | | | | |
| 道法會元 | 元末明初 | 老君神符主收五部鬼王：劉元達、張元伯、趙公明、史文業、鍾士季 | | | | |
| | | 太上老君敕五方行瘟之鬼：劉元達、張元伯、趙公明、史文業、鍾士季、馮昆思、李公仲、姚公伯 | | | | |
| 三教搜神大全 | 元代成書、明代增補 | 春瘟張元伯 | 夏瘟劉元達 | 秋瘟趙公明 | 冬瘟鍾士貴 | 總管中瘟史文業 |
| 曾氏《王醮文檢》抄本 | 當代 | 張元伯 | 劉元達 | 史文業 | 鍾士秀 | 趙光明 |

第二，五方雷王。

有關五方雷王的人員配伍，宋元道書文獻中計見兩種說法：馬、郭、田、鄧、方或馬、郭、方、鄧、田。前一種說法見載於約出元代的《清微元降大法》卷十三《上清信元巽宮通運五雷》："東方九炁雷王馬鬱休，南方三炁雷王郭元皇，西方七炁雷王田元宗，北方五炁雷王鄧拱辰，中央一炁雷王方仲高。"① 又卷二十《上清巽宮興雷秘法》云："東方九炁威化雷王馬鬱伏，南方三炁炎諒雷王郭元京，西方七炁皓華雷王田元宗，北方五炁博嚴雷王鄧

① 《清微元降大法》卷十三，《道藏》第 4 冊，第 214 頁。

拱辰，中央一炁廣運雷王方仲高。"① 後一種說法則見《清微元降大法》卷
二五《清微天運五雷大法》，如謂："東方青元雷王馬鬱林：中冠，披赤髮，
青面，金甲，青衣，穿靴，執斧；南方丹元雷王郭元皇：中冠，披黃髮，赤面，
金甲，朱衣，朱履，擲火輪；西方皓元雷王方仲高：中冠，披白髮，紫色面，金
甲，白衣，朱履，擲火輪；北方玄元雷王鄧拱辰：中冠，披青髮，黑面，金甲，
玄衣，朱履，執鐵筒。中宮中理雷王田元宗：中冠，披赤髮，赤面，黃衣，執
火輪。"② 此外，《道法會元》卷一一八《太極都雷隱書》"太極六府符"條亦
云：東方雷王馬鬱休，南方雷王郭元京，西方雷王方仲高，北方雷王鄧拱辰，
中央雷王田元宗。③

　　今本《五雷神燈儀》中所述五方雷王分掌時令的說法，可追溯到《道法
會元》卷一〇八《高上景霄三五混合都天大雷琅書》"第四壘"條，如云："春
令雷帝，發生萬物。夏令雷帝，焦暑長育。秋令雷帝，摯歛成熟。冬令雷帝，
伏藏肅煞。四季雷帝，分旺生成。"④ 這裏將四時節令與四方雷帝相結合而
稱為"四季雷帝"，此觀念顯然脫胎於五帝輪值四季的古老觀念。南宋曾慥
編集《道樞》卷三九《傳道上篇》談到東方青帝行春令，南方赤帝行夏令，西
方白帝行秋令，北方黑帝行冬令，中央黃帝主四時："子鍾離子曰：天地分而
五帝列焉。東曰青帝，其行春令，起陽於陰中而萬物生焉；南曰赤帝，其行夏
令，升陽於陽中而萬物長焉；西曰白帝，其行秋令，起陰於陽中而萬物成焉；
北曰黑帝，其行冬令，進陰於陰中而萬物殞焉；四時各旬有八日，中央黃帝主
之，春以助乎發生，夏以接乎長育，秋以資乎結立，冬以制乎嚴凜。五帝分治
各七旬有二日，於是三百有六十而歲功畢矣。"⑤

　　《禮記·月令》談到自然界中歲時節令之順逆，乃與全體生命都有著密
切的聯繫：若時令"順行"（輪替有序）則風調雨順，災疫不興；若時令"逆行"
（輪替無序）就會寒暑乖逆，瘟瘧橫生。南宋王契真編纂《上清靈寶大法》（卷
十二）對時令順逆所導致的不同後果有清楚解說：

　　　　其四時之度，五帝育物，謂如春時則青帝行於和氣，至四月乃赤
　　帝接令，變和為溫。若青帝不收春令，則薄寒氣軟，五穀百果不實，霧
　　氣作疫。或赤帝侵令，則迅雷烈風，水妖作災，損於萬物，民病熱瘴、癱

① 《清微元降大法》卷二十，《道藏》第 4 冊，第 246 頁。
② 《清微元降大法》卷二五，《道藏》第 4 冊，第 279—280 頁。
③ 《道法會元》卷一一八，《道藏》第 29 冊，第 554 頁。
④ 《道法會元》卷一〇八，《道藏》第 29 冊，第 482 頁。
⑤ （南宋）曾慥集：《道樞》卷三九，《道藏》第 20 冊，第 826 頁。

疥、痢毒是也。夏時主赤帝行於火令,成熟萬物。至七月白帝接令,化溫為涼。若赤帝不收夏令,則亢陽水涸,虹蜺雹雷、苦雨烈風損害草木,毒虺惡蟲出於山野。若白帝侵令,則夏有霜霰,草木黃死,百穀不實,民病咳嗽是也。秋時主白帝行令於煞,結實萬物。至十月黑帝接令,變涼為寒。若白帝不收秋令,則秋氣花榮,虎豹作災,鼠食五穀,民病瘠瘁。或黑帝侵令,則山河溢水,海坼地震,百穀不成,飛走自死,地毛荒餒,饉疾交作是也。冬時主黑帝行於寒令,至正月青帝接令,變寒為和。若黑帝不收冬令,青帝不接令,則雨鑫析木,老幼卒亡,民病大疫於春,或青帝侵令,則百花旱榮,有秀不實,水出蛟蜃,民病暴死是也。又四時四氣,土德助之。若失於節度,則陰陽不調,百災萬害,隨茲而生。①

這段文字詳細分析說:時令輪替的有序與否,將引發生物世界中的自然環境、氣候變化、風雨寒暑、瘟疫疾病、洪澇災害、作物收成等外部因素的變化,其表達的核心宗旨就是"順"(時令有序)則生,"逆"(時令無序)則亡的道理。"關祝五雷神燈儀"中道士唱讚五方雷王時逐次強調"順行而施春(夏、秋、冬、四季)令""逆行而掌春(夏、秋、冬、四季)瘟",其用意亦根源於此。

今本《五雷神燈儀》又談到"東方雷王,主行春令。……九夷專職,主掌春瘟","南方雷王,主行夏令。八蠻司政,統領萬兵","西方雷王,主行秋令。……統兵七萬,管六戎州,掌行秋疫","北方雷王,主行冬令。……統兵五萬,攝主秋中","中央雷王……主行四季。神霄趙王,統兵千萬,總攝中央,三泰總是"。顯然,這段文字乃秉承一種古老觀念:位居華夏之中心的關中地區(引申為中原漢族)被尚未開化的少數民族所拱衛——東夷、西戎、南蠻、北狄。② 而這裏則進一步神化和演繹為東方九夷軍、南方八蠻軍、

---

① (南宋)甯全真傳授、王契真編纂:《上清靈寶大法》卷十二,《道藏》第 30 冊,第 761 頁。

② 其實,這一觀念甚至可以追溯到更早的故事原型——舜流四凶族以禦螭魅。《左傳·文公十八年》云:"(舜)流四凶族,渾敦、窮奇、檮杌、饕餮,投諸四裔,以禦螭魅。"(《十三經注疏》整理委員會整理、李學勤主編:《春秋左傳正義》卷二〇,北京大學出版社 1999 年版,第 583 頁)又《左傳·昭公九年》云:"先王居檮杌於四裔,以禦螭魅"。(《十三經注疏》整理委員會整理、李學勤主編:《春秋左傳正義》卷四五,北京大學出版社 1999 年版,第 1269 頁)有關精魅的研究,詳見林富士:《釋"魅":以先秦至六朝時期的文獻資料為主的考察》,載蒲慕州編:《鬼魅神魔——中國通俗文化側寫》,麥田出版社 2005 年,第 109—134 頁;林富士:《人間之魅——漢唐之間"精魅"故事析論》,《"中央"研究院歷史語言研究所集刊》第 78 本、第 1 分(2007 年 3 月),第 107—179 頁。

西方六戎軍、北方五狄軍、中央三秦軍,這五營兵馬擔負著護衛壇場轄境、驅逐邪魔污穢和斷除瘟毒疫厲等職責。① 其實,五營神兵之說早在六朝時就已成熟。據《赤松子章曆》卷三《禳災却禍延年救命却殺都章》曰:

> 又重請東方九夷君,九九八十一官君,寅卯辰甲乙君,為弟子某解除東方青災青厄、青瘟青毒、青疰青殺;又請南方八蠻君,八八六十四官君,巳午未丙丁君,為弟子某解除南方赤災赤厄、赤瘟赤毒、赤疰赤殺;又請西方六戎君,六六三十六官君,申酉戌庚辛君,為弟子某解除西方白災白厄、白瘟白毒、白疰白殺;又請北方五狄君,五五二十五官君,亥子丑壬癸君,為弟子某解除北方黑災黑厄、黑瘟黑毒、黑疰黑殺;又請中央三秦戊己君,千二百官君,為弟子某解除中央黃災黃厄、黃瘟黃毒、黃疰黃殺,并為辟斥五方黃病之鬼,時行癉癘水火之災,皆令消滅。②

又,約出唐代《太上濟度章赦》卷上《遣疫癘保病章》云:

> 臣謹為上請北闕九夷君……五瘟部厲兵四十萬人……主收制疫毒、斷除瘟厲。東方九夷君,八十一官君,斷青瘟青毒之厲。南方八蠻君,六十四官君,斷赤瘟赤毒之厲。西方六戎君,三十六官君,斷白瘟白毒之厲。北方五狄君,二十五官君,斷黑瘟黑毒之厲。中央三秦君,一十二官君,斷黃瘟黃毒之厲。③

---

① 事實上,今臺灣閭山派法師及靈寶派道士在敷演科儀時也常會施演"小法"召營放兵(或稱"調召五營兵馬""調兵"),只見他頭繫紅布條、手執五營旗(綠、紅、白、黑、黃),吹牛角、唸咒語,依次調請五營軍馬前來護守法壇:東營九夷軍九千九萬軍馬、南營八蠻軍八千八萬軍馬、西營六戎軍六千六萬軍馬、北營五狄軍五千五萬軍馬、中營三秦軍三千三萬軍馬。不過,這五營兵馬的統帥分別為張、蕭、劉、連四聖者及李哪吒,而非"關祝五雷神燈儀"中所言的五方雷王。

② 《道藏》第 11 冊,第 196 頁。該書卷六《遷臨大官章》云:"謹請東九夷、南八蠻、西六戎、北五狄君各十二人"(《道藏》第 11 冊,第 230 頁);又卷六《保護戎征章》云:"謹為伏地拜章一通,上請東方九夷君、南方八蠻君、西方六戎君、北方五狄君各十二人。"(《道藏》第 11 冊,第 231 頁)

③ 《道藏》第 5 冊,第 819 頁。又,《元辰章醮立成曆》(卷上) 亦云:"奉請東方九夷甲乙君、寅卯青帝解厄神君,南方八蠻丙丁君、巳午赤帝解厄神君,西方六戎庚辛君、申酉白帝解厄神君,北方五狄壬癸君、亥子黑帝解厄神君,中央三秦戊己君、辰戌丑未黃帝解厄神君,願賜來臨。"(《道藏》第 32 冊,第 709 頁)

　　總之，五營官將（東方九夷君、南方八蠻君、西方六戎君、北方五狄君、中央三秦君）分率各路兵馬執行使命，消弭五方瘟毒之炁——"收制疫毒、斷除瘟炁"。

　　此外，今本《五雷神燈儀》還反映五方炁的觀念：東方青陽九炁，南方炎帝三炁，西方七炁斂摰，北方玄冥五炁（黑雲之五炁），中央一炁居中。約出東晉末的古靈寶經《元始五老赤書玉篇真文天書經》介紹說：東方青帝九炁青天、南方赤帝三炁丹天、中央黃帝一炁黃天、西方白帝七炁素天、北方黑帝五炁玄天。[1] 宋末元初林靈真編輯《靈寶領教濟度金書》卷九四《科儀立成品》"懺方儀"條談到禮拜十方天尊，其中有東方青帝九炁天君、南方赤帝三炁天君、西方白帝七炁天君、北方黑帝五炁天君。[2] 其實，道門中人認為五雷乃均係根源於祖炁，誠如《高上神霄玉樞斬勘五雷大法》所言："夫五雷者，皆元姶祖炁之所化也。"[3]

　　第三，"五瘟"與"五雷"的結合。

　　今本《五雷神燈儀》中"東方行瘟威烈張雷王、南方行瘟威烈劉雷王、西方行瘟威烈鍾雷王、北方行瘟威烈史雷王、中央行瘟威烈趙雷王"合稱為五方行瘟雷王。誠如前文所述，宋元清微派、東華派、神霄派等雷法中所言五方雷王乃係指：東方九炁雷王馬鬱休（或曰馬鬱林、馬鬱伏），南方三炁雷王郭元皇（或曰郭元京），西方七炁雷王田元宗（或曰方仲高），北方五炁雷王鄧拱辰，中央一炁雷王方仲高（或曰田元宗）。這五位雷王顯然與前引"五方行瘟雷王"不相符合。事實上，今本《五雷神燈儀》啟請"五方行瘟雷王"——張、劉、鍾、史、趙，乃係古代道書中所言"五瘟行瘟使者"，他們的初始職責在於行瘟佈疫而非施雷驅邪，甚至被視為驅除對象而出現。

　　《靈寶領教濟度金書》（卷二九一）收錄"保命齋"五方雲雷符告文，分別是："驅雲雷東方符告文""驅雲雷南方符告文""驅雲雷西方符告文""驅雲雷北方符告文""驅雲雷中央符告文"。茲以"驅雲雷東方符告文"為例，援引格式如下："奉請東方大雲雷火鈴神兵，木精吏兵九億萬騎，部領角、亢之精，步九炁之雲，輪刀仗劍，來降道場。誅伐劉元達疫炁鬼兵、行其青毒瘟

① 詳見《元始五老赤書玉篇真文天書經》卷上、卷中，《道藏》第 1 冊，第 776—783、790 頁。

② （南宋）甯全真傳授、（宋末元初）林靈真編輯：《靈寶領教濟度金書》卷九四，《道藏》第 7 冊，第 440 頁。

③ 《道法會元》卷六一，《道藏》本第 29 冊，第 165 頁。

疫，急收毒炁，以生人民，助道行化，一如告命。"① 概言之，這五道告文旨在敕令五方雷神分率所部神兵，誅伐五方瘟王鬼兵，收瘟攝毒，掃除疫炁：東方雲雷火鈴神兵、木精吏兵九億萬騎，部領角、亢之精，步九炁之雲，誅伐劉元達疫炁鬼兵，行其青毒瘟疫；南方雲雷火鈴神兵、炎精吏兵三億萬騎，部領井、鬼之精，步三炁之雲，誅伐張元伯疫炁鬼兵，行其赤毒瘟疫；西方雲雷火鈴神兵七億萬騎，金精大神部領奎、婁強兵，步七炁之雲，收攝五方祅魅趙公明瘟毒疫鬼；北方雲雷火鈴神兵五億萬騎，水精大神部領斗、牛神兵，步五炁之雲，收斬鍾士季瘟毒之鬼；中央雲雷火鈴神兵一十萬騎，土皇神符部領四方強兵，步黃雲之炁，收斬史士業瘟毒疫鬼。② 這裏，劉元達、張元伯、趙公明、鍾士季、史士（文）業五位行瘟使者乃係為五方雷神所驅除和剪滅的對象。

　　耐人尋味的是，今本《五雷神燈儀》則將五方行瘟使者（鬼王）——張、劉、鍾、史、趙化身為雷王，賦予其驅除疫鬼之職責，進而身兼二職：行瘟播瘧，施雷逐疫。故而才有今本"行瘟雷王"這一獨創的稱謂，其用意無外乎是為了強化五雷神燈科儀之法力，藉此渲染驅除瘟疫的徹底效果，同時體現了傳承與衍變的交融。今本"行瘟雷王"神祇身份的設置也奇蹟般地將五位行瘟使者由被驅逐者搖身一變，提升為信眾所迎請和禮拜的對象，並佔據本場科儀的主導地位。

---

① （南宋）甯全真傳授、（宋末元初）林靈真編輯：《靈寶領教濟度金書》卷二九一，《道藏》第8冊，第567頁。

② 除前引"驅雲雷東方符告文"外，《靈寶領教濟度金書》中所收其他四道告文分別是："驅雲雷南方符告文：奉請南方大雲雷火鈴神兵，炎精吏兵三億萬騎，部領井、鬼之精，步三炁之雲，輪刀仗劍，來降道場。誅伐張元伯疫炁鬼兵，行其赤毒瘟疫，急收毒炁，以生人民，助道行化，一如告命。驅雲雷西方符告文：奉請西方大雲雷火鈴神兵七億萬騎，金精大神部領奎、婁強兵，步七炁之雲，輪刀仗劍，來降道場。收攝五方祅魅，趙公明瘟毒疫鬼，急去千里，收瘟攝毒，以生人民，助道行化，一如告命。驅雲雷北方符告文：奉請北方大雲雷火鈴神兵五億萬騎，水精大神部領斗、午（牛）神兵，步五炁之雲，翻天轉地，來降道場。收斬鍾士季瘟毒之鬼，急去萬里，悉皆伏滅，一如誥命。驅雲雷中央符告文：奉請中央大雲雷火鈴神兵一十萬騎，土皇神符部領四方強兵，步黃雲之炁，輪刀仗劍，來降道場。收斬史士業瘟毒疫鬼，速去千里，生民安泰，國土清平，一如告命。"（《道藏》第8冊，第567頁）這裏所言"東方……部領角、亢之精，南方……部領井、鬼之精，西方……部領奎、婁強兵，北方……水部領斗、午（牛）神兵"乃係指稱二十八星宿。據《靈寶領教濟度金書》卷一二七《關祝神燈儀》云："東方蒼龍，角、亢、氐、房、心、尾、箕七宿星君；南方朱雀，井、鬼、柳、星、張、翼、軫七宿星君；西方白虎，奎、婁、胃、昴、畢、觜、參七宿星君；北方玄武，斗、牛、女、虛、危、室、壁七宿星君；中斗勾陳、魁、䰢、䰢、䰢、䰢、䰢、䰢七宿星君。"（《道藏》第7冊，第580頁）

### （三）"十二年王"與"值年王爺"

道藏本《正一殟司辟毒神燈儀》云："故有殟部,以奉天符。一紀之中,令年王而行賞罰。五方之內,假將軍以秉威權。……十二年王,尊帝所告。五方使者,除兇去暴。"① 文中所言"十二年王"又稱"行病年王",乃係五瘟使者的統帥。據南宋傳本《太上無極總真文昌大洞仙經》卷一《敘經意》"除瘟疫"條云："行病年王統五瘟,遍州歷里害生民。保全隣族無傳染,嚴潔同看《大洞經》。"② 又,南宋鄧有功重編《上清骨髓靈文鬼律》卷上《法道門》云："諸天行疫疾,令人患瘡腫走痛之類,隷十二年王子統行所主鬼神,受驅邪院遣除。"③ 由此可見,"十二年王"率領五瘟等眾奉天命而播行疫疾,懲戒世人。

北宋以降道書文獻中已談到舉行禳瘟疫醮儀時啟請"十二年王"等瘟部神祇。據《靈寶無量度人上品妙經》卷四五《解禳山谷瘴癘品》云："道言:凡誦是經十過,十方解禳山谷瘴癘大神齊到。……有七仙童子、奏事童子、十二年王、七十二候……"④;又云："若歲氣夫宜或涉履山谷,預為禳備之法。則於所居之方為壇,醮祭十二年王、山谷行病、五方天使、邵侯神君……"⑤ 此外,南宋留用光傳授、蔣叔輿編集《無上黃籙大齋立成儀》卷五三《神位門》逐一羅列了黃籙齋設壇"左三班"中瘟部諸員官將,其中就有五方五氣行瘟使者、和瘟匡阜真人、十二年王大神等瘟司神祇。⑥

值得注意的是,《道法會元》卷二二〇《神霄遣瘟送船儀》介紹當時神霄派道士施行以茅船（或紙船）送瘟的祈禳法事："令人捧船于患室或廳上,仍具酒牲祭儀于船所在,然後祭獻。……次焚信香,虔誠奉請:主年新令魔王、太歲尊神、左右三天符使、押瘟太保、主瘟朗公大伯元帥、行病使臣、天符使者、十二年王、十二月將,降赴華筵,受今拜餞。"⑦ 此外,該書卷二二一《神霄遣瘟治病訣法·造遣瘟神盤法》談到"用潔淨茭茅"做成神盤或小船,藉此為法器來禳除瘟疫,其所啟請的神位名錄中也照例有十二年王及和瘟教

---

① 《正一殟司辟毒神燈儀》,《道藏》第 3 冊,第 583 頁。

② 《太上無極總真文昌大洞仙經》卷一,《道藏》第 1 冊,第 498 頁。這段文字亦見載於約元代編集的《三洞讚頌靈章》卷下"元皇天帝讚"條。(《道藏》第 5 冊,第 792 頁)

③ (北宋) 饒洞天定正、(南宋) 鄧有功重編:《上清骨髓靈文鬼律》卷上,《道藏》第 6 冊,第 911 頁。

④ 《靈寶無量度人上品妙經》卷四五,《道藏》第 1 冊,第 302 頁。

⑤ 《靈寶無量度人上品妙經》,《道藏》第 1 冊,第 307 頁。

⑥ (南宋) 留用光傳授、蔣叔輿編集:《無上黃籙大齋立成儀》卷五三,《道藏》第 9 冊,第 695 頁。

⑦ 《道法會元》卷二二〇,《道藏》第 30 冊,第 370 頁。

主匡皁靜明真人、主瘟聖公、監瘟聖母、押瘟太尉、五方行瘟聖者、船頭大王、船尾小王等神祇。①

　　總之,"十二年王"作為瘟部的重要神祇,通常會入列於禳瘟醮儀的啟請名錄中。此外,有鑑於"十二年王"執掌五瘟使者及疫鬼的特殊身份,禳瘟疫醮文檢中還設有向其奏報的專用牒文。北宋天心派道士元妙宗編集《太上助國救民總真秘要》卷一"遣治瘟疫"條就談到若信眾罹患瘧痢等病症,"令修醮謝罪,懺雪過犯,方給符水吞佩。牒十二年王收攝先行,毒藥、毒氣不得傳染。"② 又,《道法會元》卷一六四《上清天蓬伏魔大法·遣瘟行持》云:"或諸瘟疫瀉痢,服藥不效,先令其家悔過,申牒所屬,具奏上帝,修設祭醮,首愆謝過,方給符水。牒十二年王,收攝毒炁,不得傳染。"③ 這兩處引文中的"牒十二年王"意思是說,醮主需向"十二年王"奏報牒文,表達攝毒却災之意,由此折射出"十二年王"在禳瘟醮儀中的顯要地位。

　　今本《五雷神燈儀》雖未言及"十二年王",但接續敷演"禳災和瘟三獻儀"時在"啟請"環節則逐一臚列十二年王及其姓氏④,且為期五天或七天的王醮活動(包括"請王""宴王""送王"等)也都是圍繞"十二年王"中的值年瘟王而展開的。閩臺地區王醮儀式所供祀的瘟王爺大抵可劃分為三個系統:五瘟使者、十二瘟王和三十六進士。其中,十二瘟王信仰在曾文溪流域十分盛行。其實,今人所言"十二瘟王"即是古代道書中"十二年王"。不過,臺灣民眾心目中的這十二位"代天巡狩"瘟王被更多賦予了人格化形象和特徵,他們分別是:子年張全、丑年余文、寅年侯彪、卯年耿通、辰年吳友、巳年何仲、午年薛溫、未年封立、申年趙玉、酉年譚起、戌年盧德、亥年羅士友。我們在《道藏》中並未發現類似說法,故有理由相信:此當清代以來道教在閩臺文化的浸染和熏陶下,"十二年王"說被不斷民間化、本土化和神聖化的結果。

　　臺南地區王醮祭典活動(俗稱"送王船")通常每隔三年(逢丑、辰、未、戌年或逢子、卯、午、酉年)例行舉辦一次。大部分廟宇(如西港慶安宮、蘇厝長興宮、佳里金唐殿)都是遵循十二瘟王系統,依地支順序迎請三位王爺施予供祀(即"值年王爺"),分別稱為大千歲、二千歲和三千歲。不過由於科期及習慣的不同,各廟值科王爺之輪序也略有差異:蘇厝和西港雖然均以丑、辰、未、戌年時設醮,但蘇厝長興宮乃以當年及前兩年的值年瘟王分任

---

① 　《道法會元》卷二二一,《道藏》第 30 冊,第 372—376 頁。
② 　(北宋) 元妙宗編集:《太上助國救民總真秘要》卷一,《道藏》第 32 冊,第 55 頁。
③ 　《道法會元》卷一六四,《道藏》第 30 冊,第 39 頁。
④ 　相關研究,詳見本書第十一章。

三位千歲(此係該廟之獨特處),故丑科時,丑年余文為大千歲、子年張全為二千歲、亥年羅士友為三千歲(其他科期的值年王爺可循此類推,以下同)。西港慶安宮則以當年及去年、翌年的值年瘟王,故丑科時,丑年余文為大千歲、子年張全為二千歲、寅年侯彪為三千歲。而佳里金唐殿則逢子、卯、午、酉年設醮,故子科時,子年張全為大千歲、亥年羅士友為二千歲、丑年余文為三千歲。但無論採用何種說法,所迎請的值年王爺均係"客王"性質,亦即將王爺視為客人請來後加以供奉和禮遇,繼而將其送離出境。這與古代瘟疫醮中禮遇"十二年王"及其他瘟神的做法是一樣的。

## (四)設燈行儀的時間選擇

"關祝"意為恭祝,晚唐杜光庭刪定《道門科範大全集》中已見有"關祝星燈""關祝七元星燈"的說法。此後,宋元道書中繼續沿用此語,並將其用作燈儀之修飾,如云:"關祝閞通五路神燈""關祝諸燈""關祝神燈""關祝九天神燈""關祝九宮八卦燈、弧矢燈""關祝五斗神燈""關祝九幽神燈""關祝北斗星燈""關祝南斗星燈""關祝十一曜星燈""關祝無上周天星燈""關祝九宮八卦神燈""關祝辟土弧矢神燈""關祝三十二天無上神燈""關祝九幽神燈、三塗五苦神燈""關祝九陽梵炁神燈""關祝九陽梵炁生神寶燈""關祝九陽梵炁慧光神燈""關祝九天梵炁慧光神燈""關祝南辰北斗、列曜星燈""關祝延生金籙燈、列曜消災燈、北極上生燈、南辰落死燈、諸天度人燈""關祝南斗北斗、二景五星、四曜星燈""關祝謝土星燈""關祝北斗延生星燈""關祝十七慈光寶燈""關祝周天星燈、甲子長生命燈"。總之,"關祝"一詞在《道藏》中通常作為燈儀的修飾語出現,遂成為指稱燈儀的套用格式。

古代燈儀多在日暮以後舉行,藉此彰顯了燈燭的法力——燃燈破暗,睹見光明,"上照九天,下照九幽"[1]。舊題太極太虛真人撰《洞玄靈寶道學科儀》卷下"然燈品"云:"凡是道學,當知供養法門,有早有夜;上燈之法,有然有續。若道士、女官,將闇上燈,名為續明。闇後上燈,名為燈明。"[2]"闇"通"暗",為昏暗、不明之義。由此可見,古代道門燈儀中"上燈"均選擇於"將闇"或"闇後",亦即日暮將近或夜晚之時。而今南臺灣靈寶道士演行"關祝五雷神燈儀"時也通常在"送王船"前一天夜間進行。如蘇厝真護宮

---

① 《要修科儀戒律鈔》(卷八)"侍燈鈔"條云:"夫就齋入靜,燈燭居先。朗耀八門,先暉九夜。續明之功,既舉長更之福。"[(唐)朱法滿撰:《要修科儀戒律鈔》卷八,《道藏》第6冊,第959頁]又引《金籙簡文》稱:"然燈威儀,功德至重,上照諸天,下明諸地,八方九夜,並見光明。"[(唐)朱法滿撰:《要修科儀戒律鈔》卷八,《道藏》第6冊,第960頁]

② (原題)太極太虛真人:《洞玄靈寶道學科儀》卷下,《道藏》第24冊,第773頁。

己丑科五朝王醮中"關祝五雷神燈儀"於 2009 年 3 月 14 日傍晚（17：35—18：08）；蘇厝長興宮己丑科七朝王醮係 4 月 3 日深夜（22：15—22：40）；臺南市西港鄉慶安宮己丑科五朝王醮 5 月 11 日凌晨（3：35—4：02）。① 總之，這三場"關祝五雷神燈儀"均係在夜間時分進行，儀式通常持續半小時左右。而上述宮觀的設燈時辰乃相沿成習而成為慣例，儼然係曾文溪流域王醮科儀的地區性特色之一。

其實，這一做法與宋元道書中的記載十分契合。《靈寶領教濟度金書》卷二"保病齋三日節目"條是這樣介紹"保命齋"為期三天的節目及其流程安排的：

> 是日，立真師幕、禁壇、宣疏，次立六師幕，次立三官幕，並上表；午後，開啟齋壇；入夜，分燈宿啟，次關北斗燈，次設醮襐度行年星庚。次日，清旦，行道告符；臨午，行道告符，進拜斷瘟保病朱章；落景，行道告符，次設瘟疫醮。第三日，清旦，誦諸品真經；臨午，散壇，上言功朱表，上齋詞，次辭六師幕、三官幕，並上表徹幕；入夜，開啟醮壇，設醮請聖，進獻青詞財馬。次送真師如儀。②

我們從中可以看出：以襐瘟驅疫為宗旨的"瘟疫醮"作為"保命齋"三天節目中的一項科儀內容，被排在次日（完醮前一天）行科演法，且必須在"落景"——日落之後才舉行。這與今天閩臺地區的習慣做法是不謀而合的。

## 三、關祝五雷神燈儀的科介流程、文檢格式及法信名目

2009 年 3 月—6 月間，筆者赴臺灣南部地區從事王醮科儀之田野調查，期間拍攝"關祝五雷神燈儀"共計四場/次：(1) 臺南市蘇厝真護宮己丑科五朝王醮"關祝五雷神燈儀"（3 月 14 日），執法道長：高雄市彌陀鄉蔡志民；(2) 臺南市蘇厝長興宮己丑科七朝王醮"關祝五雷神燈儀"（4 月 3 日），執法道長：臺南市灣裡大順道壇蘇基財；(3) 臺南市西港鄉慶安宮己丑科五朝王醮"關祝五雷神燈儀"（5 月 11 日），執法道長：臺南市府城潁川道壇陳榮盛；(4) 臺中市西屯區"太上覃恩護國佑民度勸妖魅釋怨拔亡襐災掃瘟財經

---

① 此外，2009 年 6 月 12 日臺中市一朝襐瘟祈安醮中"關祝五雷神燈儀"時間為 15：35—15：55。這是因為主辦方考慮到噪音擾民而要求道士團提前舉行。

② （南宋）甯全真傳授、（宋末元初）林靈真編輯：《靈寶領教濟度金書》卷二，《道藏》第 7 冊，第 42 頁。

轉富祈安祈福大道會"之一朝禳瘟祈安醮"關祝五雷神燈儀"①（6 月 12 日），
執法道長：高雄市岡山定性壇余玉堂。其中兩場［即前述（2）（3）］係為臺南
地區靈寶道士團（即"北路"道區）臨壇敷演斯儀，另外兩場［即前述（1）（4）］
的演法道士團屬於高屏地區靈寶道派（即"南路"道區）。② 這兩大道區的道
士團隊敷演"關祝五雷神燈儀"時雖然唱腔迥然不同，但均係採用同一種文
本，故儀式流程、科介表演及法信名目等大抵相同。③ 不過，本場燈儀所施
用的文檢——"和瘟五方符命"的內容格式則略有不同，其用紙的質地色
澤更分歧明顯。下面，我們對有關問題略加論述。

### （一）場地與人員

敷演"關祝五雷神燈儀"的前場人員（道士）合計有五或七人：高功一
人，身著道袍（或絳衣），金冠插仰，腳穿朝靴，手持笏板；四位或六位道眾
（都講、副講、引班、侍香）均身穿黃色海青（或紅色道袍），腳穿黑色道鞋，一
人司大鈔（都講）、一人搖帝鐘（副講）、一人搖手鈴（引班）、一人吹牛角（侍
香）。後場樂班通常由四人組成：一人司鼓，一人司鑼（兼掌南鑼、北鑼、金
鐘、小鑼、響盞、鈔等），一人彈揚琴，一人吹嗩吶（兼吹簫或拉胡琴）。

---

① 本場驅瘟法事的舉行地點設在臺中市，本不屬於本文限定的"南臺灣"之地域範圍。但敷
演此科儀的高功余玉堂道長及其團隊成員（包括前場道士和後場樂師）均來自高雄市岡
山，其儀式流程及科介表演亦嚴格遵循臺灣南部靈寶道派（"南路"）的典型做法，故本文
將此場法事作為研究案例予以論述。必須說明的是，臺灣中部地區道門科儀的文本及做
法明顯不同於南部。此非本文討論主題，故不詳述。

② 臺灣南部地區的道教從業人員雖然同屬靈寶道派，但由於傳承地不同，數百年來仍保留著
各自的科儀傳統。當年的先行者渡海來臺後在各自的聚居地，繁衍生子，收徒佈道，從而
形成了銘刻有祖先痕跡的道士團隊。這些道壇恪守教規，代代沿襲，並因地域不同而彰顯
出鮮明特徵，據此可以劃分為兩大道區（"道士行業圈"）：北路和南路。所謂"北路"係指
臺南道區，即以高雄市路竹為界限，向北涵括了府城及臺南全境，日本學者丸山宏亦稱之
為"臺南道"（詳見［日］丸山宏：《道教儀禮文書の歷史的研究》第二部《現代臺南道教の
儀禮と儀禮文書——文檢を中心とすゐ歷史的研究》，汲古書院 2004 年版）。所謂"南路"
係指高雄、屏東道區，即以高雄市岡山（舊名阿公店）以界限（路竹鄉轄下北嶺村、三爺村
因地理位置靠近岡山、深受"南路"道區之影響，故兩村道士亦行南路道法），往南延伸至
屏東縣恒春地區。臺灣學者謝聰輝又稱之為"鳳山道"（其範圍大抵在清代鳳山縣境內）。
［詳見謝聰輝：《大人宮翁家族譜與道壇源流考述》，《臺灣史研究》第十六卷、第二期（2009
年 6 月），第 207 頁註釋 7］

③ 施舟人指出：臺灣地區王醮慶典中焚送王船前必會舉行和瘟科儀，"漳州地區的道士採用
'和瘟五雷燈儀科儀'，泉州地區的道士採用'和瘟正醮科儀'，兩者基本相同。"（［法］施舟
人講演：《中國文化基因庫》，北京大學出版社 2002 年版，第 63 頁）據筆者的田野調查顯示，
這一區分在當今南臺灣道士行業圈中已不甚明顯。

　　而本場法事的醮壇設置（演法場地）將視執法道團之地域和流派而存有差異：臺南地區靈寶道派乃係"王府"內值科王爺神座（神像或王令）前設壇演行，高屏地區道壇則選擇在王船前的廟埕廣場上進行。壇場供案上陳設"七星燈"（香蕉樹上插七根蠟燭或懸掛七盞斗燭，並貼符五道、計分為青、紅、白、黑、黃五種顏色）和"五雷燈"（米斗內放置五盞斗燭）；供案前或旁側擺放一水盆（或水桶）、內有清水，其上橫擱線香數根。

## （二）科 介 流 程

　　所謂"科介"，乃係指科儀文本（或劇本）中對參演者的形體動作、面部表情和舞臺效果等的表演提示。① 其實，中國古典戲曲中的表演動作也是用"科"或"介"來提示的，並且"科介"在戲劇表演中發揮了重要作用。② 一般說來，元雜劇通常用"科"來提示動作，南戲和傳奇則多用"介"字。③ 這反映出古典戲劇與宗教儀式歷來就有著密切之聯系。④ 據有關學者的研究表明："科""科範"（或稱"科汎""科泛"），作為古典戲曲術語乃借鑒於道教儀式；"介"最初原型係指上古儀禮中協助賓客行禮的儐相，傀儡戲借用此語以充作贊導式提示，並被南戲所承襲。近世因南戲、北雜劇不斷交融，"科""介"二術語逐漸混用乃至聯稱為"科介"。⑤
　　古代道書中"科戒""科範"本係指修道的戒律、儀軌，明《道藏》中收錄多種以"科戒"（或"戒科"）、"科範"冠名的道書。⑥ 這類文獻最早可追溯至北魏寇謙之撰《老君音誦戒經》和南朝陸修靜撰《陸先生道門科略》。宋元時，"科"或"科範"流入古典戲劇中成為表示形體動作之習語，專指動態的

---

① 　明代徐渭撰《南詞敘錄》對"科介"概念分別詮釋說："'科'：相見作揖，進拜舞蹈，坐跪之類，身之所行，皆謂之'科'。今人不知以諢為'科'，非也。'介'：今戲文於'科'處，皆作'介'。蓋書坊省文以'科'字作'介'字，非'科''介'有異也。"[（明）徐渭撰：《南詞敘錄》，《續修四庫全書》編輯委員會編：《續修四庫全書》第 1758 冊（集部·曲類），第 414 頁]
② 　董每戡：《說劇·說"科介"》，人民文學出版社 1983 年版，第 276—283 頁。
③ 　錢南揚指出："大抵南戲習用'介'，北劇習用'科'，乃方言之不同。"（錢南揚校注：《永樂大典戲文三種校注》，中華書局 1979 年版，第 11 頁注釋）徐扶明承襲此說，認為："實則北劇曰科，南戲曰介，只是南北方言不同，但都指表演動作。"（徐扶明：《元代雜劇藝術》，上海文藝出版社 1981 年版，第 222 頁）
④ 　有關中國古典戲劇與道教儀式之關係，詳見詹石窗：《道教與戲劇》，文津出版社 1997 年版；倪彩霞：《道教儀式與戲劇表演形態研究》，高等教育出版社 2005 年版。
⑤ 　康保成：《戲曲術語"科"、"介"與北劇、南戲之儀式淵源》，《文學遺產》2001 年第 2 期，第 53—143 頁。
⑥ 　若以道書標題而言，明《道藏》中舉凡計有：《要修科儀戒律鈔》《三洞法服科戒文》《正一法文天師教戒科經》《洞玄靈寶三洞奉道科戒營始》《道門科範大全集》等。

程序化、規範性之表演。今天南臺灣地區所見道教科儀中仍保留大量的科介表演，並且文本（腳本）屢見施用以"科""介"等提示語來標示形體動作。這些科介動作穿插於唱曲念白之間，是對本次科儀的補充、深化和完善。在後場音樂的伴奏下，科演人員塑造出靜動結合的造型，其姿態宛若優美的舞蹈，充分體現出科演道士們精湛的戲劇表演功底。值得注意的是，這些靈寶派道士的科介表演，在某種程度上吸取了當地民間戲劇的舞蹈動作，從而使科儀表演更趨於戲劇性和舞蹈化。

　　前文已從文獻學角度分析"關祝五雷神燈儀"文本的結構內容，除此之外，那些不見諸於文字的動作表演也有重要的參考和研究價值。事實上，這場科演中摻雜大量的形體動作。這些肢體語言及動作表演均屬於"科介"部分。這裏，我們將側重於科介部分，根據筆者實地採拍到的前述臺南及臺中地區四場/次"關祝五雷神燈儀"為案例予以歸納和提煉，從而將該儀式的有關動作及內容流程描述如下：

　　（1）儀式開始前，一名道眾先點燃"七星燈"和"五雷燈"的燈燭。隨後，會首、甲首及廟務委員等執事均整裝入壇燒香，行三跪九叩之禮。

　　（2）全體道眾恭立兩側，高功手執朝笏入壇，拈香跪拜，旋即領唱步虛詞，科演正式開始。

　　（3）前場道士與後場樂師相互配合，吟唱誦念，共同演行"步虛"和"淨壇"儀式，此舉係整肅心身和壇場，為旋即進行的"啟聖"節次做好準備。"淨壇"結束前，全體道士列隊"穿花"繞壇，引班手執淨水盂居前引導，不時以楊柳枝灑淨水潔淨場地。隨後，高功獨自跪於案前唱誦，完成"啟聖"和"入意"科目。四名道眾則分立左右，搖動手中樂器以配合節奏。

　　（4）"入意"後，高功率領四名道眾按照東、南、西、北、中的方位原則，分別唱宣"和瘟五方符命"：都講宣讀"東方鎮禳灾符命"，副講宣讀"南方鎮禳灾符命"，引班宣讀"西方鎮禳灾符命"，侍香宣讀"北方鎮禳灾符命"，最後由高功本人親自宣讀"中央鎮禳灾符命"。在此期間，一名道眾配合吹牛角，完畢後接過符命，折成三角狀，用古仔紙引五雷神燈燭火點燃後，擱置水盆（或水桶）之上，任其焚盡而灰燼掉落水中。高屏地區及部分臺南地區靈寶道士或將這五道"鎮禳灾符命"直接焚燒於地（或王船的五個方位）。

　　（5）唱宣"和瘟五方符命"完畢後，全體道士齊聲唱讚偈文"五方降真炁"云云。繼而，高人跪於案前口白"送聖"，辭謝諸位天尊、五方雷王及官將吏兵等眾，奉送仙真返回天庭。

　　（6）全體道士齊聲唱誦"千千截首"云云。這段"化紙咒"的功用在於禁絕邪鬼侵奪，從而得以圓滿地弘揚本場法事所修之功果。

（7）唱誦"化紙咒"後，繼而吟唱"迴向"，共計三十七字，其意乃係將功果普施給法界眾生，以期火盜雙消，災瘟珍滅，合境吉慶，民眾康寧。

（8）將漂有符命灰燼的水盆（或水桶）加蓋密封，再將"七星燈"樹上的五道符籙揭下，粘貼於水桶蓋上（將黃色符籙貼於中央，其餘四符依序分貼四方），將其送上王船（待"送王"時一起焚化）。至此，本場燈儀全部結束。

（9）由於"關祝五雷神燈儀"與"和瘟三獻"兩項科儀通常合併一起，連續進行，故臺南靈寶道壇演行"關祝五雷神燈儀"時多至"送聖"後即告結束，旋即進行"禳災和瘟三獻儀"，即省略"化紙咒"和"迴向"兩個節次。

### （三）文檢："玉清鎮禳災運真符"

"關祝五雷神燈儀"中施用的文檢共計五份"玉清鎮禳災運真符"（又稱"和瘟五方符命"）。今據臺南曾泛舟所輯《王醮文檢》為底本，並參校以筆者實地調查時所獲臺南、高雄及屏東等地之田野資料，特將本場科儀中施用的"和瘟五方符命"格式抄錄如下：

玉清鎮禳災運真符

右符告下

△方△位奏錄主司△△尊神今准
玉文禳送瘟災特將合境人等前生今世一切罪愆並行赦宥體
太上好生之德遵
元皇濟物之心攝毒藥於海島之中集禎祥於
吾鄉之內人物沾恩歲時吉慶上明
洪造下副微生
太上有勅速遣不停敢有下鬼等怪久悚生靈者仰准
符命拷攝施行一如
誥命風火驛傳

天運
主行科事　姓　花號（印）　承誥奉行（行）
年　月　日夜吉時告下

祖師三天大法天師真君　張

**图版 10-1：臺南地區 "和瘟五方符命" 的書寫格式**

備註：表中符籙係採用朱書而成；符籙及表中"△"處分別填寫：東方甲位……歲星、南方丙位……熒惑、西方庚位……太白、北方壬位……伺辰、中央戊位……鎮星。

　　這份"和瘟五方符命"其實包括東方鎮禳災符命、南方鎮禳災符命、西方鎮禳災符命、北方鎮禳災符命和中央鎮禳災符命。上述符命（含符籙）中，除了相關神祇的稱謂及所屬方位存有差異外（東方甲位歲星、南方丙位熒惑、西方庚位太白、北方壬位伺辰、中央戊位鎮星），其餘內容及格式則完全相同。若就地域而言，臺南與高屏兩地"關祝五雷神燈儀"中施用的"和瘟五方符命"可謂同中有異，試分析如下：

　　從文字內容來看，臺南與高屏兩地略存差異：(1) 前引圖版 10–1 中"特將合境人等前生今世一切罪愆"之句，高屏地區作"特將合境人等所有一切罪愆"；(2) 臺南地區"攝毒藥於海島之中①，集禎祥於吾鄉之內"之句，高屏地區作"投毒炁於江海之中，集禎祥於鄉閭之內"；(3) 臺南地區"人物沾恩，歲時吉慶"②之句，高屏地區作"歲時叶吉，人物沾恩"；(4) 臺南地區"上明洪造下副微生，太上有勅速遣不停，敢有下鬼等怪久惘生靈者，仰准符命，拷攝施行"，高屏地區作"上明洪造下副微生，若有不遵久困生靈者，仰准符命，拷治施行"。

　　就符命的用紙質地而言，兩地的分歧比較明顯：臺南地區五道符命均係黃紙墨書，高屏地區則視方位而不同："東方鎮禳災運真符"採用青色紙（墨書），"南方鎮禳災運真符"採用赤色紙（墨書），"西方鎮禳災運真符"採用白色紙（墨書），"北方鎮禳災運真符"採用黑色紙（白書），"中央鎮禳災運真符"採用黃色紙（墨書）。

　　此外，有關符命的鈐印及簽署格式也有差異：臺南地區乃於篇首"玉清鎮禳災運真符"中"鎮禳"二字上正蓋"道經師寶"印，高屏地區則無此鈐印。又如文末主行科事的執法高功之簽署，臺南地區在姓氏後署花號（如存心、忠心等），並於花號上疊書一"印"字（係朱書），高屏地區則簽署姓氏及法名、並於法名上正蓋執法高功之私印（如"微臣 ×××印"字樣）。

　　符命中的"行"字書寫及朱批規範也因地域不同而有差異：臺南地區通常於"承誥奉行"四字上朱筆疊書一"行"字，而高屏地區則在文末時間落款"×× 日告下"字樣後朱書一"行"字。茲將臺南地區"和瘟五方符命"中批朱之字（以穎川道壇陳榮盛道長主持的西港慶安宮己丑科五朝王醮為例）列舉如下：右、今、等、體、於、吾、下、仰、一、日。而高屏地區符命中則無朱批痕跡。

---

①　陳榮盛道長主持西港慶安宮己丑科王醮時施用的"鎮禳災符命"中則作"攝毒藥於洺洋之中"。

②　曾氏《文檢》作"人物沾恩，歲時吉慶"，穎川道壇陳榮盛則作"人物沾恩，歲時協吉"（見西港慶安宮己丑科王醮）。

不過,這兩地的"和瘟五方符命"在形制上也存在諸多相似性:(1) 符命中所書符籙(五方符式)之筆劃雖在細微上略有差異,但符式基本結構則大抵相同(詳見圖版 10–2);(2) 文檢的書寫格式及換行、稱謂等基本一致;(3)"一如誥命,風火驛傳"字樣中以朱筆勾檢末尾之"傳"字,藉此表示乃係急件,必須立即傳送,沿途不得耽擱;(4)"天運 ×× 年 × 月"中"×× 年 × 月"字樣上正蓋"道經師寶"印。

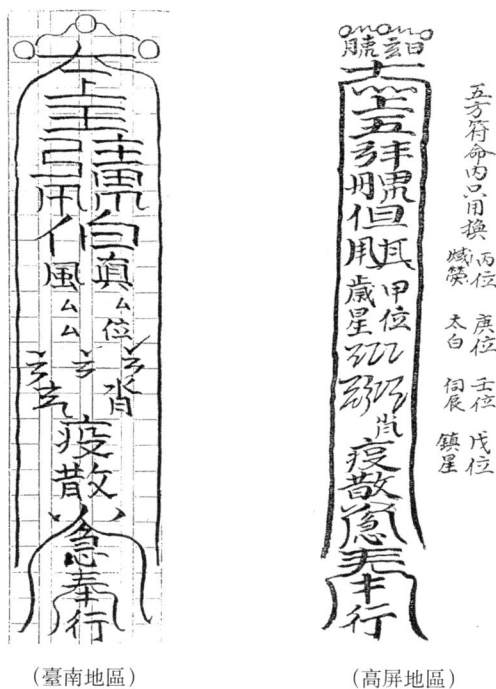

(臺南地區)　　　　　　　　　(高屏地區)

**圖版 10–2：和瘟五方符式**

## (四) 法 信 名 目

這場"關祝五雷神燈儀"(含"禳災和瘟三獻儀"文場部分) 所需的法信物品可分為信物(供品) 和法器兩大類,茲將名目清單分別羅列如下:

第一,供品類。

就慣例而言,每場醮儀所供奉的物品均係由舉辦者(廟方) 按照道士開列的清單事先採辦和貯備好,並在儀式開始前由"香辦"(即道士團中的後場服務人員) 遵循一些規則和原則加以陳設。本次科儀中擺放"王壇"洞案

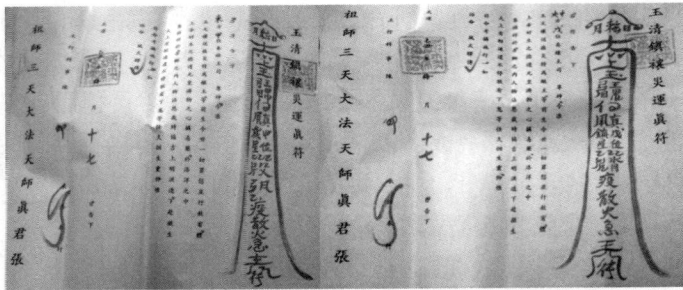

圖版 10–3：東方鎮禳灾符與中央鎮禳灾符（西港慶安宮己丑科王醮，陳榮盛道長）

圖版 10–4：東方鎮禳灾符（蘇厝真護宮己丑科王醮，蔡志民道長）

圖版 10–5：南方鎮禳灾符（蘇厝真護宮己丑科王醮，蔡志民道長）

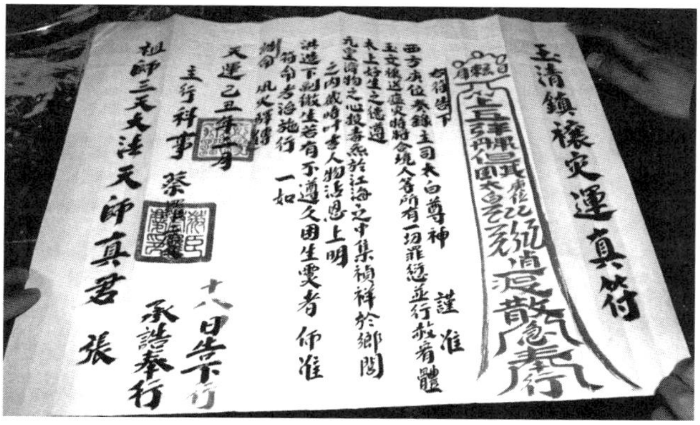

圖版 10–6：西方鎮禳災符（蘇厝真護宮己丑科王醮，蔡志民道長）

圖版 10–7：北方鎮禳災符（蘇厝真護宮己丑科王醮，蔡志民道長）

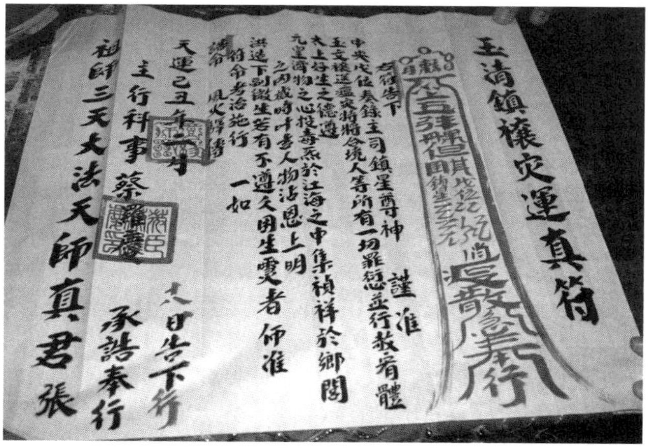

圖版 10–8：中央鎮禳災符（蘇厝真護宮己丑科王醮，蔡志民道長）

上的供品有如下：

> 五牲一付，五秀一付，蜜薦二付，牽員、粽子各廿四個，甜粿、發粿各一塊，大麵、紅龜粿各一盤，菜碗（乾菜料）十二碗，大餅十二塊，麵豬、麵羊各一付，五色高錢一付，香爐一個，燭臺一對，茶盅、酒盅各三個，酒一瓶，帶尾甘蔗一根，鮮花一對，水果一付。

上述供品多係當地民眾日常生活中常見的特色食物，其數量必須嚴格遵守前述規定來置辦。此外，壇場供祀的鮮花和水果也必須保持新鮮、乾淨，通常由專人負責每天更換。

值得一提的是，道書文獻中還著錄古代"禳瘟疫醮"所需的供品名目。如《赤松子章曆》（卷一）詳載"斷瘟疫章"時的法物信儀："紙百幅，香三兩，筆一管，墨一笏，書刀一口，席二領，油一斗，錢七十文，繒一丈二尺，隨家口多少各別。"① 此外，《太上三五傍救醮五帝斷殟儀》言及斷瘟儀"所須色目，具列如後：真乳頭香一兩半（六爐），案六面，筆五管，墨五錠，五方綵各一段（隨方色），手巾五條（各長四尺二寸），命祿米五盤（每盤一斗二升），酒一斗（盞子四十隻），信錢五分（每分一百二十文），紙一束（五帖作錢財、五帖鎮座），醮盤四十分（餅餤、胡桃、乾棗、乾魚、鹿脯、時新菓子），茅香湯一椀，燈十二盞，桃牌六枚（各長一尺一寸、闊二寸）。"② 這裏所列信物的種類及數量，顯然較之《赤松子章曆》更為繁雜。

第二，法器類。

道士團日常科演時必備的全套法器凡計有：大鼓一、手鼓（柄鼓）一、鐘一、磬一、鑼二、鐃鈸二、鐺一、木魚一、手鈴一、淨水盂一、朝笏一、法劍一、牛角一、表官和表馬各一（此係"禳災和瘟三獻儀"焚燒表文時用）、古仔紙若干、五營令旗（僅限高屏地區靈寶道壇，臺南地區則無）③。除了上述常規性

---

① 《赤松子章曆》卷一，《道藏》第 11 冊，第 175 頁。此外，唐代朱法滿撰《要修科儀戒律鈔》卷十一"斷瘟疫章"中列舉的信物亦大略相同，如云："右用紙百張，香三兩，筆一管，墨一丸，書刀一口，席二領。隨家口別，油一升，錢百文，繒一丈二尺。"[（唐）朱法滿撰：《要修科儀戒律鈔》卷十一，《道藏》第 6 冊，第 973 頁]

② 《太上三五傍救醮五帝斷殟儀》，《道藏》第 18 冊，第 333 頁。呂鵬志認為"此經可能是隋唐時期編撰的，依據有二：一是經中行儀者自稱'洞淵弟子'，以'洞淵'作法職稱號始見於七世紀初問世的《三洞奉道科誡》，二是經中提到'洞淵神咒齋'，此齋名始見於唐。"（呂鵬志：《早期道教儀及其流變考索》，載譚偉倫主編：《中國地方宗教儀式論集》，香港中文大學崇基學院宗教與中國社會研究中心 2011 年版，第 105 頁）

③ 高屏地區靈寶道派舉行各種醮儀時必會在供案上陳設五營令旗，臺南地區則無此規矩。

法器外,本場儀式還專設幾種特製的法器(道具):

(1)北斗七星燈:米斗內插香蕉樹柱(或以木棍代替),其上設七盞斗燭(頂端一盞,其餘六盞分佈兩側),香蕉樹或木棍上貼符五道,共計五色,貼於相應方位:黃色符籙居中粘貼於頂端,青、紅二符貼於左側,黑、白二符貼於右側。陳設"北斗七星燈"的用意乃係祈求北斗君為信眾消災解厄,轄境安寧。

(2)五雷燈:高屏地區流傳的清同治抄本《金籙祈安和瘟文檢》中對"設五雷燈之法"介紹說:"王爺府二門內用香蕉欉一株,大燈盞五塊,以竹佈列燈盞置於香蕉欉之上,其燈盞須必燈光燦爛,不可不明。"事實上,筆者實地田野調查時見到的五雷燈均係米斗中平鋪五盞斗燭(按五個方位水平擺設)或香蕉樹叢上插五隻蠟燭(依五方垂直陳設),無論立體式抑或平鋪式五雷燈均會在斗內燭前插一枚五雷號令。值得一提的是,某些道團或醮壇會基於各種原因而省略"北斗七星燈",僅設置"五雷燈"一種而已。[①] "五雷燈"功用乃係借助五方雷王的神力來驅除境內的一切疫鬼和不祥。

(3)水盆(水桶):供案前或旁側擺放一水盆或水桶,內盛清水,盆上橫跨火筷一支(或以線香代替)。科儀中唱宣"和瘟五方符命"節次時,待每道符命唱宣完畢後,均由一名道眾執符在水盆或水桶上方予以焚燒,任由灰燼落入水中。待"禳災和瘟三獻儀"(文場部分)結束後,將水盆或水桶加蓋密封,其上按照五方次序粘貼五道雷符(原貼"北斗七星燈"柱上),再貼以"和瘟天赦符命"(尾日和瘟用之粘在王船上)及相關疏文,最後將其送上王船或壇外丟棄。

概言之,上述特殊法器的陳設均出於一個共同的宗旨和目的:驅逐瘟疫。其實,將瘟疫等"諸不祥"禁錮於桶內,隨同王船焚化或拋擲海中,此種做法亦見於清代閩臺地區"送王船"習俗。如疑出日據初時《安平縣雜記》(又名《節令》)"風俗現況"條記載了清末臺灣安平縣(今臺南市安平區)民眾"送王船"儀式的大致過程:

> 六月,白龍庵送船。每年由五瘟王爺擇日開堂,為萬民進香。三天後,王船出海(紙製王船)。先一日,殺生。收殺五毒諸血於木桶內,

---

① 筆者實地採拍的四場"關祝五雷神燈儀"中,僅灣裡大順道壇蘇基財道長主持的蘇厝長興宮七朝王醮"關祝五雷神燈儀"(2009年4月3日晚)同時佈置了"北斗七星燈"和"五雷燈",其餘三場皆僅設"五雷燈"而已。

名曰"千斤擔"。當擇一好氣運之人擔出城外,與王船同時燒化。民人贈送品物米包,名曰"添儎"。是日出海,鑼鼓喧天,甚鬧。一年一次,取其逐疫之義也。①

引文描述安平縣民眾乃將五種毒物(青蛇、蜈蚣、蠍子、壁虎、蟾蜍)的血(代表極惡毒之瘟疫)儲存於木桶內,謂之"千斤擔"。然後,挑選出一位兼有好運及力氣的人士,將桶挑出城外,將其與王船同時焚化,藉此代表送走瘟疫。無獨有偶,清代福州民眾"出海"("送王船")時也以木桶儲血以示送瘟,只不過不是五毒血,而是將祭祀犧牲的毛和血儲於木桶內,並諱稱之為"福襻"。如據《烏石山志》卷三《寺觀》"南澗報國寺"條註釋曰:

福城內外凡稱澗、稱殿者,皆祀疫神。……值五六月間,導神出遊,曰"請相",紙糊替身,懷於各神鬼襻帶之間,再遊為遊村,末則驅疫,曰"出海",剪彩為舟,備食息起居諸物,並神鬼所請之相請於舟中,敢噪而焚於水次,以祭祀毛血貯木襻中,數人負之而趨,謂之"福襻"。行者避之。②

圖版 10-9:七星燈 (蘇厝長興宮七朝王醮)

① 佚名:《安平縣雜記》,臺灣銀行經濟研究室編:《臺灣文獻叢刊》第 52 種,臺灣銀行 1959 年版,第 15 頁。
② (清)郭柏蒼、劉永松纂輯,(清)黃宗彝、郭柏芗參訂,福州市地方志編纂委員會整理:《烏石山志》卷四,海風出版社 2001 年版,第 76 頁。

　　由此可見，所謂"福襟"實為"瘟桶"，同前引安平縣"千斤擔"一樣，其內中盛裝的"祭祀毛血"乃代表瘟疫。無論"福襟"抑或"千斤擔"，既然都盛裝著瘟疫，就務必是要被送出城外的。前引文中談到安平地區"千斤擔""當擇一好氣運之人擔出城外"，而這裏的"福襟"則需"數人負之而趨"，想必較之"千斤擔"更沉重一些吧。

圖版 10–10：五雷燈之立體式（西港慶安宮己丑科王醮）

圖版 10–11：五雷燈之平鋪式（蘇厝長興宮己丑科王醮，廟方提供）

圖版 **10–12**：貼符密封的"瘟桶"（蘇厝長興宮七朝王醮）

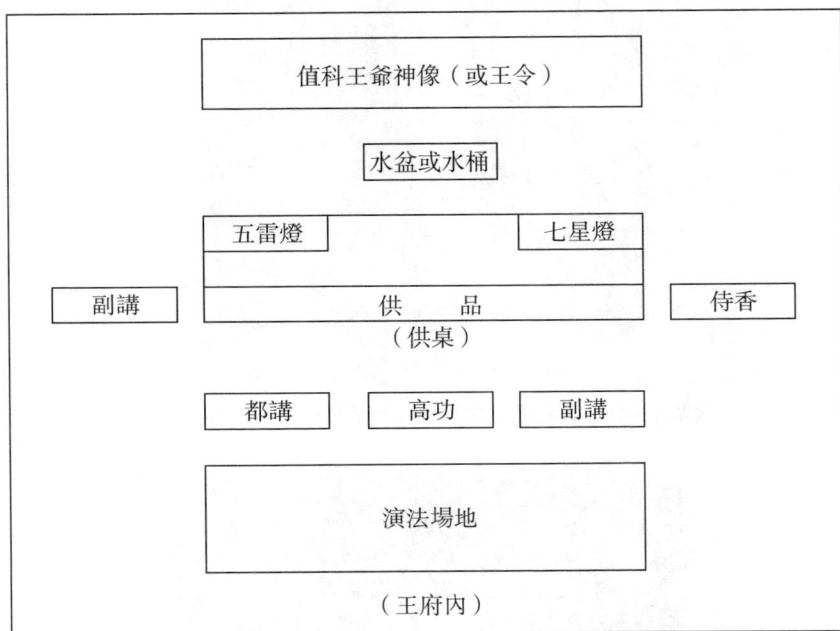

| 值科王爺神像（或王令） |
| :---: |

| 水盆或水桶 |
| :---: |

| 五雷燈 | | 七星燈 |
| :---: | :---: | :---: |

| 副講 | 供　　品<br>（供桌） | 侍香 |
| :---: | :---: | :---: |

| 都講 | 高功 | 副講 |
| :---: | :---: | :---: |

| 演法場地 |
| :---: |

（王府內）

圖版 **10–13**：臺南地區靈寶道派敷演"關祝五雷神燈儀"之壇場示意圖

　　綜上所述，"關祝五雷神燈儀"是今南臺灣地區王醮及禳瘟祈安醮中必然安排的一項科儀內容，乃旨在啟請五方雷王分別施展無窮神威以達到祈禳却灾、驅逐瘟疫之效果。今本《五雷神燈儀》與道藏本《正一殟司辟毒神燈儀》均係屬於禳瘟疫醮之燈儀類。這兩種科儀文本儘管文字內容差異甚

大,但在文本結構和儀式流程上卻有較多的相似性。故而說,今臺灣地區所
見"關祝五雷神燈儀"有著古老的傳統,甚至可以說與宋元時期禳瘟醮儀是
一脈相承的。

此外,今本《五雷神燈儀》仍保留大量的神霄派及東華派道法之痕跡:
譬如文本中啟請的神祇均出自神霄仙譜系統;又如召請五方雷王施行雷法
以驅逐疫鬼。這些都是入元以後東華派和神霄派漸次融入靈寶派的一種文
化遺存和文獻見證。尤為難得的是,"關祝五雷神燈儀"作為神霄法術而被
臺灣靈寶派道士近乎完整地繼承和保存下來,且沿用至今,這在道教傳播史
上並不多見,值得我們深入地研究和探討。其實,今臺灣靈寶道壇行科演法
時乃雜糅了清微派、東華派、神霄派、上清派、閭山派等其他宗派的法術,似
已成不爭之事實。故而說,借助"關祝五雷神燈儀"這一案例,我們可以更
深入地洞察宋元以降道教靈寶派在發展過程中不斷地兼容並蓄、吐故納新
的歷史特徵,及其與神霄派、東華派等其他道派千絲萬縷的內在關係。這對
理解近世以來的教派融合及宗教與民俗的互動等都有著十分積極的意義。

## 附錄一:《金籙禳災和瘟五雷神燈儀》
## (又稱《靈寶禳災瘟司部五雷燈科儀》)

### 步　虛

金童開寶殿,玉女散香花。繚繞道場中,高真前供養。

(步虛完畢,高功捻香默念密咒:"一炷心香,專奉三清,氤氳結篆,透上虛空,千真萬聖,同鑒爐庭。急急如香煙結篆天尊律令勅。")

### 淨　壇

琳琅振響,十方肅靜。河海靜默,山嶽吞煙。萬靈振伏,招集群仙。天無氛穢,地絕妖塵。冥慧洞清,大量玄玄也。十方肅靜天尊。

### 啟　聖

(高功謹稱法位,具職位;醮主等俯身百拜臨壇)

謹當誠上啟:神霄玉清真王長生大帝、高上神霄宮雷祖無窮大帝、六合無窮老祖天師高明大帝、玉虛使相北極紫皇玄天上帝、正一龍虎賞罰司金輪趙元帥、東方行瘟威烈張雷王、南方行瘟威烈劉雷王、西方行瘟威烈鍾雷王、北方行瘟威烈史雷王、中央行瘟威烈趙雷王、賞善罰惡判官、龍虎賞罰司一行官將、當境虛空過往鑒巡察使者、合壇真宰一切威靈,仗此真香,普同供養,普同供養。

恭望眾聖仁慈,洞回昭鑒,洞回昭鑒。恭聞天道福善禍淫,昭然可畏。玄壇信賞罰暴,至公無私。是以幽冥實司,威福出乎震,入乎巽。陰陽不測斯為神,順乎天,應乎人。往來無窮,號曰聖聰。轄落東西南北,提攜夷狄蠻戎,排五陣而列五營之兵,行五厹而掌五瘟之部。行,驅雷役電;飛,走火行風。或變形而作虎馬雞豬,或為將而化鯨龍犀象。何神不伏,何鬼敢衝? 職司功過不紊毫厘,以掌生死而靡有私。飛空走陸,有雷火之奔衝;食鬼吞魔,哨風煙而猛烈。威不可犯,功實難量。疾病者能使更甦,官符者能悉頓除,聞之者則喪膽,見之者則滅形。凡有祈禳,實蒙報應。

### 入　意

以今奉道設醮,禳災祈安保境植福,醮主偕合眾人等,涓沐身心,粧嚴燈像,布乾坤之命令,出巽戶以威嚴,燃以神燈,發為大火。熒熒烈焰,能燒百禍之根；赫赫威光，可滅諸魔之種。凡有懇請，必契感通。

稽首皈依，虔誠讚詠，志心信禮高上神霄宮雷祖無窮大帝。（宣牒入意）

### 唱宣"和瘟五方符命"

臣法眾等志心皈命，東方張帥威烈雷王麾下猛將、諸雄兵。

伏以太皞司春，稟東靈之正炁。青雷主令，壯元帥之威光。逆行而掌春瘟，順行而施春令。以今某恭款蒭心，虔依妙範，發神燈而布位，燃寶炬以流光。伏願青陽九炁，育萬物以發生，丹懇一通，叶四時而清泰。

稽首皈依，虔誠讚詠，具有東方符命。謹當宣告。（都講宣讀東方鎮禳災符命）

志心信禮高上神霄宮正一龍虎賞罰司東方威烈張雷王。

東方雷王，主行春令。變化為虎，統兵九萬。九夷專職，主掌春瘟。凡人懇禱，除禍消迍。神燈一照，道炁長存，與道合真。

臣法眾等志心皈命，南方劉帥威烈雷王麾下猛將、諸雄兵。

伏以祝融在候，炎帝司令，乃赤雷布炁之時，實元帥行權之節。逆行則司其毒，順行則平其衝。以今奉道設醮，禳災祈安保境植福，醮主偕合眾人等，恭款蒭心，虔依妙範，列神燈而布位，照燃焰炬以通光。伏願解民瘟，阜民財，播南方之長養；蒙神庥，賴神庇，覆下土以和平。稽首皈依，虔誠讚詠，具有南方符命。謹當宣讀。（副講宣讀南方鎮禳災符命）

志心信禮高上神霄宮正一龍虎賞罰司南方威烈劉雷王。

南方雷王，主行夏令。八蠻司政，統領萬兵。炎帝三炁，使人畏驚。凡人禱祝，除邪輔正。神燈一照，道炁長存，與道合真。

臣法眾等志心皈命，西方鍾帥威烈雷王麾下猛將、諸雄兵。

伏以少昊司秋，按西方之肅令。雷神布炁，助元帥之威光。逆行而主秋疫之災，順動而有秋成之寶。以今奉道設醮，禳災祈安保境植福，醮主偕合眾人等，恭款蒭心，虔依妙範，像神燈而布位，燃寶炬以通光。伏願金風一發，掃人間熱惱之頓。玉露霑沛，應天下豐瑞之稔。稽首皈依，虔誠讚詠，具有西方符命。謹當宣讀。（引班宣讀西方鎮禳災符命）

志心信禮高上神霄宮正一龍虎賞罰司西方威烈鍾雷王。

西方雷王，主行秋令。變形豬雞，考察巡遊。統兵七萬，管六戎州。掌行秋疫，七炁歛擊。凡人投請，毒炁潛收。神燈一照，道炁週流，與道合真。

臣法眾等志心皈命，北方史帥威烈雷王麾下猛將、諸雄兵。

伏以北帝行權，攝黑雲之五炁。雷王居職，主玄壇之一司。逆行而主冬瘟，順動而降善福。以今奉道設醮，禳災祈安保境植福，醮主偕合眾人等，恭款蒭心，虔依妙範，像神燈而布位，燃寶炬以通光。伏願掃蕩凶灾，降六花之瑞雪。潛回陽炁，扇一陣之仁風。稽首皈依，虔誠讚詠，具有北方符命。謹當宣讀。(侍香宣讀北方鎮禳灾符命)

志心信禮高上神霄宮正一龍虎賞罰司北方威烈史雷王。

北方雷王，主行冬令。變化為豬，神鬼敢衝。統兵五萬，攝主秋中。玄冥五炁，冬瘟灾殃。凡人求請，命運亨通。神燈洞照，我道興隆，與道合真。

臣法眾等志心皈命，中央總攝趙帥威烈雷王麾下猛將、諸雄兵。

伏以四時叶序，稟天地惡煞之權。一炁居中，行玄壇賞罰之事。功過無失，報應非差。逆行總攝散行之罪，順動而迸福壽之慶。以今奉道設醮，禳灾祈安保境植福，醮主偕合眾人等，恭款蒭心，虔依妙範，像神燈而布位，烈焰炬以通光。志心皈命高上神霄宮龍虎賞罰司中央總攝威烈趙雷王。一指而萬，千和萬合，自然成真，總扶而萬事百般，悉皆如意，合境(家)康泰，各保平安。稽首皈依，虔誠讚詠，具有中央符命。謹當宣讀。(高功宣讀中央鎮禳灾符命)

志心信禮高上神霄宮正一龍虎賞罰司中央總攝威烈趙雷王。

中央雷王，微妙真空，主行四季。神霄趙王，統兵千萬，總攝中央。三泰總是，龍虎英雄，惡則罰罪，善則賞功。凡人瞻仰，無願不從。神燈一照，享福無窮，與道合真。

## 唱　偈

五方降真炁，萬福自來迎。長生超八難，皆由奉七星。生生身自在，世世保心清。善似光中影，應如谷裏聲。三元神共護，萬聖眼同明。無灾亦無障，永保身康寧。福生無量天尊。

## 送　聖

(高功口白：)向來祝燈功德，竝已週完。上祈元帥大壯威光，伏以天師建龍虎之壇，靈阿鬼護皇民，有螻蟻之懇，道合神同，陽行陰報，理實昭彰，明作暗還，事無差舛。五方五將，掌人間善惡之司。五炁五雷，為天下灾祥之兆。順之者則為五美，逆之者則為五傷。以今奉道設醮，禳灾祈安保境植福，醮主偕合眾人等，發瑞像以舒壇，按玄科而行道，列時新之五菓，焚靈寶之茗香。志心皈依五師，投誠五雷，仰祈靈應，俾五福以咸臻。專鑒精誠，使五行而順序。更翼合境(家)迪吉，人物阜康，火盜雙消，灾瘟殄滅，如上良因。

(高功率道眾齊聲口白：)志心稱念：雷聲普化天尊、威光自在天尊、消灾解厄天尊、長生保命天尊、福生無量天尊、五雷威烈雷王。大道不可思議功德，不可思議功德。

## 化　紙　咒

千千截首，萬萬翦形。魔無干犯，鬼無袄精。三官北酆，明檢鬼營，不得容隱。金馬驛程，普告無窮，萬神咸聽。三界五帝，列言上清。

## 迴　　向

向來關祝五雷禳災神燈，完成功德。上祈高真列聖，賜福消災。仝賴善功，證無上大道。一切信禮。

## 附錄二：《正一殟司辟毒神燈儀》

法事如式。

伏以混沌既分，氣形乃判，女媧斷鼇而立極，伊祈曆象以授時。分三才而成三，播五行而為五。由是氣分七十二候，歲定三百六旬。成變化以行鬼神，妙陰陽而運寒暑。天垂象則吉凶可見，人稟性而禍福自來。故慶源乃襲於積善之家，而殃咎必幾於作惡之者。幸有禱祈之路，抑開方便之門。以今信士某囿形覆燾之間，託跡岇嵲之下，正心誠意，尊天敬神，啟建玄壇，修崇清醮。香煙縹緲，靄空洞之雲霞；燈焰熒煌，燦青霄之星斗。瑤臺月冷而仙裾縹渺，碧漢風清而雲馭翱翔。察茲懇懇之齋羞，願賜迂迂而降監。伏願明德誕敷，洪恩下沛，增注方來之慶，蠲消已往之非。萬福攸同，羣魔滅試，無災無害，且逸且安。金書標不朽之名，青簡注延生之法。更祈加護，是罄悃恭。稽首歸依，無極大道。

臣眾等志心歸命，東方行瘟張使者。

伏以太虛之上，諸天之尊，自然九色之光華，不假三晨之照燭。上至日月星宿，下及海岳山川，或傾事帝之心，盡屬為臣之禮。宮室戶牖，殿閣樓臺。或珍寶以營成，或雲霞而結就。虛無縹緲，是為恍惚之庭；森羅淨霑，別有通明之殿。每於齋日，普集群靈，風生而紫宇成音，煙起而清風結篆。百千萬之仙眾，三十二之帝君，莫不大會玉京，上朝金闕。以今信士某銀缸燦爛，檀炷氤氳，惟願降臨，謹當讚詠：

布列銀缸，化成寶蓋。燦爛光華，流星俯屆。九霄儀仗，徘徊下邁。五色祥雲，氤氳沆瀣。勑下三官，消除災害。疫疾瘟瘴，皆蒙痊瘥。殟司部從，驅邪除怪。降福消災，虔恭匪懈。

臣眾等志心歸命，南方行瘟田使者。

伏以惟皇上帝，陰騭下民，故敕溫部之神明以分天道之禍福。積善者有餘慶，則可保於安寧；積惡者有餘殃，則難逃於譴責。主殟聖者，威重權高。都天元帥，勢大職尊。昔武王治世之日，乃匡阜得道之時。御氣乘風，孰可攀於仙駕，幽岩邃谷，今猶見於靈蹤。尊號和瘟，靜明敕賜。雖大道之瘟疫，惟人所召。然神明之糾察，惟德是依。以今信士某是以香裊輕雲，燈排列宿，惟願降臨，謹當讚詠：

仰啟五殟，尊神聖帝。顧回聰直，廣垂濟惠。元帥都天，留恩一切。左右威靈，無諸凝滯。匡阜先生，和瘟却癘。收殟攝毒，福及後裔。駐想雲輿，來臨壇治。保佑一家，永依神庇。

　　臣眾等志心歸命，西方行瘟趙使者。

　　伏以洪爐造物，覆燾所以無私；踈網臨人，善惡因而有報。恐懼修省之戒，嚴恭黅奉之文。羲易所傳，周書備載，吉凶在我，禍福無門。降年不永者，惟民宿辜；不善餘殃者，非天作孽。若能悔過，百祥自此而臻；苟不悛心，六極自然而至。故有瘟部，以奉天符。一紀之中，令年王而行賞罰。五方之內，假將軍以秉威權。力梵魔王，輔聖每彰於猛烈；張康太保，隨神常顯於靈通。願藏雷電之威，乞賜禧祥之祉。以今信士某是以燈開菡萏，香噴狻猊，惟願降臨，謹當讚詠：

　　力魔梵王，曲垂大造。太保張康，尊安廟貌。十二年王，尊帝所告。五方使者，除兇去暴。正直聰明，褒忠佑孝。廣變清涼，恩歸覆燾。

　　臣眾等志心歸命，北方行瘟史使者。

　　伏以皇天無親，大道不器，其功可以妙萬物，其明可以照四方。延福延生，俱有修禳之法；若男若女，咸蒙覆燾之恩。惟命瘟司，下臨凡世，行病則有鬼王之猛烈，發汗則有使者之神通。以禍福化人，以災祥降世。常善救物，豈非惡害之心；無量度人，乃有好生之德。以致陰陽消息，寒暑往來，十二律之無私，四六氣之有準，瘟分三十六種，候列七十二神。心萌善則災消，意造非而禍至。倘伸黅奉，必賜康和。以今信士某是以香飄馥郁，燈布焚煌，惟願降臨，謹當讚詠：

　　三十六旬，主張氣候。二十四神，鬥差刻漏。七十二神，時行所受。十二律呂，黃鐘太簇。皂纛鋒刀，長牙巨獸。天之命令，生靈是佑。慈造回顏，神威息咎。保佑一家，康寧富壽。

　　臣眾等志心歸命，中央行瘟鍾使者。

　　伏以先聖所制，亙古流傳，必須顯跡於神通，然後隨方而祭祀。據壇祠而遵天命，居境域以顯威靈。旨酒佳殽，列杯柈而豐潔；朱甍碧瓦，設堂殿以深嚴。或道教之真仙，或釋門之大士，或往古之英烈，或上世之賢良，或畫繪以作容儀；或埏土而成相貌，享一方之供獻，納千里之瞻依。以今信士某是以絳蠟搖紅，紫檀凝霧，人皆欽仰，士庶歸依。法眾虔誠，謹當讚詠：

　　郡邑靈神，人之主宰。社令城隍，血食千載。祠廟靈祇，名彰英彩。亙古名賢，周遊四海。一方祭祀，豈容有改。願回洞鑒，來臨爽愷。保佑一家，永無驚駭。

　　諷經　宣疏　化財　回向

　　　　　　　　　　　　　　　　　　正一瘟司辟毒神燈儀竟

# 第十一章　禳災和瘟三獻儀

2009 年 3 月至 6 月間,筆者赴臺灣南部地區從事王醮科儀的田野調查,共計拍攝"禳災和瘟三獻儀"四場 / 次:(1) 臺南市蘇厝真護宮己丑科五朝王醮"禳災和瘟三獻儀"(3 月 14 日),執法道長:高雄市彌陀鄉蔡志民;(2) 臺南市蘇厝長興宮己丑科七朝王醮"禳災和瘟三獻儀"(4 月 3 日),執法道長:臺南市灣裡大順道壇蘇基財;(3) 臺南市西港鄉慶安宮己丑科五朝王醮"禳災和瘟三獻儀"(5 月 11 日),執法道長:臺南市府城潁川道壇陳榮盛;(4) 臺中市西屯區"太上覃恩護國佑民度勸妖魅釋怨拔亡禳災掃瘟財經轉富祈安祈福大道會"之一朝禳瘟祈安醮"禳災和瘟三獻儀"①（6 月 12 日),執法道長:高雄市岡山定性壇余玉堂。其中兩場 [即前述 (2)(3)] 係為臺南地區靈寶道士團(即"北路"道區) 臨壇敷演科儀,另外兩場 [即前述 (1)(4)] 的行法道士團屬於高雄、屏東地區靈寶道派(即"南路"道區)。這兩大道區的道士團隊敷演"禳災和瘟三獻儀"時雖然唱腔不同,但文本的核心內容卻大同小異,故本次儀式中文場部分的節次流程、科介表演及文檢格式等大抵相同,武場部分則僅見於高屏地區。下面,我們對此略加論述。

## 一、文場部分:和瘟三獻

南臺灣靈寶道壇敷演"禳災和瘟三獻儀"(文場部分) 依據的底本為《太上靈寶禳災和瘟三獻科儀》(又稱《金籙禳災和瘟正醮酌獻儀》《和瘟正醮科》,以下簡稱《禳災和瘟三獻儀》)。概括而言,本場科儀文場部分的節次 / 步驟大致如下:(1) 步虛;(2) 淨壇;(3) 啟聖·三獻;(4) 入意宣疏;(5) 送聖;(6) 化紙咒;(7) 迴向。下面,我們結合傳世文獻及田野調查資料對上述科介流程及其內涵分析如下。

---

① 本場驅瘟法事的舉辦地點設在臺中市,原不屬於本文限定的"南臺灣"之地域範圍。但執演本場法事的高功余玉堂道長及其團隊成員(包括前場道士和後場樂師) 均來自高雄市岡山,其儀式流程及科介表演亦嚴格遵循臺灣南部靈寶道派("南路")的典型做法,故將此案例納入研究對象予以論述。必須說明的是,臺灣中部地區道門科儀的文本及做法明顯不同於南部。此非本書之討論範圍,故不詳述。

## （一）步　　虛

儀式開始前，全體道士依慣例唱讚步虛詞，就文字內容而言，臺南與高屏兩地有較大差異。臺南地區靈寶道壇唱讚的步虛詞是："寶籙脩真範，丹誠奏上穹。香煙臨召使，霄癗致平康。"這段文字最早見載於晚唐杜光庭刪定《太上黃籙齋儀》，該書（卷二八）云："寶籙修真範，丹誠奏上蒼。冰淵臨兆庶，宵旰致平康。"[①] 對比可知，二者文字略有差異，當係今本傳抄過程中訛誤所致。

高屏地區靈寶道壇唱讚的步虛詞是："寶座臨金殿，霞冠照玉軒。萬神朝帝所，飛烏蹕雲端。"這段步虛文字亦見載於晚唐杜光庭刪定《太上黃籙齋儀》中，該書（卷二六、卷三七、卷四十）均云："寶座臨金殿，霞冠照玉軒。萬真朝帝所，飛烏蹕雲[②] 根。"[③]

總之，臺南與高屏兩地敷演"禳災和瘟三獻儀"時唱讚的步虛詞雖然內容不同，但均有文獻依據，其年代至遲可追溯到晚唐。

步虛完畢後，高功捻香，默聲秘誦"步虛捻香咒"，如下："一炷心香，專奉三清，氤氳結篆，透上虛空，千真萬聖，同鑒爐庭。急急如香煙結篆天尊律令勑。"

## （二）淨　　壇

繼而，全體道士唱念"淨壇咒"云："琳瑯振響，十方肅靜。河海靜默，山嶽吞煙。萬靈振伏，招集群仙。天無氛穢，地絕妖塵。冥慧洞清，大量玄玄也。十方肅靜天尊。"

翻檢道書可知，這段"淨壇咒"源出《靈寶無量上品度人妙經》（卷一）："琳琅振響，十方肅清。河海靜默，山嶽吞煙。萬靈振伏，招集群仙。天無氛

---

① （唐）杜光庭刪定：《太上黃籙齋儀》卷二八，《道藏》第 9 冊，第 259 頁。這段步虛詞亦見載於《玉音法事》卷下（《道藏》第 11 冊，第 139 頁）、《金籙齋三洞讚詠儀》卷下（《道藏》第 5 冊，第 771 頁）、《道門通教必用集》卷二（《道藏》第 32 冊，第 11 頁），文字與前引《太上黃籙齋儀》完全相同。

② "雲"字，《玉音法事》（卷下）作"天"。（《道藏》第 11 冊，第 139 頁）

③ （唐）杜光庭刪定：《太上黃籙齋儀》卷二六、卷三七、卷四十，《道藏》第 9 冊，第 253 頁、第 285 頁、第 297 頁。此外，這段文字亦見載於《玉音法事》卷下（《道藏》第 11 冊，第 139 頁）、《金籙齋三洞讚詠儀》卷下（《道藏》第 5 冊，第 771 頁）、《靈寶領教濟度金書》卷十（《道藏》第 7 冊，第 91 頁）、《道門通教必用集》卷二（《道藏》第 32 冊，第 11 頁）、《太清道德顯化儀》（《道藏》第 18 冊，第 266 頁）。

穢，地無祅塵。冥慧洞清，大量玄玄也。"① 此外，該咒中的部分文字亦屢見於《靈寶領教濟度金書》，如該書（卷二五四）云："以今陞壇設醮，願得玉清道炁靈寶妙光下降，流入臣等身中。即使玄壇清淨，内外成真，天无氛穢，地絕妖塵。琳琅振響，十方肅靜。萬魔不干，真誠上徹。"② 文中所言"天无氛穢，地絕妖塵"和"琳琅振響，十方肅靜"二句雖與前引"淨壇咒"語序不同，然文字皆同。

### （三）啟聖·三獻

待"步虛""淨壇"完畢後，高功率眾逐一稱念聖號，奏請諸神蒞壇，並施予獻祭。啟聖請神時按位階尊卑逐一念誦，包括三寶天君、普化天尊、伏魔天尊、三官大帝、師聖及瘟部官將、功曹等若干人員。而上述神祇名單中最核心的就是"五方行瘟雷王"和"十二年行瘟大王"。這些神祇在古代道書中屢有見載，筆者已撰文討論過，故略而不談。③ 不過，值得注意的是，明《道藏》雖言及"十二年王"，卻從未展開。而今本《禳災和瘟三獻儀》則逐一臚列出十二年王及其姓氏。並且，這裏"十二年王"儼然成為臺灣民眾心目中的"十二瘟王"。這十二位"代天巡狩"瘟王被更多地賦予人格化特徵，他們分別是：子年張全、丑年余文、寅年侯彪、卯年耿通、辰年吳友、巳年何仲、午年薛溫、未年封立、申年趙玉、酉年譚起、戌年盧德、亥年羅士友。我們在《道藏》中未發現類似說法，故推測當係清代以來道教在閩臺文化的浸染和熏陶下，"十二年王"信仰不斷民間化、本土化和神聖化的結果。

"三獻"一語，由來已久。如《儀禮·聘禮》云："薦脯醢，三獻。"④ 又《後漢書·百官志》載："光祿勳，卿一人，中二千石。……郊祀之事，掌三獻。"⑤ 顧名思義，"三獻"是古代祭祀中酹酒祭神的儀式環節，通常分三次進行，即初獻爵、亞獻爵、終獻爵。爾後，道教援入"三獻"禮，使之成為一項重要的齋醮儀軌。道門"三獻"包括上香，獻酒或獻茶等。"三獻"通常接續"啟聖"

---

① 《靈寶無量上品度人妙經》卷一，《道藏》第 1 册，第 7 頁。此外，這段咒文亦見載於《靈寶無量上品度人妙經》卷七，文字相同。（《道藏》第 1 册，第 49 頁）

② （南宋）甯全真傳授、（宋末元初）林靈真編輯：《靈寶領教濟度金書》卷二五四，《道藏》第 8 册，第 228 頁。

③ 相關研究詳見本書第十章。

④ 《十三經注疏》整理委員會整理、李學勤主編：《儀禮注疏》卷二三，北京大學出版社 1999 年版，第 440 頁。

⑤ （南朝宋）范曄撰，（唐）李賢等注：《後漢書》志第二五，中華書局 1965 年版，第 3574 頁。

之後進行,其宗教涵義就是先奏請神祇蒞臨壇場、隨即禮行"三獻"表達對神祇的尊崇和禮敬。就本場"禳災和瘟三獻儀"而言,"三獻"乃係核心環節,其象徵涵義就是將"啟聖"節次中迎請來的相關神祇(尤其是瘟部眾神)施予奉獻(上香、獻茶、獻酒),藉此表達殷勤供養之意。其實,本節次中"再獻"和"三獻"時"入聖位"均言及"無上正真道經師三寶天君、九天應元雷聲普化天尊、無上洞淵三昧伏魔天尊、和瘟教主匡阜先生、五方行瘟雷王、瘟司合部一切威靈"。這些神祇中除了居首的"三寶天君(尊)"代表道教最高神外,其餘均係瘟部神職,亦即承擔著禳災、和瘟的任務。故而說,"三獻"帶有很強的目的性——即瘟司眾神既然已蒞臨壇場,並享用醮主(民眾)的供奉(醮禮),就必須為保境安民,禳除災疫而出力。

"三獻"計分三次(階段)完成——初獻酒、再獻酒、三獻酒,每次進獻程序均相同:"運香""入聖位""口白"、讚"散花詞"。儘管每次的動作與程序相同,儀式文辭卻大不同。就"散花樂詞"而言,每次唱讚的文字均不重復,且就地域而言,臺南與高屏兩地也存在一定差異。

表格 11–1：臺南與高屏兩地三獻"散花詞"之異同

| 次序 | 地區 | 散花詞 |
|---|---|---|
| 初獻酒 | 臺南與高屏地區 | 洞案爐煙起，散花林；<br>無為道德香，滿芳筵。瘟部聖眾前供養。 |
| 再獻酒 | 臺南地區 | 淨侶吟仙曲，散花林；<br>神人讚善哉，滿芳筵。仁慈列聖前供養。 |
| | 高屏地區 | 散花何處著，散花林；<br>散在道場中，滿芳筵。瘟部聖眾前供養。 |
| 三獻酒 | 臺南地區 | 降節徘徊引，散花林；<br>天花飛散漫，滿道場。仁慈列聖前供養。 |
| | 高屏地區 | 淨侶吟仙曲，散花林；<br>人人讚善哉，滿芳筵。瘟部聖眾前供養。 |

道教科儀中"散花"儀式承襲自佛教。古代民眾以散花(撒花瓣)以示對佛的供養①,道教襲用此種形式,然以唱誦取代實地拋撒鮮花。"散花

---

① 《大智度論》卷五五:"華(花)散佛上,是供養佛寶。"([日]高楠順次郎編輯:《大正新修大藏經》第 25 卷(釋經論部上),大正新修大藏經刊行會 1972 年版,第 451 頁)《維摩經疏》卷六:"前供養中以眾妙花遍散三千,供養佛寶。"([日]高楠順次郎編輯:《大正新修大藏經》第 85 卷(古逸部·疑似部),大正新修大藏經刊行會 1972 年版,第 413 頁)

詞"與"步虛詞"頗多類似,其詞分為三種:五言、七言、詞曲類。① 前引表格
11–1 中"散花詞"均係五言句式。上述四首散花詞中有三首出自北宋道君
皇帝趙佶(1082—1135 年)之手。宋代張商英編《金籙齋三洞讚詠儀》(卷
下)收錄宋徽宗御製五言"散花詞"(十首),其中第一首云:"絳節徘徊引,
天花散漫飛。高真無染著,片片不沾衣。"② 第五首云:"淨侶吟仙曲,人人讚
善哉。萬花興供養,飛舞自天來。"③ 又,第十首云:"洞案爐煙起,無為道德
香。同根無異氣,噴鼻更芬芳。"④ 對比可知,前引第一首中首句乃為臺南地
區《禳災和瘟三獻儀》"三獻"時唱讚,不過後者誤將"絳"字傳抄為"降",並
將古本"天花散漫飛"句子次序顛倒為"天花飛散漫"。此外,前引第五首中
首句與今本高屏地區《禳災和瘟三獻儀》中"三獻"及臺南地區"再獻"時
吟唱的"散花詞"基本相同。⑤ 而前引第十首中首句則與臺南及高屏地區"初
獻"時的唱讚文字完全相同。

　　此外,南宋呂太古集《道門通教必用集》卷二"散花樂"條云:"散花
林,散香林。散香花,滿道場,上真前供養。玉京山上朝真會,散花林。十
仙齊奏步虛音,滿道場,至真前供養。空同一聲來月下,步虛三唱入雲
間。"⑥ 據此可知,臺灣齋醮科儀本中頻見的"散花林""滿道場"等套語顯然
脫胎於此。至於如何將"散花林""滿道場"等語穿插在"散花"樂詞中,《靈
寶領教濟度金書》(卷十)有詳細地解說:"凡散花,每兩句為一首。上一句
吟畢,繼吟'散花禮'三字,方吟下一句。吟畢,繼吟'滿道場,聖真前供養'
八字。"⑦ 這一吟唱規律,得到今本《禳災和瘟三獻儀》的印證(鑑於"禳災和

---

① 有關道教科儀"散花詞"的討論,詳見姜守誠:《南臺灣靈寶道派登梯奏職閱籙科儀之研
究》,《成大宗教與文化學報》第 16 期(2011 年 6 月),第 225—300 頁。

② 《金籙齋三洞讚詠儀》卷下,《道藏》第 5 冊,第 771 頁。此外,這段文字亦見載於《玉音法
事》卷下(《道藏》第 11 冊,第 139 頁)、《靈寶領教濟度金書》卷十和卷五九(《道藏》第 7 冊,
第 94 頁、第 295 頁)、《道門通教必用集》卷二(《道藏》第 32 冊,第 14 頁)。

③ 《金籙齋三洞讚詠儀》卷下,《道藏》第 5 冊,第 771 頁。此外,這段文字亦見載於《玉音法
事》卷下(《道藏》第 11 冊,第 139 頁)、《靈寶領教濟度金書》卷十(《道藏》第 7 冊,第 94 頁)、
《道門通教必用集》卷二(《道藏》第 32 冊,第 14 頁)。

④ 《金籙齋三洞讚詠儀》卷下,《道藏》第 5 冊,第 772 頁。此外,這段文字亦見載於《玉音法
事》卷下(《道藏》第 11 冊,第 139 頁)、《靈寶領教濟度金書》卷十(《道藏》第 7 冊,第 94 頁)、
《道門通教必用集》卷二(《道藏》第 32 冊,第 14 頁)。

⑤ 臺南地區"禳災和瘟三獻儀"中"再獻"時吟唱"淨侶吟仙曲,神人讚善哉",與前引宋徽宗
御製"散花詞"僅一字之差。

⑥ (南宋)呂太古集:《道門通教必用集》卷二,《道藏》第 32 冊,第 14 頁。

⑦ (南宋)甯全真傳授、(宋末元初)林靈真編輯:《靈寶領教濟度金書》卷十,《道藏》第 7 冊,
第 94 頁。

瘟三獻儀"乃係禳瘟性質,高屏地區科儀文本中徑稱"瘟部聖眾前供養"則更具針對性)。

### (四)入意宣疏

"啟聖·三獻"完畢後,高功大聲宣白:"上來三獻已畢,具有疏文謹當敷宣。"隨即,副講跪地入意向神祇申述醮意,表達合境民眾虔誠禮奉之心,進而敦請瘟部聖眾"收毒除殃"、盡離轄境——宣讀"天仙疏文"和"天仙關文"(詳見下文)。

副講宣疏完畢後,高功繼而獨自宣白一段勸慰文:

> 　　向來疏文宣週已具,諒沐洪慈,必乘昭鑒。願聖心而踴躍,登雲路以逍遙。爰奏笙歌,多臻喜炁。伏願五瘟主宰大力魔王,命合部之仙靈,令行災之神使,鳴金振響、擊鼓喧聲,收毒除殃,負瓢揖炁,行行奮發,隊隊辭歸①,陟逍遙雲路之間,超快逸遨遊之境。興滄溟之內,雷浪滔天。施宇宙之間,祥光匝地。盡離境/家土,永返雲衢。

這段文字措辭貌似客氣,實則決絕,乃係希望五瘟魔王召集疫癘鬼卒悉數離境,永不再來。

值得一提的是,筆者所見數種《禳災和瘟三獻儀》傳抄舊本中,多於"啟聖·三獻""入意宣疏"兩節次之間,設有念誦《太上靈寶天尊說禳災度厄妙經》②一節內容。③但據實地調查顯示,今臺南及高屏地區靈寶道壇在演行本場科儀時均已省略此節次。

### (五)送　聖

所謂"送聖"或稱"送神",其含義是指禮送蒞壇的各路神尊回鑾返府。此一節次,是與"啟聖"相對應的。概言之,整場科儀的核心流程就是:先"啟聖"將神祇召請來蒞臨壇場,再以"三獻"之禮表達對神祇的崇敬和禮遇,然後"入意宣牒"向神祇奏報此場法事的主旨並祈求鑑證和祐護,最後

---

① 此句或云:"頭頭發兵、隊隊辭離"。
② 參見《道藏》第6冊,第231—232頁。
③ 日本學者大淵忍爾編《中國人の宗教儀禮》第三章《醮の儀禮》"和瘟正醮科"所據底本乃係臺南穎川道壇陳榮盛道長家傳抄本,其中也列有"誦《太上靈寶天尊說禳災度厄妙經》"之節次內容。(參見[日]大淵忍爾編:《中國人の宗教禮儀:仏教、道教と民間信仰》,福武書店1983年版,第387頁)

法事業已周圓,禮謝眾神,"送聖"離開壇場,返歸三界府邸。

與"啟聖"不厭其煩地羅列眾多神祇官將不同,"送神"時僅擇執掌權柄者或位階尊貴者為代表一帶而過,這也是"送聖"與"啟聖"明顯區別的地方。故今本《禳災和瘟三獻儀》僅概言:"禮主虔誠設拜,奉送和瘟教主匡阜先生、瘟司合部一切仙哲。""和瘟教主匡阜先生"乃係瘟部教主,故單獨念誦其聖號以示禮遇,並以之為瘟司諸員官將之代表。[1] 進而,高功奏請匡阜真人"大體好生之德,弘施和濟之心,憑依法力,指揮今歲行瘟主者飭回原來承差降佈藥毒部眾一切仙哲,各各收藏毒炁,劍伏威芒,罷拷停攻,消災除禍",收攏轄境、患居等地"日前所佈瘟癀嵐疫一切毒炁,咸令收拾,勿當留連,即俾家門肅靜、人物安寧。"

最後,高功與道眾迭聲配合,稱念幾位天尊的聖號以示送駕回宮:"如上良因,志心稱念:三清三境天尊、消災解厄天尊、長生保命天尊、福生無量天尊。"末尾,全體道士慣例齊聲禮讚"大道不可思議功德"。

### (六) 化 紙 咒

"化紙咒"或稱"化經咒""化財咒",通常在法事臨近尾聲時持誦,藉此宣達功德圓滿之意。今臺灣道士誦經禮懺或行科演法時亦吟"化紙咒"作為結束,以示化財圓滿。道門中人沿襲至今的"化紙咒"計四十八字,內容如下:"千千截首,萬萬翦形。魔無干犯,鬼無祅精。三官北酆,明檢鬼營,不得容隱。金馬驛程,普告無窮,萬神咸聽。三界五帝,列言上清。"翻檢古道書得知,這段咒文源出《靈寶無量度人上品妙經》(卷一),二者文字完全相同。[2]

### (七) 迴 向

"禳災和瘟三獻儀"即將結束前,高功率道眾面朝洞案,唱誦"迴向",共計三十字,內容如下:"上來酌獻,完成功德。上祈高真列聖,賜福消災。仝賴善功,證無上道,一切信禮。"這段文字旨在普施功果,濟度眾生。據田調資料顯示,今臺南及高屏地區演行拔度齋科儀式時,通常會在吟唱"化紙咒"後進而唱誦"迴向",且儼然已成定制,當係承襲古風之舉。

---

[1] 明《萬曆續道藏》本《搜神記》卷三"廬山匡阜先生"條介紹了其生平事跡。(詳見《道藏》第 36 冊,第 274 頁)

[2] 參見《道藏》第 1 冊,第 4 頁。

## 二、武場部分：逐疫押煞

　　上述七個節次乃係本場科儀中"和瘟三獻"文場部分，這部分內容為南臺灣靈寶道壇所通用。不過，接下來的武場部分則因地域不同而分歧明顯：臺南地區文場部分結束即意味著"禳災和瘟三獻儀"全部流程的圓滿完結；對高屏地區而言，接續進行的武場部分"逐疫押煞"科介表演則尤為精彩。前文已從文獻學角度分析"禳災和瘟三獻儀"文場部分的結構內容，而武場部分"逐疫押煞"中那些不見諸於文字的動作表演也同樣具有重要的參考和研究價值。事實上，本次科演武場部分摻雜了大量的形體動作。這些科介動作穿插於唱曲念白之間，是對儀式本身的補充、深化和完善，同時體現出科演道士精湛的戲劇表演功底。

　　下面，我們先介紹一下武場時的供案陳設和參演人員。這場"逐疫押煞"法事通常設在相對開闊的廟埕（廣場）上進行，乃係開放式，可任由信眾圍觀或隨拜。法案上擺放供品如下：五牲一付、五秀一付、大餅六塊、蜜薦二付、紅龜一盤、鮮花、水果各一對、酒盅五個（呈五方擺設）、茶盅六個（設於供案中央）、香爐一個、斗蠟一對、糖果兩盤、餅乾二袋、白酒一瓶。①

　　文場部分"和瘟三獻"結束後，前場道士稍事休息和換裝後，高功率四或六名道眾上場。高功身穿道袍（黃色或紅色），金冠插仰，腳穿黑色道鞋，

圖版 11-1：法案上的供品陳設

---

① 　清同治抄本《金籙祈安和瘟文檢》云："古者排和瘟壇式：和瘟壇排作五方，中書瘟司牌額，以香花燈燭供養。"此壇式，今臺南與高屏地區均已不見施行。

左手執牛角、右手搖帝鐘；所有道眾均統一穿著黑色海青，腳穿黑色道鞋，均頭繫紅布條（以示施行閭山小法）。後場樂師四名，分居兩旁、各司其職：一人司鼓、一人司鑼、二人吹嗩吶。

相對而言，文場部分"和瘟三獻"乃係敷演靈寶法，側重於威儀，即採用和平（賄賂）的方式奉勸那些散播瘟疫的鬼卒享用供品後盡快登船離境。而武場部分"逐疫押煞"則對那些頑固不從者施展閭山法術，把它們強制性押解上船，即採用武力將其驅逐出境。這是禳災儀式中十分典型的"先禮後兵"式處理方法。下面，我們以實地調查的兩場"逐疫押煞"為案例，特將高屏地區本次科儀中武場部分的相關流程概括如下：

## （一）開 壇 啟 聖

全體道士列位供桌前，醮主、會首及信徒在道眾引領下拈香、行三鞠躬禮。隨後，高功登場亮相，只見他搖動帝鐘，吹響牛角，不時焚化古仔紙，期間借助各種純熟技巧來配合展示科步身段，憑藉一系列曲腿、亮靴底、抬腳、蹉步等腳式及騰雲駕霧、揖首禮拜等手式，藉此象徵登入仙界，叩拜仙尊之宗教內涵。在後場音樂的伴奏下，高功成功地塑造出豐富多變的造型，其姿態宛若優美的舞蹈。同時，高功與都講配合以閭山派常見"三值如"唱腔啟請閭山派宗師，繼而"入聖位""三奠酒"；副講"入意"，向神祇稟報本場法事的用意；引班執水盂灑淨、整肅壇場。待"啟聖"完畢後，高功隨即拔下金仰、頭上綁繫紅布條。

圖版 11-2：高功率眾唱讚 "入聖位"

**圖版 11–3**：待"啟聖"完畢後，高功隨即拔下金仰、頭繫紅布條

## （二）調 五 營

　　一名道眾在供桌前以法仔唱腔"調五營"，按照東、南、西、北、中央的次序分執五色令旗召請五營兵馬。① 事實上，今臺灣閭山派法師及靈寶派道士在敷演科儀時常會施行"小法"召營放兵（或稱"調召五營兵馬""調兵"），其程序大抵是相同的：頭繫紅布條，右手執劍，左手執旗（分別以綠、紅、白、黑、黃代表五方），不停地跳躍翻騰，吹牛角，唸咒語，依次調請五營軍馬前來護守法壇：張聖者統帥東營九夷軍九千九萬軍馬，蕭聖者統帥南營八蠻軍八千八萬軍馬，劉聖者統帥西營六戎軍六千六萬軍馬，連聖者統帥北營五狄軍五千五萬軍馬，李哪吒統帥中營三秦軍三千三萬軍馬。②

　　其實，今閩臺地區十分盛行的閭山派"調五營"做法乃係秉承一種古老觀念：位居華夏之中心的關中地區（引申為中原漢族）被尚未開化的少數民族所拱衛——東夷、西戎、南蠻、北狄。不過，閭山法師已將其神化和

---

① 部分道壇在演行"調五營"之"召請中營兵馬"時，或由高功本人親自下場，手執黃色令旗、行科演法。

② 有關臺灣地區五營信仰問題，學界多有論述，詳見黃文博：《南瀛五營誌：溪北篇》，臺南縣政府 2004 年版；黃文博：《南瀛五營誌：溪南篇》，臺南縣政府 2006 年版；陳桂蘭：《臺灣民間信仰中的五營兵將》，蘭臺出版社 2006 年版；戴文鋒：《臺灣民間五營的民俗與信仰》，《漢家雜誌》第 68 期（2001 年 3 月），第 21—25 頁；方鳳玉、邱上嘉：《臺灣西南沿海地區的五營形式》，《臺灣美術》第 53 期（2003 年 7 月），第 55—62 頁；李豐楙：《從哪吒太子到中壇元帥："中央—四方"思維下的護境象徵》，《中國文哲研究通訊》第 19 卷，第 2 期（2009年 6 月），第 35—57 頁；李豐楙：《"中央—四方"空間模型：五營信仰的營衛與境域觀》，《中正大學中文學術年刊》第 15 期（2010 年 6 月），第 33—70 頁。

演繹為東方九夷軍、南方八蠻軍、西方六戎軍、北方五狄軍、中央三秦軍，並且認為：這五營兵馬擔負著護衛壇場（轄境）、驅逐邪魔污穢和斷除瘟毒疫厲等職責。追本溯源，五營神兵之說早在六朝時就已成熟。① 如《赤松子章曆》卷三《禳災却禍延年救命却殺都章》和卷六《遷臨大官章》均談到五營官將（東方九夷君、南方八蠻君、西方六戎君、北方五狄君、中央三秦君）分率各路兵馬執行使命、消弭五方瘟毒之厲——"收制疫毒、斷除瘟厲"。②

圖版 11-4："調五營"之東營（青旗）、北營（黑旗）、中營（黃旗）

## （三）執旗逐疫

"調五營"完畢後，都講登場施演"勅水禁壇"。只見他右手執法劍、左

---

① 李豐楙根據《太上三五正一盟威籙》《正一法文法籙部儀》《正一法文十籙召儀》及《正一法文經章官品》等早期正一派文獻所敕使的兵將中已出現東方夷老君除逆部伏衛兵、南方越老君扁鵲伏衛兵、西方氏老官死伏衛兵、北方羌老及甲錯鱗兵、中央秦老君將領黃兵，故而認為："召請五營的儀式，原本就是古正一經系所行的敕遣神兵之法儀"，"這些早期所建制完備的五方軍，後來在敕遣法、出官儀中或被簡化或被刪落，幸而被保存於閭山派或同一類的地方法派中，成為唯一長期運用於儀式中的調（召）請五營科。"（李豐楙：《道法二門：臺灣中、北部的道、法複合》，載譚偉倫主編：《中國地方宗教儀式論集》，香港中文大學崇基學院宗教與中國社會研究中心 2011 年版，第 163—164 頁）

② 《道藏》第 11 冊，第 196 頁、第 231 頁。又，約出唐代《太上濟度章敕》（卷上）和《元辰章醮立成曆》（卷上）也涉及此內容。（《道藏》第 5 冊，第 819 頁；《道藏》第 32 冊，第 709 頁）

手執淨盂，在後場急促的音樂伴奏下，不停地跳躍和揮舞法劍，隨後執劍蘸水（淨盂中水）依次在五方執劍書寫符字——青（東方）、丹（南方）、素（西方）、冥（北方）、黃（中央）。每次書畢旋即口含盂水，向上噀出，此舉係借助盂水的神力來傳達神旨，潔淨壇場。

都講執劍噀水淨壇後，全體道士登場，每人分執一隻彩旗（高功執黃色旗）——每隻和瘟彩旗上均繪有符籙，各不相同（詳見下文）。然後遵循東、南、西、北、中央的次序，全體道士分執五色和瘟旗依次出場，揮舞旗幟，擊打鍋蓋，並不時從水桶中舀水傾入鍋中，保持水霧騰起狀（比擬疫氣瀰漫），手執鍋蓋用力擊打米篩（藉此表現壓煞），再登踏低矮方凳，走過長條板凳。上述動作（程序）共計反復多次。期間，全體道士執旗依序魚貫成蛟龍狀，繞場快速奔跑、追逐（間或作穿花交遶狀），並二人成對輪流執旗擊打，貌似格鬥狀（即綠旗與紅旗、紅旗與白旗、白旗與黑旗、黑旗與黃旗），二道眾手執掃帚和卷席也參與其間。最後，全體道士執五色和瘟旗居前，引導信徒踏過長凳（經一番儀式洗禮後，此長凳已成為“平安橋”），武場部分“逐疫押煞”表演至此宣告結束。

在持續約三十分鐘的“逐疫押煞”武場表演中，道士們藉由各種肢體動作和法器神力進行驅邪押煞，也偶見道士口中含酒噴火等。總之，上述動作均係用來驅趕疫鬼上王船，來完成“送王船”期間驅逐瘟疫的目標。事後，這些演法器具或投入金鑪焚燒或拋棄不要了。

**圖版 11–5：演法道士輪流執旗擊打、作格鬥狀**

圖版 11-6：高功執黃旗擊打 "和瘟橋"

圖版 11-7：全體道士分執 "五色和瘟旗" 繞場奔跑

圖版 11-8：逐疫完畢後，信眾排隊過 "橋" 祈求平安

## 三、文檢與法器

"文檢"與"法器"是本場"禳災和瘟三獻儀"中不應被忽略的重要內容。就本場科儀而言，文檢施用於文場"和瘟三獻"中，部分法器（即專為和瘟而設的特殊器具）則出現在武場"逐疫押煞"表演中。茲就上述內容介紹如下。

### （一）文　檢

所謂"文檢"，就是道門齋醮儀式中施用各類文書（疏文）的總稱，就類別而言共計分為：章奏、表疏、申狀、關牒、符榜、帖劄。誠如《靈寶玉鑑》卷一《道法釋疑門》"奏申關牒文字論"條所云："齋法之設，必有奏申關牒。悉如陽世之官府者，以事人之道事天地神祇也，所以寓誠也。"① 本場"禳災和瘟三獻儀"施用的文檢共計有二份（均係文場結束時焚化）：天仙疏、天仙關。茲以臺南曾氏《文檢》抄本為依據，參校以高屏地區其他版本《文檢》及筆者實地所獲之田野資料，特將這兩種文書格式引錄如下：

（具職位）微臣**姓名**
稽首頓首俯伏百拜
上　奏右臣謹疏奏為
大中華民國○○省○○縣　○○鎮（鄉）眾戶民仝就○○奉
道設醮迎王和瘟祈安保佑植福
（會　首　名）
偕合眾信人等謹沐炷香敢啟
上達但念眾等仝修禳灾之醮遏止未萌之災
涓卜今月吉旦仗臣就淨處立壇修建
金籙迎王和瘟祈安福醮△旦夕等因以今寅具芳筵禳祀
天仙虔具疏奏以
聞者右謹具疏端拜
**上　　　　奏**
無上洞淵大帝伏魔三昧天尊　道前　臣恭望
道慈俯垂
昭格臣下情無任不勝惶悚之至
謹疏
天運　年　月　日微臣**姓名**　俯伏再拜疏**上　奏**

圖版 11–9：天仙疏式

① 《靈寶玉鑑》卷一，《道藏》第 10 冊，第 141 頁。

圖版 11–10："天仙疏"和"天仙關"外封（西港慶安宮己丑科王醮，陳榮盛道長）

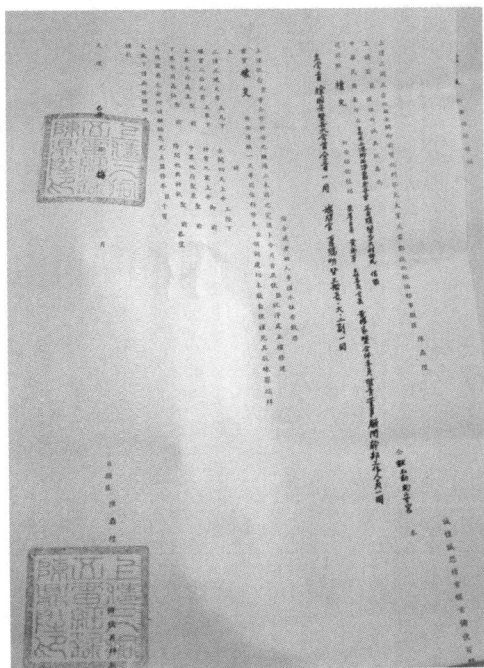

圖版 11–11："天仙疏"為文（西港慶安宮己丑科王醮，陳榮盛道長）

1. 天仙疏

"疏"即上疏、奏疏之義,乃係凡俗世人(醮主、信眾)將心願奏請神祇以求恩准的文函,屬上行文書類。此份"天仙疏"為外函內束式(黃色),外函聖位題:"無上洞淵宮　呈奏";內束聖位題:"無上洞淵大帝伏魔三昧天尊"。本疏文係黃紙墨書而成,無朱批痕跡,末尾落款"××年"字樣及高功法名上,分別鈐蓋(正蓋)主壇道長的道職私印(如潁川道壇陳榮盛道長的道職私印為"上清三洞五雷經籙陳鼎陛印")。

2. 天仙關

此份"天仙關"為殼式(白色),外封聖位題:"右關　靈寶大法司　天仙值日受事功曹全上疏文仙官"。與所有關文一樣,本關亦係白紙墨書而成,文中批朱之字(以潁川道壇陳榮盛道長主持的西港慶安宮己丑科王醮為例) 有:以、齋、上、引、大、須、右、日。內文"天仙值日受事功曹使者"字樣上朱筆勾尾字"者"(勾一字代表此係急行件)。關文開篇"本司今為奉"和末尾落款"××年"字樣上,分別鈐蓋"道經師寶"印(正蓋)。關文尾字"關"字上朱筆疊書一"行"字,主壇高功花號上朱筆疊書一"印"字。

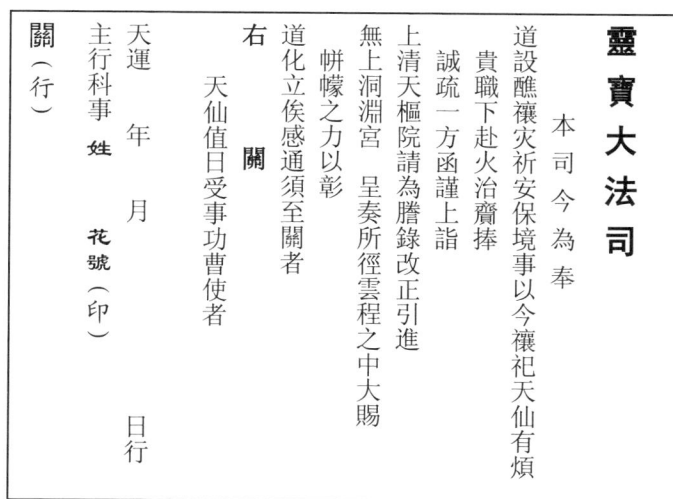

**靈寶大法司**

本司 今 為 奉

道設醮禳災祈安保境事以今禳祀天仙有煩
貴職下赴火治齎捧
誠疏一方函謹上詣
上清天樞院請為謄錄改正引進
無上洞淵宮　呈奏所徑雲程之中大賜
姘幪之力以彰
道化立俟感通須至關者

右 關

天仙值日受事功曹使者

主行科事　姓　　花號(印)

天運　年　月　　　　日行

關(行)

**圖版 11–12:天仙關式**

## (二)法　　器

道士團敷演"禳災和瘟三獻儀"時施用日常必備的全套法器:大鼓一、手鼓(柄鼓)一、鐘一、磬一、鑼二、鐃鈸二、鐺一、木魚一、手鈴一、淨水盂一、

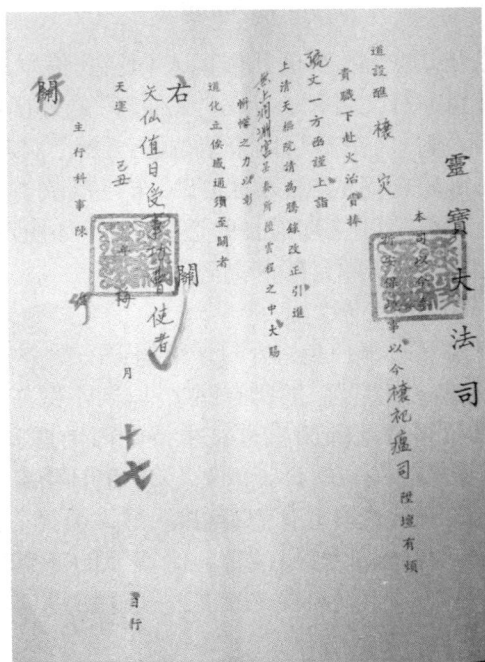

**圖版 11–13："天仙關式"內文（西港慶安宮己丑科王醮，陳榮盛道長）**

朝笏一、法劍一、牛角（綁紅布）一、表官和表馬各一（焚化"天仙疏"和"天仙關"時用）、古仔紙若干、五營令旗（僅限高屏地區）。除上述常規性法器外，武場"逐疫押煞"還專門設有幾種特製法器（道具）：

（1）五色和瘟旗：五色和瘟彩旗共計五隻，青、赤、白、黑、黃各如方位所屬。採青竹為旗桿，設五方旗布：東方青布九尺、南方紅布三尺、西方白布七尺、北方烏布五尺、中央黃布一丈一尺。瘟幡正面書符，每幡所繪符式各不相同（詳見圖版 11–14），五道幡符均係朱筆繪製，誠如清同治抄本《金籙祈安和瘟文檢》所云："瘟幡正面畫符，用白雄雞合神砂水粉調書"。瘟幡背面書字："東方（南方／西方／北方／中央）行瘟使者承符奉轉通達九天星火奉行勅"字樣。

（2）和瘟橋：法案前空地上並排擺設兩條長凳，兩凳中央橫跨一個米篩和鋁製鍋蓋，其下架設大鍋——鍋下烘爐炭火燃燒，鍋中水汽沸騰，其旁放一水桶（內盛清水）和水瓢，另有掃帚、卷席各一。長凳兩端各擺放一低矮方凳（供道士及信眾上下長凳時墊腳用）。

值得注意的是，架設"和瘟橋"必備兩件基本器具：烘爐和蒸鍋。爐內炭火燃燒，鍋中水汽沸騰，這其實是從感觀、視覺上營造出一個瘟毒疫氣的源頭。換言之,這裏產生的水蒸氣代表了瘟疫之氣,借助爐火燒烤而保持霧氣蒸騰狀態乃係象徵瘟疫的肆虐和瀰漫,即從這裏源源不斷地釋放出瘟邪和瘴氣,藉此表示瘟疫的源頭。[①] 故而,武場部分"逐疫押煞"的核心宗旨就是將此疫源徹底摧毀,進而使"瘟疫之橋"(儀式中的長凳) 轉化為"平安橋"(儀式後的長凳)。本場科儀中道士手執"五色和瘟旗"不斷地擊打"和瘟橋",就是要表現出"五方行瘟雷王"與疫鬼搏鬥的場面,即憑藉武力(法力)來驅除和收禁那些瘟疫之氣,強令他們登上"王船",遠離轄境,不再危害本境民眾。

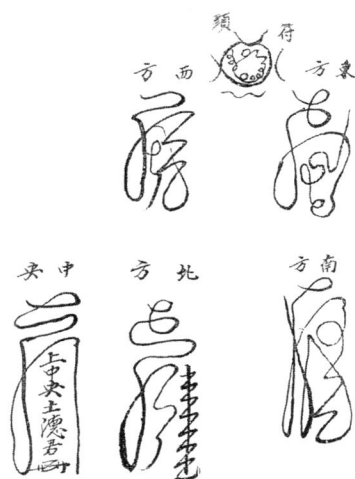

**圖版 11-14:** 高屏地區 "五色和瘟旗" 符式 (清同治《和瘟文檢》抄本)

此外,"和瘟橋"中還有兩件重要的器具:米篩和鍋蓋。這兩件法器(道具) 的功用,當是為防煞和壓煞。此類米篩上多畫有八卦圖案,故又稱"八卦篩"。據臺灣民眾看來,米篩(八卦篩) 具有避邪召福的神奇威力。清代文獻中就談到閩臺地區民間婚禮中新人過門時必須以米篩遮蓋其首,然後才可入廳堂。[②] 此外,至今臺灣靈寶道士施演"分燈儀"中會派遣兩名道眾出

---

① 　臺灣地處於亞熱帶,舊時山林眾多、植被茂密,加之氣候炎熱、多雨潮濕,極易滋生瘴氣而毒害人體,故有"瘴鄉"之稱。本場儀式中以爐火燒烤鍋中清水而令其蒸氣繚繞,藉此象徵疫邪之源的瘴氣,乃折射出當地民眾對於瘟疫(瘴氣)心懷恐懼的古老記憶。

② 　康熙本《諸羅縣志》卷八《風俗志・漢俗》"婚姻喪祭"條云:"親迎,先期舂糯米弄丸,色紅白相間;分送親友。至期,張燈結綵。壻沐浴盛服,父率以告先祖,醮而命之;取竹篩,蓋其首。篩篩以朱畫太極八卦,示'相生'之義也。……婦入壻門,父以八卦紅篩蓋壻首。少

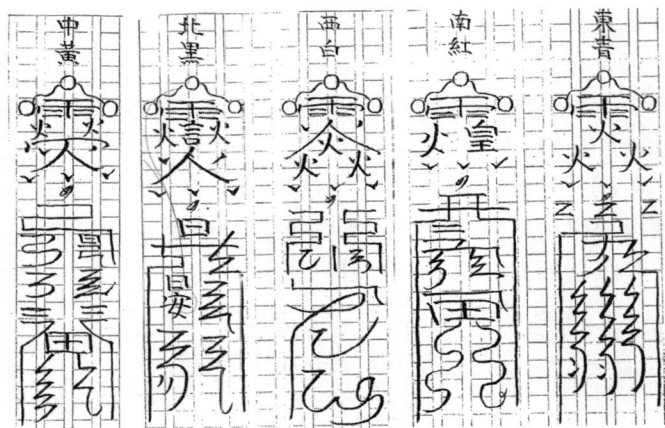

**圖版 11–15：臺南地區"五色和瘟旗"符式（曾氏《文檢》抄本）**

壇外取火，在執火把返回內壇時，亦用二件八卦米篩將火把上下罩住。這些都是源於米篩（八卦篩）具有防煞功用之理念下而做出的舉動。而鍋蓋的宗教意涵則是壓煞，即壓鎮或密閉瘟疫之氣。並且，鍋蓋是放置於米篩內，實際上這就將二者從功能並聯，即防煞與壓煞合二為一，進而增強了驅疫的效果和威力。

而掃帚、卷席則是臺灣道教儀式中常見施用的兩種法器（道具），通常是在法事結束前由一名道眾手執掃帚和卷席分別朝地面拍打數下（一般為五下，亦稱"打五方"），且口中念念有詞。掃帚代表將諸不祥掃地出門（境），而卷席則是將這些污穢、邪氣、瘟疫、遊魂野鬼等統統趕走，席捲而去。掃帚，古稱"苕"。《周禮·夏官下》"戎右"條云："贊牛耳桃苕。"東漢鄭玄（127—200年）註曰："苕，苕帚，所以掃不祥。"① 張衡（78—139年）撰《東京賦》詳細描述了漢代"大儺驅疫"儀式的場景，其中談到"巫覡操苕"驅逐瘟疫。② 今臺

---

者一人向新婦轎前揖而請，新婦以荷包贈之。壻執紅篩蓋新婦首，入房"。[（清）周鍾瑄主修、陳夢林等編纂：《諸羅縣志》卷八，臺灣銀行經濟研究室編：《臺灣文獻叢刊》第141種，臺灣銀行1962年版，第140—141頁] 清道光九至十年間（1829—1830年）周璽纂輯《彰化縣志》卷九《風俗志·漢俗》"婚姻"條所載亦大致相同。[（清）周璽纂輯：《彰化縣志》卷九，臺灣銀行經濟研究室編：《臺灣文獻叢刊》第156種，臺灣銀行1962年版，第281頁]

① 《十三經注疏》整理委員會整理、李學勤主編：《周禮注疏》卷三二，北京大學出版社1999年版，第851頁。

② 張衡《東京賦》云："爾乃卒歲大儺，毆除羣厲。方相秉鉞，巫覡操苕。侲子萬童，丹首玄製。桃弧棘矢，所發無臬。飛礫雨散，剛癉必斃。煌火馳而星流，逐赤疫於四裔。"[（東漢）張衡撰，張震澤校注：《張衡詩文集校註》之《賦·二京賦》，上海古籍出版社1986年版，第148頁]

圖版 11–16：五色和瘟旗符式：西方白色瘟幡（正面畫符）、東方青色瘟幡（背面書字）

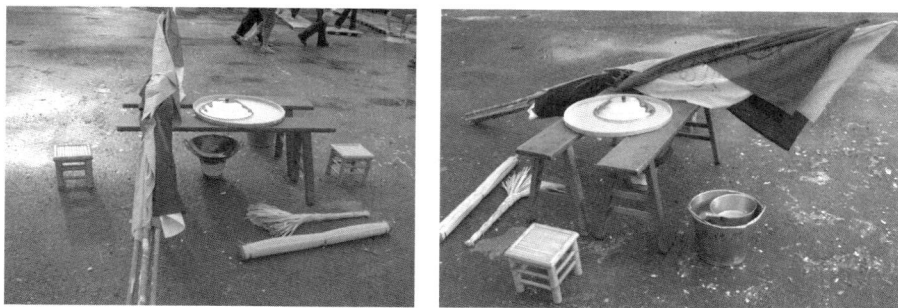

圖版 11–17：“和瘟橋”的陳設

灣道士將掃帚視為法器亦當溯源於此，為古代儺風之遺緒。①

　　為了更好地再現“和瘟三獻儀”之武場部分“逐疫押煞”時的壇場設置情況，筆者特繪製一幅示意圖如下：

---

① 古人“送窮”時也以掃帚作道具。[詳見姜守誠：《“送窮”考》，《成大歷史學報》第 40 號（2011 年 6 月），第 175—234 頁]

↓　高功

| 副講 → 侍香 | （五方陳設） | 水盂、朝笏、法劍、牛角等法器 五牲、五秀、大餅、蜜薦、紅龜等供品 | 都講 ← 引班 |
|---|---|---|---|
| | 酒盅五個 | | |
| | 五營令旗 | 花果燈燭 | 香爐 | 花果燈燭 |

低矮方凳

（每人執一旗）

| 五色和瘟旗 | 長條板凳 | 鍋蓋 米篩 | 長條板凳 | |
| 水桶＋水瓢 （內盛清水） | | | | 掃帚＋卷席 |

低矮方凳
（和瘟橋）

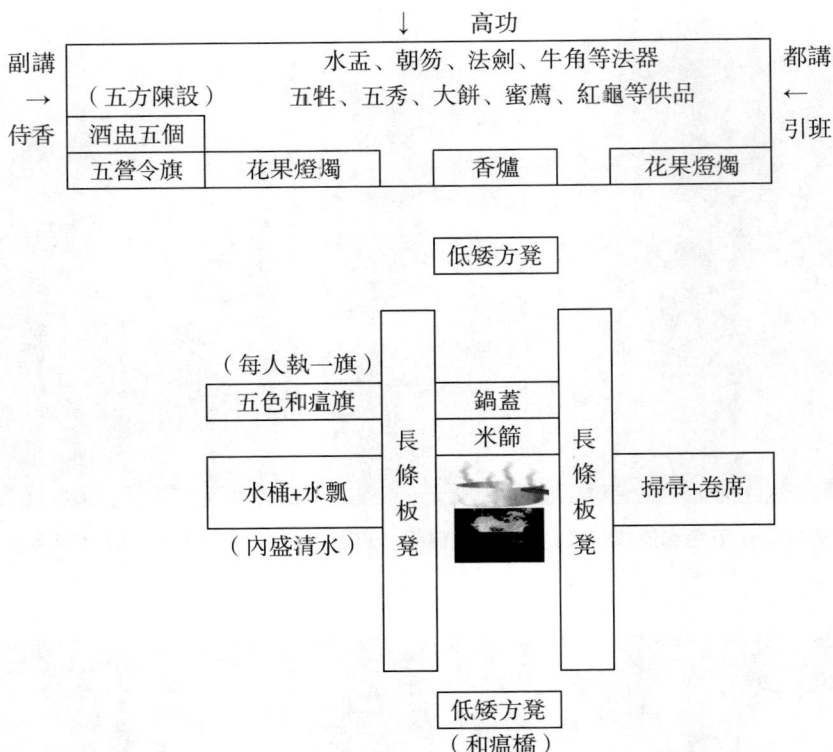

**圖版 11–18：和瘟三獻儀之武場部分"逐疫押煞"的壇場示意圖**

　　綜上所述,南臺灣地區焚送"王船"前均會例行敷演"和瘟三獻儀"。雖然在表演方式及節次內容上,臺南與高屏二地存見差異,但整場儀式的宗旨和原則大抵相同,尤其是貫穿始終的核心理念——驅除瘟疫、祈保平安,顯然是兩地道壇所共有和公認的。總的說來,本場法事中道士禳災時基本採取"先禮後兵"的禳解原則,即先施予文場部分"和瘟三獻"儀式(帶有賄賂性質的行禮獻供)敦請瘟神疫鬼享用供品後自行登上"王船",遠離此地,對於那些頑劣分子(拒不執行者)則演行武場部分"逐疫押煞"儀式,施展強制手段掃除諸不祥,確保境內瘟疫不起。不過,武場"逐疫押煞"表演而今僅限於高屏地區,臺南地區則未見此項目。然而,臺南靈寶道壇各家通用的曾氏《三醮文檢》抄本中卻收錄有"五色和瘟旗"上附繪的五道符籙(其符式與高屏地區差別甚大),藉此證明舊時"北路"道派(臺南地區)當施行過武場部分"逐疫押煞"儀式,至於其科介表演是否與"南路"派系(高屏地區)一樣,那就不得而知了。那麼,今臺南地區為何將此部分內容取消呢? 這恐怕令人深思和尋味。

　　值得注意的是,武場部分"逐疫押煞"儀式係為閭山法(對待疫邪之態度,靈寶派相對溫和,始終強調"和瘟";閭山法雖不主張"斷殺",但卻秉持"驅逐"態度)。當今南臺灣靈寶道派中"南路"與"北路"兩大道區的最顯著差異之一就是:"北路"道士基本不習閭山法(僅在施演慶成醮"祭收內外煞"、拔度齋科"打城"等少數儀式時才會援引閭山法),臺南民眾及道門中人對兩種道職身份(靈寶派道士、閭山派法師)的界定劃分十分清楚,且靈寶道士對閭山法多持貶斥態度,抑稱之為"小法";而"南路"道士則兼行靈寶、閭山二法,當地"道士"和"法師"有時是混稱的,那些靈寶道士也大都精修閭山法,擅長施用"小法"為信眾消災却禍。那麼,這一背景(對閭山法的貶抑態度)是否促使"北路"靈寶道士逐步放棄"和瘟三獻儀"中武場"逐疫押煞"表演,而僅保留以靈寶法演行的"和瘟三獻"文場部分? 必須承認,高屏地區保留至今的武場"逐疫押煞"儀式中富含了戲劇表演成分,其中摻雜大量的形體動作。這些肢體語言及科介流程有助於我們更深入地理解本場儀式的宗教內涵。

## 附錄:《太上靈寶禳災和瘟三獻科儀》
## （又稱《金籙禳災和瘟正醮酌獻儀》）

### 步　　虛

版本一（臺南地區）:寶籙脩真範,丹誠奏上穹。香煙臨召使,霄癉致平康。

版本二（高屏地區）:寶座臨金殿,霞冠照玉軒。萬神朝帝所,飛烏攝雲端。

### 淨　　壇

琳瑯振響,十方蕭靜。河海靜默,山嶽吞煙。萬靈振伏,招集群仙。天無氛穢,地絕妖塵。冥慧洞清,大量玄玄也。十方蕭靜天尊。

### 啟聖・三獻

（謹稱法位、具職位,醮主等俯伏百拜臨壇）

恭以三天之上無為主、十方世界法中尊,陰陽造化皆有定,禍福纖毫更無差。以今恭焚道香、微妙真香,虔誠百拜,奏啟供養。謹當誠上啟:無上正真道經師三寶天君、九天應元雷聲普化天尊、無上洞淵三昧伏魔天尊、太上三元三官大帝、祖師三天大法天師、玉虛師相玄天上帝、泰山都統威烈康元帥、泰山副統英烈溫元帥、統瘟靜明真人、和瘟教主匡阜先生、解瘟明覺大師、和瘟勸善大師、天符都紵總管元帥、地符副統總管元帥、東方行瘟張雷王、南方行瘟劉雷王、西方行瘟鍾雷王、北方行瘟史雷王、中央行瘟趙雷王、都天行瘟元帥大力魔王、主瘟牛劉二太保、子年行瘟張大王、丑年行瘟余大王、寅年行瘟侯大王、卯年行瘟耿大王、辰年行瘟吳大王、巳年行瘟何大王、午年行瘟薛大王、未年行瘟封大王、申年行瘟趙大王、酉年行瘟譚大王、戌年行瘟盧大王、亥年行瘟羅大王、十二月行瘟神將、七十二候行瘟使者、二十四炁行瘟使者、南曹註生判官、北院註死判官、當年差來行瘟使者、年中執符把牒使者、歲分行瘟使者、春夏秋冬行瘟使者、行冷行熱使者、行瘟布痘使者、行癉行疢使者、行痳行瘕使者、行蠱行毒使者、行藥布藥使者、執藥俵藥使者、賞善罰惡判官、收毒起病使者、行災布病使者、天瘟地瘟土瘟使者、牢瘟客瘟社瘟使者、鬼瘟神瘟使者、廟瘟竈瘟使者、瘧瘟痢瘟瘴瘟使者、痧瘟瘰瘟使者、今年歲分當頭主者、今年太歲至德尊神、押船大使、船頭大王、船尾小王、河伯水官、梢工大神、桅舵大神、搖旗鳴鑼擊鼓大神、船上水手一切等神、本屬府縣城隍主者、當境土地里社神祇、合境各家香火神明，仗此真香、普全供養。恭望仁慈，洞回昭鑒。

伏以大道無私，鑒人心而不遠，神真如在，察禍福以無差。凡伸請福之誠，必遂感通之應。恭惟五瘟主宰大力魔王，最靈所稟於吉凶，主宰爰司於禍福。故天神之耳目，咫尺非遙。察人世之災祥，毫釐必應。惟公忠之是秉，乃陟降以無私。以今奉道設醮，禳災祈安保境植福。醮主偕合眾人等，茲因禳災恭薦蘊藻之微忱，備納香花之俗禮，少延神馭，以答恩庥。望賜福以迎祥，翼消災而革否。伏願聖真降格，神力垂庥，茂集禎祥，消災殃於未兆，常臻福慶，集佳瑞以方來。

臣等下情無任，誠懇之至，酒當初獻。醮主等虔誠上香、獻茶、初獻酒。

洞案爐煙起，散花林；

無為道德香，滿芳筵。瘟部聖眾前供養。

再運真香，謹當誠上啟：無上正真道經師三寶天君、九天應元雷聲普化天尊、無上洞淵三昧伏魔天尊、和瘟教主匡阜先生、五方行瘟雷王、瘟司合部一切威靈，仗此真香，普全供養。恭望仁慈，洞回昭鑒。

伏以禍福無門，胎基是否。作善者，迪之吉慶；為惡者，降之災殃。若不皈依，何由懺悔。恭惟五瘟主宰大力魔王，聖德無私威靈主宰，顯神通於三頭六臂，興變化則萬福千祥，持劍戟而匝地，鋒鋩展而神通，普天胥慶〔電掣〕。一吸一呼，風火生萬里之威。一展一疏，雲霧起千般之勢。其欽也，為祥、為瑞；其慢也，為禍、為殃。察善惡以無差，顯吉凶而有感。伏願息災風而祥風颯颯，消疫氛而喜氛紛紛，廣施惠澤之恩，大布吉祥之佑。合境／家安寧，公私利益。醮主虔誠設拜，酒當再獻。

醮主等虔誠上香、亞獻茶、再獻酒。

版本一（臺南地區）：淨侶吟仙曲，散花林；神人讚善哉，滿芳筵。仁慈列聖前供養。

版本二（高屏地區）：散花何處着，散花林；散在道場中，滿芳筵。瘟部聖眾前供養。

三運真香，謹當誠上啟：無上正真道經師三寶天尊、九天應元雷聲普化天尊、無上洞淵三昧伏魔天尊、和瘟教主匡阜先生、五方行瘟雷王、瘟司合部威靈，仗此真香、普全供養。恭望仁慈，洞回昭鑒。

伏以瀆則不告高真，許在於脩崇。天旦弗違，上聖密容於懇禱。以今△等奉道設醮禳災祈安植福。醮主偕眾人等洗心滌慮，皈依投誠，爰脩醮禮，特啟蘋蘩之薦，敬抒悃願，俯鑒蘊藻之誠，況以聖德難明，真功不宰，掌握生成之柄、主司禍福之權。凡敢精誠,必希彰感。願盡欽崇之禮,仰延降佑之恩,少駐雲馭,俯歆薄禮。伏願災消已往,福集維新,克諧安靜之期,盡釋迍邅之厄。醮主虔誠,酒當三獻。

醮主等虔誠上香、三獻茶、三獻酒。

版本一(臺南地區):降節徘徊引,散花林;天花飛散漫,滿道場。仁慈列聖前供養。

版本二(高屏地區):淨侶吟仙曲,散花林;人人讚善哉,滿芳筵。瘟部聖眾前供養。

## 入 意 宣 疏

上來三獻已畢,具有疏文謹當敷宣。(副講跪地入意並宣天仙疏文與天仙關文)

向來疏文宣週已具,諒沐洪慈,必乘昭鑒。願聖心而踴躍,登雲路以逍遙。爰奏笙歌,多臻喜炁。伏願五瘟主宰大力魔王,命合部之仙靈,令行災之神使,鳴金振響,擊鼓喧聲,收毒除殃,負瓢揖炁,行行奮發,隊隊辭歸 [頭頭發兵、隊隊辭離],陟逍遙雲路之間,超快逸遨遊之境。興滄溟之內,雷浪滔天。施宇宙之間,祥光匝地。盡離境 / 家土,永返雲衢。

## 送 聖

禮主虔誠設拜,奉送和瘟教主匡阜先生、瘟司合部一切仙哲,大體好生之德,弘施和濟之心,憑依法力,指揮今歲行瘟主者飭回原來承差降佈藥毒部眾一切仙哲,各各收藏毒炁,劍伏威芒,罷拷停攻,消災除禍,治擺擔杖,雲淨葫蘆,出離患居 [即速],遠遊湖海。更仗威力,遍行患屋,搜檢房廊、閒閣、籠箱、廚櫃、井竈、飲食、恭皿之中,米、穀、油、鹽之內,應有日前所佈瘟癀嵐疫一切毒炁,咸令收拾,勿當留連,即俾家門肅靜、人物安寧。如上良因,志心稱念:三清三境天尊、消災解厄天尊、長生保命天尊、福生無量天尊,大道不可思議功德。

## 化 紙 咒

(天仙疏文與天仙關文一起焚化)

千千截首,萬萬翦形。魔無干犯,鬼無妖精。三官北酆,明檢鬼營,不得容隱。金馬驛程,普告無窮,萬神咸聽。三界五帝,列言上清。

## 迴　　向

　　上來酌獻，完成功德。上祈高真列聖，賜福消災。仝賴善功，證無上道，一切信禮。

# 第十二章　打　船　醮

　　禳災祭船科儀(全稱"金籙禳災祭奠王船醮科儀"),簡稱為"打船醮"或"拍船醮",是臺灣南部王醮科儀中的一項重要內容。這場祭船儀式通常安排在"和瘟三獻儀"完畢後進行,大約持續半小時,其用意是寄託對"王船"的洗淨及祈福,同時敦請疫鬼等諸不祥跟隨"王爺"登上"王船",乘風破浪,遠離轄境。概括而言,"打船醮"科儀主要包含"祭船三獻""點班唱儀"及"開通水路"等節次流程。下面,我們分別從文獻和科介等方面入手,對其展開分析和探討。

## 一、科儀文獻分析

　　南臺灣靈寶道壇敷演"打船醮"儀式的文本內容及節次流程存在明顯的地域性差異。臺南地區科儀文本的節次(流程)依次如下:(1)三直符;(2)步虛;(3)淨壇;(4)請神·三獻;(5)入意;(6)送神;(7)化紙咒;(8)唱儀;(9)開水路;(10)迴向。高屏地區的節次(流程)則為:(1)步虛;(2)淨壇;(3)請神·三獻;(4)入意;(5)送神;(6)唱班;(7)開水路。就基本環節(節次)而言,臺南與高屏兩地的儀式流程大抵相同,但文本內容差異較大。現以臺南地區"打船醮"文本為列,試予論述如下:

### (一)三　直　符

　　"三直符"乃係"法仔鼓"經典曲調之一,也是閭山派法師慣用的開壇咒語。"三直符"大意是召請三界直符使者降臨壇前,傳達敕令,其唱詞云:"法鼓差鳴第一/二/三聲,奉請上/中/下界使者飛仙直符郎,壇中請。身穿仙衣、腳踏雲,隨時變化千萬旦,回來倏忽到壇前。虔誠奉承天地勅,週流四方走通傳。一/二/三遍清香專拜請,奉請上/中/下界使者降臨來。神兵火急如律令。"上述文字未見著錄於《道藏》中,推究其因不外乎有二:或係明清之季晚出,或因正一、靈寶等正統道派排斥閭山法術而有意忽略。

### (二)步　　虛

　　臺灣靈寶道壇敷演"打船醮"吟唱的步虛詞均係半步虛(即四句韻文)。

不過,文字内容則因地域而不同。臺南地區的文本為:"行滿三千數,時登數萬年。丹臺開寶笈,今古永流傳。"高屏地區的文本為:"萬物消災癘,三晨降吉祥。步虛聲已徹,更誦洞玄章。"

臺南道士"打船醮"儀式的步虛乃係清醮發表儀(非玉壇發表)時吟唱的步虛詞(全步虛,八句)中截取後半段(四句)而成。這段步虛詞,最早見載於晚唐杜光庭刪定《太上黃籙齋儀》(卷二六、卷三七、卷四〇)所載:"太極分高厚,輕清上屬天。人能修至道,身乃作真仙。行溢三千數,時丁四萬年。丹臺開寶笈,金口為流傳。"① 對比可知,今本與前述古本有數字之差,當係傳抄過程中訛誤所致。

高屏地區"打船醮"時的步虛則是將清醮啟聖儀中吟唱的步虛詞(全步虛,八句)截取後半段(四句)而成。這段步虛詞亦收入晚唐杜光庭《太上黃籙齋儀》卷二八,如云:"寶籙修真範,丹誠奏上蒼。冰淵臨兆庶,宵旰致平康。萬物消疵癘,三晨②效吉祥。步虛聲已徹,更詠洞玄③章。"④ 就後四句而言,今本與古本僅見三字之差。

## (三)淨　　壇

繼而,全體道士唱念"淨壇咒"云:"琳瑯振響,十方肅靜。河海靜默,山嶽吞煙。萬靈振伏,招集群仙。天無氛穢,地絕妖塵。冥慧洞清,大量玄玄也。十方肅靜天尊。"

翻檢道書可知,這段"淨壇咒"源出《靈寶無量上品度人妙經》(卷一):"琳琅振響,十方肅清。河海靜默,山嶽吞煙。萬靈振伏,招集群仙。天無氛穢,地無祅塵。冥慧洞清,大量玄玄也。"⑤ 此外,該咒中的部分文字亦屢見

---

① (唐)杜光庭刪定:《太上黃籙齋儀》卷二六、卷三七、卷四〇,《道藏》第9冊,第253頁、第285頁、第297頁。這段步虛詞亦見載於《玉音法事》卷下(《道藏》第11冊,第139頁)、《金籙齋三洞讚詠儀》卷下(《道藏》第5冊,第771頁)、《道門通教必用集》卷二(《道藏》第32冊,第11頁)、《靈寶領教濟度金書》卷十(《道藏》第7冊,第91頁)、《徐仙真錄》卷二(《道藏》第35冊,第530頁),文字與前引《太上黃籙齋儀》完全相同。

② "晨"字,《金籙齋三洞讚詠儀》(卷下)、《道門通教必用集》(卷二)皆作"辰"。

③ "玄"字,《道門通教必用集》(卷二)作"元"。

④ (唐)杜光庭刪定:《太上黃籙齋儀》卷二八,《道藏》第9冊,第259頁。這段步虛詞亦見載於《玉音法事》卷下(《道藏》第11冊,第139頁)、《金籙齋三洞讚詠儀》卷下(《道藏》第5冊,第771頁)、《道門通教必用集》卷二(《道藏》第32冊,第11頁),文字與前引《太上黃籙齋儀》完全相同。

⑤ 《靈寶無量上品度人妙經》卷一,《道藏》第1冊,第7頁。此外,這段咒文亦見載於《靈寶無量上品度人妙經》卷七,文字相同。(《道藏》第1冊,第49頁)

於《靈寶領教濟度金書》,如該書(卷二五四)云:"以今陞壇設醮,願得玉清道炁靈寶妙光下降,流入臣等身中。即使玄壇清淨,內外成真,天无氛穢,地絕妖塵。琳琅振響,十方肅靜。萬魔不干,真誠上徹。"[1] 文中所言"天无氛穢,地絕妖塵"及"琳琅振響,十方肅靜"二句雖與前引"淨壇咒"語序不同,文字則相司。

### (四)請神·三獻

待"淨壇"完畢後,高功率眾逐一稱念聖號,奏請諸神蒞壇。本次科儀中"請神"環節乃係配合"三獻"分三次完成,每次均按神祇位階之尊卑逐一念誦。"三獻",又稱"三奠酒",是指古代祭祀時遵循禮制分三次獻酒——即初獻爵、亞獻爵、終獻爵。道教齋醮科儀中"三獻"包括上香、獻酒或獻茶等,均係表達對神祇的尊崇和禮敬。就本場儀式而言,"請神·三獻"無疑是核心環節,旨在迎請瘟部神祇而施予奉獻,殷勤供養,並希望他們享用供祀後,馬上執行"送瘟"的使命——將瘟疫等諸不祥隨同王船一律送離出境。

若就"請神"節次念誦的神祇名錄而言,臺南與高屏兩地有很大不同,臺南啟請及獻祭的神祇在數量上遠多於高屏地區。此外,每次請神時念白的神祇名諱(即"入聖位")也存見差異:初獻時念白的神祇最多(臺南地區文本中計有三條,高屏地區文本中計有二十二條),臺南道士施演"打船醮"時禮誦的神尊名諱,從瘟部的至尊神——"正乙洞淵大帝伏魔三昧天尊""和瘟教主匡阜真人"等,次到瘟部下級官吏——五瘟大王、行瘟及解瘟使者等,再到瘟船(王船)上的一行人馬——總管、舵公、水手等,最後當境尊神及高功麾下兵將等——"本屬府縣城隍尊神、當境虛空過往鑒巡察使者、本壇靖諸員官將吏兵",可謂一套相對完整的"送瘟"神祇體系。而"三奠酒"中"亞獻"和"三獻"時唱宣的神祇數目要比"初獻"少很多:臺南地區"亞獻"和"三獻"分別是十八條、十九條,高屏地區計有七條、三條。(詳見表格12-1)臺南地區"三獻"僅於末尾增衍"合船真宰一切神眾"字樣,其餘諸條與"亞獻"完全相同。高屏地區"亞獻"依次羅列七條神祇名諱——"瘟部神祇、行災使者、押船大使、船頭大王、河泊水官、梢工把船、班椗水手列位諸神",而"三獻"時則進一步強調"押船大使、船頭大神、彩船會上一切仙眾"。總之,無論臺南或高屏地區,"三奠酒"均係採取逐步減少神祇數量,有針對

---

[1]　(南宋)甯全真傳授、(宋末元初)林靈真編輯:《靈寶領教濟度金書》卷二五四,《道藏》第8冊,第228頁。

性地突出重點的方式,即由瘟部諸司逐步切入瘟船水手,而瘟船上的若干人員("彩船會上一切仙眾")才是本次"打船醮"奉祀的重點所在。

**表格 12–1:臺南與高屏兩地請神時的"聖位"差異**

| | 臺南地區 | 高屏地區 |
|---|---|---|
| 初獻 | 正乙洞淵大帝伏魔三昧天尊、和瘟教主匡阜真人、今年歲分代天巡狩高上大王爺、解瘟明覺大師、和瘟勸善大師、五方符瘟行病鬼王、天符治世五黃大帝、解瘟靜明真人、五瘟十二年大王、五瘟十二月神將、五方都天大力魔王、五瘟都天魔王、五瘟使者、萬石大王、行瘟康舍人、郭任二太尉、杜太尉、楊使者、船頭十二生相獸面將軍、船上二十四司都總管、承天符牒使者、天地水三界使者、行瘟四時八節使者、行瘟四季寒熱使者、行瘟打水主火使者、搖旗鳴鑼擊鼓大神、收船押船二位水手、船頭大王、船尾小王、佩符使者、河伯水官、行瘟雞犬豬羊牛馬六畜瘟疫使者、瘟部合船一切聖眾,管船官吏、船上舵公、阿班水手一切等神,本屬府縣城隍尊神、當境虛空過往鑒巡察使者、本壇靖諸員官將吏兵 | 瘟部大王、行灾使者、押船大使、船頭大王、船尾小王、遊江五郎、競渡三郎、河泊水官、梢工把船大王、班椗水手、左不達兒郎、右不動兒郎、搖旗神君、擊鼓大神、鳴鑼大神、招頭都市大神、消灾散禍大神、鴉鳴鵲噪大神、仙舟變現大神、招頭神將、當境土地里社神祇、彩船會上一切神君 |
| 亞獻 | 天符主瘟都大元帥、行瘟使者、押船大使、船頭大王、船尾小王、競渡三郎、河伯水官、梢工把船大王、班碇水手大神、左不達兒郎、右不動兒郎、船頭都闊大使、仙舟變現大神、鴉鳴鵲噪大神、消灾散禍大神、搖旗擊鼓鳴鑼大神、木龍神君、遊江五郎 | 瘟部神祇、行災使者、押船大使、船頭大王、河泊水官、梢工把船、班椗水手列位諸神 |
| 三獻 | 天符主瘟都大元帥、行瘟使者、押船大使、船頭大王、船尾小王、競渡三郎、河伯水官、梢工拔船大王、班碇水手大神、左不達兒郎、右不動兒郎、船頭都闊大使、仙舟變現大神、鴉鳴鵲噪大神、消灾散禍大神、搖旗擊鼓鳴鑼大神、木龍神君、遊江五郎、合船真宰一切神眾 | 押船大王、船頭大神、彩船會上一切仙眾 |

"三獻"中每次奠酒終了前,執法道士均會唱讚一段文字。不過,其唱詞因地域而有所不同:高屏地區乃係以道門科儀中常見的"散花詞"來結束,臺南道士則唱誦"送船歌"[1]。高屏地區"打船醮"時唱讚的三段"散花詞"

---

[1] 《道法會元》卷二二一《神霄遣瘟治病訣法》"回向"節次末尾時恭申四句韻文:"江頭畫鼓響鼕鼕,纔掛高帆遇便風。吹送神船何處去,直歸三島十洲中。"(《道藏》第 30 冊,第 374 頁)這裏雖未言及"送船歌"之名,然當是遣瘟送船(盤)時吟唱之歌無疑。(詳見本書第四章)

內容及順序,與當地道士敷演"禳災和瘟三獻儀"所唱完全相同。① 這部分內容,有鑑於前文有過討論,這裏就省略不談。

臺南地區"打船醮"儀式所吟唱的"送船歌",乃係拆分為六個段落(總計一百六十八字),分別穿插在"三奠酒"之初獻、亞獻、三獻及"送神"之"三送瘟神"節次中,每段均為四句、二十八字。據福建地方志記載,舊時將樂縣(位於福建省西北部)民眾每年正月十七送瘟船時也會高唱"送船歌"。②令人遺憾的是,前引文獻中未談及此歌詳情,故無法判定是否與今天臺南"送船歌"相同。不過,漳州月港漁民中至今流傳著"送瘟船"時所唱"送船歌"則與臺南"送船歌"版本大抵類似,但比後者多出末尾的十句七十字。(詳見附錄三)故而,我們有理由相信,臺南"送船歌"當有閩地文化的傳承淵源。

表格 12–2:臺南與高屏兩地"三獻"唱詞的差異

| | 送船歌(臺南地區) | 散花詞(高屏地區) |
|---|---|---|
| 初獻 | 上謝天仙享醮筵,回凶作吉永綿綿。誠心更勸一杯酒,流恩賜祿福自然。 | 洞案爐煙起,散花林;無為道德香,滿芳筵。船中諸真列聖前供養。 |
| 亞獻 | 唱此一歌謝天仙,鳴鑼擊鼓鬧喧天。諸神竝坐同歆鑒,合境人口呆平安。 | 散花何處着,散花林;散在道場中,滿芳筵。押船大神合班水手前供養。 |
| 三獻 | 造此龍舟巧粧成,諸神排列甚分明。相呼相喚歸天去,莫在人間作禍殃。 | 淨侶吟仙曲,散花林;人人讚善哉,滿芳筵。押船大神一切威靈前供養。 |

## (五)入　意

"三獻"禮畢後,執法道士隨即宣疏入意,藉此向有關神祇申述醮意,詳細奏報此次修醮的具體緣由、主旨及安排和資助醮事的相關人員情況。臺南和高屏地區在"宣疏"前後,均依慣例援引一些套語來作鋪墊和修飾。這些固定格式及套語,乃係因地域而略有不同。

---

① 詳見本書第十一章。

② 福建省地方志編纂委員會編:《福建省志·民俗志》,方志出版社 1997 年版,第 318 頁。此外,今天廣東南雄市、廣西靈川縣大圩鎮等地民眾舉行端午"扒旱船""賽龍舟"等傳統習俗時也會高唱"送船歌"。

臺南地區"打船醮"儀式中"入意"時云:"向來祭典龍船三獻已畢,具有疏文謹當宣讀。(宣疏)向來疏文宣讀完週。伏願大道無私,諒垂昭鑒,即將疏內善果一筵,皈流合社如茲。向去家門迪吉,人物平安,五穀豐登,六畜興盛,日進萬金。稽首皈依無極大道,志心稱念:三清三境天尊、消災解厄天尊、長生保命天尊、福星無量天尊,大道不可思議功德。"

高屏地區"入意"時云:"上來酒陳三獻禮畢,具有疏文謹當宣讀。(宣疏)上來疏文宣讀完週,仰祈察鑒、同享清筵。伏願千災永息,萬福來臨,合境平安,六畜耕牛昌盛。清觴莫敢再獻,征帆未敢強留。"

## (六)送　神

"打船醮"儀式中"送神"階段大致分為四項內容:念白、三送瘟神、唱讚辭、回駢頌,我們分別論述如下:

### 1.念白

所謂"念白"就是道士行科演法中常見的一種表現手法,即採用口語化、無唱腔(介於讀、唱之間),並拖長尾音語調的方式將語言戲劇化和音樂化。本節次主要由三段念白構成:

其一曰:"謹當誠上謝:本年王爺、瘟部行災一切仙眾,仗此真香,普同供養。"

其二曰:"臣聞勢分高厚,氣辨陰陽。晝夜既已殊途,幽顯從人異致。人處陽光之界,神遊溟漠之鄉。雖影響以潛通,奈居諸而有間況。故災衰而殄滅,是宜人鬼而區分。"

其三曰:"伏願體上帝好生之德,憫下民悔過之誠。息既往之餘殃,赦未萌之結釁。速還本部,勿滯塵寰。物泰人安,良荷更生之賜。晨瞻夕禱,敢忘莫大之恩。尚慮三境垂慈,諸天宥過,和瘟大聖匡阜先生,軟語慈容,善加訓告,回鑾返駕,誕賜恩麻。"

### 2.三送瘟神

演法道士手搖帝鐘、吹牛角,唱念送船辭令("送船歌"),凡計三次,分別如下:

第一送:"一送神仙離鄉中,街頭巷尾無時長。鳴鑼擊鼓喧天去,直到蓬萊不老宮。神兵火急如律令。"

第二送:"二送諸神離家鄉,龍舟到水遊如龍。受此筵席歡喜去,唱起龍舟出外洋。神兵火急如律令。"

第三送:"三送諸神離鄉間,騰駕寶馬乘龍車。也有神兵風火送,不停時刻到本司。神兵火急如律令。"

上述三段唱辭分別介紹了辭送瘟神的三種方式:"鳴鑼擊鼓喧天去"
(一送)、"受此筵席歡喜去"(二送)、"也有神兵風火送"(三送),其中"一送"
和"二送"大抵為賄賂、綏靖等手段,"三送"則帶有威迫性(武力驅逐)。至
於這些瘟神(王船)的歸所,引文也有明確交待——"直到蓬萊不老宮"(一
送)、"唱起龍舟出外洋"(二送)、"不停時刻到本司"(三送)。總之,就是希望
他們遠走高飛,遠離本境(鄉中、家鄉、鄉閭)。

3. 唱讚辭

繼而,道士高唱讚辭曰:"速送妖魔精,斬馘六鬼鋒。諸天氣蕩蕩,我道
日興隆。大道雖云遠,人能克至誠。誠心達樂國,諸聖降塵寰。事畢難留
久,陳詞不再宣。狂風雲霧起,瞬息到鑾驂。寶華完滿天尊。"

這段文字中的前四句(計二十字)可在《道藏》中尋覓到出處。約出南
朝劉宋以前的《靈寶無量上品度人妙經》(卷一)"第一欲界飛空之音"末尾
四句云:"束送妖魔精,斬馘六鬼鋒。諸天炁蕩蕩,我道日興隆。"① 南宋王契
真編纂《上清靈寶大法》卷二三"治瘟疫咒"條亦收錄此段文字,並附註曰:
"右四句,凡入瘟家治病,勅水、布炁用。"② 有關此段文字的含義,南宋陳椿
榮集註《太上洞玄靈寶無量度人上品經法》(卷三)③、元代薛季昭註《元始元
量度人上品妙經註解》(卷中)④ 等均有註釋,茲不贅述。

4. 回駢頌

最後,道士唱讚"回駢頌"曰:

　　　回駢五雲輿,騰駕九霄高。倏忽沖天遠,壇前香炁多。玄恩潭宇
宙,福祿遍山河。緬想神仙路,逍遙上大羅。聖德流科教,醮主福壽
長。延生隨玉簡,請命奏金章。罪名消北府,生籍註南宮。人人皆獲
福,諸天降吉祥。傾光回駕天尊。向來祭奠王船三獻事畢。醮主下情
無任,具有京金火輪燒化。

"回駢頌",又稱"送聖頌""送神頌""送真頌"等,北宋《玉音法事》卷下
"送聖頌"條云:"回駢五雲輿,騰駕九霄歌。倏忽沖天遠,醮壇香炁多。玄

<hr/>

① 《靈寶無量度人上品妙經》卷一,《道藏》第 1 冊,第 5 頁。這段文字亦見載於《無上祕要》
　(卷四),二者當係同一出處。[(北周)宇文邕敕纂:《無上祕要》卷四,《道藏》第 25 冊,第
　7—8 頁]
② (南宋)甯全真傳授、王契真編纂:《上清靈寶大法》卷二三,《道藏》第 30 冊,第 868 頁。
③ (南宋)陳椿榮集注:《太上洞玄靈寶無量度人上品經法》卷三,《道藏》第 2 冊,第 503 頁。
④ (元)薛季昭註:《元始元量度人上品妙經註解》卷中,《道藏》第 2 冊,第 458 頁。

恩覃宇宙,福祿遍山河。緬想神仙路,逍遙上大羅。"① 此外,宋末元初《靈寶領教濟度金書》也多次引述這段頌文,内容與前引《玉音法事》完全相同。②值得注意的是,明代《徐仙真錄》(卷二)"回駢頌"條云:

　　　　回駢五雲輿,騰駕九霄高。倏忽天中遠,道場香焫多。玄恩覃宇宙,福祿遍山河。緬想神仙路,逍遙上大羅。聖德留科教,修齋福壽長。延生依玉簡,請命奏金章。罪名除北府,生籍注南昌。見存皆延壽,諸真降吉祥。向來設醮功德,尚祈真君賜福流恩。同賴善功,證衆上道,一切信禮。③

　　比對可知,這段頌文中前半段與前引道書中所見大致相同,而從"聖德流科教"以下的後半段則為新增補之内容,且明顯與今臺灣道士唱讚"回駢頌"有相似處,恐係後者之濫觴。

## (七)化　紙　咒

　　"化紙咒"或稱"化經咒""化財咒",待法事臨近尾聲時由道士焚香、化紙、念咒,藉此宣達功德圓滿之意,其所誦咒語即稱為"化紙咒"。現今臺灣道士誦經禮懺或行科演法即將完畢前,也通常吟誦"化紙咒"作為結束語。道門中人沿襲至今的"化紙咒"總計四十八字,内容如下:"千千截首,萬萬翦形。魔無干犯,鬼無祅精。三官北酆,明檢鬼營,不得容隱。金馬驛程,普告無窮,萬神咸聽。三界五帝,列言上清。"翻檢古道書得知,這段咒文源出《靈寶無量度人上品妙經》(卷一)④,二者文字完全相同。

---

① 《玉音法事》卷下,《道藏》第 11 册,第 145 頁。

② (南宋)甯全真傳授、(宋末元初)林靈真編輯:《靈寶領教濟度金書》卷十"送真頌"(《道藏》第 7 册,第 89 頁);卷十九"回駢頌"(《道藏》第 7 册,第 130 頁);卷四一"迴駢頌"(《道藏》第 7 册,第 213 頁);卷六二"迴駢頌"(《道藏》第 7 册,第 329 頁);卷七十"送真頌"(《道藏》第 7 册,第 364 頁);卷七三"迴駢頌"(《道藏》第 7 册,第 374 頁);卷一七〇"回駢頌"(《道藏》第 7 册,第 736 頁);卷一七一"回駢頌"(《道藏》第 7 册,第 739 頁);卷一七三"回駢頌"(《道藏》第 7 册,第 748 頁)。此外,這段文字亦見載於約宋代《天心正法脩真道場設醮儀》"次知磬舉送神頌"條(《道藏》第 18 册,第 326 頁)和約元代編輯《三洞讚頌靈章》卷中"送真頌"(《道藏》第 5 册,第 787 頁)

③ (明)方文照等輯:《徐仙真錄》卷二,《道藏》第 35 册,第 535 頁。

④ 《靈寶無量度人上品妙經》卷一,《道藏》第 1 册,第 4 頁。

## （八）唱　儀

　　"唱儀"又稱"唱班點將"，就是執法道士按照名單逐一清點（唱名）王船上的職司人員，藉此驗證全體船員是否均已就位。這也是王船出發前的最後準備工作。這套程序乃仿效現實生活中海船啟航前的一貫做法。事實上，"唱儀"名錄中羅列的職司稱謂，真實而又完整地再現了古代閩臺地區海商船的機構設置及人員組合。道士每唱宣一名職司時，陪祭人員需應聲答道"在"，表示該司職人員已就位。最後，合船人員均已各就各位，王船可隨時啟航出海了。茲將臺南、高屏等地的"唱儀"名錄列表如下：

表格 12–3：臺南與高屏兩地的 "唱儀" 名錄表

| 地域 | 王船之職司 | 總計 |
|---|---|---|
| 臺南市<br>（北路道區） | 伙長、舵公、正舵公、副舵公、阿班、副阿班、大繚、二繚、頭碇、二碇、三碇、大繆、二繆、三繆、啞公、才副、直庫、香公、拔帆首、總管、三板工、總舖、水手、統首、管船官、親丁 | 26 員 |
| 高雄、屏東<br>（南路道區） | 頭鐙、二鐙、一千、二千、三千、頭寮、二寮、直舖、總管、總掌、押杠大王、香公、啞班、門子、官吏、火長、總舖、副寮、船工、三板公、船主、財付、正付、水手、坐山、出海、水駝、頭目公、押舵 | 29 員 |

圖版 12–1：打船醮之 "唱儀"（蘇厝長興宮己丑科王醮，蘇基財道長）

### （九）開　水　路

　　"開水路"節次,堪稱是整場"打船醮"儀式的高潮。執法道士手執長柄鋤頭在王船前方的左右兩側犁地(先左側、後右側),並且劃出兩道刮痕,隨後將兩桶滿盛的海水(溪水)分別潑灑於船頭及船尾,藉此象徵打通水道,潮水已至,王船可直航大海。與此同時,執法道士高聲宣白,文辭則因地域而有所差異。

　　臺南道士宣辭曰:"貫龍貫斗頭,順風順水流;貫龍貫斗口,順風順水恰能走。"高屏地區則云:"上帝勅召開河神,手執鑿斧速降臨。速開河道通四海,四府眾聖盡接送。拜送火/水王出外境,回凶作吉保平安。"這兩段念白雖然文字不同,但宗旨都是祈願水路順暢、送走王船。

**圖版 12-2**：打船醮之 "開水路"（西港慶安宮己丑科王醮，吳明府道眾）

### （十）迴　　向

　　臺南地區"打船醮"儀式即將結束前,道士唱誦"迴向"共計三十七字,內容如下:"向來祭奠王船唱儀事畢,完成功德。上祈高真列聖,賜福消災,同賴善功。證無上大道,一切信禮。"這段文字意在普施功果、迴向醮主。

## 二、科介流程介紹

　　筆者在南臺灣地區從事王醮科儀的田野調查期間,實地拍攝到兩場"打船醮"儀式:(1)臺南市蘇厝長興宮己丑科七朝王醮之"打船醮"(4月3日深夜,23：35—24：15);(2)臺南市西港鄉慶安宮己丑科五朝王醮之"打

船醮”(5月11日凌晨，4：40—5：10）。這兩場醮事均係由臺南府城靈寶
派道士（即“北路”道團）施演，前次科儀執法者為賴廷彰道長，後次為吳明
府道眾。值得注意的是，本次科演中摻雜了大量的形體動作，它們與文本一
樣也都具有重要的參考和研究價值。下面，我們將側重於科介部分，對那些
不見諸於文字的肢體語言及動作表演，給予必要的描述、歸納和提煉。

## （一）壇場人員及法信名目

“打船醮”均擇“送王船”前晚或當日凌晨時舉行。儀式地點多設在
王船寮內，乃係公開性表演，對公眾完全開放，不過多因時間較遲（多為午
夜），故除了醮主、會首等必須陪祀外，其他圍觀人員似乎並不多。

“打船醮”在性質上屬於法場儀式（俗稱“紅頭法”），通常由擅長閭山小
法的某位道眾來獨立完成，其標準裝束為身著黃色海青（撩起衣擺、束於腰
間），頭上網冠繫紅布條，腳穿草鞋並綁紅布（由主辦方事先備好新鞋及白
襪一雙）。後場樂師二人：一人司柄鼓、一人擊鑼。

供桌架設於王船前，其上分別陳設了法器和供品，總計如下：

法器類：古仔紙花若干，牛角、帝鐘各一，長柄鋤頭一支（綁有紅布），二

圖版 **12–3**：打船醮之壇場陳設（西港慶安宮己丑科王醮）

桶海水(溪水);

供品類:香爐一個,五牲一付,大麵一盤,紅龜一盤,鮮花一對,水果一付,菜碗、乾菜料各一付,米酒二瓶,茶盅三,酒盅三。

就供品的種類及數量而言,本場儀式的等級規格並不高,甚至可以說十分簡陋。科演道士使用的法器也僅是常見的幾種而已,其中最特殊者應是那把長柄鋤頭和兩桶滿盛的海水(溪水),此二件法器是道士表演開水路的重要道具。

### (二)科介表演及其象徵含義

本場"打船醮"科儀雖然簡短,卻摻雜大量的形體語言及動作表演。儀式開始,一名道眾登場亮相,一邊吹牛角,一邊點燃古仔紙、分置五方——此舉旨在淨壇逐穢,這也是閭山法師行法開場時的慣常做法。之後,他右手搖帝鐘(法鈴),左手執牛角和線香,站立供桌前以法仔腔唱誦"三直符"及其他節次,期間穿插一些迴旋、騰跳、翻筋斗、打拳頭等武場動作。這些科介表演乃係執法道士試圖表現值年王爺以其無比的威嚴和法力,驅逐和押解境內的眾疫鬼及諸不祥登上王船。而翻筋斗、打拳頭等激烈動作則暗示"押煞"過程並非一帆風順,還有一些頑固分子不願就範,必須施用武力將其強制驅逐。總之,這一系列動作不僅顯示"押煞"任務的辛苦,同時凸顯出王爺及諸班衙役的盡職盡責、為綏靖地方安寧所做的貢獻。

待"三奠酒"節次時,道士先將酒水灑向船頭,爾後模擬扯船帆、撈船椗、解纜繩等一連串象徵性動作,同時配合唱讚:"扯起大帆,撈起大碇。大鑼、大鼓鬧紛紛。送爾去,莫得陽間作灾殃。嘿櫓嗦,嘿櫓嗦,嘿櫓嗦。"上述表演動作總計重復三次(初獻、亞獻、三獻),每次流程均相同。這個環節表現了疫鬼及諸不祥被押上王船後,道士代表醮主及信眾進獻美酒,為其餞行。先禮後兵,兵後行禮,是臺灣道教科儀(尤其是閭山小法)的習見模式。這次"押煞"登船後施予酒水,正是符合傳統之舉。待"三奠酒"後,執法道士根據現實中海船啟航前的程序,栩栩如生地再現了起帆、撈椗、解纜等情景,藉此說明王船已蓄勢待發,做好了揚帆啟航的最後準備。

接下來的"開水路"節次,科介表演尤具趣味性。只見這名道士拎起長柄鋤頭,先點燃古仔紙,對其施予淨化——這把鋤頭便被賦予了法術生命和靈氣,不再是一件普通農具而是具有神奇力量的法器。隨後,他手執鋤頭在王船前方的左右兩側由內而外地犁地——以示打通水路,航行無阻。繼而,他將兩桶滿盛的海水(溪水)分別潑灑於船頭和船尾——表示潮水已到,船行水上、乘風破浪。與此同時,這名道士高聲宣白:"貫龍貫斗頭,順風順水流"(船頭灑水);"貫龍貫斗口,順風順水恰能走"(船側灑水)。船行海上,風向和水流對航行安全十分重要,故而道士祈願王船能夠順風順水,暢通無阻地駛向遠方。

　　值得一提的是,高屏與臺南兩地靈寶道壇敷演本場祭船儀式的科儀文本有所不同,表演方式更是差異甚大。高屏地區的祭船儀式通常在"送王船"當天,待遷船出寮,暫停廟埕時,高功身著絳衣率道眾以文場形式禮誦唱念,不進行武場表演。2009年3月,筆者實地考察蘇厝真護宮舉辦的己丑科五朝王醮科儀,廟方聘請高屏道團蔡志民道長主持儀式,祭船儀式就是擇"送船"當天(3月15日)以唱誦等文場形式進行。

**圖版 12-4：打船醮之唱誦 "三直符"（西港慶安宮己丑科王醮，吳明府道眾）**

## 三、"唱儀" 名錄考釋

　　臺灣"打船醮"中"唱儀"名錄乃承襲古代南方沿海地區遠洋商船的機構設置。[1] 明清以降,粵、閩、臺等地成為海外貿易中最為發達地區之一,那裏聚集了為數眾多的漁民和船員,也是王船(王爺)信仰十分盛行的區域。故而,閩臺民眾舉行"送王船"儀式時將心目中的"王船"按照現實生活中

---

① 　有學者曾對明清時期福建、廣東等地海商船的機構設置有過簡要介紹。(參見陳偉明:《明清粵閩海商的海上營運架構》,《海交史研究》2000年第1期,第55—64頁)

圖版 **12–5**：表演扯船帆、撈船椗等科介動作（西港慶安宮己丑科王醮，吳明府道眾）

圖版 **12–6**："開水路"前先焚紙淨化鋤頭（蘇厝長興宮己丑科王醮，賴廷彰道眾）

海船模式來佈局和架構，倒也符合情理。對"唱儺"名錄進行考究之前，我們先臚列幾條重要史料如下：

（1）明代張燮（1574—1640 年）於萬曆四十五年（1617 年）撰《東西洋考》卷九《舟師考》云："每舶舶主為政，諸商人附之，如蟻封衛長，合併徒巢。亞此則財副一人，爰司掌記。又總管一人，統理舟中事，代舶主傳呼。其司戰

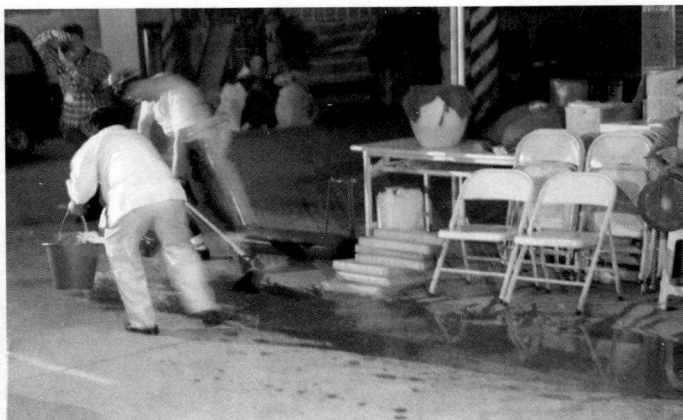

圖版 12-7：開水路（蘇厝長興宮己丑科王醮，賴廷彰道眾）

具者為直庫，上檣桅者為阿班，司椗者有頭椗、二椗，司繚者有大繚、二繚，司舵者為舵工，亦二人更代。其司針者名火長，波路壯闊，悉聽指揮。"①

（2）清康熙五十八年（1719 年）徐葆光撰《中山傳信錄》卷一"封舟"云："每船，船戶以下二十二人：正夥長，主針盤羅經事。副夥長，經理針房；兼主水鉤長縆三條，候水淺深。正、副舵工二人，主柁；……正、副椗二人，主椗四門；行船時，主頭緝布篷。正、副鴉班二人，主頭巾頂帆、大桅上一條龍旗及大旗。正、副杉板工二人，主杉板小船；行船時，主清風大旗及頭帆。正、副繚手二人，主大帆及尾送布帆、繚母棕、繚木索等物。正、副值庫二人，主大帆插花、天妃大神旗，又主裝載。押工一人，主修理檳榔及行船時大桅千斤墜一條。香公一人，主天妃、諸水神座前油燈、早晚洋中獻紙及大帆尾繚。頭阡一人，主大桅繂索大椗索、盤絞索、大櫓車繩。二阡二人，主大桅繂索副椗索、盤絞索、大櫓車繩。三阡一人，主大桅繂索三椗索、盤絞索、車子數根。正、副總鋪二人，主鍋飯、柴米事。"②

（3）清康熙六十一年（1722 年）黃叔璥撰《赤嵌筆談》卷一"海船"條云："南北通商，每船出海一名（即船主）、舵工一名、亞班一名、大繚一名、頭碇一名、司杉板船一名、總鋪一名、水手二十餘名或十餘名。通販外國，船主一名；財副一名，司貨物錢財；總捍一名，分理事件；火長一正、一副，掌船中更漏及駛船鍼路；亞班、舵工各一正、一副；大繚、二繚各一，管船中繚索；一碇、

① （明）張燮撰，謝方點校：《東西洋考》卷九，中華書局 1981 年版，第 170—171 頁。
② （清）徐葆光：《中山傳信錄》卷一，臺灣銀行經濟研究室編：《臺灣文獻叢刊》第 306 種，臺灣銀行 1972 年版，第 6 頁。

二碇各一,司碇;一遷、二遷、三遷各一,司桅索;杉板船一正、一副,司杉板及頭繚;押工一名,修理船中器物;擇庫一名,清理船艙;香公一名,朝夕焚香楮祀神;總鋪一名,司火食;水手數十餘名。"①

(4)清乾隆年間朱仕玠(約1753年前後在世)撰《小琉球漫誌》卷一《泛海紀程》云:"凡海舶主事者曰出海,定羅盤子午針者曰舵工,經理張弛篷索者曰鴉班,其餘俱名水手。舶篷編竹為之,長約八丈,濶四五丈。或值黑夜舟行,海風怒吼,舟楫振撼,篷索偶失理,鴉班上下桅竿,攀緣篷外,輕踰鳥隼,捷若猿猱,洵稱絕技。"②

(5)清道光十二年(1832年)周凱撰《廈門志》卷五《船政略》"商船"條曰:"南北通商之船,每船出海一名(即船主)、柁工一名、亞班一名、大繚一名、頭椗一名、司杉船一名、總鋪一名、水手二十餘名或十餘名。"③ 又,卷十五《風俗記·俗尚》云:"造船置貨者,曰財東;領船運貨出洋者,曰出海。司舵者,曰舵工;司桅者,曰斗手、亦曰亞班;司繚者,曰大繚:相呼曰兄弟。"④

上述文獻詳細介紹了明清時期閩臺地區海商船人員及機構的設置情況。下面,我們結合史料對"唱儺"名錄中的諸職司稱謂及其權責略作分析和考證。

1. 夥長

"夥長"又稱"火長",乃執掌船上的羅盤、子午針及更漏,領引船舶在茫茫大海中沿著正確的航向前進。張燮撰《東西洋考》卷九《舟師考》云:"長年三老鼓柂揚帆,截流橫波,獨恃指南針為導引。或單用,或指兩間,憑其所嚮,蕩舟以行。如欲度道里遠近多少,準一晝夜風利所至為十更。約行幾更,可到某處。……其司針者名火長,波路壯闊,悉聽指揮。"⑤ 明萬曆時人謝杰撰《虔臺倭纂》卷上"倭針"條附按語云:"針者,水羅經子午針也,針舵相仍。針之所向,則舵隨之。司針者,名夥長,司舵者,名舵工。余使琉球,用夥長八人,舵工十六人,夥長二人一班,舵工四人一班,晝夜番休無少間。上班者管事,下班者歇息。司針之處甚幽密,外物一無所睹,惟開小牖

① (清)黃叔璥:《赤嵌筆談》卷一,臺灣銀行經濟研究室編:《臺灣文獻叢刊》第4種《臺海使槎錄》卷一,臺灣銀行1957年版,第17頁。
② (清)朱仕玠:《小琉球漫誌》卷一,臺灣銀行經濟研究室編:《臺灣文獻叢刊》第3種,臺灣銀行1957年版,第7頁。
③ (清)周凱:《(道光)廈門志》卷五,臺灣省文獻委員會1993年版,第171頁。
④ (清)周凱:《(道光)廈門志》卷十五,臺灣省文獻委員會1993年版,第645頁。
⑤ (明)張燮撰,謝方點校:《東西洋考》卷九,中華書局1981年版,第170—171頁。

與舵門相向,欲其專也。針艙內燃長明燈,不分晝夜。夜五更、晝五更,故舡行十二時辰為十更。"① 這段引文論及"子午針"在航海中的領航作用,強調"舵"(航向)對"針"的依賴關係——"針之所向則舵隨之",還介紹夥長的工作環境——針艙內的佈置情況。值得注意的是,謝氏談到他奉命冊封琉球的使節船上共設夥長八人,並實施二人一班、輪流值崗的制度。這麼龐大的夥長團隊,無非就是為了確保航線的準確無誤,由此凸顯出夥長及針路對於海船航行中的重要性。不過,清康熙時人徐葆光(1671—1740年)撰《中山傳信錄》卷一"封舟"條則將"夥長"分為正、副二職:"正夥長,主針盤羅經事。副夥長,經理針房;兼三水鈎長繩三條,候水淺深。"② 這裏是說:正夥長執掌羅盤,副夥長負責針路兼及查驗水道之深淺。此外,黃叔璥(1680—1758年)撰《赤嵌筆談》卷一"海船"條也談到"火長"之職設正、副二員:"火長一正、一副,掌船中更漏及駛船鍼路"③。

此外,明末清初屈大均(1630—1696年)撰《廣東新語》卷十八《舟語·洋舶》云:"凡上舶容人千餘,中者數百,皆有舵師、曆師。然必以羅經指南。尸羅經者,為一舶司命,毫末分利害焉。每舶有羅經三:一置神樓、一舶尾、一在半桅之間,必三鍼相對不爽,乃敢行海。"④ 文中將"尸羅經者"(即"夥長")稱為一船之司命——"尸羅經者為一舶司命"。換言之,夥長的導航職責乃關係到全船人的性命,不可有絲毫差錯。同時,為了確保航線的準確性,每艘海船上共設有羅針三處:一置神樓、一舶尾、一在半桅之間,只有三針相對無誤才敢行船。清初劉獻廷(1648—1695年)撰《廣陽雜記》(卷五)也對夥長"司羅盤"的操作流程做出如下說明:"海舶上司羅盤者曰夥長。置一龕,下鋪細砂,安盤于上,取平,周回置燈,夥長晝夜視之,較之以刻漏而定方向焉。其水之淺深,泥之顏色臭味,皆知之。驗之毛髮不爽。一見山,則事在舵工,夥長之任卸矣。"⑤ 引文末句是典型的責任追究制度,就是說若航海過程中發生觸礁事故("見山"),雖事在舵工,但實係導航有誤所致,夥長必須引咎辭職。

————————

① 〔明〕謝杰撰:《虔臺倭纂》卷上,載鄭振鐸輯:《玄覽堂叢書》(第六冊),廣陵書社 2010 年版,第 4428 頁。

② 〔清〕徐葆光:《中山傳信錄》卷一,臺灣銀行經濟研究室編:《臺灣文獻叢刊》第 306 種,臺灣銀行 1972 年版,第 6 頁。

③ 〔清〕黃叔璥:《赤嵌筆談》卷一,臺灣銀行經濟研究室編:《臺灣文獻叢刊》第 4 種《臺海使槎錄》卷一,臺灣銀行 1957 年版,第 17 頁。

④ 〔清〕屈大均撰:《廣東新語》卷十八,中華書局 1985 年版,第 481 頁。

⑤ 〔清〕劉獻廷撰,汪北平、夏志和標點:《廣陽雜記》卷五,中華書局 1957 年版,第 240 頁。

有趣的是，前引《廣東新語》卷六《神語·海神》還談到"火長"另外擔負著一項特殊使命："凡渡海風波不起，島嶼晴明，忽見朱旗絳節，驂駕雙螭、海女人魚，後先導從，是海神遊也。火長亟焚香再拜則吉，其或日影向西，巨舶相遇，帆檣敧側，樓舵不全，或兩或三，時來衝突，火長必舉火物色之，舉火而彼不應，是鬼船也。火長亟被髮擲錢米以厭勝，或與之決戰，不勝，必號呼海神以求救。"①引文談到在海船航行過程中，若逢"海神遊"時即由"火長"焚香再拜，虔心禮敬；若遭遇鬼船"衝突"，則"火長"披頭散髮、拋擲錢米以厭勝或"與之決戰"。從明清時期閩粵海船營運的機構設置來看，執香奉祀本屬"香公"的職權範圍，但此類突發性緊急狀況下，改由身份地位更高一些的"火長"出面解決倒也符合情理。

今臺灣地區"唱儺"人員名錄中此職未分正、副，統稱"夥長"或"火長"——臺南稱"伙長"、高屏稱"火長"。

2. 舵公（正舵公、副舵公）

"舵公"即"舵工"，司掌船舵，計分正、副二職。張燮撰《東西洋考》卷九《舟師考》云："司舵者為舵工，亦二人更代。"②徐葆光撰《中山傳信錄》卷一"封舟"條亦云："正、副舵工二人，主柁。"③

臺南地區"唱儺"名錄中將"舵公、正舵公、副舵公"並列三條，筆者頗懷疑"舵公"當係贅衍。而高屏地區"唱儺"人員中則無"舵公"稱謂，筆者推測名單中列在末位的"押舵"當係"舵公"。

3. 阿班、副阿班（啞班）

"阿班"又稱"亞班""鴉班""斗手"，專職攀緣瞭望之責，同時也兼行司桅理篷的任務。明代張燮撰《東西洋考》卷九《舟師考》記載："上檣桅者為阿班"。④又，徐葆光撰《中山傳信錄》卷一"封舟"云："船戶以下共二十二人，各有專掌。其中最趫捷者名鴉班，正、副二人；登檣瞭望，上下如飛。"⑤黃叔璥撰《赤嵌筆談》卷一"海船"條："有占風望向者，緣篷桅繩而上，登眺盤旋，了無怖畏；名曰亞班。"⑥綜上所述，"阿班"（"亞班""鴉班"）計分正、副

① （清）屈大均撰：《廣東新語》卷六，中華書局1985年版，第204頁。
② （明）張燮撰，謝方點校：《東西洋考》卷九，中華書局1981年版，第171頁。
③ （清）徐葆光：《中山傳信錄》卷一，臺灣銀行經濟研究室編：《臺灣文獻叢刊》第306種，臺灣銀行1972年版，第6頁。
④ （明）張燮撰，謝方點校：《東西洋考》卷九，中華書局1981年版，第170頁。
⑤ （清）徐葆光：《中山傳信錄》卷一，臺灣銀行經濟研究室編：《臺灣文獻叢刊》第306種，臺灣銀行1972年版，第4頁。
⑥ （清）黃叔璥：《赤嵌筆談》卷一，臺灣銀行經濟研究室編：《臺灣文獻叢刊》第4種《臺海使槎錄》卷一，臺灣銀行1957年版，第17頁。

二職,其人身手敏捷、登檣緣桅,專司瞭望、目測風向及航道。其實,朱仕玠撰《小琉球漫誌》卷一《泛海紀程》中形象地勾勒出"鴉班"的矯健身手:"經理張弛篷索者曰鴉班,其餘俱名水手。舶篷編竹為之,長約八丈,濶四五丈。或值黑夜舟行,海風怒吼,舟楫振撼,篷索偶失理,鴉班上下桅竿,攀緣篷外,輕踰鳥隼,捷若猿猱,洵稱絕技。"① 這裏談到"鴉班"兼及打理篷索(調整桅篷、確保航向),道光本《廈門志》卷十五《風俗記·俗尚》亦說:"司桅者,曰斗手、亦曰亞班"。②

既然阿班司候遠眺、占風望向,其目測能力自然應是超乎常人的。清代廣州長壽寺僧人釋大汕撰《海外紀事》(卷一)收錄他本人於康熙三十四年(1695 年)春渡海赴越南途中的一則見聞,可謂是對阿班目力超群的有力佐證:

> (正月)廿四,船主人大書於柱曰:"先見山者賞錢一貫。"人人眉宇俱開,喜慰可知矣。先是船上有水工阿班者,安南人,年不滿二十,壯健趫捷,每掛帆即上巾頂,料理纜索,往來如覆平地,方在目前,仰視已據桅巔,上下跳躑,毫不芥蒂,識者謂先見山者必是人矣。時有羣燕飛繞檣上,越三日尚渺無山影。至廿七將午,有大呼桅頂曰:"山在是矣。"果阿班也。舉船闃然大笑,然未嘗有同見者也。注目凝神,移時而見者,百中之一矣。又移時見者,十中之一矣。於是舵工謀所向。③

可見,這位阿班不僅"壯健趫捷",視力更絕非尋常。

臺南地區"唱儀"名錄中設有"阿班""副阿班"二職,高屏地區"啞班"當係"亞班"之訛誤。

### 4. 大繚、二繚(頭寮、二寮)

大繚、二繚,乃係司繚之職,即執掌船上的布帆、繚索等物。明代張燮撰《東西洋考》卷九《舟師考》云:"司繚者有大繚、二繚"。④ 徐葆光撰《中山傳信錄》卷一"封舟"條亦云:"正、副繚手二人,主大帆及尾送布帆、繚母棕、

---

① (清)朱仕玠:《小琉球漫誌》卷一,臺灣銀行經濟研究室編:《臺灣文獻叢刊》第 3 種,臺灣銀行 1957 年版,第 7 頁。

② (清)周凱:《(道光)廈門志》卷十五,臺灣省文獻委員會 1993 年版,第 645 頁。

③ (清)大汕著,余思黎點校:《海外紀事》卷一,中華書局 1987 年版,第 7 頁。

④ (明)張燮撰,謝方點校:《東西洋考》卷九,中華書局 1981 年版,第 171 頁。

繚木索等物。"① 黄叔璥撰《赤嵌筆談》卷一"海船"條:"大繚、二繚各一,管船中繚索"②。

高屏地區"唱儀"名錄中"頭寮""二寮"當係"繚"字誤寫,而"副寮"則似衍誤。

5. 頭碇、二碇、三碇

"碇"或作"椗",是船舶停泊時沉入水底用以穩定船身的器物,早期多為石質——如石塊、石墩或碇石,後來改用木質或鐵質——碇木、碇鐵、錨等。每艘船舶會根據自身的載重量配備"碇"("椗")數枚,一般海船通常配置三椗或二椗,遠洋巨舟可設四椗、依次稱為:正碇(又稱"頭碇""將軍碇",不輕下)、副碇、三碇、四碇。每枚"碇"("椗")的重量不等,"正碇"重達七、八百斤,餘碇則逐次遞減。每枚"椗"上均綁縛繩索,分稱為"正椗繚""副椗繚""三椗繚""四椗繚"。③

徐葆光在《中山傳信錄》中詳細介紹其作為冊封琉球副使、陪同正使翰林院檢討海寶,親率兩艘大海船("封舟")④出使琉球,冊封中山王尚敬的過程。該書卷一"封舟"條對兩艘海船的建造及配置情況做出交待:"(一號船)椗大小各二,大者長二丈七尺,小者長二丈四尺;皆寬八寸及七寸。形如'个'字:皆以鐵力木為之。椗上棕索二條,長一百托,圍一尺五寸(按字書:'碇,錘舟石也';與矴同'。無'椗'字。今以木為之,故俗字從木)。"⑤ 又云:"(二號船)椗,大小三具。"⑥ 簡言之,一號"封舟"上設椗二枚,二號"封舟"上設椗三枚。

又,黄叔璥撰《赤嵌筆談》卷一"海船"條云:"碇凡三:正碇、副碇、三碇

① (清)徐葆光:《中山傳信錄》卷一,臺灣銀行經濟研究室編:《臺灣文獻叢刊》第 306 種,臺灣銀行 1972 年版,第 6 頁。

② (清)黄叔璥:《赤嵌筆談》卷一,臺灣銀行經濟研究室編:《臺灣文獻叢刊》第 4 種《臺海使槎錄》卷一,臺灣銀行 1957 年版,第 17 頁。

③ 道光本《廈門志》卷五《船政略》:"正椗繚、副椗繚、三椗繚(綁在椗上,用以泊船)、四椗繚(在港內淺處用)"。[(清)周凱:《(道光)廈門志》卷五,臺灣省文獻委員會 1993 年版,第 164 頁]

④ 這兩艘"封舟"乃取自浙江寧波民間商船。徐葆光撰《中山傳信錄》卷一"封舟"條云:"二船取自浙江寧波府屬,皆民間商舶;較往時封舟,大小相埒而費輕辦速,前此未有也。"[(清)徐葆光:《中山傳信錄》卷一,臺灣銀行經濟研究室編:《臺灣文獻叢刊》第 306 種,臺灣銀行 1972 年版,第 1 頁]

⑤ (清)徐葆光:《中山傳信錄》卷一,臺灣銀行經濟研究室編:《臺灣文獻叢刊》第 306 種,臺灣銀行 1972 年版,第 5 頁。

⑥ (清)徐葆光:《中山傳信錄》卷一,臺灣銀行經濟研究室編:《臺灣文獻叢刊》第 306 種,臺灣銀行 1972 年版,第 6 頁。

（正碇一名將軍碇，不輕下），入水數十丈。椶藤草三絙，約值五十金。寄碇先用鉛錘試水深淺；繩六、七十丈，繩盡猶不止底，則不敢寄。鉛鎚之末，塗以牛油；沾起沙泥，舵師輒能辨至某處。"① 這裏談到海船一般設"碇"三枚（"正碇"具有象徵性，不輕易使用），入水數十丈。"寄碇"前須用鉛錘試水深淺，其後方可投碇。

　　此外，朱仕玠撰《小琉球漫誌》卷一《泛海紀程》談道："矴以鐵力木為之，頭矴重七八百斤，以次遞殺。巨舟四矴，次三矴、二矴，下鉛筒約四十餘尋。鉛筒以純鉛為之，形如秤錘，高約三四寸，底平，中剖孔，寬約四分，深如之，繫以棕繩。投鉛筒下海，底孔粘海泥；舵工覘泥色，即知其處，舟行自不錯誤。"② 這段文字進一步解說"矴"（碇）質地為鐵力木（一種熱帶硬木，享有"硬木之王"美譽）③，每艘船舶可根據型號不同而配備二碇、三碇或四碇，頭碇重達七、八百斤，二碇、三碇、四碇的重量則依次遞減。這些數據很大程度上真實再現了清初海船的承重情況。此外，清道光十九年（1839 年）刊刻的《廈門志》卷五"船工需用木料名色"條則說"碇"係採用"赤皮木"製成："碇（用赤皮木。用以停泊船）"④。

　　必須說明的是，打船醮"唱儀"時提到的"頭碇""二碇""三碇"（臺南地區）和"頭鐙""二鐙"（高屏地區）乃係分別掌管船上"頭碇""二碇""三碇"的職司人員而非"碇"本身。而明代張燮撰《東西洋考》卷九《舟師考》云："司椗者有頭椗、二椗"⑤；黃叔璥撰《赤嵌筆談》卷一"海船"條亦云："一碇、二碇各一，司碇"⑥。此外，清代徐葆光撰《中山傳信錄》（卷一）談到正椗和副椗共同執掌船上四椗及布篷——"正、副椗二人，主椗四門；行船時，主頭緝

① （清）黃叔璥：《赤嵌筆談》卷一，臺灣銀行經濟研究室編：《臺灣文獻叢刊》第 4 種《臺海使槎錄》卷一，臺灣銀行 1957 年版，第 17 頁。

② （清）朱仕玠：《小琉球漫誌》卷一，臺灣銀行經濟研究室編：《臺灣文獻叢刊》第 3 種，臺灣銀行 1957 年版，第 7 頁。

③ 明清之季，閩粵等地民眾打造遠航海船中關鍵部件（如龍骨、桅杆、舵等）時通常選用材質優良的鐵力木，故有"鐵船"之稱。明末清初屈大均撰《廣東新語》卷十八《舟語·操舟》云："粵人善操舟。故有鐵船紙人、紙船鐵人之語。蓋下海風濤多險，其船厚重。多以鐵力木為之。船底從一木以為梁，而艙艎橫數木以為擔，有梁擔則骨幹堅強，食水可深。風濤不能掀簸，任載重大，故曰鐵船。船既厚重，則惟風濤所運，人力不費。"〔（清）屈大均撰：《廣東新語》卷十八，中華書局 1985 年版，第 477 頁〕

④ （清）周凱：《（道光）廈門志》卷五，臺灣省文獻委員會 1993 年版，第 163 頁。

⑤ （明）張燮撰，謝方點校：《東西洋考》卷九，中華書局 1981 年版，第 170—171 頁。

⑥ （清）黃叔璥：《赤嵌筆談》卷一，臺灣銀行經濟研究室編：《臺灣文獻叢刊》第 4 種《臺海使槎錄》卷一，臺灣銀行 1957 年版，第 17 頁。

布篷。"① 換言之,即使配有四椗的巨型船舶也才僅設正椗和副椗二職。

6. 大纜、二纜、三纜(一千、二千、三千)

"唱儀"名錄中提到的"大纜""二纜""三纜"(臺南地區)或"一千""二千""三千"(高屏地區),舊時稱"頭阡"("一遷")、"二阡"("二遷")、"三阡"("三遷"),乃係司桅索之職(即主管帆桅之起落)。徐葆光撰《中山傳信錄》卷一"封舟"條云:"頭阡一人,主大桅繂索大椗索、盤絞索、大櫓車繩。二阡二人,主大桅繂索副椗索、盤絞索、大櫓車繩。三阡一人,主大桅繂索三椗索、盤絞索、車子數根。"② 黃叔璥撰《赤嵌筆談》卷一"海船"條云:"一遷、二遷、三遷各一,司桅索"。③

7. 財付(才副)

"財付""才副",實為"財副"之訛誤。顧名思義,"財副"就是管理貨物及錢財等帳目,類似今天的財務會計之角色。張燮撰《東西洋考》卷九《舟師考》云:"財副一人,爰司掌記。"④ 又,黃叔璥撰《赤嵌筆談》卷一"海船"條云:"財副一名,司貨物錢財。"⑤ 概言之,"財副"就是船上公共財物的管理人。

8. 啞公(押杠大王)

今臺灣地區打船醮"唱儀"名錄中"啞公"(臺南地區)、"押杠大王"(高屏地區),當係指"押工"("押班"),此職的日常權責就是承擔船上設備及部件的維護保養。徐葆光撰《中山傳信錄》卷一"封舟"條云:"押工一人,主修理檣桅及行船時大桅千斤墜一條。"⑥ 又,黃叔璥撰《赤嵌筆談》卷一"海船"條云:"押工一名,修理船中器物"⑦ 上述引文介紹了"押工"的日常職責就是停泊時修理檣桅等船上器具,行船時負責大桅千斤墜。由此可見,"押工"角色在船員中似乎並不顯要。不過,清嘉慶二十年(1815 年)刊本

① (清)徐葆光:《中山傳信錄》卷一,臺灣銀行經濟研究室編:《臺灣文獻叢刊》第 306 種,臺灣銀行 1972 年版,第 6 頁。

② (清)徐葆光:《中山傳信錄》卷一,臺灣銀行經濟研究室編:《臺灣文獻叢刊》第 306 種,臺灣銀行 1972 年版,第 6 頁。

③ (清)黃叔璥:《赤嵌筆談》卷一,臺灣銀行經濟研究室編:《臺灣文獻叢刊》第 4 種《臺海使槎錄》卷一,第 17 頁。

④ (明)張燮撰,謝方點校:《東西洋考》卷九,中華書局 1981 年版,第 170 頁。

⑤ (清)黃叔璥:《赤嵌筆談》卷一,臺灣銀行經濟研究室編:《臺灣文獻叢刊》第 4 種《臺海使槎錄》卷一,臺灣銀行 1957 年版,第 17 頁。

⑥ (清)徐葆光:《中山傳信錄》卷一,臺灣銀行經濟研究室編:《臺灣文獻叢刊》第 306 種,臺灣銀行 1972 年版,第 6 頁。

⑦ (清)黃叔璥:《赤嵌筆談》卷一,臺灣銀行經濟研究室編:《臺灣文獻叢刊》第 4 種《臺海使槎錄》卷一,臺灣銀行 1957 年版,第 17 頁。

《澄海縣志》卷六《風俗·生業》則將此職("押班")列為"船頭目"中三首之一,其地位僅次於"出海"和"舵公",如謂:"行舶艚船亦云洋船、商船,以之載貨出洋,閩粵沿海皆有之。……其船頭目有三首:出海,掌數兼管通船諸務;次舵公,把舵;次押班,能直上桅端,整脩帆索等物。"①

### 9. 直庫

直庫(值庫),分為正、副二職,司管戰鬥器具(舊時海船上常配火器以自衛、防備不測)或大帆插花、大神旗及裝載等事宜。張燮撰《東西洋考》卷九《舟師考》云:"舟大者廣可三丈五六尺,長十餘丈。小者廣二丈,長約七八丈。弓矢刀楯戰具都備,猝遇賊至,人自為衛,依然長城,未易卒拔焉。……其司戰具者為直庫"。②徐葆光撰《中山傳信錄》卷一"封舟"條云:"正、副值庫二人,主大帆插花、天妃大神旗,又主裝載。"③

高屏地區"唱儀"所言"直舖"實為"直庫"。

### 10. 香公

"香公"又名"司香",乃系執香奉祀船上所供神祇(神龕)的神職人員。張燮撰《東西洋考》卷九《舟師考·祭祀》對此介紹說:"以上三神(按:協天大帝關公、天妃媽祖、舟神),凡舶中來往,俱晝夜香火不絕。特命一人為司香,不他事事。舶主每曉起,率眾頂禮。每舶中有驚險,則神必現靈以警眾,火光一點,飛出舶上,眾悉叩頭,至火光更飛入幕乃止。是日善防之,然畢竟有一事為驗。或舟將不免,則火光必颺去不肯歸。"④據引文可知,明代閩粵沿海地區洋船上通常供祀關聖、媽祖和舟神⑤ 三位神祇,除關帝外後兩位均係水神⑥。今閩臺地區"送王"儀式中,王船上必設"聖母閣"(奉祀天妃媽祖)和"代天府"(奉祀值年瘟王)。

有關"香公"的日常職責,黃叔璥撰《赤嵌筆談》卷一"海船"條精煉概

---

① 〔清〕李書吉等修、蔡繼紳等纂:《(嘉慶)澄海縣志》卷六,《中國方志叢書》第六十二號,成文出版社 1967 年版,第 65 頁。

② (明) 張燮撰,謝方點校:《東西洋考》卷九,中華書局 1981 年版,第 170 頁。

③ (清) 徐葆光:《中山傳信錄》卷一,臺灣銀行經濟研究室編:《臺灣文獻叢刊》第 306 種,臺灣銀行 1972 年版,第 6 頁。

④ (明) 張燮撰,謝方點校:《東西洋考》卷九,中華書局 1981 年版,第 186 頁。

⑤ 明代張燮撰《東西洋考》卷九《舟師考·祭祀》云:"舟神,不知創自何年,然舶人皆祀之。"〔(明) 張燮撰,謝方點校:《東西洋考》卷九,中華書局 1981 年版,第 186 頁〕

⑥ 明末清初屈大均撰《廣東新語》卷六《神語·海神》談到粵人多有奉祀海神之傳統:"粵人事海神甚謹,以郡邑多瀕於海。……然今粵人出入,率不泛祀海神,以海神渺茫不可知。凡渡海自番禺者,率祀祝融、天妃;自徐聞者,祀二伏波。"〔(清) 屈大均撰:《廣東新語》卷六,中華書局 1985 年版,第 204 頁〕

括:"香公一名,朝夕焚香楮祀神"。① 徐葆光撰《中山傳信錄》卷一"封舟"條則給予詳細詮釋:"香公一人,主天妃、諸水神座前油燈、早晚洋中獻紙及大帆尾繚。"② 這裏談到"香公"負責船上天妃及諸水神的日常奉祭,確保他們座前油燈常燃不熄,此外每天早、晚兩次在海水中拋撒紙錢,祭奠水中鬼怪和亡魂,祈求航行平安。當然,除了執香祭祀的本職工作外,"香公"還兼管大帆尾繚。

11. 總管

總管,又稱"總捍",乃係輔佐船主、料理事務的全責性人物。張燮撰《東西洋考》卷九《舟師考》云:"又總管一人,統理舟中事,代舶主傳呼。"③ 黃叔璥撰《赤嵌筆談》卷一"海船"條云:"總捍一名,分理事件"。④ 值得一提的是,元代以降江南地區基層社會中盛行"總管"信仰,其原型最初來源於漕運、海運船隊的指揮官具有保護水運的職能,後被賦予新的傳說和神跡而成為施米神。⑤ 這類"總管"神祇與臺灣王船信仰中的"總管"是否有關聯,尚有待研究。

12. 三板工(三板公)

"唱儎"名錄中的"三板工"(臺南地區) 和"三板公"(高屏地區),實為"杉板工"("杉板船")之訛誤。此職係為執掌杉板船及頭繚的人員,計分為正、副二人。黃叔璥撰《赤嵌筆談》卷一"海船"條談道:"每船載杉板船一隻,以便登岸。出入悉於舟側,名水仙門。……杉板船一正、一副,司杉板及頭繚"。⑥ 引文所言每艘海船上均裝載有杉板船一隻,其作用類似今天的救生艇或登陸小艇。兩名"杉板工"即為掌管這艘杉板船及頭繚的人員。

13. 總舖

總舖負責船上全體人員的後勤伙食。關於此職之人數,徐葆光撰《中山傳信錄》卷一"封舟"條中說有正、副二人:"正、副總舖二人,主鍋飯、柴

---

①　(清) 黃叔璥:《赤嵌筆談》卷一,臺灣銀行經濟研究室編:《臺灣文獻叢刊》第4種《臺海使槎錄》卷一,臺灣銀行1957年版,第17頁。

②　(清) 徐葆光:《中山傳信錄》卷一,臺灣銀行經濟研究室編:《臺灣文獻叢刊》第306種,臺灣銀行1972年版,第6頁。

③　(明) 張燮撰,謝方點校:《東西洋考》卷九,中華書局1981年版,第170頁。

④　(清) 黃叔璥:《赤嵌筆談》卷一,臺灣銀行經濟研究室編:《臺灣文獻叢刊》第4種《臺海使槎錄》卷一,臺灣銀行1957年版,第17頁。

⑤　相關研究,參見[日]濱島敦俊:《近世江南金總管考》,載鄭振滿、陳春生主編:《民間信仰與社會空間》,福建人民出版社2003年版,第183—221頁。

⑥　(清) 黃叔璥:《赤嵌筆談》卷一,臺灣銀行經濟研究室編:《臺灣文獻叢刊》第4種《臺海使槎錄》卷一,臺灣銀行1957年版,第17頁。

米事。"① 而黄叔璥撰《赤嵌筆談》卷一"海船"條則為一名:"總鋪一名,司火食"。②

14. 水手

水手,就是划船(駕船)的普通船工,海船上通常配備數十名水手。黄叔璥撰《赤嵌筆談》卷一"海船"條:"水手數十餘名。"③ 道光本《廈門志》卷五《船政略》"商船"條曰:"水手二十餘名或十餘名。"④ 今閩臺地區"王船"兩側通常會擺設五彩紙糊而成的數十枚偶人(象徵水手),這與文獻中記載的海船水手數目的真實情況基本相符。

15. 船主(出海)

船主,又稱"舶主",乃係一船之長(全體船員之領袖),其角色十分類似於今天的船長,其擔負著運貨出海,販賣採辦之重任。張燮撰《東西洋考》卷九《舟師考》云:"每舶舶主為政,諸商人附之,如蟻封衛長,合併徒巢。"⑤ 據此可知,這名船長受"財東"(造船者或船舶擁有者)及商人之委託,率船出海從事貿易,全權處置貨物並盈利分紅。

"船主"(或"舶主"),又稱"出海"。朱仕玠撰《小琉球漫誌》卷一《泛海紀程》曰:"凡海舶主事者曰出海"。⑥ 道光本《廈門志》卷五《船政略》"商船"條亦云:"南北通商之船,每船出海一名(即船主)"⑦,又卷十五《風俗記·俗尚》云:"造船置貨者,曰財東;領船運貨出洋者,曰出海。"⑧ 概言之,船主(出海)雖在航運期間對所轄船舶及貨物擔負全責,行使職權,但他卻並非船舶及貨物的擁有者,而"財東"才是真正的老闆,船主(出海)只能算是財東的全權代理人而已。

高屏地區"唱儀"名錄中並列出現"船主"與"出海",當係後人混淆所致。值得注意的是,"船主"("出海")之稱謂不見於臺南"唱儀"名錄中。

---

① 〔清〕徐葆光:《中山傳信錄》卷一,臺灣銀行經濟研究室編:《臺灣文獻叢刊》第 306 種,臺灣銀行 1972 年版,第 6 頁。

② (清)黄叔璥:《赤嵌筆談》卷一,臺灣銀行經濟研究室編:《臺灣文獻叢刊》第 4 種《臺海使槎錄》卷一,臺灣銀行 1957 年版,第 17 頁。

③ (清)黄叔璥:《赤嵌筆談》卷一,臺灣銀行經濟研究室編:《臺灣文獻叢刊》第 4 種《臺海使槎錄》卷一,臺灣銀行 1957 年版,第 17 頁。

④ (清)周凱:《(道光)廈門志》卷五,臺灣省文獻委員會 1993 年版,第 171 頁。

⑤ (明)張燮撰,謝方點校:《東西洋考》卷九,中華書局 1981 年版,第 170 頁。

⑥ (清)朱仕玠:《小琉球漫誌》卷一,臺灣銀行經濟研究室編:《臺灣文獻叢刊》第 3 種,臺灣銀行 1957 年版,第 7 頁。

⑦ (清)周凱:《(道光)廈門志》卷五,臺灣省文獻委員會 1993 年版,第 171 頁。

⑧ (清)周凱:《(道光)廈門志》卷十五,臺灣省文獻委員會 1993 年版,第 645 頁。

考慮到如此重要的職位當不會被無意漏抄,故而此職位的空缺較可能是有意為之,是否藉此隱喻"船主"即為王爺?

　　上述十五種角色稱謂,相對完整地反映出明清時期閩臺等地海船人員的組織及分工情況。有關他們的職司權責,我們已借助史料文獻予以梳理和考證。值得一提的是,屈大均撰《廣東新語》卷十一《文語·土言》談到當地民眾對船員的一些稱謂:"司柁者曰柁公、梢公,在船頭者曰頭公。二人為舟司命,故公之,即三老也。搖櫓者曰事頭……事頭者,事力之首也。立桅斗者曰班首,司篙者曰駕長,打牽曰牽夫。"① 從上述內容看,明清之際粵地(廣東)與閩臺二地海船營運的機構設置雖然大致相同,但相關人員的稱謂則存有不少差異。

　　除了前述人員外,"唱儺"名錄中還有一些罕見稱謂:臺南地區計有四員——拔帆首、統首、管船官②、親丁③;高屏地區計有八員——總掌、門子④、官吏、船工、正付、坐山、水駝、頭目公⑤。這些稱謂中多數與閩臺地區航海水運並無關聯,部分則暫時無法探明其意涵。

　　有關海船人員的數量也是一個值得關注的話題。明清兩代,中央政府多次頒布法令、嚴格規定海船形制及承載人數——如明弘治十三年、嘉靖四年、清康熙四十二年、雍正十年。據道光本《廈門志》卷五《船政略》"商船"條引《清會典》云:

　　　　康熙四十二年,商賈船許用雙桅。其樑頭不得過一丈八尺,舵水人等不得過二十八名;其一丈六、七尺樑頭者,不得過二十四名,一丈

---

① (清)屈大均撰:《廣東新語》卷十一,中華書局1985年版,第337—338頁。

② "管船官"原係清代譯稱西洋水軍中的官職名,晚清鄭觀應(1842—1921年)撰《盛世危言》卷六《兵政》云:"英國以水師為重,另分一部曰海軍,設立大員立,以司厥事。……別設監督一員,由議院轉調升降,職與五大員同,皆歸國家黜陟。其下又有司官十員:曰協理官、曰管船官、曰會計官、曰機料官、曰轉寄官、曰管工官、曰管炮官、曰管票官、曰管膳官、曰醫官。"[(清)鄭觀應:《盛世危言》卷六,呼和浩特:內蒙古人民出版社1996年版,第701頁]

③ "親丁"是古人對親屬成員的統稱,但筆者頗懷疑此係"親兵"之訛誤。

④ "門子"乃指官衙中打雜、服侍官員的差役。清代袁枚(1716—1797年)撰《隨園隨筆》卷十七《辨訛類》"門子之訛"條云:"今稱府縣侍茶者曰門子……。今之門子,古之縣僮也。"[(清)袁枚撰,趙新德校點:《隨園隨筆》卷十七,載王英志主編:《袁枚全集》伍,江蘇古籍出版社1993年版,第299頁]清趙翼撰《陔餘叢考》卷三十六"門子"條亦云:"今世所謂門子,乃牙署中侍茶捧衣之賤役也。"[(清)趙翼著,欒保羣、呂宗力點校:《陔餘叢考》卷三六,河北人民出版社1990年版,第762頁]

⑤ "頭目公"為清代廣東瑤族頭領的稱謂之一,即瑤寨中由天長公、頭目公、管事頭、掌廟公、燒香公、放水公等老輩組成最高權力機構來決策和議事,又稱"瑤老制"。

四、五尺檔頭者,不得過十六名;一丈二、三尺檔頭者,不得過十四名。
出洋漁船,止許單桅。檔頭不得過一丈、舵水人等不得過二十名並攬
載客貨。①

　　這裏談到最大型號的海商船上配備的舵水人數也不得超過 28 名。據
此反觀上述"唱儀"名錄數目——臺南地區總計 26 員,高屏地區總計 29 員,
若扣除衍誤,其實兩地名錄中人員也就二十餘名而已,均未超過詔令中的數
量限制。這也從側面反映出"王船"習俗的時代特徵。

表格 12-4:明清時期閩臺等地海船營運的機構設置及職司

| 序號 | 稱謂 | | 人數 | 司職 |
|---|---|---|---|---|
| 1 | 財東 | | | 造船置貨者。 |
| 2 | 船主(舶主、出海) | | 1 | 每舶舶主為政,諸商人附之,如蟻封衛長,合併徒巢。<br>領船運貨出洋者,曰出海。 |
| 3 | 財副 | | 1 | 爰司掌記。司貨物錢財。 |
| 4 | 總管(總捍) | | 1 | 統理舟中事,代舶主傳呼。分理事件。 |
| 5 | 正夥長 | 夥長、火長 | 1 | 主針盤羅經事。 |
| 6 | 副夥長 | | 1 | 經理針房,兼主水鈎長緶三條,候水淺深。 |
| 7 | 正舵工 | | 1 | 司舵者為舵工。 |
| 8 | 副舵工 | | 1 | 主柁。 |
| 9 | 正椗(頭椗) | | 1 | 司椗者。 |
| 10 | 副椗(二椗) | | 1 | 主椗四門;行船時,主頭緝布篷。 |
| 11 | 正鴉班(正阿班) | | 1 | 上檔桅者為阿班。經理張弛篷索者曰鴉班。 |
| 12 | 副鴉班(副阿班) | | 1 | 司桅者,曰斗手,亦曰亞班。<br>其中最矯捷者名鴉班,正、副二人;登檔瞭望,上下如飛。主頭巾頂帆、大桅上一條龍旗及大旗。 |
| 13 | 王杉板工 | | 1 | 主杉板小船;行船時,主清風大旗及頭帆。 |
| 14 | 副杉板工 | | 1 | 司杉板及頭繚。 |

注：第5、6行"司職"欄右側合併單元格內容為："其司針者名火長,波路壯闊,悉聽指揮。掌船中更漏及駛船鍼路。"

---

① (清)周凱:《(道光)廈門志》卷五,臺灣省文獻委員會 1993 年版,第 166 頁。

| 序號 | 稱謂 | 人數 | 司職 | |
|---|---|---|---|---|
| 15 | 正繚手（大繚） | 1 | 司繚者。主人帆及尾送布帆、繚母棕、繚木索等物。管船中繚索。 | |
| 16 | 副繚手（二繚） | 1 | | |
| 17 | 正值庫 | 1 | 其司戰具者。 | |
| 18 | 副值庫 | 1 | 主大帆插花、天妃大神旗，又主裝載。 | |
| 19 | 押工 | 1 | 主修理艕艀及行船時大桅千斤墜一條。修理船中器物。 | |
| 20 | 擇庫 | 1 | 清理船艙。 | |
| 21 | 香公 | 1 | 主天妃、諸水神座前油燈、早晚洋中獻紙及大帆尾繚。<br>朝夕焚香楮祀神。 | |
| 22 | 頭阡 | 1 | 主大桅繂索大椗索、盤絞索、大櫓車繩。 | 司椗索。 |
| 23 | 二阡 | 2 | 主大桅繂索副椗索、盤絞索、大櫓車繩。 | |
| 24 | 三阡 | 1 | 主大桅繂索三椗索、盤絞索、車子數根。 | |
| 25 | 正總鋪 | 1 | 主鍋飯、柴米事。 | |
| 26 | 副總鋪 | 1 | 司火食。 | |

**圖版 12–8：清代徐葆光撰《中山傳信錄》中繪製的"封舟"圖**

　　"打船醮"是南臺灣靈寶道壇敷演王醮科儀中的一項重要內容,也是"焚送王船"前的最後準備工作。這場法事的核心旨趣就是祭奠王船,對即將遠航的全體船員(神祇)進行獻禮、犒勞和餞行,同時為龍舟啟航做好人員和航道上的鋪墊:"點班唱儀"就是清點人數,驗明正身,確認王船上的職司人員均已就位;"開水路"乃係施展法術打通水路,掃除航線上的障礙。這些程序充分體現出信眾寄希望於"王爺"能夠押解瘟疫及災厄等諸不祥登上"王船",乘風破浪駛離本境的美好願望。"唱儀"節次亦承襲了現實生活中海船啟航前的一貫做法,其中臚列的職司稱謂真實再現了古代閩臺地區海商船的機構設置及人員組合。

## 附錄一：臺南地區《金籙禳災祭奠王船醮科儀》 　　　　　　（又稱《祭奠王船真科儀》）

（吹角）

### 三　直　符

　　法鼓差鳴第一／二／三聲,奉請上／中／下界使者飛仙直符郎,壇中請。身穿仙衣、腳踏雲、隨時變化千萬里,回來倏忽到壇前。虔誠奉承天地勅,週流四方走通傳。一／二／三遍清香專拜請,奉請上／中／下界使者降臨來。神兵火急如律令。

### 步　虛

　　行滿三千數,時登數萬年。丹臺開寶笈,今古永流傳。

### 淨　壇

　　琳瑯振響,十方肅靜。河海靜默,山嶽吞煙。萬靈振伏,招集群仙。天無氛穢,地絕妖塵。冥慧洞清,大量玄玄也。十方肅靜天尊。

### 請神・三獻

　　初運真香,謹當誠上啟:正乙洞淵大帝伏魔三昧天尊、和瘟教主匡阜真人、今年歲分代天巡狩高上大王爺、解瘟明覺大師、和瘟勸善大師、五方符瘟行病鬼王、天符治世五黃大帝、解瘟靜明真人、五瘟十二年大王、五瘟十二月神將、五方都天大力魔王、五瘟都天魔王、五瘟使者、萬石大王、行瘟康舍人、郭任二太尉、杜太尉、楊使者、船頭十二生相獸面將軍、船上二十四司都總管、承天符牒使者、天地水三界使者、行瘟四時八節使者、行瘟四季寒熱使者、行瘟打水主火使者、搖旗鳴鑼擊鼓大神、收船押船二位水手、船頭大王、船尾小王、佩符使者、河伯水官、行瘟雞犬豬羊牛馬六畜瘟疫使者、瘟部合船一切聖眾,管船官吏、船上舵公、阿班水手一切等神,本屬府縣城隍尊神、當境虛空過往鑒巡察使者、本壇靖諸員官將吏兵,悉仗真香,普同供養。

　　伏以羽儀仙仗,暫降塵寰。天樂法音,週旋寶座。燦燦之瑤光交煥,鏘鏘之玉佩和鳴。百執電奔,覬龍顏於咫尺。眾真伸供,今俯伏百拜於階墀,冒瀆聖眾,祗迎聖駕。

　　臣與醮主等,虔恭設拜,慇懃初獻送天仙,主攝瘟瘟盡赴船,奉勸兒郎並水手,醉飲瓠船去輕便。上香,初獻酒。

上謝天仙享醮筵,回凶作吉永綿綿。誠心更勸一杯酒,流恩賜祿福自然。

大羅天諸賢聖,但願醮主保平安。

送天仙、送地仙,天仙、地仙、水仙、火仙等雲中去,莫得人間作禍殃。扯起大帆,撈起大碇。大鑼、大鼓鬧紛紛。送爾去,莫得陽間作災殃。嘿櫓嗦,嘿櫓嗦,嘿櫓嗦。

再運真香,謹當誠上啟:天符主瘟都大元帥、行瘟使者、押船大使、船頭大王、船尾小王、競渡三郎、河伯水官、梢工把船大王、班碇水手大神、左不達兒郎、右不動兒郎、船頭都鬧大使、仙舟變現大神、鴉鳴鵲噪大神、消災散禍大神、搖旗擊鼓鳴鑼大神、木龍神君、遊江五郎,悉仗真香,普同供養。

伏以黍稷惟馨,饗聖寔資於明德。蘋蘩可薦,陳儀惟藉於克誠。仰惟大道之慈悲,俯鑒小心之修奉,隨方示眾,若皎月之在空。顯化無私,似碧潭之映物。俯納皈依之懇,悉蒙開度之恩,冒瀆仁慈。

臣與醮主等,虔誠再拜:酒斟二奠獻天符,穩泛龍舟向五湖。塵世豈留神聖駕,送歸海外恣歡娛。上香,再獻酒。

唱此一歌謝天仙,鳴鑼擊鼓鬧喧天。諸神竚坐同歆鑒,合境人口保平安。

禹餘天諸聖賢,但願醮主保平安。

送天仙、送地仙,天仙、地仙、水仙、火仙等雲中去,莫得人間作禍殃。扯起大帆,撈起大碇。大鑼、大鼓鬧紛紛。送爾去,莫得陽間作災殃。嘿櫓嗦,嘿櫓嗦,嘿櫓嗦。

三運真香,謹當誠上啟:天符主瘟都大元帥、行瘟使者、押船大使、船頭大王、船尾小王、競渡三郎、河伯水官、梢工拔船大王、班碇水手大神、左不達兒郎、右不動兒郎、船頭都鬧大使、仙舟變現大神、鴉鳴鵲噪大神、消災散禍大神、搖旗擊鼓鳴鑼大神、木龍神君、遊江五郎、合船真宰一切神眾,仗此真香、普同供養。

伏聞金童玉女傳言遙達於清都,符使真官執奏上登於紫府,俾誠心而可格,庶醮事以週完。瞻聖仁慈,俯垂洞鑒。

臣與醮主等,虔誠三拜:三奠瓊醪一炷香,慇懃酌盞送年王。此境不須回頭顧,無限歡娛在洛陽。上香,三獻酒。

造此龍舟巧粧成,諸神排列甚分明。相呼相喚歸天去,莫在人間作禍殃。

太赤天諸聖賢,但願醮主保平安。

送天仙、送地仙，天仙、地仙、水仙、火仙等雲中去，莫得人間作禍殃。扯起大帆，撈起大碇。大鑼、大鼓鬧紛紛。送爾去，莫得陽間作災殃。嘿櫓嗦，嘿櫓嗦，嘿櫓嗦。

伏以光明滿月上，三界無上尊。降伏諸眾魔，諸天皆稽首。

## 入　意

向來祭典龍船三獻已畢，具有疏文謹當宣讀。（宣讀禳災祈安醮福疏）

向來疏文宣讀完週。伏願大道無私，諒垂昭鑒，即將疏內善果一筵，皈流合社如茲。向去家門迪吉，人物平安，五穀豐登，六畜興盛，日進萬金。

稽首皈依無極大道，志心稱念：三清三境天尊、消災解厄天尊、長生保命天尊、福星無量天尊，大道不可思議功德。

## 送　神

謹當誠上謝：本年王爺、瘟部行災一切仙眾，仗此真香、普同供養。

臣聞勢分高厚，氣辨陰陽。晝夜既已殊途，幽顯從人異致。人處陽光之界，神遊溟漠之鄉。雖影響以潛通，奈居諸而有間況。故災衰而殄滅，是宜人鬼而區分。

醮禮事終，啟陳告畢。

伏願體上帝好生之德，憫下民悔過之誠。息既往之餘殃，赦未萌之結釁。速還本部，勿滯塵寰。物泰人安，良荷更生之賜。晨瞻夕禱，敢忘莫大之恩。尚慮三境垂慈，諸天宥過，和瘟大聖匡阜先生，軟語慈容，善加訓告，回鑾返駕，誕賜恩庥。

臣與醮主，下情無任。虔伸再拜，奉送仙馭。

一送神仙離鄉中，街頭巷尾無時長。鳴鑼擊鼓喧天去，直到蓬萊不老宮。神兵火急如律令。

二送諸神離家鄉，龍舟到水遊如龍。受此筵席歡喜去，唱起龍舟出外洋。神兵火急如律令。

三送諸神離鄉間，騰駕寶馬乘龍車。也有神兵風火送，不停時刻到本司。神兵火急如律令。

速送妖魔精，斬馘六鬼鋒。諸天氣蕩蕩，我道日興隆。

大道雖雲遠，人能克至誠。誠心達樂國，諸聖降塵寰。

事畢難留久，陳詞不再宣。狂風雲霧起，瞬息到鑾驂。寶華完滿天尊。

醮事事畢。仰荷玄恩，志心稽首奉送瘟部一切威靈。雲興不住，聖駕難留。後有醮事，還當再請。

回駢五雲輿，騰駕九霄高。倏忽沖天遠，壇前香炁多。
玄恩潭宇宙，福祿遍山河。緬想神仙路，逍遙上大羅。
聖德流科教，醮主福壽長。延生隨玉簡，請命奏金章。
罪名消北府，生籍註南宮。人人皆獲福，諸天降吉祥。傾光回駕天尊。
向來祭奠王船三獻事畢。醮主下情無任，具有京金火輪燒化。

## 化　紙　咒

千千截首，萬萬翦形。魔無干犯，鬼無祅精。三官北酆，明檢鬼營，不得容隱。金馬驛程，普告無窮，萬神咸聽。三界五帝，列言上清。

## 唱　儀

（高功呼）伙長，（眾人答）在；舵公，在；正舵公，在；副舵公，在；阿班，在；副阿班，在；大繚，在；二繚，在；頭碇，在；二碇，在；三碇，在；大繯，在；二繯，在；三繯，在；啞公，在；才副，在；直庫，在；香公，在；拔帆首，在；總管，在；三板工，在；總舖，在；水手，在；統首，在；管船官，在；親丁，在。各各到船，備辦柴米油鹽醬醋菜蔬，船中各各物件，件件齊備，伺候大王爺發令起駕，不得久停。

## 開　水　路

（口白）貫龍貫斗頭，順風順水流；貫龍貫斗口，順風順水恰能走。

## 迴　向

向來祭奠王船唱儀事畢、完成功德。上祈高真列聖，賜福消灾，同賴善功。證無上大道，一切信禮。

## 附錄二：高屏地區《太上靈寶禳災祭船科儀》

### 步　　虛

萬物消灾癘,三晨降吉祥。步虛聲已徹,更誦洞玄章。

### 淨　　壇

琳瑯振響,十方肅靜。河海靜默,山嶽吞煙。萬靈振伏,招集群仙。天無氛穢,地絕妖塵。冥慧洞清,大量玄玄也。十方肅靜天尊。

### 請神・三獻

以今初運真香,虔誠供養,焚香奉請:瘟部大王、行灾使者、押船大使、船頭大王、船尾小王、遊江五郎、競渡三郎、河泊水官、梢工把船大王、班梃水手、左不達兒郎、右不動兒郎、搖旗神君、擊鼓大神、鳴鑼大神、招頭都市大神、消灾散禍大神、鴉鳴鵲噪大神、仙舟變現大神、招頭神將、當境土地里社神祇、彩船會上一切神君,仗此真香。

伏以錦帆高掛,順流遠出於江中。執殳前驅,逐隊儼然於舫槳。船不停而浪風恬息,旌向往而鼓樂摧行。載春色之方來,棹清風而復還。送往迎來,徵下情而致敬。轉禍為福,仗玄語以冒陳。揩挽行威,輒陳租餞。伏望開懷暢飲,莫辭北海之傾樽。舉棹如飛,高激浪花之翻。雪醮主眾等年不測之災,家有大來之慶。知恩有自,補報無由。百拜虔誠,酒當初獻。醮主上香,初獻酒。

洞案爐煙起,散花林;

無為道德香,滿芳筵。船中諸真列聖前供養。

再運真香,虔誠供養,焚香奉請:瘟部神祇、行灾使者、押船大使、船頭大王、河泊水官、梢工把船、班梃水手列位諸神,仗此真香。

伏以乘風破浪,船飛直去於海外。扶國庇民,妖氛掃淨於海島。芳聲久播,駿譽遐騰。彩船齊發,泗水生輝。瞻河溯而望餘光,賭甘棠而思會德。某等效投轄之末,由冀奪標之有捷,謹奉素酌以勞軍。益願煙銷福集,謬進芳筵以饗士。惟祈瘴息禧臨,醮主虔誠、酒當亞獻。醮主上香,再獻酒。

散花何處着,散花林;

散在道場中,滿芳筵。押船大神合班水手前供養。

三運真香虔誠供養,焚香奉請:押船大王、船頭大神、彩船會上一切仙眾,仗此真香。

恭聞位尊瘟司權掘人間,施罪福於普天之下,獲生靈於率土之中。察察威靈,冥冥陰德。神通廣大,至道尤尊。伏望聖眾俯臨登座,醮主虔誠、酒當三獻。醮主上香,三獻酒。

淨侶吟仙曲,散花林;

人人讚善哉,滿芳筵。押船大神一切威靈前供養。

## 入　　意

上來酒陳三獻禮畢,具有疏文謹當宣讀。

(宣疏)

上來疏文宣讀完週,仰祈察鑒,同享清筵。伏願千災永息,萬福來臨,合境平安,六畜耕牛昌盛。清觴莫敢再獻,征帆未敢強留。

## 送　　神

(召軍、淨船、點頭目、化紙、再宣)

更請聖聰坐駕龍舟,虎符飛傳,號令三軍,扶佐一齊,排列前驅。滿船眾哲盡皆各司執事,隨行逐隊,同上仙槎。旌旗蔽日,金鼓宣天。炮響則山川震動,喝聲如波撼齊鳴。雄風凜凜,喜氣騰騰。蘭漿桂棹,飛帆直到於蓬萊。醮主等不勝翹恩,百拜奉送。

(唱) 江頭金鼓亂匆匆,浪息風恬掛錦帆。一望仙槎萬里遠,伊人宛在水中央。

上來祭船完成。

## 唱　　班

今日醮主設芳筵,祭送船中眾尊神。鑒領完週歸海島,迎來瑞炁保平安。奉請船主到花筵。

(高功呼:)船主到未?

(眾人應:)到了。

(高功呼:)到了,聽點。頭鐙、二鐙、一千、二千、三千、頭寮、二寮、直舖、總管、總掌、押杠大王、香公、啞班、門子、官吏、火長、總舖、副寮、船工、三板公、船主、財付、正付、水手、坐山、出海、水駝、頭目公、押舵,可請到未?

(眾人應:)到了。

(高功呼:)齊到。鳴鑼、擊鼓、起程。

## 開 水 路

（口白）上帝勅召開河神，手執鑿斧速降臨。

速開河道通四海，四府眾聖盡接送。

拜送火／水王出外境，回凶作吉保平安。

送船科竟

# 附錄三：送船歌

## 福建漳州月港漁民"送瘟"時所唱"送船歌"

上謝天仙享醮筵，四凶作吉永綿綿。
誠心更勸一盅酒，賜福流恩樂自然。
彩船到水走如龍，鳴鑼擊鼓鬧喧天。
諸神並坐同歆鑒，合社人口保平安。
造此龍船巧妝成，諸神排列甚分明。
相呼相喚歸仙去，莫在人間作禍殃。
一謝神仙離鄉中，龍船到此浮如龍。
鳴鑼擊鼓喧天去，直到蓬萊第一宮。
二送諸神離家鄉，街頭巷尾無時場。
受此筵席歡喜去，唱起龍船出外洋。
三送神居他方去，歌唱鼓樂樂希夷。
亦有神兵火急送，不停時刻到本司。
鑼鼓聲兮鬧蔥蔥，豎起大桅掛風航。
拜辭神仙離別去，齊聲喝敢到長江。
鑼鼓聲兮鬧紛紛，殷勤致意來送船。
紅旗閃閃江面搖，畫鼓咚咚似海漂。
聖母收毒並攝瘟，合社老少盡逍遙。

## 浙江西南山區民眾"送綵船""送瘟船"時所唱"送船歌"

天上連連地連連，魯班師公造彩船。
魯班師父造起兩間船，眠床桌凳盡周全。
魯班師父造起三間船，油鹽醬醋盡周全。
魯班師父造起四間船，雞鵝鴨蛋盡周全。
魯班師父造起五間船，街坊弄巷盡周全。
　　　　　……
天上連連地連連，會唱山歌來幫言。
唱起山歌多熱鬧，召引大神上花船。
天上洋洋地洋洋，眾郎山歌來幫腔。

好好山歌唱一段，禮送大神出外鄉。
吹起龍角響悠悠，造隻花船水裏游。
美女嬌娘船內坐，禮送大神上杭州。
龍角一聲又一聲，大神聽了好歡喜。
今夜大神快離家，坐上花船送起身。
龍角一遍又一遍，大神快快上花船。
嬌娘美女來陪伴，搖搖擺擺去西川。
今夜山歌已唱完，大神小神都上船。
花船今夜起身去，一年四季保太平。

——吳真：《大山裏的鬼神世界》，上海民間
文藝家協會編：《中國民間文化——
民俗文化研究》（第二集），學林出版社
1991 年版，第 68—69 頁。

### 臺南"打船醮"時所唱"送船歌"

上謝天仙享醮筵，回凶作吉永綿綿。
誠心更勸一杯酒，流恩賜祿福自然。
唱此一歌謝天仙，鳴鑼擊鼓鬧喧天。
諸神竝坐同歆鑒，合境人口保平安。
造此龍舟巧粧成，諸神排列甚分明。
相呼相喚歸天去，莫在人間作禍殃。
一送神仙離鄉中，街頭巷尾無時長。
鳴鑼擊鼓喧天去，直到蓬萊不老宮。
二送諸神離家鄉，龍舟到水遊如龍。
受此筵席歡喜去，唱起龍舟出外洋。
三送諸神離鄉間，騰駕寶馬乘龍車。
也有神兵風火送，不停時刻到本司。

# 結束語：從書齋走入田野

當前中國學界正處在一個重要的轉折時期，各種思潮、主義和方法紛至沓來，粉墨登場，在很大程度上影響和改變了以往的研究格局和治學傾向。就道教研究而言，傳統以哲學、文獻學為主的治學方式正面臨重大挑戰，相關學術成果的片面性和局限性逐漸顯現出來，希望對該領域展開綜合性研究的呼聲日益高漲，這就需要新一代學人拓寬學術視角，培養問題意識，注重學科交叉，在研究中盡可能採納和運用多種方法。其中，對於田野調查（field study）的重視和引入，就是一個令人矚目的發展趨勢。

## 一、道教研究為何要回到田野現場？

昔日的道教研究大抵是在書齋裏完成的，學者們通常以研讀明版《道藏》為基礎進行研究——或考鏡源流、或爬梳史料、或苦思冥想。不過，這種純粹依賴傳世文獻、傳統史料的治學方法存在明顯的弊端，那就是"不接地氣"，亦即過於重視上層精英文化而忽視庶民社會的日常生活和信仰世界。走入田野實地調研，不僅是資料獲取方式上的轉變，也是研究方法和學術眼光的突破，有助於克服長期以來形成的研究對象"偶像化""靜態化"傾向。中國社會和傳統文化中始終存在上流與基層、精英與大眾、大傳統與小傳統的分歧和差異，哲學、史學、宗教學研究都過分強調精英階層（文化精英和政治精英）、領袖人物的活動及影響，而有意、無意地忽視基層民眾的智識水平及其在推動歷史進程中的重要作用。毫無疑問，這種"眼睛朝上"的學風將無法建構出真實、客觀、全面的學術史。時代需要我們將學術的焦點從精英階層轉向一般民眾。

20 世紀末以來，在後現代學術思潮的影響下，學界開始反思文本的可靠性、權威性，以往被學人視為經典的"信史"不斷地被質疑和解構，這促使人們認識到光靠文獻資料尚不足以重塑一個完整的社會歷史，還必須尋找與其相佐證、相補充的多元材料。在這種情況下，道教文獻學研究也受到空前的挑戰。一批具有學術前沿意識的學者大聲疾呼，道教研究不應再局限於傳統文獻的哲理闡釋而應爭取史料和方法上的突破，田野調查就是實現這一突破的重要途徑之一。"田野"是新資料的源泉，走入宗教現場可以幫助研究者獲得第一手資料，為道教研究提供豐富而真實的素材，藉此彌補現有《道藏》的不足。同時，借助田野調查可以再現歷史情景和社會境遇，並將文獻資料放置到相應的自然和人文場景中加以解讀，這有助於重新理解教內文獻的價值和功能及其傳播過程和傳承經歷，也利於更全面、真實地反映和重建中國道教傳統的本來面貌。

當今學者已逐漸認識到田野與文獻互補的重要性。譬如，葛兆光就曾分析說：

> 中國的宗教史研究者有著根深蒂固的"歷史學"傾向，總是把宗教史看成過去的歷史，研究宗教史似乎就是回頭向後看，基本上不注意歷史上的宗教在現代的遺存，或現代宗教現象中的歷史影像，於是很少考慮文獻資料與田野調查的結合，它們似乎只是為了敘述某種歷史上的現象而探討宗教史。其實，如果我們改變這種狹隘的宗教史思路的話，很多資料是可以進入宗教史研究領域的，所謂"二重證據法"說了幾十年了，好像它只是在古史研究中使用，而在宗教史中並不怎麼受重視，其實在宗教史研究中甚至可以提倡"三重證據法"，第二重證據是上古的考古資料，而第三重證據就是現時的田野調查。①

其實，田野調查與文本詮釋的關係猶如實踐與認識的相輔相成，人類文明的發展規律通常是由實踐到認識、再由認識到實踐的螺旋式前進。對於道教研究來說，亦應符合這一規律。這就要求我們必須重視相關領域的學術成果，自覺運用田野調查的研究方法，走出書齋，進入基層，對散落在各地的道教文物古蹟和非物質文化遺產進行實地、細緻、深入的觀察和了解。

"到民間去"不應是停留在紙面上的宣傳口號，而是付諸實踐的行動原則。"走入田野"就意味著進入一個豐富多彩的生活世界，置身於阡陌百態、俚語歌唱中，不再拘泥於書本和經典的框架和束縛，徹底擺脫教條的、刻板的觀念和陳見，直接步入"實際的中國"。走在鄉土上，尋訪邊地的"小傳統"，學習和借鑒人類學、民俗學、民族學、考古學、社會學等領域的理論與方法，從"田野"中尋找失落的傳統和歷史，對鄉村社會中世代傳承的火（伙）居道士展開實地調查，可以"把活材料與死文字兩者結合起來"（傅衣凌語），繼而用活態的田野體驗作鏡子來印證那些已經消亡的歷史情境。在此過程

---

① 葛兆光：《中國（大陸）宗教史研究的百年回顧》，曹中建主編、中國社會科學院世界宗教研究所編：《中國宗教研究年鑒（1997—1998）》，宗教文化出版社 2000 年版，第 110 頁。

中,研究者需要打破"劃地為牢"的學術偏見,推動跨學科的綜合研究,實現研究視角的多元化和立體化。事實上,荷蘭學者施舟人,美國學者蘇海涵、柏夷、康豹,法國學者勞格文,日本學者大淵忍爾、田仲一成、丸山宏,中國臺灣學者劉枝萬、丁煌、李豐楙、呂錘寬,中國香港學者黎志添等均在此領域做出不凡成績,取得令人矚目的豐碩成果。國內學界尚需奮起直追,發揮自身的地緣優勢,對學術資源進行合理調配,培養和打造出一支善於從事野外作業的學術隊伍。

今後具有前瞻性的道教研究恐怕不能僅局限於經典文本和精英階層,而應結合歷史與現狀,將道書文獻放回到歷史場景和生活情境中去理解。有鑑於此,中青年學者應該努力走出書齋,進入田野,深入鄉村禮俗社會,最大可能地"下移"研究視線,將文獻分析和田野調查相結合。唯有如此,我們才能跟上國際學術發展的新潮流,進而推動中國學術的現代化和國際化。

## 二、信仰與儀式:道教田野調查的兩個維度

田野調查為了什麼,要達到什麼目的?這是每位田野工作者必須面對和思索的問題,由此產生了對調查對象、考察區域和關注重點的權衡和抉擇。宗教學者的田野調查不同於人類學、社會學、民俗學,其最顯著的特徵就是探究宗教的本質、功能及其在人類社會中的地位,而非片面地強調宗教與社區、信眾的互動關係。法國學者愛彌爾·塗爾幹將宗教歸納為信仰和儀式兩大核心內容,他說:"宗教現象可以自然而然地分為兩個基本範疇:信仰和儀式。信仰是輿論的狀態,是由各種表現構成的;儀式則是某些明確的行為方式。這兩類事實之間的差別,就是思想和行為之間的差別。"[1] 信仰與儀式,也是道教的核心內容。道教研究者從事田野考察時應緊密圍繞這兩個議題來進行,與之相關的內容——如道士、信眾、宮觀、碑刻、科儀抄本及宗教儀軌等,均可納入到研究範圍和考察視野之內。

中國自古以來就是一個多民族聚居、多信仰並存傳播的國家,各種宗教在不斷地磨合、激盪和滲透下交匯融合,最終形成了多元一體的信仰文化格局。20 世紀 80 年代以來,工業化、商業化浪潮席捲神州大地,原生態的宗教活動在日益現代化、趨同化的都市、城鎮中近乎消亡,卻得以在部分村落及邊遠地區中倖存下來。鄉土世界成為展現宗教與社會之間"親密關

---

[1]　[法] 愛彌爾·塗爾幹:《宗教生活的基本形式》,渠東、汲喆譯,上海人民出版社 1999 年版,第 42 頁。

係”的最佳場所，也是目前保留傳統信仰最多的地方。從宏觀的歷史視野來看，不同宗教之間的溝通和交流，是道教得以發展和壯大的重要動因。道教紮根於民間，服務於大眾，不斷地從地方信仰禮俗中汲取營養，完善理論建構，同時也影響和推動了鄉村社會人倫秩序的重建。從某種意義上說，基於田野調查材料做出的道教研究成果已不再是純粹的“書齋式”學問，而是揭示傳統中國人精神風貌及信仰生活的生動畫卷，也是先民生存經驗和智慧的結晶。“現在，東西方很多研究道教的學者都同意一個看法，就是最深刻地表現中國社會生活傳統一面的，而且最本質地反映了古代中國的人性觀念的，可能不是儒家思想，也不是佛教，而是道教。為什麼？因為道教的全部理想，就是對永恆生命和幸福生活的追求，這是很本質的。”① 道教在將近兩千年的歷史變遷進程中，對華夏民族的精神世界和人文性格產生了重要影響。對於這個具有豐富文化內涵的本土宗教，我們應予以認真對待和深入研究。

　　道教信仰向民間社會的滲透和擴延是一個長期而漫長的歷史過程，前者通過理論創新來適應各種外部環境，不斷地調和神聖與世俗之間的張力，尋找二者的平衡點，從而建立起宗教信仰與生活實踐的互動關係。通過觀察和追踪宗教從業者（道士、法師、後場樂師）及一般民眾的宗教行為、精神世界，我們或許可以深刻領悟傳統道教的存在方式、傳播途徑及理念訴求。

　　必須指出的是，宗教儀式在道教文化傳播過程中扮演非常重要的角色。儀式表演是構成宗教的必然要素，是宣傳教義、實施教化的重要手段，世界上各個宗教都有自己的儀式活動。儀式是文化建構的象徵，是信仰的外化形式和實踐行動，其背後隱含著深刻的知識背景和文化底蘊，折射出民眾的心理需求。所以，我們從事宗教研究時，必須強調儀式的“在場”、走進儀式“現場”。道教的齋醮儀式是溝通神、鬼、人的獨特的方法和儀式，也是人們祈福消災的手段之一。它們保存了中華文明最悠久、也最鮮活的記憶。通過實地的田野觀察，我們得以將文本和語境結合起來，從而更加全面和深入地體悟道教儀式對中國人精神世界的影響及其頑強的生命力。荷蘭裔漢學家施舟人充分肯定科儀調查對於道教研究的重要性，“道藏的絕大部分為科儀而寫，學者必得理解科儀然後方能理解道藏，因此，活態道教傳統的田野調查對於理解道藏文本無疑為必經之路徑。”②

①　葛兆光：《古代中國文化講義》，復旦大學出版社 2006 年版，第 139 頁。
②　黎志添：《廣東地方道教研究——道觀、道士及科儀》“序言一”，中文大學出版社 2007 年版。

　　南宋以降,封建統治者不斷強化意識形態教育,在知識分子中推行以理學為核心的禮儀制度,並試圖在基層民眾中加以推廣。不過,這種"自上而下"的理論說教並未得到民眾的積極響應,其影響始終是有限的。在滄桑歲月中,對草根社會的行為規範起到引導和制約作用的始終是以佛教、道教為代表的宗教儀軌,它們滲透到民眾的世俗生活和節日慶典中,一些宗教倫理原則被貫穿到日常操作經驗中,並內化為廣大民眾所遵守的道德規範,不僅強化了血緣和地緣的認同感,而且使鄉村社會得以按照自身的邏輯演繹著宗教與世俗相互交融的生活畫卷。對此,法國學者勞格文有過論述:"道教儀式實質上是中國社會和精神的沉澱,而對於道教儀式的研究可以讓我們窺見一斑。……道教儀式不僅僅是作為歷史的遺跡對於我們理解傳統的中國社會和歷史提供積極作用。更重要的是,它還能啟發我們去體會'道'究竟是什麼? 甚至領悟人何以成為人的道理。"① 道教儀式,堪稱是一座"富礦",蘊含了中華民族的傳統精神和文化基因,也是研究中國宗教的一塊"沃土",亟待有識之士去開發、利用和保護。

## 三、田野調查應克服的不良傾向

　　田野調查者必須具備良好的全局觀念和敏銳的問題意識,事先設計好調查的議題、範圍、區域和對象,要善於撲捉和發現細微的文化差異。此外,道教學者從事田野研究時應該注意克服如下幾種不良傾向。

　　第一,照本宣科式。這一點,在初入門者身上表現尤為突出。他們始終站在外在觀察者的角度來描述已拍攝的活動場景和儀式流程,無法運用專業知識對各個科儀節目的內容、意義及功能予以分析和解讀,更無力對調查對象的歷史傳統和社會背景進行追根溯源式的揭示和探求。這樣一來,就使得田野調查工作停留在膚淺層面,僅有記錄,不做分析,沒有理論深度,充其量起到錄像機、照相機的功用。在現實生活中,一些青年學者沉醉於田野調查,遊走於各地村落,尋訪鄉野道士,十分執著有關音頻、影像資料的收集和整理,卻忽視至為關鍵的理論探討。推究其因,主要是由於未有充分的知識儲備,缺乏專業技能的訓練以及對道教的歷史和典籍不熟悉等因素造成的。面對複雜的道教科儀,他們雖然由衷的讚歎"好看""有趣",卻無法"真正"的看懂、摸透,因此只能被動的"記錄"和描述,無法將道門文獻與科

---

①　[法] 勞格文:《從儀式的角度解讀道教》,蔡林波、李蘭譯,《世界宗教文化》2011 年第 3 期,第 62 頁。

儀實踐聯繫起來進行分析和解讀，更談不上探尋其背後的宗教意涵和文化淵源。所以說，僅憑一腔熱情和個人興趣，無法成為一名合格的道教田野調查者。到達現場之前，我們應預先做好"功課"，認真翻閱相關科儀文本，要對調查對象的文化素養、社會背景、歷史淵源等均有一定程度的了解和掌握，才能提高工作效率，做到"彈不虛發"。道教學者絕不可忽視科儀文本的重要性，文本是理解宗教儀式的一把"鑰匙"，脫離文本的田野調查必然會流於對某些宗教現象和儀式程序的直觀描述，而缺乏深度的理論分析。同樣的，科儀文本若脫離田野現場，勢必就喪失"生命活力"成為"死"文字。換句話說，田野與文本是相輔相成的關係，田野沒有文本的支持就缺少說服力，文本沒有田野的證據就顯得貧乏。

第二，走馬觀花式。田野調查不能脫離實際而一味地追求"快""多""新""全"，應該秉持"慢工出細活"的精神，擺正心態，真正深入"田間地頭"，和訪談對象促膝深談，交心做朋友，學會用他們的眼光和心態來看待世間萬象。當今學界存在一種不良傾向，那就是片面追求數量上的增加和地域上的廣度，忽視"參與觀察"和"深度訪談"的重要性。有些國情調研項目，日程安排緊湊，通常採取召開座談會的形式，一天跑幾個地方，所到之處就是聽官員報告文件，會後拿了書面材料，再到事先安排好的地方拍照，回來根據上述資料寫出報告，這些都不是真正的田野調查，我們應該杜絕那種帶有旅遊觀光性質的、"到此一遊"式的實地調研。田野工作者和被調查對象應該建立起彼此信任、互動頻繁的良好關係，這是開展實地考察的前提和關鍵。這種信任感是經過長期交往和友誼培養才能換來的，並非一蹴而就，田野調查避免採用"非正常"手段——如行政權力的干預或金錢的賄賂。有學者已指出，"道教學者的田野考察必須建立在能夠把握當地道士的日常語言和生活環境的基礎之上。道教學者從事田野考察的重要功夫之一就是要長期和道士做朋友，熟悉他們真實的工作生活，讓他們教曉我們道教是什麼。"[1]

第三，先入為主式。中國幅員遼闊，地大物博，各地的風俗、習慣及觀念、信仰具有很大的差異性，可謂是"十里不同風，百里不同俗"。我們從事田野調查應充分考慮到這一點，認清研究對象的特殊性，反對教條式地泛用或套用以往的經驗模式。研究者應當摒棄理論預設和個人情感，堅守客觀的立場，謹慎辨析宗教現象的表象與本質，最大程度地貼近調查對象身處的文化語境，學會用"局內人"的心智和情感來觀察、分析他們的宗教行為和

---

[1]　黎志添：《廣東地方道教研究——道觀、道士及科儀》"致謝"，中文大學出版社2007年版。

儀式現象。中國道教的歷史就是一部極其複雜的教派演化史,自創立以來就在傳播過程中不斷地發生衍變和分化,並最終形成宗派眾多、教派林立的現狀和格局。所以,我們從事信仰與儀式的田野調查時,必須對不同地域、不同教派的差異性有清醒認識,尊重和理解道士傳承的地方性和類別性,不可先入為主地將某地、某派、某壇的做法視為標準尺度,藉此衡量或評判他者的對與錯、是與非,切忌將前者的理論框架不加分辨地移植到後者身上——此無異於"削足適履",錯莫大焉!

第四,一葉障目式。有人譏諷部分歷史人類學者的田野作業是"進村找廟,入廟訪碑",而忽視了與當地民眾的互動,容易陷入"只見樹木,不見森林"的困境。這種說法是有一定道理的。"廟"和"碑"是文化的載體,是歷史的記錄,應該給予重視。不過,它們畢竟是"死"的,必須放回到當地的社會民俗、文化背景中去才會"激活"它們,才能讓其"開口"講述歷史。值得提倡的田野調查原則或許是:"廟"要找,"碑"要訪,"人"要談,尋訪鄉老,了解民俗掌故,是田野調查的重要環節和必備功課。對道教領域而言,尤其要重視那些在行業圈內有口碑的、傳承有緒的、有典型性的世業道士及其家族法系的追蹤和調查,注意收集道門文獻、法器、族譜等資料,力爭到現場實地拍攝科儀演法的音像資料。只有在盡可能全面地掌握和佔有相關資料(包括文字材料和非文字材料)的基礎上,才能有效地防止研究過程中"以偏蓋全"現象的發生,也會更清楚地看出地域文化對道教的影響及不同道派、道壇之間的異同點。

## 四、結　　論

國際漢學界對中國道教的重視和研究已持續百餘年了。中國大陸的道教研究起步較晚,直到 20 世紀 80 年代初期,一些大學和科研機構才陸續設立相關專業和教研崗位。經過三十多年的辛勤努力,內地學者發揮出自身的本土優勢,迎難而上,在最短時間內縮小與海外同行的差距,取得了傑出成績,眾多著述紛紛面世,其內容涉及教理教義、經典文獻、教派歷史、內外丹法等議題。不過,在把握學術前沿問題及追蹤最新理論動態等方面,國內同仁仍略顯滯後,與海外同行的差距仍在擴大。譬如,最近二十年來歐美、日本等國先後掀起了援引人類學、社會學田野調查的觀念、理論和方法來從事道教研究的風潮,他們透過各種途徑對中國大陸、港臺及東南亞華人社會中現存的道教儀式活動及文化遺跡展開實地考察和資料收集,推出一系列調查報告和研究著作。這些成果大多是以某個局部區域、少數民族或道壇為中心線索,採取個案式、微觀式的學術視角,為後繼的跨區域、跨學科、跨宗教的整合研究提供了大量的實證材料。這是一個值得關注的發展趨勢,與之相伴的是資料、方法、視野上的拓展和轉變,無疑將會引起一場"革命性"巨變,極大扭轉過去以思想、文本為主的道教研究現狀。反觀中國大陸的道教學研究,其重心仍停留在哲學、史學、文獻學領域,人員分佈和資源配置等方面都存在諸多不合理處,其中最突出的表現就是研究範圍過於狹窄和集中,研究方法相對單一,一些新興領域、交叉學科中涉及道教的重要議題乏人問津或經費投入不足,無法順應學術研究的世界潮流,也不利於海內外學界的溝通、交流與合作。此狀況若不及時糾正,必將會對大陸的道教研究產生消極影響。

人們常說,研究資料、研究方法及研究視角的多元化、多樣化與立體化,是判斷一門學科發展是否成熟和完善的標誌之一。國內學者以往基於義理、考據等方法取得的成果,無疑為今後的道教研究打下堅實的基礎。但是,我們不可止步於此,而應借鑒海內外學界的先進經驗和治學理念,推動學術領域的拓展和研究範式的重構,實現不同學科的交叉融合,為全球化視野下的中國宗教研究開拓發展空間。我們相信,新資料與新方法的引入,必將為傳統的道教研究注入新活力,促使其煥發出勃勃生機。

# 參 考 文 獻

## 一、古 典 文 獻

1. 睡虎地秦墓竹簡整理小組：《睡虎地秦墓竹簡》，文物出版社 1990 年版。

2. 馬王堆漢墓帛書整理小組：《馬王堆漢墓帛書 [肆]》，文物出版社 1985 年版。

3. (西漢) 司馬遷撰：《史記》，中華書局 1959 年版。

4. (東漢) 蔡邕撰：《獨斷》，上海古籍出版社 1990 年版。

5. (東漢) 許慎撰，(清) 段玉裁注：《說文解字注》，浙江古籍出版社 1998 年版。

6. (東漢) 應劭撰，王利器校注：《風俗通義》，中華書局 1981 年版。

7. (東漢) 張衡撰，張震澤校注：《張衡詩文集校註》，上海古籍出版社 1986 年版。

8. (東漢) 鄭玄注、(唐) 孔穎達疏：《十三經注疏》整理委員會整理、李學勤主編：《禮記正義》，北京大學出版社 1999 年版。

9. (晉) 張華撰，范寧校證：《博物志校證》，中華書局 1980 年版。

10. (晉) 葛洪撰，王明校釋：《抱朴子內篇校釋》(增訂本)，中華書局 1985 年版。

11. (南朝宋) 范曄撰，(唐) 李賢等注：《後漢書》，中華書局 1965 年版。

12. (南朝梁) 蕭統編，(唐) 李善注：《文選》，中華書局 1977 年版。

13. (南朝梁) 宗懍撰：《荊楚歲時記》，(清) 永瑢、紀昀等纂修：《景印文淵閣四庫全書》第 589 冊，史部三四七 (地理類)，臺灣商務印書館 1986 年版。

14. (唐) 瞿曇悉達編：《唐開元占經》，中國書店 1989 年影印版。

15. (唐) 牛僧孺撰，程毅中點校：《玄怪錄》，中華書局 2006 年版。

16. (唐) 徐堅等著：《初學記》，中華書局 1962 年版。

17. (北宋) 高承撰、(明) 李果訂，金圓、許沛藻點校：《事物紀原》，中華書局 1989 年版。

18. (北宋) 徐兢撰：《宣和奉使高麗圖經》，載朱易安、傅璇琮等主編：《全宋筆記》第三編 (八)，大象出版社 2008 年版。

19. (北宋) 范致明撰：《岳陽風土記》，(清) 永瑢、紀昀等纂修：《景印文淵閣四庫全書》第 589 冊，史部三四七 (地理類)，臺灣商務印書館 1986 年版。

20. (北宋) 李昉編纂，夏劍欽等校點：《太平御覽》，河北教育出版社 1994 年版。

21. (北宋) 李綱撰：《梁谿集》，(清) 永瑢、紀昀等纂修：《景印文淵閣四庫全書》第 1125 冊，集部六四 (別集類)，臺灣商務印書館 1986 年版。

22. (北宋) 蘇軾撰：《東坡全集》，(清) 永瑢、紀昀等纂修：《景印文淵閣四庫全書》第

1107 冊,集部四六(別集類),臺灣商務印書館 1986 年版。

23.(北宋)王袞編:《博濟方》,中華書局 1985 年版。

24.(南宋)陳元靚編:《歲時廣記》,中華書局 1985 年版。

25.(南宋)范成大撰,陸振岳校點:《吳郡志》,江蘇古籍出版社 1999 年版。

26.(南宋)洪邁撰,何卓點校:《夷堅志》,中華書局 1981 年版。

27.(南宋)葉適撰:《水心集》,(清)永瑢、紀昀等纂修:《景印文淵閣四庫全書》第 1164 冊,集部一〇三(別集類),臺灣商務印書館 1986 年版。

28.(南宋)周密撰,吳企明點校:《癸辛雜識》,中華書局 1988 年版。

29.(南宋)莊綽撰,蕭魯陽點校:《雞肋編》,中華書局 1983 年版。

30.(南宋)趙彥衛撰,傅根清點校:《雲麓漫鈔》,中華書局 1996 年版。

31.(南宋)周去非著,楊武泉校注:《嶺外代答校注》,中華書局 1999 年版。

32.(南宋)朱熹集注:《楚辭集注》,上海古籍出版社 1979 年版。

33.(南宋)吳自牧撰,符均、張社國校注:《夢粱錄》,三秦出版社 2004 年版。

34.(元)顧瑛輯,楊鐮、祁學明、張頤青整理:《草堂雅集》,中華書局 2008 年版。

35.(元)脫脫等撰:《宋史》,中華書局 1977 年版。

36.(元)汪大淵著,蘇繼廎校釋:《島夷誌略校釋》,中華書局 1981 年版。

37.(明)程登吉撰,(清)鄒聖脈增補,馮毅點校:《幼學瓊林》,北岳文藝出版社 1995 年版。

38.(明)高濂撰:《遵生八箋》,(清)永瑢、紀昀等纂修:《景印文淵閣四庫全書》第 871 冊,子部一七七(雜家類),臺灣商務印書館 1986 年版。

39.(明)陸楫等輯:《古今說海》,巴蜀書社 1988 年版。

40.(明)馬歡原著,萬明校注:《明鈔本〈瀛涯勝覽〉校注》,海洋出版社 2005 年版。

41.(明)王肯堂輯:《證治準繩》,人民衛生出版社 2001 年版。

42.(明)謝肇淛:《五雜組》,中華書局 1959 年版。

43.(明)楊嗣昌撰,梁頌成輯校:《楊嗣昌集》,岳麓書社 2005 年版。

44.(明)張岱撰,李小龍整理:《夜航船》,中華書局 2012 年版。

45.(明)張燮撰,謝方點校:《東西洋考》,中華書局 1981 年版。

46.(明)佚名撰:《繪圖三教源流搜神大全》(外二種),上海古籍出版社 1990 年版。

47.(明)佚名撰,向達校注:《兩種海道針經》,中華書局 2000 年版。

48.(明)張宇初、張宇清等編纂:《道藏》,文物出版社、上海書店、天津古籍出版社 1988 年版。

49.(清)查慎行著,周劭標點:《敬業堂詩集》,上海古籍出版社 1986 年版。

50.(清)陳夢雷編纂、蔣廷錫校訂:《古今圖書集成》,中華書局、巴蜀書社 1985 年版。

51.(清)富察敦崇編:《燕京歲時記》,北京古籍出版社 1981 年版。

52.(清)海外散人撰:《榕城紀聞》,載陳支平主編:《臺灣文獻匯刊》第二輯·第十四冊,九州出版社、廈門大學出版社 2004 年版。

53. (清) 藍鼎元撰:《鹿洲初集》,(清) 永瑢、紀昀等纂修:《景印文淵閣四庫全書》第 1327 冊,集部二六六(別集類),臺灣商務印書館 1986 年版。

54. (清) 劉獻廷撰,汪北平、夏志和標點:《廣陽雜記》,中華書局 1957 年版。

55. (清) 錢泳撰,張偉校點:《履園叢話》,中華書局 1979 年版。

56. (清) 屈大均撰:《廣東新語》,中華書局 1985 年版。

57. (清) 施鴻保撰,來新夏校點:《閩雜記》,福建人民出版社 1985 年版。

58. (清) 吳友如:《吳友如畫寶》,上海書店 2002 年版。

59. (清) 俞樾撰,徐明霞點校:《右台仙館筆記》,上海古籍出版社 1986 年版。

60. (清) 俞樾撰,貞凡、顧馨、徐敏霞點校:《茶香室叢鈔》,中華書局 1995 年版。

61. (清) 袁枚撰,崔國光校點:《新齊諧——子不語》,齊魯書社 2004 年版。

62. (清) 趙翼著,欒保羣、呂宗力點校:《陔餘叢考》,河北人民出版社 1990 年版。

## 二、地 方 志

1. (明) 陳光前纂修:《萬曆慈利縣志》,《天一閣藏明代方志選刊(五九)》,上海古籍書店 1982 年重印。

2. (明) 陳洪謨纂修:《嘉靖常德府志》,《天一閣藏明代方志選刊(五六)》,上海古籍書店 1982 年重印。

3. (明) 陳桂芳修纂,清流縣志編纂委員會整理:《(嘉靖)清流縣志》,福建人民出版社 1992 年版。

4. (清) 謝旻監修、陶成編纂:《江西通志》,(清) 永瑢、紀昀等纂修:《景印文淵閣四庫全書》第 518 冊,史部二七六(地理類),臺灣商務印書館 1986 年版。

5. (清) 曹昌祺修、覃夢榕等纂:《光緒普安直隸廳志》,《中國地方志集成·貴州府縣志輯(14)》,巴蜀書社 2006 年版。

6. (清) 陳鍈等修、鄧廷祚等纂:《海澄縣志》,《中國方志叢書·福建省》第九十二號,成文出版社 1968 年版。

7. (清) 韓清桂等修、陳昌等纂:《光緒銅梁縣志》,《中國地方志集成·四川府縣志輯(42)》,巴蜀書社 1992 年版。

8. (清) 懷蔭布修,黃任、郭賡武纂:《乾隆泉州府志》,載《中國地方志集成·福建府縣志輯(22) — (24)》,上海書店出版社 2000 年版。

9. (清) 廖恩樹修、蕭佩聲纂:《同治巴東縣志》,《中國地方志集成·湖北府縣志輯(56)》,江蘇古籍出版社 2001 年版。

10. (清) 劉長庚修,(清) 侯肇元、張懷泗纂:《嘉慶漢州志》,《中國地方志集成·四川府縣志輯(11)》,巴蜀書社 1992 年版。

11.（清）劉華邦修、郭歧勳纂：《同治桂東縣志》,《中國地方志集成·湖南府縣志輯（27）》,江蘇古籍出版社 2002 年版。

12.（清）孫福海等纂修：《同治鍾祥縣志》,《中國地方志集成·湖北府縣志輯（39）》,江蘇古籍出版社 2001 年版。

13.（清）屠英等修、江藩等纂：《道光肇慶府志》,《中國地方志集成·廣東府縣志輯（46）》,上海書店出版社 2003 年版。

14.（清）朱世鏞、黃葆初修,劉貞安等纂：《民國雲陽縣志》,《中國地方志集成·四川府縣志輯（53）》,巴蜀書社 1992 年版。

15.（清）徐景熹修,魯曾煜、施廷樞等纂：《乾隆福州府志》,載《中國地方志集成·福建府縣志輯（1）—（2）》,上海書店出版社 2000 年版。

16.（清）喻炳榮修,（清）朱德華、楊翊纂：《道光遂溪縣志》,上海書店出版社編：《中國地方志集成·廣東府縣志輯（39）》,上海書店出版社 2003 年版。

17.（清）朱希白修、沈用增纂：《光緒孝感縣志》,《中國地方志集成·湖北府縣志輯（7）》,江蘇古籍出版社 2001 年版。

18.（清）趙國宣纂修：《嘉慶茶陵州志》,中國科學院圖書館選編：《稀見中國地方志彙刊》第三八冊,中國書店 1992 年版。

19.（清）李書吉等修、蔡繼紳等纂：《（嘉慶）澄海縣志》,《中國方志叢書》第六十二號,成文出版社 1967 年版。

20.（清）丁紹儀：《東瀛識略》,臺灣銀行經濟研究室編：《臺灣文獻叢刊》第 2 種,臺灣銀行 1957 年版。

21.（清）朱仕玠：《小琉球漫誌》,臺灣銀行經濟研究室編：《臺灣文獻叢刊》第 3 種,臺灣銀行 1957 年版。

22.（清）黃叔璥：《赤嵌筆談》,臺灣銀行經濟研究室編：《臺灣文獻叢刊》第 4 種《臺海使槎錄》,臺灣銀行 1957 年版。

23.（清）李元春：《臺灣志略》,臺灣銀行經濟研究室編：《臺灣文獻叢刊》第 18 種,臺灣銀行 1958 年版。

24.（清）朱景英纂輯：《海東劄記》,臺灣銀行經濟研究室編：《臺灣文獻叢刊》第 19 種,臺灣銀行 1958 年版。

25.（清）唐贊袞：《臺陽見聞錄》,臺灣銀行經濟研究室編：《臺灣文獻叢刊》第 30 種,臺灣銀行 1958 年版。

26.（清）佚名：《安平縣雜記》,臺灣銀行經濟研究室編：《臺灣文獻叢刊》第 52 種,臺灣銀行 1959 年版。

27.（清）高拱乾纂輯：《臺灣府志》,臺灣銀行經濟研究室編：《臺灣文獻叢刊》第 65 種,臺灣銀行 1960 年版。

28.（清）劉良璧纂輯：《重修福建臺灣府志》,臺灣銀行經濟研究室編：《臺灣文獻叢刊》第 74 種,臺灣銀行 1961 年版。

29.（清）林焜熿纂輯、林豪續修:《金門志》,臺灣銀行經濟研究室編:《臺灣文獻叢刊》第 80 種,臺灣銀行 1960 年版。

30.（清）孫爾准等修、陳壽祺纂:《福建通志臺灣府》,臺灣銀行經濟研究室編:《臺灣文獻叢刊》笂 84 種,臺灣銀行 1960 年版。

31.（清）王禮主修、陳文達編纂:《臺灣縣志》,臺灣銀行經濟研究室編:《臺灣文獻叢刊》第 103 種,臺灣銀行 1961 年版。

32.（清）范咸纂輯:《重修臺灣府志》,臺灣銀行經濟研究室編:《臺灣文獻叢刊》第 105 種,臺灣銀行 1961 年版。

33.（清）王必昌纂輯:《重修臺灣縣志》,臺灣銀行經濟研究室編:《臺灣文獻叢刊》第 113 種,臺灣銀行 1961 年版。

34.（清）余文儀編修:《續修臺灣府志》,臺灣銀行經濟研究室編:《臺灣文獻叢刊》第 121 種,臺灣銀行 1962 年版。

35.（清）陳文達編纂:《鳳山縣志》,臺灣銀行經濟研究室編:《臺灣文獻叢刊》第 124 種,臺灣銀行 1961 年版。

36.（清）周鍾瑄主修、陳夢林等編纂:《諸羅縣志》,臺灣銀行經濟研究室編:《臺灣文獻叢刊》第 141 種,臺灣銀行 1962 年版。

37.（清）王瑛曾編纂:《重修鳳山縣志》,臺灣銀行經濟研究室編:《臺灣文獻叢刊》第 146 種,臺灣銀行 1962 年版。

38.（清）周璽纂輯:《彰化縣志》,臺灣銀行經濟研究室編:《臺灣文獻叢刊》第 156 種,臺灣銀行 1962 年版。

39.（清）林豪:《澎湖廳志》,臺灣銀行經濟研究室編:《臺灣文獻叢刊》第 164 種,臺灣銀行 1963 年版。

40.（清）徐葆光:《中山傳信錄》,臺灣銀行經濟研究室編:《臺灣文獻叢刊》第 306 種,臺灣銀行 1972 年版。

41.（清）郭柏蒼、劉永松纂輯,（清）黃宗彝、郭柏芗參訂,福州市地方志編纂委員會整理:《烏石山志》,海風出版社 2001 年版。

42.（清）臺隆阿修、李翰穎纂:《岫巖志略》,載鞍山市史志辦公室編:《遼寧舊方志·鞍山卷》,遼寧民族出版社 1999 年版。

43.（清）吳增撰:《泉俗激刺篇》,載泉州市民政局、泉州志編纂委員會辦公室編:《泉州舊風俗資料匯編》,泉州志編纂委員會辦公室 1985 年版。

44.（民國）劉錫純纂:《民國重修彭山縣》,《中國地方志集成·四川府縣志輯（40）》,巴蜀書社 1992 年版。

45.（民國）蘇鏡潭纂修:《南安縣志》,載《中國地方志集成·福建府縣志輯（28）》,上海書店出版社 2000 年版。

46.（民國）吳錫璜：《同安縣志》，廈門市同安區地方志編纂委員會辦公室整理，方志出版社 2007 年版。

47.（民國）胡樸安編著：《中華全國風俗志》，上海科學技術文獻出版社 2011 年版。

48.（民國）張以誠修、梁觀喜纂：《民國陽江縣志》，《中國地方志集成·廣東府縣志輯（40）》，上海書店出版社 2003 年版。

49. 福建省地方志編纂委員會編：《福建省志》，方志出版社 1997 年版。

50. 廈門市地方志編纂委員會辦公室整理：《廈門志》，鷺江出版社 1996 年版。

## 三、近 人 論 著

1. [法] Kristofer Schipper and Franciscus Verellen, *The Taoist Canon: A Historical Companion to the Daozang*（《道藏通考》）, The University of Chicago Press Chicago & London, 2004.

2. [法] Lagerwey John（勞格文）, *Taoist Ritual in Chinese Society and History*. New York, 1987.

3. [法] 愛彌爾·塗爾幹：《宗教生活的基本形式》，渠東、汲喆譯，上海人民出版社 1999 年版。

4. [加拿大] Dean Kenneth（丁荷生）, *Taoism and Popuilar Religion on Southeast China: History and Revival*, Ph. D. thesis. University Standford, 1988.

5. [美] 韓明士：《道與庶道——宋代以來的道教、民間信仰和神靈模式》，皮慶生譯，江蘇人民出版社 2007 年版。

6. [美] 康豹（Paul R.Katz）：《臺灣的王爺信仰》，商鼎文化出版社 1997 年版。

7. [日] 大淵忍爾：《道教とその經典》，創文社 1997 年版。

8. [日] 大淵忍爾編：《中國人の宗教禮儀：仏教、道教と民間信仰》，福武書店 1983 年版。

9. [日] 福井康順：《福井康順著作集》，法藏館 1987 年版。

10. [日] 高楠順次郎編輯：《大正新修大藏經》，大正新修大藏經刊行會 1972 年版。

11. [日] 工藤元男：《睡虎地秦簡所見秦代國家與社會》，[日] 廣瀬薰雄、曹峰譯，上海古籍出版社 2010 年版。

12. [日] 片岡岩：《臺灣風俗誌》，陳金田譯，眾文圖書有限公司 1987 年版。

13. [日] 秋月觀瑛編：《道教と宗教文化》，平河出版社 1989 年版。

14. [日] 山田利明：《六朝道教儀禮の研究》，東方書店 1999 年版。

15. [日] 丸山宏：《道教儀禮文書の歷史的研究》，汲古書院 2004 年版。

16. 蔡相輝：《臺灣的王爺與媽祖》，臺原出版社 1989 年版。

17. 陳桂蘭：《臺灣民間信仰中的五營兵將》，蘭臺出版社 2006 年版。

18. 陳捷先、閻崇年主編：《清代臺灣》，九州出版社 2009 年版。

19. 葛兆光：《古代中國文化講義》，復旦大學出版社 2006 年版。

20. 漢語大字典字形組編：《秦漢魏晉篆隸字形表》，四川辭書出版社 1985 年版。

21. 胡新生：《中國古代巫術》（修訂本），山東人民出版社 2005 年版。

22. 黃石：《端午禮俗史》，泰興書局 1963 年版，鼎文書局 1979 年版。

23. 黃文博：《南瀛王船誌》，臺南縣文化局 2000 年版。

24. 黃文博：《南瀛刈香誌》，臺南縣立文化中心 1994 年版。

25. 黃文博：《臺灣民間信仰與儀式》，常民文化事業股份有限公司 1997 年版。

26. 姜守誠：《〈太平經〉研究——以生命為中心的綜合考察》，社會科學文獻出版社 2007 年版。

27. 姜守誠：《出土文獻與早期道教》，中國社會科學出版社 2016 年版。

28. 黎志添：《廣東地方道教研究——道觀、道士及科儀》，中文大學出版社 2007 年版。

29. 李豐楙、李秀娥、謝宗榮、謝聰輝等：《東港迎王——東港東隆宮丁丑正科平安祭典》，臺灣學生書局 1998 年版。

30. 李豐楙：《東港王船祭》，屏東縣政府 1993 年版。

31. 李遠國：《神霄雷法——道教神霄派沿革與思想》，四川人民出版社 2003 年版。

32. 連橫：《臺灣通史》（上下冊），商務印書館 2010 年版。

33. 劉枝萬：《臺灣民間信仰論集》，聯經出版社 1983 年版。

34. 劉仲宇：《道教法術》，上海文化出版社 2002 年版。

35. 羅振玉撰：《殷虛書契考釋（三種）》，中華書局 2006 年版。

36. 蒲慕州編：《鬼魅神魔——中國通俗文化側寫》，麥田出版社 2005 年。

37. 任繼愈主編：《道藏提要》（修訂本），中國社會科學出版社 1995 版。

38. 罖一多：《聞一多全集》，湖北人民出版社 1993 年版。

39. 夏征農主編：《辭海》，上海辭書出版社 1999 年版（彩圖縮印本、普及本）。

40. 謝宗榮：《臺灣的王爺廟》，遠足文化事業股份有限公司 2006 年版。

41. 邢義田：《畫為心聲：畫像石、畫像磚與壁畫》，中華書局 2011 年版。

42. 徐中舒主編：《甲骨文字典》，四川辭書出版社 1989 年版。

43. 余嘉錫：《四庫提要辯證》，云南人民出版社 2004 年版。

44. 詹石窗：《道教與戲劇》，文津出版社 1997 年版。

45. 宗福邦、陳世鐃、蕭海波主編：《故訓匯纂》，商務印書館 2003 年版。

## 四、研究論文

1. [法] 司馬虛（Michel Strickmann），"The Longest Taoist Scripture"，*History of Religions 17*，1978，pp.331-354（中譯本：[法] 司馬虛（Michel Strickmann）：《最長的道經》，劉屹譯，載《法國漢學》叢書編輯委員會編：《法國漢學》第七輯（宗教史專號），中華

書局 2002 年版,第 188—211 頁)。

2. [荷蘭] Schipper Kristofer（施舟人）, The Written Memorial in Taoist Ceremonies, in A.Wolf ed., *Religion and ritual in Chinese Society*, Standford：Standford University Prsess, 1974。

3. [美] Jordan David K.（焦 大 衛）, The Jiaw of Shigaang（Taiwan）：An Essay in Folk Interpretation, in *Asian Folklore Studies35*（2）, Nagoya, Japan, 1976, pp.81-107。

4. [美] 康豹（Paul R. Katz）:《東隆宮迎王祭典中的和瘟儀式及其科儀本》,《"中央"研究院民族所資料彙編》第 2 期（1990 年）,"中央"研究院民族學研究所,第 197—215 頁。

5. [美] 康豹（Paul R.Katz）:《屏東縣東港鎮的迎王平安祭典——臺灣瘟神與王爺信仰之分析》,《"中央"研究院民族學研究所集刊》第 70 期（1991 年）,第 95—211 頁。

6. 陳耀庭:《照徹幽暗,破獄度人——論燈儀的形成及其社會思想內容》,陳鼓應主編:《道家文化研究》第五輯,上海古籍出版社 1994 年版,第 303—316 頁。

7. 戴文鋒:《臺灣民間五營的民俗與信仰》,《漢家雜志》第 68 期（2001 年 3 月）,第 21—25 頁。

8. 方鳳玉、邱上嘉:《臺灣西南沿海地區的五營形式》,《臺灣美術》第 53 期（2003 年 7 月）,第 55—62 頁。

9. 方淑美:《臺南西港仔刈香的空間性》,臺灣師範大學地理研究所 1992 年碩士學位論文,臺灣師範大學地理研究所 1995 年印行。

10. 方玉如:《蘇厝甲王爺信仰之研究》,臺南大學臺灣文化研究所碩士學位論文,答辯日期:2010 年 6 月,指導教師:戴文鋒教授。

11. 葛兆光:《中國（大陸）宗教史研究的百年回顧》,曹中建主編、中國社會科學院世界宗教研究所編:《中國宗教研究年鑒（1997—1998）》,宗教文化出版社 2000 年版,第 99—113 頁。

12. 黃文博:《航向不歸海——臺灣的王船文化》,《民俗曲藝》第 52 期（1988 年 3 月）,第 5—15 頁。

13. 黃文博:《臺南地區"五大香"的現狀比較研究》,《南瀛文獻》第 35 卷（1990 年）,第 45—61 頁。

14. 江紹原:《端午競渡本意考》,原載《晨報副刊》1926 年 2 月 10 日、2 月 11 日、2 月 20 日,收錄苑利主編:《二十世紀中國民俗學經典·社會民俗卷》,社會科學文獻出版社 2002 年版,第 8—34 頁;又載王子今編:《趣味考據》（壹）,雲南人民出版社 2003 年版,第 246—269 頁。

15. 姜守誠:《"祀瘟神"與"送瘟船":中國古代瘟疫醮之緣起》,《漢學研究集刊》第 11 期（2010 年 12 月）,第 97—127 頁。

16. 姜守誠:《"祠沙"、"放彩船"考釋——兼論對明清閩臺王醮儀式之影響》,《中華文化論壇》2011 年第 2 期,第 92—95 頁。

17. 姜守誠：《"送窮"考》，（臺南）《成大歷史學報》第 40 號（2011 年 6 月），第 175—234 頁。

18. 姜守誠：《打船醮——南臺灣靈寶道派王醮科儀研究》，《世界宗教學刊》第 18 期（2011 年 12 月），第 1—58 頁。

19. 姜守誠：《明代〈武陵競渡略〉檢視閩臺"送王船"習俗的歷史傳統》，《世界宗教研究》2011 年第 4 期，第 75—87 頁。

20. 姜守誠：《南臺灣靈寶道派登梯奏職閱籙科儀之研究》，《成大宗教與文化學報》第 16 期（2011 年 6 月），第 225—300 頁。

21. 姜守誠：《禳災和瘟三獻儀——南臺灣靈寶道派王醮科儀研究之二》，《漢學研究集刊》第十三期（2011 年 12 月），第 19—52 頁。

22. 姜守誠：《試論明清文獻中所見閩臺王醮儀式》，《宗教學研究》2012 年第 1 期，第 249—255 頁。

23. 姜守誠：《試論臺灣地區王船信仰的地域分佈及特徵》，《湖南科技學院學報》2012 年第 1 期，第 84—88 頁。

24. 姜守誠：《宋元道教神霄派遣瘟治病訣法考述——以〈道法會元〉卷二二一〈神霄遣瘟治病訣法〉為中心》，《宗教哲學》第 60 期（2012 年 6 月），第 109—140 頁。

25. 姜守誠：《宋元道書所見瘟疫醮考源》，《東方論壇》2013 年第 1 期，第 1—5 頁。

26. 姜守誠：《宋元道教神霄派遣瘟送船儀研究——以〈神霄遣瘟送船儀〉為中心》，《宗教學研究》2015 年第 1 期，第 40—48 頁。

27. 康保成：《戲曲術語"科"、"介"與北劇、南戲之儀式淵源》，《文學遺產》2001 年第 2 期，第 53—143 頁。

28. 李豐楙：《東港王船和瘟與送王習俗之研究》，《東方宗教研究》新 3 期（1993 年 10 月），第 227—265 頁。

29. 李豐楙：《宋元道教神霄派的形成與發展》，《東方宗教研究》新 2 期（1988 年 9 月），第 141—162 頁。

30. 李豐楙：《臺灣東港安平祭典的王爺繞境與合境平安》，《民俗曲藝》85 期（1993 年 9 月），第 273—323 頁。

31. 李豐楙：《行瘟與送瘟：道教與民眾瘟疫觀的交流和分歧》，收入漢學研究中心主編：《民間信仰與中國文化國際研討會論文集》，漢學研究中心 1994 年 4 月，第 373—422 頁。

32. 李豐楙：《嚴肅與遊戲：從蠟祭到迎王祭的"非常"觀察》，《"中央"研究院民族學研究所集刊》第 88 期（1999 年），第 135—172 頁。

33. 李豐楙：《迎王與送王：頭人與社民的儀式表演——以屏東東港、臺南西港為主的考察》，《民俗曲藝》129 期（2001 年 1 月），第 1—42 頁。

34. 李豐楙：《"中央—四方"空間模型：五營信仰的營衛與境域觀》，《中正大學中文學術年刊》第 15 期(2010 年 6 月),第 33—70 頁。

    35. 李豐楙:《從哪吒太子到中壇元帥:"中央—四方"思維下的護境象徵》,《中國文哲研究通訊》第 19 卷、第 2 期(2009 年 6 月),第 35—57 頁。

    36. 李玉昆:《略論閩臺的王爺信仰》,《世界宗教研究》1999 年第 4 期,第 119—127 頁。

    37. 李遠國:《論道教燈儀的形成與文化功用》,《中國道教》2003 年第 2 期,第 34—38 頁。

    38. 林富士:《人間之魅——漢唐之間"精魅"故事析論》,《中央研究院歷史語言研究所集刊》第 78 本、第 1 分(2007 年 3 月),第 107—179 頁。

    39. 吳怡潔:《行病之災——唐宋之際的行病鬼王信仰》,榮新江主編:《唐研究》第十二卷,北京大學出版社 2006 年版,第 245—265 頁。

    40. 謝聰輝:《一卷本〈度人經〉及其在臺灣正一派的運用析論》,《中國學術年刊》第三十期(春季號),2008 年 3 月,第 105—136 頁。

    41. 謝石城、陳俊良:《臺南縣王爺之統計及分佈——附鄭國姓與三老爺之比較》,《南瀛文獻》第 9 卷(1964 年),第 1615—1624 頁。

    42. 謝世維:《破暗燭幽:古靈寶經中的燃燈儀式》,《國文學報》第 47 期(2010 年 6 月),第 99—130 頁。

    43. 徐曉望:《略論閩臺瘟神信仰起源的若干問題》,《世界宗教研究》1997 年第 2 期,第 116—124 頁。

    44. 詹石窗:《道教燈儀與易學關係考論》,《周易研究》2000 年第 2 期,第 55—68 頁。

    45. 鄭志明:《王爺傳說》(上／下),《民俗曲藝》第 52 期(1988 年 3 月),第 17—37 頁;第 53 期(1988 年 5 月),第 101—118 頁。

# 後　　記

　　2008 年 8 月—2009 年 7 月，我應邀赴臺灣的"國立"成功大學（簡稱"成大"）從事博士後研究，有幸成為首位聘自大陸的博士後人員。成大是島內四所名校（臺、成、清、交）之一，排名僅次於臺灣大學，位列全臺第二，素有"北臺大、南成大"之美譽。我最初對成大的關注，則是因為那裏有位研究道教而聞名學界的丁煌教授。現在想來，入職成大、師從丁先生，實屬機緣巧合，命運安排。在成大期間，我聆聽丁師開設的道教史課程，時常跟隨他去尋訪道友，品嚐美食，談論學術，鑒賞古書，好不愜意。歷史學系鄭永常、王文霞、王健文、陳玉女、陳梅卿、陳恒安、蔡幸娟、顧盼、江達智、張宴菖、葉秀玉、雷晉豪等師友，為我的工作和學習提供了便利和支持。此外，徐健勛、陳昭吟、劉煥玲、曾金蘭、蕭百芳、郭正宜諸同門在生活上給予的關心和照顧，使身處異鄉的我備感溫暖。上述人與事，共同構成了我對成大的美好回憶。

　　成大坐落位於美麗的臺南市，這座有著數百年歷史的南瀛古城，是臺灣最早開墾的地區，見證了寶島的歷史滄桑和社會變遷。17 世紀荷蘭殖民者侵占臺灣後，即著手在今臺南安平、赤嵌等地修築城堡。明鄭政權及清領臺灣時曾推行"一府二（三、四）縣"的行政區劃，臺南始終是臺灣府（承天府）的治所駐地，是當時的政治、經濟、文化中心，遂被稱作"全臺首府"。這裏物阜民豐、世風淳樸、景色宜人，尤為難得的是，在推動現代化進程中依然重視和傳承了古老的禮俗文化。時至今日，臺南民眾的宗教信仰仍十分虔誠：寺廟宮觀、祠堂壇社，遍佈街巷；迎神賽會、薦拔超亡，殆無虛日。這所城市堪稱是承載漢人信仰的"活化石"，也是學界從事宗教調研的絕佳場所。在成大期間，我借助地利之便，對臺灣南部地區靈寶派科儀展開深入考察，獲得大量珍貴的第一手材料。這本小書就是對當地頗具特色的王醮儀式的思想淵源、傳播沿革、文獻依據及科儀現狀的討論分析，亦是我計劃撰寫"南臺灣靈寶道派科儀研究"三部曲中的第一部。書稿完成後，於 2014 年 12 月獲國家社科基金後期資助立項（批准號：14FZJ003），略作增訂後於 2016 年 3 月結項（證書號：20165034），遂交付人民出版社刊印。古人云"禮失求諸野"，臺灣地區現存的宗教儀式活動就像是一面"鏡子"，不僅投射出道門齋醮的風采和典雅，充分體現了道教的旺盛生命力，也有助於我們反省

當今社會在推崇"科學"理念下的信仰缺失,激勵人們去尋找失落的傳統,
重塑中國人的精神家園。

　　我在田野調查時,得到臺南、高雄、屏東等地諸多宮觀、道壇及道長的
關照和襄助,他們是:陳榮盛、杜永昌、郭獻義、林慶全、林德義、林振聲(阿
喜)、陳槐中、林仲軒、吳政憲、郭孟傑、林子喬、徐富茂、郭文安、鍾旭武、許玄
丕、杜信頤、吳龍舞、吳明府、廖志瑋、蘇基財、黑仙、楊宗斌、賴廷彰、楊太雄、
翁太明、何仙東、蔡志民、尤登宏、顏德川、盧俊龍、余玉堂、何國川、陳志良、
謝明串、陳英明及其他眾多道友,茲不一一列出。承蒙他們的慷慨惠允,我
得以進入內壇,現場觀摩並拍攝各種儀式表演近百場次,並有緣睹見各家道
壇珍藏的科儀抄本和功法秘訣等資料,為日後的研究打下堅實基礎。本書
中內附插圖百餘幅,若無特別說明,均是我現場拍攝的照片。

　　最後,感謝人民出版社編輯李之美博士為本書出版付出的辛勞。感謝
我的家人——父母、妻、子、兄姊,對我投身學術、不問俗事的寬容和理解。

姜守誠謹識

2016 年 12 月